A. E. Johann
Wind der Freiheit

A. E. Johann

Wind
der Freiheit

Abenteuer zwischen
Schneesturm und Steppenwind

Roman

Bechtermünz

Wind der Freiheit
ist die völlig überarbeitete Neuausgabe
der Romantrilogie
Schneesturm, Weiße Sonne und Steppenwind.

Genehmigte Lizenzausgabe
für Weltbild Verlag GmbH, Augsburg 2000
Copyright © 1987 by Autor und AVA GmbH,
München-Breitbrunn (Germany)
Umschlaggestaltung: DYADesign, Düsseldorf
Umschlagmotiv: Mauritius, Mittenwald
Gesamtherstellung: Ebner Ulm
Printed in Germany
ISBN 3-8289-6802-3

Inhalt

Erstes Buch
Schneesturm

Erster Teil

Erstes Kapitel

»Draußen wären wir also!«

Paul flüsterte zurück:

»Ja, Gott sei Dank! Die Hauptsache ist geschafft; das übrige wird sich finden.«

Die beiden lagen lang im hohen Gras und blickten über die Kante des steilen Abhanges in das weite Tal hinunter, dem sie mühsam entstiegen waren.

Wie Perlenschnüre schimmerten die Lampenreihen, die das mächtige Geviert des großen Lagers bezeichneten. Von den Ecktürmen blitzten zuweilen Scheinwerfer auf und tasteten das Vorgelände des doppelten Stacheldrahtzaunes ab. Die langen Baracken inmitten lagen dunkel. Nur dort, wo ein Lichterbogen den Haupteingang verriet, glimmten noch gelb ein paar erleuchtete Fenster: die Wachtstube, die amerikanische Kommandantur. Dicht dahinter, rechts und links ins Dunkel gestaffelt, wohnten in besonderen Baracken – getrennt von der Masse des gewöhnlichen Volkes – die Köche, die Lagerverwalter, die Schreiber, die Dolmetscher und andere Angehörige des Lageradels.

Warm war die Sommernacht. Die Sterne funkelten. Es duftete nach Wald, nach Tau, nach nächtlich atmenden Feldern.

»Paul, endlich sieht man wieder die Sterne. Zum erstenmal seit einem Jahr in Amerika! Bei der Lampenfülle in den Lagern konnte man sie nie erkennen. Und wie es duftet! Da unten roch es immer nach Baracken. Paul, alter Junge, es riecht nach Freiheit!«

»Fang nicht wieder an zu dichten, Peter. Spar dir das für später auf. Ich wollte, wir wären erst hundert Meilen weit weg und über den Ohio!«

»Bis jetzt hat noch keiner was von unserer Flucht gemerkt. Und bis morgen früh müssen wir längst auf der anderen Seite des Flusses sein.«

»Müssen –? Müssen ist gut! Außerdem traue ich dem Ohio nicht. Was nutzt uns die ganze Freiheit, wenn wir vorher ersaufen! Und dann, überleg dir das, wir kommen patschnaß drüben an; oder womöglich nackedeier, wenn wir unser Zeug zum Schwimmen zusammenwickeln. Und gehn zur nächsten Station der Heilsarmee und bitten um Obdach, was? Vorm Ersaufen habe ich weniger Sorge.«

»Heilsarmee? Bloß nicht, Peter! Wir bekommen womöglich wieder eine Uniform angezogen! Eine furchtbare Vorstellung! Mein Bedarf an Uniform ist für den Rest meines Lebens gedeckt.«

»Paul, lehn das nicht so ohne weiteres ab. Du mit Kapotthütchen und roter Seidenschleife unter dem Kinn und mit Gitarre im Arm und schönem blauen Damenrock bis auf die halbe Wade – entschuldige! Da glaubt dir keiner mehr den ehemaligen PW*. Und dann singst du schön laut: Schon wieder eine Seele vom Alkohol – – –«

Der Gesang brach plötzlich ab. Paul hatte Peter beim ersten lauten Ton so kräftig aufs Haupt geklopft, daß der Sänger mit der Nase ins Gras stieß.

»Bist du verrückt, Kerl? Das schallt meilenweit in dieser Stille! Los jetzt, weg von hier! Der erste Akt ist geglückt: wir sind raus, und sie haben nichts gemerkt. Also: allgemeine Richtung Ohio. Oberhalb von Point Pleasant setzen wir über den Strom.«

Doch Peter Bolt, unverbesserlicher Schwärmer, der er war, rollte sich noch einmal auf den Rücken und blickte in die dunkelblaue Nacht, angetan mit all ihrem Sternengeschmeide. Leise, mit unveränderter Stimme, sagte er:

»Ich weiß, Paul, du bist für den Ernst des Lebens. Aber fünf Minuten mußt du mir noch bewilligen, drei nur meinetwegen! Paul, merkst du das gar nicht: kein Stacheldraht mehr, kein Barackengestank? Und wir sind allein –! Paul, ich bin endlich mal wieder glücklich!«

Paul meinte, als müßte er sich verteidigen:

»Du hältst mich für einen Büffel, ich weiß. Aber wenn ich unsere Flucht nicht Schritt für Schritt, Woche für Woche, Monat für Monat vorbereitet hätte, dann säßen wir jetzt noch in der Menagerie da unten.«

Peter erwiderte versöhnlich: »Stimmt, stimmt! Aber ich habe den Einfall gehabt und dir immer wieder Mut gemacht, wenn du an dem ganzen phantastischen Plan verzweifeln wolltest.«

»Stimmt auch! Komm jetzt! Die fünf Minuten sind um!«

---

* PW = Prisoner of war / Kriegsgefangener

Die beiden Männer erhoben sich aus dem Gras, schulterten die Bündel, die neben ihnen gelegen hatten, und vertrauten sich einem schmalen Pfade an; bald waren sie verschwunden.

Die Entflohenen wanderten hastig mit gedämpften Schritten dahin. Das Sternenlicht drang kaum bis auf den Grund des Waldes, den sie durcheilten. Es war sehr dunkel unter den Bäumen; der Pfad war gerade noch als blasses Band am Boden zu erkennen.

Mit einem Male wußten sie wieder, was sie während der traumhaften Viertelstunde des ersten Aufatmens im Schutz des hohen Grases fast vergessen hatten: wir sind auf der Flucht; wir sind in Gefahr!

Peter legte dem Freunde die Hand auf den Arm; flüsterte: »Still, es kommt jemand!«

Das Unterholz war sehr dicht rechts und links und völlig lichtlos, ein Ausweichen war nicht mehr möglich. Ein Schatten bewegte sich vor ihnen – ein Mann – er pfiff leise, er fürchtete sich offenbar.

Peter griff zum Boden hinunter, nahm zwei trockene Stücke Holz auf, drückte eins Paul in die Hand, murmelte: »Da, deine Pistole! Es ist ein Schwarzer! Laß mich machen.«

Er schob ihn auf die andere Seite des Pfades. Der Neger war schon heran.

»Nimm die Flossen hoch!« sagte Peter halblaut in dem schneidend rauhen Ton, den er von den amerikanischen Wachmannschaften gelernt hatte. Er sprang vor den Mann mit einem Satz; zugleich drückte Paul den nächtlichen Wanderer von hinten die »Pistole« in die Rippen.

Der Neger hob die Hände hoch und stand stocksteif. »Hu!« hatte er gemacht und entsetzt den Atem eingezogen.

Peter fragte so grob, wie nur die Militärpolizei zu fragen imstande ist: »Was treibst du dich nachts hier herum? Wie heißt du?«

»John James, Herr!«

»Wo kommst du her?«

»Von Addison, Herr. Wir hatten eine Zusammenkunft.«

»Was für eine Zusammenkunft?«

»Von unserer Kirche, Herr!«

»Halleluja-Singen, eh?«

»Ja, Herr; die Alten sind in Addison geblieben, und die Jungen lagern am Fluß; wir Männer auf dieser Seite, die Mädchen auf der anderen. Es geht eine Fähre hinüber. Wir haben noch geübt;

morgen haben wir ein großes Chorfest. Aber ich konnte nicht dableiben. Ich muß morgen früh zur Arbeit. Ich bin bei der Eisenbahn. Ich wohne in Cologne am Kenawha. Meine Eltern und meine Geschwister sind noch––«

»Ach, halt's Maul! Wollen deine Geschichte gar nicht wissen. Weißt du nicht, daß jeder verhaftet wird, der sich auf eine Meile im Umkreis in der Nähe des Kriegsgefangenenlagers blicken läßt. Hast du den Passierschein?«

»Nein, Herr! Keinen Passierschein. Ich wußte das nicht!«

»So? Wußtest nicht, eh? Wir nehmen ihn mit, was, Paul? Er kann sich einen Tag lang im Loch überlegen, was er hier wollte!« Paul antwortete so dumpf und böse wie möglich: »Klar, wir nehmen den Bastard mit!«

Der Schwarze fing an zu wimmern; noch immer streckte er seine Arme über den Kopf: »Oh Herr! Nicht mich mitnehmen! Ich bin ganz unschuldig. Ich heiße John James. Ich war auch Soldat. 733ste Transportabteilung. Ich komme auch nie wieder hierher! Wenn ich morgen um sieben Uhr nicht auf der Station bin, werd' ich bestimmt entlassen; der Stationsmeister ist ein strenger Mann.«

»So, so! Halt ihn in Schach, Paul. Ich will ihn abfühlen.«

»In Ordnung, Peter!«

Mit schnellen Griffen tastete Peter den schwarzen Chorsänger von oben bis unten ab. Dabei berührte er in der hinteren Hosentasche einen Gegenstand, der sich wie eine Geldbörse anfühlte. Das brachte ihn auf einen Gedanken. Er sagte: »Gut, dmit du nicht deine Arbeit verlierst–! Einen Tag Haft oder zwanzig Dollar Strafe. Er könnte sie gleich bezahlen, was, Paul? Gib ihm eine Quittung!«

Paul sagte:

»Quittung kann er haben!«

Der Neger meinte noch aufgeregter: »Zwanzig Dollar? Oh, meine Herren! Zwanzig Dollar! Das ist mir zu teuer! Dann sitze ich lieber einen Tag im Loch!«

Paul verlor die Geduld; es blieb ihm leider nichts weiter übrig. Er knirschte scheinbar mit all der wütenden Verachtung, wie sie die Militärpolizei aller Länder und Breiten für alles, was Zivil trägt, empfindet: »Hol's der Teufel, Peter, ich hab' keine Lust, mich länger mit dem Bastard zu befassen. Laß ihn laufen!« Peter sah die zwanzig Dollar entschwinden.

Paul drückte dem Schwarzen noch einmal seine »Pistole« in die

Rippen und fauchte wütend – und die Wut war echt –: »Lauf, du schwarzer Knochen!« Und der Schwarze sagte noch:

»Oh, danke schön, Herr!« und verschwand, was das Zeug hielt, im Dunkel.

Peter Bolt und Paul Knapsack hielten sich ebenfalls keine Sekunde länger auf. Zehn Minuten später erreichten sie die Asphaltstraße. Ein Auto war gerade vorbeigebraust. Der Schein der Lichter eines zweiten strahlte schon – wie ein blasser Mondaufgang – hinter der nächsten Bodenwelle auf. Mit wenigen Sprüngen setzten die beiden über das harte Band der Straße. Sie brachen in das mannshohe Maisfeld gegenüber; schoben sich zwischen raschelnden Halmen eine Furche entlang, traten auf einen Feldweg aus. Hier konnten sie nebeneinander gehen. Das Sternenlicht erschien ihnen beinahe überhell. Jeder erkannte das großgemalte PW auf der Bluse und auf den Oberschenkeln des anderen; keiner sagte es dem anderen.

»Wir müssen uns jetzt scharf westlich halten, Peter. Dieser Weg führt ungefähr in die richtige Richtung. Hoffentlich hört er nicht so bald auf.«

Peter vergewisserte sich durch einen Blick zum Polarstern, daß Paul recht hatte. Sie strebten schweigend vorwärts. Hier ging ein sanfter Wind; die Maisstauden raschelten verstohlen. In der Ferne, weit hinter ihnen, hupte ein Auto zweimal kurz auf. Sie strengten ihre Ohren an; aber das Rascheln im Mais verschluckte alle anderen Geräusche.

Peter sagte aus traurigen Gedanken:

»Zwanzig Dollar, Paul! Das wäre eine feine Sache gewesen!«

»Nein, mein Junge! Der Spaß ging mir zu weit. Die Geschichte ist auch so gut ausgegangen.« Er lachte leise, fuhr dann ernsthafter fort: »Wenn sie uns wieder schnappen, und der wackere Nigger hat nicht den Mund gehalten, dann könnten sie uns angesichts der zwanzig Dollar wegen Nötigung und Straßenraub verknacken.«

»Wieder schnappen – rede nicht solchen Unsinn! Das gibt's ja gar nicht!«

Paul gab keine Antwort. Das Feld endete und der Feldweg auch. Sie behielten ihre westliche Richtung bei und wanderten über Brachäcker weiter. Es war sehr mühsam; sie stolperten häufig; der Boden gab manchmal unvermutet nach; dann nahmen Tabakfelder die Stapfenden auf.

13

Ein dumpfes Heulen nagelte sie neben ein paar Büschen fest. Es klang, als tutete ein Dampfer.

»Was ist das?« fragte Peter.

»Die Eisenbahn! Die Lokomotiven pfeifen hier nicht; sie brummen!« Die beiden eilten weiter. Das schwere Rasseln eines endlosen Güterzuges wies ihnen die Richtung. Sie verhielten abseits der Bahnstrecke. Als das rote Licht des letzten Wagens verglommen war, überschritten sie die Geleise. Sie wanderten einige Minuten hinter dem Zug her an den Schienen entlang; ein Weg überquerte die Strecke westwärts; sie folgten ihm, zwar verlief er sich bald im üppigen Wald, aber eine Schneise führte sie weiter. Plötzlich öffnete sie sich, der Wald brach ab; sie standen still am hohen Ufer eines Stromes; sie standen am Ohio.

Die Flut wallte verhalten eilig vorüber. Peter blickte stromauf über die mächtige, wie von innen her lebende Fläche; die Sterne spiegelten sich im Wasser – zitternde Funken. Es war sehr still. Weiter stromab hörten die beiden ein Schäumen; dort brach sich die Strömung an einem Felsen oder einem Baum, der ins Wasser hing. Glühwürmchen huschten über den Uferhang, durch die Gebüsche. Ein Eulenschrei scholl vom Waldrand. Die beiden schwiegen eine Weile wie verzaubert. Dann ließ ein Knacken im Gebüsch sie zusammenfahren.

Aber es hatte sich wohl nur ein nächtliches Tier bewegt. Doch der Zauber war verweht, die Angst fiel wieder über sie her. Plötzlich schien die Stille der mondlosen Nacht sie nicht mehr zu hüten, sondern zu bedrohen.

Paul sagte:

»Komm hier von der Kante weg. Man sieht uns zu leicht. Die Sterne geben immer noch zuviel Licht. Was meinst du, schwimmen wir gleich hinüber. Wir schaffen es ohne weiteres. Das hätte ich mir nicht gedacht, als ich in Deutschland meine Rettungsschwimmerprüfung machte, daß ich mich einmal selber damit retten würde.«

»Geht mir genauso, Paul. Trotzdem hab' ich einige Manschetten; das Wasser sieht aus, als ob es Strudel hätte. Ich möchte mir die Sache erst einmal bei Tage betrachten. Und dann: wenn wir jetzt naß drüben ankommen, trocknet unser Zeug für Stunden nicht; es fehlt noch eine Stunde bis Sonnenaufgang.«

»Im Osten wird es schon hell! Ich möchte nicht tagsüber auf dieser Seite des Stromes bleiben. Zwar ist heute Sonntag; aber spätestens um neun, halb zehn merkt die Kommandantur, daß wir verschwunden sind; dann fängt die große Jagd an. Um neun Uhr waren wir für den Dolmetscherdienst am inneren Tor angesetzt. Aber das mit den nassen Sachen stimmt auch.«

»Und PW steht drauf, immer noch! Wir müssen das Zeug loswerden, bevor wir drüben aufkreuzen.«

»In Unterhosen können wir drüben nicht spazierengehen.«

»Nein, aber zur Not könnten wir uns irgendwo im Unterzeug an den Strom setzen und Wochenend spielen.«

Peter fuhr plötzlich etwas lauter fort:

»Was sagte das brave Negerlein, das wir beinahe verhafteten? Seine Halleluja-Kameraden lagern irgendwo an diesem Ufer, gegenüber von Addison. Hast du die Karte im Kopf? Addison liegt stromauf von hier. Sicher haben die Brüder Zelte aufgebaut. Wir sollten uns zu ihnen hinschlängeln und in den Hinterhalt legen. Vielleicht lassen sich da ein paar abgelegte Kleider auftreiben. Damit wäre ich erst einmal zufrieden, Paul!«

»Deine Bescheidenheit ist herzzerreißend, Peter! Ich bin einverstanden. Wenn wir zwischen sieben und acht hinüberschwimmen, ist es früh genug. Ich habe nur Angst vor Spürhunden.«

»Meinst du, daß sie mit den Hunden hinter uns her sein werden?« Peters Stimme klang sonderbar belegt.

»Bestimmt müssen wir damit rechnen. Bei uns benutzt ja die Polizei auch Spürhunde.«

»Hunde auf unserer Spur – davor hab' ich ein Grauen. Los, wir machen hier noch ein paar Schritte weiter eine breite Fährte, springen dann die Böschung hinunter und waten am Rand im flachen Wasser stromauf; meinetwegen bis Addison; hoffentlich glauben sie dann, wir wären hier über den Strom geschwommen.«

»Hoffentlich!«

Sie krempelten sich die Hosen hoch, zogen die Stiefel aus und sprangen ins Wasser hinunter. Angenehm kühl umspülte die Flut nach dem ungewohnten Marsch die müden und erhitzten Füße. Aber auf die Dauer wurde das Waten im dunklen Wasser beschwerlich. Paul glitt zweimal aus und wäre gestürzt, hätte Peter ihn nicht gehalten. Beide schimpften leise vor sich hin. Die Sterne erblaßten schon. In einer halben Stunde würde es ganz hell sein, so hell, daß man sie sogar vom anderen Ufer her würde erkennen können. Paul sprach es aus, und fast eine Panik preßte ihnen die Kehle zusammen.

Am jenseitigen Flußrand tauchten ein paar Lichter auf; eine einzelgängerische Lokomotive dröhnte eine unsichtbare Bahnstrecke entlang; die beiden hörten sie überdeutlich in der stillen, kühlen Morgenluft; ihr Dampf wehte über dem Waldrand drüben hoch, deutlich erkennbar. Die beiden jungen Männer hasteten vorwärts. Sie kümmerten sich kaum noch darum, daß das Wasser unter ihren Füßen plätscherte. Ein schlankes Boot lag im Wasser, an langer Kette oben auf der Böschung irgendwo vertäut. Ein paar Zeltspitzen blickten über den Rand des übermannshohen Ufers; das Erdreich war zertreten; viele Menschen waren hier schon hinauf- und hinuntergeklettert.

Sie spülten ihre Stiefel im Wasser ab, umwickelten sie mit einigen ans Ufer getriebenen alten Lumpen, um sie für Hundenasen unkenntlich zu machen, und stiegen den Hang hinauf.

Das Lager schlief noch fest; an die zehn Zelte wohl. Gerade an der Stelle, wo sie das Ufer erklommen hatten, breitete sich vom Ufer fort, in der grauen Dämmerung unabsehbar, wirres Brombeergesträuch und eine dichtverfilzte Wildnis von jungen Steineichen, Akazien und Ahornen, nach einem Kahlschlag üppig wieder aufgeschossen.

»Das ist das richtige für uns!« sagte Paul.

Auf allen vieren krochen die beiden Männer ins Dickicht, vorsichtig, keine Spur hinterlassend. Die Zweige schlugen hinter ihnen zusammen. Nach wenigen Metern schon waren sie vom Uferweg her nicht mehr zu entdecken, wenn sie nur am Boden sitzen- oder liegenblieben. Sie fanden neben einem riesigen Eichenstumpf eine buschfreie, grasige Stelle. Wenn sie den ziemlich hohen Stumpf bestiegen, so waren das ganze Lager und der Strom zu überblicken.

Sie ließen sich ins Gras nieder; es war feucht vom Tau. Sie froren ein wenig; die Sonne ließ immer noch auf sich warten. Sie waren übernächtigt, müde – und voller Furcht, denn nun wurde es hell, und sie mußten sich verkriechen wie wilde Tiere. Sie saßen einander gegenüber, packten aus ihrem Bündel eine Dose Cornedbeef und eine Schachtel mit Crackers, harten Keksen; den Proviant hatten sie sich im Lager allmählich und heimlich erspart und »beschafft«; sie tranken eine Dose Milch zu ihrem mageren Mahl.

»Es ist noch nicht vier, Peter. Vor sechs Uhr wird das Lager nicht mobil werden. Vielleicht können wir die Zelte etwas näher untersuchen, wenn die Brüder hinüberfahren, ihr Sangesfest zu feiern.«

»Vielleicht, Paul! Wir müssen warten.«

16

Die Dreiecke am Ende eines Zeltes wurden gerade auseinandergeschlagen; ein langbeiniger schwarzer Bursche kam zum Vorschein, dehnte die Arme; rieb sich die Augen, gähnte und rief:

»Guten Morgen allerseits. Aufstehen! Sechs Uhr vorbei!«

Damit sprang er zum Wasser hinunter, entblößte den Oberkörper und wusch sich prustend und spritzend.

Nach wenigen Minuten schon war er nicht mehr allein. Ein ganzes Dutzend dunkler Oberkörper – und bald ein weiteres – beugte sich mit vergnügtem Geschrei über das Wasser. Schwarz war keiner von ihnen; die meisten glänzten in einem mehr oder weniger gedämpften Braun; einige zeigten sehr lichte Hautfarbe; waren nicht brauner als ein von der Sonne kräftig verbrannter Europäer. Zu der Schar gehörten auch ein paar Knaben, die sich vor Übermut kaum zu lassen wußten. Vom anderen Ufer schallten Rufe herüber, wenn auch nur undeutlich und verweht; dort mochten die schwarzen Mädchen gerade den Tag beginnen.

Auf ein Zeichen des jungen Mannes, der zuerst erwacht war, traten die Burschen zu einer Gruppe zusammen und sangen mit seltsam weichen Stimmen in reich verästelten Harmonien ein frommes Lied.

Gleich nach dem feierlichen Gesang brach vergnügter Spektakel los. Unter Hallo wurde das Frühstück bereitet. Paul wunderte sich darüber, daß anscheinend niemand daran dachte, in den Strom hinauszuschwimmen. Wahrscheinlich konnten die Braven nicht viel schwimmen. Plötzlich hörte Paul über all dem Gewirr ärgerliche Stimmen. Er stand vorsichtig auf und lugte über die Büsche. Er vernahm gerade noch, wie der Anführer zwei halbwüchsige Jungen zur Ordnung rief:

»Wollt ihr endlich aus dem Boot heraus! Ihr sollt euch nicht schaukeln! Wenn ihr umkippt, werdet ihr naß von oben bis unten, und schwimmen könnt ihr auch nicht.«

»Ihr ja auch nicht!« entgegnete einer der vielleicht vierzehnjährigen Bengels widerspenstig. »Ihr könnt uns doch hinüberrudern lassen. Die Fähre geht erst um acht; wir sollten helfen, Stühle heranzutragen.«

»Ihr bleibt schön bei uns. Heraus jetzt aus dem Boot! In einer halben Stunde machen wir uns sowieso auf den Weg zur Fähre.« Die beiden Tunichtgute, die das Schaukeln im Kahn ebensowenig lassen konnten wie die Tunichtgute aller andren Rassen, Völker und Hautfarben, gehorchten zögernd, blieben aber bockig am Uferrand stehen.

»Wenn die Brüder mit der Fähre hinübergefahren sind, dann müssen wir ihren Zelten einen Besuch abstatten«, sagte Paul zu Peter.

Wieder schollen Scheltworte herüber:

»– – zum letztenmal – –! Aus dem Boot mit euch! – umkippt!«

Paul lachte: »Die Bengels schaukeln schon wieder!«

Aber Peter war angelegentlich damit beschäftigt, wie er aus seiner PW-Hose herauskam; er fuhr fort:

»Hoffentlich lassen die Kerle keinen als Wache zurück! Mir ist alles egal: ich will diese widerliche Kluft loswerden, und wenn ich ihnen die Buxen vom Leibe herunterstehlen muß!«

Aber Paul hörte nicht mehr zu. Er stand auf dem breiten Baumstumpf und starrte angestrengt auf den Fluß hinaus. Vom Lagerplatz tönte wirres Geschrei herüber. Paul sagte aufgeregt:

»Komm schnell mal her, Peter!«

Peter begriff sofort, daß Besonderes im Gange war; er sprang neben den Kameraden.

Die Neger standen am Ufer aufgereiht, schrien und fuchtelten mit den Händen, als ob die Hölle los wäre.

Aber nicht die Hölle, das Boot war los. Hatten die beiden Bengels es losgeworfen, um damit zum anderen Flußufer zu rudern, hatte es sich bei der Schaukelei von selbst befreit, das war nicht zu unterscheiden; auf alle Fälle schwamm das schmale Boot mit den zwei Negerjungen schon einen halben Steinwurf weit vom Ufer entfernt. Jeder der beiden hatte ein Paddel in der Hand und ruderte aus Leibeskräften; aber sie kamen gegen die Strömung nicht voran, hielten das Boot gerade etwa auf gleicher Höhe mit dem Lagerplatz. Ihre Bewegungen verrieten, daß ihnen die Angst in die Glieder gefahren war; sie paddelten hastig und nicht im Takt; sie wollten wieder zum Lagerplatz zurückkehren; aber die Strömung zielte an dieser Stelle zum anderen Ufer hinüber; das Boot geriet immer weiter auf den Fluß hinaus. Die Mädchen am anderen Ufer schienen ebenfalls Unheil zu wittern. Paul und Peter sahen, wie sie sich am Ufer drängten. Peter stieß hervor:

»Paul, da passiert was! Los, wir krauchen ans Ufer. Wenn die Lümmels ins Wasser fallen sollten, dann in voller Kluft hinterher! Im Wasser Hosen und Bluse schwimmen lassen! Dann haben wir den schönsten Grund, in Unterhosen aufzutreten!«

Sekunden später lagen Paul und Peter am Rande des Dickichts, unmittelbar über dem Flußrand. Von den Negern beachtete sie niemand; inzwischen war das Boot weiter abgetrieben. Die ungeschickten Ruderer schienen nichts heftiger zu fürchten, als von der Strömung talwärts, vom Lager fortgerissen zu werden, wo ihre Kameraden am Ufer standen und aus Leibeskräften die verrücktesten Ratschläge über das Wasser brüllten. Die beiden Lauscher im Dickicht konnten ein erheitertes Lächeln nicht unterdrücken.

Die zwei Helden im Boot verloren allmählich die Kräfte.

Und dann tauchte der vordere in der Aufregung sein Paddel zu tief hinunter und geriet damit unters Boot; im Nu hatte ihm die Gewalt des strömenden Wassers das flache Holz aus der Hand gedreht; es tauchte gleich wieder auf und trieb am Boot entlang. Der Bursche angelte ihm entsetzt nach. Der zweite im Boot wollte es fassen, warf sich weit über den Bootsrand, verlor sein eigenes Paddel dabei – das schmale Boot kippte zur Seite, auf so wilde Kunststücke nicht gefaßt.

Und schon lagen die beiden im Wasser. Das Boot trieb kieloben ab. Zwei schwarze, prustende Wollköpfe tauchten neben, hinter ihm auf.

Ein hundertfacher Schreckensschrei auf beiden Ufern des Flusses war die Antwort.

Die Bengels planschten verzweifelt; vom Schwimmen verstanden sie nicht viel.

Keiner nahm wahr, wie zwei junge Männer – mit den PW-Zeichen auf den Kleidern – nach kräftigem Anlauf in weitem Hechtsprung in den Fluß schnellten. Noch waren die Schiffbrüchigen, die entsetzlich jammerten, wenn das Wasser sie nicht prusten ließ, nicht bis zu der Stelle hinabgetrieben, an der Paul und Peter vom Ufer abgesprungen waren. Die beiden Deutschen rauschten erstaunlich schnell in die Mitte des Stromes hinaus, ohne der Strömung Widerstand zu leisten; so trieben sie mit ihr stromab und hielten sich immer noch unterhalb des abwärts treibenden gekenterten Bootes, das sich den Schiffbrüchigen immer wieder aus den verzweifelt klammernden Händen drehte.

Die Retter verschwanden ein paarmal unter der Wasseroberfläche. Peter spuckte einen kräftigen Strahl Wasser aus seinem Mund, grinste über sein ganzes nasses Gesicht und meinte zu dem ebenfalls recht vergnügt seine nassen Haare zurückschnellenden Paul:

»So, die wären wir los. Mensch, wie fühlt man sich in unbemalten Unterhosen wohl.«

Paul hatte schon in die Strömung gedreht und holte mächtig aus. Er prustete: »Du, die saufen ab. Wir müssen uns beeilen, oder wir bergen nur noch Leichen.«

Sie erreichten die beiden Jungen im letzten Moment.

Weit unterhalb der Lagerplätze, unterhalb des Ortes Addison erreichten sie Land. Sie schleppten erst den einen, dann den anderen Schiffbrüchigen die Uferbank hinauf. Paul räusperte sich kräftig:

»Ich schwimme noch dem Boot nach, Peter, wäre schade drum. Meiner wird gleich wieder aufwachen; er war noch nicht bewußtlos, als ich ihn fing, er schlug um sich wie irre; ich habe ihm eins vor die Schläfe klopfen müssen. An deinem Schäflein veranstalte eine Weile künstliche Atmung; der Knabe wird schon zu sich kommen.«

Und während er wieder ins Wasser schritt, drehte er sich noch einmal um und meinte:

»Steht uns blendend, so in Unterhosen, was? Gleich werden die schwarzen jungen Damen hier sein; ich höre sie schon.«

Sprach's und warf sich hinter dem Boot her, das kaum noch zu sehen war, ins Wasser hinunter.

Peter wischte sich das nasse Haar aus der Stirn, ließ sich hinter dem Kopf des Bewußtlosen auf die Knie nieder und begann mit der künstlichen Atmung: Arme über den Kopf schräg zur Seite strecken, dann sie zur Brust knicken, die Lungen auspressen. »Kräftig –! So –! Blöder Lümmel! Wirst nicht so bald wieder Kahn fahren, Lausebengel! Kräftig –! So –! Werde dir schon helfen –!«

Ihm gegenüber richtete sich Pauls Beutestück aus dem Grase hoch, starrte wild um sich, faßte sich an den Kopf, erbrach sich ausgiebig und sank wieder ins Gras.

Peter ließ sich, noch immer heftig an seinem Opfer hantierend, abgehackt und heftig vernehmen; jetzt sprach er Englisch:

»Na, du gottverlassener Säugling, hast den halben Ohio wieder raus? Ja, mein Junge, runter schmeckt er besser als rauf. Wart nur noch ein Weilchen: Papa wird dir schon die Hosen strammziehen!«

Aber die unerfreuliche Prophezeiung schien keinen tiefen Eindruck zu hinterlassen. Der Bengel lag lang im Gras, spürte und hörte nichts. Peter pumpte weiter an den Lungen seines Schützlings; schon trat ihm der Schweiß aus. Auf der Straße, die hundert Schritte abseits vom Fluß entlangführen mußte, hielt mit kreischenden Reifen ein Auto. Und schon brachen die ersten Mädchen aus dem Gesträuch, sie waren am Ufer entlanggeeilt; einige undurchdringliche Stellen hatten sie aufgehalten.

Im Nu sah sich Peter von einer dichten Schar schnatternder junger Schönen in allen Schattierungen der Haut – von der Farbe schwarzgebrannten Kaffees bis zu schönem Lichtbraun – umringt. Er ließ sich nicht stören; die Mädchen schienen vor Aufregung seine immer noch naß am Leibe klebende Unterwäsche gar nicht zu beachten. Peter hob und drehte und senkte die Arme des Ertrunkenen gleichmäßig weiter.

Ein junges Ding mit sanftbrauner Haut in einem hübschen Sommerkleid aus Musselin mit großen roten Blumen darauf warf sich neben dem willenlosen Körper auf die Knie. Ihre großen schwarzen Augen waren vor Schrecken weit aufgerissen; ihre leuchtendrot nachgezogenen Lippen bebten; Tränen rollten über ihre Wangen. Sie fragte schluchzend:

»Was machen Sie mit ihm? Haben Sie ihn gerettet? Lebt er noch? Ist er tot? Ich bin seine Schwester!«

Peter antwortete gepreßt; ihm war sehr heiß vor Anstrengung und auch sonst – wenn man so lange im Lager gesessen hat, und an seiner einzigen Bekleidung fehlten zwei Knöpfe – ja, einigermaßen bedrückt antwortete er:

»Ja, er ist tot; aber ich werde ihn schon wieder lebendig kriegen!« Die Augen des Mädchens weiteten sich vor Schrecken und Hoffnung noch mehr als zuvor.

In diesem Augenblick brach ein riesiger, wohlbeleibter Neger durch den Ring. Auch seine Augen weiteten sich entsetzt, als er den scheinbar entseelten Leib am Boden sah. Eine ebenso wohlbeleibte Mama folgte ihm. Sie stieß einen hohen, spitzen Schrei aus.

Der Auflauf wurde Peter allmählich zuviel. Er rief:

»Nur Ruhe, Ruhe! Ich habe ihn gleich soweit. Er kommt wieder zu sich.«

Und wirklich, nach einer weiteren Minute schlug der Bursche die Augen auf; ein tiefer Atemzug dehnte zum ersten Male seine Brust von selbst; der nasse Knabe blickte sich verwirrt um, erkannte Vater und Mutter und Schwester; sein Gesicht verzog sich kläglich, er fing zu weinen an. Peter versuchte ihn aufzurichten; aber im selben Augenblick kehrte sich dem verschlammten Jüngling der Magen um, und Peter, der arme Peter, bekam einen tüchtigen Schuß ab. Der Vater des Jungen vertrieb die Mädchen mit gebieterischer Handbewegung:

»Geht wieder zurück, Mädchen! Schickt ein paar von den jungen Männern; sie werden jetzt mit der Fähre angelangt sein. Und bestellt auch Jonnys Eltern mit dem Auto her; sie haben wohl noch nichts gehört. Wir müssen die Jungen aufpacken und nach Hause ins Bett bringen.«

Die Mädchen zogen sich gehorsam und in langsam steigender Verlegenheit zurück; ein paar kicherten schon; sie hatten sicherlich noch nicht viele junge weiße Leute in nassen Unterhosen zu Gesicht bekommen. Peter errötete, fühlte es, wurde ärgerlich: bei diesen Mädchen sah man es wenigstens nicht, wenn sie erröteten. Er sprang mit einem weiten schlanken Sprung ins Wasser; da war er am sichersten aufgehoben und wurde außerdem wieder sauber.

Als er wieder auftauchte, stand der schwarze Papa im gutgeschnittenen, dunkelgrauen Sonntagsanzug oben am Ufer und winkte heftig: »Junger Mann, junger Mann, wo wollen Sie hin?«

Peter schrie prustend aus dem Wasser zurück:

»Ich habe ja nichts mehr anzuziehen. Habe meine Kleider im Wasser ausziehen müssen; sie sind weg; sonst hätte ich nicht schwimmen und retten können!«

»Ach, du meine Güte!« jammerte der dicke Mann. »Ma, der junge Herr hat alle seine Kleider im Wasser verloren, um unseren Jacky zu retten.« Der schwarze schwere Mann blickte erregt zu Peter hinaus, der sich, gegen den Strom schwimmend, einen kleinen Steinwurf weit vom Ufer entfernt hielt. In diesem Augenblick tauchte Paul in den Gebüschen auf. Er hatte das abtreibende Boot offenbar nicht mehr eingeholt. Seine Unterwäsche hatte bei dem Marsch durchs Ufergebüsch stromauf peinlich gelitten. Er mischte sich ins Gespräch: »Ja, mein Herr, da sind wir nun, wir Lebensretter! Zwei dürftig bekleidete Waisen im Sturm der Zeit.« Der Schwarze erwiderte beinahe bestürzt – solcher Ironie kaum gewachsen: »Ach, Sie sind wohl der andere, der Jonny herausgezogen hat. Jonny, wie geht es dir überhaupt? Sieh, das ist dein Retter, der hat dich aus dem Wasser gezogen. Bedanke dich!« Paul trat ein paar Schritte vor.

Jonny lehnte, grau im dunklen Gesicht, an einem Baum und schien alles andere begeisternder zu finden als die Aussicht, sich bei einem unvollkommen bekleideten Mann in zerrissenen, schlammverkrusteten Unterhosen bedanken zu müssen. Er blickte den Lebensretter an, als sei er jetzt erst zum Tode verurteilt.

Im gleichen Augenblick, in dem auch Peter wieder die Uferhöhe gewann, stürzte von der Straße her ein zweiter wohlgekleideter Neger auf den Plan; seine Augen funkelten vor Zorn. Er sah den jämmerlichen Jonny am Baum stehen, war im Nu bei ihm und – klatsch, klatsch – verabreichte dem ohnehin geknickten Missetäter zwei gewaltige Ohrfeigen. Der Bursche brach in ein erbärmliches Geheul aus. Paul warf sich lachend dazwischen:

»Genug, genug! Er hat genug Angst ausgestanden! Zum zweiten Male fährt der nicht mehr Kahn!«

»Nein, nie wieder!« heulte der Unglücksrabe.

Ohne jeden Übergang warf sich der Schwarze dem überraschten Paul an die nasse Brust, anscheinend neigte er zur Impulsivität; jetzt schluchzte auch er:

»Sie haben mir meinen jüngsten vorm Tode gerettet, vor dem sicheren Tode, denn der Lümmel kann ja nicht schwimmen! Wie soll ich ihnen danken, mein guter Herr! Wie soll ich Ihnen danken!«

Paul legte strahlend seine Arme um den aufgeregten Erzeuger Jonnys:

»Was zum Anziehen brauchen wir. Es ist alles im Wasser geblieben. Und Geld hatt' ich auch noch in der Hose. Und wie kommen wir jetzt weiter?«

»Für alles wird gesorgt, für alles vom Besten und vom Schönsten. Jetzt müssen Sie erst einmal mit in die Stadt, damit Sie dort von der ganzen Kirchenversammlung gefeiert werden!«

Der andere Vater mischte sich ein:

»Und den Bürgermeister müssen wir benachrichtigen, und die Polizei muß ein Protokoll aufnehmen, damit die Presse benachrichtigt werden kann; auch wegen des Bootes; es gehört unserem Gemeindevorsteher aus Addison. Wir kamen hierher zu dem Kirchenfest und auch, um Verwandte zu besuchen.«

Bürgermeister, Polizei, Presse – Paul und Peter fühlten eine Gänsehaut den Rücken abwärts schleichen.

»Das Boot ist leider untergegangen!« sagte Paul. »Ich habe es nicht an Land bugsieren können.«

Und Peter meinte:

»Die beiden Jungen müssen unbedingt ins Bett. Ich weiß es. Ich habe als Lebensretter jahrzehntelange Erfahrung. Und dann, wir müssen schleunigst weiter. Die Retterei hat uns sowieso lange aufgehalten. Vielleicht können Sie uns in Ihren Autos mitnehmen. Wo sind Sie denn zu Hause?«

Ma, Jackys Mutter, sagte:

»Ihr habt mal wieder keinen Verstand, ihr Männer. Die jungen Herrn haben sich sicher erkältet: so früh am Morgen ins kalte

Wasser; und nun stehen sie hier schon eine Stunde herum und frieren bestimmt. Und ihr Dummköpfe denkt an Bürgermeister und Reporter und Feiern. Holt lieber Decken aus den Autos, damit die jungen Herren endlich ihre nassen Sachen vom Leib ziehen können; in den Decken wird ihnen schon wieder warm werden.«

Die beiden gewichtigen Männer zogen wie gescholtene Schuljungen ab. Peter und Paul hatten längst begriffen und schlotterten pflichtgemäß, zum Teil aus Sorge um ihr Schicksal, zum Teil, weil die nasse Baumwolle an den Gliedern wirklich auf die Dauer peinlich wurde. Peter fiel ein:

»Ja, Madame, endlich ein vernünftiges Wort. Wir haben die Jungen gerettet, weil sie sonst ertrunken wären; von der Presse und dem Bürgermeister halten wir gar nichts. Wir wollen, wir müssen sehen, weiterzukommen. Wo wohnen Sie denn?«

»Wir wohnen in Lexington, Kentucky. Das ist etwa hundertfünfzig Meilen von hier entfernt. Mein Mann hat dort das feinste Schönheitsinstitut für schwarze Leute und Jonnys Vater ein gutes Fuhrgeschäft. Ihr könnt auf alle Fälle erst mitkommen, damit wir euch schön wieder einkleiden, könnt auch auf unsere Kosten im Hotel wohnen, bis ihr euch wieder erholt habt.«

»Ach, Madame«, erwiderte Peter treuherzig, »das Geld wollen wir lieber sparen, wenn wir vielleicht bei euch wohnen könnten. Alles, was wir besaßen, ist in unseren Hosen weggeschwommen. Wir sind ja gerade erst aus der Armee entlassen; waren bis vor kurzem noch Soldaten; haben noch keine Arbeit. Und Eltern oder Anverwandte haben wir auch nicht mehr. Unsere einzige Schwester ist im Kindbett gestorben; das Kind auch; ihr Mann ist auf Bataan gefallen. Nun haben wir keine Menschenseele mehr; bloß Joe hat mich; und ich hab' Joe, ich heiße Jimmy Smith und das ist mein Bruder Joe.«

Joe Smith – Paul zog das Gesicht, das von ihm erwartet wurde. Die beiden Geretteten hatten mit großen Augen zugehört. Ma war sehr gerührt, ja erschüttert; ihr gutes Herz leuchtete so unverkennbar aus den dunklen Augen, daß Peter sein Gewissen schlagen fühlte.

Und die andere Ma, nicht minder gerührt, hatte die Hände gefaltet und murmelte: »Ach ja, ach ja, der Krieg! Unsere armen Jungen!«

Jackys Ma meinte mit einer Schüchternheit, die Peter und Paul unendlich liebenswert fanden:

»Platz hätten wir für euch beide schon, eine Menge! Aber wir sind in Kentucky schon in den Südstaaten. Und wir sind schwarze Leute; das seht ihr ja. Ich weiß nicht, ob ich da –, ob ihr da – –«

Sie konnte vor Verlegenheit nicht weitersprechen. Paul nahm das Wort:

»Wir stammen aus dem Staat Washington im Nordwesten. Dort kennt man keine Vorurteile; gar keine! Und wir wären froh, wenn wir wieder einmal für ein paar Tage zu Hause sein könnten, richtig zu Hause, und nicht mehr in Baracken oder Zelten wohnen müßten!«

»Dann seid ihr uns willkommen! Dann bleibt, solange ihr wollt. Da kommen die Männer mit den Decken. Wenn ihr bei uns wohnt, braucht ihr euch ja nicht auf der Straße sehen zu lassen, damit es keinen Klatsch gibt.«

Damit waren Paul und Peter – alias Joe und Jimmy – aus viel tieferem Herzen einverstanden, als die zwei Mamas überhaupt ahnen konnten. Inzwischen waren die beiden besorgten Väter wieder erschienen; Paul und Peter schlugen sich seitwärts in die Büsche, wurden endlich ihre feuchten Unaussprechlichen los und traten dann stolz und würdevoll auf den Plan, gleich indianischen Häuptlingen in ihre Decken gehüllt. Die beiden Geretteten waren wieder einigermaßen zu sich gekommen; die erregten Nerven ließen ihnen immer noch die Glieder schlottern; auch sie hatten sich inzwischen in Decken gehüllt. Auf dem Platze war außerdem Jonnys Bruder Booker erschienen, derselbe, den Paul früh am Morgen als Weckrufer beobachtet hatte – und auch das lichtbraune, unbeschreiblich schlanke Mädchen war wiederaufgetaucht, die neben Jack so inständig gebetet hatte: seine Schwester Jessica. Scheu, beinahe linkisch begrüßte sie die jungen Leute, den Joe und den Jimmy Smith, die Retter der Knaben. Peter stellte dabei fest, daß schwarze Mädchen, wenn sie so lichtbraun sind wie diese Jessica (Jessica, Jessica – wo stammte der Name her? Es wollte dem etwas verlegenen Peter nicht gleich einfallen) – ja, daß sie auch erröten können. Afrikanische Anmut, dachte Peter, der sein romantisches Gemüt wie stets nur schwer bezähmen konnte. – Paul war sachlicher; er dachte: wenn diese prächtig aufgemachte Jessica nicht in ihres Vaters Schönheitspflege-Salon als Schönheitspflegerin angestellt ist, dann will ich nicht Paul Knapsack, sondern in drei Teufels Namen Joe Smith heißen!

Schon war alles im Aufbruch; die beiden Geretteten wankten,

von ihren Vätern gestützt, zu den Autos. Jessica und Booker erhielten indessen von den Pas und auch den Mas allerlei sichtlich geheime Anweisungen. Sie sollten hierbleiben, um die Familien bei den Feiern zu vertreten; abends würde sie der Omnibus mit den anderen jungen Leuten in Lexington absetzen. Paul und Peter machten den Beschluß.

Auf der Straße warteten ein wohlgepflegter Ford und ein blanker Chevraulet. Sieh mal an, dachten Paul und Peter, wie gut, daß die Lausejungens, die wir gerettet haben, in der Wahl ihrer Eltern so vorsichtig gewesen sind.

Peter erwachte erst, als das Auto auf leise knirschendem Kies vor einem freundlichen, einstöckigen und, wie es schien, recht geräumigen Haus hielt. Hier wohnte also Gordon Lincoln – das war der stolze Name des gewichtigen Besitzers des Schönheitsinstituts. Ein Dienstmädchen mit einem weißen Häubchen über dem kaffeebraunen Antlitz blickte überrascht zur Tür heraus – und bald ebenso bestürzt, als die beiden Gestalten in Decken aus der Autotür kraxelten. Ma sagte streng:

»Was stehst du und starrst, Hilda? Wir hatten ein Unglück. Jacky ist in den Fluß gefallen, und dieser Herr hat ihn gerettet. Schnell, bereite ein Bad! Und dann müssen wir für Anzüge sorgen. Ach, mein Junge«, sie wandte sich dem verschlafenen Peter zu, »es wird dir nichts passen; mein Mann hat den doppelten Umfang wie du, und meine Jungen sind noch Kinder. Aber Bookers Anzüge werden dir passen. Wollen gleich mal hören. Da kommen Barkers schon.«

Der Chevrolet, in dem Paul die Anreise verschlafen hatte, bog in die Toreinfahrt. Bald versammelte sich die ganze Gesellschaft in der geräumigen Diele des Lincolnschen Hauses: Pa und Ma Barker und Jonny, Pa und Ma Lincoln und Jacky, dazu Joe/Paul und Jimmy/Peter. Peter gähnte ein ums andere Mal. Seit er im Auto angefangen hatte, sich auszuschlafen nach all den Strapazen und Erregungen der letzten vierundzwanzig Stunden, wünschte er sich nichts mit größerer Sehnsucht, als weiterschlafen zu können. Paul war aus härterem Holz geschnitzt; aber auch er fühlte sich müde »wie ein Kohlensack«.

Joe also würde bei Barkers wohnen und Jimmy bei Lincolns – das war schnell ausgemacht; die Rückseiten der Barkerschen und Lincolnschen Grundstücke grenzten aneinander; Joe und Jimmy hatten es also nicht weit zueinander, wenn sie sich ungesehen besuchen wollten. Aus Bookers Kleiderschrank sollten die beiden Lebensretter erst einmal provisorisch eingekleidet werden. Am nächsten Tage, wenn die Geschäfte wieder geöffnet waren, würde man weitersehen.

»Und dann«, schloß Pa Lincoln die etwas wirre Besprechung ab, »könnt ihr jungen Herren so lange bei uns bleiben, wie ihr wollt und euch vom Krieg und vom Soldatsein erholen, wo ihr doch keine Anverwandten mehr habt und keinen Platz, wo ihr richtig hingehört.«

»Ja, das sollt ihr machen!« pflichtet Pa Barker eifrig bei. »Als Booker wieder entlassen wurde, wollte er auch nichts weiter als schlafen und nichts mehr hören von Krieg und Ausbildung und Heldentum.«

Paul stimmte zu: »Uns geht es genauso. Wir wünschen uns nichts sehnlicher, als völlig unheroisch in die Badewanne und dann in ein absolut ziviles Bett zu steigen. Aber sprecht uns ja nicht mit Herren an. Ihr könnt uns Joe und Jimmy nennen.«

»Das ist fein, Joe und Jimmy, danke schön! Ich habe es gleich gewußt, daß ihr nicht so eingebildet seid wie sonst manche weißen Leute. Auch eurer Aussprache merkte ich es gleich an, daß ihr von weit her sein müßt.« Ma Lincoln sagte es freundlich und mütterlich.

Paul und Peter wurden noch ein wenig weißer um die Nasen, als sie es ohnehin schon waren. Ma war entzückend, aber das mit der englischen Aussprache – immerhin ein Segen, daß Nordamerika so groß ist, dachte Paul.

»Zum Abendbrot wollen wir uns alle hier treffen. Dann werden Booker und Jessy auch wieder dasein. Bis dahin wird geruht, und abends sind wir alle wieder auf der Höhe«, entschied Ma Lincoln, wie gewöhnlich, ohne Widerspruch zu finden. Ma Barker entwickelte nicht annähernd so viel Initiative; bei Barkers führte anscheinend Pa das Kommando.

Peter und Paul standen in ihren Decken da und fröstelten. Diese Lawine von Wohlwollen und Mütterlichkeit überwältigte sie. Der Umschwung ihres Schicksals von gestern auf heute hatte sich allzu gewaltsam und gründlich vollzogen. Wie die beiden da nebeneinander standen, konnten sie gut und gern als Joe und Jimmy, als Brüder, passieren. Peter war schwarz von Haar, Paul sehr dunkelbraun mit einer weißen Strähne über dem rechten Ohr; beide hatten schwarze Augen; Peter zeigte sich feingliedriger als Paul, der einen mehr gedrungenen, muskulösen Eindruck machte; beide waren mit einer Haut begabt, die sich leicht und kräftig in der Sonne bräunte.

Endlich war es soweit: die Barkers fuhren mit Paul wieder ab. Paul hatte noch schnell mit Peter verabredet, daß er ihn eine halbe Stunde vor dem Abendessen auf seinem Zimmer aufsuchen würde.

Und dann, endlich, schloß sich hinter Peter die Badezimmertür, und er stieg, feierlich gestimmt wie selten in seinem Leben, in ein heißes Bad, in eine grüngekachelte Wanne – und das Wasser floß aus funkelnden Armaturen.

Ach, und ins Badewasser waren duftende Kristalle gestreut und verwandelten es in eine feenhafte Flut.

Peter lag lang im heißen Wasser, hatte die Hände über der Brust gefaltet und betete:

»Lieber Gott, ich bin ein großer Sauhund gewesen, das weiß ich, und ich bin es auch noch. Ich habe schon ewiglange in den Wind geschlagen, was meine gute Mutter mich gelehrt hat. Aber nun hast du allein unsre Flucht glücken lassen; denn mit rechten Dingen ist das nicht zugegangen. Ich bitte dich, laß mich glücklich nach Hause kommen, nach Angola in Afrika! Und Paul, meinen Freund, den Holzkopf, auch! Ich verspreche dir, lieber Gott, von jetzt an ein anständiger Mensch zu werden –« und fügte nach einer kleinen Pause des Nachsinnens hinzu: »Wenn du mich nicht allzusehr mit Versuchungen plagst« – und dachte dann: Ihr Hals ist so schlank wie ein Palmenstamm – und samtensanft von Haut, Jessica – wenn ich mich doch erinnern könnte, wo der Name herstammt!

Der Schlaf danach in dem breiten, blütensauberen Gastbett war ein Geschenk des Himmels.

Peter erwachte, als sich Paul auf seinem Bettrand niederließ: »Willst du nicht endlich aufstehen, Schlafmütze! In einer halben Stunde sollen wir zum Essen antreten.«

»Antreten ist vorbei, mein Guter!«

»Meinst du wirklich, Peter? Mir ist ein bißchen unheimlich zumute. Wir sind noch längst nicht außer Gefahr. Ich glaube sogar, sie fängt erst an.«

»Bange machen gilt nicht, alte Unke. Du bist Joe und ich bin Jimmy Smith aus Washington, sagen wir aus dem Städtchen Blaine; das liegt nördlich Seattle an der kanadischen Grenze. Blaine wird nicht anders aussehen als alle anderen kleinen Städte. Einen anderen

Ortsnamen kenne ich außer Seattle nicht. Seattle können wir nicht als Heimat wählen; das ist eine große Stadt, und nachher spricht uns einer darauf an, wie es dort aussieht. Jetzt stellen wir uns erst einmal tot und warten ab, ob etwas in den Zeitungen steht. Dann werden wir weitersehen.«

»Dein goldenes Gemüt–! Wir haben keine Spur von Ausweis, können keine ehrenvolle Entlassung aus der Armee nachweisen, haben kein Geld, nicht einmal eine zuverlässige Karte der USA, und so wollen wir nach Hause kommen? – um die halbe Erde?«

»Die halbe–? Die ganze, Paul! Die Erde ist rund, wir haben Zeit; überall ist es schön, wenn man nicht mehr im Lager zu sitzen braucht. Paul, hast du dir eigentlich die kleine Jessica näher angesehen?«

Aber Pauls Gemüt war verdüstert:

»Laß mich mit Jessica zufrieden. Hundert Dollar in der Tasche wären mir lieber. Ich sehe schon, mit dir ist nichts anzufangen. Du überläßt wieder einmal das ganze Nachdenken mir. Steh jetzt auf. Ich gehe hinunter. Ich habe genug von dir, reichlich genug.«

Er schlug die Tür hinter sich zu. Peters völlig ungerührtes Gelächter scholl hinter ihm her. Peter zog sich eilig an.

Zum wahrhaft festlich bereiteten Abendbrot hatte es Peter so einzurichten gewußt, daß er neben Jessica zu sitzen kam, und ließ sich von ihr erzählen, wie sie mit Gottesdienst, Gesängen und Rasenspielen den Tag verbracht hatte. In vergangenen Jahren hätte Peter ihren Bericht vielleicht wenig erregend, vielleicht läppisch gefunden; jetzt atmete ihn daraus die unbeschwerte Freiheit, der Frieden an, die leichtherzige Freude an einem heiteren Nichts. Eine Sekunde lang dachte er: gestern um diese Zeit lagen wir noch unter der Baracke im Dreck, konnten uns nicht rühren, die Ratten huschten – und er blickte Jessica so begeistert und zustimmend an, daß sie die Augen niederschlug, mitten im Satz steckenblieb und nur noch zu stammeln wußte:

»Jimmy, du bist so verschieden von den jungen Leuten, die ich kenne. Es muß wohl schön sein, auch für uns, da im Staate Washington, wo du her bist.«

Peter starrte verwirrt auf seinen Teller; er verstand nur halb, was sie meinte. Niemand am Tisch hatte das kleine Zwischenspiel bemerkt. Mas Augen allerdings – Ma thronte am Kopfende des Tisches – war es nicht entgangen.

Paul ließ sich inzwischen von seinem Nachbarn Booker berichten, wohin ihn der Krieg überall verschlagen hatte; er fragte viel und sehr interessiert. Booker freute sich, daß einer so genau erfahren wollte, was alles er mit seiner Nachschubabteilung erlebt hatte, und erzählte mit Vergnügen. Er wußte nicht, daß Paul mit höchster Aufmerksamkeit zuhörte, um zu erfahren, wie der Alltag einer amerikanischen Truppe im Krieg ausgesehen hatte; denn diese Kenntnis würde er brauchen.

Als der Nachtisch, Pfirsiche mit Sahne, verzehrt war, klopfte Pa Barker mit dem Löffelchen an seinen Glasteller und erhob sich zu einer kleinen Ansprache.

»Liebe Freunde! Liebe Kinder! Liebe Kriegskameraden meines Booker!« – wobei Paul und Peter einen leisen Stich im Herzen fühlten –, »dieser Tag, den wir nun so festlich beschließen, hätte ein Tag der Tränen für unsere beiden Familien werden können, wenn Gott der Herr nicht im rechten Augenblick unsere beiden Ehrengäste gesandt hätte, die dem Tod noch einmal die Sichel aus der Hand schlugen. Wir können euch beiden, lieber Joe und lieber Jimmy, diese tapfere Tat nie genug danken, aber im Kontobuch des Himmels ist sie euch sicher mit dicken goldenen Buchstaben gutgeschrieben bis zum Jüngsten Gericht. Wie wir die Rettung unserer Kinder euch vergelten sollen, das wissen wir nicht. Aber wir freuen uns doch, daß wir euch für einige Zeit, wenn ihr mit uns vorliebnehmen wollt, eine Heimat bieten können. Der Krieg ist aus, und ihr habt kein Elternhaus und keine Arbeit. Eure Entlassungsanzüge« – mit PW drauf, dachte Peter – »habt ihr für unsere ungezogenen Jungen geopfert. Es ist uns eine liebe Selbstverständlichkeit, euch von oben bis unten nach eurem Geschmack neu einzukleiden; das kann morgen geschehen. Ihr habt aber euer Geld verloren. Booker hat es heute unserem Pastor, der das Kirchenfest leitete, erzählt und zum Dank dafür, daß Gott das Freudenfest nicht in einen großen Jammertag verwandelte, hat der Pastor bei der Kaffeetafel den Hut herumgehen lassen, und die Gemeinde bittet euch, den Sammelbetrag als ein Zeichen der Anerkennung entgegenzunehmen. Wieviel ist es, Booker?«

Booker kramte eine dicke Rolle von Dollarscheinen aus seiner hinteren Hosentasche: »Es sind einhundertundneunundneunzig Dollar, Pa!«

»Gut! Wir haben uns entschlossen, Pa Lincoln und ich, diesen Betrag noch einmal dazuzulegen und außerdem zwei Dollar, so daß ihr jeder mit zweihundert Dollar ausgerüstet seid. Nun sagt uns, bitte, ob wir euch kränken, wenn wir euch mit diesen Kleinigkeiten helfen. Wir wissen ja sonst gar nicht, wie wir wiedergutmachen sollen, was ihr an uns getan habt. Wir würden euch auch gern in euerem Beruf helfen, wissen aber nicht, wie.«

Er setzte sich; die ganze Tafelrunde schwieg und blickte auf Paul und Peter; die starrten, umbraust von einem lautlosen Wirbelsturm unaussprechlicher Empfindungen, auf ihre Teller. Peter spürte, wie seine Haut ganz kalt wurde und dann wieder glühend heiß bis an die Stirn unterm Haar – vierhundert Dollar – Beruf – einkleiden von oben bis unten – die sind ja wahnsinnig! Da hatte Paul sich schon erhoben; er sprach ganz ruhig (allein Ma vielleicht merkte, wie unbeschreiblich aufgeregt er war, merkte es daran, daß er sich zweimal auf die Unterlippe biß, um ihr Zittern zu verbergen). Paul begann:

»Liebe Freunde! Ihr macht mehr her von unserer Tat, als sie wert ist. Als wir Jonny und Jack im Wasser schreien hörten, überlegten wir nicht lange und sprangen hinterher. Wir mußten unsere Kleider opfern und leider auch ein paar Dollar, die in den Hosentaschen steckten. Und wenn nun für uns gesammelt worden ist, so wollen wir uns nicht bescheidener anstellen, als wir sind. Wir nehmen das Geld an und danken herzlich; es erleichtert unseren Start ins zivile Dasein. Unsern Beruf wollt ihr wissen. Vor dem Kriege waren wir Studenten auf der Universität von Seattle; Jimmy hatte ein, ich zwei Jahre hinter mir; er studierte Landwirtschaft und ich Gartenbau. Unsere Eltern hatten eine große Obstplantage bei Blaine, Washington. Aber wir wollen nicht gleich wieder ins Joch zurück, sondern erst einmal unsere Freiheit genießen, die Vereinigten Staaten uns gründlich ansehen, nachdem wir so viel von der übrigen Welt gesehen haben. Zum Studieren bleibt immer noch Zeit. Hier am Ohio und in Kentucky ist es wunderschön; wir können ebensogut auch hier mit unserer Besichtigung anfangen. Also nochmals herzlichsten Dank für alles!«

»Ja, schön, großartig, das sollt ihr alles haben!« schrie Papa Barker. Es war wie im Märchen.

Und Ma Lincoln fügte hinzu:

»Morgen back' ich euch eine Aprikosentorte! Und dann könnt ihr an den Kentucky baden fahren; nehmt Jonny und Jack mit, damit sie auch mal lernen, sich über Wasser zu halten.«

Paul ist ein Esel, dachte Peter; Jacky – fehlt mir gerade! Jessica kommt mit; er besprach es flüsternd mit seiner Nachbarin; ihre Worte gingen in dem vergnügten Tumult unter, der Pauls Worten folgte.

Der Abend entwickelte sich so unbeschwert und heiter, wie seit vielen Jahren Paul und Peter keinen mehr genossen hatten.

Wieder lag Peter noch im Bett, als Paul am nächsten Morgen gegen neun Uhr in sein Zimmer trat. Er verschränkte die Hände hinter dem Kopf, gähnte aus tiefstem Herzen und bemerkte genüßlich:

»Morgen, Paul! Mensch, lange schlafen – wenn die anderen schon alle zur Arbeit gegangen sind! Jetzt weiß ich endlich, daß ich kein Soldat und kein Gefangener mehr bin. Paul, oller Griesgram, ich bin so unvernünftig glücklich, daß ich mir dauernd in den Daumen beißen muß, damit ich merke, daß es kein anderer ist, der hier im Bett liegt!« Paul mußte lachen trotz der kritischen Stimmung, in der er sich befand:

»Jetzt mußt du aus den Federn, Bursche. Ich habe längst gefrühstückt, und du kannst Ma nicht ewig warten lassen, wenn sie mir auch aufgetragen hat, dich ja schlafen zu lassen, falls du noch schlafen solltest. Im übrigen ist das Haus leer; alles ist ausgeflogen: ins Geschäft, zur Arbeit, in die Schule. Komm jetzt, wir sollen uns heute vormittag einkleiden; heute nachmittag fahren wir mit Booker, Jonny, Jack, Jessica zusammen baden.«

Peter war mit einem Satz aus dem Bett. Einkleiden – das war das Stichwort.

Er hielt plötzlich im Einpinseln vor dem Spiegel über dem Waschbecken inne; er tippte sich mit dem Rasierpinsel vor die Stirn, daß es einen weißen Seifenkleks gab; er sah aus wie ein Clown; er sagte:

»Du, Paul, irgendwo in der Stadt herumlaufen, von einem Geschäft zum anderen, und von den Leuten, denen wir keine Kinder aus dem Ohio gefischt haben, feststellen lassen, daß wir mit unserem allzu britischen Englisch von allzuweit her sein müssen – Paul, dafür bin ich nicht. Immer hübsch zu Hause bleiben bei Ma und Pa, das ist viel bekömmlicher für uns. Wir sollten uns unseren Frack lieber hier verpassen lassen, geht das nicht?« Paul erwiderte von oben herab:

»Daran habe ich natürlich längst gedacht, während du noch in glücklichem Kinderschlafe lagst. Heute morgen hat mir Pa Barker feierlich in einem steifen Geschäftskuvert 400 Dollar, in Worten

32

vierhundert Dollar, überreicht. Du erlaubst wohl, mein Junge, daß ich deinen Anteil in Verwahrung nehme, – und in einer halben Stunde, Peterchen, wird ein ganzer Lastwgen voll zum Ansehen eintreffen.«

Peter rasierte sich längst weiter; er murmelte nur:

»Da wird selbst so ein alter Stumpfbock und Kommißknopp wie du lyrisch, was? – Au, jetzt hab' ich mich doch geschnitten; man soll beim Rasieren nicht grinsen!«

Ma redete eifrig zu; vor dem großen Stehspiegel im Schlafzimmer wurde ausführlich Anprobe gehalten.

»Nun stellt euch nicht so an!« kommandierte Ma. »Ich habe schon mehr Männer in Unterhosen gesehen als euch. Habe euch ja in Unterhosen kennengelernt, und ihr machtet gar keine so schlechte Figur!« und verabreichte dem etwas genierlichen Paul einen mütterlichen Klaps auf die Kehrseite.

Sie ruhte nicht eher, als bis sie ihre »Pflegesöhne«, wie sie Peter und Paul bereits nannte, folgendermaßen equipiert hatte: jeden mit einem grauen Straßenanzug und zwei Paar kräftigen Overalls, einem Paar Straßen- und einem Paar Arbeitsschuhen, je zwei Oberhemden, je zwei blaue Arbeitshemden, drei Garnituren Unterwäsche, drei Paar leichten und drei Paar Arbeitssocken, je zwei Krawatten, je einem Hut aus Panama-Stroh, je fünf Taschentüchern und je einem Koffer, um die ganze Herrlichkeit zu verpacken.

»Ist wie Weihnachten!« meinte Paul trocken, als die Mittagszeit heranrückte und sie endlich alles beisammen hatten, was Ma für gut und richtig hielt.

Peter stand vor dem hohen Doppelspiegel und betrachtete sich lange. Er hatte sich den fesch gebogenen Strohhut aufgesetzt, die Krawatte kunstvoll gebunden; der Anzug saß ihm , als wäre er speziell für ihn nach Maß gearbeitet; mit leisem Knick senkte sich die Bügelfalte auf die dunkelbraunen Schuhe. Peter war sprachlos vor diesem Bilde – eine ganze Weile lang. Er flüsterte: »Endlich bin ich wieder ein Mensch!«

Er drehte sich langsam zu Ma um, die stumm am Fensterbrett lehnte. In ihren großen dunklen Augen blitzte – was denn? Wirklich, eine Träne! Peter spürte, wie auch ihm die Augen ein wenig feucht wurden. Er ging auf Ma zu und hätte sie am liebsten umarmt; er reichte ihr die Hand:

»Ma, du kannst dir nicht vorstellen, was das für uns bedeutet:

wieder in richtigen menschlichen Kleidern! Wir danken euch allen und glaub's mir, wir vergessen euch nicht!«

Ma wischte sich mit dem Schürzenzipfel die Augen aus und sagte:

»Ist schon gut, mein Junge! Wir euch auch nicht! Und wenn ihr mal was braucht, dann schreibt an uns!«

Paul meinte mit trockener Kehle:

»Wir werden auch ohne das schreiben, verlaß dich drauf!«

Zwei Autos rollten am späten Nachmittag aus Lexington hinaus, zum Kentucky-Fluß hinunter. Jacky und Jonny wollten zusammensitzen während der Fahrt, Paul mochte Booker nicht allein lassen; es ergab sich also von selbst, daß Peter und Jessica in Lincolns Auto ohne weitere Mitfahrer durch den goldenen Tag davonglitten.

Peter hatte einer seiner romantischen Anwandlungen nachgegeben und vorgeschlagen, nach Boonesborough am Kentucky zu fahren; dort würde man gewiß ebenso schlecht oder gut schwimmen und baden können wie anderswo. Er hatte in der amerikanischen Lagerbibliothek einiges über Daniel Boone gelesen, den Vater Kentuckys, der als erster Weißer über das Gebirge in die unendlichen Wälder am Ohio, Kentucky, am Kenawha und am Licking River vorgedrungen war, Daniel Boone, der später immer weiter nach Westen zog, der den Siedlern in unberührtes Indianerland Bahn brach, weit über den Mississippi hinweg bis ins Felsengebirge hinein, Daniel Boone, der schon zu Lebzeiten zur Sage wurde, den Fenimore Cooper sich zum Urbild und Vorbild nahm, als er jenes unsterbliche Buch aus der Heldenzeit des »Wilden Westens« schrieb, den »Lederstrumpf«.

Peter wußte viel mehr von all diesen Dingen als Jessica; es rührte ihn, wie atemlos sie seinen Geschichten folgte, die er nach den Büchern, die er gelesen hatte, spannend zu erzählen wußte. Jessica sagte:

»Bei den ›Blauen Lecken‹ hat er seinen Bruder und seinen Sohn verloren? Ich kenne die ›Blauen Lecken‹; sie liegen am Licking River; Vaters und Mutters Eltern haben dort gearbeitet. Es gab da früher ein Solbad und ein Kurhaus. Das ist abgebrannt; die Anlage geriet in Vergessenheit, und heute steht nur noch ein verfallenes schlechtes Hotel, das keine Gäste mehr hat. Wenn du willst, Jimmy, können wir morgen dorthin einen Ausflug machen; es ist etwas weiter als zum Kentucky. Ich könnte euch morgens hinbringen und euch mittags oder nachmittags abholen; abends möchten wir so gerne wieder tanzen; meine Freundin Deborah, die Biologie studiert, hat mir viel vorgeschwärmt. Was meinst du?«

Peter war sehr einverstanden. Er war mit allem einverstanden. Blue Licks, Licking River –.

Abends wurde für den nächsten Tag, Dienstag, verabredet, was Jessy vorgeschlagen hatte.

»Von hier aus können wir den Wagen einfach rollen lassen; es geht in einem Zuge bergab bis zu den ›Blauen Lecken‹ und der Brücke über den Licking«, sagte Jessica und stellte den Motor ab. Peter saß neben ihr, Paul auf dem Hintersitz.

Es war noch nicht acht Uhr. Die hohen Wälder standen längs der weitgeschwungenen Straße Wache; das Auto glitt lautlos wie durch dunkelgrüne, lichtdurchfunkelte Grotten. Es war sehr still ringsum; durch die Fenster des Wagens strömte die duftbeladene Luft des hohen Sommers; man meinte, den Tau zu riechen, der noch auf den schwanken Gräsern lag. Jessica trat auf die Bremse; der Wagen kam allzu heftig in Schuß. So leer und feierlich ringsum der Wald – wie wohl in alten Zeiten, als jener Daniel Boone sich durch die grünen Dickichte stahl. Jessica sagte leise, als dürfte man nicht laut sprechen an diesem heimlichen Morgen:

»Gleich ist der Wald zu Ende. Links, wo man noch die alten Grundmauern sieht, lag das Kurhaus, in dem die Großeltern gearbeitet haben. Es steht nur noch das brüchige Hotel, das damals nicht abbrannte. Dort könnt ihr Frühstück essen, wenn ihr wollt. Mir würden sie wohl nicht servieren. Und dahinter, da, das gelbe Gewässer in der Schlucht, da ist der Licking River, und ein wenig weiter stromauf findet ihr die Furt, an welcher die Indianer damals Boones kleine Streitmacht aus den ›dunklen blutigen Gründen‹ Kentuckys in die ewigen Jagdgründe schickten – behaupten wenigstens die Leute im Hotel.«

Peter knurrte unwillig:

»Wenn sie dir da nichts servieren, Jessy, wollen auch wir von dem baufälligen Stall nichts wissen. Halte gar nicht an! Fahre gleich weiter zum Fluß. Über die Brücke! So! Hier kannst du parken und wenden nachher. Wir wandern ein Stück stromauf und suchen die alte Furt. Komm, du hast noch zehn Minuten Zeit; bist immer noch rechtzeitig um neun Uhr im Geschäft, wenn du ein wenig mehr Gas gibst als auf der Herfahrt. Joe, bringst du das Badezeug mit, den Proviant?«

Sie stiegen jenseits der Brücke aus. Jessica fragte:

»Wollt ihr die Zeitung hierbehalten; der Bote warf sie mir ins Fenster, bevor wir abfuhren. Ihr könnt sie gern haben, wir sehen sowieso erst abends hinein; und Pa ist gar nicht im Geschäft heute.«

»Vielen Dank, Jessy! Wir nehmen sie gern!«

Jessy kramte die Zeitung aus der Seitentasche und sprang mit ihnen als erste den Abhang hinunter ans Ufer des Flusses. Paul sagte: »Hier ist es schön. Hier bleiben wir. Hier scheint auch das Wasser tief genug zu sein zum Schwimmen. Über Tag wird es mörderisch heiß werden.«

Jessy blickte sich sehnsüchtig um: »Ihr habt's gut. Am liebsten bliebe ich gleich bei euch. Ma muß mich früher als sonst aus dem Geschäft loslassen. Ich komme eine Stunde eher und tauche mich auch ins Wasser. Wir sind dann immer noch rechtzeitig zum Abendbrot daheim.«

Sie schien sich nicht entschließen zu können, Abschied zu nehmen. Sie zerpflückte ein Blatt zwischen den Fingern; eine leichte Unsicherheit malte sich auf ihren Zügen, sie fuhr fort:

»Ich würde gern mit dir, mit euch«, verbesserte sie sich, »ins Kino gehen. Heute wollen wir ja wieder ein wenig tanzen; aber morgen –. Doch das geht ja nicht. Im Kino –«

»Müßten wir wohl getrennt sitzen!« sagte Peter böse.

Sie nickte. Paul wandte sich ab; er war rot geworden. Peter sagte: »Es gibt doch sicher ein Kino in eurem Stadtteil, das nur von Farbigen besucht wird. Ich gehe mit dir hin, Jessy. Mir ist das ganz gleich. Sieh doch nach, was es dort gibt, du hast ja die Zeitung bei dir.«

Jessy sah Peter groß an; ein glückliches Lächeln stahl sich um ihre Mundwinkel. Sie flüsterte: »Wirklich, Jimmy?« Sie faltete die eng zusammengekniffte Zeitung auseinander. Ihr Blick suchte über die zweite, die dritte Seite hin. Plötzlich –.

Plötzlich wurden ihre Augen groß, ihr Gesicht erstarrte. Was hatte sie da gefunden? Ein paar Male flog ihr Blick zwischen der Zeitung und Peters Gesicht hin und her. Den beiden Freunden würde es, ehe sie noch wußten warum, eiskalt unter ihren neuen Anzügen.

Jessica las stammelnd vor – ihre Haut schien einen grauen Anflug zu bekommen:

36

»Peter Bolt, PW, fünfundzwanzig Jahre alt im vergangenen März, schwarzhaarig, schlank, mittelgroß, sehr starke schwarze Brauen über schwarzen Augen, schmales Gesicht, volle Lippen, spricht ein vorzügliches, aber unamerikanisches Englisch. Das Foto zeigt ihn, wie er vor fünf Jahren aussah. Paul Knapsack, PW, vierundzwanzig Jahre alt im September vorigen Jahres, dunkelbraunes Haar, muskulös, breitschultrig, mittelgroß, braune Augen, sonnenverbrannte Gesichtshaut, volles kräftiges Gesicht, schmale Lippen, besonderes Kennzeichen: weiße Haarsträhne an der rechten Seite des Hinterkopfes, spricht ebenfalls gutes, jedoch britisch gefärbtes Englisch. Das Foto von ihm (rechts) ist vier Jahre alt. Die Spuren der beiden Entflohenen konnten bis zum Ohio, zweieinhalb Meilen oberhalb von Point Pleasant, verfolgt werden, verloren sich dort aber im Wasser, so daß anzunehmen ist, daß sie ein Floß oder ein Boot bestiegen haben. Es handelt sich um zwei entschlossene, intelligente Burschen, die bereits zwei Ausbruchsversuche hinter sich haben; es wird daher vor ihnen gewarnt. Sachdienliche Angaben, die zu ihrer Wiederfestnahme führen könnten, nimmt das Kriegsgefangenenlager Cologne, jede Polizeistation oder Heeresstreife entgegen.«

Jessica hatte immer heftiger, immer atemloser gelesen. Ihre Augen irrten weiter über das Zeitungsblatt. Sie lachte mit einem Male laut auf; es klang verzweifelt schrill:

»Hier da steht's: Tapfere Tat zweier eben entlassener Soldaten. Wie wir heute aus Addison erfahren, haben am vergangenen Sonntag zwei vor kurzem erst aus dem Heeresdienst entlassene Kriegsteilnehmer, Joe und Jimmy Smith aus Blaine, Washington, zwei farbige Knaben aus Lexington, Jack Lincoln und John Barker, Söhne angesehener Geschäftsleute, vor dem Tode des Ertrinkens im Ohio gerettet. Die beiden jungen Soldaten, die, wie man hört, an unseren Fronten in Afrika, Italien und Deutschland hoch ausgezeichnet sein sollen, lehnten es in männlicher Bescheidenheit ab, sich feiern zu lassen, zogen es vielmehr vor...«

Sie brach in ein noch lauteres Gelächter aus; es klang nicht mehr so verzweifelt. Paul war hinter sie getreten. Seine Augen waren leicht zusammengekniffen, sein Mund gestrafft; so mochte er ausgesehen haben, wenn er durch feindliches Abwehrfeuer geflogen war. Jessica merkte nichts davon; sie blickte nur Peter an. Sie war verstummt und plötzlich sehr ernst geworden.

Sie fragte:

»Stimmt es also, Jim?«

»Nicht Jim, Jessy! Ich heiße Peter! Es stimmt. Vorgestern abend war ich drauf und dran, es dir zu gestehen. Du warst es selbst, die mir die Hand auf den Mund legte –«

»Ja, Peter!« flüsterte sie kaum hörbar.

Die beiden jungen Menschen, aus Welten stammend, einander sehr fern und fremd, blickten sich an. Ein paar bebende Herzschläge lang gab es nur sie allein unter der Sonne. Ach, die Welt der Herzen ist ein und dieselbe rund um die Erde; in ihr allein ist Freiheit und Frieden. Peter, ohne es recht zu wissen, formte ein einziges Wort, beschwörend – bittend – – und bestätigend, was sie schon wußte. Er flüsterte: »Jessica – –!«

Sie seufzte. Tränen waren in ihren Augen. Sie hob das Zeitungsblatt: »Wie kommen die zu euren Fotos?«

»Es sind die Fotos aus den Militärausweisen, mit denen wir gefangen worden sind.«

»Gott sei Dank, daß wir gerade jetzt nicht mehr in Lexington sind. Wer hat euch eigentlich alles gesehen? Doch nur Pa und Ma und die Kinder.«

Paul hatte begriffen, daß er und Peter einen Bundesgenossen gewonnen hatten; er sagte:

»Peter ist auch von den Mädchen gesehen worden, die uns am Ohio nachgerann. kamen; er machte die Atemübungen an Jack. Und dann deine beiden Freundinnen, und Hilda, euer Mädchen, und Barkers Mädchen und Köchin. Ein Haufen Leute also. Nach Lexington können wir nicht wieder zurück.«

»Wir können nicht einmal hierbleiben. Booker, Jacky und Ma wissen, daß wir hierhergefahren sind«, warf Peter ein.

»Ich fahre euch nach Boonesborough hinüber, wo wir gestern gewesen sind. In der verschlafenen Ecke vermutet euch niemand. Vielleicht hat keiner bis jetzt eure Bilder gesehen; meist werden ja die Zeitungen erst abends gelesen. Ich mache mich mittags frei. Ma ist heute vormittag im Geschäft, weil Pa mit dem Zuge nach Louisville gefahren ist, um einzukaufen. Ich kann also unbemerkt Peters Sachen zusammenpacken und mitbringen. Wie ist es aber mit Pauls Kleidern?«

»Sind alle im Koffer fertig verpackt. Ich habe dem Frieden nie getraut. Mein Zimmer liegt gleich hinter dem Bookers. Du brauchst nur die Tür aufzumachen; gleich neben dem Türspalt steht der Koffer.«

»Gut, was sage ich aber, wenn schon einer wild geworden ist und wissen will, wo ich euch abgeladen habe?«

»Dann sagst du, wir hätten uns unterwegs eine Zeitung gekauft, hätten das Bild entdeckt und dich gezwungen, uns an eine Bahnstrecke nach Süden zu fahren. Kennst du da eine größere Station?«

»Ja, Corbin zum Beispiel, an der Strecke nach Knoxville und Atlanta. Aber, Kinder, da fällt mir ein: auf hundert, zweihundert Meilen im Umkreis werden wohl die meisten Zeitungen euer Bild bringen. Soll ich euch nicht lieber gleich weit fortbringen, nach Pittsburgh oder nach Chicago? Mir ist es recht!«

»Nein!« sagte Peter fest. »Erstens fahre ich nicht ohne meine kostbaren Kleider, und zweitens darfst du selbst nichts riskieren, Jessy. Schon deine zweite Fahrt heute mittag ist riskant genug. Wenn dir auch nur die geringste Gefahr droht, dann laß die Koffer stehen und bleibe im Geschäft; wenn du bis heute nachmittag um fünf Uhr nicht wieder in Boonesborough bist, dann schlagen wir uns seitwärts in die Büsche. Ach, wenn ich mich doch von Ma verabschieden könnte!«

»Das besprechen wir später. Fort jetzt von hier und zum Kentucky hinüber!«

Fünf Minuten später brausten sie, nach Norden ausholend, um Lexington zu vermeiden, auf westwärts weisender Straße davon. Unterwegs meinte Jessica zu Peter – er saß neben ihr, hatte den Hut tief in die Stirn gezogen und eine große grüne Sonnenbrille auf der Nase –:

»Am meisten Sorge macht mir die weiße Haarsträhne auf Pauls Kopf. Wo stammt sie her?«

»Er ist in der Großen Syrte brennend abgeschossen worden!« sagte Peter kurz.

»Und deine dichten schwarzen Augenbrauen, Peter!«

Peter gab keine Antwort. Seine linke Hand lag neben ihm auf dem Sitz. Langsam stahl sich ihre Rechte hinüber und deckte kühl die andere. Sie fuhr sehr sicher und besonnen und sehr schnell. Die Brücke über den Kentucky tauchte auf. Ehe sie noch erreicht war – man muß dort Brückenzoll zahlen – hielt Jessica an:

»Dort führt ein Pfad in die Schlucht hinunter zum Fluß. Folgt dem Ufer stromab, soweit ihr wollt, bis an irgendeinen verschwiegenen Platz; ich finde euch schon; ich denke, gegen zwei Uhr wieder dazusein.«

Paul war schon ausgestiegen. Peter zögerte; sein Herz war sehr schwer. Er sagte langsam und leise:

»Wenn wir uns nicht wiedersehen sollten, Jessy – –

Jessy, habe vielen, vielen Dank –

Liebe Jessy –!«

Und er tat etwas, was sehr unamerikanisch und selbst Jessy sehr unverständlich war: er zog, wie seine Mutter es ihm beigebracht hatte, Jessicas Hand an seine Lippen und küßte sie höflich, sehr warm und beinahe zu lange. Dann stieg er schnell aus. Eine Sekunde später fegte der Wagen mit aufheulenden Gängen davon. Paul sagte:

»Ich bin natürlich nicht vorhanden!«

»Eben nicht!« erwiderte Peter und sprang schon mit langen Schritten den Pfad hinab, der ins Tal des glasig klaren Kentucky führte.

Die beiden hatten sich an den Wechsel des Glücks in den vergangenen Jahren allzu häufig gewöhnen müssen, als daß der plötzliche Einsturz ihrer Träume sie länger als ein oder zwei Stunden aus der Fassung zu bringen vermochte.

Paul meinte nach einer Weile des Nachdenkens:

»Ein prächtiger Urlaub war das, was, Peter? Wie im Schlaraffenland. Nun geht der alte Krieg eben wieder los trotz bedingungsloser Kapitulation und so weiter.«

»Schlaraffenland? Nein, Paul, das ist nicht richtig. Tausendundeine Nacht – das trifft die Lage besser.«

»Mir auch recht. Jeder nach seinem Geschmack!«

Peter drehte sich auf den Bauch, blinzelte, überlegte mit gerunzelten Brauen, begann von neuem:

»Manchmal frage ich mich, ob es wirklich viel Sinn hatte, jetzt, Anfang Juli 1945, noch auszurücken. In absehbarer Zeit werden die Amerikaner die deutschen Kriegsgefangenen sowieso wieder nach Hause schaffen, Paul.«

Paul antwortete mißmutig gelangweilt:

»Daß du immer wieder davon anfängst! Wir haben das schon hundertmal erörtert. Nach Hause schaffen, sagst du, das heißt nach Deutschland. Was sollen wir in Deutschland? Deine Eltern sitzen in Afrika, in Angola, und meine, wenn sich inzwischen nichts verändert hat, hoffentlich immer noch in Bangkok, in Siam. Meinst du, wir könnten von Deutschland aus gleich zu unseren Leuten weiterreisen? Mein Lieber, es wird noch jahrelang dauern, ehe die Sieger eine Maus aus Deutschland herauslassen, das hat man uns ja im Lager oft genug prophezeit! Wovon sollten wir im übrigen dort leben?«

»Auf unserer Flucht um die halbe oder die ganze Erde, die wir Phantasten vorhaben, müssen wir ja auch leben.«

»Stimmt! Werden wir auch! Aber Deutschland ist ein Trümmerhaufen, und wenn die KZ-Geschichten stimmen, mit denen wir in den letzten Wochen gefüttert worden sind, dann machen die Alliierten auch ein großes Gefängnis daraus, mit Stacheldraht ringsherum. Und außerdem glaube ich nicht einmal daran, daß die Amerikaner ihre Gefangenen gleich nach Deutschland schaffen und laufenlassen; sie werden sie den Franzosen oder Engländern abtreten, die haben sicher genug aufzuräumen in ihren Ländern.

Ich will nicht hingehen, wo man mich hinschickt, sondern dorthin, wohin es mir Spaß macht. Ich bin Paul Knapsack, das genügt mir; ich will frei sein; die Erde ist auch für mich geschaffen, nicht nur für Lieblingskinder des lieben Gottes, wofür sich die Amerikaner offenbar halten. Ich will endlich sein, wozu ich geboren bin: ein Mensch! Und dazu muß man frei sein, und sei es als Landstreicher! Peter, alter Freund und Kamerad, Peter, sieh dich um: die Bäume, die Stille, der Wald, der schäumende Fluß – und kein Stacheldraht, keiner, der uns herumkommandiert, die ganze Welt ist offen! Der Wind der Freiheit weht rings um die Erde!«

Peter sprang auf den Felsen, schrie Paul zu: »Recht hast du, Paulus! Der Wind der Freiheit weht rings um die Erde!« – und schoß mit einem langen Satz in die hochaufspritzende Flut. Paul war wie der Blitz hinterher, bekam den eben wieder auftauchenden Peter zu fassen und duckte ihn kräftig, bis er selbst an einem Bein unter Wasser gezogen wurde und Peter den Spieß umdrehte. Sie tobten sich an dem alten Spiel müde und lagen erst nach einer halben Stunde wieder schwer atmend und heiß vor Gelächter, Sonne und Muskelspiel im warmen Sand des Ufers ausgestreckt.

Keine Menschenseele zeigte sich in ihrer Einsamkeit.

Peter meinte:

»Wenn Jessy nicht wiederkommt, was machen wir dann, Paul? Wahrscheinlich sind wir gewaltig auf dem Holzweg mit unserer Annahme, daß wir einfach im amerikanischen Dasein untertauchen können, ohne aufzufallen. Wir haben tatsächlich kaum eine Ahnung, wie sich die Leute in Amerika benehmen.«

»Geht dir endliche auch der Seifensieder auf? Das war von Anfang an meine größte Sorge. Nur gut, daß wir als Lagerdolmetscher so viele amerikanische Zeitschriften, Zeitungen und Bücher in die Hände bekamen. Daraus hat man eine Menge gelernt.«

»Ja, aber traurig wäre ich doch, wenn Jessica nicht wiederkäme.« »Sie kommt. Verlaß dich drauf. Oder ich müßte mich sehr täuschen. Im übrigen bist du ein Kindskopf. Amerikaner verlieben sich nicht in braune Mädchen mit langen Beinen.«

Peter sah zu Boden, kratzte mit einem Stöckchen im Sande und knurrte viel gekränkter, als es der geringe Anlaß verständlich machte:

»Du bist total verrückt!«

Jessica ließ nicht lange auf sich warten, als die Stunde heranrückte, zu der sie sich angekündigt hatte. Sie sahen sie schon von weitem: mit langen federnden Schritten stürmte sie den Pfad hinunter ins Tal; sie trug eine Handtasche von nicht geringem Format. Sie strahlte, als sie ihre beiden Schützlinge erreicht hatte; sie sprudelte hervor:

»Kinder, wir haben mehr Glück als Verstand. Ich muß Pa aus Louisville abholen, er hat den Mittagszug versäumt und will nicht auf den Nachtzug warten. Keiner von unseren Leuten hat bis zu meiner Abfahrt die Bilder entdeckt. Ich habe gesagt, wir hätten unterwegs einen Lastwagen getroffen, der nach Chicago und weiter nach Duluth fuhr, der Fahrer wäre ein alter Kriegskamerad von euch gewesen, und da hättet ihr der Versuchung nicht widerstehen können und wärt gleich mit aufgestiegen. Eure Koffer sollten wir euch expreß nach Duluth nachschicken; ich habe sie oben im Auto. Nach uns die Sintflut, Kinder! Erst einmal bringe ich euch heute aus dieser gefährlichen Gegend. Hier habe ich einen genauen Autoatlas von den Staaten und Kanada, damit ihr euch nicht verirrt. Ich weiß nicht, wo ihr hin wollt. Und hier habe ich durch guten Zufall zwei Fahrkarten für den Nachtomnibus von Louisville nach Chicago erwerben können; ein Kunde im Geschäft wollte sie verfallen lassen, da kam mir blitzartig der Gedanke, in einer großen Stadt könnt ihr am ehesten untertauchen, bis Gras über der Sache gewachsen ist – und in dem Nachtomnibus ist es dunkel, und keiner kennt den anderen. Und damit ihr armen Verbrecher euch nicht vorm Tageslicht zu ängstigen braucht, habe ich hier in der Tasche noch etwas mitgebracht!«

Sie öffnete den prächtigen Behälter und ließ Paul und Peter

hineinschauen; er war voller Flaschen, Tüten, Döschen, Tücher. Die beiden machten dumme Gesichter.

»Sollen wir einen Handel mit Schönheitswässerchen aufmachen?« fragte Paul trocken. Sie erwiderte heiter:

»Nein, aber ich werde dir deine Silbersträhne über dem Ohr wegfärben und werde Peter in einen strahlend blonden jungen Mann verwandeln.

Peter schüttelte sich: »Du bist wahnsinnig, Mädchen! Ich bin mein ganzes Leben lang noch nicht blond gewesen. Meine Eltern erkennen mich nicht wieder; ich werde bestimmt enterbt.«

Und Paul sagte: »Die weiße Strähne ist das einzige, was von meinen Kriegsauszeichnungen noch übrig ist – und die soll ich nun auch loswerden?«

Sie lachte unbändig: »Männer sind eitel, ach, du lieber Himmel! Pa sagt es immer. Los, jetzt müßt ihr auf die Schlachtbank! Hier stört uns keiner. Wasser ist auch da. Paul, du kommst zuerst dran. Peter, du brauchst keine Angst zu haben; in acht oder vierzehn Tagen wächst das schwarze Haar wieder nach; dann kann dir Paul die blonden Haare wieder schwarz färben, und du erkennst dich wieder im Spiegel. Die Augenbrauen bleiche ich dir auch. Kinder, das ist der größte Spaß meines Lebens. Deborah hat mich glühend beneidet. Sie wäre zu gern mitgekommen.«

Die beiden Männer fuhren auf:

»Du hast also doch den Mund nicht gehalten. Was hast du Deborah erzählt? Weiß sie, wo du hingefahren bist?«

»Nein, keine Ahnung hat sie. Sie bestürmte mich Pauls wegen. Ich brauchte sie, Pauls Koffer zu holen; sie kann sich bei Barkers eher bewegen als ich; Pa Barker ist der Bruder ihrer Mutter.« Paul und Peter war es heiß und kalt geworden bei diesen Eröffnungen. Paul sagte:

»Hoffentlich hast du nicht noch jemanden ins Vertrauen gezogen!«

»Nein, bestimmt nicht. Und Deborah hat keine Ahnung, wohin ich gefahren bin.«

Eine muntere Stimme ließ die drei herumfahren: »Doch! Sie hat!« Die »Verschwörer« waren so mit sich beschäftigt gewesen, daß sie nicht gemerkt hatten, wie sich hinter Jessica ein zweites weibliches Wesen den Pfad hinabgetastet und sich zwischen den dichten Bäumen und Büschen herangepirscht hatte. Sie lachte nicht; sie sprach ernst:

43

»Ich sah Jessy gerade abfahren und bin ihr auf den Fersen geblieben; sie fuhr wie der Teufel, zweimal wurde ich von ihr getrennt; ich konnte sie nicht einholen. Ich wollte euch nur sagen: das Mädchen von Barkers hat Paul in der Zeitung erkannt, nachdem ich Pauls Koffer aus dem Hause geholt hatte; sie ist gleich zur Polizei gelaufen; Booker rief mich an und sagte es mir. Ich wußte natürlich von nichts.« Mit einem Schlage war die übermütige Stimmung zerstoben.

Der Vorschlag Jessys, Peters schwarzes Haar zu bleichen, hatte plötzlich nichts Lächerliches mehr; er bildete vielleicht das einzige Mittel, den Entflohenen so unkenntlich zu machen, daß er nicht erkannt werden konnte.

Deborah beschäftigte sich nach Jessicas Anweisungen mit Pauls Kopf; die weiße Strähne fortzuzaubern sollte nicht allzuschwer sein. Peters dichter Haarschopf war nicht so leicht zu verwandeln. Peter lag im Sand, den Kopf umwickelt und wartete, daß die Bleichmittel wirkten, in die Jessica sein Haar verpackt hatte. Sie sprachen nicht viel; alle spürten die Furcht irgendwo rumoren. Peter fragte leise:

»Warum tut ihr das alles für uns, Jessica? Ihr seid doch unsere Feinde!«

Sie lachte kurz auf: »Feinde?«

»Nun ja, deine männlichen Verwandten haben vielleicht gegen uns im Feld gelegen; vielleicht sind wir Nazis.«

Sie seufzte: »Wer weiß das alles! Niemand sagt die ganze Wahrheit. Ein Vetter von mir, der in Deutschland bei der Besatzungsarmee steht, schrieb mir, die Deutschen hätten viel weniger Vorurteile gegen Schwarze als die weißen Leute in Alabama, wo er zu Hause ist. Und manche seiner Kameraden hätten sogar Liebschaften mit deutschen Mädchen angefangen, sie sprächen sie einfach auf der Straße an; wenn ein Neger das in Alabama wagte, würde er vielleicht geteert und gefedert und aufgehängt. Und dann du, Peter–«, sie stockte. Es war ihr bitterer Ernst. Peter hätte dem schmalen Geschöpf so viel Ernst nicht zugetraut. Sie setzte noch einmal an: »Du hast doch nichts gegen mich wegen – –«

Sie vermochte nicht weiterzusprechen. Peter ahnte, wo sie hinauswollte. Er sah sehr komisch aus mit seinem hochgetürmten Turban, im Badeanzug, mit Sand garniert. Die beiden jungen Menschen hatten gar kein Gefühl für das Lächerliche des Augenblicks. Er brachte beinahe ebenso stockend heraus:

»Nein, warum sollte ich. Du bist eins der schönsten und liebens-würdigsten Mädchen, die ich je getroffen habe, Jessy.«

Sie schwiegen lange. Dann sagte Jessy:

»Ich glaube, jetzt wird das Bleichmittel gewirkt haben; wenn das Haar zu blaß geworden sein sollte, muß ich dich noch auf blond einfärben. Hier ist ein Spiegel.«

Peter war starr: »Gräßlich! Einfach grausig!« murmelte er. Nun lachten sie doch. Sie sagte:

»Leg dich auf den Rücken! Jetzt kommen deine Augenbrauen dran. Ich muß dir die Augen mit Vaseline bedecken, ganz dick, damit das Bleichmittel nicht hineindringt. Du mußt ganz still liegen, Peter!«

Er versprach es. Er lag ganz still. Er ließ die sanften, geschickten Finger auf seinem Gesicht hantieren. Er hatte sich mit dem riesigen Bademantel Pas zugedeckt, den er am Morgen mitgenommen hatte. Die Sonne hatte sich schon aus dem engen Tal fortgehoben. Es war ein wenig kühler geworden.

So lag er in der Lichtlosigkeit unter den Bandagen über seinen Augen. Manchmal fragte er, wie lange er noch liegen müßte; sie tröstete ihn dann, wie man ein Kind tröstet. Er hörte Paul und Deborah aufbrechen; Deborah sagte:

»So, die weiße Strähne ist gewesen. Gib deinen Autoschlüssel, Jessy, wir wollen nach dem Wagen sehen. Sonst kommt da oben noch einer auf den Gedanken, die verschwundenen Besitzer zu suchen.«

Peter hörte Paul und Deborah fortwandern. Jessica sagte:

»Sie wollen noch ein wenig allein sein.«

Peter antwortete nicht, tastete aber mit seiner Hand zu ihr hinüber, bis er die ihre gefunden hatte.

»Jessica—!« sagte er leise.

Unbestimmte Zeit ging dahin, und dann spürte er warm und weich ihre Lippen auf den seinen; es tat so wohl. Er flüsterte:

»Ich danke dir für alles, Jessica!«

Sie antwortete nicht.

Anderthalb Stunden später brachte Jessica ihr Auto in einer der Vorstädte von Louisville zum Stehen:

»Die Trambahn dort geht bis zum Bus-Depot. Euer Bus fährt um neun Uhr ab; gegen zwei Uhr seid ihr in Chicago; der Bus geht nach Milwaukee weiter. Geht nicht in das Hotel am Bus-Depot in

Chicago. Schlagt euch lieber die Nacht um die Ohren und sucht euch morgen früh ein Privatzimmer; da fallt ihr viel weniger auf und werdet weniger gefragt. Und dann müßt ihr sehen, wie ihr weiterkommt.«

Die beiden zögerten auszusteigen, als könnten sie sich nicht entschließen, allein den Kampf mit der amerikanischen Wirklichkeit aufzunehmen.

Aber dann blickten erst zwei Frauen, dann zwei Knaben, dann ein grober rotgesichtiger Mann verwundert ins Auto; es war wohl ungewöhnlich, daß sich zwei weiße junge Männer von einer Farbigen spazierenfahren ließen.

Jessica sagte: »Peter, wenn du wieder daheim bist bei deinen Eltern, schreibe mir dann! Versprich mir das!«

»Ich verspreche es. Ich schreibe eher!«

»Leb wohl, Peter!«

»Leb wohl, Jessica! Viel Glück!«

»Ja, viel Glück –!«

Sie standen am Straßenrand mit ihren Köfferchen, zwei Schiffbrüchige, sehr verlassen; der wackere Ford, der sie bis dahin beschützt hatte, rollte langsam davon und verschwand in der Ferne.

Sie bestiegen gehorsam die Straßenbahn; sie trugen ihre Hüte in der Hand (damit jeder erkannte, daß sie es nicht waren –!). Paul hatte eine viereckige Sonnenbrille aufgesetzt; Deborah hatte sie ihm zum Abschied überlassen. Ab und zu blickte Paul Peter an und schüttelte den Kopf:

»Blond steht dir nicht, Peter!« knurrte er. »Setz dir bloß den Hut wieder auf! Dein Haar glaubt dir kein Mensch! Außerdem scheint hier kein Mensch ohne Hut zu gehen. Bloß nicht auffallen!«

Peter setzte seinen Hut wieder auf. Unter den Augenbrauen brannte ihm die Haut; auch Paul zog sich die Krempe in die Stirn. Schweigend rasselten sie durch die Stadt zur Abfahrtsstelle der Omnibusse. Sie waren hungrig. Sie trauten sich in kein Restaurant; wer weiß, was da für Fallen warteten. Sie sahen ein Schild mit der Aufschrift »Cafeteria«.

»Du«, sagte Paul, »das ist solch Dings mit Selbstbedienung; da braucht man nicht viel zu reden.«

Sie warteten, bis sich vor ihnen ein Pärchen durch die Kreiseltür drehte, und folgten ihm auf den Fersen, um sich von ihm zeigen zu lassen, wie man sich in einer Cafeteria zu benehmen hatte. Peter sagte verhalten:

»Geht wie die Feuerwehr, Paul! Da braucht man wirklich kein Wort zu reden. Junge, das essen wir nie auf, was wir uns auf die Teller gepackt haben! War ja auch rasend teuer!«

Ja, sie hatten den allzu nahrhaft und shmackhaft duftenden Gerichten nicht widerstehen können und sich die Tabletts viel zu voll gepackt. Sie gaben sich große Mühe; aber es gelang ihnen nicht, so reinen Tisch zu machen, wie sie es gewohnt waren. Als sie, Trauer im Herzen, um ein Viertel vor neun das Lokal verließen, blieben vier gefüllte Tellerchen zurück. Peter meinte grimmig:

»Wenn wir jedesmal so viel fressen, kommen wir mit unseren zweihundert Dollar nicht weit.«

Paul gab keine Antwort. Erst vor dem Omnibus-Bahnhof sagte er:

»Da ist unser Bus!«

»Louisville – Indianapolis – Chicago – Milwaukee« stand über der Windschutzscheibe des riesigen Gefährts, das überreich illuminiert mit vielen weißen, grünen und roten Lampen seine Ausmaße anzeigte. Wie ein Pfingstochse, dachte Peter und stieg ein. Sie wiesen dem Fahrer ihre Fahrkarten; der Mann blickte nicht auf, knipste die Kärtchen und bat dann um Peters Hut. Peter war zunächst völlig verdutzt, beherrschte sich aber, dachte blitzschnell: bloß den Kerl nicht reizen!, nahm seinen Hut ab und reichte ihn dem Chauffeur.

»Danke sehr!« sagte der Mann und steckte Peter die Fahrkarte hinters Hutband.

»Danke sehr!« sagte auch Peter erleichtert und zog sich mit seinem fahrkartengeschmückten Hut auf die hintersten Sitze zurück. Paul hatte es leichter; er reichte seinen Hut gleich von selbst.

»Wieder was zugelernt«, murmelte er, als er sich neben Peter fallen ließ.

Wenige Minuten später tastete sich der nur halbgefüllte Bus aus der Stadt ins Freie. Nur im Westen lagerte noch der letzte Nachglanz des Abends.In New Albany auf der Nordseite des Ohio füllte sich der Bus. Dann nahm ihn die glatte Zementstraße auf und entführte ihn nach Norden und Westen.

So einfach war es also –!

Zweites Kapitel

»Eine gottverlassene Öde hier!« murmelte Peter. Die zwei müden Männer schritten mit ihren lächerlichen Koffern immer noch die endlose Straße entlang. Sie waren in Chicago – das war alles, was sie wußten. Sie hatten nie einen Stadtplan gesehen; sie wußten nicht, wo der See lag. Es fuhr keine Straßenbahn mehr. Manchmal glitt ein Auto an ihnen vorbei; sie konnten nicht angeben, ob sie nach Norden, nach Süden, nach Osten, nach Westen wanderten. Sie kamen nicht darauf, nach dem Polarstern zu suchen; in Städten richtet man sich nicht nach den Sternen des Himmels.

Manchmal stand irgendwo im Halbschatten ein Polizist. Die silberne Placke an seiner Mütze schimmerte stumpf; er spielte mit einem kurzen Knüppel. Er sah den beiden aufmerksam nach; sie mußten an sich halten, nicht schneller auszuschreiten als bisher – das wäre aufgefallen. Die Straße wurde einsamer; die Häuser an ihr verelendeten immer jammervoller; trüber und seltener brannten Laternen, tiefer und häufiger wurden die Löcher im Asphalt. Schließlich hörte er auf, der Weg verlief sich zwischen Bergen unbestimmbaren Abraums.

»Jusqu'au bout de la nuit!« sagte Peter: bis ans Ende der Nacht; aber Paul wußte nicht, was er meinte. Er sagte:

»Rechter Hand Norden –! Peter, wir haben uns geirrt; wenn wir zum See wollen, hätten wir der Straße in der entgegengesetzten Richtung folgen müssen.«

Peter antwortete verdrossen:

»Wir müssen die Stunden bis zum Morgen sowieso vertrödeln, könnten also genausogut diese Gebirge aus Dreck besteigen. Wir machen uns wieder auf den Rückmarsch; es wird allmählich Morgen werden.«

»Sollten wir nicht doch in ein Hotel gehen?«

»Ich gäbe was drum, mich jetzt in einem anständigen Bett auszuschlafen. Wenn ich bloß wüßte, ob man hier beim Einschreiben ins Hotelbuch einen Ausweis, Paß oder dergleichen vorzeigen muß.«

»Ich frage mich selbst dauernd danach. Wir werden uns eine beliebige Hotelhalle suchen und aufpassen, wie es die anderen machen.«

»Und eine Karte von Chicago müssen wir uns beschaffen. Wir sollten irgendeinen Bahnhof zu finden suchen; da wird schon eine zu kaufen sein. Und dann Zeitungen, damit wir sehen, was hier los ist.«

»Zeitungen? Nachher stehen wir wieder drin!«

»Unsinn! Die haben hier interessantere Sachen zu berichten als die Flucht von zwei so gleichgültigen Lackeln, wie wir es sind.«

Die Straßen lagen noch stiller, noch öder als zuvor. Nur ab und zu fegte ein Auto vorbei; zu Fuß schien niemand mehr unterwegs zu sein außer den beiden mit ihren lächerlichen Koffern, ihren lächerlichen Strohhüten, ihren lächerlichen gefärbten Haaren. Drei Polizeibeamte auf weißgestrichenen Motorrädern rasten plötzlich an ihnen vorbei und donnerten die endlose Straße hinunter wie von bösen Geistern gehetzt. Ein dunkles Auto fuhr eine Weile neben ihnen am Rinnstein her, langsam; ein Mann, Hut im Genick, lehnte sich heraus und sprach sie vertraulich an, sie hatten keine Ahnung, was das bedeuten sollte; er forderte sie auf einzusteigen; nein, sie legten keinen Wert darauf; endlich fuhr er weiter, fuhr sehr schnell weiter – rätselhaft; nein, gar nicht: da war der Polizist, an dem sie schon einmal vorbeigegangen waren; er kam ihnen langsam über die grelle leere Straße entgegen. Sie gingen schneller, mit den Augen geradeaus. Er rief sie fragend an; sie taten, als hörten sie nicht; er rief sie lauter an; sie eilten weiter, jetzt fluchte er.

»Laufen oder stehenbleiben?« fragte Peter atemlos.

»Laufen!« sagte Paul.

Und plötzlich rasten sie los, alle Angst von Jahren im Genick. Hinter ihnen schrilles Getriller aus einer Signalpfeife; eine zweite gab von irgendwo Antwort. Paul und Peter kamen nicht weit; sie waren noch nicht um zwei Ecken geschossen, als sich der Streifenwagen schon neben sie legte. Ein Polizeibeamter rief ihnen aus dem Fenster zu: »Wir fahren schneller, als ihr lauft. Steigt lieber ein.«

Es klang fast humorvoll. Peter flüsterte Paul gerade noch atemlos zu: »Haben uns erst in Louisville im Omnibus getroffen; sind zwei Jokels aus dem Süden; suchen Arbeit; Südstaaten-Englisch! und stell dich dämlich!«

Sie wurden schon neben den Fahrer geschoben; zwei Beamte saßen dicht hinter ihnen. Wieder glitten sie um ein paar Ecken, dann eine gerade Straße entlang. Ein Schild war beleuchtet: Police Station. Eine Wachstube; eine übergrelle Birne von der Decke; hinter einem Tisch mit Telefonen, einem Lausprecher, einem Mikrophon, einer Schreibmaschine saß ein grauhaariger Mann in dunkler Uniform.

»Sind auf Anruf nicht stehengeblieben, Sergeant!«

»Was ist in den Koffern?«

»Noch nicht geprüft!«

»Nachsehen!«

»Nichts Besonderes, Sergeant; neue Arbeitskleider, drei Hemden, Strümpfe, alles neu; ein neuer Autoatlas, sonst keine Papiere!«

»Leibesvisitation!«

Paul und Peter fühlten sich von kundigen Händen sehr schnell von oben bis unten abgetastet. Ihr Geld, Taschentuch, Bleistiftstummel, ein Notizzettel flatterten auf den Schreibtisch. Der Beamte nahm den Zettel und las:

»Miß Jessica Lincoln. Lexington, Kentucky, 1341 Nixon.«

»Wer ist das?«

»Das? Das ist eine junge Dame, die mich im Auto nach Louisville mitnahm.«

»Wo bist du her?«

»Boonesborough, Kentucky.«

»Und du?«

»Blue Licks, Kentucky.«

»Wie seid ihr hierhergekommen?«

»Mit dem Omnibus von Louisville, um halb zwei Uhr morgens.«

»Wollen wir gleich mal kontrollieren!«

Er nahm den Telefonhörer von der Gabel, drehte eine Nummer auf der Scheibe, erkundigte sich: »Ja, zwei junge Männer – von Louisville– ja, stimmt – blöde aussehend – stimmt – vom Lande – gut, danke, Joe!«

Der Gewaltige schien etwas milder gestimmt:

»Warum seid ihr nicht in das Hotel gegangen, wie die meisten Nachtpassagiere?«

Peter hob stockend an:

»Sergeant, bei uns gibt es nicht so große Hotels. Wir wußten nicht, wieviel es kostet. Wir dachten: warten wir lieber bis zum Morgen. Wollen erst sehen, was für Arbeit wir finden.«

»Arbeit gibt's genug, Jungens! Ihr habt wohl immer Angst vor der Polizei, was, ihr da in euren Kentucky-Bergen? Papa braut Schnaps, was? Wie heißen doch die Berge da unten?«

»Pine Mountains, Sergeant, Mount Olivet, Muldraugh's Hill, Sergeant.«

»Na, und du Lederstrumpf aus Kentucky?«

»Pa sagt, mit der Polizei hat man lieber nichts zu tun!« Die Beamten lachten.

»Hier in Chicago nutzt euch das nicht viel. Wer läuft, ist verdächtig.«

»Ja, Sergeant!«

»Das nächste Mal bleibt lieber stehen, wenn ihr angerufen werdet. Wißt ihr denn überhaupt, was ihr hier anfangen wollt?« Findet ihr euch zurecht? Hier habt ihr wenigstens einen Stadtplan!«

»Besten Dank, Sergeant, besten Dank! Wir nehmen jede Arbeit. Sie sind sehr freundlich, Sergeant!«

Der grauhaarige Mann lachte; er wandte sich an den Beamten, der die beiden eingebracht hatte: »Noch Fragen an die Kerle?«

»Ja, Sergeant. Wart ihr Soldaten?«

»Ja, 733. Nachschubkolonne, Nordafrika!«

»Zu mehr seid ihr auch nicht zu gebrauchen. Seid ihr richtig entlassen?«

»Ja, ehrenvoll entlassen, in Frankfort, Kentucky.«

»Wo sind die Papiere?«

Die Bestürzung, die sich in Paul und Peters Gesichtern malte, war vollkommen echt. Peter faßte sich zuerst; er stammelte:

»Sergeant, meine Ma sagte, Peter, sagte sie, du verlierst doch alles, was aus Papier ist oder wickelst dir Tabak darin ein; laß das Papier hier; ich verschließe es; wenn dich einer danach fragt, dann sag ihm nur, er soll mir schreiben; ich werde ihn schon aufklären.«

Paul dachte daran, daß er im Barkerschen Hause Bookers »Ehrenvolle Entlassung« unter Glas an der Wand gesehen hatte. Er fiel ein:

»Und mein Pa hat mein Papier einrahmen lassen; es hängt jetzt über meinem alten Bett; da schlafen meine drei jüngeren Brüder drin und meine kleine Schwester; aber die ist erst drei Jahre alt.« Die Beamten brachen in ungeheures Gelächter aus. Paul und Peter lächelten pflichtschuldigst mit. Der Graukopf hinter dem Schreibtisch rang nach Atem:

»Schade, daß wir nicht öfters solche Jokels aus dem tiefen Süden einbringen! Die sorgen wenigstens für Abwechslung.«

Der Beamte aus dem Streifenwagen wurde ernst:

»Wir könnten Rückfrage halten, ob ihre Angaben stimmen, Sergeant, und sie so lange festhalten.«

»Überflüssig, Dick. Wär' auch gegen das Gesetz. Es liegt nichts gegen sie vor. Nein, ich bin sogar dafür, ihr fahrt diese Waisenknaben an den See, damit sie sich nicht wieder verbiestern.«

Einer der jüngeren Beamten mischte sich ein:

»Wir sollten noch einmal die Liste der entflohenen Kriegsgefangenen einsehen. Sie haben mir aufgetragen, Sergeant, stets daran zu erinnern.«

Paul und Peter hatten mit keiner Wimper gezuckt!

»Hier, gestern gemeldet: zwei aus Lager Cologne, West-Virginia; der eine schwarz, der andere dunkelbraun mit weißer Haarsträhne über dem rechten Ohr. Nein, trifft nicht zu, So schnell kämen die auch nicht hierher. Bitte um Entschuldigung, Sergeant.«

»Ist ganz in Ordnung, Charly!«

Paul und Peter stiegen ins Auto. Die gleiche Straße, die sie in die schmutzigen Halden aus zerbrochenen Kistendeckeln, verdreckten Pappkartons und zerbeulten, verrosteten Blechtöpfen geführt hatte, brachte sie in der entgegengesetzten Richtung an den Michigan-See. Der Fahrer meinte freundlich grob:

»So, ihr Hammel aus Wildwest, dies ist der Loop, da ist Michigan Avenue, da war die Weltausstellung; da hinten ist Union Station, und da, über die Brücke, nach zehn Minuten halblinks, da kommt ihr in eine Gegend, wo ihr vielleicht ein einfaches Quartier finden werdet. Legt euch ins Bett und schlaft euch aus und laßt euch nicht euer Geld abnehmen, sonst zieht euch Ma die Hosen stramm! Guten Morgen!«

Das Auto glitt fort.

Nicht weit von den beiden stummen Männern hielt ein Lieferwagen an einer Treppe, die von dem Autoweg zum Strand hinunterführte.

Der Fahrer sprang die Treppe hinab, zog Hemd und Hose aus; hatte eine Badehose darunter an und stürzte sich in die klar anrollenden flachen Wellen.

Peter sagte:

»Komm, wir tun das gleiche! Nach dieser verrückten Nacht das allerbeste; dann suchen wir uns eine Cafeteria, vielleicht auf dem Bahnhof, und dann ein Quartier.«

Sie warfen ihre Kleider ab. Ihr Blick war nicht der See zugekehrt; sie schwammen hinaus auf dem Rücken, zurück ans Land mit der Brust voraus, um keine Minute lang die sich im Morgenlicht immer höher aufreckende getürmte Front Chicagos aus den Augen zu verlieren.

Langsam wanderten sie dann zur Union Station. Aber das Lokal dort erschien ihnen zu anspruchsvoll; so setzten sie sich in Marsch nach jener Stadtgegend jenseits des Flusses, die der Beamte ihnen bezeichnet hatte.

Das Bad hatte sie so erfrischt, daß sie sich in ein gewöhnliches Café trauten, in dem schon ein paar Kunden auf hohen Stühlen vor einer langen Bar saßen. Ein dicker Mann in weißem und eine glanzvoll aufgemachte junge Dame in jadegrünem Leinen bedienten die Gäste. Paul und Peter wurden mit einem herzlichen »Morgen, Jungens! Setzt euch hierher! Was soll's sein?« empfangen.

Glücklicherweise steckte eine leichtverschmierte Karte hinter dem Ständer für Zucker, Salz, Pfeffer, Soßen und Zahnstocher. Paul studierte sie; Peter schielte zu seinem Nebenmann und bestellte:

»Apfelsinensaft, Toast, zwei Eier mit Speck, Kaffee und Buchweizen-Pfannkuchen.«

Paul gab sich geschlagen: »Dasselbe für mich!«

Der dicke Mann rief die Aufträge durch eine Klappe in die Küche, warf einen Blick auf die Koffer seiner beiden neuen Gäste und fragte freimütig nach Woher, Wohin, Weshalb, Wozu; Paul und Peter gaben ebenso freimütig und phantasiearm Auskunft; sie blieben bei Boonesborough und Blue Licks. Nach einer Weile sagte der Mann:

»Nach eurer Aussprache hätte ich schwören mögen, ihr kämt aus Kanada; ihr sprecht mit einem ausgesprochen britischen Akzent. Und manchmal die Th's und W's wie die Deutschen. Bei mir kommen viele Leute durch. Ist mein Steckenpferd, den Leuten auf den Kopf zuzusagen, wo sie herkommen; sie brauchen bloß ein Frühstück zu bestellen, mehr nicht.«

Paul verbrannte sich an einem heißen Stück Speck überraschend die Zunge; er sagte nach einem halblauten Schimpfwort:

»Wir haben lange in England gelegen; dann waren wir Dolmetscher in einem Gefangenenlager; unsere Mütter sind deutscher Abstammung, da kommt wohl der deutsche Akzent her.«

Der dicke Mann in Weiß strahlte knisternd auf:

»Ich wußte es doch! Ich versteh' wirklich was von Dialekten. Was sagt ihr nun?«

Paul und Peter bewunderten ihn erschüttert.

Als sie wieder auf der Straße standen, sagte Peter:

»Du, Chicago wird mir unheimlich. Ich fahre wieder ab!«

Paul stimmte aus ganzem Herzen zu:

»Die Leute sind uns blöden Bengels vom Lande hier zu schlau;

wir wollen uns in weniger anspruchsvolle Gegenden verfügen. Wohin aber?«

»Nach Westen. In die Richtung wollen wir doch!«

»Erst noch ein wenig nach Norden. Wenn der Mann uns schon britische Aussprache andichtet, warum nicht ins britische Kanada. Da fallen wir vielleicht nicht weiter auf.«

Sie erwarben eine Stunde später zwei dicke Bücher über Kanada – sicher ist sicher, und was man vorher weiß, braucht man nicht erst auszuspionieren.

Drei Stunden später standen zwei junge Männer an der großen Straße nach Madison und St. Paul und zeigten mit den Daumen nach Nordwesten. Sie trugen neue Overalls, Schirmmützen und neue Stiefel; sie sahen aus wie zwei junge amerikanische Arbeiter, die sich verändern und das Reisegeld sparen wollen.

Viele Lastwagen fahren von Chicago nach Madison, und viele weiter nach St. Paul, aber nur noch wenige nach St. Cloud, Moorhead und Grand Forks.

Doch Paul und Peter erreichten schon nach drei Tagen die kanadische Grenze vor St. Vincent und Emerson.

Nachts schlugen sie zu Fuß einen weiten Bogen um die beiden Orte, marschierten viele Stunden weit über unabsehbare Ebenen, an heimlich rauschenden Büschen vorbei, unter dem geruhsam umschwingenden Sternhimmel dahin, nach dessen Bildern sie sich richteten. Niemand hielt sie auf; sie begegneten keiner Menschenseele; kein Stacheldraht, kaum ein Graben verriet ihnen in der sternenblassen Dunkelheit, wann und wo sie amerikanischen mit kanadischem Boden vertauschten.

Drittes Kapitel

Paul und Peter ließen sich befriedigt ins Gras des Bahndammes zurücksinken; die Geleise beschrieben hier einen mächtigen Bogen und nahmen dann schnurstracks Richtung nach Westen. Die Sommernacht wogte lau und duftete nach reifendem Korn. Die Sterne funkelten; die Milchstraße spannte ihr freundliches Silberband über den nachtblauen Himmel. Im Osten zeichnete sich der Schein der großen Präriestadt blaß zwischen den Sternen ab. Dort lag Winnipeg, die Hauptstadt Manitobas, der östlichsten der drei kanadischen Weizenprovinzen. Paul und Peter hatten sie auf einen Sitz von der kanadischen Grenze her erreicht und wiederum die Erfahrung gemacht, daß Städte ihnen schlecht bekamen. Wenn auch ihre Overalls nicht mehr einen so peinlich neuen Eindruck machten, wenn sie auch merkten, daß es in dieser weitläufigen Allerweltstadt aus staubigen Holzhäuserstraßen genug andere Leute gab, die kein akzentfreies Englisch sprachen, wenn ihnen auch der Ausblick von hoher, steiler Uferkante auf den Assiniboine, der sich hier in den Red River ergießt, den Atem benommen hatte – so war doch all dies nicht stark genug gewesen, die ständig bohrende Unruhe, die ewig leise nagende Furcht zu betäuben, einer könnte sie nach Woher und Wohin fragen; es waren so viele Leute unterwegs, und allzuoft führte der Weg an uniformierter Polizei vorbei, und manchmal fühlten sie sich angestarrt – oder irrten sie sich? –, und jeden Tag von einem kleinen schmuddligen Hotel ins nächste umziehen und früh am nächsten Morgen wieder verschwinden zu müssen – und sich davonzudrücken, wenn irgendeiner der sonst nicht neugierigen nächtlichen Hausdiener doch nach einem Papier fragte – nein, die Nerven hatten ihnen bald versagt. Und ihre Koffer wollten sie endlich loswerden; die fielen am meisten auf; sie waren zu neu und zu vornehm für Wanderer in Overalls. Kurz entschlossen hatten sich das allernotwendigste unter den Arm geklemmt und die Koffer westwärts aufgegeben, nach Calgary erst einmal; nach Westen stand ihnen der Sinn, dort wartete die pazifische Küste, und jenseits des großen Meeres irgendwo im Dunst der Tropen wußten sie Heimat und Elternhaus, Frieden und Freiheit. Paul war es, der auf den Gedanken kam, statt der Autos diesmal die Eisenbahn zu benutzen; natürlich nicht mit einer Fahrkarte; das wäre viel zu teuer geworden, und sie geizten mit jedem Cent. Nein, sie hatten in den langen Monaten ihres Lagerdaseins genug davon gelesen, wie die Tramps, die Hobos, die waschechten amerikanischen Landstreicher, durch die Weiten Nordamerikas segeln: auf den Dächern der Güterzüge, den Puffern der mächtigen Viehwagen, ja, auf den Achsen der Expreßzüge. Warum sollten sie das nicht auch versuchen! Sie erkundeten die Bahnstrecke der Canadian Pacific, die von Winnipeg westwärts der Stadt Regina in Saskatchewan, dann der Stadt Calgary in Alberta zustrebt, um gleich hinter Calgary ins Felsengebirge zu klettern, es zu überwinden und schließlich in Vancouver die Küste des Stillen Ozeans zu erreichen.

Aber das Anspringen der fahrenden Züge hatte sich als sehr viel schwieriger erwiesen, als Paul und Peter nach den Abenteuergeschichten in amerikanischen Magazinen angenommen hatten. Die Züge fuhren viel zu schnell; man mußte sich offenbar an sie anschleichen, wenn sie noch auf den Bahnhöfen standen oder erst zusammengestellt wurden. Das trauten sich die beiden nicht zu; wurden sie da gefaßt, fragte man sie bestimmt nach Ausweisen. Das Bewußtsein, keine Persönlichkeit zu besitzen, weil keine Papiere es ihnen notfalls bestätigten, umschlich sie ständig, ein stets parater, im übrigen echt deutscher Alpdruck. Paul konnte, während sie längs des Bahndammes westwärts trotteten, stundenlang darüber philosophieren, wieso ein Mensch nicht durch die bloße Tatsache seines Daseins, sondern nur durch einen bestempelten Beamtenwisch zu beweisen fähig ist, daß er geboren sei; weshalb einer überhaupt erst dann wüßte, wes Nam und Art er sich rühmen dürfe, wenn er es schwarz auf weiß nach Hause mitbekäme.

»Der Ausweis ist es, Peter!« schrie Paul und schob sich die schon verschwitzte Kappe aus der Stirn. »Der Ausweis allein, der den Menschen vom Tier unterscheidet. Erst der Ausweis macht aus ihm einen Menschen; ohne Ausweis ist er ein völlig wesenloses Nichts und könnte ebensogut jemand ganz andres sein. Wer aber liefert Ausweise, durch die das Säugetier auf zwei Beinen erst zum Menschen wird, wer, frage ich dich, o Peter?«

»Die Behöööörde!« antwortete Peter dumpf.

»Ja, Freund und Gefährte meiner Kümmernisse, die Behörde erst erschafft den Menschen; er ist auch danach; uns hat die Menschenwelt ausgestoßen, dieweil wir eines Ausweises ermangeln.« Mit solchen und ähnlichen Scherzen trösteten sie sich über ihre elenden und ratlosen Stunden hinweg.

In der Nacht des zweiten Tages stießen sie nicht nur auf die erste scharfe Kurve, die ihnen Glück verhieß – denn hier mußten die Züge langsamer fahren –, sondern auch auf Roly, der sich in einem Wasserdurchlaß unter dem ziemlich hohen Bahndamm häuslich eingerichtet hatte. Roly hatte sie begeistert willkommen geheißen; er war kein junger Mann mehr und erklärte ihnen, daß Krieg und Kriegskonjunktur die Reihen der ehrenwerten Hobos – das heißt Landstreicher-Zunft – fürchterlich gelichtet hätten; besonders an jungem, hoffnungsvollem Nachwuchs herrsche entsetzlicher Mangel; teils verdienten sich die jungen Hobos Orden an der Front, teils sammelten sie Konten bei den Banken an; das erste sei noch zu vertreten, aber das zweite einfach schandbar, denn es lenke den Sinn von der Freiheit ab; frei zu sein aber sei das eigentliche, das hohe Ziel der Landstreicherei.

»Bis hierher seid ihr schon gekrochen«, schrie er überheblich und mitleidig zugleich, »und seid immer noch nicht mitgekommen? In der Geraden wird es euch nie gelingen, einen Zug zu bespringen; dabei ist schon mancher, der mehr davon versteht als ihr, unter die Räder und in die Hölle geraten. Auf den Verschiebebahnhöfen geht's natürlich am besten; aber auf den großen Stationen wie Winnipeg sind jetzt so viele Aufpasser angestellt, daß es mächtig schwerfällt, an Bord zu gehen. Man muß sich eben eine Kurve aussuchen oder eine starke Steigung; aber die gibt's hier in der Prärie überhaupt nicht. Wenn man klug ist, sieht man sich schon bei Tage die Anlaufbahn an, merkt sich jeden Stein und jede vorstehende Schwelle, rennt die Strecke auch ein dutzendmal ab, bis man selbst mit geschlossenen Augen nicht mehr stolpert.«

Paul und Peter hatten atemlos zugehört; nicht alles war ihnen klar geworden, aber eines war nicht zu bezweifeln: so sprach ein Fachmann! Schon in der ersten Nacht hatten sie ein Dutzend Probeläufe neben Zügen, die sie gar nicht besteigen wollten, veranstaltet, sich dann bei Tageslicht bemüht, jeden Schritt der Anlaufstrecke kennenzulernen. Den ersten Zwölfachtunddreißig, einen schnellen Ferngüterzug nach Calgary, hatten sie passieren lassen, sich allerdings an ihm geübt.

»Da ist McBride Zugbegleiter, der schmeißt uns doch beim nächsten Aufenthalt wieder runter; morgen fährt Ballhorn, der drückt eher ein Auge zu, kennt mich übrigens; manchmal nimmt er einem fünf Dollar ab, wenn er gerade schlechte Laune hat oder schlecht bei Kasse ist; manchmal sagt er gar nichts und genehmigt sich sogar einen aus meiner Flasche, wenn die Vatersmilch nicht gar zu übel ist. Auf Ballhorn warte ich schon seit drei Tagen; diese Nacht ist er dran. Ich kenne die Brüder alle, fahre immer mit diesem Zug nach dem Westen und komme mit dem Gegenzug wieder: sechsfünfzig ab Calgary. Also heute abend! Ich bin neugierig, ob ihr's schafft!«

Paul und Peter hatten ihm voller Ehrfurcht und begierig zugehört. In Amerika zeigen selbst die Landstreicher einen Zug ins Große. Ja, heute, achtunddreißig Minuten nach Mitternacht rollte der Zug aus dem großen Güterbahnhof Winnipeg; eine halbe Stunde später etwa würde er durch diese Kurve donnern; dann kam es darauf an. Aber was Roly, der rundliche, gemächliche Mann, vollbringen konnte, das sollte ihnen schließlich auch gelingen. Immerhin, es blieb ein Wagnis, und Knochenbrüche durften sie nicht riskieren.

Roly sagte gleichmütig:

»Wenn der Expreß in Winnipeg angekommen ist, dampft unser Sonderzug ab. Wir können uns langsam vorbereiten. Ölt euch die Beine, ihr beiden, und lauft die Strecke noch einmal ab; ich bitte mir eine vorbildliche Besteigung aus!«

Roly war der erste, der das leise Pauken im Erdreich vernahm; der Zwölfachtunddreißig kündete sich aus der Ferne an. Der Landstreicher richtete sich auf. Weit im Südosten war ein dunkelroter Glutschein in den Horizont gehaucht, nicht größer als eine Faust. Roly erkannte ihn als das, was er war; die bärenhafte Lokomotive spie Funken, Flammen und roten Feuerqualm aus ihrem Schlot; dort hinten gewann sie am Rande der Stadt freie Fahrt, und der Heizer schippte aus Leibeskräften frische Kohlen auf, schickte scharfen Zug über die aufglühenden Roste, um den Dampfdruck in die Höhe zu treiben.

»Jetzt hoch mit euch!« rief Roly. Das Keuchen der schweren Maschine wurde jeden Augenblick deutlicher, nein, das war kein schneller Expreß, der da heranglitt mit dunkel singenden, weichgefederten Wagen, sondern ein Lasten schleppender Elefant. Die stille Mitternachtsstunde zerbarst vor der urwild herandröhnenden Maschine; erst weit hinter dem Zug würde sich die aufgesplitterte Nacht wieder schließen.

Die drei Männer traten in den Schutz der Schatten unter dem Wasserdurchlaß. Roly schrie Peter und Paul ins Ohr:

»Er muß sich mächtig anstrengen heute, der Zug; er ist lang und schwer, wird viel Geschwindigkeit verlieren in der Kurve, gut für uns!« Die Freunde hatten nur halb verstanden, sie warteten darauf, daß die Lokomotive über sie hinwegpolterte. Da geschah es; dann der erste, der zweite, der dritte Wagen. Die drei sprangen hervor und erklommen den Bahndamm. Teufel, dachte Paul, der hat noch allerhand Fahrt. Sie setzten sich neben den schnell sie überholenden Wagen in Trab. Je weiter der endlose Zug in die Kurve schwenkte, desto deutlicher verlor er an Fahrt. Peter lief als erster; er blickte sich ab und zu um; jetzt waren zwanzig, dreißig Güterwagen vorübergeklirrt; da nahte eine offene Lore mit undeutlich erkennbarem Stückgut. »Das ist die richtige!« schrie Peter und deutete im Laufen mit der Hand zurück. Er spornte sich vorwärts. Renne Mensch, jetzt gilt es! Es lief sich elend schlecht auf den Schwellen; sie waren glücklicherweise in Kies, nicht in Schottersteine gebettet. Da tauchte der Leitergriff neben ihm auf. Mit einem wilden blinden Satz sprang er ihm nach, packte zu, stolperte im gleichen Augenblick – aber schon hing er fest – war gleich wieder hoch und wurde nun vom Zug in lagen schwebenden Sätzen mitgerissen; schon hatte er die zweite Hand am Griff; schon flog er mehr, als daß er noch lief; er zog sich mit den Armen an, schwebte einen Augenblick, angelte mit den Beinen wie ein Fisch an der Schnur, bekam eine eiserne Querleiste unter die Sohlen – und stand aufrecht am Rande der grob in die Kurve schwingenden Lore. Schon rollte der gewaltige Zug schneller dahin. Die Lokomotive hatte die Kurve bereits verlassen und drang nun fauchend, neue Glut und Funkensträuße aus dem Schornstein schleudernd, in die Gerade.

Peter blickte sich um, immer noch schwer atmend: am Hinterende stand ebenso wie er eine zweite Gestalt: Paul. Beide kletterten auf die Plattform des jetzt ruhiger rollenden Güterwagens. »Wo ist Roly?« fragte Peter schreiend; »ist er nicht mitgekommen?« Aber das erwies sich als voreilige Befürchtung. Auf dem Dach des nächsten – geschlossenen – Wagens erschien eine dunkle Gestalt mit beiden Armen balancierend; sie winkte. Roly war weiter hinten aufgesprungen und tänzelte nun über die Dächer der Wagen wieder nach vorn. Dem Paul sowohl wie dem Peter wurde ein wenig unheimlich bei diesem Anblick. Roly beherrschte die Akrobatenkünste der blinden Passagiere der Güterzüge hervorragend, das mußte ihm der Neid lassen.

Die Männer untersuchten die Ladung auf ihrer Lore; anscheinend handelte es sich um irgendwelche klobigen Werkzeugmaschinen; sie waren mit Brettern kräftig verkleidet. Roly schien sehr damit einverstanden, daß Paul und Peter diese Lore gewählt hatten; er untersuchte die riesigen Kisten aufmerksam und fand bald eine Stelle, wo sich ein Brett aus den Nägeln gelöst hatte; er stemmte es ab und blickte ins Innere. Dann winkte er Peter herbei; wirklich, wenn sie ein zweites Brett loswuchteten, so verschafften sie sich einen Zugang zu dem Hohlraum zwischen dem Stahltisch und dem gebogenen gußeisernen Fuß der Maschine.

»Großartig!« sagte Roly, »großartig! Sonderklasse, Schlafwagen. Jetzt brauchen wir bei langen Aufenthalten nichts zu befürchten.

Wir müssen bei Tageslicht nur noch feststellen, wohin der Wagen rollt; hoffentlich gibt der Laufzettel an der Seite klare Auskunft.«

Er verschwand in seinem Futteral aus Brettern; Paul drückte das Einschlupfloch wieder zu – so, von außen war nichts zu entdecken. Die beiden Freunde hockten noch eine Weile im Windschutz hinter der großen Kiste; sie verspürten Hunger und stärkten sich aus ihren Vorräten. Eine Sternschnuppe fegte durch den hohen Raum, daß man meinte, sie knistern zu hören.

Peter sagte leise (denn Roly in seiner Kiste lag nicht weitab):

»Wir fahren nach Westen, Paul, endlich in die richtige Richtung!«

Manchmal hielten sie lange irgendwo auf Seitengeleisen und warteten überholende oder entgegenkommende Züge ab. Wenn es dunkel war, sprang Paul den Bahndamm hinunter, hinüber zu dem Holzhaus mit dem Zeichen »Café« oder »Drugstore« über den erleuchteten Ladenfenstern und kaufte ein. Solange kein zweiter Zug den Ort passiert hatte, brauchten sie nicht zu fürchten, daß der ihre vorzeitig weiterfuhr.

Die drei Männer bewegten sich sehr vorsichtig. Paul und Peter legten keinen Wert darauf, mit der Zugbesatzung Bekanntschaft zu schließen, obgleich Roly immer wieder versicherte, Ballhorn, der hier den Zug begleitete, sei ein alter Bekannter von ihm. Roly behauptete, es genau zu wissen – aber wußte es auch besagter Ballhorn, den sie am Tage, wenn der Zug irgendwo hielt, durch die Ritzen ihres Bretterverschlages manchmal vorübertraben oder des Nachts seine Laterne schwenken sahen.

Jede Nacht schien der Mond eine knappe Stunde länger; dann wurde Roly gewöhnlich munter und erzählte einen Schwank aus seinem Leben nach dem anderen. Er behauptete, aus Kuba zu stammen, wenn auch Paul und Peter sich unter einem Kubaner etwas anderes vorstellten als diesen rundlichen und nach jedem Tag der Fahrt schmuddliger werdenden Hobo mit dem schütteren blaßblonden Haar, den verwaschenen Augen, die allerdings sehr listig blinzeln konnten, und dem merkwürdig zerflossenen Gesicht.

»Das seefahrende Blut meines Vaters, das leidenschaftlich spanische meiner Mutter rollt in meinen Adern und treibt mich um von einem Ende der bewohnten Erde zum anderen!« schrie Roly mit tragischem Augenaufschlag. »Ihr Zwerge, ich hoffe, daß ihr euer Schicksal zu schätzen wißt, gerade mit einem so hervorragenden Mitglied der menschlichen Gesellschaft wie mich reisen zu dürfen!«

Paul und Peter bestätigten es ernsthaft. Man reizte ihn möglichst

nicht, diesen merkwürdigen Mann, der sie mit zahllosen praktischen Ratschlägen vollstopfte, die schwerlich mit Geld aufzuwiegen
waren, und der dann wieder zu prahlerischen Ansprachen loslegte,
von denen man nicht genau wußte, glaubte er sie selbst oder nicht,
hielt er sich selbst oder die Zuhörer oder keinen von beiden zum
Narren. Manchmal, mitten in einer seiner langen Geschichten,
unterbrach er sich, hob scherzhaft lauernd oder zwinkernd vertraulich den Blick zu Peter auf, lachte und sagte: »Na, ihr Affen von der
Universität, da sitzt ihr und staunt, was ich alles zu erzählen habe,
was? Ja, in der Praxis lernt man mehr als in der Schule. Ihr solltet mir
eigentlich Honorar zahlen; sicher habt ihr doch die Taschen voll
Geld!«

Paul und Peter stritten es lachend ab. Sie spürten ein leises
Unbehagen. Einmal meinte er:

»Wie wär's, wenn ihr ein weinerliches Telegramm an Mama
schicktet, ihr wäret bankrott und sie sollte euch auslösen. Dann
könnten wir uns zu dreien einen vergnügten Tag machen und uns
gewaltig die Nase begießen.«

Peter erwiderte: »Wenn du meine Mutter kenntest, Roly, würdest du so vorwitzige Vorschläge nicht von dir geben. Auf ein
Telegramm, wie du es vorschlägst, bekäme ich postwendend die
Antwort: haben dich enterbt und verstoßen wegen Landstreicherei.«

Solchen Bemerkungen gegenüber war Roly empfindlich, er ließ
sich sofort ablenken; er meinte entrüstet: »Landstreicherei,
unglaublich! Wir sind keine Landstreicher, wir sind ehrenwerte
Wanderarbeiter!« Offen bösartig fügte er hinzu: »Ich werde es
schon noch herauskriegen, wieviel Geld ihr spazierentragt. Frisch
eingepuppt seid ihr von oben bis unten; das hat einen Haufen
Dollars gekostet – und da wollt ihr mir weismachen, ihr hättet nicht
noch eine tüchtige Reserve zurückbehalten? So dumm bin ich nicht,
das zu glauben.«

Paul antwortete grob:

»Mein lieber Roly, wenn du wissen willst, was in unseren
Taschen steckt, kannst du ja versuchen, darin zu kramen. Im
übrigen sind wir bald in Calgary. Da wirst du uns sowieso los.«

Roly zog sich vor jeder offenen Drohung sofort in sein Schnek-
kenhaus zurück; er schlug eine halb verlegene, halb großartige
Lache an, klopfte Paul auf die Schulter und meinte:

»Geht in Ordnung, Paul, geht in Ordnung! Ich mache ja nur

Spaß. Ich bin auch mit zwei Bißchen zufrieden. Also gute Nacht, Jungs! Ich krieche in meine Hundehütte. In drei, vier Stunden sind wir in Calgary!«

Er verschwand in der langen Kiste; Peter drückte die zwei Bretter am Schmalende wieder an ihren Platz. Dann setzten sich die beiden Freunde ans Ende der Lore hinter eine andere der verpackten Maschinen; dort konnte Roly gewiß nicht hören, was sie flüsterten.

Paul fragte leise: »Was hat der Bursche wohl mit den ›zwei Bißchen‹ gemeint. Ich habe den Ausdruck ›two bits‹ schon ein paarmal gehört. Es muß ein Geldstück gemeint sein. Aber welches? Gestern redete er von ›zwei Böcken‹, ›two bucks‹; er muß zwei Dollars damit gemeint haben. Wenn man solche landläufigen amerikanischen Ausdrücke nicht kennt, macht man sich mehr verdächtig, als wenn man ungrammatikalisch spricht; das tun hier viele. Aber was ›two bits‹ bedeutet, daß muß man auf alle Fälle wissen, wenn man als Kanadier oder Amerikaner passieren will. Ich weiß es nicht.«

Peter begütigte ihn. »Wir brauchen ja nicht gleich nach Vancouver durchzufahren. Bleiben wir doch bei unserem ersten Plan und gondeln wir in das Okanagan-Tal, wie Roly uns geraten hat, und pflücken dort Tomaten! Ich bin überzeugt, vier Wochen genügen, unser schönes Königs-Englisch so abzuschleifen, daß uns keiner mehr den entsprungenen PW anmerkt; den Kriegsgefangenen-Tonfall müssen wir uns unbedingt abgewöhnen.«

Paul entgegnete: »Wir müßten eine harmlose Beschäftigung finden, bei der wir nicht auffallen, und dann Augen und Ohren aufsperren. Ich bin froh, daß wir uns jetzt von Roly trennen. Er wird mir unheimlich mit der Zeit. Viel ausrichten kann er ja nicht. Ich sage dir, Peter, wenn er mir in die Quere käme, ich ließe ihn glatt über Bord sausen; mag er sich den Hosenboden aufscheuern, wenn er den Bahndamm runterrodelt!« Paul sagte es mit grimmiger Entschlossenheit; er meinte, was er sagte, das war nicht zu bezweifeln.

Als einige Minuten später die Freunde sich erhoben, um noch für ein oder zwei Stunden in ihrer Kiste Schutz zu suchen – mit kühlerer Luft kündigte schon der Morgen sich an –, erstarrten sie, denn an der Kiste, hinter welcher sie gesessen hatten, lehnte Roly – lauschend.

Die große Lore mit den drei blinden Passagieren ratterte gleichmütig durch die Steppennacht. Neben den klobigen Maschinenkisten standen schattenhaft drei Männer und blickten sich an. Paul trat dicht vor Roly und packte ihn mit der Faust an der Hemdbrust:

»Hast du gehorcht, du Schwein?«

Er griff mit der anderen Hand in den Hosenriemen des Mannes und drängte ihn mit einem einzigen Ruck an den Rand der Lore. Roly machte keinen Versuch, sich zu wehren; Paul war dem dicklichen Burschen weit an Kraft überlegen. Roly jammerte:

»Was willst du denn? Bist du verrückt? Laß mich los! Ich habe nicht einmal gewußt, daß ihr da hinter der Kiste hocktet. Und verstanden habe ich überhaupt nichts. Was habt ihr denn zu verbergen?«

»Ja, das möchtest du wohl wissen, du Lümmel, was? Los! Spring! Oder ich schmeiße dich hinunter!«

Peter mischte sich ein:

»Er kann kaum was verstanden haben bei dem Gedröhne, Paul!«

Aber Pauls Mißtrauen, einmal erwacht, war nicht zu besänftigen. Er knurrte den Freund an:

»Du bist ein gutmütiger Esel! Ich lasse es auf nichts ankommen. Er muß hinunter. Er kann zu Fuß nach Calgary laufen!«

»Warte eine Kurve ab, Paul! Wenn du ihn hier hinunterwirfst, bricht er sich Hals und Beine!«

Roly hörte mit runden Augen zu; in der nächsten Kurve drückte er sich mit einem heftigen Stoß nach rückwärts von der Leiter ab, kam aber doch beim Aufsprung zu Fall und kugelte den Damm hinab. Es konnte ihm nicht viel passiert sein. Er erhob sich gleich wieder; die Freunde nahmen gerade noch wahr, wie er ihnen mit erhobener Faust drohte, dann verschlang ihn die Dunkelheit.

Zwei Stunden später – der Morgen hob sich glasig grün in der Runde; die Sonne zögerte noch zu erscheinen – hielt der Zug mit kreischenden Bremsen vor einem roten Signallicht. Voraus in einem flachen weiten Tal lag dunstig die große Stadt. Neben dem Bahndamm flüsterten tauige Gebüsche.

Zwei junge Männer, schlank der eine, stämmig und muskulös der andere, sprangen von einer Lore voller schwerer Maschinen. Sie schlugen sich sofort seitwärts in die Büsche.

Paul hatte recht vermutet: in den dichten Gebüschen verbarg sich ein kleiner See. Es war noch früh; die Luft ging sehr kühl.

Peter packte ein kleines, festverschnürtes Päckchen aus, das er in der Mitte seines Bündels sorgsam gehütet hatte; einige Büchsen und Papierbeutelchen kamen zum Vorschein. Peter legte sich lang in den kühlen Ufersand, und Paul machte sich an die Arbeit.

Die beiden Männer, die zwei Stunden später – es mochte sechs Uhr vorüber sein – nach Calgary hineinwanderten, sahen nicht mehr so aus wie jene, die vom Zuge gesprungen waren; der fuchsig-blonde war in einen tiefschwarzhaarigen verwandelt; statt strohfarbener Augenbrauen zeigte er dichte schwarze. Beide waren wunderbar gebadet, gewaschen und rasiert und trugen statt der leuchtend rotkarierten Hemden saubere blaue Arbeitshemden unter ehrlich arbeitsverschmierten Overalls.

Viertes Kapitel

Gegen halb acht Uhr lösten zwei Männer an der Expreßausgabe des stolzen Bahnhofs der Canadian Pacific in Calgary zwei neue Koffer aus und verschwanden damit in der Toilette. Zehn Minuten später traten sie wieder hervor. Der schlanke schwarzhaarige hatte sich nicht weiter verwandelt; aber der kleinere stämmige zeigte sich nicht mehr in verschmierten Overalls wie der andere, sondern trug einen gutsitzenden städtischen Straßenanzug, einen keck geschwungenen Strohhut, eine schwarzrot gestreifte seidene Krawatte und bescheiden elegante Straßenschuhe; man hätte ihn für einen Bankbeamten oder Geschäftsführer eines Herrenmodengeschäftes halten können, so neu wirkten die Sachen, die er trug. Der Mann in Overalls trug zwei Koffer zur Gepäckaufgabe und brachte die beiden Stücke nach Vernon in British Columbia auf den Weg; vorher allerdings entnahm er einem der beiden Koffer ein kleines Paket.

Die beiden Männer bogen in die Hauptstraße ein, die unter dem Bahnhof durchtaucht, und machten sich auf den Weg in die Innenstadt. Sie merkten zunächst nicht, daß sich ihnen zwei Gestalten in dunklen Anzügen unauffällig anschlossen; die Verfolger hatten vor dem Haupteingang des Bahnhofes gestanden und die Reisenden beobachtet.

Peter sagte wenig später verhalten: »Bleib mal stehen, Paul, wir wollen uns das nächste Schaufenster ansehen.«

Paul wehrte sich: »Wozu denn? Da hinten sehe ich ein Schild ›Café‹. Ich möchte jetzt wirklich etwas in den Magen bekommen.«

Peter hörte gar nicht darauf; die schräge Scheibe vor dem Eingang zum nächsten Geschäft – eines für Eisenwaren und Waffen, es paßte gut – ermöglichte es ihm, die Straße in seinem Rücken zu überblicken, ohne daß er sich umzuwenden brauchte.

»Ich habe mich nicht getäuscht, Paul!« flüsterte er. »Zwei Männer beobachten uns; sie bleiben soeben auch vor einem Geschäft stehen. Sieh dich nicht um! Komm, wir probieren es noch einmal!«

Und sie probierten es noch ein drittes Mal; dann war kein Zweifel mehr möglich: die Männer behielten den gleichen Abstand von Paul und Peter bei, und als Paul und Peter in das Café eintraten, folgten sie ihnen auch hierher und nahmen am Nebentisch Platz.

Peter, dem die Haare von der Kappe verwirrt waren, strich ein paarmal mit den Fingern hindurch und bestellte dann laut und deutlich Haferbrei, Schinken mit Eiern und Toast. Paul entschied sich für Rühreier mit Speck.

Dann blätterten sie eine Weile in der Zeitung, ohne die Nachbarn auch nur im geringsten zu beachten. Aber Peter nahm doch wahr, daß einer der beiden Dunkelmänner ein Notizbuch aus der Tasche zog und einiges zu vergleichen schien; er neigte sich zu seinem Nebenmann und machte eine halblaute Bemerkung.

Paul sagte zu Peter mit gedämpfter Stimme, aber sicherlich laut genug, um am Nebentisch verstanden zu werden:

»Wenn die Brüder in der Reparatur-Werkstatt unseren Wagen wirklich bis zehn Uhr wieder in Gang bekommen, dann könnten wir heute immer noch bis Edmonton gelangen.«

Peter erwiderte nachdenklich:

»Die Benzinpumpe saugt nicht richtig; ich habe es schon auf der ganzen bisherigen Fahrt gemerkt; sie werden das feine Blättchen auswechseln, das in der Pumpe steckt. Wir hätten eigentlich in der Werkstatt bleiben sollen; wenn sie die Pumpe nicht ganz genau wieder zusammenbauen, bleiben wir auf dem Wege nach Edmonton zum zweiten Male liegen. Vielleicht ist es doch besser, du fährst mit der Bahn voraus und ich bringe den Wagen nach.«

So ließen sie noch eine ganze Weile eines jener unbestimmten Autofahrergespräche abhaspeln, die ohne Mühe für Stunden fortgesetzt werden können, ohne ein richtiges Ende zu finden.

Nach zehn weiteren Minuten rief einer der Männer am Nebentisch die Bedienerin heran, bezahlte zwei Tassen Kaffee, erhob sich und verließ mit seinem Gefährten das Lokal. Peter folgte ihnen sofort und schaute ihnen vorsichtig von der Tür aus nach: sie entfernten sich schnell und endgültig in der Richtung zum Bahnhof. Peter nahm aufatmend wieder neben seinem Freunde Platz. Eine Weile widmeten sie sich bedrückt und erleichtert zugleich ihren gerührten und gebratenen Eiern. Paul knurrte endlich vorwurfsvoll:

»Wenn ich den Lumpen, den Roly, gleich auf der geraden Strecke vom Zuge geschmissen hätte, dann läge er vielleicht noch da und wartete darauf, daß ihn einer aufsammelte. Dann hätte er weiter bis zum nächsten Telefon zu laufen gehabt und uns nicht gleich die Polizei auf den Hals gehetzt.«

Peter verteidigte sich:

»Wer weiß, wen die gesucht haben; wenn sie nach Kriegsgefangenen ausgewesen wären, hätten sie doch wohl einfach Militärpolizei an die Ausgänge verteilt und jeden auf Herz und Nieren und Ausweis geprüft, der vorbei wollte. Vielleicht hat Roly doch nicht alles verstanden, was wir gesprochen haben. Wir haben ihm wohl dummerweise gesagt, daß wir Koffer auf dem Bahnhof haben.«

»Vielleicht, vielleicht, vielleicht –! Vielleicht sind die beiden Kerle nur durch unser verändertes Aussehen getäuscht worden. Vielleicht durch unser blödes Autogespräch. Vielleicht ist Roly gleich mit einem weiteren Güterzug in die Stadt gelangt; wir hatten ihn ja so freundlich an einer engen Kurve abgesetzt; vielleicht ist er sogar auf denselben Zug wieder aufgesprungen, von dem wir ihn abgesetzt haben, der Zug war hinter unserem Wagen noch lang genug; und das Aufspringen verstand er zehnmal besser als wir! Vielleicht klappert er jetzt mit einer anderen Streife die ganze Stadt ab, um uns zu suchen, und erscheint in den nächsten zwei Minuten hier im Lokal und läßt uns hoppnehmen. Wir müssen machen, daß wir aus der Stadt hinauskommen!«

Eine nervöse Unruhe stieg in Peters Augen, seine Hände spielten erregt mit einem Kaffeelöffel. Peter erblickte sich plötzlich in einem Spiegel, der ihm gegenüber an der Querwand hing – und erschrak. Wenn mich mit diesem Ausdruck im Gesicht jemand beobachtet und mich ohnehin beargwöhnt, bin ich geliefert; ich sehe aus wie das verkörperte schlechte Gewissen. Er zwang sich äußerlich zur Ruhe. Er sagte leise:

»Mach uns mit deinen drei Dutzend Vielleichts nicht noch verrückter, als wir schon sind. Du saugst sie dir ja doch bloß aus den Fingern. Fest steht, daß wir immer noch einen Haufen Geld in der Tasche haben, daß wir uns zu Verwandlungskünstlern entwickelt haben, daß wir Roly los sind und diese beiden Geheimpolypen auch. Vorläufig genügt mir das an Erfolgen. Was aber fangen wir weiter an –?«

Paul überlegte laut:

»Wir könnten den Verschiebebahnhof aufsuchen und probieren, ob wir nicht mit einem Zuge fortkommen. Zu einem normalen Personenzug fehlt mir der Mut. Oder wir suchen uns die Straße, die ins Gebirge führt, und halten ein Auto an.«

»Es ist alles gleich gefährlich, Paul. Ich glaube, wir schlängeln uns auf Nebenwegen aus der Stadt und legen erst einmal ein paar Meilen zwischen uns und Calgary. Dann können wir immer noch die Bahnstrecke oder die große Straße nach Westen erreichen.«

Das war das beste. Sie versahen sich mit Proviant und wanderten durch stille Vorstadtstraßen westwärts aus der Stadt hinaus.

Jenseits der Grenzen der Stadt war ihnen keine Menschenseele mehr begegnet. Immer noch folgten sie dem genau westlich weisenden Weg, der nie sich zu einer Kurve, einer Windung hergab. Pfeilgerade wies er ins Gebirge. Sie vermuteten schließlich, daß es sich um eine Vermessungsschneise handelte (vermuteten richtig: fast die ganze Prärie ist wie ein Schachbrett Nord-Süd und Ost-West vermessen und aufgeteilt; beinahe alle Straßen folgen diesen beiden Hauptrichtungen der Windrose auf den Grenzen zwischen den Quadratmeilen).

Das Land stieg langsam an. Die Sonne senkte sich schon in den Abend. Berge waren dort aufgetaucht, blaß erst, wuchsen zu Gebirgen zusammen: die Rockies! Die Gipfel begannen golden zu glühen. Die beiden einsamen Wanderer waren müde geworden; sie fragten sich, wie und wo sie die Nacht verbringen sollten.

Paul und Peter hatten in der Ferne zur Rechten manchmal weißen Rauch aufsteigen sehen, der bald zu den Bergen hin, bald vor ihnen her sich fortzubewegen schien und dann verwehte. Kein Zweifel: dort führte die Eisenbahnstrecke entlang. Peter schlug vor:

»Zwanzig, fünfundzwanzig Meilen weit haben wir jetzt die Stadt hinter uns, Paul! Wenn man uns wirklich aufgelauert hat – so weit draußen brauchen wir keine Überraschungen mehr zu fürchten. Wir wollen jetzt die Eisenbahn erreichen. Vielleicht kommen wir da weiter.«

Sie wanderten bis zur nächsten Quermeile, die sich sogar als befahrener Weg erwies, und fanden eine Meile weiter im Norden nicht nur die Eisenbahnstrecke, sondern auch die große Hauptstraße, an den dichten Strähnen von Telegrafendrähten erkennbar, die sie begleiteten.

»Hier auf der geraden Strecke läßt sich kein Zug entern. Komm, wir versuchen es auf der Straße. Ich bin müde wie ein Hund. Ich habe keine Lust mehr weiterzumarschieren.«

Sie zogen langsam auf der Straße westwärts. Nur wenige Autos waren unterwegs. Personenwagen mochte Paul nicht anhalten, und Peter mußte nachgeben. Sie blickten nicht einmal zur Seite, wenn Personenwagen hinter ihnen aufholten und vorbeirauschten. Lastautos schienen dem Gebirge überhaupt nicht zuzustreben.

»Da!« brummte Peter abgespannt und ärgerlich. »Gleich vier dicke Kästen hintereinander! Könnten die nicht in unserer Richtung fahren!«

In der Ferne waren vier anscheinend schwere Lastwagen aufgetaucht; sie schleppten lange graue Staubfahnen halbquer hinter sich her und rollten schnell vom Gebirge heran. Paul und Peter erkannten, daß die offenen Ladekästen der Autos mit dicht gedrängt stehenden Männern gefüllt waren. Schon rasselte der erste Wagen vorbei. Paul und Peter wichen an den Straßenrand aus, um nicht von den Kieseln getroffen zu werden, die von den schweren Reifen wie eine Fontäne aufgewirbelt wurden.

Paul und Peter erstarrten zu Stein. Peters Kinn fiel herab. Pauls Augen wurden groß vor Entsetzen. Der zweite Wagen tobte vorüber, der dritte, der vierte; sie boten alle das gleiche Bild: sie trugen Männer nach Calgary, die auf verwaschenen graubestaubten Uniformen groß und knallig die beiden Buchstaben PW zeigten. Viele fuhren barhaupt und ließen sich den Fahrwind durch die Haare wehen; andere hatten sich ihre alten verschwitzen Landserkappen aus der Stirn geschoben; manche trugen Kappen von gelblicher Farbe.

»Die haben in Afrika gekämpft!« sagte Paul, als die Autos längst vorübergerauscht waren. Weder Paul noch Peter hatten sich gerührt; sie hatten nichts weiter vermocht, als den Kameraden nachzustarren, die man da – wahrscheinlich von der Arbeit im Gebirge – wieder ins Lager nach Calgary karrte; sie hatten so ausgesehen, als ob sie von der Arbeit an einer Straße oder an einer Bahnstrecke »heim«kehrten.

Eilig wanderten sie weiter.

Sie trafen bald auf eine Schlucht, in der Weiden, Pappeln und alte Ahornbäume eines der kalten klaren Gewässer begleiteten, die das

68

Gebirge wie glitzernde Schlangen in die kahle Steppe entsandte. Die Bahn überquerte die Schlucht auf einer Brücke mit einem einzigen kühnen Bogen.

Paul und Peter zündeten ein Feuer an; fabrizierten aus einer unterhalb der Brücke entdeckten, so gut wie neuen Konservendose, die Pfirsiche enthalten hatte (man roch sie noch; die Büchse stammte sicherlich aus dem Speisewagen des Expreßzuges), einen Wasserkessel und brühten sich in dem Allerweltsgeschirr einen Tee auf.

»Man muß abends etwas Warmes in den Leib bekommen«, sagte Paul. »Roly, erfahrener Hobo, der er war, wußte das.«

Dann lagen sie neben dem Feuer lang auf dem immer noch warmen Erdboden.

Ein paar Stunden später – die Mitternacht wölbte sich schweigend und feierlich über dem Tal wie ein Dom – erwachten die beiden Männer frierend. Sie wuschen sich den Oberkörper, fuhren erfrischt, wenn auch schnatternd vor Kälte, wieder in ihre Hemden, schulterten ihr Päckchen an einer starken Schnur und kletterten den Hang hinauf zur Bahnstrecke. Der Marsch würde sie schon wieder erwärmen.

Fünftes Kapitel

Sie wanderten schnell und ohne Aufenthalt dem Gebirge zu. Manchmal fielen sie sogar in Trab, die Eisenbahnschwellen, über die sie dahinschritten, verlockten dazu.

Es war ihnen, als kämen sie jetzt viel schneller vorwärts als am Tage.

Plötzlich beschrieben die Geleise einen engen Bogen; selbst die beiden nächtlichen Fußwanderer merkten, wie stark die Steigung war, welche die Bahn hier zu überwinden hatte. Paul und Peter hatten die Kurve noch nicht zur Hälfte durchmessen, da erkannten sie den Einschnitt in den schattenschwarzen Kuppen, durch welchen die Trasse sich ins eigentliche Gebirge hinaufschwang.

»Wenn wir irgendwo aufspringen können, dann hier!« sagte Paul. Das war gewiß richtig. Sie warteten. Der östliche Himmel über der hinter ihnen liegenden Prärie überzog sich mit einem ersten, noch kaum zu ahnenden Grau. Aus der Ferne keuchte es leise heran. Dann stob noch weit hinten und unterhalb der Wartenden ein rötlicher Funkenstrauß in die nächtlich stille Luft. Deutlicher vernahmen sie bald danach das schwere Stampfen der Maschine.

»Das muß ein Güterzug sein!« sagte Peter; und Paul riet: »Wir sollten wenigstens einmal die Strecke ablaufen, wenn wir hier aufspringen wollen.«

In der kristallisch reinen Luft leuchteten die Sterne hell genug; sie liefen die Anlaufbahn hinauf und wieder zurück; es würde nicht einfach sein; die Bahn war grob und mit Felsbrocken übersät; aber es mußte gehen.

Die beiden lagen hinter einem Felsen und ließen die stöhnende Maschine an sich vorüberstampfen. Paul und Peter fiel ein Stein vom Herzen, denn der Zug brachte es in diesem schwierigen Abschnitt der Strecke kaum auf die Geschwindigkeit eines gemächlich trabenden Pferdes.

Paul und Peter erhoben sich und blickten den aus der Dunkelheit scheppernd und klirrend heranrollenden Wagen gespannt entgegen, um sich einen passenden auszusuchen.

Plötzlich schrien sie beide wie aus einem Munde:

»Da ist unsere alte Lore mit den Maschinen!«

Schon setzten sie sich in Trab. Der schwere, vierachsige Güterwagen schob sich neben ihnen heran; es war ganz leicht, viel einfacher als beim ersten Mal; sie griffen zu; Peter schwang sich am Vorderende, Paul am hinteren auf die lange, mit fünf klotzigen Kisten bepackte Plattform. Schwer atmend lehnte sich Peter einen Augenblick lang an die nächste Kiste und blickte sich nach Paul um; der hockte auf der Seitenkante und rieb sich den rechten Fußknöchel, aber es schien nichts Schlimmes passiert zu sein; Paul erhob sich schon, stampfte auf und zog sich sein Bündel von der Schulter.

Peter wollte an der Außenkante der Plattform zu Paul hinübergehen, um zu hören, was ihm geschehen war; aber schon beim zweiten Schritt stieß sein Fuß an etwas Weiches. Er fühlte mit der Hand hinunter: ein Bündel oder etwas Ähnliches! Das hatte zuvor nicht hier gelegen. Sofort wurde Peter vorsichtig: war außer ihnen noch jemand auf der Lore? Er ließ sich auf die Knie nieder: ja, ein Bündel, locker zusammengewickelt, als sei es erst vor kurzem gebraucht worden und sollte bald wieder entfaltet werden; er schlug das Stück Gummituch auseinander: zwei unbestimmbare Stücke schmutziger Wäsche, eine Spiegelscherbe, ein Kamm, ein zerledertes Rasierzeug, ein Beutel Tabak und da, in zwei Tücher gewickelt, zwei schwere kantige Gegenstände. Peter wußte sofort Bescheid: zwei Browning-Pistolen, vier Extrastreifen Munition. Er befühlte die beiden Waffen, hob sie ins Sternenlicht: sie waren beide geladen und gesichert. Als verstände es sich von selbst schob er sie in seine Hosentaschen. Er sah, wie Paul sich auf ihn zubewegen wollte, und winkte ihm heftig ab. Paul begriff auf der Stelle und erstarrte. Peter erhob sich und blickte um jede Kiste. In der Mitte des langen Wagens war ein Platz, etwa zwei Schritt im Geviert, freigelassen, damit die schwere Maschinenlast sich möglichst auf die beiden Achsgestelle verteilte. Peter lugte vorsichtig um die Kante der hohen Kiste: auf dem freien Platz, in Decken gewickelt bis über den Kopf, ruhten zwei Gestalten. Die Schläfer hatten offenbar nichts davon gemerkt, daß sie nicht mehr die einzigen Passagiere auf der Lore waren; in dem schweren Klirren der eisernen Wagen gingen alle anderen Geräusche unter.

Peter huschte an den Schlafenden vorbei und berichtete Paul flüsternd, was er entdeckt hatte; eine der Pistolen mit zwei Streifen Munition wechselte zu Paul hinüber.

»Wir könnten uns über die Dächer hinweg einen anderen Wagen suchen, Peter!«

»Die Kletterei begeistert mich nicht gerade. Kurve folgt jetzt auf Kurve; die Wagen schlingern eklig; ich fürchte, meine Fähigkeiten als Seiltänzer sind nur gering.«

»Außerdem müßten wir dann die Revolver wieder in das Bündel packen.«

Das war natürlich richtig: denn sonst würde man sie bald auf ihrem neuen Wagen ausfindig machen. Aber die Waffen drückten so angenehm schwer in der Tasche! Eine Waffe–! Sie zu besitzen, schenkte den beiden Männern ein Gefühl der Sicherheit, wie sie es auf der ganzen bisherigen Flucht nicht gespürt hatten; sie waren viel zu lange und gründlich Soldaten gewesen, um anders zu empfinden. Sie standen noch unschlüssig im ersten blassen Morgenlicht, während zur Rechten wie zur Linken immer wildere und gröbere Felsgebilde vorüberglitten, als ein neues Ereignis sie der Enscheidung enthob: Plötzlich erschien vor ihnen von der Mitte des Wagens her ein langer Mensch, dem eine Decke von der Schulter hing. Der Mann erschrak so heftig vor den beiden Männern mit Pistolen in den Händen, daß er zurückprallte; dabei trat er sich, verschlafen wie er war, auf den Deckenzipfel, stolperte –

und wäre vom Wagen gestürzt, wenn nicht Paul und Peter

zugesprungen wären und ihn zurückgerissen hätten. Dabei ging es nicht ohne einiges Getrampel ab; der noch am Boden Schlafende wurde ein- und zweimal heftig getreten. Mit einem dumpfen Schimpfwort erwachte er, versuchte sich aus den Decken zu wikkeln; es gelang nicht gleich, er strampelte wütend mit den Beinen, befreite sich endlich, sprang auf –

gerade setzte der hagere schlenkrige Bursche, den Paul und Peter vor dem Absturz gerettet hatten, zu den Worten an:

»Jungens, habt ihr mich erschreckt! Wenn ihr nicht zugegriffen hättet, dann wäre –«

Da fiel ihm der eben Erwachte ins Wort:

»Scabby, das sind ja die beiden Verbrecher, die ich der Polizei...« Er schnappte nach Luft, brach entsetzt ab und starrte Peter fassungslos an.

Roly war es, den Paul und Peter aus dem Schlaf gestört hatten. Peter hatte schon die Pistole in der Hand. Er knurrte:

»Setzt euch da hin, ihr zwei Helden!« Sie gehorchten. Peter und Paul hockten sich halb rechts und halb links von den beiden völlig verstörten Landstreichern auf den Boden. Roly blickte immer noch Peter an; er stammelte schließlich:

»Paul ist es, Paul, ja! Aber Peter? Peter war doch blond und hatte blonde Augenbrauen.«

Peter erwiderte – und legte so viel Drohung in seine Stimme, als ihm nur möglich war:

»Du Holzkopf hast natürlich geglaubt, es mit blutigen Anfängern zu tun zu haben. Mein lieber Roly, wir haben sofort gemerkt, daß du uns die Polizei auf den Hals gejagt hast. Das war kein Problem für uns; ich kann meine Haarfarbe innerhalb einer Viertelstunde wechseln; Paul brauchte nicht einmal das; er wechselte nur seinen Anzug. Und dann, mein Guter, sind wir dir nachgestiegen, um dir klarzumachen, daß unserer Rache niemand entgeht. Mit solchen simplen Hobos wie dir machen wir kurzen Prozeß; wir sind schon mit ganz anderen Kerlen fertig geworden. Wer ist der Schlaks da neben dir?«

»Das ist mein Freund Scabby! Ich habe ihn auf dem Güterbahnhof in Calgary getroffen; er will auch nach Vancouver.«

»So, so! Was hat denn die Polizei gesagt, als wir nicht zu finden waren?«

»Sie hat mich hinausgeworfen und mir gesagt, ich solle mich so bald nicht wieder in Calgary blicken lassen.«

»Siehst du! Das kommt vom Petzen! Und jetzt fliegst du außerdem und zum zweiten Male vom Wagen, aber wir warten nicht erst eine Kurve ab.«

Roly fing an zu jammern: »Nein, nein! Das überstehe ich nicht! Hier gibt es nichts als Felsen und Abgründe.«

»Eben deshalb! Was meinst du, Paul?«

»Ich bin für Hinauswerfen – und diesen Scabby gleich dazu! Das ist ein Aufwaschen! Wir wollen nämlich auch nach Vancouver, möchten da aber ohne euch ankommen; ihr könnt ja doch den Mund nicht halten!«

Beide schworen hoch und heilig, daß sie es nie wieder wagen würden, so hervorragende Glieder der Gangsterei wie Paul und Peter zu verraten. Roly versicherte ganz freimütig:

»Ich hielt euch für kleine Geister, die mich hinters Licht führen wollten, anstatt mich einzuweihen. Wenn ich gewußt hätte, daß ihr mir über seid, dann hätte ich natürlich dichtgehalten.«

»Das ist ein prächtiger Standpunkt!« mischte Paul sich grimmig ein. »Aber ich wollt' ihn mir ausgebeten haben. Was sollen wir tun, Peter? Wenn wir die beiden hier hinunterwerfen, bleiben sie als Leichen liegen. Jeder glaubt dann, sie wären aus einem Zuge gestürzt.«

Peter versank in tiefes Nachdenken.

Plötzlich richtete er die Pistole auf Scabby und fragte:

»Was bedeuten die Waffen in deinem Gepäck, Scabby?«

Der lange Kerl mit dem Galgenvogelgesicht wand sich hin und her, stotterte schließlich:

»Oh, nichts weiter. Ich bin ein Freund des Schießsports.«

»Freund des Schießsports? Ach was!« äffte Peter ihm nach. Roly kicherte plötzlich und ließ sich vernehmen:

»Scabby, das ist einer! Der gehört eher zu eurer Sorte! Das ist nicht bloß so ein unschuldiger Hobo wie ich.«

Peter wandte sich an Paul, als säßen die Landstreicher gar nicht vor ihnen:

»Paul, was meinst du: bei dem Ding, das wir in Vancouver vorhaben, werden wir sowieso noch zwei Helfer brauchen?«

Paul wußte natürlich noch nicht, welche neue List Peter im Schilde führte. Aber er gab sich keinen Augenblick eine Blöße. Er antwortete ebenso nachdenklich, wie er gefragt worden war:

»Zwei sicherlich. Einer müßte mit der Pistole umgehen können. Der andere braucht nur Posten zu stehen.«

»Ja, so ist es. Vielleicht wären Roly und Scabby dazu zu gebrauchen. Tausend Dollar könnten wir ihnen ohne weiteres versprechen, wenn sie zusagen.«

Die beiden hatten mit immer größeren Augen zugehört. Als die Zahl genannt wurde, fiel ihnen vor Staunen das Kinn herab; sie stammelten ehrfürchtig:

»Tausend Dollar!«

Peter lachte geringschätzig:

»Ja, mit Kleinigkeiten geben wir uns nicht ab. Wenn wir Glück haben, springen für jeden von euch auch mehr, vielleicht sogar zweitausend Dollar heraus. Natürlich müßten wir bestimmte Bedingungen stellen, wenn wir euch in unseren Plan einweihen und beteiligen.«

Die beiden Hobos, die, anstatt sich die Knochen zu brechen, plötzlich zweitausend Dollar winken sahen, zeigten sich wild und begierig darauf, die Bedingungen kennenzulernen.

»Erstens: Scabby verkauft uns seine beiden Pistolen für zusammen zwanzig Dollar. Zweitens: Bis Vancouver habt ihr Probezeit; wir trauen euch noch nicht ganz; einer von euch springt jedesmal, wenn wir irgendwo Aufenthalt haben, vom Wagen und warnt uns, sobald sich einer von den Zugbegleitern nähert. Wir verkriechen uns dann in den Verschlägen wie während der früheren Fahrt. Der Aufpasser verbirgt sich neben dem Bahndamm. Drittens: Wenn wir durch Tunnels fahren, kommt ihr in die Kiste, und wir setzen uns davor. Viertens: Des Nachts schlaft ihr in den Kisten und wir davor. Fünftens: Alles, was ihr in den Taschen habt und eure Bündel nehmen wir bis Vancouver in Verwahrung. Hat bis Vancouver alles geklappt, so sollt ihr mit von der Partie sein. Im übrigen haben wir euch ja jederzeit in der Hand. Und daß wir euch jederzeit um die Ecke bringen können, das glaubst du jetzt wohl, was, Roly?«

Roly bestätigte mißmutig anerkennend:

»Was denn sonst?« Und Scabby meinte trocken:

»Mir ist alles recht. Ich traue euch allerhand zu nach dem Bisherigen. Meine Hochachtung! Ich habe mir schon immer gewünscht, mit richtig großen Leuten zusammenzuarbeiten, nicht bloß mit so kleinen stinkigen Landstreichern wie dem da.« Roly machte nur: »pff – – –« Scabby fuhr fort:

»Erzähle jetzt, was ihr vorhabt. Ich bin auf alle Fälle mit von der Partie.«

Paul beobachtete Peter mißtrauisch; er kannte den Freund genau;

wenn es ihm so verräterisch um die Mundwinkel zuckte, dann war er drauf und dran, irgendwem einen gewaltigen Bären aufzubinden.

Anzuhalten ist Peter jetzt nicht mehr; der Bursche entwickelt unter Umständen eine Phantasie, daß der dollste Detektivschmöker wie ein Bilderbuch für Dreijährige daneben wirkt – dachte Paul. Aber im gleichen Augenblick wurde auch er selbst von dem Übermut angesteckt, der dem Freunde aus der lächerlich verdrehten Situation beim Anblick der beiden unrasierten, ungewaschenen, ungekämmten Landstreicher wie von selbst zugeflogen sein mußte. Roly und Scabby hingen am Munde Peters, der jetzt aus dem Handgelenk mit allen Einzelheiten, als hätte er sich sein Leben lang mit nichts Weiterem beschäftigt, einen märchenhaften Plan aus den Morgenwolken herniederzauberte, die Filiale der Bank of Montreal in Vancouver auszurauben. Die Bank of Montreal – so glaubten die beiden Freunde in Winnipeg wie in Calgary festgestellt zu haben – rühmte sich anscheinend überall der größten und prächtigsten Filialgebäude. Peter schilderte den beiden verzückt lauschenden Tramps den Kassenraum der Bank in Vancouver so genau, als wäre er der Architekt, der ihn entworfen hatte; selbst Paul wurde ein paar Augenblicke lang geblufft, bis ihn ein schneller Seitenblick Peters eines Besseren belehrte.

Paul dachte: Hoffentlich lügt er nicht so faustdick, daß die Wackeren stutzig werden; er hörte noch eine Weile zu: nein, er machte seine Sache ausgezeichnet; Roly und Scabby horchten wie gebannt und ließen sich genau die Rolle erklären, die ihnen Peter in seiner kühnen Räuberphantasie zudachte.

Und dank der vergnügt frechen Märchen Peters herrschte bald auch auf der Lore eine solche Einigkeit und Kameradschaft, als sei die Bank of Montreal längst erobert und vier arme Schlucker und Landstreicher hätten sich in lauter Dollarprinzen verwandelt – was kostet die Welt!

Der lange Güterzug, auf dem sich die vier Helden eingenistet hatten, war mit manchem Anstieg, manchem Paß, mancher langen Abfahrt – dieser mit kreischenden Bremsen – fertiggeworden, und unzähligen Kurven! Revelstoke blieb nach langem Aufenthalt hinter ihnen zurück. Dann konnte der Zug schnellere, gleichmäßigere Fahrt aufnehmen.

Paul und Peter wußten beide, daß bei der Station Sicamous an den Shuswap-Seen die Bahnstrecke nach Süden ins Okanagan-Tal abzweigt; ihr mußten sie folgen, wenn sie ihr Ziel, die Obstkulturgebiete zwischen Sicamous, Vernon und Kelowna, erreichen wollten.

Als die Sonne schon gesunken war in Abendglut und Glorie, als der Mond über den allmählich ein wenig sanfteren Bergen kräftig wurde und sein silbernes Licht sich vor dem letzten Abglanz des mächtigeren Gestirns schon in den dunkel kühlen Gründen behauptete, fanden Paul und Peter endlich Gelegenheit, sich unbeobachtet über ihre weiteren Absichten auszusprechen.

»Der Karte nach«, sagte Peter, »führt gleich hinter der Station Sicamous die Bahnstrecke unmittelbar am Shuswap Lake entlang. Wir werden früh am Morgen, sicher noch bei Dunkelheit, dort vorbeikommen.«

»Wir müßten abspringen, wenn die beiden schlafen, damit sie nicht wissen, wo wir verschwunden sind.«

»Der Zug muß also in voller Fahrt sein. Wenn der Zug hält oder auch nur langsamer fährt, wacht Roly sofort auf, um seinen Aufpasserposten anzutreten; er hat das aus langer Übung im Gefühl, daß man bei dieser Sorte von Passagierverkehr nur dann sicher ist, wenn das Bähnle gleichmäßig und schnell in Gang ist. Ich denke immerfort an den Abschnitt der Strecke längs des Shuswap Lake. Dort kann es keine Steigung geben, höchstens flache Kurven. Die beiden Kerle schlafen gegen Morgen, wenn es kühl ist, fest; das haben wir ja heute früh gemerkt. Und am Shuswap-See bei Sicamous – das ist gerade für uns die richtige Stelle, um auszusteigen.«

Paul überlegte und meinte dann leise:

»Wenn die Geleise wirklich unmittelbar neben dem Seeufer herlaufen – und diese Bergseen sind gleich vom Ufer an tief – Peter, ich traue mir zu, wenn der Zug nicht gerade rast – die Plattform unserer Lore steht ziemlich hoch über dem Boden, und die Schienen führen sicherlich noch einmal so hoch über dem Wasser hin, man kann auch ganz gut Anlauf nehmen auf der Seitenkante neben den Kisten – also ich trau mir zu –.« Er stockte.

Peter dachte laut weiter:

»Unser Zeug können wir ja vorher zusammenpacken und zwischen die Schienen fallen lassen. Das finden wir schnell wieder. Dann passiert nichts. Vorsicht, Roly will was –!«

»Wie machen wir es mit dem Schlafen?« fragte Roly.

»Wie vereinbart! Du schläfst an deinem alten Platz in der langen Kiste und Scabby in der anderen. Aber es ist ja noch viel zu früh zum Schlafengehen. Wir haben auch noch verschiedenes mit euch durchzusprechen für den Fall, daß der Kassierer an der Bar-Kasse der Bank – –.« Und schon traten die vier abermals in langatmige Erörterungen der vielen Wenns und Abers ein, welche die Theorie des Bankraubes heraufbeschwört.

Erst lange nach Mitternacht entließen Peter und auch Paul, der sich mit finsterer Entschlossenheit an dem Gespräch beteiligt hatte, ihre beiden eifrigen Helfershelfer in die wohlverdiente Nachtruhe. Roly, dem viel darauf anzukommen schien, seinen Verrat vom vorgestrigen Morgen wieder auszuwetzen, sagte:

»Ihr könnt ja unsere Decken benutzen. In den Kisten liegen wir geschützt... Ihr werdet frieren.«

Peter wollte abwehren, aber Paul hatte schon mit Dank angenommen. Die beiden Hobos verkrochen sich in ihre Bretterhütten, Paul und Peter legten sich, in die Decken gehüllt, vor ihre Ausschlupflöcher.

Die Bahnlinie hatte den Eagle-Paß schon hinter sich. Schnell fegte der schwere Güterzug durch die Kurven. Der Mond senkte sich hinter die schattenschwarzen Berge. Sicamous konnte nicht mehr allzuweit entfernt sein. Roly schnarchte hölzern üppig in seiner Koje, Scabby pfiff bei jedem Atemzug durch die Schneidezähne wie ein liebestolles Murmeltier. Die beiden braven Bankräuber in spe schliefen also so fest wie Kinder.

Vom Anfang des Zuges her drang verhalten ein langer Pfiff der Lokomotive. Vor jeder Station kündigte sich der Zug so an. Peter stand leise auf und hatte sich in wenigen Sekunden ausgezogen; Kleider, Pistole, Proviant verwandelten sich im Nu in ein festes Päckchen, das der Riemen fest zusammenhielt. Er war bereit. Auch Paul zog sich gerade die Decke wieder um die nackten Schultern und streckte sich flach auf den Boden neben die Kiste. Erst mußte die Station vorübergleiten; sie war manchmal hell erleuchtet.

Jetzt kam es darauf an: Hielt der Zug in Sicamous oder fuhr er durch? Wenn er anhielt, wurde vielleicht alles verdorben.

Seitab öffnete sich ein dunkles Tal, darin ferne ein Licht, ein beleuchtetes Fenster, dort der Schein eines fahrenden Autos. Das mußte Sicamous sein. Der See war rechts von der Bahn zu erwarten. Da tauchte er auch schon auf, ein schwarzer glatter Spiegel, sehr groß, von dunklen Bergen und dunkleren Wälderwänden umwallt.

Das Stationsgebäude – es schien weit über den See hinauszuragen. Von einer verrußten Felswand zur Linken glomm für einen Augenblick ein Schild »Sicamous« auf. Der Zug rollte klirrend mit unverminderter Geschwindigkeit vorüber.

Jetzt!

Die Sterne gaben Licht genug:

»Dort am Ende der nächsten Biegung. Die Strecke führt über eine kleine Brücke, ganz dicht über dem Wasser. Dort springe ich«, flüsterte Peter. Er schob seinen Packen auf der Landseite über Bord. Noch hundert Meter, noch fünfzig – noch zwanzig – zehn –

Peter setzte zum Anlauf an – die Decke sank ab – und genau über der Brücke schnellte wie ein langer blasser Strich ganz flach ein Körper weit hinaus ins Wasser, klatschte einigermaßen unsanft hinein, kam aber gleich wieder hoch, drehte sich um – gerade berührte Pauls Körper die Flut; er hatte den Sprung noch flacher genommen, schien einen Augenblick sprühend über die Oberfläche hinzugleiten, rauschte in den Schultern, schwamm. Die Haut brannte. Geglückt!

Ein paar Stunden später wanderten zwei junge Leute, die allem Anschein nach auf Arbeitssuche waren, die Straße nach Osoyoos entlang. Ein kleiner Lastwagen holte sie ein, hielt an. Der Fahrer, ein Bauer oder Farmer offenbar, lehnte sich aus dem Fenster:

»Wo wollt ihr hin, Jungens?«

»Nach Süden; suchen Arbeit! Erst einmal nach Vernon!«

»Fein! Steigt hinten auf. Hier vorn hab' ich schon meine Frau.«

Sechstes Kapitel

Paul und Peter schlenderten durch die Straßen Vernons und gewannen Geschmack an der Stadt; geruhsam schien sie und doch lebendig. Schöne alte Bäume schatteten über den weiten Plätzen, von den Bergen ringsum schimmerten dunkelgrün die Urwälder und überall – zwischen den Häusern, den Tälern, den Wäldern: Gärten, üppige, schier unabsehbare Gärten.

Die Sonne schien warm und ließ ihre Strahlen durch das grüne Blättermeer über allen Steigen und Plätzen blinzeln; jedermann trug ein freundliches Gesicht zur Schau; Autos funkelten gemächlich die breiten Straßen entlang, manchmal läutete vom Bahnhof her eine rangierende Lokomotive. Und quer über die Straße hinweg begrüßten sich unbekümmert laut zwei wohlgenährte Männer in Hemdsärmeln:

»He, Charly, alte Tomate, wie hast du geschlafen?«

»Spiel dich nicht auf, Bob! Du warst noch blauer als ich.«

Und die Leute ringsum schmunzelten verständnisvoll und mitfühlend.

Paul sagte zu Peter: »Hier gefällt's mir, Peter. Die Leute haben wenigstens Zeit zu einem Witz. Junge, ich habe einen Bärenhunger.«

Ja, in den vergangenen Tagen hatten sie sich nicht allzu reichlich genährt. Es kostete sie wieder Überwindung, ein großes Lokal voller weißer Leute zu betreten; sie waren noch keineswegs frei von Platzangst. Auch diesmal wanderten sie an vielen Schildern vorüber, die sie zum Essen einluden; am westlichen Ende der Hauptstraße endlich fanden sie einige bescheidenere Lokale, die Chinesen zu gehören schienen, denn Charles Wang-tu und John Yue-fang – das klang deutlich nach Söhnen des Himmels. Sie betraten das Etablissement von Mr. Wang und merkten gleich, daß sie am richtigen Platze waren; die Männer an den Tischen und vor der schulterhohen Bar steckten genau wie Paul und Peter in mehr oder weniger mitgenommenen Arbeitskleidern. Mädchen oder Frauen – außer zwei Bedienerinnen – waren nicht zu erblicken. Hinter der Bar rollte gewichtig der mondgesichtige, schlitzäugige Wang auf und ab; er mußte es sein, denn ihm gehorchten die Bedienerinnen und der feiste, ebenfalls chinesische Koch, der zuweilen aus einer Luke hinter dem Kommandostand hervorschaute.

Paul und Peter klemmten sich auf ein paar der hochbeinigen Hocker vor der Bar und bestellten wie die Könige und begierig auf etwas Besonderes »Chicken à la King«, Huhn nach Königsart, wie es auf der Karte ohne Scham vor der französischen Sprache vorgezeichnet stand. Der dicke Wang behandelte sie daraufhin mit gönnerhafter Freundlichkeit, denn »Chicken à la King« – so hieß es wirklich! – war mit das teuerste Gericht auf der Karte. Er kredenzte ihnen zuvor eine mit Sahne verbrämte dicke, würzige Tomatensuppe, Weißbrot dazu, Butter – herrlich! Paul und Peter ließen es sich prächtig schmecken.

»Ihr sucht sicher Arbeit?« fragte Wang. »Ihr seid wohl gerade erst vom Heer entlassen, was?«

Paul überflog den Frager mit einem schnellen Blick –: nein, der Mann fragte ohne Arg.

Peter, den seine Phantasie dazu verführte, keine Gelegenheit zum Märchenerzählen ungenutzt verstreichen zu lassen, erwiderte gemächlich mit vergnügtem Grinsen: »Ja, gerade entlassen. In Vancouver sind wir entlassen worden. Wir sind aber eigentlich aus Französich-Kanada, aus Unter-Quebec. Und da dachten wir uns: können uns hier gleich einmal nach Arbeit umsehen und ein paar Dollar verdienen; so bald kommen wir doch nicht wieder hierher in den fernen Westen und nach British Columbia.«

»Ja, das mag wohl wahr sein!« stimmte Wang nachdenklich zu. Er schien sich etwas zu überlegen, blickte seine Mittagsgäste prüfend an und fuhr dann zögernd und mit etwas gedämpfer Stimme fort: »Die Franzosen nehmen es nicht so genau mit der Hautfarbe, wie?« Paul und Peter wußten nicht, wo der Mann hinauswollte, und Paul antwortete hinhaltend:

»Wie man's nimmt –! Ein anständiger Kerl kann man immer sein, ganz gleich, ob man eine weiße oder braune, eine schwarze oder eine gelbe Haut hat. Und mit der Unanständigkeit ist es genauso!«

»Das stimmt, das stimmt!« versicherte Wang: »Man merkt an eurem Englisch, daß ihr Froggies* seid aus Quebec oder sonst von irgendwo daher. Die meisten Leute hier lachen über diese Aussprache und halten die Männer aus Quebec gern zum Narren; es kommen ja nur selten welche zu uns in den fernen Westen.«

Wang fuhr vertraulich fort:

»Wenn ihr hier zu einem West-Kanadier auf Arbeit geht, da werdet ihr leicht mit den anderen Männern Händel kriegen, weil ihr Froggies seid – und ihr seht mir nicht aus, als ließet ihr euch viel gefallen. Aber ich will euch einen guten Rat geben. Ihr könnt ihn annehmen oder ablehnen, das ist eure Sache. Meine Schwester lebt auch hier. Wir stammen aus Formosa. Sie ist mit einem Japaner verheiratet. Der heißt John Sakura und wohnt eine halbe Meile abseits vom Wege nach dem Sugar-Lake. Er hat viele Äcker Tomaten zu pflücken und kann nicht genug Leute finden, die für ihn arbeiten. Wenn ihr wollt, dann geht doch zu ihm; er wird euch prompt und gut bezahlen. Sakura ist ein anständiger Kerl – und das sage ich nicht bloß, weil ich sein Schwager bin.«

Nach einigen Augenblicken des Überlegens fragte Paul:

* »Froggies« – Spitzname im englischsprechenden kanadischen Westen für Franko-Kanadier aus dem Osten; eigentlich »Fröschlein«

80

»Sakura ist Japaner –? Haben sie ihn nicht hinter Stacheldraht gesetzt?«

Und Peter fragte fast im gleichen Atemzuge:

»Wenn wir bei Sakura Tomaten pflücken, wird man uns nicht nur als Froggies, sondern auch noch als Japse verspotten.«

Wang lagerte immer noch mit seinem breiten Bauch über der Glasplatte und murmelte, deutlich noch eifriger – er merkte, daß die beiden anbissen –!

»Oh, mein Schwager ist natürlich schon längst kanadischer Staatsbürger, und dann ist ja auch seine Frau, meine Schwester, Chinesin. Formosa war ja wohl das einzige Land, wo Japaner und Chinesen gelegentlich durcheinander heirateten. Und die Chinesen sind und waren unsere Bundesgenossen genau wie die Franzosen. Und meines Schwagers jüngerer Sohn hat als Freiwilliger im amerikanischen Heer gefochten. Ärger hat er trotzdem genug gehabt, der Sakura. Und wenn ich nicht gewesen wäre, dann hätte er vielleicht sogar Haus und Hof verloren. Aber jetzt belästigt ihn keiner mehr; es kennt ihn ja auch jeder hier als guten Christen und fleißigen Farmer, der sich um nichts weiter kümmert als um seine Arbeit. Leute kriegt er allerdings immer noch sehr schwer. Seine Plantage liegt auch so weit von der Stadt – ganz einsam – abgeschlossen in einem engen Felsental; keine Straße geht vorbei. Wenn ihr es nicht an die große Glocke hängt und immer zu mir zum Essen kommt, dann braucht kein Mensch sonst etwas davon zu merken.«

»Hm«, machte Paul und dachte: dem scheint eine Menge daran zu liegen, seinem Tomatenschwager Arbeiter zu verschaffen. Peter sagte: »Na gut, Mr. Wang! Wir werden mal sehen. Wenn es uns nicht zu weit ist, dann lassen wir uns vielleicht von Sakura anheuern. Wir brauchen dann aber ein Quartier. Vielleicht wißt ihr eine Stelle anzugeben, wo wir billig schlafen können?«

Der Chinese überlegte; schließlich meinte er:

»Quartiere sind knapp. Ich werde mir die Sache überlegen. Wenn ihr mit Sakura einig werdet, könnt ihr noch einmal hier vorbeikommen.«

»Hm«, machte Paul und dachte: ein alter Fuchs, dieser Chinamann.

Es war nicht allzu schwer, die Straße nach dem Sugar Lake zu erfragen. Sie trotteten aus der Stadt hinaus, von der sengenden Sonne, der windlos wabernden Luft bald wie benommen. Als der schmale Fahrweg am Rande der großen Gärten in üppig verwachsenen Hochwald eintrat, meinte Peter:

»Paul, wir suchen uns einen Platz für ein Nachmittagsschläfchen. Es ist barbarisch heiß.«

Sie schliefen beide auf der Stelle ein, als sie erst im weichen Grase lagen, kühl beschattet und durch nichts weiter mehr gestört als das Summen von ein paar hin und her blitzenden Fliegen. – Als sie wieder erwachten, schien die Sonne schon merklich milder. Peter setzte sich auf, im gleichen Augenblick öffnete auch Paul seine Augen. Als ob sie in den Stunden des Schlafes nichts weiter getan hätten, als darüber nachzudenken, so selbstverständlich sagte Peter:

»Probieren wir es also mit diesem Sakura. Da bleiben wir vielleicht weit vom Schuß und akklimatisieren uns allmählich an den kanadischen Alltag.«

Paul hielt es nicht für nötig, auf diese Worte einzugehen. Er fragte statt dessen:

»Bei Herrn Johannes Kirsch willst du also deine kanadische Laufbahn beginnen?«

Peter stützte seinen Kopf in die Hand. »Bei Herrn Johannes Kirsch, wieso?«

»Im Lager habe ich es dir mehr als einmal erzählt: ich bin in Japan zur Welt gekommen. Mein Vater vertrat damals die AEG in Kobe; ich habe lauter japanische Kindermädchen gehabt und von O-koto-ba-san, meiner geliebten Amah, Fräulein Jungtaube, habe ich ebensofrüh Japanisch gelernt wie von meiner Mutter Deutsch. Sakura aber heißt Kirsche, die berühmte japanische wilde Kirsche, die, wenn sie blüht, das ganze Volk aus den Städten lockt. Und John heißt Johannes. Auf gut japanisch wird der Mann wohl Younosuke heißen; das hat allerdings nur wenig mit John zu tun.«

Peter war sehr aufmerksam geworden:

»Paul, natürlich, das hatte ich ganz vergessen. Da kannst du ja gleich mit dem guten Herrn Kirsch auf japanisch lospalavern. Damit werden wir sehr in seiner Achtung steigen.«

Paul erwiderte ironisch:

»Ich bin nur so froh, Peter, daß du es nicht bist, der japanisch sprechen kann. Du könntest natürlich den Mund nicht halten. Ich darf dich leise daran erinnern, daß wir dank deinem letzten kühnen Einfall zur Zeit als Französisch-Kanadier auftreten; und ich glaube kaum, daß die Kenntnisse des Japanischen im alten Quebec sehr weit verbreitet sind.«

Peter lachte – ein wenig schuldbewußt:

»Glaube ich auch nicht, Paul! Aber immerhin. Wer weiß, wozu dein Kindermädchen-Japanisch noch alles gut ist. Du mußt den Burschen belauschen, wenn er mit seinem chinesischen Eheweib japanisch redet. Kannst du etwa auch Chinesisch?«

»Nicht viel! Wir lebten nur zwei Jahre in Hankau, ehe mein Vater sich in Siam selbständig machte; da habe ich natürlich nicht soviel Chinesisch gelernt wie in den zwölf Jahren zuvor Japanisch.«

»Brav, mein Junge! Wir werden das alles noch brauchen. Ich zweifle keinen Augenblick daran. Was kannst du noch? Siamesisch?«

»Nicht viel mehr als Chinesisch. Ich kam ja dann nach Deutschland auf die Schule. Womit kannst du denn außer Schulfranzösisch, Englisch und Deutsch noch aufwarten, Peter, wenn wir schon einmal dabei sind?«

»Ich spreche, wenn du es genau wissen willst, Bambundo, einen Batu-Dialekt aus dem mittleren Angola, wo meine Eltern ihre Farm haben, und außerdem Portugisisch natürlich. Damit sind meine Kenntnisse erschöpft. Glaubst du, daß hier irgendwer mit Bambundo aufwarten kann?«

»Ich vermute, niemand – womit ich sehr zufrieden bin, Peter, sonst wärst du nicht zu halten und würdest dem Mann um den Hals fallen. Kein Mensch würde uns dann noch glauben, daß wir Froggies sind aus dem tiefsten Quebecer Hinterwald. Wo wollen wir da überhaupt herstammen, wenn uns einer fragen sollte?«

»Keine Ahnung! Heute abend schlagen wir in unserem Buch über Kanada nach oder im Auto-Atlas, wenn wir endlich wieder an unsere Koffer kommen. Jetzt aber auf zu Herrn Kirsch!

Sie machten sich auf den Weg.

Sie folgten dem Weg durch den üppig grünen Wald und erreichten bald eine Abzweigung, an welcher sich auf einem Pfosten ein länglicher Behälter aus Zinkblech mit einer Klappe an der Querseite erhob. »John Sakura« stand darauf. Ein hölzernes Farmhaus erhob sich am Eingng des Tals, von Schuppen, Hallen und Ställen umringt. Hier wohnte also Herr Younosuke Sakura nebst Familie und züchtete Tomaten en gros.

Ein Hündchen bellte ihnen entgegen, während sie das Haupthaus umschritten. Peter beugte sich zu ihm herab und sprach ihm freundlich zu; gleich beruhigte es sich und wedelte mit dem lächerlich und übergroß geschweiften Schwanz. Wie alle Hunde im kanadischen Westen war auch dies kleine schwarzweiße Tier nicht zu bissiger Gewalttat erzogen oder aufgelegt.

Eine Frau in einem zur Unkenntlichkeit verwaschenen Baumwollkleid trat aus der Hintertür des Farmhauses. Blauschwarzes Haar schmiegte sich ihr eng und glänzend um das erdgelbe Antlitz, im Nacken mit einem einzigen langen Silberpfeil zu einem wie metallen schimmernden Knoten geschürzt; große, sehr schwarze Augen, leicht schräg gestellt; hohe betonte Backenknochen und ein ziemlich voller Mund; sehr zierlich, fast mager die knapp mittelgroße Gestalt; merkwürdig schmale, schlanke Hände; nackte braune Füße in ehemals weißen amerikanischen Stoffschuhen; das farblose, sehr saubere Arbeitskleid wirkte sonderbar unangemessen an dieser fremdartig orientalischen Frau unbestimmten Alters.

»Südchina, tatsächlich Südchina!« flüsterte Paul sich unhörbar zu, während Peter mit der lächerlichen Leichtigkeit, die ihn auszeichnete, seinen Finger am Mützenrand vorbeistach (so grüßt man sich dortzulande außerhalb der Salons); er erkundigte sich lächelnd:

»Entschuldigen Sie! Spreche ich vielleicht mit Mrs. Sakura?«

»Ja, ich bin Frau Sakura. Was wünschen Sie?«

»Uns schickt Ihr Bruder, Herr Wang. Er sagte uns, Sie brauchten Leute zum Tomatenpflücken und zahlten guten Lohn.«

Die Frau stutzte für einen Augenblick; ihre strichschmalen Augenbrauen zuckten verwundert. Aber sie ließ sich sonst nichts merken. Sie antwortete:

»Da kommt mein Mann gerade. Am besten sprechen Sie mit ihm selber.« Sie wandte sich dem Manne zu, der mit einem zerdrückten Filz auf dem Kopfe über den Hauptweg zwischen den Tomatenreihen heranschritt. Sakura war in ebenso blaue Overalls über einem verwaschenen, ehemals rotkarierten Hemd gewandet wie Paul und Peter. Er trug einen schwarzen struppigen Schnurrbart. Über seinen keineswegs geschlitzten oder schräggestellten Augen sträubten sich dichte schwarze Brauen. Er zog seinen Hut vom Kopfe und wischte sich mit einem Tuche den Schweiß von der Stirn. Sein storres Haar zeigte sich schon grau gesprenkelt. Sein Gesicht trug keinen mongolischen Zug; es wirkte beinahe europäisch und war doch nicht leicht zu verkennen – ein ganz japanisches Gesicht.

Peter sagte zum zweiten Mal sein Spüchlein auf. Auch über Sakuras beherrschtes Gesicht flog ein Zucken der Verwunderung. Er antwortete in einem korrekten, aber seltsam eckigen Englisch: »Arbeit wollt ihr? Arbeit ist genug da!« Mit einer weitausholenden

Gebärde stellte er sozusagen seine strotzenden Tomatenhaine vor. »Ihr seid sicher nicht aus dieser Gegend, wie?« fuhr er fort.

Nein, sie wären Französisch-Kanadier, gerade entlassen und so weiter, log Peter munter; sie wollten sich ein paar Dollars verdienen, das Land kennenlernen und zusehen, ob sich ihnen vielleicht irgendwo eine gute Chance böte. Eltern oder Anverwandte oder Gut und Geld, die sie wieder nach dem Osten locken könnten, besäßen sie beide nicht; der Krieg wäre, Gott sei Dank, vorbei.

»Am liebsten wäre es uns, wenn wir hier draußen wohnen und essen könnten. Was gibt es denn zu verdienen, Mr. Sakura?«

»Wohnen und essen müßt ihr in der Stadt. Wir haben das ganze Haus voller Verwandter, die uns bei der Arbeit helfen. Verdienen? Zur Zeit arbeiten wir noch gegen Tagelohn; es sind noch nicht genug Tomaten reif. Ich zahle jetzt 90 Cents die Stunde. In zehn bis vierzehn Tagen geht die Akkordpflückerei los; da könnt ihr auf zehn bis zwölf Dollar am Tag kommen.«

»Wann sollen wir anfangen, Boß?«

»Morgen früh um sieben Uhr. Wir arbeiten bis nachmittag sechs Uhr mit einer Stunde Mittagspause.«

»Abgemacht, Boß! Morgen früh um sieben! Und dann, Boß, wir wollen in der Stadt keinen Ärger haben, es braucht also niemand zu wissen, daß wir hier arbeiten.«

»Von mir erfährt es keiner«, antwortete Sakura, und ein merkwürdig müder Zug stahl sich um seine Mundwinkel.

Über das flache farblose Asiatengesicht des Mr. Wang verbreitete sich deutlich ein Schimmer der Genugtuung, als Paul und Peter zum Abendessen bei ihm auftauchten. Die beiden nahmen wieder am unteren Ende der langen Bar Platz und bestellten sich jeder ein Steak. Paul berichtete kurz:

»Morgen früh fangen wir an. Jetzt müssen wir nur ein Nachtquartier finden. Ins Hotel wollen wir nicht gehen. Bei uns zu Hause in Quebec ist man immer sparsam, und Hotels sind teuer.«

Wang hatte viel zu tun; das Lokal saß voll von geräuschvollen Männern in Arbeitskleidern; er konnte sich nicht sofort seinen »Franzosen« widmen. Aber die beiden Steaks, die ihnen die Bedienerin vorsetzte, verrieten deutlich die außerordentliche Sympathie, die Wang ihnen entgegenbrachte.

»Und natürlich hofft er, daß wir immer bei ihm essen!« sagte Paul.

»Kann er haben!« antwortete Paul zwischen zwei saftigen Happen. »Wenn er uns immer solche Portionen vorsetzt!«

Schließlich war der schlimmste Ansturm von Gästen vorüber. Wang spülte sich die Hände, trocknete sie ab und widmete sich Paul und Peter.

»Wie ist das nun mit unserer Unterkunft, Mr. Wang? Es wird langsam spät und wir wissen immer noch nicht, wo wir bleiben sollen.«

Wang nickte und ließ sich nach kurzer Zeit wieder bei Paul und Peter nieder; sicherlich wollte er es nicht mit den beiden verderben. Er sagte:

»Ja, der elende Krieg! Am besten ist, auf der Welt herrscht Frieden. Also mit euren Quartieren – weil ich ziemlich sicher war, daß ihr wiederkommen würdet, habe ich mich schon umgesehen. Ihr könntet ja bei mir wohnen. Ich habe hier über dem Lokal ein paar Zimmer –?«

Peter winkte gleich ab:

»Lieber nicht, Mr. Wang! Spektakel haben wir jahrelang genug genossen. Hier läuft den ganzen Tag und die halbe Nacht das Radio. Am liebsten wäre uns ein Platz, der ein wenig abgelegen ist, nicht so unmittelbar an der Hauptstraße wie hier.«

Wang wiegte den schweren Kopf hin und her: »Auf alle Fälle könnt ihr zu mir essen kommen; ich gebe euch auch ein gutes Mittagessen auf die Arbeitsstelle mit; darauf bin ich spezialisiert.«

»Wenn es nicht zu teuer ist, das Essen bei Ihnen –?« meinte Paul gedehnt.

»Nein, nein! Da könnt ihr euch bei vielen Männern erkundigen, die bei mir ständig essen. Also mit euren Quartieren – wenn ihr auf einen ruhigen Platz aus seid –? Ja, da weiß ich etwas; das wird wohl das richtige sein. Seit ein paar Jahren wohnt eine deutsche Familie hier in der Stadt; unten am Fluß haben sie ein großes altes Haus gekauft und vermieten Zimmer; ich bin noch nie hingekommen. Sie sind natürlich Kanadier; aber sie sind erst nach dem vorigen Krieg eingewandert. Es geht den Leuten ziemlich schlecht, da könnt ihr wohl ein billiges Unterkommen finden. Auch zu dem Weg nach Sakuras Farm liegt es günstig. Ihr braucht nicht erst durch die ganze Stadt, seid gleich im Freien. Die haben sicher noch ein Zimmer zu vermieten. Die Leute heißen Deerks, Karl Deerks; aber der Mann ist vor zwei Jahren gestorben. Jetzt ist bloß die Mutter da und zwei Töchter; der Sohn ist noch bei den Soldaten.«

»Warum geht es den Leuten schlecht?« fragte Peter.

Wang wurde vertraulich und legte sich weit über den Schranktisch:

»Sie hatten eine große schöne Obstfarm im Süden. Aber sie haben wohl immer noch öffentlich Deutsch gesprochen, und das war dumm von ihnen; sie hätten es ja zu Hause tun können; aber die Deutschen sind wohl überhaupt dumm, sie schwatzen zuviel. Wenigstens konnten sich die Deerks da unten am Hunde-See nicht halten; sie mußten verkaufen und bekamen sicher nicht viel Geld heraus. Und dann kaufte der Mann hier viel zu teuer das alte verrottete Hotel am Fluß; aber er war mit seiner Familie nicht weit genug von seinem ersten Platz fortgezogen; es sprach sich auch hier herum, was man ihm nachsagte. Sie haben hier den Rest ihres Geldes verzehrt; denn keiner wollte sie etwas verdienen lassen. Vor zwei oder drei Jahren starb der Mann ganz plötzlich; bald darauf kam die Nachricht, daß der Sohn an der Front einen Orden bekommen hatte. Den Frauen ging es danach langsam besser; sie schlagen sich so durch mit einem billigen Mittagstisch und Zimmervermieten.«

Wenn die Sonne in die Mittagshöhe stieg, dann glühte das Tal wie ein Backofen. Die Felsenwände strahlten die sommerliche Hitze verdoppelt wieder. Wenn Paul und Peter auch nichts weiter trugen als Hemd, Hose und Stiefel – und den breitmächtigen Sombrero, den sie sich zugelegt hatten –, so rann ihnen doch der Schweiß in Strömen den Leib hinunter. Sie hatten schnell gelernt, nur solche Tomaten in ihren Sammelkorb zu pflücken, die im grellen Grün der Haut nur einen allerersten gelblichen oder rötlichen Schimmer zeigten. Hatten sie ihre Körbe gefüllt, so wurden sie vorsichtig in die Kisten ausgeleert, die auf dem Hauptweg bereitstanden. Nach der Zahl dieser Kisten, die jeder Pflücker gegen Mittag oder Abend in die Schuppen beim Farmhaus zu schaffen hatte, wurde der Akkord berechnet.

Es vergingen immerhin vierzehn Tage, drei Wochen, ehe Paul und Peter sich über die Arbeit hinweg ihrer weiteren Umgebung zuwandten. Bei den Deerks hatten sie es gut getroffen. Eine vergrämt blickende Frau hatte ihnen damals an ihrem ersten Tage in Vernon geöffnet. Ein Zimmer? Ja, sie glaube wohl! Sie wolle ihre Tochter rufen, die verwalte die Unterkünfte. »Betty!« hatte sie in den halbdunklen Eingang hineingerufen; »Betty heißt auch meine

Schwester!« hatte Paul dem Peter zugeflüstert. Betty erschien: aschblond, frisch in eine weiße Überschürze gewandet, hochrot im Gesicht – sie kam wohl vom heißen Herd; es stand ihr gut, und auch, daß ihr ungebärdiges Haar ein wenig der Frisur entschlüpft war und ihr die Stirn wie eine schmale Wolke umrahmte. Den beiden verschlug das weiße Mädchen – so ganz aus der Nähe, fragend und freundlich – durchaus den Atem; sie wußten nicht, daß sie in ihrer Betretenheit genauso ungeschlacht wirkten wie sonst junge Kanadier aus dem Hinterwald. Betty zeigte ihnen zwei Zimmer; aber keines wollte Paul und Peter gefallen; sie waren ihnen zu eng und neben andere, schon bewohnte, gekeilt. Sie brauchten Luft um sich her; die Lagerangst machte ihnen immer noch zu schaffen. Sie standen unschlüssig und traurig. Peter sagte:

»Ja, Fräulein Betty, da werden wir uns wohl nach etwas anderem umsehen müssen. Wir waren zu lange Soldaten und haben einen Greuel davor, wieder eng mit anderen zusammenzuhocken.«

Betty strich sich die Haare aus der Stirn und sagte:

»Ja, das kann ich verstehen. Als wir noch unsere Farm hatten, waren wir immer allein, wenn wir es wollten. Mein Bruder schrieb auch mehr als einmal: daß man nie allein sein könnnte bei den Soldaten – das wäre das schlimmste!«

In diesem Augenblick kam ein zweites jugendliches Wesen die halbdunkle Treppe aus dem Obergeschoß herabgestiegen. Paul und Peter hatten sich nicht umgedreht; das Mädchen mochte das Gespräch mit angehört haben. Es mischte sich ein:

»Vielleicht haben die Herren Lust, nach hinten ins Gartenhaus an der Feldwand zu ziehen, Betty!«

Die Schwester erwiderte: »Ach, man kann niemand zumuten, da zu wohnen. Es stehen ja nur die zwei leeren Eisenbetten und der wacklige Tisch im Haus, sonst nichts, Hedda!«

»Ich dachte mir, wenn man allein und ungestört wohnen will, dann ist das Gartenhaus ein schöner Ort.«

Paul und Peter hatten sich der Sprecherin zugewandt und standen plötzlich wie vor einer Offenbarung: Ein deutsches Mädchen stand auf der Treppe. Betty prunkte mit rotgezeichneten Lippen und kunstvoll rasierten und nachgezogenen Brauen, was nicht schlecht zu ihrer etwas üppigen Schönheit paßte. Hedda hatte kastanienbraunes Haar, das, nicht bis zu den Schultern reichend, ihren schmalen Kopf wie ein zärtlich wallender Mantel umgab. Aus dem viereckigen Ausschnitt des leichten Sommerkleides stieg der Hals, ein zierlicher Turm, mit einem liebenswürdigen Grübchen am Ansatz; eine gerade, fein geflügelte Nase über einem keineswegs sparsamen oder engen Mund; kräftige, fast zu kräftige dunkle Brauen über tiefblauen Augen; die Gestalt schmal, aber nicht schwächlich; Arme, Gesicht, der Halsausschnitt und die in absatzlosen Tennisschuhen steckenden hochgefesselten Beine waren von der Sonne braun gebrannt.

Paul und Peter starrten und schwiegen dies Wunder beinahe allzulange an. Peter endlich:

»Kann wohl sein! Können wir uns das Gartenhaus nicht einmal ansehen?«

»Ja, wir könnten es doch ansehen!« echote Paul, der immer noch nicht ganz zu sich gekommen war. Betty merkte wohl, daß die Schwester stärkeren Eindruck auf die beiden Besucher machte als sie selbst, und meinte etwas spitz:

»Du kannst es ihnen ja zeigen, Hedda. Ich muß sowieso in die Küche zurück. Wenn Sie dort hausen wollen, meine Herren, würde ich noch ein paar Möbel hinschaffen. Aber zehn Dollar die Woche müßte ich für das Haus schon berechnen, wenn Sie es allein bewohnen wollen.«

Es scheint sehr schnell im Wert zu steigen, seit einer es haben will, dachte Peter belustigt und folgte dem Mädchen und Paul durch die Hintertür über den Hof, über den Mittelweg quer durch einen großen Gemüsegarten, dann hoch über den schäumenden Fluß auf einer schmalen, nicht sehr verläßlich anmutenden Laufbrücke und weiter durch einen verwilderten, aber immer noch früchteschweren Apfel- und Birngarten zu einer Lichtung, die, von alten Ahorn- und Kastanienbäumen eingefaßt, sich unter eine graubraune steile Felswand breitete. Ein Fließ stäubte in klarem Strahl über die Felswand hernieder, wurde von einer bemoosten Felsenwanne aufgefangen und ergoß sich aus ihr durch eine üppige grüne Wildnis von Kräutern und Büschen zum Flüßchen hinunter. Das eine Ende der schon vergilbten, langgestreckten Hütte aber lag unter üppigem Gerank von blühenden Kletterpflanzen fast verborgen; Klematis und die himmelblauen Wunderdolden mächtiger alter Glyzinenstauden überschatteten das alte Haus in solcher Fülle, als hätten sie nicht eine ausgediente Baracke, sondern einen Märchenpalast zu hüten.

»Hier bleiben wir!« erklärte Paul, der in stummer Einträchtigkeit neben dem Mädchen Hedda hergetrottet war. Peter, der den beiden in einigem Abstand gefolgt war, hatte bei sich festgestellt – vorlaut und allzu fix wie gewöhnlich –: Sie geben ein hübsches Paar. Der breite kräftige Mann neben dem schmalen, anmutigen Mädchen; ganz unrecht hatte Peter nicht, wie gewöhnlich. Er sagte:

»Langsam, Paul! Wir wollen erst einmal sehen, wie die Bude von innen aussieht!«

Aber Paul war mit einem Male nicht mehr zu halten. Paul erklärte die beiden verrosteten Eisenbetten für höchst komfortabel. Apfelsinen- und Apfelkisten lägen hinter dem Haus genug; die gäben Stühle und Schränke; den Tisch würde er schon wieder fest zusammennageln. Wasser wäre ja im Überfluß vorhanden. Die Dusche liefe sogar ständig. Abschließen könnte man die Villa allerdings nicht; die Tür war auseinandergefallen, aber was tat das! In Kanada wird nicht gestohlen. Paul wußte es ganz genau; außerdem stand die Hütte in ihrem Felsenwinkel so geschützt – wer hierher wollte, mußte stets erst am Haupthaus, fünf Minuten weiter oberhalb, vorbeimarschieren. »Ich hole mir einen Eimer, Schrubber und Besen. Du kannst inzwischen die Koffer von der Bahn holen, Peter. Wenn du wiederkommst, sind wir schon eingezogen. Könnten Sie mir etwas beistehen, Fräulein Hedda?«

»Gewiß!« erwiderte das Mädchen lachend, von der Heiterkeit und der Freude über den Erfolg ihres Vorschlages so bezaubernd verschönt, daß Peter sein Herz warm in der Brust fühlte, als er über den brüchigen Steg hinwegschritt, um Pauls Auftrag zu erfüllen. Sieh mal einer an, der Paul! dachte er ebenso anerkennend wie unklar; der Paul, sieh mal einer an! – und mußte bei sich selber lachen. – –

Als die beiden in ihrer ersten Nacht auf ihren unverschämt knarrenden Matratzen lagen – sie rührten sich möglichst selten, um das grausige Geräusch nicht aufzuwecken –, als kein anderer Laut mehr die Nacht durchbrach als ein Eulenschrei und die eintönig träumerische Musik des fallenden Wassers, als durch die offenen Türen und Fenster der Duft der Sommerblüten wogte, flüsterte Peter:

»Du, Paul, schläfst du schon?«

»Nein.«

»Wir haben Glück, Paul! Ich weiß nicht, mir ist so, als wenn wir auch weiter Glück haben werden. Paß auf, wir kommen von Amerika fort, und wir kommen schließlich auch nach Hause. Es braucht ja gar nicht so bald zu sein; die Welt ist prächtig anzusehen.

Der Gießbach rauscht die ganze Nacht. Du, Paul, ich glaube, nur wer hinter Stacheldraht gesessen hat, weiß, wie süß die Freiheit schmeckt. Die Deutschen sollten es am besten wissen; die sitzen jetzt am zahlreichsten hinter Stacheldraht. Da – wieder das Käuzchen, hörst du?«

»Ja, ich höre!«

Nach einer langen Viertelstunde war es Paul, der noch einmal begann:

»Du, Peter!«

Ja, was denn?«

»Peter, diese Hedda Deerks – –.« Weiter kam er nicht.

Peter mußte ins Dunkel hineinlächeln; erst als er sein Gesicht wieder in der Gewalt hatte, antwortete er brüderlich:

»Ja, ja, Paul, ich weiß schon –!«

So rannen die Wochen ins sommerliche Land.

Paul war häuslich geworden. Ein starker Magnet fesselte ihn an die Hütte unter den Glyzinen- und Klematisbüschen. Aber Peter vermochte sich nicht darüber klarzuwerden, ob jene Hedda aus dem Vorderhaus seinen Paul eigentlich freundlicher oder unfreundlicher als die übrigen männlichen Wesen ihrer Umgebung behandelte. Sie blieb gleichmäßig scheu; mit dem energisch lauten Wesen ihrer Schwester Betty, die sich gern einmal von Jack oder Jim oder Joe ins Kino führen ließ, hatte sie nichts gemein. Die Tage flossen davon in den späten Sommer. Das Tomatenpflücken kostete viel Schweiß, brachte aber gutes Geld. Die beiden vorgeblichen Franko-Kanadier Paul und Peter verwandelten sich unmerklich aus Soldaten und Kriegsgefangenen wieder in die netten jungen Leute, die sie gewesen waren, als sie noch – durchaus zivil – in Berlin studierten, allerdings damals ohne von der Existenz des anderen auch nur eine Ahnung zu haben.

Bis ein unerwartetes Ereignis die zwei braungebrannten, sich allmählich sicher fühlenden Burschen von neuem aufstörte.

Das Ehepaar Sakura vermied es geflissentlich, in Paul und Peters Gegenwart japanisch oder chinesisch zu sprechen. Sakura sprach dann nur sein eckiges, hartes, seine chinesische Frau ihr leichtes, musterhaftes Englisch. Paul fand also bei den Alten keine Gelegenheit, seine verblaßten japanischen Kenntnisse aufzufrischen. Anders stand es mit den drei jugendlichen Söhnen des Ehepaares; sie waren vierzehn, fünfzehn und sechzehn Jahre alt und hatten bereits die gleiche Arbeit wie die Erwachsenen zu bewältigen. Da sie Kanadier waren und die kanadische Schule besucht hatten, konnten sie sich am besten auf englisch ausdrücken. Manchmal aber, wenn ihre Eltern nicht in Sicht waren und sie etwas besprechen wollten, was nicht für die Ohren der beiden weißen Akkordarbeiter bestimmt war, dann fielen sie flüsternd ins Japanische.

Paul und Peter stellten sich in solchen Fällen dumm und taub; allmählich verlor das junge Volk in ihrer Gegenwart jede Scheu; obgleich ihnen offenbar streng befohlen war, nur Englisch zu sprechen. Paul hielt seine Ohren dabei weit offen.

»Es gelingt mir nur gelegentlich, die chinesischen Mädchen zu verstehen. Das Südchinesisch, das sie sprechen, unterscheidet sich allzusehr von dem Chinesischen, das ich als Knabe damals von unseren Dienern und Angestellten gehört habe; aber das Japanische macht mir überhaupt keine Schwierigkeiten; wahrscheinlich könnte ich es nur sehr holprig sprechen – verstehen kann ich alles.«

Peter hätte nicht anzugeben vermocht, warum er Paul aufforderte, sich nichts von dem japanischen Geschwätz der jüngeren Arbeitsgefährten entgehen zu lassen. Aber da sie noch eine lange und weite Reise zu bewältigen hatten, über Meere und durch viele Länder, so mußte man überall herumhorchen, wo etwas Ungewöhnliches zu wittern war. Paul sprach es aus. Er blickte in den Mond, der über den alten Bäumen aufschwebte, und sagte:

»Japan liegt vielleicht auf unserem Wege. Von der kanadischen Westküste nach Siam oder Thailand, wie es jetzt heißt, früher fuhr man dabei stets über Japan. Von Vancouver fahren Schiffe der Canadian Pacific ohne Zwischenstation nach Yokohama; das habe ich neulich im Kontor der CPR erkundet. Wenn man als blinder Passagier mit einem solchen Schiff erst einmal auf hoher See ist, kann man nicht mehr zurückgeschickt oder unterwegs abgeladen werden.«

»Stimmt! Dafür wird man dann in Japan vereinnahmt. Japan hat den Krieg ebenso verloren wie Deutschland; die Amerikaner halten es besetzt. Sicher werden die Japaner genauso wegen allerlei Kriegsverbrechen angeklagt wie wir. Und in Japan fällt natürlich ein Weißer viel mehr auf, als wir etwa in den Staaten auffallen würden, wenn wir wieder über die Grenze nach Süden wechselten!«

Eine große Eule segelte mit weichen Flügelschlägen wie ein dunkler Lappen an ihnen vorbei.

Peter erwiderte bedrückt:

»Wenn wir hier sitzenbleiben, wird uns nie klarwerden, ob und wie wir weiterkommen; wir müßten an die Küste fahren, um zu sehen, wie es dort aussieht.«

Paul aber meinte:

»Laß uns noch hierbleiben, Peter! Hier geht es uns gut! Gib uns noch eine Weile Ruhe!« –

Es war, als schallten eilige Schritte auf dem hölzernen Steg, der den Fluß überquerte – jetzt noch? Es mußte schon spät sein. Peter flüsterte: »Es kommt jemand gelaufen, Paul! Wir müssen wieder Englisch reden.«

Paul hatte sich erhoben, um den Pfad besser übersehen zu können. Ja, mit hastigen Schritten näherte sich eine dunkle Gestalt. Paul flüsterte:

»Das ist doch – –«

Ja, es war Hedda! Sie blieb heftig atmend nach dem schnellen Lauf vor den beiden stehen, strich sich das Haar aus der Stirn, sah nur Paul; im Mondlicht erschienen ihre Augen wie schwarz und überweit aufgerissen vor Erregung. Sie berichtete immer noch atemlos:

»Endlich sind sie weg! Zwei Polizeibeamte und ein kleiner widerlicher Mensch, den ich nicht kannte; er war feist und ein bißchen schmierig, fast wie ein Landstreicher. Sie suchten nach zwei deutschen Kriegsgefangenen, beide dunkelhaarig, einer mit schwarzem Haar und auffällig dichten schwarzen Brauen; sie hätten sich untereinander Paul und Peter genannt. Sie sind auf allen unseren Stuben gewesen und haben die Papiere der Männer geprüft, die bei uns wohnten. Meine Mutter hatte sich, Gott sei Dank, schon gleich nach dem Abendbrot hingelegt, weil ihr nicht gut war; und meine Schwester ist ins Kino gegangen und wollte dann zum Tanz; so konnte ich die drei allein abfangen. An das alte Haus hier hinten hat keiner gedacht; es kommt ja auch kein Mensch hierher. Jetzt suchen sie noch die anderen Schlafhäuser in der Stadt ab. Der kleine Dicke will die beiden Kriegsgefangenen in der Stadt von weitem gesehen haben, als er vom Bahnhof kam, hat sie aber gleich wieder aus den Augen verloren, als sie um die Ecke bogen. Paul, warum hast du mir nicht verraten, daß ihr Deutsche seid? Ich hätte euch niemals aufgenommen, denn wir sind den Leuten hier immer noch verdächtig; bei uns suchen sie immer zuerst, wenn irgend etwas los ist. Hier wart ihr von Anfang an gefährdet.«

Peter prallte zurück:

»Wir –? Deutsche? Rede keinen Unsinn! Wir sind Kanadier aus Kamouraska in Quebec.«

Hedda wandte sich ihm zum ersten Mal zu; sie fuhr ihn beinahe heftig an: »Ja, ich dachte mir gleich, daß du das Märchen ausgeheckt hat. Dabei gibt es hier im Westen unzählige Kanadier, die Englisch mit deutschem Akzent sprechen. Wer Französisch versteht oder schon in Quebec gewesen ist wie ich, merkt gleich, daß ihr schwindelt. Und dann hat euch der kleine dicke Mann so genau geschildert, daß gar kein Zweifel möglich ist. Ich rate dir nur, Peter, laß das Schwindeln und richte dich nach Paul, der ist zehnmal vernünftiger, sonst kommt ihr nie wieder nach Hause. Mir brauchst du nichts vorzumachen. Ich weiß, wie es ist, wenn man von zu Hause fort muß und nicht mehr hingelangen kann. Mein Vater ist an gebrochenem Herzen gestorben; er hat dies Land sehr geliebt – und unsere Apfelfarm in den Bergen. Natürlich könnt ihr hier nicht bleiben. Der kleine Dicke war zäh und giftig; den müßt ihr irgendwie fürchterlich geärgert haben.«

»Roly –!« murrte Peter.

Die drei jungen Menschen schwiegen.

Peter nahm sehr mürrisch das Wort:

»Ich habe keine Lust, wieder vor dem Kerl auszurücken. Der geplatzte Bankraub muß ihn ja gewaltig gekränkt haben. Er wird uns nicht finden, und die Polizei wird ihn zur Tür hinauswerfen genau wie in Calgary.«

Paul beachtete ihn gar nicht. Er sagte:

»Komm, Hedda, wir wollen uns hier auf die Treppe setzen und besprechen, was weiter zu tun ist. Haben die Gäste drüben unsere Beschreibung mit angehört?«

»Nein, als der Mann euch beschrieb, war ich allein mit den dreien im Zimmer. Unsere anderen Gäste halten euch für Franzosen.«

»Wann kommt deine Schwester nach Hause? Kann sie uns hier überraschen?«

»Nein, wenn sie tanzen geht, kommt sie kaum vor dem Hellwerden nach Hause; sie glaubt dann ohnehin, ich wäre auf meinem Zimmer.«

»Morgen ist Sonntag. Da gibt es keinen Zugverkehr auf dieser Nebenstrecke. Heute nacht nimmt der Nachtgüterzug die Waggons nach Sicamous mit, dann erst wieder am Dienstag früh. Wenn wir morgen schon verschwunden sind und nicht mehr zum Mittagessen bei euch erscheinen, dann weiß jeder gleich, wie es um uns bestellt ist. Ich bin sogar dafür, daß wir Montag noch zur Arbeit gehen und richtig kündigen. Montag früh um halb sieben ist Roly, der Faulpelz, sowieso noch nicht im Gange; dann können wir uns auch gleich von Wang verabschieden. In der Nacht vom Montag zum Dienstag müssen wir sehen, mit dem Güterzug wegzukommen; der hängt sich ja hier gewöhnlich ein paar Wagen an.«

Es war nicht viel dagegen zu sagen. Nach langen Minuten, in denen Paul nichts weiter wahrnahm als den still wehenden Atem des jungen Mädchens an seiner Seite, das sich so ohne Frage zu seiner Partei geschlagen hatte – ach, die ganze Nacht schien dem regungslos auf den Treppenstufen hoffenden Manne nichts anderes zu enthalten als diesen allersanftesten Laut aus der Brust seiner Nachbarin –, nach diesen langen Minuten flüsterte Paul:

»Hedda, ich wollte, ich könnte länger hierbleiben! Ich wollte, wir müßten nicht schon wieder auf und davon!«

Das Mädchen mußte sich erst räuspern, ehe es antworten konnte. Sie fragte kaum vernehmlich und seltsam heiser:

»Warum, Paul?«

»Weil ich immer drauf und dran war, dir verschiedenes zu sagen oder dich verschiedenes zu fragen. Aber du hast immer vermieden, mit mir allein zu sein. Und jetzt müssen wir heimlich fort. Jetzt ist es zu spät.«

Selbst Peter spürte, wie das junge Mädchen neben ihm leise bebte.

Sie fragte zum zweiten Male, noch heiserer, noch leiser:

»Zu spät? Warum?«

Peter erhob sich; er sagte:

»Ich mag hier nicht die Nacht verhocken; ich muß etwas tun. Ich gehe in die Stadt; vielleicht entdecke ich, wo Roly wohnt; er wird sich sicherlich noch herumtreiben; dann können wir ihn leichter vermeiden. Ich ziehe mir meinen Straßenanzug an. Darin erkennt mich Roly nicht; er hat mich immer nur in Overalls gesehen und mit Mütze, nie mit Hut. Vielleicht entdecke ich auch sonst noch Interessantes.«

Peter sah sich enttäuscht; die Straßen des Städtchens lagen fast leer im Laternenlicht; nur in der Nähe der Lokale, wo getanzt wurde, herrschte noch Leben.

Mit einem Male, während er die Hauptstraße hinunterschritt und sich allmählich Wangs Café näherte, war Roly vor ihm auf der Straße, unverkennbar Roly, immer noch in Hemd und Hose und ohne Hut wie damals am Bahndamm vor Winnipeg. Der Anblick durchfuhr Peter wie ein elektrischer Schlag. Das Blut stürmte ihm in einer einzigen großen Welle zum Herzen und dann wieder fort: er läuft vor mir her – er hat in der Richtung zu mir die Straße heraufgeblickt und mich in Hut und Anzug nicht erkannt; jetzt bin ich hinter ihm und er ist nicht mehr hinter mir her! Roly blickte sich nicht um. Er merkte nicht, daß ihm jemand folgte und immer dichter aufholte. Plötzlich rief Peter so hart und befehlend wie möglich:

»Halt, oder ich schieße! Hände hoch!« –

Er war mit einem einzigen Satz hinter Roly und stieß dem plötzlich zu Stein erstarrten Manne sein vorgerecktes Feuerzeug in die Rippen – einen anderen harten Gegenstand hatte er nicht bei sich.

Roly stand steif und still; er wagte nicht, den Kopf zu drehen; mit der linken Hand klopfte Peter schnell seine Taschen ab, außer einem Taschenmesser in der Hüfttasche führte Roly keine Waffe bei sich; Peter steckte das Messer ein. Dann fragte er dumpf und so bösartig, wie er es nur fertigbrachte:

»Weißt du, wer hier steht, Roly?«

»Ja!« murmelte der Mann verstört. »Peter!«

»Jawohl, hier steht Peter und drückt dir die Pistole in die Rippen und hätte die größte Lust, dir das Lebenslicht auszublasen. Wir beobachten dich schon eine ganze Weile, mein Junge.

Wenn du uns noch einmal bei der Polizei verpfeifst und nicht aufhörst, dich für unseren Aufenthaltsort zu interessieren, dann hast du am längsten gelebt.« Peter sagte es jetzt mit ehrlichem Grimm; er hatte sich selbst in Wut geredet; er fügte hinzu:

»Wir sind Soldaten, mein Lieber. Für uns ist der Krieg leider noch nicht aus. Wir werden dieses Land unangefochten verlassen, und wenn dies nur über Leichen zu veranstalten ist. Meinethalben sollst du die erste sein. Verstanden? Antworte!«

Er stieß sein Feuerzeug in den rundlichen Mann, daß er mit steif hochgereckten Händen taumelte.

»Verstanden! Ja, ich hab' ja verstanden!« stammelte Roly.

Peter fuhr fort: »Nimm die Hände runter! Jetzt gehst du vor mir her, ich bin dicht hinter dir, sehr dicht, merk dir das. Auf die Bahn mit dir. Du wirst abspediert! Los!«

Sie wanderten der weiten Weg zurück, den sie gekommen waren; durch schattende Gärten abseits der langen Hauptstraße. »Links hinüber!« kommandierte Peter. Sie ließen den schlafenden Bahnhof rechts liegen. Auf den Abstellgleisen standen bereits beladene Waggons; in ihnen rollten die Früchte des Tals an die Küste oder zu den großen Städten des Ostens. Peter hörte, sehr ferne noch, den Pfiff einer Lokomotive. Neben dem Bahnhofsgebäude leuchtete eine Lampe auf.

»Schneller, Kerl!« knurrte Peter. Wollte die Reihe der beladenen und schon plombierten Güterwagen gar kein Ende nehmen? Endlich stand eine der Rolltüren an den Wagen offen; es stank nach Rindvieh aus dem Innern; der Waggon war leer. »Hinein mit dir!« kommandierte Peter. Roly kletterte hinauf. Schon stöhnte von Süden die Maschine des nahenden Güterzuges gewaltig heran. Peter schrie in das dunkle Innere des Waggons: »Merk dir das, Roly: wenn wir dich wiedersehen, hat deine letzte Stunde geschlagen. Komm uns nie wieder vor die Augen!« – Keine Antwort. – Peter drückte die schwere Tür ins Schloß. Die Lokomotivsirene heulte auf; die lange Wagenreihe ruckte stoßend an, kam zögernd ins Rollen und glitt schneller und schneller nach Norden ins Dunkel. Das rote Schlußlicht glitt vorbei und verschwand; es nahm Roly mit.

Peter zitterte ein wenig, als er wieder der Hauptstraße zuwanderte. Die zehn Minuten, die der rangierende Zug auf der Station verweilt hatte, waren ihm wie eine Ewigkeit vorgekommen. Nun also war das Unglaubliche geglückt. Bis Sicamous saß Roly sicher gefangen; erst am Montag würde man den Wagen öffnen, ihn zu reinigen; und selbst, wenn es Roly gelingen sollte, sich schon vorher bemerkbar zu machen, so wanderte er als unverkennbarer Landstreicher zunächst einmal bis zum Montag ins Loch, wenn man ihm überhaupt ein Wort seiner unwahrscheinlichen Geschichte glaubte. –

In Wangs Café brannte noch Licht, ein halb Dutzend Tische waren dicht besetzt. Peter trat ein und setzte sich auf seinen Stammplatz an der Bar. Der mächtige Wang näherte sich gleichmütig:

»Na, Peter, so spät noch unterwegs?«

»Ja!« antwortete Peter. »Ich war im Kino und dann eine Zeitlang bei Bekannten. Mir ist die Kehle trocken vom vielen Reden. Gib mir einen Eis-Creme-Soda, Wang.«

Während der Chinese das kalte Getränk bereitete, fragte er weiter:

»Paul wieder zu Hause geblieben?«

»Ja, der ist nur selten zu bewegen mitzukommen.

»Was gibt es sonst Neues, Wang?«

»Neues?« fragte der Chinese gedehnt zurück. »Ach, gegen Abend war die Polizei hier mit einem Hobo aus Vancouver; der wollte hier zwei entsprungene deutsche Kriegsgefangene entdeckt haben. Die Polizei meinte, bei mir äßen doch viele Männer, die nicht in die Stadt gehörten; auch wohnen ja einige bei mir. Die Gesuchten sollen auf die Namen Paul und Peter hören; ihre weiteren Namen wußte der Hobo nicht anzugeben. Er beschrieb aber die beiden ziemlich genau: schwarze Haare, schwarze dichte Augenbrauen und so weiter.«

»Was hast du denn der Polizei gesagt, Charly? Kennst du die Kerle etwa?«

»Ich –? Woher soll ich deutsche Kriegsgefangene kennen? Hier in der Gegend hat es nie welche gegeben. Ich weiß sowieso nie etwas, wenn die Polizei mich fragt. Nicht hören, nicht sehen, nicht sprechen, von nichts was wissen – das ist immer das beste in aufgeregten Zeiten; das hat mir mein Vater beigebracht. Ich weiß nie von was –!«

»Das ist ein sehr kluger Grundsatz, Charly. Paul und Peter kann jeder heißen. Ich heiße Pierre Lebrun, wenn du es genau wissen willst.«

»Gewiß doch! Die Polizei hat übrigens dem aufgeregten Schmierfink auch nicht recht geglaubt. Sie war schon überall in der Stadt mit ihm herumgezogen und hatte nichts entdeckt. Bei Deerks sind sie auch gewesen –.«

»Ja, ich habe davon gehört; aber da werden die deutschen Kriegsgefangenen sich bestimmt nicht aufhalten; dort gerieten sie doch am ehesten in Verdacht.«

»Das habe ich der Polizei auch gesagt. Es leuchtete ihnen ein.«

»Gib mir noch eine Tasse Kaffee, Wang, und ein Stück von dem Kirschkuchen da; der sieht lecker aus.«

»Er schmeckt auch so. Hier, mein Junge. Der Hobo war übrigens vor anderthalb Stunden noch einmal hier und ließ sich Abendbrot geben. Ich war erstaunt, wieviel Geld er in der Tasche hatte. Er sagte, am Montag und Dienstag wolle er alle Arbeitsstellen in der Stadt und in der Nähe der Stadt abklappern; er will die beiden Entsprungenen bestimmt gesehen haben, und wenn sie hier in der Stadt keine Schlafstelle hätten, dann könnten sie eben nur auf einer der Obstplantagen wohnen.«

»Warum der Kerl so wild hinter den beiden her sein mag?«

»Sie hätten ihn schon zweimal mit dem Tode bedroht und fürchterlich zum Narren gehalten, das könnte er sich nicht gefallen lassen; er müßte die verdammten Hunnen zur Strecke und an den Galgen bringen.«

Peter lachte: »Ein unfreundlicher Großhals!« Ernster werdend tastete er sich weiter: »Dann wird der Kerl wohl auch bei Sakura aufkreuzen –?«

»Wenn er den abgelegenen Platz findet –? Er kam mir ziemlich gerissen vor. Sakura kann es sich natürlich auf keinen Fall leisten, daß Deutsche bei ihm gefunden werden. Wenn auch der Krieg schon zu Ende ist – er als Japaner wird immer noch von vielen beargwöhnt. Seine drei Söhne waren bei mir nach dem Kino. Ich habe ihnen schon Bescheid gesagt. Die drei wollten noch zu meinem Vetter Lin, der hinter dem Packhaus wohnt; da ist irgend etwas los heute.«

Peter fragte nun doch einigermaßen gepreßt:

»Was hast du denn Sakura ausrichten lassen?«

»Ach, man soll so junge Leute nicht kopfscheu machen. Ich habe meinem Schwager und meiner Schwester bestellt, sie sollen ihre weißen Arbeiter so weit vom Farmhaus entfernt beschäftigen, daß man sie nicht sehen kann. Ihr beide habt ja nichts zu befürchten. Aber man soll nichts riskieren; mit der Polizei bekommt man allzuleicht Ärger.«

»Wir haben nichts zu fürchten, das stimmt schon«, entgegnete Peter mit letzter Kraft. Bei Sakura hatten sie also ausgespielt. Würde nicht Roly doch am Montag oder Dienstag wieder zurückkehren? Sicherlich war er jetzt nach seiner dritten Niederlage aufs äußerste erbittert. Und dachte Peter – ganz gewiß dürfen wir den guten freundlichen Sakura nicht in Verlegenheit bringen. In möglichst leichtem Gesprächtston – er hatte sich wieder in der Hand – fuhr Peter fort, als käme es ihm nur auf eine müßige Erörterung an:

»Ob Sakura Deutsche schützen würde –? Was meinst du, Wang? Bei Japanern kann man nie wissen; sie sollen alle nationalistisch sein; sie waren ja mit den Deutschen verbündet. In den Staaten haben sie Japaner von der Küste ins Innere geschafft, aus Angst, sie könnten vielleicht einer angreifenden japanischen Flotte helfen.«

»Sakura –? Deutsche schützen? Glaube ich nicht; er ist ein guter Kanadier; sein zweiter Sohn hat auf amerikanischer Seite im Felde gestanden. Sein Ältester, der allerdings schwärmte für Japan; er ist als einziger von allen Söhnen noch unter japanischer Flagge geboren; das gilt auch für das älteste Mädchen Sakuras.«

»Wo sind denn diese beiden ältesten Kinder? Wir haben sie auf der Farm nie zu Gesicht bekommen.«

Wang legte sich weit über den Schanktisch, blickte Peter aus seinen schrägen Augen bedeutungsvoll an und sagte:

»Die beiden sind vor dem Kriege nach Japan gefahren, um Verwandte zu besuchen, und haben bis jetzt nichts von sich hören lassen.«

Das war eine wichtige Nachricht, obgleich Peter noch nicht wußte, weshalb. Er blickte Wang in die Augen, ohne zu blinzeln. Beide führten das Gespräch mit Hintergedanken, das war kaum zu bezweifeln. Peter versuchte es noch einmal mit Harmlosigkeit; er sagte:

»Die Japaner haben die beiden jungen Sakuras ins Lager gesteckt; sie sind ja kanadische Staatsangehörige, was sonst? Die Amerikaner werden sie befreien und zurückschicken, wenn sie nicht eine andere passende Verwendung für sie finden.«

Wang hatte sich wieder aufgerichtet. Er langte in die Anrichte hinter der Bar, um eine Bestellung auszuführen, die ihm die Bedienerin zugerufen hatte. Als er damit fertig war, drehte er sich Peter wieder zu und meinte, während fast unmerklich ein sarkastisches Lächeln seinen Mund umspielte:

»Glaube ich kaum, Peter, nein, das glaube ich kaum!« und wandte sich seinem kleinen Schreibpult am Ende der Bar zu; es war Zeit, abzurechnen. Der Sonntag war schon angebrochen. Peter hockte noch eine Weile nachdenklich über seinem leeren Kuchenteller, zahlte dann, sagte:

»Mach's gut, Wang, und vielen Dank!« Er trat auf die Straße. –

Der Morgen war noch nicht zu ahnen. Peter verspürte Sehnsucht nach seinem knarrenden Bett, aber er hatte versprochen, nicht vor der Dämmerung zurückzukehren; und die mochte noch ein, zwei Stunden auf sich warten lassen. Halb unbewußt und ohne bestimmte Absicht schlug Peter jenen Weg ein, den er schon so oft beschritten hatte: den Weg nach dem Sugar-See, zu Sakuras Farm.

Als er sich wieder auf den Rückweg machte, trug ihm der Wind vom Walde her Stimmen entgegen. Sollten die drei jungen Sakuras erst jetzt heimkehren? So schien es. Peter glaubte die Stimme des jüngsten zu erkennen. Er hockte sich in den Schatten eines Syringenbusches; er mochte nicht bemerkt werden; sein nächtlicher Besuch wäre leicht zu mißdeuten. Jetzt verstand er schon, was die drei miteinander besprachen; sie redeten nach der Weise amerikanischer Jungen unbekümmert laut. Der kleinste sagte:

»– – kannst du mir bestimmt glauben, Kisa! Unser Paul und unser Pierre, das sind die Kriegsgefangenen! Wir sollten es Vater und Mutter gleich sagen. Onkel Wang hat das bestimmt so gemeint.«

»Du bist und bleibst ein Kindskopf. Paul und Pierre sind Franzosen. Und selbst wenn sie Deutsche wären –. Ich bin nicht für Verräterei –. Sie haben gut gearbeitet und haben uns nie ein schlechtes Wort gesagt, wie so viele andere. Du wolltest ja deshalb nicht weiter in die Schule gehen! Und denke auch an deine ältesten Geschwister, die in Japan sind; vielleicht sind sie auch Gefangene, Fusao –!«

»Gefangene – das muß schrecklich sein, Kisa! Oder meinst du, Kisa – –?«

Die Stimmen verklangen hinter dem Haus.

Peter erhob sich mühsam wie ein alter Mann. Gefangen – das muß schrecklich sein! Ja, dachte er bitter, dies Zeitalter wird als das der elektrisch geladenen Stacheldrahtzäune in die Geschichte eingehen. Jeder einmal im Loch, heißt die Parole.

Er fühlte sich so müde, daß er gar nicht mehr danach fragte, ob es dämmerte oder nicht.

Als er über den hohen Steg schritt, der von dem großen Haus der Deerks zu ihrem verborgenen Felsenwinkel führte, sickerte das erste Grau des Morgens, noch mit silbernem Mondlicht untrennbar vermischt, durch die Zweige der alten Bäume um ihre baufällige Hütte. Der Platz auf den Treppenstufen war leer. Er stapfte ins Haus hinein. Paul war schon zu Bett gegangen. Er lag auf seinem rostigen Schragen, hatte die Hände hinter dem Kopf gefaltet und blickte den Freund aus großen Augen ruhig an. Er fragte leise:

»Du läßt lange auf dich warten, Peter. Wo warst du so lange?«

Peter, müde und traurig wie ein herrenloser Hund, hatte nicht mehr die geringste Lust zu langen Berichten. Er erzählte nüchtern, was sich ereignet hatte; er schloß:

»Ich bin entsetzlich müde. Ich denke, wir besuchen am Nachmittag die Sakuras. Hier sitzen wir tagsüber wie in der Mausefalle. Allerdings sind wir morgen und auch wohl noch Montag hier sicher; aber ich bin nervös. Die Sache mit Roly schlägt mir nachträglich aufs Gemüt. Jetzt schlafe ich erst einmal bis in die Puppen. Wenn du willst, kannst du ja Posten stehen; ich habe genug geleistet.«

Er sank schon auf das erbost knarrende Bett. Und schien auch gleich einzuschlafen. Dann schreckte er noch einmal hoch, als hätte er etwas Wesentliches vergessen, und fragte ins Dämmerlicht:

»Na, und ihr beiden? Seid ihr euch endlich einig geworden, ihr langstieligen Liebesleute?«

Paul bewegte sich nicht, als hätte er nichts vernommen. Dann sagte er sehr klar und deutlich – und die Worte klangen im Raume nach –:

»Ja, Peter, ich danke dir, daß du uns allein gelassen hast. Ja, wir sind uns einig. Wir haben einander die Ehe versprochen. Hedda wird zu mir kommen, sobald ich wieder bei meinen Leuten bin und festen Boden unter den Füßen spüre, wo das auch sein mag. Ich weiß genau, was ich sage und tue.«

Peter wurde noch einmal hellwach. Er richtete sich im Bett auf – es ächzte dabei wie ein zusammenbrechender Löwenkäfig – und rief:

»Teufel noch eins! Paul! Mann Gottes! Das geht ja fürchterlich fix bei euch! Mir wäre das zu schnell!«

Er ließ sich wieder niedersinken – die Matratze stöhnte wie eine arme Seele, die probeweise erdrosselt wird. Als das grauenvolle Geräusch verhallt war, Peter schon dem Schlafe zusank, knurrte er noch einmal sehr vernehmlich:

»Ihr seid total verrückt, total!« Dann sank ihm der Kopf zur Seite; er schlief.

Als Paul und Peter am Sonntagnachmittag zu Sakuras Farm hinauspilgerten, begegneten ihnen unterwegs die drei Jungen, die in die

Stadt zogen. Die beiden Gruppen grüßten sich heiter. »Ganz gut so!« sagte Paul. »Die beiden Alten sind also allein auf der Farm.«

Bald schritten sie über das dichte Gras des Vorplatzes auf das Farmhaus zu. Das Hündchen lief ihnen schweifwedelnd entgegen, ohne zu bellen; es hatte längst mit Paul und Peter Freundschaft geschlossen. Die Vordertür des Hauses war verschlossen. »Sie werden hinten auf der Bank sitzen«, sagte Peter. Sie schritten um die Vorderecke und wollten schon um das berankte Gatter abbiegen, das vor der Hinterwand des Hauses eine schattige Laube bildete, da hielt Paul den Freund am Arm zurück.

Sie vernahmen Stimmen. Sakura war es, der irgend etwas auf japanisch zu seiner Frau sagte; sie antwortete, wie es schien, in traurigem Ton; darauf ließ sich wieder der Mann hören, als ob er tröstete.

»Komm!« sagte Paul. Sie bogen um die Blätterwand, die Stiefel fest aufsetzend, und betraten grüßend die Laube. Ehe Sakura noch viel sagen konnte, begann Paul plötzlich, hochrot im Gesicht, auf ihn einzusprechen, und zwar – – in japanischer Sprache. Den beiden Eheleuten klaffte der Mund; sie blickten Paul aus großen Augen an, als sähen sie ein Gespenst vor sich. Noch nie hatten sie erlebt, daß ein Weißer sie japanisch ansprach – und nun tat es dieser junge Mann, in dem sie bisher nichts weiter als einen umgänglichen Saisonarbeiter gesehen hatten. Fragen und Antworten flogen hin und her. Manchmal suchte Paul nach einem Wort; dann half ihm die Frau hastig aus. Peter stand staunend daneben; er mochte kaum seinen Augen und Ohren trauen: die sonst so gesetzten und sogar steifen Asiaten waren ganz aus dem Häuschen geraten. Schon saßen sie mit ihnen um den großen Holztisch, und Mrs. Sakura brachte einen großen Porzellantopf und vier papierdünne weiße Tassen ohne Henkel; sie goß seltsam blassen, gelbgrünlichen Tee ein, der einen zarten Duft verbreitete.

»Trink, Peter!« sagte Paul und lachte; er sprach wieder Englisch. »Das ist der erste echte japanische Tee deines Lebens.«

Sie hoben die Täßchen an die Lippen – und schlürften. Er fand nicht viel an dem bläßlichen heißen Getränk zu loben; aber da die anderen, Paul vor allem – noch nie hatte ihn Peter lyrisch gesehen, jetzt schien er's zu werden –, ja, da alle das verhalten duftende Getränk lobten, lobte er es auch. Paul sagte:

»Wir müssen wieder Englisch sprechen, Sakura-san, sonst versteht Peter kein Wort.«

»Ja, ja, natürlich! Wir müssen ihn um Entschuldigung bitten, daß wir über seinen Kopf hinweg geredet haben. Ja, wenn man einfach mit der Ankündigung überfallen wird, daß ihr auf dem besten Wege seid, nach Japan zu fahren –! Und wenn man uns verspricht, daß ihr dort nach unseren ältesten Kindern forschen wollt, von denen wir seit Pearl Harbour nichts mehr gehört haben –!«

Peter fiel ein: »Der Paul nimmt den Mund gehörig voll in letzter Zeit; das bin ich sonst gar nicht von ihm gewohnt. Und wie um alles in der Welt sollen wir im großen Japan eure Kinder finden?« »Mein älterer Bruder wird wohl wissen, was aus ihnen geworden ist.« Anscheinend waren aber die näheren Begleitumstände zu japanisch, als daß sie auf englisch erörtert werden konnten. Sakura wandte sich von neuem Paul zu und sprach lange abwägend, dann wieder bitter auf ihn ein; ab und zu warf die Frau ein erklärendes Wort dazwischen. Paul war so angestrengt bei der Sache, daß Peter endgültig vergessen schien. Dann erhob sich die Frau, verschwand für einen Augenblick im Innern des Hauses und kehrte mit einer Landkarte zurück, sie breitete sie auf dem Tisch auseinander; es war eine Karte Japans, die auch die nördlichen Inseln Hokkaido und Sachalin umfaßte und auf einer schmalen Nebenkarte sogar noch die Inselkette der Kurilen zeigte. Sakura begann eifrig, etwas zu erklären. Paul machte Einwände, zeigte mit dem Finger hierhin und dorthin. Soweit Peter auf der chinesisch beschrifteten Karte erkennen konnte, drehte sich das Gespräch um nördliche Gegenden Japans. Plötzlich richtete sich Paul auf und sagte auf englisch zu Peter:

»Geh vors Haus, Peter, und paß auf, daß uns keiner mit dieser Karte überrascht. Es wäre nicht empfehlenswert.«

Peter erhob sich gehorsam und faßte neben dem vorderen Hausgang Posten, von wo aus er den Weg bis an den Waldrand überblicken konnte. Er kam sich ein wenig dumm vor. So war es eben eingerichtet: einmal war er an der Reihe, dann wieder Paul. Jetzt schien Paul am Zuge zu sein, und Peter hatte sich mit der Rolle des Aufpassers zu begnügen. Seine Geduld wurde auf eine ziemlich harte Probe gestellt. Dann erschien Paul, offenbar sehr mit sich im reinen:

»Komm, wir sind zum Abendbrot eingeladen. Ich habe mir Sukiyaki wünschen dürfen.«

Als die Freunde wieder auf dem Heimweg waren, meinte Peter: »Du, Paul, wenn du mir nicht endlich erzählst, was du mit den

Sakuras ausgeheckt hast, dann sind wir die längste Zeit Freunde gewesen.«

Paul lachte: »Also hör zu. Die beiden Sakuras vermuten, daß ihr ältester Sohn, der ein richtiger japanischer Fanatiker sein muß, auf japanischer Seite in den Krieg gezogen ist; der zweite Sohn übrigens auf amerikanischer Seite. Und die Eltern sitzen zwischen zwei Fronten – und die Front geht sogar quer durch die Familie, denn die Frau ist ja Chinesin; sie ist allerdings auf Formosa, wo sie herstammt, schon als japanische Staatsangehörige geboren. Wenn der Älteste wirklich im japanischen Heer gekämpft hat, ist er für Kanada und die Eltern verloren; sie sind wirklich gute Kanadier und lieben ihr Tal und ihre Farm. Ich habe ihm versprochen, daß wir alles daransetzen werden, Sohn und Tochter zu finden und ihnen Nachricht zu geben. Sie können ja nicht schreiben bei der Briefsperre und sicher auch Briefkontrolle. Wie wir selber nach Japan kommen, ist mir noch schleierhaft. Aber seit ich der Sprache wieder sicher bin und weiß, wo ich Sakuras Verwandte treffe – sie sitzen alle schön passend an der Küste, Peter –, habe ich Mut bekommen. Ich muß durch, Peter, und wenn's mit dem Kopf durch die Wand ist. Und morgen fahren wir höchst offiziell nach Süden ab, daß jeder es sieht und glaubt; auch Wang, auch Sakuras Jungen, auch die Deerks – Hedda natürlich ausgenommen. Aber in Kelowna steigen wir wieder aus; Sakura sammelt uns von der Landstraße auf und bringt mich nach Kamloops an die Strecke nach Vancouver. Du bleibst hier. Sakura versteckt dich hinter seiner Farm in den Bergen; er hat da ein kleines Jagdhaus oder Sommerhaus, oder wie man es nennen soll; eigentlich ist es nur dazu da, um ›Mondchen anzugucken‹ und die Teezeremonie zu halten. Du bist zu auffällig mit deinen elenden Augenbrauen; ich werde in Vancouver auskundschaften, ob man irgendwie mit dem Schiff fortkommt. Sollte es nicht möglich sein, so hat mir Sakura einen phantastischen Plan entwickelt. Aber davon erzähle ich dir nichts, sonst wirst du größenwahnsinnig.«

Endlich kam Peter zu Wort:

»Ich komme mit nach Vancouver! Was soll ich hier in den Bergen herumliegen!«

Paul legte ihm die Hand auf den Arm: »Lieber Peter, laß mich allein fahren. Ich allein bin viel unauffälliger als du. Außerdem beschwörst du womöglich wieder die tollsten Abenteuer herauf.«

»Ich komme mit. Nachher werden wir voneinander getrennt.

Dann schaffen wir es alle beide nicht, nach Hause zu kommen. Das weiß ich.«

Paul brummte etwas Unverständliches und setzte nochmals an; daß es ihm darauf ankam, Peter inständig zu bitten, war unverkennbar:

»Peter, da ist noch etwas: Hedda muß ebenfalls in diesen Tagen nach Vancouver fahren. Einmal im Jahr pflegt einer von den Deerks für die ganze Familie und die Wirtschaft des Hauses dort einzukaufen. Sieh, Peter, es werden vielleicht Jahre vergehen, ehe wir uns wiedersehen, Hedda und ich. Peter, du begreifst das gewiß: ich möchte die Tage mit ihr allein sein –!«

Peter knurrte nicht ganz besänftigt:

»Ich würde euch nicht stören. Und deine Kundschafterdienste wirst du kaum besonders eindringlich verrichten, wenn du zwischendurch deiner Zukünftigen den Hof machen mußt. Bleibe du lieber in Sakuras Waldhaus und laß mich nach Vancouver fahren.«

»Unmöglich, Peter, Hedda kann nicht viele Stunden lang von zu Hause abwesend sein, ohne daß es auffällt. In der großen Stadt wäre sie für ein paar Tage ihr eigener Herr.«

Peter wurde ein wenig ärgerlich:

»Sie, sie, sie, immerfort sie! Ich dachte, wir wollten um die halbe Welt nach Hause, wir! Statt dessen verliebst du dich bis über beide Ohren und möchtest am liebsten morgen schon einen Hausstand gründen und eine Kinderwiege kaufen. Das ist gegen die Verabredung.«

Mit einem sehr ernsten Unterton in der Stimme, den Peter vorher noch nie gehört hatte, erwiderte Paul:

»Peter, wenn du in diesem Stil weiterredest, ist zwischen uns in fünf Minuten der schönste Krach im Gange. Peter, hör mir einen Augenblick wirklich zu: Es handelt sich um keine Liebelei. Hedda und ich haben von jenem ersten Augenblick an, als sie uns das Gartenhaus zeigte, empfunden, daß plötzlich etwas entschieden war; zuerst nur unklar, dann immer deutlicher; als du uns gestern allein ließest, haben wir uns ausgesprochen. Peter, wenn ich am Leben bleibe, werde ich dieses Mädchen so gewiß heiraten, wie ich Paul Knapsack heiße. Und nun bitte ich dich noch einmal: Laß uns diese wenigen Tage ganz für uns allein!«

Peter wanderte stumm neben Paul her; sie hatten den Stadtrand erreicht. Kurz bevor sie in den Eingang des Deerksschen Grundstückes bogen, sagte Peter:

»Gut, Paul, wenn es so ist, wie du sagst –! Daß man so plötzlich die Richtige findet, hätte ja auch mir passieren können. Aber versprich mir, daß du mich nicht länger als zehn Tage in den Bergen warten läßt, dann mußt du mir Nachricht geben.«

»Versprochen, Peter!«

Noch am gleichen Abend teilten die Freunde der alten Frau Deerks mit, daß sie kündigen müßten: es gäbe bei Sakura keine Arbeit mehr; sie wollten sich in die Prärie verfügen – zur Weizenernte.

Am Morgen bestiegen sie den Personenzug nach Süden; verließen ihn aber schon in Kelowna. Sakura nahm sie an einer menschenleeren Stelle der Hauptstraße nach Vernon außerhalb der Stadt auf und brachte Paul ohne Aufenthalt nach Kamloops zur Hauptstrecke nach Vancouver. Dann gondelte er mit Peter den weiten Weg nach Vernon wieder zurück und hieß ihn, sich im Walde vor dem Haus zu verstecken; er würde ihn des Nachts abholen, sobald die Söhne zu Bett gegangen wären.

Peter hatte seinen Koffer mit in den Wald genommen; er hatte auch ein paar wollene Decken bei sich, die er sich auf Anraten des alten Sakura gekauft hatte. Er stapfte weit in den Wald hinein, um keine Überraschung fürchten zu müssen. Die Vögel sangen nicht mehr; im August sind ihre Liebeslieder schon verhallt. Peter lag am Rande einer kleinen Lichtung im groben grünen Gras. Hoch über ihm wogten und rauschten leise die Wipfel des Urwaldes. Er war eingeschlafen.

Kälte war es, die ihn weckte. Er hatte viel länger geschlafen, als er sich vorgenommen hatte. Die Nacht war schon hereingebrochen, zwischen den Zweigen glimmten Sterne. Die Bäume schwiegen. Es war sehr still; der Wind war mit dem Tage vergangen. Peter sprang auf und stampfte ein wenig umher, um sich zu wärmen. Er faltete seine Decken zusammen; der Tau hatte sie schon gefeuchtet; er klemmte sich das Bündel unter den Arm, nahm seinen geduldig wartenden Koffer auf und stolperte durchs Unterholz der Seitenstraße zu, die zu Sakuras Farm führte. Etwas abseits der Stelle, an welcher die Straße aus dem Walde trat, setzte er sich auf einen gefällten Baum und wartete.

Noch waren ein paar Fenster im Farmhause hell; es mochte etwa zweihundert Schritt entfernt sein; dann schimmerte nur noch ein letztes gelbes Viereck. Schließlich verging auch dies.

Waren nur zehn Minuten, war eine halbe Stunde vergangen? – Peter vermochte nicht anzugeben, wie lange er schon in die Dunkelheit starrte, als sich endlich ein Schatten auf dem Fahrweg heranbewegte.

»Peter!« rief eine leise Stimme. Es war Sakura.

Die beiden Männer umgingen das schlafende Haus in weitem Bogen; das Hündchen schloß sich ihnen lautlos an. Nach einer halben Stunde hatten sie die lang in das Tal hinauf sich streckenden Äcker und Gärten durchschritten und kletterten nun über grobe und gröbere Felstrümmer im fahlen Schein des eben aufsteigenden Mondes immer steiler bergauf. Peter konnte längst keinen Pfad mehr unterscheiden; die Felsen verrieten nichts. Aber Sakura führte ohne jedes Zögern so sicher, als ob er den Weg schon hundertmal gegangen wäre – das war er wohl auch.

Schließlich erreichten die Wanderer zwischen zwei Kuppen einen schmalen Felsensattel, der von der Plantage her nicht zu erkennen war. Über ihn hinweg führte der unsichtbare Pfad. Jenseits der Paßhöhe schwang der Blick weit über dunkle Wälder; kein Licht verriet eine menschliche Behausung, so weit das Auge reichte.

Sie tauchten in dicht unter dem Paß schon beginnenden Wald und traten bald auf eine steil den Hang hinabsteigende Lichtung hinaus, die ein vergangener Waldbrand oder Windbruch geschaffen haben mochte. Für einige Dutzend Schritte folgte der hier auf dem Waldboden gut erkennbare Pfad dem oberen Rande der Lichtung, und mit einem Male stand Peter vor einem kleinen Haus, das sich tief in die Büsche des Waldrandes schmiegte. Unter einem Vordach an der Seitenwand öffnete Sakura eine niedrige Schiebetür.

»Das ist der Eingang zu meinem kleinen Teehaus, Peter. Aber du mußt die Stiefel ausziehen und draußen stehen lassen. Hier haben wir uns ein Inselchen Japan gebaut; in einem japanischen Haus geht man nur auf Strümpfen, denn es ist ganz und gar mit dicken Bastmatten ausgelegt.«

Sakura hatte sich schon auf ein Bänkchen niedergelassen und schnürte sich die Schuhe auf. Peter war etwas sonderbar zumute; aber wenn die japanische Sitte es so erforderte, wollte er nicht zögern. So zog auch er sich die Schuhe aus und kroch mit Sakura durch das niedere Schlupfloch ins Innere.

Der Raum schien völlig leer. Der Mond leuchtete von außen in die breiten Fenster, die mit Ölpapier verkleidet waren; ein vielfach gekastelter Holzrahmen verlieh den Papierscheiben Halt. Der

Mond zeichnete ihr Gitterwerk nach. Peter spürte feste und gleichzeitig angenehm elastische glatte Polstermatten unter seinen Füßen. Etwas aus der Mitte des Raumes versetzt, war eine viereckige Grube in den Fußboden gelassen, ein offener Herd anscheinend, der mit Sand oder Asche, oder was es sonst sein mochte, gefüllt war.

Sakura bastelte am Rande der Fenster; er schien einige Haken zu lösen und schob schließlich die ganze Fensterwand mit ihren zierlichen Rechtecken über dem durchscheinenden Papier beiseite.

»Wenn ich mich mit meiner Frau von der Hetze der Arbeit und des Geschäfts erholen will, dann verbringen wir hier einen Tag oder eine Nacht, bereiten uns dort an der Feuerstelle über Holzkohlen heißes Wasser, schlagen Pulvertee zu grünem Schaum, essen schwarzes süßes Gebäck aus Bohnenmehl, betrachten den Mond, wie er über Wälder und Berge wandert, oder hören dem Regen zu, wie er vom Schindeldach in das steinerne Becken tropft, von dem aus unsere kleine Zisterne gespeist wird. Oder wir sehen auch zu, wie die Sonne den Morgendunst aus den Wäldern lockt. Und dabei denken wir an die Heimat –«

Peter sagte nichts. Was hätte er sagen sollen? Nach langer Zeit erst meinte er ebenso leise:

»Hier werde ich mich nicht langweilen!«

Sakura entgegnete, als wäre es selbstverständlich: »Nein, hier langweilt man sich nicht. Aber ich muß nun wieder gehen. Sieh, hier ist der Wandschrank!« Neben der Schmucknische schob er eine kaum erkennbare Tür in der Holzwand beiseite und entnahm dem dahinter verborgenen Schrank einige dicke Steppdecken. »Die legst du dir unter, Peter. Einfach auf den Mattenboden. Wir schlafen daheim immer auf dem Boden; betreten deshalb niemals die Matten mit den Schuhen an den Füßen. Und hier, diesen großen Kimono aus Steppdecken ziehst du dir an; darin schläfst du warm. Du kannst dir ja noch deine Decken darüberlegen, wenn du meinst. Hier hoch am Berg wird es gegen Morgen manchmal kalt. Und habe keine Sorge: hier kommt nie ein Mensch her; der einzige gangbare Weg ist der, den wir gekommen sind. Proviant findest du in dem Bündelchen vor der Tür; nimm es ins Innere; manchmal schnüffeln gegen Morgen Braunbären oder Stachelschweine hier umher; sie sind harmlos. Auch Klapperschlangen soll es hier geben; wir haben nie eine erlebt. Morgen abend komme ich wieder.«

Peter fragte: »Gibt es zu eurem Bett nicht so etwas Ähnliches wie ein Kopfkissen? Ich schlafe nicht gern so flach.«

»Doch!« sagte Sakura und langte noch einmal in den Schrank. »Hier!« Er reichte Peter ein längliches rundes Säckchen. Es knisterte leise darin. »Was ist darin?« fragte Peter. »Reisspreu!« antwortete Sakura. »Schieb es dir nur unter den Kopf; man schläft gut darauf!« Peter bezweifelte es zwar, aber als er eine halbe Stunde später in dem wieder abgeschlossenen Häuschen lag, das Mondlicht die Schatten der Gitterstäbchen am Fenster über die Matten gleiten ließ, und es so still war ringsum, wie es nur in der Wildnis still sein kann, da merkte er, daß Sakura recht gehabt hatte; sein Kopf wurde kühl, nachgiebig und doch fest gestützt. Er schlief tief und traumlos.

Am nächsten Morgen nahm er ein herrliches Bad in dem Gießbach seitab, den Sakura ihm empfohlen hatte.

Dann schmauste er nach Herzenslust.

Dann inspizierte er all die Töpfe, Schalen und Geräte, die auf dem kleinen Ständer lagen, die henkellosen Tassen, den Kasten voller hellgrauer Asche, in dem offenbar die Holzkohlen zum Glühen gebracht wurden, die Büchse mit grünlichem Staub, der wohl zerriebener Tee sein mußte; ein feines Aroma entstieg dem Behälter. Vieles konnte er sich nicht erklären. Auch was die mächtig schwungvollen Zeichen auf dem seidenen Rollbild bedeuteten, das hätte er gern gewußt. Er fragte Sakura danach, als dieser bei sinkendem Abend auf der Höhe erschien. Der Japaner lächelte: »Die Zeichen werden Gen-ju-an gesprochen und bedeuten ›Wohnhütte des Wahns‹. Und das wieder ist der Titel eines berühmten Prosastückes des größten unter den japanischen Lyrikern, des Matsuo Basho.«

Peter wollte natürlich weiter wissen, was es mit diesem Prosastück auf sich habe; aber Sakura wußte nicht viel mehr zu berichten, als daß es sich um eine Naturschilderung handelte. Er meinte aber:

»Mein ältester Sohn Noburu hat dieses Stück ganz besonders geliebt. Er konnte es auswendig hersagen. Er hat einmal versucht, den Text ins Englische zu übersetzen. Wenn meine Frau das Heft noch aufbewahrt, bringe ich es morgen mit.«

Damit verabschiedete er sich. –

Sakura hielt sein Versprechen. In den nächsten Tagen übersetzte sich Peter den englischen Text ins Deutsche und schrieb ihn sich auf, auf seltsame Weise davon erregt. Aber dann riß er die fünf

Seiten wieder aus seinem Notizbuch heraus; sie könnten ihn verraten! Die letzten Zeilen prägte er sich fest ein; sie lauteten:

»Auch dem Lo-t'ien versiegte einst die Lebenskraft, und auch der alte Tu schwand dahin. Ihnen bin ich an Weisheit und Bildung gewiß nicht zu vergleichen, und doch – wer von uns wäre nicht eine ›Wohnstätte des Wahns‹?

So endet mein Grübeln, ich sinke ruhig in Schlummer, denn:
Auch ich fand eine Eiche
schützend Blätterdach
im Sommerwalde! –
Genroku, im dritten Jahr an einem Mittherbsttage,
von Basho selbst geschrieben.«

Peter war von dem Jahrhunderte alten Prosagedicht wie verzaubert. Der Gedanke ließ ihn nicht los: dies ist auf einfachste Weise schön. Und ist auch Japan – nicht bloß Kriegsschiffe und Pearl Harbor und KAMIKAZE! Ob wir uns je nach Japan weiterschwindeln werden? Wohnhütte des Wahns – haben Paul und ich sich auch in einer solchen angesiedelt? So, wie es dieser Sakura getan hat, Gemüse- und Tomatenfarmer, der sich hier in der Einsamkeit sein Gen-ju-an gebaut hat, wo er die Teezeremonie feiert, von der Paul mir erzählt hat, und wo er der Heimat gedenkt, des Dorfes Kozu in der Provinz Shimosa, aus der er als jüngster Sohn, der keinen Platz mehr auf dem väterlichen Hofe fand, nach Formosa wanderte. Dort fand er seine chinesische Frau; sie bewog ihn, nach Kanada zu ziehen, denn es entsprach nicht der Sitte, daß Chinesen und Japaner durcheinander heirateten. Den ältesten der Söhne schien dann das Heimweh nach dem Lande seiner väterlichen Voreltern übermächtig gepackt zu haben, obgleich er nur auf kanadische Schulen gegangen war. Nun war er verschollen.

Peter zählte die Tage nicht. Fast eine Freundschaft entwickelte sich zwischen ihm und dem von der ewigen Gartenarbeit schon gekrümmten Japaner. Doch Sakura sprach nie mit Peter über die Pläne, die er mit Paul erörtert hatte. Dazu bedurfte er anscheinend der japanischen Sprache. Und dann erschien er eines Abends – später als sonst – mit Paul auf der Wälderhöhe.

Die beiden Freunde lagen auf den Matten. Da der Tag sehr warm gewesen war, hatten sie die Schiebefenster zurückgeschoben, so daß sie von ihrem Schlaflager in den glitzernd ausgestirnten Nachthimmel blicken konnten. Paul berichtete.

Es hatte sich als unmöglich herausgestellt, mit einem Schiff den Stillen Ozean zu überqueren. Japan war besetztes Gebiet und die Einreise nur für Militärpersonen oder Leute mit amtlichem Auftrag gestattet. Papiere, Ausweise, Pässe–, Ausweise, Papiere! Als blinder Passagier käme man wohl mit; aber würde man drei Wochen lang in irgendeinem Versteck hocken können? Und wo sollte man auf der anderen Seite des großen Teiches an Land gehen? Bestenfalls in Shanghai, wenn man es bis dahin aushielt. Ein paar Tage lang mag man sich vielleicht unter der Segeltuchplane eines Rettungsbootes verbergen, aber nicht vier oder fünf Wochen! Irgendwann wird man doch entdeckt.

»Wenn wir uns nicht irgendwie in Kanadier oder Amerikaner verwandeln«, schloß Paul, »kommen wir nie aus diesem Land heraus. Vielleicht wäre es besser gewesen, wir hätten uns nach unserem Ausbruch südwärts nach Mexiko gewandt, anstatt nordwärts nach Kanada. Aber keiner von uns spricht ein Wort Spanisch. Und auch sonst habe ich von den Verhältnissen da unten keine Ahnung. Wenn wir nur erst im Fernen Osten wären, da kenne ich mich aus; da bringe ich uns fort und schaffe auch schließlich dich nach Afrika. Ich bin für Alaska, weißt du, Peter! Dort haben wir den halben Weg nach Japan schon hinter uns. Und Sakura hat mir ein paar phantastische Hinweise gegeben. Ich mag nicht davon sprechen. Wir wollen erst einmal sehen, wie weit wir ohne sie kommen. In Vancouver fand ich ein Werbebüro für Arbeiter, die die große Straße nach Alaska weiterbauen sollen; Hedda hat sich für mich erkundigt.«

»Große Straße nach Alaska–!« seufzte Peter. »Mir soll es recht sein. Wir können uns hier nicht als Sakuras Sommergäste niederlassen. Hat er dir alles Nötige mitgeteilt, was du über seine Beziehungen in Japan wissen mußt?«

»Ja, er hat mir auch Briefe mitgegeben. Ich weiß genau Bescheid. Ich glaube, wenn wir auch nur eine einzige dieser Adressen erreichen, kann uns in Japan nicht mehr allzuviel passieren.«

Sie schwiegen. Dann fragte Peter:

»Wann wollen wir fort?«

»Morgen schon! Wenn die Ernte erst vorbei ist, melden sich vielleicht viele Männer zum Straßenbau im Norden. Wir wollen uns eilen. Ich möchte keinen Tag verlieren.«

Wieder vergingen lange Minuten. Aber Peter fragte schließlich leise weiter:

»Und Hedda?«

»Wir haben schon voneinander Abschied genommen. Sakura bringt uns morgen nacht an die Hauptstrecke nach Sicamous. Wir können ruhig riskieren, mit dem normalen Personenzug zu fahren. Hier kontrolliert kein Mensch.«

»Ja, schon! Das meine ich nicht! Seid ihr euch einig, Paul?«

»Ja, Peter, wir sind uns ganz einig. Und du wirst noch einmal Trauzeuge!«

»Gebe es der Himmel, Paul!« seufzte Peter. »Ich wünsche euch alles Gute, das weißt du!«

»Ich weiß es, alter Junge!«

Zweiter Teil

Achtes Kapitel

Der Tag war nichts weiter als eine lange Dämmerung, die zwischen der achten und der neunten Morgenstunde unmerklich begann – so unmerklich, daß man nicht wußte, wann – und die zwischen der dritten und der vierten Nachmittagsstunde ebenso lautlos und heimlich wieder in der großen Nacht der Arktis verging. Die Sonne ging irgendwo im Süden auf; aber man sah sie nicht: Berge schoben sich hoch vor ihre flache Bahn.

Der Himmel war bedeckt, als wollte es Schnee geben. Aber keine Flocke entschwebte der grauen lichtlosen Kuppel. Kein Stern schimmerte des Nachts, wenn auch das trübe Nichts über der erstarrten Erde zuweilen blaß und geistergrün wie von innen her erhellt wurde: hoch über der Nebelwolkendecke, unsichtbar für die einsamen Menschen unter ihr, hatte ein Nordlicht seine ungeheuren Fahnen entfaltet; sein Schimmer drang noch mit einem letzten Abglanz durch die Wolken zur Erde.

Schon seit dem vorigen Tage lagerte dies unbestimmte Wetter über dem Nordhang der Gebirge und den öden Flächen der Tundra. – Vier Männer standen am Hang des Gebirges und blickten im fahlen Mittagslicht über die Öde der Tundra. Niedriges Gestrüpp stach hier und da durch den Schnee. Krüppelbirken reckten sich mühsam und verkrümmt über das Weiß. Ganz in der Ferne erkannte man das Bett des großen Flusses, der sich durch die hügllige Felsenödnis seinen Schlangenweg ins Eismeer suchte; jetzt war auch er im Frost des Winters erstarrt; sein Lauf war am Schwarz der ab und zu über seiner Eisfläche steil aufragenden Uferbänke, auch am Dunkel des Flußeises zu erkennen, wo der Sturm es blank gefegt hatte.

Einer der Männer sagte:

»Ich wollte, George und Bill wären schon zurück; es wird Schneesturm geben. Sie hätten nach meiner Berechnung eigentlich schon gestern wieder hiersein müssen.«

Paul fügte den Worten hinzu:

»Ihr Proviant reicht höchstens noch für drei Tage, sie können ihn natürlich noch strecken, wenn es nötig werden sollte.«

Der Mann, der zuerst gesprochen hatte, nahm den Faden wieder auf:

»Wir haben doch nach den Luftaufnahmen genau ausgerechnet, daß wir bis zu dem Punkt da vor uns in der Tundra, wo die drei Flüsse zu dem Hauptstrom sich vereinigen, alle ungefähr gleich weit vorzustoßen haben; dabei seid ihr schon drei Tage und wir zwei vor dem erwarteten Termin eingetroffen. Hoffentlich ist George und Bill nichts passiert.«

»Was soll ihnen passiert sein!« meinte Peter und schob sich die Pelzhaube seiner Eskimo-Parka weiter in den Nacken zurück. Für nur zehn Grad Kälte war sie zu warm. Er fuhr fort: »Die beiden hatten genauso schönes Wetter wie wir und kamen auf dem Eis ihres Flusses sicher auch nicht langsamer voran. Vielleicht haben sie irgend etwas Besonderes entdeckt und überraschen uns morgen mit der Nachricht, daß sie Gold oder Kupfer oder Pechblende gefunden haben.«

Der vierte der Männer, der bisher nicht gesprochen hatte, mischte sich jetzt ins Gespräch:

»Ich kenne meinen Freund Bill. Wenn er sich vorgenommen hat, spätestens heute wieder hier einzutreffen, dann weicht er nicht davon ab – es sei denn, er wird dazu gezwungen. Wenn er morgen nicht da ist, bin ich dafür, die Hunde einzuspannen und den beiden entgegenzufahren. Was meinst du dazu, Allan?«

Allan, der Mann, der zuerst gesprochen hatte und der nach dem Ton, in dem die anderen mit ihm redeten, ihr Anführer war, antwortete zögernd:

»Es wäre sicherlich das richtige, Steve. Aber wir schaffen es nicht mehr. Ich glaube mich nicht zu täuschen; in wenigen Stunden haben wir einen Schneesturm am Halse, der nicht von schlechten Eltern sein wird. Seit gestern sammelt er sich schon; der Wind hat endgültig auf Ostnordost gedreht; es dauert nicht mehr lange, dann ist der Teufel los. Wir wollen die Hunde noch einmal mit doppelten Rationen versehen. Das ganze Hundefutter muß dann da oben in das Felsenloch gestapelt werden; die Hunde dürfen nicht an die Lachse gelangen, wenn sie während des Sturmes der Hunger packen sollte! Steve und ich verstärken unterdessen das Zelt, damit der Schnee nicht die Seitenwände eindrückt. Am besten ist, wir nehmen uns jeder etwas Schokolade, Backobst und Kekse mit in den Schlafsack. Dann sind wir für alle Fälle versorgt!«

Paul und Peter teilten jedem der dicht unter der Felswand im Schnee faulenzenden Hunde die getrockneten Lachse zu; auch die doppelten Tagesrationen verschlangen sie heißhungrig im Handumdrehen. Steve und Allan schoben die beiden leichten Eskimoschlitten – zähe, unverwüstliche Gebilde trotz ihrer scheinbar schmalen und zerbrechlichen Spanten und Kufen – der Länge nach ins Zelt und legten sie auf einer ihrer Längsseiten dicht an die seitlichen Zeltwände, so daß die Kufen die schwere Zeltleinwand von innen unterstützten. Die Verankerungen zogen sie mit aller Gewalt fest; rollten die Nahtstellen, an denen die einzelnen Teile des Zeltes zusammengesetzt waren, noch einmal kräftig nach, damit kein Staubschnee ins Innere dringen konnte. Dann wärmte Steve im Windschutz des Zeltes einen großen Topf Tee und goß das Getränk in vier Thermosflaschen; denn der Durst ist schlimmer zu ertragen als der Hunger, wenn das wildeste arktische Untier, der Schneesturm, die Menschen in ihre Höhlen aus Schnee und Eis (wenn sie Eskimos sind) oder in ihre schwächlichen Zelte zwingt und in ihre Schlafsäcke. Allan und Steve verstärkten noch die Unterlage aus Reisig und Gestrüpp, auf der sie die Schlafsäcke ausbreiteten.

Es war nicht mehr der erste Schneesturm, dem Paul und Peter hier entgegensahen; sie hatten die wüste Urgewalt des Polarlandes schon mehr als einmal über sich hinbrausen lassen. Aber noch nie waren die Stunden davor von so quälender Spannung erfüllt gewesen wie an diesem blassen Tage. Die sechs Männer, die hier an einem sich langsam nach Norden vorschiebenden Seitenarm der Alaskastraße arbeiteten, waren über die Kameradschaft hinaus, die sie von Anfang an verbunden hatte, allmählich Freunde geworden. Die Gruppe hatte den Auftrag, die beste Route für die geplante Straße zu erkunden, die auf die Küste des Eismeeres zielen sollte. Zwar lagen genaue, aus Luftaufnahmen entwickelte Karten vor; wo aber wirklich am günstigsten zu bauen war, das konnte im einzelnen nur am Boden erkundet werden. Die Gruppe stand unter der Leitung der beiden amerikanischen Geodäten Allan Nordendale und George Chriswold; der wortkarge Bill Baker, ein Mann von etwa dreißig Jahren, erledigte die wenigen schwierigen Vermessungen; der eisengraue Steve Williams diente als landeskundiger Führer. Und als die Mädchen für alles, die die Hunde und Schlitten zu versorgen, das Essen zu kochen, das Zelt zu betreuen, die Vermessungsgeräte zu pflegen, bei den Vermessungen zu springen und zu helfen hatten, waren nun schon seit vier Monaten Paul und Peter der Gruppe beigegeben. Paul und Peter hatten sich zu diesem Posten gedrängt, der wenig begehrt war; sie wollten sowenig wie möglich mit dem großen Haufen in Berührung kommen. Das Hauptlager, von dem aus die Gruppe geschickt war, lag zweihundert Meilen weiter südlich bei Fort Yukon; schon schob sich von dort aus die Straße nach Norden ins Brooks-Gebirge hinein, das die unabsehbaren Tundren am Eismeer, der Beaufort-See, von den milderen Landschaften in Zentral-Alaska trennt. Die Männer unter dem Kommando Allan Nordendales bildeten den weit vorausgeschobenen Vortrupp der Baukolonne; Nordendale und Chriswold hatten nach den Luftaufnahmen die endgültige Trasse der zukünftigen Straße festzulegen. Hier nun, wo der Schneesturm gegen die Männer heranzog, hatte sich Nordendale nicht sofort darüber schlüssig werden können, wie und wo die letzte Bergkette vor dem Eintritt in die Tundra am besten zu überschreiten wäre. Drei Täler, hoch hinauf ins Gebirge gekerbt, standen zur Wahl.

Nordendale hatte sich entschließen müssen, alle drei Täler daraufhin zu prüfen, ob sie geeignet waren, die Straße über die Berge hinweg nordwärts in die Ebene zu leiten. Da ihm die Zeit schon knapp zu werden drohte, hatte er Paul und Peter das mittlere Tal probieren lassen – daß die beiden fähig waren, zuverlässige Geländeskizzen zu zeichnen, hatte Nordendale längst festgestellt–; er selbst mit dem alten Waldläufer Steve Williams hatte die schwierigste, die westliche Route erkundet, und George Chriswold mit dem zähen Bill Baker waren in das östliche Tal geschickt worden. Die östliche und westliche Gruppe waren mit den beiden Schlitten unterwegs gewesen – die östliche war es noch.

Steve und Allan, Paul und Peter waren zur verabredeten Zeit an dem Vorgebirge über der dreifachen Flußgabel eingetroffen; der Ort war auf den Luftkarten gut erkennbar; Bill und George aber ließen auf sich warten – wo waren sie geblieben?

In einer guten Stunde war das kleine Lager der Straßensucher über der Tundra für den Sturm gerüstet. Noch lag Licht über der an diesem Tag verzweifelt trostlosen Landschaft. Die Männer hatten ein kräftiges Mahl zu sich genommen und standen zum letztenmal an der Kante des Berges, um nach den Gefährten Ausschau zu halten. Nordendale spähte mit einem scharfen Glase ostwärts in die Richtung, aus welcher der Schlitten mit Bill und

George zu erwarten war. Nach einigen Minuten angestrengten Ausblickens reichte er mit einem müden Ausdruck im stoppelbärtigen Gesicht das Glas Peter hinüber und sagte:

»Ich kann nichts entdecken. Versuche du es noch einmal, Peter! Du hast scharfe Augen!«

Peter hob das Glas, stellte es auf äußerste Sehschärfe und begann das Land da unten Stück für Stück abzutasten. Der Eingang in jenes Tal, durch das Bill und George vom Kamm des Bergzuges herniedersteigen sollten, war deutlich zu erkennen, auch der Weg von dort hierher zu dem Vorgebirge, auf dem er mit den anderen Lager bezogen hatte. Blanker, makelloser Schnee, die dunkleren Wände des Gesteins und der armselige zwerghafte Baumwuchs des hohen Nordens – wie verzweifelt streckten sich die wild verbogenen Stämmchen über die farblose Öde, als wagten sie nicht, aufzustehen, sich hochzurecken –, nichts sonst zeigte ihm das scharfe Fernglas, so sehr er auch seine Augen mühte. –

Steve erhob die Stimme:

»Da kommt der Sturm. In einer halben Stunde ist er über uns. Dann gute Nacht!«

Ein dumpfes Murren zuerst – dann ein tiefer, dröhnender Orgelton – dann traten Diskante hinzu, grelle Querpfeifen, näselnde Klarinetten – und dann mit einem Male, als wäre das alles nur Vorspiel gewesen, das Geheul aller Wölfe des Nordens, das Klirren aller zerberstenden Treibeisfelder in der weglosen Nacht des Polarmeers, das Fauchen aller Furien des Alls und der Einsamkeit – raste jaulend und kreischend gegen die Männer vor, der Sturm! – keine Brandungswoge trifft härter – fiel sie an wie eine brechende Hauswand, preßte ihnen Hände beißenden Schnees ins Gesicht, verklebte Augen, Ohren, verstopfte die Nase, knirschte ihnen eisig zwischen den Zähnen. Die Männer taumelten zurück, wie von Fäusten getroffen, hoben, wahrlich wie gegen Fäuste, die Arme schützend vor die Gesichter und fielen mehr, als daß sie krochen, in ihr Zelt.

Peter lag in seinem Schlafsack warm und trocken. Er hatte die Haube der pelzenen Röhre über seinen Kopf geklappt und nur noch einen engen Spalt für die Atemluft offengelassen. Die vier Männer lagen nebeneinander und doch weit voneinander entfernt, als wären sie ganz alleine; sie hätten sich nicht mehr durch Worte, nur noch durch Zeichen verständigen können. Die erfahrenen Nordmänner

Steve und Nordendale machten gar nicht den Versuch, dem Sturm etwas anderes entgegenzusetzen als ruhige Geduld, einen warmen Schlafsack und ein fest verankertes Zelt; man verschlief ihn am besten, den Sturm, und wenn man nicht mehr schlafen konnte, ließ man sich in jenen Zustand zwischen Wachen und Schlafen sinken, in dem der Körper bewegungslos ruht und der Geist in halbem Traum sich auf ziellosen Wanderungen müde läuft, bis er wieder vom Schlaf verschluckt wird.

Peter und Paul waren noch nicht geübt in jener tierhaften Geduld, die allein den Menschen instand setzt, der Wildnis Widerpart zu halten. Sie lagen mit offenen Augen in ihren fast allzuwarmen Hüllen, in die sie, bis auf das Unterzeug entkleidet, geschlüpft waren.

Die Gedanken der beiden jungen Männer glitten die gleichen Bahnen entlang, die sie schon so oft ausgemessen hatten: Seit vier Monaten sind wir jetzt aus Vernon fort, haben viel Wildes und Atemberaubendes erlebt, haben unerwartet viel Geld verdient, das noch auf uns wartet, haben die Sprache des kanadischen Nordwestens so vollkommen erlernt, daß uns niemand mehr beargwöhnt, haben – und wir werden es nie vergessen – die zaubervollen Einöden des Nordens ganz nahe erlebt.

Aber hat uns das alles einen Schritt dem Ziele näher gebracht? dachte Paul. Ja, wir sind Asien räumlich viel näher; aber noch hat sich keine einzige Gelegenheit geboten, den Sprung auf den anderen Erdteil zu wagen. Geld verdient zu haben, das ist der einzige Vorteil; mit Geld werden wir auch zu Papieren gelangen, und mit Papieren werden wir uns schließlich auch weiterhelfen. Hedda wartet – dachte er noch; dann war er eingeschlafen.

Peter konnte seine Gedanken nicht von den beiden Männern abwenden, die jetzt gleich ihnen irgendwo im Schneesturm, in der vollkommen lichtlosen Nacht lagen, vielleicht krank, vielleicht verwundet, auf sich selbst angewiesen und ohne Zelt –!

Dann dachte Peter: Paul vermag wenigstens an seine Hedda zu denken – an wen soll ich denken? An meine Heimat, an meine Eltern – gewiß! An Jessica? Ach, das war nur ein kurzer Traum, der weder jemals Wirklichkeit werden kann noch darf. Aber schreiben werde ich jetzt an sie. Sie soll nicht denken, ich hätte sie vergessen –! Ach, ich wollte, ich wäre weit. Ich wollte, ich wäre daheim! Er schlief.

Um das Zelt orgelte der ungeheure Sturm. Bald verschwanden die

Leinwandwände im Schnee, der sich unter der Felsnase fing; nur der dem Felsen abgewandte Zeltgiebel blieb frei – er reichte noch in den heulenden Sog des sich hier am senkrechten Berge aufbäumenden Luftstroms. Die Hunde waren längst eingeweht – ihr Lagerplatz nicht einmal mehr zu ahnen. Die ganze Welt schien vergangen in der heulenden Finsternis.

In dieser Stunde, während die Männer im Zelt über der Tundra sich einem traumlosen Schlaf in die Arme sinken ließen, kämpften einige Dutzend Meilen weiter ostwärts ihre beiden verlorenen Kameraden um das nackte Leben. Sie, die viele Gefahren der Wildnis schon bestanden hatten, erfuhren an sich, daß die Heimtücke des arktischen Winters niemals schlummert und selbst die Kundigsten mit einem einzigen erbarmungslosen Schachzug mattzusetzen vermag; gerade dann, wenn sie es am wenigsten vermuten, wenn sie sich längst allen Überraschungen gewachsen glauben.

Neuntes Kapitel

Paul und Peter verbrachten die Tage des Sturms in dem Zelt über der Tundra zwischen ganzem Schlaf und halbem Wachen.

Als das Zelt bis auf seine vordere Giebelspitze unter den tiefen Wehen des Schnees verschwunden war, sank das ohrenbetäubende Heulen und Kreischen zu einem dumpfen Dröhnen ab, das wie der Nachhall einer tiefgestimmten Pauke schwebend die Luft zu erfüllen schien.

Manchmal zehrten die Männer in ihren Schlafsäcken von dem Proviant. In der Nacht vom zweiten zum dritten Tage – er behauptete, sich nicht zu täuschen: es wäre die Nacht vom zweiten zum dritten Tage des Sturms – kroch der alte Steve Williams aus seinen Pelzhüllen, entzündete im hintersten Winkel des Zeltes den Primuskocher, öffnete den untersten Knebel der Zeltklappe, schöpfte den Teekessel voll Schnee und stellte das Gefäß auf die bläuliche Flamme. Peter war erwacht und blickte über den Rand des Einschlupfloches seines Schlafsackes; er hatte den Reißverschluß, mit welchem die Haube von innen abzudichten war, ein wenig zurückgeschoben. Im spärlichen Licht des Brenners sah er Steves Atem wie eine Fahne vom Munde wehen.

Peter sagte leise:

»Es wird schon kälter. Der Sturm ist bald vorüber – was meinst du, Steve?«

»Ja, der Sturm hat etwas nachgelassen; aber ich glaube nicht, daß er vorüber ist; das Zentrum des Wirbels wandert irgendwo in unserer Nähe vorüber; bald wird es wieder aus vollen Kräften wehen; aus einer anderen, vielleicht sogar aus der entgegengesetzten Richtung. Aber zwischendurch können wir ein wenig frischen Tee trinken und auch sonst einiges verrichten.«

Peter meinte:

»Wir sollten die Hunde füttern. Vielleich kann man sich draußen schon halten.«

Steve lachte laut los: »Die Hunde? Die liegen noch unterm Schnee und rühren sich nicht. Wir müßten sie erst ausschaufeln. Die wissen ganz genau, daß das Unwetter noch nicht vorüber ist.«

Paul und Nordendale schälten sich steif aus ihren Hüllen; die vier Männer hockten verschlafen um die kaum leuchtende Spiritus- flamme; keiner vermochte das Gähnen zu unterdrücken. Die langen erzwungenen Ruhetage bewirkten keine Frische; schlaff und matt wurden die Glieder. Keiner spürte Lust, viel zu reden. Keiner erwähnte Bills und Georges Namen – aber jeder dachte an sie. Vier Tage würde der Sturm dauern. Wo waren die verlorenen Männer in dieser heulenden Zeit?

Schließlich saßen alle stumm und dumpf, wärmten sich an den Töpfen die Hände, starrten in die winzige Flamme und ließen die Gedanken zu den Kameraden wandern –. Schließlich, als der Tee längst ausgetrunken war, sagte Allan Nordendale zögernd:

»Wenn der Sturm vorbei ist, wird es immer noch einen halben Tag dauern – im besten Falle –, ehe das Flugzeug uns hier findet. Ich werde selbst das Tal mit abfliegen. Ich weiß dann immer noch eher, was geschehen ist, als wenn ich noch vor dem Ende des Sturmes mit den Hunden losziehe. Das können Peter und Steve tun. Paul bleibt hier beim Lager.«

Keiner antwortete. Was Nordendale bestimmte, war stets so selbstverständlich richtig, daß nicht darüber gesprochen zu werden brauchte.

Keiner wußte recht, ob Viertelstunden oder Stunden vergangen waren, als mit einem qualvoll langgezogenen Crescendo der Sturm von neuem ausholte – zu wilderem Gebrüll, so schien es den Männern. Jetzt hatte plötzlich jeder dem anderen noch etwas Wichtiges zu sagen – und konnte es nicht loswerden, denn die

Männer verstanden sich nicht mehr. Die Flamme erlosch. Sie steckten alle vier schon wieder in ihren Säcken.

Peter vermochte nicht mehr zusammenhängend zu schlafen. Die bevorstehende Aufgabe hielt ihn schon im voraus wach. Wenn Steve recht hatte, so würde er vielleicht schon in vierundzwanzig oder sechsunddreißig Stunden mit ihm die Hunde einschirren und in den abflauenden Sturm davonstolpern.

Peter spürte es sofort, wie sich Steve neben ihm zu regen begann; er hatte doch für eine Weile fest geschlafen und ärgerte sich jetzt, daß er es nicht selbst gewesen war, der das Abflauen des Sturmes als erster bemerkte. Das Heulen der aber tausend Furien hatte nachgelassen. Peter blickte nach der Uhr: zehn Uhr – vormittags, er wußte es. Diesmal waren ihm die Tage nicht einfach entwischt.

Ausgezeichnet! Zehn Uhr! Draußen mußte es hell sein. Er rappelte sich eilig aus seinem Schlafsack. Steve knotete gerade die Schnüre auf, die die Stirnseite des Zeltes zusammenhielten; ein Schwall von Schnee stürzte ihm entgegen. Graues Tageslicht glitt zum ersten Male seit hundert Stunden den Männern über die verschlafenen Gesichter; im schneidenden Luftzug des immer noch wie besessen die Felsen umheulenden Sturms kehrte die Farbe schnell in die Haut zurück.

Steve und Peter gruben zuerst den Schlitten aus, entwirrten das Zuggeschirr und legten es aus. Die Kraft des Sturmes war gebrochen. Wenn man sich weit vorneigte, so vermochte man schon gegen ihn anzugehen. Hundefutter stand bereit. Peter verspürte nagenden Hunger, so heftigen Hunger, daß er gleich zwei Büchsen Beef unter seiner Parka anwärmte und das Fleisch in großen Brokken verzehrte. Steve schlug mit der Eisenschaufel klingend an die Felswand, unter der sich die Hunde eingerollt hatten. Peter war im Begriff gewesen, sie auszuschaufen; aber Steve hatte abgewinkt:

»Laß nur! Der Klang im Felsen weckt sie. Die Arbeit kannst du dir sparen.«

Es dauerte auch gar nicht lange, so bewegte sich der Schnee hier und da, und ein Hund nach dem anderen arbeitete sich steifbeinig ins Freie. Die Tiere schüttelten sich, krümmten einen lächerlichen Katzenbuckel auf, lösten sich dann samt und sonders und stürzten sich heißhungrig über den getrockneten Lachs, den Peter ihnen, so wie sie zum Vorschein kamen, in doppelten Portionen vorwarf.

Nordendale und Paul erschienen ebenfalls:

»Wir müssen eine Landebahn ausfindig machen und das Lande-
zeichen auslegen. Ich hoffe, daß Bergsen noch heute aufsteigt und
hier eintrifft. Ihr könnt in einer Stunde schon auf dem Marsch sein.
Wenn alles gut geht, seid ihr morgen früh am Eingang des Tales!«
wandte sich Nordendale an Steve und Peter.

»Ja, wenn alles gut geht« – antwortete Steve, sonst nichts.

Peter hatte sich schon die Schneeschuhe unter seine Mukluks
gebunden und stapfte breitbeinig davon, dem Sturm in die Zähne.
Es war selbstverständlich seine, des Jüngeren Aufgabe, den Hunden
und dem Schlitten den Weg durch die Schneewehen festzutreten.
Steve rief:

»Mush, my dogs, mush on: Los, ihr Hunde, los!« Die Hunde
setzten sich hinter Peter in Marsch. Steve stand auf den Hinterenden
der Schlittenkufen und hielt die noch trägen und widerwilligen
Hunde in Gang.

Das Gespann strebte nach Osten. Gegen Anbruch der Nacht
überquerten die Männer den mittleren der drei Quellflüsse, in
dessen Tal Peter und Paul sich vor Tagen nordwärts vorgearbeitet
hatten. Der Wind ließ von Stunde zu Stunde nach. Peter fand es
immer leichter, gegen den treibenden Schnee anzukämpfen;
zugleich aber merkte er, daß es kälter wurde; nach dem Schneesturm pflegt tiefe trockene Kälte einzusetzen, manchmal allertief-
ste. Schon riß die Wolkendecke hier und da auf; blasses Blau blinkte
von oben her; dann prickelten ihm wieder die winzigen Schneekri-
stalle ins Gesicht; doch stets matter prallten sie auf. Die Hunde
waren warm geworden und drängten trotz des tiefen, weichen
Schnees heftig vorwärts.

Bis weit in die still gewordene, funkelnd ausgestirnte, eisig kalte
Nacht strebten die Männer voran. Spät erst hielten sie inne, spann-
ten die Hunde aus, warfen ihnen die trockenen Lachse vor und
packten sich in einer flachen Mulde, die der schneidend leise
Luftzug überwehte, neben dem Schlitten in den weichen Schnee.
Keiner von beiden sah mehr das große Nordlicht dieser Nacht nach
dem Sturm; keiner vernahm, wie die Hunde sich aufrafften, sich auf
den Hinterbacken niederließen, steil die wölfischen Schnauzen zum
Himmel reckten und in jenes endlose Geheul ausbrachen, das die
unendliche Verlassenheit der Polarnacht nur noch verlassener
erscheinen läßt.

Als hätte eine Uhrklingel sie geweckt – so regten sich die beiden

Männer um die gleiche Minute in ihren Schlafsäcken. Auch entrollte sich schon ein Hund, gähnte mächtig, daß alle Zähne seines Gebisses aufschimmerten, schüttelte sich, wälzte sich ein paarmal im Schnee und war fertig mit seiner Morgentoilette. Steve ordnete schon das Hundegeschirr. Peter öffnete eine Konservendose.

Als nachtblau, jadegrün und goldrot der Tag aufdämmerte, waren die Männer und Hunde schon lange unterwegs. Im Westen, fern, schimmerten immer noch ein paar Sterne. Schon unterschieden sie den Einschnitt im Gebirge, aus welchem das Tal jenes Flusses ins Freie trat, dem Bill und George stroman hatten folgen sollen.

Später, nach vollem Anbruch des Tages, meinten Steve und Peter, in der Ferne leise Motorgeräusche zu vernehmen. Das Flugzeug war also nicht so früh eingetroffen, wie Nordendale gehofft hatte. Es ging die Schlittenfahrer nichts an; sie kamen auf dem jungen Schnee, der sich nach der kalten Nacht schon stark gesetzt hatte und den Hunden nicht mehr allzu große Schwierigkeiten bereitete, besser vorwärts als am Tage zuvor.

Allmählich lenkte Steve das Gespann in großem Bogen dem Eingang des Tales zu. Die beiden Männer wanderten neben dem Schlitten her; der Weg führte ständig bergauf; die Hunde mußten sich in die Sielen legen.

Peter war es, der zuerst den schwarzen Punkt bemerkte, der sich weit vor ihnen am Eingang des Tales zu bewegen schien. »Hoa!« schrie Steve, und die Hunde ließen sich hechelnd in den Schnee sinken. Die beiden Männer deckten die Augen mit der Hand; ja, der dunkle Fleck da hinten bewegte sich – und war da nicht noch ein kleinerer Flecken, der den anderen seitab begleitete? Steve sagte:

»Wenn wir Allens Glas mitgenommen hätten, könnten wir erkennen, was das da für Wesen sind. Wenn ich mich nicht sehr irre, ist es ein Mensch und ein dunkelfarbiger Hund.«

»Aber warum«, fragte Peter, »läuft der Hund – wenn es ein Hund ist – nicht neben dem Menschen?«

»Ich weiß es nicht. Vorwärts, wir wollen der Sache auf die Spur kommen.«

Die Hunde begriffen schnell, um was es sich handelte; sie jagten dem noch kaum erkennbaren Ziel mit aller Macht entgegen.

Ja, es war ein Mensch – und ein schwarzer Hund, der ihn in weitem Abstand begleitete. Der Mensch ging merkwürdig unsicher, schien zu taumeln, hielt sich an einer der niedrigen Birken, hatte jetzt das sich nähernde Gespann entdeckt, hob schwerfällig die linke Hand zu einem Wink, stürzte auf versagenden Beinen dem Schlitten entgegen, taumelte wirklich zu Boden, richtete sich noch einmal hoch und lag dann still.

Fast im gleichen Augenblick hielt der Schlitten an seiner Seite. Der schwarze Hund hockte abseits und schickte ein seltsam wildes, böses Geheul in den blaugrünen Winterhimmel; Peter meinte solche Töne zwar schon von Wölfen, aber noch nie von Hunden vernommen zu haben. Und dann erst – Peters Augen weiteten sich schreckhaft – erkannte er George Chriswold; fast hätte er ihn nicht erkannt, so fahl, so hohl und verändert bot sich ihm das Gesicht des Kameraden vom Boden her dar.

Steve kniete neben dem zu Tode Erschöpften. George hob müde seine rechte Hand. Was war damit? George flüsterte – war er nicht bei Sinnen?

»Der schwarze Hund –? Ist er weg? Seht euch vor!«

Peter schaltete ein: »Es ist Nigger, Steve! Ein guter Hund!«

Der Kranke schien nichts von den Worten vernommen zu haben. Immer wieder hob er die Rechte; er stöhnte leise:

»Wahnsinnige Schmerzen –! Könnt ihr nichts tun?«

Schließlich begriffen die beiden Männer; Peter sagte: »Er muß sich die Hand verletzt oder gebrochen haben. Der Handschuh ist ganz dick und voll und schwer. Wir wollen ihn abziehen!«

Aber als Steve es vorsichtig probierte, stöhnte George so entsetzlich, daß er es wieder aufgab. »Wir müssen versuchen, ihn aufzuschneiden!« entschied Steve und setzte am Handrücken sein Messer an. Kaum hatte er den Pelz durchtrennt, so quoll gelbgrünlicher Eiter hervor; ein abscheulicher Gestank stieg den beiden Männern in die Nase. »Der ganze Handschuh scheint voll Eiter zu sein«, sagte Steve. »Das geht über unsere medizinischen Kenntnisse. Wir müssen ihn so schnell wie möglich ins Lager schaffen, damit das Flugzeug ihn auf den Operationstisch bringt.«

George war nicht mehr bei Besinnung. Der Schmerz, den die Hantierung der beiden Männer seiner Hand bereitet hatte, war zuviel für ihn gewesen. Peter meinte:

»Er muß uns noch sagen, was aus Bill Baker geworden ist. Wir können nicht einfach mit ihm umkehren. Vielleicht ist Bill noch irgendwo zu retten. Und wo sind die Hunde?«

»Reiße eine Decke in Stücke, Peter. Wir müssen die Hand wieder einpacken, daß der Frost nicht in die Wunde dringt.« –

Der Kranke hatte eine Weile wie tot dagelegen, kam aber jetzt wieder zu sich; es war, als hätte ihn die Ohnmacht ein wenig erholt. Er schlug die Augen auf und schien seine Retter zum erstenmal zu erkennen.

»Gott sein Dank!« flüsterte er. »Gott sei Dank!« Steve flößte ihm etwas Whisky ein und nutzte die Minuten der Besinnung. Eindringlich sagte er:

»George, ich bin Steve, das ist Peter. Du bist gerettet. Du bist gerettet, George, verstehst du! Morgen fliegt dich Bergsen nach Fairbanks. George, hörst du mich? Was ist aus Bill geworden? Wo ist Bill? Wo ist Bill? Hörst du mich?«

Im Antlitz des Verwundeten kämpfte der Wille, Antwort zu geben, mit einer neuen Ohnmacht. Der Wille siegte über die Schwäche. Georges Augen bekamen für ein paar Minuten Richtung; er blickte Steve an:

»Ja, Steve. Bill ist in ein Eisloch gebrochen. Ich habe ihn zurückgelassen in unseren beiden Schlafsäcken, anderthalb Tage von hier. Er war bis zu den Hüften naß. Zwei im rechten Winkel zueinanderstehende schwarze Felswände! Der Fluß beschreibt dort einen Knick von Süden nach Westen, ganz scharf, wechselt von der östlichen auf die westliche Talseite. Die Felsen auf dem Ostufer: von weit erkennbar; am Hang darüber ein Schlag Krüppelfichten, der wie ein Halbmond geformt ist. Da liegt er. Er muß noch am Leben sein; er war nicht verwundet. Ihr müßt ihm Hosen und Mukluks mitnehmen, damit er gehen kann. Er hat mein Gewehr.« Der Kranke hatte sich mit Peters Hilfe ein wenig aufgerichtet. Sein Blick fiel auf den schwarzen Hund. Seine Augen weiteten sich entsetzt. Er schrie fast – soweit der entsetzlich Geschwächte noch schreien konnte:

»Der schwarze Hund! Mein Gott, da ist er wieder! Mein Gewehr! Wo ist mein Gewehr? Schießt! Diese Bestie! Ich fürchte mich! Wie ich mich fürchte!«

Der Ausbruch schien ihn abermals vollkommen erschöpft zu haben. Peter ließ ihn sinken. Mit geschlossenen Augen ruhte George im Schnee. War er zu entkräftet, die Augen länger offenzuhalten? Hatte ihn eine neue Ohnmacht umfangen? – Steve sagte:

»Er sieht Gespenster! Lange macht er es nicht mehr. Ich habe diesen Zustand schon ein paarmal an anderen erlebt. Wenn ihm nicht sehr schnell geholfen wird, ist er verloren.«

»Was wird aus Bill?« fragte Peter. »Der ist vielleicht ebenso am Ende seiner Kraft wie George.«

»Bill ist nicht verletzt; er wird nur geschwächt sein. Peter, ich lade George auf und bringe ihn zurück, so schnell die Hunde es schaffen. Du belädst dich mit Proviant und suchst nach Bill. Ich komme dir sofort wieder mit dem Gespann entgegen, vielleicht auch Nordendale. Wenn Bill zu geschwächt ist, so warte einfach dort mit ihm, wo du ihn findest. Wir holen euch, und wenn mit dem Flugzeug.«

»Ich werde mit ihm warten müssen, denn wir haben kein zweites Paar Hosen mit; ein zweites Paar Mukluks habe ich auf den Schlitten gepackt«, sagte Peter.

»Hosen –! Wer hat an Hosen gedacht? Eingebrochen soll er sein? Bei dieser Kälte –? Verstehe ich überhaupt nicht. Vielleicht gibt es warme Quellen da oben? Sieh dich vor, Peter! Vermeide das Flußeis! Bei dieser Kälte naß zu werden ist lebensgefährlich.«

»Wir könnten George in den Schlafsack packen; ich könnte seine Hosen zu Bill mitnehmen.«

Steve überlegte einen Augenblick; entschied dann aber:

»Nein, George ist so vollständig erschöpft, daß wir seinen Unterkörper auch nicht für wenige Minuten der Kälte aussetzen dürfen; er würde im Schlafsack nicht wieder warm. Er hat den Schneesturm ohne Schlafsack überstehen müssen und hat wahrlich kein Quentchen überflüssiger Wärme mehr im Leibe.«

Sie packten den Bewußtlosen auf den Schitten, deckten ihn warm zu. Peter wickelte Proviant, seinen Schlafsack und die Mukluks zu einem Bündel zusammen, half den Schlitten herumsetzen, trat in seine Schneeschuhe, schulterte sein Bündel an einem Riemen, hängte sein Gewehr dazu und sagte dann:

»Also Hals- und Beinbruch, Steve! Hoffentlich kommt George durch! Ich warte bei Bill, bis uns einer holt!«

»Ist in Ordnung, Peter! Also –! Mush on, my dogs, mush!«

Die Hunde hatten schon begriffen, daß die Reise auf der gleichen Spur wieder umkehrte. Sie preschten im Galopp davon; ihr Weg führte nun auf weite Strecken bergab. Peter nahm noch wahr, wie Steve am Ende des Schlittens den Bremsstachel in den Schnee stoßen mußte, damit das Gefährt nicht zuviel Fahrt bekam und den Hunden in die Läufe schoß. Dann verschwand der Schlitten mit seiner traurigen Last in der zögernd sinkenden Dämmerung.

Peter wandte sich um und stieg wieder dem Eingang des Tales zu, aus dem der Fluß seinen nun im Eis erstarrten Lauf hervorwälzte.

Eine völlig sinnlose, würgende Angst fiel den einsamen Mann plötzlich an. Aus der leeren Weltnacht wuchsen namenlose Gewalten auf ihn zu. Er hätte rennen mögen –! Aber wohin? Er spuckte aus. Hol mich der Teufel, dachte er.

Was war das? Er spuckte noch einmal – tatsächlich, ehe der Speichel den Boden erreichte, gefror er schon und prasselte wie Hagelschlossen aufs Eis. So kalt war es also? Aufs Eis? Ja, er wanderte auf Eis. Das Tal hatte sich mehr und mehr verengt, je weiter es ihn aufwärts führte; ohne darüber nachzudenken, hatte er den bequemsten Weg gewählt; er führte auf dem Flußeis entlang. Peter erschrak und steuerte an den Rand des Flusses, wo er Felsen oder den Ufersand unter seinen Füßen vermuten konnte.

Plötzlich stieß er auf eine Spur; sie kam ihm entgegen; deutlich hoben sich Stapfen im Schnee ab. Peter atmete auf, er brauchte der Spur nur zu folgen; wo vor ihm ein Mensch gegangen war, hatte auch er nichts zu fürchten. George mußte es gewesen sein, der diese Fährte hinterlassen hatte; manchmal beschrieb sie seltsame Winkel; manchmal wurde sie von einer Hundefährte gekreuzt – ja, George und Nigger waren hier gewandert – der Mond schien so hell –; der Abdruck der Hundepfoten war deutlich zu erkennen.

Der Pfad führte über ein flaches Schneefeld, unter dem sich im Sommer der Fluß für eine Strecke ins Breite ergießen mochte –. Peter blieb plötzlich wie angenagelt stehen, starrte, griff langsam nach seinem Gewehr, nahm es in die Beuge des rechten Arms. In der bepelzten Hand wärmte er das Gewehrschloß. Dann kam das Wesen, das er gesichtet hatte, immer näher – ein Hund? Ein Wolf? So, jetzt würde der Hahn nicht mehr an der Haut klebenbleiben; er suchte mit dem rechten Zeigefinger den kleinen Einschnitt im Leder der Faust des Handschuhs, fand ihn, fuhr hindurch, der Finger blieb immer noch ein wenig im Fell geschützt; er schob den Sicherungshebel herum; die Haut blieb nicht mehr kleben.

Das Wesen blieb in der Spur stehen, die auf Peter zuführte, bellte kurz auf – ein Hund also, kein Wolf. Peter lächelte unbewußt, sicherte von neuem und zog den schon erstarrenden Finger wieder in den Handschuh. Der Hund hob frierend die rechte Vorderpfote, und mit einem Male erkannte ihn Peter an dieser Bewegung. Er rief leise und lockend:

»Yellow, komm hierher, Yellow, komm!«

Es war Yellow, eine fahlfarbene Hündin aus dem zweiten Gespann.

Das Tier kam dicht am Boden herangekrochen, winselnd, als wäre es sich einer Schuld bewußt und erwarte Strafe. Kaum traute sich das Tier heran. Peter mußte ihm ein paarmal freundlich zureden, ehe es sich endlich vor Peters Füße wagte. Peter klopfte dem Tier, das sich winselnd auf den Rücken geworfen hatte, in handfester Zärtlichkeit das Fell: »Was hast du denn, Yellow? Was hast du denn verbrochen, alter Kunde? Du hast ja eine erbärmliche Angst. Ich tue dir ja nichts, Kerl!«

Der Hund sprang nach einer Weile auf wie befreit, schmiegte sich an Peters Knie und war glücklich.

Als aber Peter wieder weitermarschieren wollte, folgte ihm Yellow nur für einige Schritte, hockte sich dann in den Schnee, heulte kläglich und war nicht zu bewegen mitzukommen. Als Peter sich umwandte, um den Hund an die Leine zu nehmen, wich er winselnd aus und stob schließlich auf dem ausgetretenen Pfad talab davon.

»Möchte wissen, weshalb Yellow solch schlechtes Gewissen hat–?« fragte sich Peter, eigentümlich beunruhigt.

Bald darauf zog ihm ein Rudel von weiteren Hunden entgegen, wich ihm aber, nachdem es eine Weile mißtrauisch auf dem Pfad verhofft hatte, in weitem Bogen aus und kehrte erst weit hinter dem einsamen nächtlichen Wanderer wieder auf den Pfad zurück.

Sie müssen doch an Bill vorbeigekommen sein – oder kommen sie von ihm? Warum sind sie nicht bei ihm geblieben? Eine fürchterliche Sorge schnürte Peters Herz zusammen.

Ich kann jetzt nicht rasten; ich würde doch kein Auge zutun. Ich bin noch frisch. Ich will von der Vitaminschokolade essen und von den Pillen, die Allan mir für alle Fälle mitgegeben hat; dann halte ich durch bis zu Bill. Ich darf keine Nacht mehr verlieren. Vielleicht rette ich ihn noch? Wie spät ist es? Mitternacht schon vorüber. Das Nordlicht heute ist heller als der Mond. Und kalt–! Ich muß noch einmal das Spucken probieren–! Tatsächlich – als ob ich zerhacktes Eis ausspucke. Ich darf mich nicht überanstrengen, damit ich mir nicht die Lunge erfriere. Die Schokolade schmeckt ausgezeichnet, die Pillen schmecken weniger–!

Bill – ob er noch lebt?

Zum ersten Male erhob Peter diese Frage ohne Umschweife.

Die Nacht gab keine Antwort.

Als das Nordlicht schon so lautlos fortgehuscht war, wie es erschienen, als der Mond schon hinter den dunklen Bergen versunken war und die allererste Ahnung der Dämmerung gläsern kalt über den Kamm des Gebirges im Osten einen blassen Wolfsschweif legte, schwang der Flußlauf vor Peter in östlicher Richtung. Er wanderte fast senkrecht auf das östliche Ufer zu.

Ist es soweit? fragte er sich.

Ist dies die Stelle?

Ich müßte jetzt den dunklen Wälderfleck, wie eine Sichel geformt, am Hang da drüben entdecken; er müßte sich auch jetzt noch deutlich abheben.

Ja, da ist er! Wirklich, einer Mondsichel gleich!

Jetzt noch die beiden Felsen, rechtwinklig zueinander –?

Da sind auch sie!

Peter war, ohne es zu wissen, ins Laufen geraten.

Eine zitternde Unruhe jagte ihn vorwärts.

Viele Spuren im Schnee –.

Hundespuren –?

Ja, Herr im Himmel, Hundespuren!

Er stand vor einem länglichen Bündel. Pelzfetzen lagen umher. Der Schnee war verwüstet,

rot gefärbt.

Dort ein Gewehr! Peter hob es auf; es war noch gesichert.

Die Hunde hatten Bill, ihren Herrn, umgebracht.

Peter ließ sich, plötzlich von entsetzlicher Müdigkeit überwältigt, neben dem gräßlichen Fund in den Schnee sinken.

Die Hunde waren Menschenfresser geworden. Ich hätte sie alle erschießen sollen, dachte Peter.

Plötzlich wußte er: Nigger ist der Mörder. Deshalb hat er sich nicht mehr anlocken lassen. In dem Hund muß irgendein letzter Respekt vor dem Menschen zusammengebrochen sein. Bill ging stets hart mit seinen Hunden um, ganz anders als Steve.

Die anderen Hunde, Yellow zum Beispiel, haben sich nur noch an der Leiche vergangen. Deshalb war Yellow so schuldbewußt.

Das geladene Gewehr neben ihm –? Nigger muß ihn angesprungen haben, während er schlief. Vielleicht ist schon der erste Biß tödlich gewesen. In den Hals wahrscheinlich. Gebe Gott, daß Bill sich nicht länger hat quälen müssen. Die Hunde werden vor Hunger rasend gewesen sein nach dem langen Schneesturm.

Peter stand vor den nicht mehr kenntlichen Resten dessen, was einstmals sein Kamerad gewesen war.

Die Schlafsäcke waren nur wenig zerrissen; die Hunde hatten den

Leichnam herausgezerrt, dann den Pelzrock zerfetzt, um an den Körper selbst zu gelangen.

So kann ich das nicht liegenlassen, dachte Peter. Er schnitt einen der Schlafsäcke auf und sammelte auf die Lederseite die steinhart gefrorenen Überbleibsel. Dann suchte er die Fetzen der Kleidung zusammen. Er fand Bills Uhr; ein Biß hatte sie getroffen; doch noch war zu erkennen, daß sie bei zehn Uhr stehengeblieben war.

Zehn Uhr? überlegte Peter. Es war etwa zehn Uhr, als ich nach dem Schneesturm die Hunde fütterte, Bill wird um die gleiche Zeit noch geschlafen haben; der Hund hat es leicht gehabt, ihn zu entdecken; in diesen geschützten Felswinkel ist nicht viel Schnee gedrungen. Wahrscheinlich – nein, bestimmt hat Bill die Kopfklappe nicht einmal geschlossen gehabt; es war noch nicht sehr kalt an jenem Morgen. Der Hund hat den Schlafenden mit einem einzigen Biß in den Hals umgebracht...

»So muß es sich abgespielt haben!« sagte Peter halblaut. Dann fügte er erstaunt hinzu: »Was ist denn das?«

Er hob eine flache Tasche aus weichem Leder auf, die Bill anscheinend unter der Kleidung um den Hals getragen hatte, eine Art Brustbeutel. Auch auf dieser Tasche hatte ein Hund herumgekaut, das war deutlich zu erkennen; das Tier mochte aber schnell begriffen haben, daß sie nichts Nahrhaftes darstellte; das Halsband der Tasche war zerrissen. Die Druckknöpfe, die die Verschlußklappe festhielten, waren unversehrt. Peter blies den Schnee von der Tasche und setzte sich auf einen Felsblock.

Keiner der Männer in den Einöden trug Geld oder Papier bei sich. Wenn sie dergleichen zu bewahren hatten, ließen sie es im Kontor des Hauptlagers zurück. Dort war es sicherer als bei den grob arbeitenden Männern oder auf gefährlicher Erkundungsfahrt. Was mochte Bill für so wichtig und so geheim gehalten haben, daß er es ständig bei sich trug? Die Straßenbauverwaltung wußte ja, und die Kameraden wußtes es auch, wen sie vor sich hatten und wes Nam und Art ein jeder war. Und was sie nicht wußten, das brauchten sie auch nicht zu wissen –!

Soll ich die Tasche öffnen? fragte sich Peter. Er würde es mir nicht übelnehmen.

Mit leisem Knacken sprangen die beiden Druckknöpfe auf. Peter hatte seinen rechten Handschuh ausgezogen. Die Kälte fiel die Hand sofort grimmig an; aber für ein paar Minuten vertrug sie schon, was die Haut des Gesichts ständig auszuhalten gewöhnt war.

Peter hob die Klappe und blickte in die Tasche hinein; sie enthielt nicht viel. Da war ein Päckchen länglicher Geldscheine, ein dünnes Heftchen mit steifem Deckel, ein Paß offenbar, ein zusammengefaltetes Papier und ein Brief in schon geöffnetem Umschlag.

Peter zog zuerst das Blatt Papier aus der ledernen Hülle; es war steif wie leichter Karton. Er entfaltete es; ein amtliches Dokument war es, mit Stempeln und Unterschriften versehen.

Am Kopf des Blattes stand in feierlich verzierten Lettern die Überschrift:

»Honorable Discharge«

Das bedeutete: »Ehrenvolle Entlassung«.

»This is to certify...« begann der stolz gedruckte Text, nach welchem der Feldwebel der amerikanischen Luftwaffe William T. J. Baker aus Spokane, Washington, am 30. März 1943 wegen Kampfunfähigkeit, vor dem Feinde erworben, in allen Ehren aus der Armee entlassen worden war.

So sieht also ein amerikanischer Entlassungsschein aus, dachte Peter, mit einem seltsam bitteren und sehnsüchtigen Gefühl ums Herz. Ich wollte, ich könnte mich auch eines solchen Dokumentes rühmen, aber das wird mir wohl niemals blühen! – Er faltete das Papier sorgsam wieder zusammen und steckte es in die Tasche zurück. Dann zog er Geld heraus – und pfiff durch die Zähne, als er feststellen mußte, daß er lauter Hundert-Dollar-Noten in der Hand hielt, ein Schein so neu wie der andere. Peter zählte das Päckchen durch: Eintausendfünfhundert Dollar hatte Bill bei sich getragen. Wozu um alles in der Welt? – Eine Frage mehr, die Peter nicht beantworten konnte. Dann zog er den Brief heraus; der Umschlag war an den Ecken schon abgestoßen, das Papier schien mürbe, als hätte Bill den Brief schon lange an seiner Brust getragen. Peter las die Aufschrift auf dem gelblichen Umschlag, und seine Augen wurden groß: Ein alter amerikanischer Feldpostbrief an den Sergeanten William Baker.

Langsam drehte Peter den Brief auf die Rückseite, las den Absender:

»Hennie Baker, Spokane, Washington, 917 Mauritius Avenue.«

War das die Mutter Bills oder seine Frau? Ohne weiter nachzudenken, hatte er das zerlesene Briefblatt herausgezogen und las:

»Spokane, den 3. März 1942

Mein lieber Mann!

Ich weiß es, ich fühle es ganz genau, daß Dich ein gefährliches Kommando erwartet. Du hast es mir nicht zugegeben. Aber Dein plötzlicher Urlaub, der Ernst, der Dich während der drei Tage keinen Augenblick verließ, obgleich Du Dir Mühe gabst, heiter und sorglos zu erscheinen – ach, mein Wilhelm, Du kannst mich nicht täuschen; man hat Dich noch einmal freigegeben, um Abschied zu nehmen. Wie gefährlich muß also die Aufgabe sein, die Dich erwartet!

Vor einer Stunde erst bin ich vom Bahnhof zurückgekehrt. Ich sehe noch Dein Gesicht am Fenster des Zuges, als er sich in Bewegung setzte. Das Fenster ließ sich nicht öffnen. Aber ich weiß, was Du mir sagen wolltest: Ich liebe Dich, Hennie! wolltest Du sagen; jetzt und für alle Zeit. Ich hoffe und glaube, daß Du auch verstanden hast, was meine Lippen vor der Scheibe Dir zuflüsterten: und ich liebe Dich, Wilhelm, jetzt und alle Zeit.

So setze ich mich gleich hin und schreibe es Dir noch einmal, mein geliebter Mann. Was Dir auch immer geschehen mag, ich werde auf Dich warten. Gott wird uns nicht ohne Antwort lassen. Wir rufen ja so sehr nacheinander; auch Du, ich weiß es! Nimm diesen Brief zu Dir, lege ihn auf Dein Herz. Dort mag er tausendmal auf und nieder wallen mit den stillen, sanften Wogen Deines Herzens. Ich bin bei Dir, Tag und Nacht. Meine Gedanken sind immer auf der Wanderschaft zu dir. Und mein Herz ist in Deinem beschlossen, ganz nahe, so wie dies Blatt Dir nahe sein wird, ganz nahe!

Tue, was Du tun mußt, ohne zurückzublicken. Du brauchst nicht zurückzublicken, ich bin immer da, immer für Dich!

So werde ich auf Dich warten. Ich liebe Dich!

Hennie, Deine Frau«

Der Mann im Pelzrock, umringt von der glitzernden Weiße des arktischen Winters, hatte zu zittern begonnen – doch nicht vor Kälte. Peter saß lange mit dem Blatt in der Hand; lange Zeit wußte er nichts weiter zu denken als immer nur die Worte:

Einer, der am Feinde lag wie ich, wie Paul – Bill – Feldwebel der amerikanischen Luftwaffe – ein Soldat wie wir – und eine Frau hat um ihn gebangt – deutsch schreibt sie an ihn – Deutsch muß er verstanden haben – mein Gott – ein deutscher Liebesbrief an einen Amerikaner – wie ist das alles verwirrt!

Eines aber war Peter klar, als hätte es ihm jemand zugerufen:

Ich werde irgendwann diese Hennie Baker suchen müssen, ihr diese Tasche bringen mit den merkwürdigen Papieren, dem Geld, diesem Brief vor allem. Ich bin der einzige, der ihr Gewißheit darüber zu verschaffen vermag, was aus ihrem Mann geworden ist.

Aber die »Ehrenvolle Entlassung« – was war damit? Warum hatte Bill sie bei sich getragen? – Und hatte nicht noch ein Paß in der Brusttasche gesteckt? Peter zog das Büchlein aus dem Lederfutteral, den letzten der vier Gegenstände, die der Brustbeutel enthalten hatte. Es war ein amerikanischer Reisepaß, ausgestellt für William Baker, Spokane, Washington, 917 Mauritius Ave., am 2. Mai 1943. Als Beruf war »Land-Surveyor«, also etwa Landmesser, angegeben; als Geburtstag der 16. August 1915. Bill war also dreißig Jahre alt gewesen, wenn das Datum stimmte.

Enthielt die Tasche sonst noch etwas? Peter blickte hinein; auf ihrem Boden blinkte etwas Silbernes; es war ein zierlicher Drehbleistift, wie ihn Damen zuweilen in ihren Handtäschchen tragen. Der stammt wohl von Hennie – dachte Peter und ließ den Stift wieder in den Lederbeutel gleiten.

Nachdenklich blätterte er eine Seite des Passes nach der anderen um. Nichts weiter als die Stempel, die Bills Grenzübergänge bestätigten, waren zu finden. Peter gelangte langsam zu den letzten Seiten.

Er hob das Heft dichter an die Augen. Da stand doch noch etwas, mit feinen Bleistiftstrichen geschrieben. Wahrscheinlich war der silberne Stift aus dem Brustbeutel dazu benutzt worden.

Die Schrift war nicht zu entziffern. Peter erkannte nichts weiter, als daß es sich um Stenographie handelte; aber er verstand nichts von Stenographie. Daten waren zwischen die wie gestochen geschriebenen Zeilen gesetzt; er las die klar lesbaren Ziffern: 24. 1. 1946.

Weiter unten dann: 25. 1. 1946. Und noch einmal 28. 1. 1946 und nach wenigen weiteren Zeilen 29. 1. 1946.

Peter rechnete erregt nacht. Gestern oder vorgestern hatte man den 29. Januar geschrieben, nein, vorgestern! Peter konnte sich nicht genau über das Datum klar werden. Die Daten waren nach deutscher, nicht nach englischer Art geschrieben. Also konnte es sich bei den stenographischen Notizen um deutsche Aufzeichnungen handeln! – Peter überlegte:

Bill hat in seinen letzten Tagen aufgeschrieben, was er gedacht hat oder was ihm geschehen ist. Vielleicht enthalten diese winzigen, wie hingehauchten Zeilen der vielen Rätsel Lösung! Warum hat er nicht die gewöhnliche Schrift benutzt? Wollte er sein Geheimnis noch über den Tod hinaus hüten? Aber er kann doch vor dem Schneesturm nicht schon seinen Tod vorausgeahnt haben! – Unablässig wogten die Gedanken und Fragen weiter durch Peters Hirn.

Dann zog er sich beide Handschuhe aus, knüpfte die zerrissene Schnur, an welcher Bill den Brustbeutel getragen hatte, wieder zusammen; nestelte die vielfach gekreuzten Schnüre auf, die den Halsausschnitt der Parka dicht verschlossen halten, legte das Geld, den Brief, die Papiere sorgfältig wieder in die Tasche – auch die zerbrochene Uhr dazu – und zwängte sich die Schnur über den Kopf. Dann stopfte er sich den Beutel flach in den Halsausschnitt unter sein wollenes Hemd, wärmte sich eine Weile die Hände an der nackten Haut des Halses, schnürte die Parka wieder zu, stülpte die Haube auf und schlüpfte aufatmend wieder in seine Handschuhe. So –! Den Brustbeutel hatte er sicher aufgehoben; das Geheimnis ruhte nun – wie hatte sie doch geschrieben? – auf den »stillen, sanften Wogen« eines anderen Herzens als dem, für das es ursprünglich bestimmt gewesen war. Aber ich will es hüten, bis ich es jener in die Hände lege, der seine Lösung zusteht – schwor sich Peter in seinem Innern. Er zweifelte keine Sekunde daran, daß es recht war, was er tat. Sein Wille, das Vermächtnis des toten Kameraden jener fernen geliebten Frau zu überbringen, war so ehrlich und stark, daß alle Bedenken fortgeschwemmt wurden, die ihm sonst wohl gekommen wären. Er war seiner Sache ganz sicher. Das Geheimnis sollte nicht von vielen gleichgültigen Händen abgegriffen werden!

Er stapfte den Hang hinaus zu den Fichten und riß ein großes Bündel Fichtenzweige von den verschneiten Bäumen. Er schleppte es auf eine makellos weiß beschneite, ebene Stelle am Flußufer. Der Haufen dunkler Nadelzweige würde nicht genügen. Noch zweimal schleppte er sich zu dem Wäldchen hinauf und schwer beladen wieder hinunter. Dann legte er mit kleinen Ästen auf dem weißen Schnee die Schrift aus:

BILL DEAD! WAITING FOR SLEIGH! PETER.
(Bill ist tot. Ich warte auf den Schlitten. Peter.)

Er schleppte sich zu dem Bündel zurück, das alles enthielt, was einst Bill gewesen war; kroch daneben in seinen Schlafsack, lehnte sich aber mit dem Rücken an die Felswand, um den Fluß, das Tal, die Berge am anderen Ufer im Auge behalten zu können. So lag er lange.

Der blasse Tag verging. Grün färbte sich der Himmel im Westen vor ihm, als die goldroten Tinten des unsichtbaren Untergangs der Sonne zerflossen und verweht waren. Nun schlief er.

Träumte er? Motorengeräusche – im Traum? – im Wachen –? Er konnte nur für Sekunden geschlafen haben; denn als er aufsprang, sich aus dem engen Futteral befreite und zu der ausgelegten Schrift hinüberstürzte, war der Himmel ihm gegenüber noch genauso grün wie zuvor. Da brauste auch schon donnernd die wohlbekannte behäbige Maschine heran; deutlich waren die Schneekufen unter ihrem Rumpf zu erkennen, auf dem in schwarzen Buchstaben die Worte »ALASKA ROAD SURVEY« zu lesen waren.

Peter tanzte neben seiner Schrift hin und her und winkte mit den Armen. Jetzt hatte der Pilot ihn entdeckt. Das Flugzeug beschrieb eine steile Kurve, senkte sich und schoß unmittelbar auf Peter zu. Dicht vor ihm bäumte es sich zu neuer Kurve auf. Ein Mann winkte aus dem Fenster der Kabine; Nordendale war es. Er hatte also verstanden und gelesen, was auf dem Schnee in Fichtenzweigen geschrieben stand. Dann nahm die Maschine wieder Kurs nach Süden – nein, sie drehte noch einmal zurück in weitem, flachen Kreis, brauste über Peter hinweg. Gleich darauf ließ Nordendale aus dem Fenster eine jener Büchsen fallen, in denen Post und Nachrichten abgeworfen werden. Dann verschwand die Maschine endgültig.

Peter hatte eine Weile nach der Büchse zu suchen; sie hatte sich am Hang in eine Schneewehe gebohrt. Aber schließlich scharrte er sie doch aus ihrem Versteck hervor. Er schraubte den Deckel ab und fand ein Blatt Papier, von einem Notizblock gerissen. Mit Blaustift stand darauf geschrieben:

»Steve ist für alle Fälle mit fünfzehn Hunden zu dir unterwegs; er wird dich in zwei, drei Tagen erreichen. Ich bringe mit dem Arzt George und Paul nach Fairbanks ins Hospital. Komme morgen oder übermorgen mit neuen Leuten zurück, falls nichts dazwischenkommt. Nehme dich und den Toten dann von hier mit zum alten Sammelplatz. Nordendale.«

In die untere linke Ecke war ungeschickt geschrieben:

»Gruß Paul.«

Der Motorenlärm war schon verhallt, als Peter endlich die schlecht leserlichen Zeilen entziffert hatte.

Paul wurde mit George ins Hospital geschafft? Was bedeutete das nun wieder? Peter war zu müde, um sich noch weiter zu wundern. Zuviel war schon auf ihn eingestürzt. Eines nur hatte er ganz klar begriffen:

Vielleicht morgen schon nimmt mich das Flugzeug hier fort. Dann brauche ich das ungeheure Schweigen in der Nachbarschaft des Todes nicht mehr allein zu bestehen.

Steve ist auf alle Fälle losgefahren –! dachte Peter noch, als er in seinen Schlafsack kroch.

Die Hunde, der Tote, die tiefe Kälte – er fragte nicht mehr danach. Er zog die Haube über dem Kopfende fest. Das Gewehr hatte er im Arm.

Er schlief sofort ein, sank in allertiefsten Schlaf.

Wie von einem feinen elektrischen Schlag, so plötzlich erwachte er. Peter wußte nicht, was ihn aufgeweckt hatte; er wußte nur, daß er nicht von selbst so plötzlich aus der Tiefe des Schlafes aufgetaucht war.

Er lag ganz still und lauschte – nichts! Totenstille.

Ihm war nicht sehr warm; es kam selten vor, daß man in pelzener Kleidung im pelzenen Schlafsack fror. Heute fröstelte ihn. Also mußte es noch kälter geworden sein; unheimlich kalt die nördliche Nacht da draußen um mich her!

Und plötzlich war er wieder da, der langgedehnte Klagelaut, der Peter geweckt hatte. Obgleich er nur leise und aus weiter Ferne herüberscholl, ließ er Peter das Blut gefrieren.

Hungrige graue Wölfe –!

Sie reckten die Hälse; sie witterten.

Jetzt erst haben sie Wind von mir bekommen, dachte Peter. Er hatte seine Handschuhe schon ausgezogen und hielt das Gewehr vor sich im Schoß, tief im Pelz vergraben, damit das Metall und seine Hände warm blieben.

Ein Teil der Tiere ließ sich auf die Bäuche nieder. Die andern standen unschlüssig und begannen dann fast wie Füchse tief auf knickenden Läufen Peters Lagerplatz zu umrunden. Die langsam auseinanderschwärmende Kette zog über den Schnee, bis Peter schließlich in weitem Halbkreis eingezingelt war. Ringsumher standen die Wölfe und blickten zu ihm herüber... Dann setzte der erste an und näherte sich Peter mit einigen schleichenden Sprüngen; bald folgte ein zweiter. Die drei, die sich auf den Bauch niedergelassen hatten, rutschten zögernd heran; fast lächerlich wirkte es; der Atem stand den Tieren als weißer Nebel von den Schnauzen.

Peter hätte längst schießen können. Die Tiere gaben ein sicheres Ziel; ein verkümmertes Birkenstämmchen neben seinem Sitz bot sich als Gewehrauflage an. Aber Peter schoß nicht. Er hatte das Gewehr schon ein paarmal an die Backe gehoben: ja, Kimme und Korn waren scharf zu erkennen; das Mondlicht stach in das metallene Korn ein winziges Glanzlicht, so daß es nicht verwechselt werden konnte.

Peter gewann es immer noch nicht über sich, zu schießen. Nun ihn der zähnefletschende Tod von allen Seiten umringte, empfand er zugleich wie nie zuvor die unerhörte Wildheit, die ungebändigte Größe, die nie gezähmte Freiheit dieser dunkel strahlenden Nordnacht! Weit um ihn her:

Das froststarre, wie für alle Ewigkeiten schweigende Tal, der bleiche, blanke Mond darüber, die schauerstillen Berge, der Schnee, das schwarze schimmernde Flußeis, wo der Wind es freigeweht, die frierend leeren Birken – und aus dieser toten, reglosen Ruhe schleicht dich das glühende Leben an, die hungrige Lebensgier; schon sah er hier und da eines der Raubtieraugen blitzen, schon hörte er das Keuchen aus den heißen Rachen. Kaum trennten ihn noch dreißig Schritte von dem vordersten Tier, einem mächtigen Rüden, dem sich das borstige Fell wie ein Kamm über dem Genick sträubte.

Peter hob das Gewehr, zog es fest an die Schulter, fand eine gute Auflage in einer Astgabel der Birke, nahm leises Feinkorn in den halboffenen Rachen des Tieres, wartete einen Augenblick ab, in dem der Wolf reglos sicherte, und zog langsam durch.

Ungeheuerlich hallte der Schuß ins himmelhohe Schweigen. Wie eine Entweihung war er; fast kam er einer Lästerung gleich.

Peter setzte ab und lud von neuem. Dann barg er Hände und Gewehrschloß gleich wieder im Schoß unter den Pelzen.

Das Tier war von dem Geschoß auf so kurze Entfernung über seinen eigenen Rücken geschleudert worden. Es glitt einige Meter auf dem Eis hin und lag dann still; nur seine Läufe schlugen noch krampfig ein paarmal durch die Luft. Dann war auch das vorbei.

Die anderen Wölfe stoben davon, wie Spreu vom Sturm zerblasen wird. Am jenseitigen Talrand erst sammelte sich das Rudel von neuem. Genau dorthin stand der Wind von dem toten Tier, das sein warmes Blut auf das Eis verrinnen ließ. Sie witterten es; der Dunst verfließenden Lebens, der für die Bestien neues Leben bedeutete, würde sie magisch, unwiderstehlich anziehen. Peter hatte damit gerechnet.

Die hungrigen Bestien vermochten nicht lange zu widerstehen. Eines der Tiere setzte an und stürmte, wie von der Sehne geschnellt, auf den erkaltenden Körper zu. Gier und Futterneid riß das übrige Rudel hinter dem Tollkühnen her.

Im Nu war der tierische Leichnam unter einem wüsten Chaos von springenden, jappenden, schnappenden Leibern verschwunden. Eine kurze Weile sah Peter dem wüsten Wirbel zu. Dann zielte er mitten hinein und drückte ab. Er sah nicht, wen er getroffen hatte; kaum war das zweite Tier verwundet, so wurde es schon zur Beute. Der zweite Schuß hatte die Wölfe nicht mehr erschreckt und vertrieben; das frisch ausströmende Blut mochte sie rasend machen.

Peter war ganz ruhig geworden. Wie sich die Meute selbst zerfleischte, das erfüllte ihn mit einer seltsam traurigen Verachtung. Jetzt zielte er sorgfältig.

Schuß nach Schuß dröhnte aus seinem Winkel über den Schnee. Er mußte das Magazin des Gewehrs von neuem füllen. Die Wölfe begriffen nicht, daß nur noch schnelle Flucht sie hätte retten können.

Zuletzt lagen acht reglose oder nur noch leise zuckende Leiber auf dem Eis.

Und über dem schweigenden Tal, dem düsteren Eis des Stromes, unter den uralten Sternen, dem frierenden Mond empfand Peter die grenzenlose Trauer der Schöpfung.

Er umschritt die toten Tiere und wanderte auf der Fährte Georges, die ihn hierhergeführt hatte, ein weites Stück den Weg entlang. Er brauchte Bewegung; sie zauberte ein wenig Wärme in seine Glieder; er bekam sogar Hunger, schnitt eine kleine Büchse Beef auf, die er unter der Parka über dem Gürtel trug, der sie außen zusammenraffte – sie locker fallen zu lassen, dazu war es zu kalt.

Er suchte sich Holz zusammen, das einigermaßen trocken schien – in dem Fichtenwäldchen am Hang war es zu finden – und entfachte unter der Felswand am Hang ein Feuer. Als sein kleiner Teekessel zu summen begann, wurde ihm beinahe wohl zumute. Die Wärme des Feuers war den Händen und dem Geiste angenehm; er schob sich die Haube der Parka aus der Stirn. Er aß und trank ausgiebig. Der Morgen wölbte sich schon in grünlicher Helle über der blendenden Welt. Das Leben war wieder im Lot. Der Tag hatte die Nacht überwunden wie seit Anbeginn der Zeit.

Peter sammelte die Zweige auf, aus denen er am Tage zuvor die Schrift gebildet hatte, und legte den Fluß entlang einen großen Pfeil aus. So entdeckte der Pilot leichter die Stelle, an welcher er sein Flugzeug auf den Gleitkufen absetzen konnte.

Und dann begann er zu warten.

Peter befestigte eine leere Konservendose an einem Birkenstamm gleich oberhalb des Unglücksortes und legte einen Zettel hinein, auf den er die Worte schrieb.

»Hier brach Bill Baker am 24. Januar 1946 durchs Eis. Er blieb halbnackt in seinen Schlafsäcken liegen, um auf Rettung zu warten. Am 29. oder 30. Januar ist er bei den zwei hohen Felsen, dreißig Schritte stromab von hier, von wilden Hunden überfallen und getötet worden. Gott sei seiner Seele gnädig!«

Dann schob Peter eine zweite Büchse über die erste und den Zettel und verband sie ebenfalls fest mit dem Birkenstamm.

Als er nach diesem letzten Werk wieder zu seinem Lagerplatz zurückschlenderte, meinte er, fern Motorengebrumm zu hören. Schon–? Er beschleunigte seine Schritte. Der Lärm schwoll an – dann ab. Der Pilot hatte den Motor gedrosselt und ließ die Maschine ausschweben. Mit einem leichten Hüpfer setzte sie auf – kaum zehn Schritt von Peters Gepäck entfernt kam sie zum Stillstand. Peter war schon zur Stelle:

»Vorsicht, Allan, dies sind Bills Überreste.« Er hob sie hoch. Dann:

»Hier kommt das andere.«

Ein paar kräftige Arme langten aus der Kabinentür und hoben Peter ins Innere der Maschine. Der Pilot ließ den Motor ein wenig anlaufen, wendete und fegte dann die glatte Bahn entlang. Ehe Peter noch merkte, daß er flog, mußte er sich schon einen Halt an der Wand der Kabine suchen, denn das Flugzeug wendete in steiler Kurve nach Norden.

Eine Viertelstunde später überflogen sie ein Hundegespann: Steve mit dem Schlitten. Eine Nachrichtentrommel fiel zur Erde hinunter: Steve brauchte nicht mehr weiter vorzustoßen; er durfte wenden.

Bald darauf tauchte über der Tundra das Zelt auf; Steve hatte eine rote Fahne daraufgesetzt, damit es besser zu erkennen war.

Und dann wollte Peter endlich von Nordendale wissen, warum Paul mit George nach Fairbanks geflogen war.

Aber der Führer der Gruppe fand nicht gleich Zeit, dem Wunsche Peters zu entsprechen. Er mußte die beiden Ersatzleute, die er vom Hauptlager mitgebracht hatte, in ihre Pflichten einweisen. Peter kannte die beiden Männer nicht; ihrem Englisch nach stammten sie aus dem Mittelwesten der Staaten. Nordendale hatte sich entschlossen – er sprach noch kurz mit Peter darüber –, die Straße durch das verhängnisvolle Tal zu führen. George hatte ihm seine Notizen über die obere Hälfte des Tals hinterlassen. Nun mußte sich also die Nordendale'sche Gruppe noch einmal durch das Tal der toten Wölfe zurückarbeiten, um den genauen Verlauf der Straße im einzelnen zu vermessen und abzustecken; in die Tundra würde die Gruppe vorläufig nicht weiter vorstoßen.

Als Peter dies vernahm, blickte er ein paar Herzschläge lang über die unendliche Ebene, die, von sanften Hügeln belebt, sich unter bläulich schon beschattetem Schnee – denn der Abend sank – bis zu dem fernen, dunkelviolett schimmernden Horizont hinbreitete. Er würde nicht weiter in sie eindringen, die Eiswüsten am Polarmeer. Denn daß er Paul folgen mußte, war Peter selbstverständlich klar. Der hohe Norden hatte sie weit nach Westen geführt; nun aber mußte die Fahrt allmählich wieder südlichere Richtung nehmen, wenn sie nicht versanden sollte.

Die Männer hockten unter den schrägen Wänden des Zeltes, die rund nach innen gebeult waren, denn von außen lastete immer noch der Schnee in dicker Wehe über ihnen – und hielt viel von der Kälte ab. Die vier Männer hatten ihre Pfeifen angesteckt. Wenn auch im Zelt das Thermometer immer noch ein gutes Stück unter dem Gefrierpunkt blieb, so wurde es hier drinnen doch wesentlich wärmer als im Freien, nachdem erst einmal alle Ritzen dicht gemacht waren. Die blaue Spiritusflamme verbreitete leise sausend ein sanftes Licht. Der Rauch der Pfeifen schwebte in der Luft. Den Männern wurde warm in ihren Pelzen; sie hatten die großen Hauben in den Rücken geschoben. Aus dem Kochtopf stieg zuweilen ein vielversprechender Duft.

Nordendale klopfte seine Pfeife an der Proviantkiste aus, auf der er saß, und begann dann, während er sich eine neue stopfte:

»Als ihr mit den Hunden im Schneetreiben verschwunden wart, du und Steve, Peter, machte ich mich mit Paul auf, eine Landebahn für Bergsen und seine Maschine ausfindig zu machen. Es war schon hell genug dazu, und der Wind ließ ständig nach. Ich wußte, daß Bergsen aufsteigen würde, sobald die Sicht es gestattete. Wir hatten also den Landepfeil so bald wie möglich auszulegen. Es war nicht ganz leicht, eine ebene Bahn zu entdecken, die lang genug war und gegen den Wind verlief. Unser Lager hier liegt schon so hoch am Hang, daß eigentlich das ganze Gelände nach Norden geneigt ist. Fast zwei Stunden lang wühlten wir uns durch den Schnee. Es war längst hell, und der Wind hatte fast nachgelassen, als wir endlich unten am Rande der Tundra den Platz fanden, auf dem wir auch heute gelandet sind; er war schließlich doch nicht viel weiter als eine Viertelstunde vom Lager entfernt, lag aber hinter der flachen Kuppe, so daß man vom Landeplatz aus das Lager nicht sehen konnte. Wir legten den Pfeil aus Fichtenzweigen aus; Paul schimpfte fürchterlich, weil er weit in den Hang steigen mußte, ehe er genug Zweige beisammen hatte; es wachsen ja hier in der nach Norden offenen Gegend kaum noch Fichten. Dann wanderten wir wieder zum Lager zurück und warteten.

Aber es wurde wieder Nacht, und kein Flugzeug ließ sich blicken. Später erfuhren wir den Grund: Im zweiten Vorlager hatte ein Mann einen Unfall gehabt; Bergsen hatte den Arzt dorthin geflogen und den provisorisch Verbundenen mit dem Arzt nach Fairbanks gebracht. Dort war einiges an seinen Motoren zu überprüfen gewesen; er war dann mit dem Arzt an Bord zu uns abgeflogen; der Arzt wollte die Gelegenheit benutzen, mit uns eine seiner üblichen Routine-Untersuchungen durchzuführen, das stellte sich als ein Geschenk des Himmels heraus; wäre der Arzt nicht hiergewesen, lebte George nicht mehr.

Bergsen und der Arzt trafen am Nachmittag nach eurer Abfahrt ein. Bergsen hatte keine rechte Lust, sofort mit mir weiterzufliegen, um Bill und George zu suchen: Die Benzinleitung des Motors war immer noch nicht in Ordnung. Er käme, wenn er mit mir noch am gleichen Tag auf Patrouille flöge, sicherlich in die Dunkelheit hinein, und es sei ihm mit dem stotternden Motor dann zu gefährlich, irgendwo im Halbdunkel einen Notlandeplatz zu suchen. Ich war nicht sehr mit seiner Weigerung einverstanden; das Schicksal von Bill und George beunruhigte mich sehr; aber was sollte ich machen? Ich konnte Bergsen keine Befehle geben, und Dr. Shillerbeer konnte es erst recht nicht. Ich wanderte mit dem Arzt zum Lager hinüber; der Doktor war ziemlich durchfroren und bat mich um etwas Warmes. Paul blieb bei Bergsen, um ihm bei seiner

Bastelei zur Hand zu gehen. Dabei passierte dann das erste Pech. Bergsen meinte, den Schaden gefunden und beseitigt zu haben, und wollte den Motor noch einmal anlassen, um einen Gang zu prüfen. Er wies Paul an den Propeller, um den Motor anzuwerfen – ich war ja selbst nicht dabei, habe es mir hinterher nur von Paul erzählen lassen –; aber die Maschine war inzwischen abgekühlt; der Motor wollte nicht anspringen. Es dämmerte bereits. Unzählige Male versuchte Paul, den Propeller anzuschwingen; manchmal knatterten auch ein paar Explosionen heraus; aber anlaufen wollte der Motor nicht. Ob nun Paul mit der Zeit müde oder des langweiligen Geschäfts überdrüssig wurde, ob Bergsen nervös geworden ist und dem Motor zuviel Frühzündung gegeben hat – genug, beim x-ten Versuch zog Paul seinen linken Arm nicht schnell genug aus dem Gefahrenbereich, der Propeller prellte zurück und versetzte ihm einen so harten Schlag auf den linken Unterarm, daß der Knochen brach. Glücklicherweise dämpfte der Pelz den Aufprall: Es wurde ein glatter Bruch, die Haut blieb ganz. Mit dem Anwerfen war es aus. – Die beiden kamen ins Lager, Bergsen wütend wie ein Stier, Paul ein bißchen blaß, aber womöglich noch wütender. Der Arzt bekam zu tun. Ich riß zwei Holzplatten von einem Kistendeckel und schnitzte sie zurecht, und Dr. Shillerbeer legte einen Notverband an; er wollte nicht gipsen, da die Kälte den gelösten Gips stets vor der Zeit gefrieren läßt; der Gips trockne auch am Arm nicht richtig, meinte er; der endgültige Verband könne erst in einer warmen Krankenstube angelegt werden. – ›Jetzt fehlt nur noch‹, sagte ich, ›daß Bill und George auch noch etwas passiert ist! Dann können Sie gleich meine halbe Belegschaft mitnehmen, Doktor!‹ – ›Mir soll's recht sein‹, meinte Shillerbeer. ›Jeder freut sich schließlich, wenn sein Geschäft blüht.‹ Bergsen fing immer wieder von seiner Benzinleitung zu reden an, bis wir genug davon hatten und nichts mehr hören wollten. Paul trug den gebrochenen Arm unter der Parka über dem Gürtel; so brauchte er kein Trageband. Er sah sehr komisch aus, und sein dicker Bauch bot Anlaß zu einigen unziemlichen Scherzen. Wehleidig ist er nicht, der Paul. Er parierte meine Anzapfungen sehr witzig. Auch am nächsten Morgen wanderte er wieder mit uns zum Flugzeug hinüber. Die Aufgabe, dem kitzligen Bergsen bei der Schrauberei an seiner Kaffeemühle zu helfen, fiel jetzt mir zu. Noch einmal nahm sich Bergsen Stück für Stück die Benzinleitung vor. Aber es war nicht die Leitung. Es war ein wenig Kondens-Eis, das sich in der Düse der Einspritzpumpe gebildet hatte. Vielleicht war beim Einlassen des Benzins in den Tank ein wenig Schnee mit eingedrungen. Allerdings vergingen wieder einige Stunden, ehe wir den elenden winzigen Schaden behoben hatten. Es war fürchterlich kalt geworden. Wir waren die halbe Zeit damit beschäftigt, unsere Handschuhe aus- und wieder anzuziehen. Dann fing der Spektakel des Anwerfens von neuem an. Vorher drohte ich Bergsen an, daß ich ihn ohne Gnade zu Fuß ins Hauptquartier zurücklaufen ließe, wenn er wieder zuviel Frühzündung einstellte. Der Doktor und ich haben uns dann das Anwerfen geteilt. Es war so kalt geworden, daß man auf keinen Fall ins Schwitzen oder Keuchen geraten durfte. Beim siebenundvierzigsten Versuch endlich – ich habe sie gezählt – entschloß sich der Motor, versuchsweise zu knattern. Dann kam er auf den Geschmack. Beim fünfzigsten Anwurf war er da! Bald lief er wie am Schnürchen. Bergsen war zufrieden und ließ ihn vorsichtig warm werden. Wir standen begeistert um die Kiste herum; plötzlich rief Paul: ›Steve! Da kommt Steve!‹ Ja, Steve hatte die Hunde die ganze Nacht hindurch in Gang gehalten und war im Lager eingetroffen. Er hat natürlich nicht gleich gemerkt, wo wir steckten, und eine Weile nach uns suchen müssen. Er kam über den Hügel, der den Landeplatz vom Lager trennt, hinweggeschritten. Wir gingen ihm schleunigst entgegen, wollten natürlich gleich hören, was er zu erzählen hatte. Steve war todmüde; das sah man ihm an. Er berichtete uns, daß er für Georges Leben keinen Pfifferling mehr gäbe. Die grausamen Strapazen, der Blutverlust, die fürchterliche Entzündung an der Hand und im Arm hätten ihn zu Tode geschwächt. Anscheinend hätte die Hand immer noch schwer nachgeblutet, denn der Handschuh sei zu einem dicken Paket aufgetrieben. Wir beeilten uns, den Schlitten zu erreichen. Steve stellte sofort fest, daß sein Leithund Duke verschwunden war. Er hatte ihm das Geschirr abgenommen und ihn als Wächter des Schlittens freigelassen, ehe er uns suchen gegangen war. Die anderen Hunde hatten sich erschöpft in den Schnee gekringelt und selbst das Fressen nicht mehr angerührt, das Steve jedem vor die Schnauze gelegt hatte. – Der Arzt untersuchte George, der leichenblaß und besinnungslos auf dem Schlitten lag. Dann fragte er, was für eine Blutgruppe George hätte. Ich habe die Blutgruppen von uns allen notiert. George hatte B; niemand sonst von uns hatte B; aber Paul hatte 0. Der Arzt sagte, daß George entsetzlich ausgeblutet wäre. Die einzige Möglichkeit, ihn am Leben zu erhalten, bestände in einer Blutübertragung; ob

Paul bereit wäre, sein Blut zu spenden? Paul allein könnte George retten. Paul sagte sofort zu. – Ich bin dann bei George geblieben. Paul, der Arzt und der Pilot rannten zum Flugzeug, um die Apparatur zur Bluttransfusion herüberzuholen. Der schrecklich niedergeschlagene Steve bereitete inzwischen das Zelt vor, setzte Schnee auf die Flamme, machte alles dicht, damit sich drinnen die Luft ein wenig erwärmte. Der Arzt wollte, wenn möglich, gleich operieren. – Endlich kamen die drei vom Flugzeug zurück. Der Pilot schleppte schwer an einer Batterie und einem kleinen elektrischen Ofen. Die Batterie war kräftig aufgeladen; der Ofen wurde angeschlossen. Das Zelt erwärmte sich schnell. Sonst benutzt ja der Arzt die Flugzeugkabine, um zu operieren; dazu brauchte er Wärme. Glücklicherweise ist die Wärmeanlage transportabel.

Dann wärmte der Arzt seine sterile Kochsalzlösung, die mit dem Blut des Spenders in die Adern des Verblutenden gedrückt wird. Schließlich lagen Paul und George auf dem Boden des Zeltes, der Arzt kniete mit seinem komischen kleinen Pumpenkasten dazwischen und schloß einen der Schläuche an den Arm Pauls und den anderen an Georges unbeschädigten Arm an. Es kam uns vor wie Hexerei: Pauls Blut wurde George, der schon so gut wie tot war, in die Adern gepreßt. George erholte sich schnell; in sein Gesicht kehrte Farbe zurück; er bewegte sich und dann überfiel ihn heftiger Schüttelfrost. Aber der Arzt meinte, das sei zu erwarten gewesen und gehe vorüber. – Wir flößten George eine heiße Fleischbrühe ein, die ich ihm bereitet hatte. Paul war ziemlich matt nach der Abzapferei. Dann machte sich der Arzt über Georges Hand her. Eine tolle Schweinerei! Die Hand blutete gleich wieder. George überstand die Quälerei ganz leidlich, das muß ich sagen. – Steve konnte die Geschichte nicht mit ansehen; er ging inzwischen seinen Duke suchen, fand ihn auch schließlich: Duke hatte Nigger, der sich wohl wieder am Schlitten hatte blicken lassen, verjagt, eingeholt und nach anscheinend nur kurzem Kampf in die ewigen Jagdgründe der Huskies geschickt. Das war das Ende Niggers. Ich bin übrigens meiner Sache ganz sicher: Nigger hatte vor, den kranken George genauso umzubringen, wie er Bill umgebracht hatte; er war eben zum Menschenfresser geworden.

Wir haben es im Zelt schön warm gehabt in der darauffolgenden Nacht. Am nächsten Morgen packten wir George auf den Schlitten und brachten ihn zum Flugzeug. Steve blieb als einziger bei den Hunden zurück. Der Arzt bereitete sich schon darauf vor, auch noch Bill retten zu müssen. Aber dann lasen wir deine Nachricht im Schnee, Peter, daß Bill nicht mehr am Leben wäre, und flogen ohne weiteren Aufenthalt nach Fairbanks. Unterwegs mußte Paul noch einmal Blut spenden. Jetzt liegen Paul und George im gleichen Zimmer des Hospitals. Paul ist ziemlich schwer angeschlagen von dem großen Blutverlust. Der Arzt meint aber, beide würden gesund werden; aber beide sollten sich in diesem Winter der tiefen Kälte nicht mehr aussetzen.«

Das war Nordendales Bericht.

Peter lag noch lange wach in seinem Schlafsack. Er sagte sich, daß Paul Nachricht geben würde, sobald er wieder reisefähig war.

Zehntes Kapitel

In der Hotelvorhalle brannten nur noch zwei Lampen. Eine verhängte Stehlampe beleuchtete die beiden Sessel, in denen Paul und Peter saßen und immer noch die Köpfe zusammensteckten. Auf dem Tischchen zwischen ihnen standen zwei Gläser und eine Flasche Bourbon-Whisky, die keineswegs mehr voll war.

Die andere Lampe brannte über dem Tisch des Nachtportiers am vorderen Ende der langen Halle. Der grauhaarige Mann rechnete seine Bücher auf, ohne sich um die Gäste im Hintergrund, die offenbar nicht ins Bett finden konnten, zu kümmern.

Paul und Peter steckten wieder in ihren Straßenanzügen; aber sie bewegten sich ein wenig weitläufig, als trügen sie noch ihre lange weiche Parka und die absatzlosen Mukluks.

»Es ist richtig«, sagte Peter, »daß du mich gleich hierher nach Seward an die Küste bestellt hast. In Fairbanks trifft man immer wieder Leute, die man vom Straßenbau her kennt. Wann wird George wieder ganz gesund sein?«

»Das wird noch eine Weile dauern. Er kann von Glück sagen, daß er die Hand überhaupt behalten hat; er wird daran zeitlebens eine große rote Narbe tragen; die Bestie hat ihm mit einem einzigen Biß ein großes Stück Fleisch herausgefetzt.«

Peter dachte einen Augenglick lang nach; dann meinte er:

»Als der Hund andere Hunde getötet und sogar Menschenblut geschmeckt hatte, muß das Wolfsblut übermächtig in ihm geworden sein. Obgleich ich nicht dabei war, weiß ich ganz genau, daß

Nigger unseren guten Bill mit einigen Bissen zwischen Schulter und Hals getötet hat. George verdankt sein Leben Steves Leithund Duke, der Nigger sofort ansprang, als der schwarze Hund sich an Dukes Schlitten zu schaffen machte.«

Paul nahm den Faden an anderer Stelle auf:

»George hat mir in den langen Nächten im Krankenhaus erzählt – als wir uns erst etwas erholt hatten, konnten wir manchmal stundenlang nicht einschlafen, weil man ja gar nicht mehr müde war –, George sprach dann immer wieder davon, daß er nur mit Grauen an die Stunden zurückdenken könnte, in denen er nach dem Schneesturm das Tal entlanggetaumelt wäre. In zehn Schritt Abstand wäre ihm Nigger mit glühenden Augen gefolgt. Wenn George sich umdrehte, um sich dem Hund zu nähern, dann wäre der ein paar Schritte zurückgesprungen, hätte die gelben Zähne gezeigt und unbeschreiblich bösartig geknurrt. Der Instinkt sagte George, daß er sich nicht setzen oder legen durfte; der Hund hätte ihn angefallen; er war schon zu schwach, sich zu verteidigen. Immer in gleichem Abstand die wilde Bestie hinter sich herlockend, so ist der allmählich versagende Mann durch den Schnee gezogen; der grausige Tod keine zehn Schritt hinter ihm; es muß gräßlich gewesen sein. George meinte, er hätte den Verstand verloren vor Angst, wenn Steve nicht mit dir gerade noch im allerletzten Augenblick aufgetaucht wäre.«

Paul goß wieder einmal die Gläser voll. Beide nippten an dem wunderbar kräftig schmeckenden und duftenden Getränk. Dann sagte Paul: »Ich finde es sonderbar, daß dir Nordendale die fünfzehnhundert Dollar, die du in Bills Brustbeutel gefunden hast, nicht abnehmen wollte. Er war schließlich der Gruppenführer und als solcher verantwortlich dafür, daß die Angehörigen alles an Wert ausgehändigt erhalten, was bei dem Toten gefunden wurde.«

»Mag sein. Nordendale war grundanständig und hätte das Geld sicher genommen, wenn er gewußt hätte, was er damit anfangen sollte. Aber in den Listen der Alaska-Road-Verwaltung stand Bill als unverheiratet verzeichnet; er hat angegeben, daß er keine Verwandten in Nordamerika besäße; auch eine Heimatadresse hat er abgeleugnet. Und ich habe ja Nordendale nichts von dem deutschen Liebesbrief, nichts von dem Paß mit den stenographierten Tagebuchnotizen und nichts von dem Entlassungspapier gesagt. Ich habe alles noch bei mir, trage es unter dem Hemd auf der Brust wie Bill. Die ganze Sache ist mir nach wie vor rätselhaft, sie belastet mich; wir sollten feststellen, ob die Frau, die den Brief geschrieben hat, wirklich noch unter der angegebenen Adresse existiert. Wir könnten versuchsweise ein Telegramm hinschicken, mit Rückantwort. Dann wissen wir wenigstens, wohin wir das Geld loswerden sollen; vielleicht braucht die Frau es dringend. Wir können ihr natürlich die wahren Umstände, unter denen Bill umgekommen ist, nicht mitteilen; dazu müßte man die Frau vor sich sehen, um zu wissen, wieviel man ihr zumuten darf. Deshalb müssen wir auch die Tagebuchnotizen zurückbehalten. Wenn man doch irgend jemand wüßte, der sie lesen könnte.«

Paul warf zögernd dazwischen:

»Wenn sie in deutsch abgefaßt sind –! Zu dumm, daß auch ich nichts von Stenographie verstehe!«

Peter entgegnete:

»Wenn sie in deutsch abgefaßt sind, kann sie kein amerikanischer Stenoparph entziffern. Wir sollten es versuchen und sie irgendwem, zum Beispiel dem Fräulein im Hotelbüro, mit irgendeiner Ausrede vorlegen. Wenn sie solche Zeichen nie gesehen oder gelernt hat, dann wissen wir mit neunundneunzig Prozent Sicherheit, daß Bill in seinen letzten Tagen deutsch geschrieben und gedacht hat.«

»Ich bin dafür, noch heute nacht ein Telegramm abzuschicken.«

»Aber mit welchem Text?«

Sie überlegten. Schließlich entwarfen sie auf einem Telegrammformular, das Paul sich vom Nachtportier hatte geben lassen, folgenden Text:

»Mrs. Hennie Baker

917 Mauritius Ave.

Spokane, Wash.

William Baker verunglückt stop rückdrahtet sofort, ob an seinem Schicksal interessiert. Peter Tolb, Seward, Alaska, Railway-Hotel.«

Der Nachtportier war ein wenig verwundert, als er diese Depesche dem Telegrafenamt durchsagen mußte. Aber als Peter ihm vorsichtig den Sachverhalt erklärte, nickte er verständnisvoll. Ob er nicht auch einen Schluck von diesem hervorragenden Bourbon –? meinte Paul.

»Eigentlich sollte ich nicht –! Aber wer kann da widerstehen!«

Der Mann holte ein Glas und ließ sich voll einschenken:

»Auf Ihr Wohl, meine Herren.« – »Soll Ihnen gut bekommen!«

Paul und Peter zogen sich wieder in ihren Winkel am fernen Ende der Halle zurück, um sich weiter ihren Plänen und dem Bourbon zu widmen. Paul sagte mit leisem Lachen:

»Ich kann mich noch gar nicht daran gewöhnen, daß ich nicht mehr Paul Knapsack, sondern, verkehrt herum gelesen, Paul Kaspank heiße; klingt etwas balkanisch; aber unsre richtigen Namen waren mir doch zu riskant.«

»Du bist ein Narr, Paul. Wir hätten ruhig bei unseren alten ehrlichen Namen Bolt und Knapsack bleiben können. Du hättest sie nicht in Tolb und Kaspank zu verdrehen brauchen; die Umwandlung ist außerdem zu durchsichtig. Glaubst du denn, daß hier noch irgendein Mensch nach den beiden deutschen Kriegsgefangenen fragt, die vor einem halben Jahr aus dem Lager am Ohio ausgerückt sind?«

»Hier vielleicht nicht. Aber wir wissen ja nicht, wohin wir noch geraten. Zuviel Vorsicht schadet nie!«

»Mir soll's schließlich recht sein. Aber wie du das eigentlich fertigbekommen hast, daß Chriswolds Vater dir die beiden Seemannsbücher auf unsere erdichteten Namen schickte, das hast du mir noch gar nicht genau berichtet.«

Paul nahm einen tiefen Schluck aus seinem Glase und begann:

»Die Sache war viel einfacher, als du denkst; sie entbehrt nicht einmal einer gewissen Komik, weil ich sozusagen zum zweiten Male seit unserer Flucht als Lebensretter auftreten durfte. Es verstand sich doch wohl von selbst, daß ich mich zu der Blutübertragung hergab, als George am Verenden war. Mein Arm war nichts weiter als glatt gebrochen; das ist keine Krankheit zum Tode. Bei der zweiten Blutentnahme im Flugzeug wurde mir zwar ziemlich flau; aber da der gewissenhafte Dr. Shillerbeer dabei war, hatte ich keine Sorgen. – Im Hospital in Fairbanks war George zuerst sehr schwach, als er wieder zu sich gekommen war, und vor Schwäche merkwürdig weinerlich; er jammerte nach seiner guten Mutter und beteuerte immer wieder, daß sein Vater ihm vorausgesagt hätte, er wäre zu weich für Alaska. Mir behagen solche Bekenntnisse nicht, das kannst du dir wohl denken. Um ihn abzulenken, fragte ich nach seiner Heimat, seinen Eltern, seiner Vergangenheit. Ich merkte bald, daß sein Vater ein sehr einflußreicher Mann sein mußte; er besaß den Hauptanteil an einer bedeutenden Frachtreederei, schien sie zum mindesten alleinverantwortlich zu leiten. Mir wollte gleich nicht einleuchten, warum George es überhaupt nötig gehabt hatte, sich zur Alaska Road zu melden. Bis er mir dann eines Nachts verriet, daß er vor dem Feind einen Nervenzusammenbruch erlebt und sich seither für einen Schwächling gehalten hätte. Um sich zu beweisen, daß er keiner wäre, hatte er sich an den nördlichsten Seitenzweig der Alaska-Straße schicken lassen, auch wieder mit Hilfe seines Vaters. Er sagte mir das alles im Dunkeln. Ich antwortete ihm: Du bist verrückt, mein Junge! Ich bin lange genug Soldat gewesen und kenne manchen, der sich anfangs in die Hosen machte, um nachher mit den allerschönsten Orden ausgezeichnet zu werden. Wer keine Angst hat in den Greueln des Krieges von heute, ist entweder ein Gott oder ein phantasieloser Stumpfbock. Es kommt nur darauf an, ob und wie man damit fertig wird; der eine so, der andere so; einer früher, der andere später. Nur wer da sagt, er hätte nie Angst gehabt, dem glaube ich nicht. Und er, George, hätte sich wacker gehalten; ein anderer wäre einfach der Wildnis erlegen – und er solle den Minderwertigkeitskomplex nur immer in den Schrank hängen, er stehe ihm gar nicht. – So beschimpfte ich ihn des öfteren, und es schien ihm sehr wohlzutun. Er bot mir schließlich seine Freundschaft an, die ich gerne akzeptierte; wir haben ihn ja immer für einen sehr anständigen Burschen gehalten. – Ganz wild aber wurde er erst, als ihm in einem späteren Stadium der Arzt unklugerweise verriet, er verdanke mir sein Leben; denn ohne meine Blutspenderei wäre er nicht lebendig von der Tundra nach Fairbanks ins Krankenhaus gelangt. Jetzt wurde er sentimental; er war den Umgang mit berufsmäßigen Lebensrettern nicht gewohnt. Er schrieb es sofort per Luftpost an seine besorgten Eltern! Postwendend kam die Antwort: Sein alter Herr sei sehr erschüttert; ich hätte einen Wunsch bei ihm frei; er sei bereit, alles zu tun, was in seiner Macht stehe, ihn mir zu erfüllen. Ich überlegte mir die Sache eine Nacht lang; dergleichen soll man immer erst beschlafen. Das steht schon in der Preußischen Felddienstordnung. Ich wünschte mir dann also –.«

»Seemannsbücher –!« warf Peter trocken ein.

»Stimmt! Ich erzählte George, du und ich hätten beschlossen, uns auf eigene Faust die Welt anzusehen, nachdem wir im Krieg nur immer Geleitzüge über den Atlantik gefahren hätten, ohne auch nur ein einziges Mal abzusaufen. Wir wollten nach dem Fernen Osten, hätten aber keine Papiere. Ich ließ durchblicken, daß wir etwas zu verbergen haben, verriet ihm aber nicht, was. Nur, daß es nichts Ehrenrühriges sei, das müßte er mir glauben; er akzeptierte es unbesehen und fragte, ob er nicht eine Weile mit uns zusammen zigeunern könne. – Ob du es glaubst oder nicht, Peter, in einer

Woche danach schon schickte der allmächtige Alte in eingeschriebe-
nem Luftpostbrief alles, was mein Herz begehrte: zwei Entlassun-
gen aus der amerikanischen Marine, zwei prächtige amerikanische
Seemannsbücher auf Paul Kaspank und Peter Tolb, die Gewerk-
schaftskarten dazu, und für jeden von uns einen Hundertdollar-
schein, dazu das Angebot, uns gleich auf einem seiner Frachtdampfer anzuheuern; seine Linien klappern die südamerikanischen West-
küsten ab und bedienen im übrigen Australien und Neu-Seeland.
Aber was wollen wir in Australien? Und erst wieder nach San
Francisco fahren, in die Höhle des Löwen sozusagen – wozu?«

»Von Australien kommt man auch nach Afrika«, sagte Peter sehr
nachdenklich. Paul entgegnete nach einer langen Pause leise:

»Daran habe ich nicht gedacht, Peter. Ich bin mit den Gedanken
fortwährend in Siam. Und auch in Japan. Mir ist, als dürften wir die
alten Sakuras nicht enttäuschen; sie haben uns geholfen; wir müssen
ihnen auch helfen!«

Peter erwiderte zögernd:

»Gewiß! Und glaube mir, Paul, aus dieser Hennie Baker, Bills
Frau oder Braut oder was auch immer, entwickelt sich irgend etwas,
was mich oder uns beide wiederum in anderer Leute Schicksal
verflicht.«

»Warten wir erst einmal ab, ob unser Telgramm überhaupt
beantwortet wird. – Die wichtigste Frage bleibt: Wie reisen wir
weiter?«

»Wir haben sie mehr als genug erörtert, scheint mir; werden jetzt
doch nicht fertig damit. Fliegen wollen wir nicht; es ist zu teuer, und
wir müssen unsere Dollar zusammenhalten. Die ›Casca‹ aber läuft
erst nächste Woche hier wieder ein, Kurs nach Süden, nach Seattle.
Der Schiffsagent meint, manchmal legten Frachtdampfer kurz hier
an, um zu kohlen; sie laden Fischkonserven in den Fabriken längs
der Küste und bringen sie in die Staaten; das ist also auch nichts. Ich
bin dafür: wenn sich nichts anderes bietet, nehmen wir die ›Casca‹.
Mit unseren Seemannsbüchern brauchen wir nicht mehr viel zu
fürchten, solange wir uns nicht von den amerikanischen Küsten
entfernen.«

»Das wollen wir aber gerade!« sagte Paul.

»Natürlich! Heute fällt uns nichts mehr ein. Gehen wir schlafen.
Ich habe sowieso schon einen Kleinen in der Krone sitzen.«

»Gehen wir also; die Flasche ist so gut wie leer; mit dem Rest
kann sich der Nachtportier trösten.«

Am späten Nachmittag des nächsten Tages erhielten sie folgendes Telegramm:

»Peter Tolb
Railway-Hotel
Seward/Alaska
Schreibt sofort Genaueres bin in höchster Unruhe.

Mrs. Bill Baker«

»Mrs. Bill Baker! Sie ist also seine Frau!« sagte Paul. »Setze dich sofort hin, Peter, und schreibe ihr ausführlich. Ich störe dich nicht. Es ist ein Frachtdampfer gemeldet. Ich will noch zum Hafen hinuntergehen und mich erkundigen, was das für ein Kasten ist.«

Peter stieg ins Zimmer hinauf; er hatte ein paar Bogen Hotelpapier mitgenommen, denn es würde ein langer Bericht werden. Er konnte der Frau unmöglich mitteilen, wie ihr Mann getötet worden war; er mußte irgend etwas anderes erfinden; aber er mußte es so erfinden, daß es der Wahrheit so nahe wie möglich kam und außerdem einleuchtend erklärte, warum er in den Besitz des Liebesbriefes und der anderen Papiere gelangt war. Offenbar hatte die Frau gar nicht gewußt, daß Bill an der Alaska-Straße tätig war.

Peter saß in seinen Stuhl zurückgelehnt und blickte in den düsteren Abend hinaus; in der Regenrinne plätscherte eintönig das Regenwasser vom Dach.

»My dear Mrs. Baker – –« stand auf dem Papier – und weiter kam er nicht.

Er legte den Kopf auf den Unterarm; er wollte nichts mehr sehen. Vor seinen zugepreßten Augen stand das nächtliche Tal. Weiß wehte den Wölfen der Atem aus den heißen Rachen –.

»My dear Mrs. Baker – –« Peter vernahm nicht die heftigen Schritte, die sich der Zimmertür näherten. Er fuhr zusammen, als die Tür aufgestoßen wurde. Paul war es; er schrie:

»Peter, Sieg auf der ganzen Linie! Der Dampfer bringt Fischkonserven für die amerikanische Besatzungsarmee nach Japan. Der Kapitän braucht einen Mann; sein Steward ist in Anchorage krank geworden und mußte an Land bleiben. Ich sagte ihm, wir wären zwei; zuerst wollte er nicht; aber dann fand er heraus, daß ihm noch ein Handlanger an Deck fehlte; Deckhand nennen sie das. Los, Peter, Mensch, wir sind schon so gut wie in Japan. Zuerst läuft die ›Sea-gull‹ Hakodate an, dann Aomori, dann Yokohama. Für Hakodate habe ich einen Brief von Sakura. Wir werden uns dort schon wieder von dem Schiff loseisen. Los, Peter, in einer Stunde sollen wir an Bord sein. Um Mitternacht geht die ›Sea-gull‹ wieder in See. Schleunigst, beeile dich!«

»Und mein Brief an Mrs. Baker?«

»Was, weiter bist du noch nicht? Bloß die Anrede hast du zustande gebracht? Ich kann dir nicht helfen. Dann bleibt der Brief eben ungeschrieben.«

»Das Geld will ich loswerden. Ich kann ihr ja ein paar Worte telegrafieren.«

»Tue das! Ich packe deinen Koffer mit ein. Geh gleich auf die Post. Aber die ist schon geschlossen. Du mußt das Geld telegrafisch abschicken.«

Peter sandte Mrs. Baker, der Hennie des Liebesbriefes auf seiner Brust, eintausendfünfhundert Dollar. Die Depesche, die er außerdem aufgab, hatte folgenden Text:

»Genauer Bericht vom Tode Bills erfolgt alsbald stop wegen zwingender Umstände Brief vorläufig unmöglich stop Bill trug Ihren Brief vom 3. Mai 1942 auf der Brust, dazu Notizen über seine letzten Tage stop beides folgt mit Bericht stop 1500 Dollar waren in seinem Besitz stop telegrafisch abgesandt stop seine sonstigen Gelder einfordert von Alaska Road Survey stop aufrichtiges Beileid stop Bill war unser Freund.

Peter Tolb, Paul Kaspank«

Wenige Stunden später glitt ein 6000-Tonnen-Frachter aus dem Hafen von Seward.

Der Dampfer zog auf die offene See hinaus.

Peter flüsterte: »Alaska ist nicht mehr zu sehen, Paul!«

»Nein!« sagte Paul. »Amerika liegt hinter uns. Schon von hier aus nimmt unser Schiff Kurs auf die nordjapanische Küste.«

»Viel bleibt zurück!« flüsterte Peter. »Alaska – Großes Land, in der Sprache der Eskimos.«

Dritter Teil

Elftes Kapitel

Paul klopfte Rost. Er hatte während der langen Reise von Seward bis in die japanischen Gewässer nichts weiter getan als Rost geklopft, die Decks gescheuert und die Aufbauten der »Sea-gull« mit weißer oder schwarzer Farbe angestrichen. Peter hatte die Herren Offiziere bei Tisch bedient und sich recht anstellig erwiesen.

Das Wetter hatte sich auf der ganzen Reise faul, feucht, neblig angelassen. Hart südlich der Aleuten waren sie drei Tage lang durch Nebel so dick wie Milchsuppe gegeistert, mit halber Kraft; das Nebelhorn brüllte Tag und Nacht. Die ganze Mannschaft fühlte sich wie von einem Alpdruck befreit, als das Schiff endlich wieder in lichtere Lüfte hinausdampfte. – Peter hatte es verstanden, sich in der Offiziersmesse eine Seekarte des nördlichen Pazifiks anzueignen; ihr Verschwinden war von niemand bemerkt, zumindest war Peter von niemand danach gefragt worden.

Peter hatte seine Mittagsarbeit beendet und leistete Paul Gesellschaft, der zur ersten Wache eingeteilt war und mit seinem Rosthammer die Ankerwinde auf dem Vorschiff bearbeitete.

Die beiden Männer waren heimlich erregt. Während der letzten zwei, drei Tage hatten sie ihre Nervosität kaum noch zu meistern vermocht. Heimlich hatten sie sich gestritten, ob sie schon in Hakodate oder erst in Yokohama »aussteigen« sollten. Yokohama hätte sie einen gewaltigen Schritt weiter nach Süden gebracht als Hakodate; aber in Yokohama oder Tokyo kannten sie keinen Menschen; keiner der Briefe Sakuras war dorthin gerichtet (fünf hatte er ihnen mitgegeben); einer allerdings wies in das Dorf Kozu; es konnte nach Pauls Behauptung nicht allzuweit von Tokyo entfernt sein – wo aber lag es wirklich? Sie würden die Bahn benutzen müssen – und zwei amerikanische Seeleute im besetzten Japan irgendwohin unterwegs – die Militärpolizei würde sich sicherlich für sie interessieren. Dann gab es Verhöre, Rückfragen und, wer weiß, was sonst noch für weitere Peinlichkeiten. Nein, Paul und Peter waren sich darüber klargeworden, daß sie nur dort in Japan an

Land gehen durften, wo sie sofort in japanischer Umgebung tief unterzutauchen imstande waren. Das war in Hakodate möglich, in Hayase, einem Küstenort bei dem Hafen Tsuruga, in Koye, einem Dörfchen bei Nagasaki, und in Kelung auf Formosa. Paul sagte:

»Wenn ich wüßte, daß meine alte geliebte Amah noch in Sakata wohnt–! Sie würde uns noch heute durch ganz Japan schleusen, wenn es sein müßte. Sie stammte aus einer Fischerfamilie und hat in ihrer Heimat Sakata wieder einen Fischer geheiratet, als wir Japan verließen.«

Aber Tsuruga und Sakata sind kleine Häfen an der japanischen Westküste, die von fremden Überseern niemals angelaufen werden, Nagasaki liegt weit im Süden und Kelung erst recht. Also blieb nur noch Hakodate.

Paul klopfte mechanisch den Rost von der klobigen Windentrommel. Er blickte dem Schiff voraus in den grauen Dunst; gemächlich hob und senkte sich der Bug in der sanften Dünung. Auch Peter zitterte fast vor Erregung. Hinter ihnen auf der Kommandobrücke mittschiffs schritt der wachhabende Offizier auf und ab. Er trug ein Fernglas umgehängt, durch das er gelegentlich über Steuerbord voraus blickte. Paul und Peter wußten also, in welcher Richtung sie die Augen offenzuhalten hatten. Der Mann am Ruder in der Mitte der Brücke war hinter den dicken Glasscheiben der Brücke nur undeutlich zu erkennen; er blickte starr geradeaus und hielt das Schiff auf dem befohlenen Kurs. – Paul und Peter wußten, daß die zwei Männer auf der Brücke sie stets vor Augen hatten. Aber von der hohen Back des Vorschiffs ließ sich am besten Ausschau halten.

Peter deckte die Hand über die Augen, obgleich die Sonne nicht schien.

»Da ist es, Paul! Ich täusche mich nicht: Asien, Japan!« Seine Stimme schwankte ein wenig.

»Wonach seht ihr?« rief der Offizier von der Brücke herunter; es war der Dritte, sonst nicht gerade ein sehr freundlicher Herr; aber das bevorstehende Ende der Reise schien auch ihn ein wenig gnädiger zu stimmen.

»Land ahead, Sir!« rief Paul zurück.

»Ja«, kam die Antwort. »Kap Erimo, die Südostspitze von Hokkaido.«

»Thank you, Sir!« schrie Paul zurück und nahm den Rosthammer wieder auf; er wußte, wie man sich einem wachhabenden Offizier gegenüber zu benehmen hatte.

»Yerimozaki auf japanisch, Peter!« fuhr Paul leise zu Peter fort. »Von hier nehmen wir Kurs auf die Tsugaru-Straße und sind dann bald in Hakodate; zehn bis elf Stunden von hier ab. Wie spät ist es jetzt?«

»Kurz nach drei, Paul, es hat eben geglast.«

»Dann sind wir also zwischen ein und zwei Uhr morgens im Hafen. Ich glaube nicht, daß das Schiff noch abgefertigt wird und seinen Liegeplatz zugewiesen bekommt; bis sechs Uhr werden wir mindestens warten müssen.«

»Wollen wir gleich verschwinden, oder wollen wir warten, bis sich über Tag eine Gelegenheit bietet?«

»Ich halte es für günstiger, wir warten bis zum letzten Augenblick und verschwinden erst kurz vor der Abfahrt; dann kann man uns nicht soviel nachspüren.«

»Wenn wir nur wüßten, wo die Straße zu finden ist, in welcher unser Schutzherr wohnt. Hoffentlich ist er überhaupt bereit, uns zu schützen.«

»Kamedabashi. Bashi heißt Brücke. Kameda heißt das Flüßchen, das am Nordende der Hakodate-Bucht mündet; die ungefähre Lage wissen wir also.«

»Und wie heißt der Mann selbst, an den wir uns zu wenden haben?«

»Mit Familiennamen Sakura, mit Rufnamen Katsumi, also Sakura Katsumi; von Beruf scheint er Fischgroßhändler oder etwas ähnliches zu sein.«

»Kannst du eigentlich auch Japanisch lesen, Paul? Wenn wir erst im Lande sind und umringt von lauter rätselhaften chinesischen Zeichen! Paul, ich habe Lampenfieber! Ich bin dann völlig auf dich angewiesen.«

»Ruhig Blut, Peter, und warme Unterhosen! Japanische Silbenschrift, Katakana und Hiranga, die kann ich lesen. Meine Amah hat es mir beigebracht. Und von den chinesischen Zeichen kenne ich wenigstens ein paar der wichtigsten. Wir kommen schon durch. Alles hängt davon ab, ob der Herr Sakura Katsumi stichhält oder nicht!«

»Und wie bekommen wir unsere Koffer von Bord, Paul! Oder wollen wir sie dem Kapitän als Trost vererben?«

»Ich denke nicht daran! Mache sie nur unauffällig fertig. Mein

Zeug liegt in meiner Koje. Bringe dann die Koffer an Deck, als wolltest du deinen und meinen Schlafplatz und die Spinde gründlich sauber machen. Stelle sie in die Nähe der vordersten Luke, gleich neben die Tür zum Logis. Ich habe herausbekommen, daß vorn einiges Stückgut geladen ist, auch für Hakodate. Vielleicht können wir unsere Koffer dazwischenschmuggeln; an Land müßtest du sie dann irgendwo beiseite stellen.«

Paul hatte gerade wieder Wache, als die »Sea-gull« um Anamazaki herum in die Bucht von Hakodate schwenkte. Ein spärlicher Lichterkranz verriet die Wasserfront der Stadt.

Mitten in der Bucht ließ das Schiff den Anker fallen und lag still. Es mußte bis zum Morgen warten, um abgefertigt zu werden und an seinen Liegeplatz, wo es die Ladung löschen konnte, zu verholen.

Paul lehnte an der Reling und blickte zu dem breiten Vorgebirge hinüber, das die Bucht von Hakodate gegen die offene See abschirmte. Um das Innere der Bucht breitete sich die Stadt. Dort weiter nach links mußte der Kameda-Fluß münden, nicht weit davon das Haus Sakuras zu finden sein. Fischhändler sind früh auf, dachte Paul. Ich fahre einfach hin, sobald ich Freiwache habe, und sehe zu, wes Geistes Kind der Mann ist; wenn er mir nicht behagt, können wir immer noch nach Aomori oder nach Yokohama weitergondeln.

Als seine Wache vorbei war, legte er sich nieder, wie die anderen auch. Doch sein Schlummer blieb flach. Er vernahm, wie die Maschine mit halber Kraft wieder zu arbeiten begann; er hörte Männer an Bord steigen, vernahm ferne Stimmen; es waren amerikanische, nicht japanische Laute, die in seinen Halbschlaf drangen.

In die Bullaugen des Logis schimmerte ein klarer Aprilmorgen. Er erhob sich, weckte Peter, zog sich an und ging an Deck.

Das Schiff lag neben einem Speicher. Ein hoher Laufkran bewegte sich auf der Pier gerade heran. Die Ladeluken waren schon aufgeschlagen; ein Trupp japanischer Stauer kam über die Gangway an Bord. Die Ladung würde also durch fremde Arbeiter gelöscht werden. Es konnte nicht besonders auffallen, wenn er für ein oder zwei Stunden das Schiff verließ.

Paul zog sich die Kappe in die Stirn, warf Peter, der schon den Frühstückstisch bereitete, einen kurzen Blick zu, schlenderte dann über die Gangplanke zu der steinernen Kaimauer hinüber. Der Kapitän und der Erste Offizier standen am Achterende des Schiffes und unterhielten sich angeregt mit dem Agenten und einem amerikanischen Seeoffizier. Noch weiter entfernt, am Ende des langen Speichers, wanderte ein amerikanischer Posten unter Gewehr auf und ab. Sonst war nichts Amerikanisches weit und breit zu entdekken. Paul verschwand in der nächsten offenen Tür der Lagerhalle, folgte dem langen Gang, der die Halle durchquerte, und trat erst auf ihrem entfernten Ende ins Freie. Er hatte Glück: Das breite Tor in dem schweren eisernen Zaun, der den Hafen gegen die Stadt abschloß, lag nur wenige Dutzend Schritte seitab vor ihm. Daneben stand ein Schilderhaus, in dem lässig ein amerikanischer Seesoldat lehnte.

Paul schritt auf ihn zu und zückte sein Seemannsbuch; es zeigte schon manchen Heuerstempel; sie waren erdichtet; George Chriswolds guter alter Vater (Gott segne ihn!) war Fachmann in solchen Dingen! Echt war nur der Stempel der »Sea-gull«. Der Soldat warf einen kurzen Blick in das Buch und gab es zurück:

»Von Seward, wie! Bis an den Rand voll mit Fischkonserven, was?«

»Ja!« sagte Paul einsilbig und wandte sich zum Gehen.

Er fand eine große Straße schon hinter dem ersten, von Bomben angeschlagenen Häuserblock; Paul war zu erregt, die Kriegsschäden zu beachten; ein blau-gelbes Straßenbähnlein bimmelte, zokkelte heran und hielt gerade vor Pauls Nase; die Bahn war übervoll; Trauben von Männern in blauen kurzen Arbeitskimonos, engen schwarzen Unterhosen und Gummistiefeln hingen an den Trittbrettern. Die Bahn fuhr die Straße nach links hinunter; das war die Richtung, in der Paul sein Ziel vermutete. Er fragte die winzige, rundgesichtige, schlitzäugige, breithüftige Schaffnerin in Matrosenbluse, steifem Rock und betreßter Mütze:

»Kamedabashi?«

Sie nickte gewichtig und präsentierte ihr Englisch:

»Yes, Sir. Aber dieser Wagen ist nur für Japaner. Der für Amerikaner kommt bald.«

»Oh!« schrie Paul lachend. »Okay for me!« und schwang sich auf die hintere Stoßstange des Wagens.

Die Männer und die niedliche Schaffnerin nötigten ihn in den Wagen hinein, als der schlimmste Andrang vorüber war.

»Kamedabashi–?« fragte er lächelnd und wies voraus, als wüßte er nur den Namen seines Ziels und verstünde sonst kein weiteres Wort.

Sie bejahte eifrig, sichtlich erfreut, einem so netten Mann helfen zu können.

Und dann war es soweit: »Kamedabashi –!« rief die Schaffnerin und winkte ihm wichtig und freundlich.

Er stand auf der Straße und sah sich um. Die Bomben hatten fürchterlich gewütet ringsum, die ganze Stadt schien schwer getroffen zu sein. Aber die Menschen dieses Landes, an Katastrophen von jeher gewöhnt, hatten in langen Reihen die letzten Hütten wieder aufgebaut – wenn auch kaum auf gleich vollkommene Art wie zuvor.

Paul wanderte über die Brücke hinweg und schräg nach rechts eine Seitenstraße hinauf; er wollte zunächst die Beobachter loswerden, die ihm von der Straßenbahn her neugierig gefolgt waren. Welche Nummer war es doch, die er suchte? 1520! Ob er so viel Japanisch noch lesen konnte? Er wendete um einige Ecken; so, jetzt folgte ihm keiner mehr von denen, die noch wußten, woher er gekommen war. Er merkte mit einem Male, daß die Straße, die er entlangschritt, mit »Kamedabashi« an den Eckmasten ausgezeichnet war.

Schließlich stand er vor einem breiten Tor, durch welches Männer von hochrädrigen Karren Körbe mit silberblinkenden Fischen schleppten. Die Nummer –? Ja, auf dem Holzbrettchen am Torpfosten: das mußte 1520 bedeuten!

Er trat schnell in den Hof, sah sich kurz um und wanderte, ohne die erstaunten Blicke der Arbeiter und Burschen ringsum zu beachten, auf das niedrige Holzgebäude zu, in dem er das Kontor vermutete; er hatte sich nicht getäuscht: einige Angestellte saßen hinter Tischen und rechneten; vor einer Schranke standen ein paar stämmige Männer in kurzen blauen Kimonos, die auf dem Rücken eingefärbt ein großes chinesisches Schriftzeichen zeigten, schwarz in einem weißen runden Feld. Paul erkannte das bekannte Zeichen für »Sakura« (Kirsche). Die Männer rochen nach Fisch. Herr Sakura schien seine eigene Fischerflotte auf die Fanggründe zu schicken.

Paul erkundigte sich kurz bei dem jungen Mann, der sich mit erstaunt fragendem Gesicht erhoben hatte, ob Sakura-san, der ehrenwerte Herr Sakura, anwesend wäre; er hatte gebrochen japanisch gesprochen und fügte die gleiche Frage noch einmal in barschem Englisch an.

Der junge Mann dienerte verlegen; Angehörige der Besatzungsmacht flößten ihm offenbar große Ehrfurcht ein. Er komplimentierte Paul mit einigen jämmerlichen englischen Phrasen in das Arbeitszimmer des »Herrn Direktors« und rannte dann davon, um seinen Chef zu suchen, der sich irgendwo in seinen weitläufigen Anlagen, Schuppen, Kellern und Verladerampen zu schaffen machte.

Paul sah durchs Fenster einen untersetzten alten Mann in einem schlecht geschnittenen europäischen Anzug mit einem schweren, ernsten Gesicht – dicke schwarze Brauen über tiefliegenden Augen – neben dem Bürojüngling auf das Haus zuschreiten. Das also ist Sakura Katsumi, dachte Paul; er sieht finster aus und – ja, irgendwie vergrämt. Dem soll ich mich also anvertrauen –?

Schon öffnete sich die Tür; Sakura hielt einen zerdrückten Filz in der Hand, hängte ihn an den Haken neben der Tür, roch nach Fisch. Paul wußte, daß er den Mann gewinnen konnte, noch ehe ein Wort gesprochen war.

Sakura verbeugte sich auf japanische Art, indem er sich tief bückte, die Hände auf die leicht eingeknickten Knie legte und leise die Luft dabei durch die Zähne zog. Mit heimlicher Erheiterung wurde Paul aus einem Augenwinkel des erstaunten Gesichts Sakuras gewahr, als er selbst sich genauso verbeugte, leise die Luft durch die Zähne sog, eine höfliche Floskel murmelte und entschlossen schien, sich nicht eher wieder aufzurichten als der andere, viel Ältere. Sakura merkte zu seiner Verblüffung, daß dieser Amerikaner sich offenbar auf japanische Höflichkeit verstand, denn er richtete sich erst um den Bruchteil einer Sekunde später auf als der Ältere.

Fast aber verlor er doch die Fassung – kein Japaner, der einigermaßen auf sich hält, darf sie je verlieren –, als Paul ihn jetzt mit verhaltener Stimme auf japanisch anredete:

»Sakura-san, verzeihen Sie mir, daß ich Sie so früh schon belästige. Ich habe Ihnen Grüße von Ihrem Neffen Sakura Younosuke aus British Columbia zu überbringen.«

»Von Younosuke –? Aus Kanada –? Wie ist das möglich –?«

Paul, der von diesem harten, männlichen Gesicht sich schnell entschlossen hatte, aufs Ganze zu gehen, beugte sich ein wenig über den Schreibtisch vor, hinter welchem der Japaner, wie um einen Halt zu finden, Platz genommen hatte, und sagte schnell, leise und eindringlich:

»Sakura-san, ich bin in Gefahr. Ich habe nur wenig Zeit zu

verlieren; mein Schiff fährt vielleicht schon heute nachmittag wieder ab. Hier, diesen Brief Ihres Neffen habe ich Ihnen zu überbringen; er erklärt alles, was zu erklären ist.«

Sakura las; seine Augenbrauen zuckten; er hob den Blick zwischendurch, sagte tonlos: »Deutsu?«

»Ja, wir sind Deutsche!«

Dann las er weiter. Legte den Brief vor sich auf die Tischplatte, blickte lange darauf nieder und sagte:

»Wissen Sie, daß meines Neffen älteste Tocher, O-koë, schon seit Jahren bei uns ist?«

Paul atmete unwillkürlich ein wenig auf. Der Mann bot ihm also den Schutz der Gastfreundschaft. Paul antwortete:

»Nein. Die Sakuras in Vernon haben keine Ahnung, wo sich ihre ältesten Kinder befinden.«

Der alte Japaner schwieg eine Weile und starrte auf den Brief in seiner Hand, warf dann unter den buschigen Brauen einen Blick auf Paul und begann:

»Mein Neffe schreibt mir, daß ich Ihnen voll vertrauen kann. Also hören Sie zu: Der Älteste, Noburu, hat in der japanischen Armee gekämpft. Er ist Infanterieleutnant gewesen und hat den Marsch auf Singapore mitgemacht; zuvor hat er die japanische Staatsbürgerschaft zurückerworben; jetzt verbirgt er sich bei einem Bruder meiner Frau, einem Großfischer in Kisagata; er hat den Namen der Familie meiner Frau angenommen; mein Schwager hat ihn adoptiert, er heißt jetzt Hirose Noburu.«

»Warum mußte er sich verbergen –?«

»Er war unsicher, ob die Besatzungsmacht seine japanische Einbürgerung anerkennen würde. Er war zuvor kanadischer Staatsbürger. Er ist sicherlich sehr gefährdet. Er arbeitet als Fischer.«

Beide schwiegen und blickten durchs Fenster auf den leeren Platz hinaus.

In der Ferne tutete ein großer Dampfer. Paul horchte auf; er war schon länger als eine Stunde unterwegs. Sakura merkte die plötzliche Unruhe des Besuchers. Er sagte einfach und würdevoll: »Ich bin das Haupt der Familie Sakura aus Kozu, Shimosa. Ihr seid mir von meinem Neffen empfohlen. Ihr habt es gewagt, mir gefährliche Briefe zu überbringen. Ihr seid Deutsche. Ich bin Japaner. Ihr seid meine Gäste.«

Paul verbeugte sich viele Male und dankte in den Formeln, welche die Sitte dem Gastfreund gegenüber dem Gastgeber vorschreibt.

Sakura holte einen Stadtplan auf seinen Tisch. Er sagte: »Seit dem großen Bombenangriff auf Hakodate wohnen wir nicht mehr hier, sondern sind in das Haus meines Bruders gezogen; er ist auf See geblieben; er war Offizier auf einem Kreuzer, der untergegangen ist. Hier liegt das Haus: 217 Misaki-Straße, dicht unterhalb Shirisawabe. Nehmt die Karte mit; dann braucht ihr niemand zu fragen. Ihr könnt mit der Straßenbahn bis ganz in unsere Nähe fahren. Kommt nicht vor elf Uhr nachts. Das Gartentor wird offen sein, umgeht das Haupthaus nach rechts und folgt dem mit Kies ausgelegten Weg, der an der Seitenwand des Hauses nach rechts abbiegt; er führt zu meinem Haus für die Teezeremonie. Dort werde ich euch erwarten.«

»Unser Gepäck?« fragte Paul. Sakura überlegte einen Augenblick; sagte dann kurz:

»Wenn es dunkel ist, wird ein Ruderboot gegenüber der ›Sea-gull‹ auf der anderen Seite des Lagerschuppens liegen; stellt eure Koffer hinein; der Ruderer wird das Sakura-Zeichen auf dem Rücken tragen; er ist zuverlässig.«

Er hatte sich erhoben und reichte jetzt Paul nach abendländischer Weise die Hand. Paul drückte sie kräftig; er sagte leise:

»Ich danke Ihnen, Sakura-san!«

Der grauhaarige Mann mit dem kantigen Gesicht lächelte nur, antwortete nicht, verstärkte aber für einen Augenblick den Druck seiner Hand.

Auf dem Schiff war es nicht aufgefallen, daß Paul zwei Stunden nicht an Bord gewesen war. Peter allerdings war schon unruhig geworden. Paul flüsterte ihm im Vorbeigehen zu:

»Unsere Sache steht gut. Wo sind die Koffer?«

»Bei Luke eins; hinter der Treppe auf der Back, unter der angezogenen Lukenpersenning.«

Der Dritte Offizier lief ihnen in den Weg: »Wo steckst du denn, Paul? Mach, daß du an Luke eins kommst. Wir wollen das Stückgut ausschwenken.«

»Jawohl, Herr!«

Mit den Augen gab Paul dem Gefährten den Auftrag, zur Pier hinunterzugehen, wo japanische Stauer die Kisten, Säcke und Kästen in die Halle karrten.

Peter wartete kaum eine Viertelstunde; dann blickte Paul über die Reling und nickte kurz mit dem Kopf zu dem gerade auf die

Laderampe schwenkenden Netz voll der verschiedensten Güter. Der Kran ließ die Trosse auslaufen und setzte das Netz sanft auf die Steine der Pier. Schon wuchteten sich die Karrer die einzelnen Stücke auf die Loren und rollten sie in den Speicher. Peter stand im Halbdunkel, griff nach den beiden Koffern und setzte sie auf der anderen Seite des Speichers neben einer offenen Tür ab.

Es war dunkel; noch immer schwenkte die »Sea-gull« ihre Kisten voller Fischkonserven aus.

Peter hatte den Offizieren das Abendessen serviert. Dabei hörte er, wie der Kapitän dem Dritten sagte:

»Vor Mitternacht werden wir nicht ablegen. Wir brauchen nicht vor morgen früh in Aomori einzutreffen. Wir können uns also Zeit lassen.« –

Gegen acht Uhr abends war die für Hakodate bestimmte Ladung gelöscht. Peter war mit seiner Arbeit fertig. Er schlenderte wie gelangweilt über die Laufplanke zur Pier hinüber; verschwand wie unabsichtlich in den Speicher, durchquerte ihn, griff nach den Koffern und trat auf den dunklen Kai auf der anderen Seite der Lagerhalle hinaus. Tief unter dem Mauerrand schaukelte ein kleines Ruderboot; die Ebbe war gerade auf ihrem tiefsten Stand; so versteckte sich das Boot so tief unter der hochragenden Mauer, daß es nur gefunden wurde, wenn man danach suchte.

Peter sagte das Losungswort:

»Sakura Katsumi?«

»Ja!« erwiderte der Mann aus der Tiefe und warf ein Seil in die Höhe. Peter fing es auf, knotete es schnell durch die zwei Koffergriffe, ließ die beiden Stücke hinuntergleiten und das Seil hinterherfallen. Als er sich vom Speicher her noch einmal umdrehte, entfernte sich das Boot schon eilig mit leisen Ruderschlägen und verschwand in der Dämmerung.

Paul hatte helfen müssen, die Luken dicht zu machen.

Dann wanderten sie mit einigen anderen, die gleich ihnen noch nicht zu Bett gehen wollten, auf Abenteuer in die Stadt. Die lauten Stimmen, das unbekümmerte Gelächter verklangen hinter Paul und Peter, die sich schnell aus dem Staube gemacht hatten; die Gelegenheit dazu war günstig gewesen.

Paul sagte:

»Wir suchen gleich Sakuras Wohnung. Wenn es noch zu früh sein sollte, einzutreten, wandern wir ein Stück am Meer entlang.«

Paul hatte sich den Stadtplan genau eingeprägt. Er folgte durch Nebenstraßen, die dunkel waren, der Straßenbahnlinie nach Shirisawabe. Die Straßen begannen zu steigen; zur Linken, durch die Quergassen, blinkte zuweilen stumpf das offene Meer.

»Wir müssen gleich da sein, an der nächsten Ecke links muß Sakuras Grundstück auftauchen.«

Paul hatte sich nicht geirrt. Quer zur Straßenecke erhob sich schattenhaft ein schweres kunstvolles Tor aus Holz. Paul drückte gegen den rechten Torflügel; er gab nach. Hier mußte der Garten zu finden sein, in den sie geladen waren.

»Wie spät ist es, Peter?«

Peter kramte mühsam nach seiner Uhr: »Halb elf!«

»Laß uns noch eine Stunde spazierengehen. Sakura wird seine Gründe haben, uns erst so spät zu bestellen.«

Sie bogen durch eine Querstraße zum Meeresufer hinunter. Auf der Uferstraße sauste einige Male ein Jeep vorüber; aber die Insassen nahmen von den beiden Männern, die dicht neben den sachte anrollenden Wellen dahinschlenderten, keine Notiz.

Sie hörten die »Sea-gull« dreimal tuten, dumpf und langgezogen, vom Hafen herüber; das war die Mahnung für die Landgänger, sich wieder an Bord zu verfügen. Beim dritten fernen Heulklang geschah es, daß Paul das schwere Tor aufdrückte; sie schlüpften durch den Spalt und ließen den Flügel lautlos wieder zuschwingen. Ein Unkenruf scholl dumpf aus den dichten Gebüschen. Sie standen einen Augenblick lang still. Vor ihnen erhob sich dunkel ein Haus mit hohem Dach; es schien mit Binsen gedeckt zu sein; fast ähnelte es einem alten Bauernhaus. Sie schritten über einen gewundenen Fahrweg zwischen schattenhaften Kiefernbüschen entlang – nichts regte sich; nirgendwo brannte Licht – dann rechts am Haus vorbei; schon knirschte feiner Kies unter ihren Schritten; ein schmaler Fußweg leitete sie nach rechts; er löste sich auf; Trittsteine im Rasen – oder war es Moos – führten sie weiter durch zwei verwachsene Zäune; alte, dunkle Bäume ringsum, schwarze, stille Gebüsche, ein Weiher blinkte matt – da war es endlich, das kleine Haus, das sie suchten; es erschien dunkel von außen. Ein schweres Dach aus Schilf oder Stroh – das ließ sich im Finstern nicht entscheiden – war tief herabgezogen; im matten Licht des verhängten Mondes unterschied Peter ein paar Stützpfosten, Wände aus weißlichem Papier und die länglichen Vierecke der darübergespannten Holzrähmchen, eine kaum kniehohe offene Veranda, über die das mächtige Dach weit hinausragte.

Ein paar weit ausgreifende Nadelbäume – waren es alte Zedern oder alte Kiefern? – bargen die Hütte im Schutz ihrer dunkelbuschigen Zweige.

Paul schritt zum Häuschen und fand die niedrige Schiebetür, die seitwärts in das Gebäude führte. Auf den Steinplatten davor standen säuberlich aufgereiht fünf Paar hölzerne Geta, jene japanischen Sandalen, die nur aus je einem festen Brettchen mit zwei mehr oder weniger hohen Querleisten darunter bestehen; zwei kräftige Halteriemchen, die den Fuß nach hinten bis etwa zum Ansatz der Fersensohle umschlingen, wo sie am Holz befestigt sind, vereinigen sich zwischen großer und zweiter Zehe, führen darunter durchs Holz und halten die Sandale am Fuße fest.

»Komm, Peter!« flüsterte Paul. »Wir werden schon erwartet. Ziehe deine Schuhe aus!«

Paul rief leise:

»Sakura-san –!« und fügte einige Worte hinzu, die Peter nicht verstand. Von der Seite her erschien ein Mann, schattenhaft nur; er trug einen dunklen weiten Kimono. Der feierlich gekleidete Japaner und Paul begrüßten sich mit vielen tiefen Verbeugungen. Peter schloß sich diesen Verbeugungen an. Dann führte der alte Sakura seine beiden Gäste einige Schritte zur Seite, wo Peter jetzt ein Steinbecken unter dem Vordach erkannte. Paul flüsterte ihm inzwischen zu:

»Wir hätten die Stiefel noch nicht ausziehen sollen. Aber es bleibt sich gleich. Tue nur immer, was ich mache. Sie wollen uns ehren; der Alte gibt uns ein Teefest!«

Paul ließ sich Wasser aus dem steinernen Trog über die Hände laufen und trocknete sie an einem leichten Baumwolltuch ab. Auch Peter wusch die Hände, das Wasser war angenehm lau und weich, als wäre es dafür bereitet, daß müde Gäste sich ein wenig erfrischten. Der Gastgeber war inzwischen verschwunden.

Hinter den Papierscheiben glimmte ein mildes Licht auf. Die beiden Freunde wandten sich wieder der niedrigen Tür zu. Paul flüsterte:

»Komm mir nach, wenn ich die Betrachtung beendet habe, und schließe die Tür hörbar. Achte darauf, was ich dir vormache.«

Paul schob die Tür zur Seite, bückte sich und begab sich ins Innere des Hauses. Der Herd da – wie in den Bergen, dachte Peter.

Zwei Kerzen brannten, die eine neben der Schmucknische, die andere beleuchtete die Aschenstelle. An den Wänden zur Seite saß auf untergeschlagenen Waden eine alte Frau; neben ihr ein junger Mann und neben ihm ein junges Mädchen; oder war es eine junge Frau? Neben der Herdstatt, die auf gleicher Höhe wie die angenehm federnden Bodenpolster in den Boden versenkt war, hockte ein wenig seitab ein zweites junges Mädchen. Sie alle trugen Kimonos von gedämpfter Farbe, die straff über die vorgestreckten Knie gezogen waren; sie alle saßen aufrecht auf den Waden und den Hacken der nach hinten fortgestreckten Füße.

Eine einfache Feierlichkeit, eine seltsam abgeschiedene Ruhe ging von den fast maskenstillen Gesichtern aus. Die dunklen Augen folgten den Gästen kaum. Paul war ohne Eile auf seinen Strümpfen durch den Raum geschritten und hatte sich nach einer gemessenen Verbeugung vor der Schmucknische des Raumes niedergelassen; sie wurde von der zweiten Kerze beleuchtet, die in einer eckigen blaßgrünen Papierlaterne steckte. Paul murmelte ein paar Worte, zischte ein wenig durch die Zähne und betrachtete das seidene Rollbild, das in der hohen Nische, fast bis auf ihren blanken Holzgrund reichend, ausgehängt war.

Endlich war Paul mit der Betrachtung fertig, er erhob sich, senkte noch einmal das Haupt vor dem Bilde in der Nische und setzte sich dann an die freie Wand des Raumes, der Herdstatt gegenüber.

Jetzt erst bückte sich Peter durch die niedere Tür; es ging nicht anders. Er kam auf den Knien im Raume an; wie ihm geheißen, schloß er hinter sich die Tür mit leisem, aber hörbarem Geräusch. Dann ließ er sich vor dem Rollbild nieder. Jetzt erst empfand er, mit welcher Kunst die Papierlaterne gestellt war; drei ihrer Wände waren geschwärzt; die durchsichtige Seite ließ das Licht der Kerze voll auf das Bildnis in der Nische fallen.

Ein leiser Wink Pauls rief ihn an die Seite des Freundes, wo ein handhohes Polster auf ihn wartete; von ihm konnte er die unterge- schlagenen Füße abwärts hängen lassen; das war viel bequemer, als wenn er sie flach nach hinten, Sohlen aufwärts, fortstrecken mußte.

Aus einem Raum nebenan, vielleicht einer Küche oder Anrichte, trat nun der Herr des Hauses, das sie empfangen hatte. Jetzt erst erkannte Peter, wie ihr Gastgeber aussah; der farblos dunkle Kimono hüllte ihn bis zu den Füßen ein, die in schwarzen genähten Seidenstrümpfen steckten; für die große Zehe war ein besonderes Futteral abgetrennt. Auf dem grobknochigen Antlitz lagerte ein gelassener Ernst. Der Gastgeber ließ sich am Herde nieder, säuberte ihn ein wenig mit einem Federbesen, schichtete die Holzkohlen von neuem, daß ihre Glut sich verstärkte; Paul sagte dazu mit verhaltener Stimme einige Worte, die wie zurückhaltende Anerkennung der gemessenen Verrichtung klangen.

Schließlich ließ Sakura Katsumi die einfachen Geräte aus Holz und Bambus ruhen und wartete, bis das Wasser zu sieden begann.

Dann schlug der Alte mit einem kleinen Bambusbesen zu Staub zermahlenen Tee mit heißem Wasser zu grünem Schaum.

Als er endlich die sich schon abkühlende Schale hob, um sie Paul, dem Ehrengast, zu reichen, vernahm Peter aus weiter Ferne durch die dünnen Wände, wie ein Überseedampfer dreimal langgezogen sein Abschiedssignal heulte. ––

Auch ihm wurde die Schale gereicht, und er kostete gemach von dem schaumigen grasgrünen Trank; angenehm erfrischend, auf eine belebende Weise bitter, rann ihm der Tee über die Zunge – sehr fremd!

Der Hausherr selbst hatte ihm in beiden Händen die henkellose, ungleich geformte Schale angeboten.

Nun aber schob sich die Gehilfin, die hinter dem alten Sakura gesessen hatte und ihm zur Hand gegangen war, zu Paul und Peter hinüber und bot ihnen aus einem Körbchen schwärzliche, fettglänzende Kuchen an. Peter machte es wie Paul; er spießte sie dankend mit einem Stäbchen auf und führte sie zum Munde; sie schmeckten süßlich, sehr gehaltvoll und auch sehr fremd und nie erlebt.

Peter betrachtete das Mädchen, das vor ihm hockte und ihm das Tablett mit der Konfitürenschale darbot. Sie hatte die Augen niedergeschlagen.

Peter wählte sein zweites Stückchen – so schien es die Sitte zu fordern –, indessen die Teeschale neu gefüllt wurde und weiter die Runde machte. Ehe das Mädchen vor Peter sich erhob, beugte sie sich ein wenig vor, schlug für einen Atem lang überraschend große dunkle Augen auf und flüsterte:

»Ich bin O-koë – aus Vernon. Ich soll Ihnen beistehen, befahl mein Großonkel.« – Sie sagte es – auf englisch!

Peter neigte sich vor und flüsterte ebenso leise:

»Das wäre wunderschön. Ich danke dir schon im voraus, O-koësan!« Peter hatte schon gelernt, daß man »san« an den Namen anhängen mußte, wenn man eine Person anredete, so wie wir Herr oder Frau oder Fräulein vor den Namen setzen.

O-koë glitt weiter zu der alten Dame, die, in feingemusterte graue Seide gekleidet, wie ein Standbild so still die Hände im Schoß hielt und in eine Ferne blickte, die schon außerhalb der Welt zu liegen schien.

Paul nahm inzwischen die einzelnen Geräte auf, die der alte Japaner zur Bereitung des Tees benutzt hatte und weiter mit abgemessener Sicherheit verwandte, um den Herd zu putzen, die Holzkohlen anzufächeln, den Tee zu quirlen, die Schale zu säubern; zu jedem einzelnen Stück schien Paul einige Worte des Lobes und der Bewunderung zu äußern, und der Hausherr wehrte bescheiden ab; die Teebüchse mochte eine Geschichte haben. Sakura-san sprach lange darüber und machte Paul auf einige Zeichen in ihrer Lasur aufmerksam; alles geschah leise und gemessen; niemand sonst sprach ein Wort.

Die Mädchen traten aus der Küche und stellten nacheinander, bei Paul, dem Ehrengast, beginnend, vor jeden ein Tablett, das auf spannenhohen Querbrettchen ruhend zugleich die Rolle eines sehr niedrigen Tischchens spielte. Viele Näpfchen aus Porzellan und aus Holz standen darauf, manche größer, manche kleiner, manche offen, manche verdeckt. Und daneben lagen die hölzernen Eßstäbchen.

Das Bild der Gesellschaft belebte sich nun. Jedermann beugte sich vor und begann den kalten und warmen Speisen zuzusprechen. Auch eine allgemeine Unterhaltung kam gedämpft in Gang.

O-koë hatte sich in der Nähe Peters niedergelassen. Er vertraute ihr an:

»Ich habe Hunger, O-koë-san. Aber diesen Eßstäbchen bin ich nicht gewachsen. Und die Suppe in den Schälchen –? Gibt es keinen Löffel dazu?«

Sie lächelte: »Ich habe es mir gedacht; mein Großonkel hat mich darauf vorbereitet.«

Sie griff in die weite Tasche ihrs rechten Kimonoärmels, holte zwei Röllchen aus Seidenpapier heraus und übergab sie Peter; er fühlte sofort, daß er eine Gabel und einen Löffel in der Hand hatte; er wickelte sie aus und wollte eine der dampfenden Suppenschalen – sie hatte den flachen Deckel gehoben – auslöffeln.

»Sie müssen sie schlürfen!« Mit beiden Händen hob sie zierlich die Schale an den Mund und nippte daran: »So müssen Sie es machen!«

Er gehorchte. Sollte er die gleiche Schale nehmen? Sie hatte sie wieder abgestellt. Bediente sie ihn nur, oder aß sie mit ihm vom gleichen Tablett? Er wußte das alles nicht. Vielleicht beleidigte er sie, wenn er eine andere Schale an den Mund führte. Nun, sie war ja in Kanada groß geworden; sie kennt auch meine Welt, dachte Peter. Aber ich will ihr zeigen, daß ich mich nicht vor ihr scheue – im Gegenteil, ich finde sie reizend. Er hob die gleiche Schale an die Lippen und schlürfte die warme Gemüsebrühe mit Behagen. Aber er schien doch nicht ganz das Richtige getroffen zu haben. Sie blickte in ihren Schoß und – täuschte er sich nicht im unsicheren Kerzenlicht? – sie errötete; ihre Augenbrauen zuckten leise. Peter war ein wenig bestürzt.

Er legte für einen Augenblick seine Hand über die ihre – niemand sah es – und sagte leise:

»Verzeihe mir, O-koë-san, wenn ich etwas verkehrt mache oder gegen die Sitte verstoße. Es geschieht nur aus Unkenntnis. Ich werde mir Mühe geben, alles Nötige zu lernen, damit ich mich richtig benehme. Sage, bitte, auch deinem Großonkel, ich bäte um Entschuldigung für alle Fehler, die ich mache.«

O-koë wartete eine Pause im Gespräch ab und übersetzte dann ihrem Onkel, was ihr aufgetragen war.

Peter schien einen guten Eindruck damit zu erzielen; alle Gesichter wandten sich ihm freundlich zu, sogar das Antlitz der alten Dame belebte sich, ein Lächeln verschönte es; sie nickte leise mit dem Kopf zu ihm hinüber. Und der alte Sakura ließ Peter durch O-koë versichern, daß niemand einen unabsichtlichen Verstoß gegen die alten Gesetze des Cha-no-yu (der Teezermonie) bemerkt habe oder bemerken würde, denn sie alle hielten sich seines guten Willens und seiner Wohlerzogenheit für versichert; er möge es sich nur schmecken lassen, aber ohne Bedenken zurückstellen, was ihm nicht behage.

Paul drehte sich für einen Augenblick um und sagte schnell auf deutsch:

»Peter, wenn du dich ans Essen machst –: was du angefangen hast, zu kosten oder zu verzehren, mußt du auch aufessen, sonst mundet es keinem anderen mehr.«

Peter machte sich ans Werk. O-koë flüsterte:

»Dies sind Sardinen in Öl, die werden Ihnen schmecken. Und dies ist sauer gegorenes Gemüse.«

Ein wenig Vertraulichkeit umgab sie schon und hob sie aus dem Kreis der übrigen heraus.

Peter hatte nicht beachtet, daß die Unterhaltung der anderen weitergegangen war. Jetzt erst machte Sakura seine Gäste mit den anderen bekannt, wobei er sich entschuldigte, daß die besondere Umstände der Zusammenkunft dies nicht schon früher gestattet hätten. Die alte Dame war Sakuras Mutter; sie stand seinem Hause vor. Seine Frau war bei einem Bombenangriff weiter im Süden auf der Hauptinsel durch Splitter getötet worden; sie hatte in Chiba ihren schwerverwundeten Ältesten besuchen wollen und war dabei mit ihm und dem Lazarett umgekommen; auf Okinawa hatte der Älteste die schwere Wunde empfangen.

Und das war Sakuras zweiter Sohn, Sakura Yasuji – er verbeugte sich leicht zu Paul und Peter hinüber; die Freunde erwiderten ihm in gleicher Weise. Yasuji hätte auf den Philippinen bei Baguio den rechten Fuß verloren; er sei deshalb behindert.

»Und dies ist O-kiku, die Witwe des ältesten Sohnes; aber er hat ein Söhnchen hinterlassen; den Göttern sei Dank! Die Ahnenopfer wären also gesichert –! Und schließlich ist da noch O-koë, meine Großnichte, die Tochter von Sakura Younosuke aus Vernon in British Columbia.«

O-koë hatte Peter halblaut die Erläuterungen des verehrten Großonkels übersetzt. Als die Reihe an sie selber kam, wurde sie verlegen. Während sie sich zu Paul hin verbeugte, flüsterte Peter ihr zu:

»Und dies, meine Damen und Herren, ist O-koë Sakura, meine Großnichte, eine bezaubernde Kanadierin aus Vernon, die Japans Höflichkeit zu lernen sich befleißigt.«

O-koë verbeugte sich.

Nun hatte aber auch Paul zu berichten, was Peter und er für weitgereiste Leute wären. Peter also stammte aus Afrika, wo seine Eltern jetzt noch in Mittel-Angola, unter portugiesischer Flagge, begütert wären. Er hätte in Berlin und Eberswalde Tropenlandwirtschaft, Forstwissenschaften und Biologie studiert, sei dann Soldat geworden, auf Schnellbooten gefahren und hätte es bis zum Leutnant zur See gebracht. Dann sei er vor der italienischen Küste ins Wasser gesprengt worden; aber ein paar freundliche Amerikaner hätten ihn herausgeangelt. Er selber, Paul Knapsack, sei – er lächelte – geborener Japaner – die anderen lächelten auch –, er sei hier in Nippon, in China und in Siam groß geworden, wo sein Vater noch jetzt – soviel er wisse und hoffe – als Exporteur von Reis und als Importeur für deutsche, schwedische und englische Industrieerzeugnisse erfolgreich tätig sei – oder gewesen sei –, Paul machte eine kurze Pause hinter diesem Satz, während welcher niemand sich regte (im Hintergrund, im Dunkeln, jenseits des Friedens der Hütte, reckten immer noch die Schemen des Krieges sich mit hohlen Augen auf).

»Ja, und dann«, fuhr Paul mit einem kaum merklichen Seufzer fort, »hat mich mein Vater nach Berlin geschickt, damit ich nicht vergäße, daß ich Deutscher bin, und zugleich Nationalökonomie, Betriebswirtschaftslehre und Handelsgeographie studiere. Schließlich bin ich Soldat geworden und habe es bis zum Feldwebel bei den Marinefliegern gebracht, Auch ich fiel ins Wasser, allerdings aus der Luft, und auch mich fischten die Amerikaner heraus. Erst im amerikanischen Gefangenenlager habe ich Peter kennengelernt, und da wir viel Verwandtes und Ähnliches zwischen uns entdeckten, schlossen wir Freundschaft; wir trafen uns als Lagerdolmetscher, denn mit Englisch sind wir ja groß geworden. Wir sind aus dem Lager geflohen, haben uns nach Kanada und auf den Rat des Herrn Sakura Younosuke nach Alaska durchgeschlagen, haben uns dort als amerikanische Seeleute auf ein Schiff gelistet und sind vor zwanzig Stunden in Hakodate angekommen. Nun aber sind wir hier im alten Lande der Götter, und ich für mein Teil fühle mich wie heimgekehrt.«

Die Zuhörer nickten zustimmend; sie hatten alle mit gespannter Anteilnahme zugehört. Doch Sakura-san seufzte und warf halblaut dazwischen:

»Ach, es ist zerstört, das Land der aufgehenden Sonne, Nihon! Kein starker Wind der Götter hat uns diesmal geholfen. Atombomben über Hiroshima, über Nagasaki –. Über unseren alten Städten die ersten dieser entsetzlichen Geschosse –!«

O-koë hielt Peter auf dem laufenden; sie hauchte ihm den Sinn der japanischen Sätze auf englisch ins Ohr.

Sakura-san wandte sich Paul von neuem zu und fragte – wieder ganz mit der beherrschten Verbindlichkeit wie zuvor:

»Wie haben Sie es fertiggebracht, aus dem Lager zu entfliehen? Die Amerikaner unterhalten auch in unserem Lande Gefangenenlager; aber nur selten gelingt es einem der Insassen zu fliehen.«

Paul berichtete ausführlich, wie sie die Flucht vorbereitet und ausgeführt hätten.

Die Augen aller hatten an Pauls Mund gehangen. Die Frauen stießen einen Seufzer der Erleichterung aus, als wäre die Flucht eben erst geglückt. O-koë blickte Peter lächelnd an, als wollte sie sagen, wie gut, daß ihr nun hier seid! Und Peter lächelte zurück: Ja, O-koë, das tut gut.

Sakura-san sagte:

»Vielen Dank für Ihren Bericht, Palu-san; doch Japan ist zur Zeit amerikanischer Boden; die Kontrolle ist streng, und es gibt viele unter uns, die den Glauben an die Vergangenheit und erst recht an die Zukunft verloren haben; man muß sehr vorsichtig sein. Jetzt aber wollen wir die Tafel aufheben und uns ein wenig im Garten ergehen; der Mond wird durch die Wolken gedrungen sein!«

O-koë sagte zu Peter:

»Wir räumen ab währenddessen; nachher trinken wir noch Tee und betrachten den Mond. Vielleicht schreibt mein Onkel Ihnen ein Gedicht; er bemüht sich, ein Haiku-Mensch zu sein.«

Peter hatte keine Ahnung, was ein Haiku-Mensch vorstellt; aber sicherlich war es etwas Schönes und Ehrenwertes. Er flüsterte vertraut:

»Gut, O-koë-san! Ich habe auch nicht mehr das geringste Gefühl in den Beinen.«

Sie half ihm auf. Seine Beine waren eingeschlafen; sie schnarchten geradezu; es dauerte eine ganze Weile, ehe er wieder fest auf den Füßen stand. Im Roji, dem umdunkelten Vorgarten zur Teehütte, hatte Sakura-san zwei alte Steinlaternen auf gedrungenen Säulen entzündet; am östlichen Himmel lugte der Mond durch langsam ziehende Wolken. Yasuji humpelte an Krücken mit seiner Großmutter dahin. Paul stand mit Sakura-san neben einer Quelle, die ihr Wasser in ein Steinbecken tröpfeln ließ. Peter trat hinzu.

Gerade setzte der alte Sakura an:

»Entschuldigen Sie mich, ich muß mich darum kümmern, ob die Mädchen alles recht in Ordnung bringen; ich habe Tusche, Pinsel und Papier bereitlegen lassen und will auch noch – –«

Er stockte; von der fernen Straßenecke her, an welcher das hohe Tor Paul und Peter eingelassen hatte, war plötzlich das Knirschen von Autoreifen zu hören, die scharf gebremst wurden. Sakura lauschte. Paul und Peter standen erstarrt; eine Autohupe erklang – unnatürlich laut in der mitternächtlichen Ruhe ringsum.

Und gleich danach vernahm Peter den Ruf einer Unke und nochmals und zum dritten Mal. O-koë stürzte lautlos aus dem Haus. Großmutter und Enkel krochen schon wieder durch die niedere Tür ins Innere. Sakura flüsterte erregt:

»Gefahr! Nehmt eure Kappen und Joppen! O-koë wird euch führen!«

O-koë mit vor Aufregung zitternder Stimme:

»Schnell! Ohne Geräusch! Bleiben Sie dicht hinter mir!«

Schon glitt sie, ein eiliger Schatten, vor ihnen um die Teehütte.

Peter und Paul folgten ihr über die Trittsteine, die im Grase ausgelegt waren. Nach fünfzig Schritten standen sie vor einem hohen Eisenzaun auf gemauertem Sockel. »Nicht auf den Boden treten; man könnte die Spuren finden!« Sie kletterten auf der Mauer entlang, sich an den Eisenstangen festhaltend, erreichten eine Eisentür. O-koë schloß sie von oben her auf. Sie schwangen sich ins Freie, ohne den Boden zu berühren, schritten außen auf der Steinkante weiter. O-koë hatte hinter sich abgeschlossen. Der Garten grenzte mit seiner Rückseite an den schütteren Bergwald zum Hakodate Peak hinauf. Der Boden war hier mit Nadeln bedeckt; die Flüchtigen konnten ihn wieder betreten; sie eilten ein paar Schritte in den finsteren Wald hinein und verbargen sich hinter einem großen Busch Zwergbambus.

Lange Zeit blieb alles still; hier oben führte kein Fahrweg entlang, nicht einmal, soweit Peter in der Dunkelheit erkennen konnte, ein Fußsteig. Er meinte schon:

»Blinder Alarm, glaube ich. Wer hat ihn überhaupt gegeben?«

»Meines Onkels alter Diener; er saß im Dunkeln neben dem Tor auf Wache. Ihr habt ihn sicherlich nicht gesehen, als ihr kamt–?«

Nein, sie hatten niemand bemerkt–.

»Aber er hat gleich hinter euch das Tor verrammelt und euch mit einem Unkenruf angezeigt.«

Peter entsann sich des dumpfen Rufes–.

»Da hinten kommen Leute mit Taschenlampen.«

Über den gleichen Weg, den die drei genommen hatten, näherten sich drei, vier grelle Lichtkegel; sie suchten unter den Bäumen umher, tasteten den Boden ab, suchten nach Spuren unterhalb der Steinmauer, näherten sich der Tür; ein Mann rüttelte daran; aber sie bewegte sich nicht. Dann wanderten die unruhigen Handscheinwerfer dicht an dem Versteck der drei vorüber.

Sie unterschieden die Stimme Sakuras. Dann eine fremde japanische Stimme. Paul verstand, was sie sprach; der Mann redete sehr höflich:

»Wenn ich gewußt hätte, Sakura-san, daß Sie gerade zu Ehren Ihrer verehrten Frau Mutter Mondlicht-Cha-no-yu zu feiern vorhatten, wäre es mir nicht eingefallen, Sie zu stören. Aber das Verschwinden der beiden amerikanischen Seeleute – es kam ein Radiogramm von See an die amerikanische Kommandantur – hat die ganze Polizei auf die Beine gebracht. Eine motorisierte Streife will gegen halb zwölf zwei Männer hier in der Nähe am Strand beobachtet haben. Wir erhielten den Befehl, sofort in diesem Viertel alle Grundstücke zu durchsuchen; ich halte es für sinnlos; die beiden Matrosen werden da zu finden sein, wo Leute ihres Schlages gewöhnlich abhanden geraten. Ich muß Sie also nochmals um Vergebung bitten, Sakura-san, und bitte Sie, mich auch bei der alten Dame zu entschuldigen.«

»Gewiß, gewiß, Herr Hauptmann! Sie gehorchen ja nur einem Befehl. Ich bitte Sie jedoch, mir durch einen Ihrer Leute Bescheid sagen zu lassen, sobald Sie auch die Nachbargrundstücke durchsucht haben; wir wollen noch einmal Tee trinken; meine Mutter war sehr erregt.«

»Ich werde mich beeilen, das zu tun, Sakura-san.«

Der Polizeioffizier rief seine Leute zusammen. Die Stimmen entfernten sich.

Aber erst nach einer weiteren halben Stunde erscholl der Unkenruf, der die drei aus ihrem Versteck erlöste.

Als O-koë, Paul und Peter wieder vor der Hütte des Tees angekommen waren, bot das Mädchen ihnen zuerst das lauwarme Wasser im Steintrog. Sie flüsterte ihnen zu:

»Eigentlich hatten wir Ihnen vor der Teefeier ein Bad anbieten wollen. Mein Großonkel hält viel von der alten Sitte; aber es war schon zu spät – und wäre vielleicht auch zu gefährlich gewesen. Man sieht ja, was geschehen kann –! Hier ist das Handtuch. Wir erwarten Sie!«

Sie zog sich um die Hütte zurück; anscheinend benutzte sie den Eingang durch die kleine Anrichte.

Peter, den der Zwischenfall innerlich doch ein wenig außer Atem gebracht hatte, sagte leise zu Paul:

»Sie tut, als ob nichts weiter passiert wäre als ein harmloser Besuch des Nachtwächters.« Paul erwiderte:

»Das gerade ist die Kunst, in der Feier des Tees aller Ungewißheit des menschlichen Lebens den Gleichmut des menschlichen Herzens entgegenzusetzen. Komm, mein Junge, sie warten. Du mußt wieder einen Augenblick vor der Tür bleiben, bis ich mit der Betrachtung fertig bin.«

Er schob die niedrige Schiebetür beiseite, stützte sich mit einer Hand hinein, beugte das Haupt und langte auf den Knien im Inneren des Raumes an; so ist es vorgeschrieben – zum Beiweis der Demut. Peter blickte von außen in das Gemach. Dieselben Menschen saßen an denselben Plätzen, als wenn die eben vorübergegangene Gefahr sie keinen Augenblick lang verwirrt hätte. Das große papierene Fenster war beiseite gehoben; weißlich silbern schien zwischen träumenden Wolken der Mond in das Gemach. Peter lugte um den Pfosten – fast wäre ihm ein lauter Ausruf des Staunens entschlüpft; denn durch das offene Fenster glitt der Blick weit über die am Hange abwärts dunkel ruhenden Dächer auf die offene See hinaus; ein leichter Wind überfächelte sie milde.

Der Mond legte über die Wasser eine silbern glitzernde Bahn, die – so wollte es scheinen – bis vor die Stufen der Hütte reichte.

Peter begriff, mit wieviel Kunst, wieviel liebevoller Berechnung diese Hütte geplant und gebaut war.

Nur eine Kerze brannte im Raum, abseits und abgeschirmt. Das Mondlicht aber fiel voll in die Tokonoma, die Schmucknische. Das seidene Rollbild hing dort nicht mehr. Dafür erhob sich aus einer flachen Tonschüssel hoch eine weiße Gladiole mit zwei vollen und einer halb verschlossenen Blüte. Es war, als ob die weißen Blumenblätter aus sich selbst ein geisterhaftes Licht ausstrahlten – wenn sie auch nur den Schein des Mondes widerspiegelten. In sanfter, doppelter Kurve stieg der Stamm, der die Blüten trug, aus der Wasserschale – makellos.

Paul erhob sich endlich, verbeugte sich und ließ sich an seinem alten Platz nieder, der ihm seitwärts den Ausblick auf das Meer, zur anderen Seite den auf die Schmucknische freigab.

Peter schloß die Schiebetür hinter sich mit leisem Laut, verbeugte sich vor den Zauberblüten – es erschien ihm fast schon selbstverständlich – und ließ sich vor ihnen nieder, um sie zu betrachten.

Er saß mit dem Rücken zum Monde; vor ihm stieg, von den schwerthaften Blättern umzüngelt, die königliche Blume auf.

Seine zitternden Nerven entführten ihn; er war ja kein Asiate, kein Schüler der uralten Weisheit und Mäßigung Chinas; er war ein Kind es Abendlandes, stets bereit, sich zu verströmen. Er vergaß sich.

Erst ein leises Räuspern Pauls, der wohl empfand, daß der manchmal allzu empfindsame Freund sich aus der Hand zu verlieren drohte, rief Peter wieder zu sich selbst zurück. Er erhob sich, verbeugte sich sehr tief vor der heidnisch schönen, heidnisch frommen Blume und setzte sich an seinen Patz.

Sakura-san machte sich zum zweiten Male an die Bereitung des Tees. Hier und da klapperte leicht eins der hölzernen Geräte, das Wasser im Kessel sang sein Lied; manchmal seufzte der Seewind in den alten Zedern, die mit ihren tiefen Zweigen das offene Fenster rahmten.

Alle schwiegen den vergangenen Stunden nach, dem mildbitteren Tee, den man getrunken, dem leichten Nachtmahl, an dem man sich erlabt, die Gefahr, die man leichthin pariert, den Gesprächen, die man in sein Herz aufgenommen hatte.

Dann erhob sich die alte Dame – und alle erhoben sich.

Der Gastgeber geleitete seine Gäste vor die Hütte.

Paul und Peter verbeugten sich viele Male:

vor der ehrwürdigen Greisin,

vor ihrem verstümmelten Enkel,

vor der Witwe des ältesten Sohnes, die nicht ein einziges Mal gelächelt hatte.

Peter und Paul blieben im dunklen Schatten der Gebüsche zurück. Der Hausherr hatte sie darum gebeten.

Im Innern der Hütte schaffte O-koë mit leichten Geräuschen Ordnung.

Zwölftes Kapitel

Die Männer spülten sich nach der guten Sitte den Mund am Steintrog. Dann lud Sakura sie ein, mit ihm noch ein wenig auf und ab zu schreiten.

Ohne weitere Einladung begann der Alte:

»Inzwischen ist von meinem vertrauten Diener alles Notwendige vorbereitet worden, Sie in Sicherheit zu bringen. Ich vermute, daß die Aufregung wegen der beiden verschwundenen Seeleute in den nächsten Tagen noch anwachsen wird, wenn es der Polizei nicht gelingt, verläßliche Spuren zu entdecken. Sie müssen daher so bald wie möglich die Stadt verlassen. Ich hatte gehofft, Sie wenigstens ein paar Tage hierzubehalten; ich wollte noch vieles mit Ihnen besprechen. Aber das erscheint mir jetzt zu gefährlich. Etwa zwanzig Meilen ostwärts von hier liegt an der Küste das Dorf Oyasu. Dort gehört mir ein Fischerhaus, es steht leer, es ist hoch eingezäunt und öffnet sich nur zur See; wir wohnen dort manchmal im Sommer, weil es abgelegen ist und ungestört. Dorthin sollen sie jetzt noch gebracht werden. Meine Großnichte O-koë wird Sie mit meinem alten Diener, der heute nacht Wache gehalten hat, begleiten. O-koë ist in Amerika groß gewoden und zur Schule gegangen; aber sie hat in den vergangenen Jahren auch die alten Sitten Japans erlernt. Sie wird Sie unterrichten, wie ein Mensch, der allein die japanischen Verhältnisse kennt, es gar nicht vermöchte. Sie müssen es lernen, sich japanisch in japanischer Kleidung zu bewegen. Sie sind beide schwarz oder dunkelhaarig. Wir müssen vielleicht nachhelfen. Ich halte es für ausgeschlossen, daß Sie als Amerikaner den japanischen Süden oder gar China oder Formosa erreichen. Sie können nicht einfach einen Überseehafen aufsuchen und Heuer auf irgendeinem fremden Schiff nehmen, das Sie nach Siam oder nach Afrika bringt. Die Besatzungsmacht kontrolliert alle Europäer und Amerikaner, besonders in den Hafenstädten, mit großer Genauigkeit; es ist undenkbar, daß Sie dieser Kontrolle entgehen. Die amerikanische Militärpolizei verfährt scharf und läßt sich wenig vormachen; im schließlich noch besten Falle würde sie Sie als desertierte Seeleute festsetzen und zwangsweise nach den Staaten zurückschicken, ganz abgesehen davon, daß Sie vielleicht als Deutsche entlarvt werden. Es bleibt also nur übrig, daß Sie sich als Japaner nach Süden durchschlagen. Es gibt da verschiedene Möglichkeiten, von denen ich O-koë und meinen alten Diener Kishida Shimei unterrichtet habe.

Bleiben Sie also zunächst in Oyasu und machen Sie sich mit allem vertraut, was ich Ihren beiden Lehrmeistern aufgetragen habe.

Und dann noch eins, Sie werden es wohl kaum wissen: Japan hungert. Es ist überfüllt. Niemand fällt also heute auf, der als heimatloser Flüchtling durch das Land schweift; je elender der Eindruck ist, den er macht, desto weniger und seltener sieht man sich nach ihm um. Sie werden jeder einen der jetzigen Personalausweise brauchen, auch einen Flüchtlingsausweis. Sie müssen auch Lebensmittelmarken haben und die nötigen Papiere dazu. Das werde ich alles besorgen können. Aber Sie brauchen auch Geld. Der japanische Yen ist nichts mehr wert; aber Sie kommen nicht ohne ihn aus. Alles wäre natürlich viel leichter, wenn Sie amerikanische Dollar besäßen. Für zehn Dollar können Sie heute halb

Japan kaufen. Zwar darf kein Japaner im Besitz von Dollar sein. Aber in den großen Hafenstädten wie hier gibt es hundert Mittel und Wege, die Bestimmungen zu umgehen.«

»Aber wir haben Dollar bei uns, Sakura-san, unsere ganzen Ersparnisse seit der Flucht! Jeder von uns trägt etwa fünfzehnhundert Dollar in der Tasche –!«

Sakura-san blieb vor Erstaunen stehen:

»Jeder fünfzehnhundert Dollar, zusammen dreitausend Dollar –! Und das sagen Sie mir erst jetzt –? Dann sieht Ihre Situation völlig anders aus, als ich gedacht habe.«

Er schwieg und begann wieder auf und ab zu schreiten. Nach einer Weile, während welcher Paul vergeblich nachgrübelte, warum die dreitausend Dollar eine solche Welt von Unterschied ausmachten, wiederholte Sakura nochmals:

»Wenn Sie wüßten, Palu-san, was dreitausend Dollar heute in japanischen Händen bedeuten: ein riesiges Vermögen, glauben Sie mir! Ich muß mir die Dinge noch einmal gründlich durch den Kopf gehen lassen, ehe ich zu Entschlüssen komme und Ihnen Vorschläge mache. Es wird Zeit, daß Sie sich auf den Weg nach Oyasu machen. Das Boot wird warten. Meine Nichte ist bereit. Ich besuche Sie in den nächsten Tagen. Beunruhigen Sie sich nicht! Sie sind dort ganz sicher. Kommen Sie!«

Er schritt den Freunden voraus um die Teehütte und folgte dem gleichen Pfad zu der Gartenpforte, durch die sie anderthalb Stunden zuvor geflüchtet waren. Paul und Peter vernahmen am leisen Klappern hölzerner Geta, daß O-koë ihnen in geziemendem Abstand folgte. Sakura schritt in den Wald hinein und gewann bald einen schmalen, im Mondlicht klar erkennbaren Pfad, der steil bergauf kletterte. Doch schon nach kurzer Zeit glitt er über den hier nach Westen ansteigenden Kamm des Hakodate-Vorgebirges und senkte sich dann dem immer deutlicher durch die Bäume blinkenden Meere zu. Nach einer Viertelstunde erreichten die Wandernden die Kante eines schroff zum Meer abbrechenden Steilhanges. Aber der alte Diener, der sich im Dunkeln dem jungen Mädchen angeschlossen hatte, übernahm, ohne zu zögern, die Führung und sprang mit einer Behendigkeit, die man ihm nicht mehr zugetraut hätte, über den Felsenrand ins Gestein und leitete die anderen hier auf einem halsbrecherischen Klippensteig zum schmalen Sandstrand am Meer. Hier wartete in einer engen Bucht ein Fischerboot. Ein Mann erhob sich darin.

Peter meinte in ihm den Ruderer zu erkennen, dem er die Koffer anvertraut hatte.

»Ich besuche Sie bald!« sagte Sakura noch einmal. »Genießen Sie die Stille und den Frieden. Sie sind endlich bei Freunden.«

Der Mann, der im Boot gewartet hatte, warf die Riemen in die Dollen. Kishida Shimei half ihm dabei. Schnell gelangte das kleine Fahrzeug aus der Bucht ins offene Fahrwasser. Der Bootsführer zog die Riemen ein und hißte mit dem Alten das viereckige Mattensegel. Die Blöcke knarrten, als es am Maste aufstieg. Der kalte, sich langsam verschärfende Frühwind legte sich hinein. Das Boot strebte senkrecht vom Lande fort und vereinte sich für eine Weile mit anderen, die zum Frühfang in die Tsugaru-Straße hinaussegelten, als wollte es zwischen ihnen untertauchen. Paul, Peter und O-koë mußten sich während dieser halben Stunde hinter den hohen Bord des Bootes kauern, so daß es aus der Ferne nur mit den üblichen zwei Mann besetzt erschien.

Erst als die Flotte sich allmählich zerstreute, nahm der Segler klaren Kurs nach Osten.

Sie segelten außer Sicht des Landes in die zögernd sich erhellende Frühe. Der Wind frischte auf, wehte kalt aus Westen, daß das Boot in rauschender Fahrt vor dem Winde dahinschoß. Der Schaum und die Spritzer der Bugwelle zischten über das ganze Fahrzeug und netzten das wie ein Brett so steif im Winde stehende Segel. – Paul und Peter in ihren schweren, aus dem Nordpazifik stammenden Joppen spürten die Kälte kaum, und auch die beiden Japaner waren gut verpackt. Aber O-koë sah grau aus vor Kälte, obgleich sie, wie an ihrem Halsausschnitt zu erkennen war, vier, fünf Kimonos übereinandergezogen hatte.

Peter dachte: die Ärmste. Aber wir haben ja unsere Koffer! Er packte eine wollene Decke aus, die für arktisches Wetter bestimmt gewesen war, und hüllte das zitternde, zierliche Mädchen darin ein. Sie blickte ihn dankbar an und kroch in einem Winkel hinter den Duchten zusammen.

Der Mann am Ruder, der das schwere Boote sicher segelte, kniff die kleinen Augen in dem ledergelben Seemannsgesicht zusammen und spähte nordwärts, wo sich irgendwo im Dunst des Morgens die Küste verbergen mußte; es war, als ob er witterte. Dann schien er aus der Luft den richtigen Augenblick gefangen zu haben, drückte das Ruder über Steuerbord und holte das Segel schärfer an den Wind, so daß das Boot, in schnellem Bogen sich zur Seite neigend, auf Nordkurs ging, quer zur See. Der Schaum der kurzen Wellen, die an den Backbordplanken zerspellten, fegte unausgesetzt über das wie in weiten Galoppsprüngen hinjagende Fahrzeug fort.

Hügel und Berge schoben sich im Norden über den Horizont; ein Streifen Grün tauchte darunter auf; eine schmale Herde von braunen Dächern nistete darin. Der Segler ließ sie zur Rechten liegen und steuerte geradenwegs in die Mündung eines Baches, fast eines Flusses schon, der vielleicht fünfhundert Schritte neben dem Dorfe die Küste erreichte. Die ganze Mündung des Flusses war durch einen hohen Zaun gegen die Umgebung abgeschirmt; das festgefügte Staket reichte bis zum Meer hinunter. Im Hintergrund unter alten Kiefern, wie versunken in einen tiefen Teppich aus hüfthohem Bambus, erhob sich, nein, lagerte sich ein altersbraunes, riedgedecktes Haus. Das Segel fiel; das Boot knirschte auf den Sand.

O-koë, die immer noch die Decke trug, stampfte ein paarmal heftig auf und ab, um sich zu erwärmen. Der alte Kishida hatte die beiden Koffer und ein großes, in bunte Seide geschlagenes Bündel und ein kleines, in blau bedruckte Baumwolle gepacktes aus dem Boot auf den Sand gesetzt. Schon stieß der Bootsführer seinen Segler wieder in die flach anlaufende, mäßige Brandung, setzte das Segel von neuem, wendete und fegte, leichter nun als zuvor, hart an der immer noch auffrischenden Brise davon.

Paul und Peter wollten sich mit dem Gepäck belasten, es zum Hause tragen; aber O-koë winkte heimlich ab:

»Tut es nicht! Er würde es nicht verstehen, Kishida-san wird uns bedienen. Wir sind Gäste und Verwandte seines Herrn, die ihm anvertraut sind. Und ein Herr darf nur tun, was ihm zukommt. Aber ihr müßt ihn stets mit -san anreden, ehrenwerter Herr Kishida, denn das steht ihm zu.«

So begann O-koë gleich mit ihren Lektionen. – Peter hatte wieder etwas sehr Wesentliches gelernt.

Kishida bat die drei, ein wenig zu warten, bis er das Bad bereitet habe. Schon stieg Rauch aus dem Schornstein des Häuschens.

Ein wenig übernächtigt nach der schlaflos verbrachten Nacht, steif und durchkältet nach der reichlich frischen Seefahrt, machten die drei sich auf, den Garten und das Wäldchen kennenzulernen, die sich um das Haus breiteten. Wie verwildert schien der freundlich ernste Bezirk, der um die Fischerhütte aus der Natur herausgeschnitten war, dem Meere allein geöffnet. Der Plankenzaun ringsum war schwer gebaut und ohne Lücke; hinter einer noch fest verschlossenen Tür begann wahrscheinlich ein Pfad, der ins Dorf hinüberführte.

Ein Ruf klang vom Haus her; das Bad wäre bereitet.

Peter hielt es für selbstverständlich, daß die warme Flut als erste O-koë zu erfrischen hätte. Paul lächelte und ließ zu, daß O-koë den Freund belehrte.

»Wir sind in Nippon, Pita-san; die Herren der Schöpfung gehen vor. Im Grunde regiert hier Kishida. Wir dürfen seine Vorstellungen von guter Sitte nicht verletzen; wir beleidigen damit seinen Herrn, Ihren Gastgeber, meinen hochverehrten Großonkel Sakura Katsumi. Nein, Sie müssen zuerst ins Bad steigen. Aber da ich schließlich in Amerika groß geworden bin, wage ich es, meine ehrenwerten Herren Gastfreunde, Sie zu bitten, lassen Sie mich nicht zu lange warten; ich bin immer noch wie erstarrt.«

Die Mischung von Ernst, Ironie und Heiterkeit, mit welcher sie unter zierlichen Verbeugungen diese Sätze vorbrachte, strahlten so viel Anmut aus, daß Peter sofort entschlossen war, die vermaledeiten und unverständlichen Anstandsregeln Alt-Nippons in den Wind zu schlagen und natürlich »der Dame den Vortritt zu lassen«. – Doch Paul legte ihm die Hand auf die Schulter und meinte:

»Laß nur, Peter! Es ist nicht alles richtiger und besser, was die Europäer oder Amerikaner für richtiger und besser halten. Ritterlichkeit ist ein äußerst relativer Begriff. Das wirst du noch merken. Erinnere dich daran, daß gestern sogar die Polizei keine Haussuchung gewagt hätte, wäre ihr bekannt gewesen, daß die alte Dame Mondschein-Tee zu feiern wünschte.«

Ja, das stimmte. O-Koë lächelte. Sie gab sich jetzt viel freier als in der Nacht unter den strengen Augen der Familie. Und Peter täuschte sich wohl kaum: Sie lächelte ihn an, fast mit versteckter Zärtlichkeit.

Kishida-san erwartete die Freunde an der Tür des Hauses. Es war gerade noch Zeit, daß Paul dem Gefährten zuflüstern konnte: »Tue um alles in der Welt genau das gleiche wie ich!«, dann führte sie der alte, schon ein wenig gebückte Diener ins Haus.

Kishida schob die Tür beiseite, und dichter Wasserdampf wallte ihnen entgegen; er stieg aus einem geräumigen Holzbottich, in den hinein ein steineres Öfchen gebaut war; ein helles Feuer prasselte darin. Das Wasser muß glühend heiß sein, dachte Peter; soll ich vielleicht zur Strafe für meine vielen Sünden hier gesotten werden? Paul zog sich mit gemessenen Bewegungen die Kleider aus – Kishida hinter ihm stehend, nahm sie ihm Stück für Stück ab –, bis er nackt im Dampfe stand. Dann aber stieg er nicht etwa ins verlockende Bad, sondern seifte sich nebenbei mit des Dieners Hilfe aus einem kleinen Schaff von oben bis unten gründlich ab; dann begoß ihn Kishida mit vielen Kellen warmen Wassers; und erst als er so tüchtig gesäubert war, stieg er die bequeme Trittleiter hinan und ließ sich vorsichtig in dem dampfendheißen Wasser auf einem darin verborgenen Schemel nieder, so daß nur noch sein Kopf den Wasserspiegel überragte. Er grinste Peter munter an, der einigermaßen erstaunt der ganzen Prozedur zugesehen hatte, und ermunterte den Zögernden:

»Vorwärts, Peter, zier' dich nicht. Der alte Mann sieht dir nichts ab. In Japan wäscht man sich sauber, bevor man badet. Denn in diesem Bottich, im gleichen Wasser, badet hinter uns die ganze Familie, zuerst der Hausherr, dann der älteste Sohn, dann die Hausfrau, die übrigen Kinder, streng nach dem Alter, dann das Gesinde, streng nach der Rangordnung, zuletzt der kleine Laufjunge, der den Hof fegen muß. Mach nicht solch dummes Gesicht, sonst glaub' ich selber noch, daß ich Ehrengast Numero eins bin und du bloß armer Gast Numero zwei bist.«

Peter entledigte sich seiner Sachen, ließ sich von Kishida den Buckel scheuern und probierte dann, in den dampfenden Bottich zu steigen.

»Au! Paul, da komm' ich nicht hinein!«

Und ließ sich schließlich doch im heißen Wasser nieder. Er glühte bald am ganzen Körper; bis in die innersten Muskeln und Eingeweide und Knochen drang die Wärme und tat ihm wohl. Kishida heizte den Ofen nach. Nach einer Viertelstunde schrie Peter:

»Paul, der Schurke will Brühe aus uns kochen. Das Wasser hat fünfundvierzig oder fünfzig Grad. Ich halt's nicht mehr aus!«

Er sprang, rot wie ein Krebs, ins Freie. Kishida reichte ihm einen feuchten Baumwollappen. Mit nassem Handtuch abtrocknen –? Doch! Paul nickte grinsend. Und es ging ganz gut; und es schonte und kühlte die prickelnde Haut. Überhaupt: man fühlte sich wunderbar.

Und dann schlüpfte er zum ersten Male in einen blau-weißen weichen Baumwollkimono, den Kishida ihm mit ernster Miene hinhielt – Widerspruch war ausgeschlossen – fuhr er zum ersten Male in die haubenlosen Strohpantoffeln, die nur aus einer Sohle bestehen, wie die hölzernen Geta, und die am Fuße nur von dem

Riemchen gehalten werden, das zwischen erster und zweiter Zehe hindurch, sich spaltend, den Spann umfängt.

Auch Paul stieg aus dem Wasser und wurde ebenso wie Peter in einen schön gemusterten Kimono des Hauses gehüllt. Dann führte Kishida seine Schützlinge in ein Zimmer. Es war leer, wie alle japanischen Zimmer, und doch nicht leer, denn die Schmucknische, in welcher sich ein Bambuszweig aus einer hölzernen Vase reckte, die sichtbaren Eckpfosten, die von zierlichen Holzrähmchen vielfach aufgeteilten Fenster aus Ölpapier, die makellos sauberen federnden Bodenpolster, die den Raum genau ausfüllten (ein Sechs-Matten-Zimmer war es, denn alle Räume werden nach der Anzahl der Bodenmatten, der Tatami, gemessen, die überall gleich groß sind) – all dies belebte den Raum, so daß er keineswegs leer wirkte.

Gleich erschien Kishida von neuem, brachte blaßgrünen Tee und auf einem Tischtablett die vielen Näpfchen und Schälchen, die Peter schon kannte; diesmal aber begleitete sie Reis, dampfend, duftig und körnig fest, in einer großen, gelackten Schachtel. Kishida zog sich auf den Knien zurück. Peter erhielt von Paul seinen ersten ernsthaften Unterricht, die Suppe kunstgerecht zu schlürfen und die Speisen mit den Eßstäbchen aufzunehmen; er stöhnte sehr dabei, denn die Finger wollten nicht wie er und die Stäbchen erst recht nicht.

Es verging eine geraume Zeit; dann hörten sie hinter der dünnen Schiebewand zum Nebenraum gedämpftes Rumoren; sie unterschieden O-koës Stimme und Kishidas; anscheinend war ihre Lehrmeisterin jetzt ebenfalls dem Bad entstiegen und nebenan untergebracht. Kishida entfernte sich den Gang hinunter – da rauschte auch schon die Schiebetür ein paar Handbreit auseinander, und O-koë blickte lachend zu den beiden herein:

»Nun, meine ehrenwerten Herren Schüler? Haben Sie sich wieder verschluckt, Pita-san, oder hat Ihnen der Tintenfisch, der eingemachte Seetang und der Porree in Essig gut geschmeckt?«

»O-koë, es hat mir unter einem Dache mit dir ausgezeichnet geschmeckt!« rief Peter und erhob sich schon.

»O-koë-san, bitte ich mir aus!« rief sie schnell zurück und knallte die Schiebetür zur.

Es war ein wenig verwirrend –.

Als Paul und Peter eine halbe Stunde später auf den Bettpolstern lagen, als sich die Sonne so weit herumgeschwungen hatte, daß sie nicht mehr in die Fenster drang, konnte Peter nicht gleich in den

Schlaf finden, so müde er war. Nebenan schlief – durch eine dünne Papierwand nur abgetrennt – das Mächen O-koë, sehr fremd anzusehen und doch heimlich vertraut, denn die abendländische Welt war ihr nicht nur bekannt, sie sehnte sich sogar nach ihr – nein, darin täusche ich mich nicht, dachte Peter. O-koë also – und er richtete sich plötzlich auf, beugte sich zu Paul hinüber, der schon fast eingeschlafen war, tippte ihn an und fragte flüsternd«

»Du, Paul, du mußt mir unbedingt noch einmal sagen, was O-koë bedeutet?«

Paul, der die Dringlichkeit dieser Wissensgier offenbar nicht einsah, brummte mürrisch:

»Verrückter Kerl, muß das gerade jetzt sein? koë bedeutet Echo, Widerhall, Melodie. O ist nur Vorsilbe für weibliche Namen. Und jetzt lasse mich gefälligst schlafen, alter Sentimentaliker!«

Peter ließ sich wieder in sein Polster zurücksinken.

Ehrenwertes Fräulein Melodie, O-koë-san, dachte er und war eingeschlafen.

Am Abend dieses ersten Tages entwickelte O-koë den beiden die Pläne des Onkels:

»Mein Großonkel, der hochzuehrende Sakura Katsumi, dessen nichtswürdige Nichte zu sein ich die Ehre habe –.« Das sagte sie auf englisch und vollkommen ernsthaft –. »Großonkel ist schon immer der Meinung gewesen, daß die wilde, an Not, Kriegsgeschrei und Katastrophen überreiche Geschichte Japans alles enthielte, was man wissen müßte, wie schwierig auch immer die Zeiten sich anließen. Wenn in der glorreichen Feudalzeit ein Samurai, ein Ritter, der zu nichts anderem berufen war als zum Waffenhandwerk und dazu, sich zur Wahrung der Ehre seines Gefolgsherrn und seiner selbst in die Schanze zu schlagen oder auch Harakiri oder Seppuku zu begehen, wenn also ein solcher zweischwertiger Samurai etwas ausgefressen hatte, was er besser unterlassen hätte, so verwandelte er sich im Handumdrehen in einen Komuso, einen Wanderpriester, der mit einer schwarzen Tafel vor dem Bauch, auf der das Ziel der Wallfahrt verzeichnet war, durch die Lande zog und vor den Türen milde Gaben erbettelte. Dazu blies er so schrill auf einer Holzflöte, daß die Leute ihm gern ihre Scherflein austeilten, damit er möglichst bald sein Konzert vor noch ungeschröpfter anderer Leute Türen fortsetzte. Manchmal zogen diese Bettelmönche auch mit einem Vorführer von Affen durch das Land; es ist nicht mehr genau bekannt, ob sich die Vorführer größeren Erfolg von den Affen oder von den Komuso versprachen. Sie bildeten sogar einmal religiöse Orden, denn Armut, Bettelei und Frömmigkeit sind eng verschwistert; sie besaßen besondere Heiligtümer in Kyoto und Tokyo. Die Orden sind seit achtzig Jahren abgeschafft, aber die frommen, bettelnden Wallfahrer sind geblieben. Und, wie mein Onkel sagt, gerade jetzt sind sie wieder sehr in Mode gekommen. Die vielen Flüchtlinge aus dem sowjetisch gewordenen Karafuto, aus Sachalin, verwandeln sich gern in Komuso, um billig nach dem Süden zu gelangen und Aufenthaltsgenehmigungen, Reisemarken, Zuzugsgenehmigungen und all die anderen Scherze der kleinjapanischen Gegenwart zu umgehen. Wenn Sie sich also, meine Herren, meint mein Onkel, ebenfalls in Komuso verwandeln und sich zum Beispiel Nagasaki auf Kyushu zum Ziele nehmen – dort gibt es sicherlich manch ein altes Heiligtum –, dann wären Sie schon im äußersten Süden angelangt und umgingen viele sonstige Schwierigkeiten; allerdings ist es ein weiter Fußmarsch. Aber viele Bahnlinien sind ja immer noch zerstört; die wenigen Züge sind zum Bersten überfüllt, und sie werden auch oft genug kontrolliert, weil man immer noch nach gewissen Leuten sucht. – Die wichtigste Einzelheit erwähne ich nach den klassischen Vorschriften der alten Geschichtenerzähler zuletzt: die Komuso haben seit dem dreizehnten Jahrhundert das nie bestrittene Vorrecht, sich einen Korb aus Stroh oder Bambus über den Kopf zu stülpen, aus dem allein ihre Augen durch zwei schmale Schlitze hervorschauen; die Flöte führten sie unter dem Rande des Bienenkorbes zum Munde. Sie brauchen den Korb nie abzunehmen, denn als Bettler haben sie ihr Gesicht schon ohnehin verloren; und selbst heute begnügt sich die Polizei damit, gelegentlich ihre Ausweise zu prüfen; ein Flüchtlingsausweis aus Karafuto stimmt das Auge des Gesetzes gewöhnlich milde. In Japaner werden Kishida-san und ich euch schon verwandeln. Palu-san ist ja bereits ein fast vollkommener Japaner und Pita-san werde ich noch besonders in meine strenge Schule nehmen. Auf diese Bettelmönchsweise bringen wir Palu-sans allzu bräunliche Haare zum Verschwinden, und da Pita-san nicht Japanisch spricht, verdammen wir ihn zur Stummheit. Damit Sie nun aber, meine ehrenwerten Herren, auch wirklich sehen, wie ein Komuso aussieht, wird Kishida-san, der dem Liebhaber-Kabuki von Hakodate angehört (Kabuki bedeutet etwa Volkstheater, Pitasan), Ihnen einen echten Komuso vorführen.«

Sie wandte sich auf japanisch an Kishida. Kishida verbeugte sich und verließ den Raum.

Die beiden Männer warteten mit O-koë. Peter sagte: »Stumm soll ich werden? Das behagt mir nicht sehr. Ich bin mehr fürs Reden.«

»Weiß ich«, erwiderte Paul. »Um so besser für dein Innenleben, wenn du dich für einige Zeit im Schweigen übst.«

O-koë lachte höchst vergnügt.

Vom Gange her vernahmen die Freunde eine schrille Flöte; sie vertropfte ihre hohen Töne seltsam und unmelodisch, wenigstens für Peters Ohren, und allerdings auch ohne Rhythmus. Die Tür wurde beiseite geschoben, und Kishida trat ein. Er trug sehr hohe Geta in der Hand, die er neben der Tür abstellte, denn im Zimmer durfte er sie nicht tragen. Peter fiel es einigermaßen schwer, ernsthaft zu bleiben; der gute alte Diener hatte sich einen mächtigen Bienenkorb über den Kopf gestülpt, der ihm fast bis zu den Schultern reichte; aus schmalen Schlitzen blickte er, im übrigen völlig unkenntlich; mit beiden Händen hielt er eine vorn offene Röhrenflöte an den Mund, der er jenes eintönig schrille, fast an Vogelstimmen erinnernde Liedchen entlockte. Er war in einen bis zu den Knöcheln reichenden, farblos grauen Kimono gekleidet, den ein breiter Stoffgürtel umschloß; um die Schultern raschelte ihm eine Reisetasche und einiges Gerät; um den Hals trug er an schön gedrehter Seidenschnur ein schwarzes Täfelchen; es baumelte ihm vor dem Bauch und war mit einigen sehr verwickelten chinesischen Zeichen bemalt; die Füße waren nackt. Die seltsam lächerliche Figur mit dem übergroßen Korbkopf wandelte um die drei Menschen am Boden die Wände entlang; immer erklang das schrille, eindringliche Liedchen; schließlich verstummte es, und mit wehleidig psalmodierender Stimme sagte der Komuso sein Bettelsprüchlein auf.

Kishida hielt inne, nahm den Bienenkorb vom Haupt und blickte die drei Zuschauer so erwartungsvoll an, als erwartete er Beifall. Paul verfehlte auch nicht, ihm einige anerkennende Worte in japanischer Sprache zuzurufen. Kishida-san, sein altes, gutes gelbes Antlitz zu einem beglückten Lächeln verziehend, nickte dankbar, legte den breiten Gürtel, Tasche, Flöte und Gewand ab und ließ sich wieder in jene zurückhaltend aufmerksame Stellung am Boden gleiten, in der er den vergangenen Gesprächen gefolgt war. Peter fand endlich wieder Worte:

»Und in dieser Aufmachung soll ich durch Japan wallen? Ich? Ein bis heute völlig unbescholtener Mensch, ein Sohn aus gutem Hause? Kinder, könnt ihr euch nicht etwas Besseres ausdenken? Ich soll mein Gesicht verloren haben? Das wäre ja gräßlich! Wo ich immer geglaubt habe, ich hätte eine ganz passable Visage.«

Auch diesmal wieder bewies sich Paul als ein nüchterner Bursche, unabhängig von Gefühlen und Vorurteilen; allerdings war ihm japanisches Wesen von Kind an vertraut. Er erhob sich wortlos, ließ sich vor Kishida-san auf Waden und Hacken nieder und bat höflich, im Spiel der Flöte unterrichtet zu werden. Die wenigen Handgriffe und der gespitzte Mund, mit welchem die drei, vier Töne der einfachen, klanglosen Melodie hervorzubringen waren, bereiteten nur geringe Schwierigkeiten. Während Peter trübe vor sich hin in den Abend hinausbrütete, ließ Paul sich allmählich sehr echt vernehmen.

Dann verließ er mit Kishida den Raum. O-koë und Peter blieben allein zurück. Das Mädchen hockte neben dem Mann in gemessenem Abstand. Leise sagte sie und tröstend:

»Ich weiß, Pita-san, wie schwer es ist – fern der Heimat – und man soll stets Dinge verrichten, die man daheim nie zu tun brauchte. Aber es ist Krieg, Pita-san, verlorener Krieg, und wir müssen vieles tun, was wir sonst verachtet hätten.«

Es klang eigentümlich bitter; die Worte weckten Peter aus seinem Mitleid mit sich selbst. Er blickte zu dem fremdartig schönen Mädchen hinüber; zum zweiten Male hatte sie vom verlorenen Krieg gesprochen; diese plötzlichen Wechsel zwischen Übermut und Schwermut, die er schon mehr als einmal an ihr beobachtet hatte, verwirrten ihn und berührten ihn zugleich heimlich verwandt. Jetzt aber verwandelte sich seine Verwirrung in Bestürzung, denn er täuschte sich nicht: O-koës Augen, starr aufs Meer gerichtet, standen voller Tränen, und aus jedem bahnte sich ein klarer Tropfen eine schmale Straße abwärts durch den Reispuder und fiel auf ihre Hände. Peter konnte nicht anders:

»O-koë, liebe O-koë!« sagte er und legte seine Hand auf ihre so viel kleinere. Sie seufzte und versuchte tapfer – wie es die Sitte erfordert –, auch unter den Tränen noch zu lächeln.

Von weit her unter den Bäumen klang die Flöte auf. Ein Komuso wanderte heran, blieb vor dem offenen Schiebefenster stehen, blies sein ärmliches Stücklein, setzte das Instrument ab und sagte in heiserem Singsang sein Bettelsprüchlein auf.

Erst ganz gegen Schluß des Aufzuges erkannte Peter an den

nackten Füßen des frommen Bettlers – sie waren weißer, weniger ledern und nicht so breitgetreten –, daß sich unter dem formlosen Korb nicht Kishida, sondern diesmal Paul verbarg. – Ob Peter es wollte oder nicht, er mußte zugeben, daß eine bessere Tarnkappe kaum zu denken war; die Tracht des Komuso verwandelte Paul in einen urechten Japaner, und der Korb verbarg vollkommen, was verdächtig an ihm war. O-koë neigte sich ihm plötzlich zu und flüsterte:

»Du mußt nicht denken, Pita-san, daß es gegen deine Ehre geht. Warum denkst du nicht einfach, es ist ein vergnügtes Abenteuer, weiter nichts.«

Ja, so war es. Peter schwieg eine Weile, sagte dann:

»Vielen Dank, O-koë, liebe Melodie!«

Er erhob sich und trat auf den Gang, wo ihm Paul in seinem Hauskimono gerade entgegenkam. »Ich probiere es auch!« sagte Peter. »Großartig!« rief Paul. »Ich wußte doch, daß du wieder Vernunft annimmst.«

Das bescheidene Lied auf der Flöte war schnell erlernt; auf ihren wenigen Löchern ließ sich gar nichts Besseres erzielen, und die Töne mochten hintereinanderherpurzeln, wie sie wollten. Durch die Sehschlitze der Strohhaube konnte man leidlich sehen, und daß Kimono und Gürtel, Täfelchen und Reisetasche richtig angelegt wurden, dafür sorgte Kishida.

Peter schob die Flöte unter den Korbrand, fing herzzerreißend zu blasen an und stakste durch die Bäume ums Haus. Teufel, sehr deutlich sieht man durch die schmalen Schlitze nicht; und was einem dicht vor den Füßen ist, das erblickt man überhaupt nicht. Da sitzen die beiden ja und lachen sich eins. Ha, wäre ja noch schöner, wenn ich nicht ebenso prächtig einen Komuso darstellen könnte wie Paul, der hämisch grinsende Bursche. Blasen kann ich mindestens so gut wie er. Und jetzt mache ich noch mein echt japanisches Abrakadabra; unter der Haube kommt sowieso nichts weiter heraus als – und er setzte die Flöte ab–:

»Einundzwanzig Hummel Bummel schrumm bim bam bum zweiundzwanzig dreiundzwanzig los Hummel Bummel!«

Die Sache schien glänzend zu wirken. Paul nickte höchst beeindruckt. O-koë griff zierlich hinter ihren Obi, brachte ihr Geldtäschchen zum Vorschein und reichte dem wandernden Priester, der, wie es auf seiner Tafel stand, die achtundachtzig heiligen Stätten auf Shikoku aufzusuchen beabsichtigte, einige Sen-Stücke.

Der Komuso nahm sie mit tiefer Verbeugung an, blies noch einmal auf seiner Flöte und wollte dann nicht länger stören –.

Kiefernwurzeln lieben es, harte Kanten aus der Erde zu strecken; die Schlitze im Bienenkorb sind schmal. Zuviel Würde ist unbekömmlich. Der Komuso hatte sich kaum gewandt, da hakte er mit den Geta hinter eine der Kiefernwurzeln und flog, bumsvallera juchheirassa, in den Sand, so lang er war. Der Korb rollte von hinnen, rollte in die träumerische Brandung; die Geta machten sich selbständig; die Flöte blieb mit dem Mundstück im Sande stecken, und der Komuso offenbarte schamlos, daß er unter dem Mönchskomono höchst weltliche US-amerikanische Unterhosen trug.

Peter sammelte sich ungehalten wieder auf. Das trieb denn doch den Spaß zu weit. Paul lachte, daß er sich die schmerzenden Seiten halten mußte.

»Geistlicher Hochmut kommt vor dem Fall!« schrie er eins ums andere Mal. Und O-koë weinte dicke Tränen, diesmal aber solche unbezähmbaren Vergnügens. Selbst Kishida im Hintergrund erlaubte sich allergehorsamst, den bedauerlichen Fall und Vorfall äußerst erheiternd zu finden, einfacher ausgedrückt, er schüttelte sich vor lautlosem Gelächter.

Peter saß zerpflückt und gebrochen im Sand und rettete als erstes die ehrenwerte Flöte; er warf einen scheelen Seitenblick auf die Lachenden und sagte:

»Auch im Lande der aufgehenden Sonne fallen die Meister nicht vom Himmel. Alsdann –!«

Er humpelte mißmutig davon, barfuß diesmal.

Am Abend darauf – der Tag war mit hartem Komuso-Training vergangen – saßen die beiden Freunde und O-koë im Zimmer vor dem offenen Fenster und betrachteten das Meer und den langsam sinkenden Abend. Kishida machte sich in der Küche zu schaffen und wollte später ins Dorf hinüberpilgern, um die Vorräte zu ergänzen und frischen Fisch zu kaufen.

O-koë sagte:

»Ihr habt mir noch nichts, ehrenwerte Herren, von meiner Heimat, meinen Eltern und Geschwistern erzählt. Ich bitte euch, mir heute ein wenig von ihnen zu berichten.«

Paul und Peter schämten sich. Sie hätten längst daran denken müssen. Aber O-koë beschäftigte sich so selbstverständlich nur mit den Angelegenheiten der Gäste, daß weder Paul noch Peter darauf gekommen waren, an ihre möglichen Wünsche zu denken. Sie begriffen, wieviel Bescheidenheit und Höflichkeit die junge Japanerin bewiesen hatte.

O-koë hörte zu, ohne sich zu bewegen. Sie fragte dann noch vielerlei, fragte mehr, als Paul und Peter beantworten konnten. Plötzlich brach das junge Mädchen in die Worte aus:

»Ich muß es euch sagen: Sechs Jahre bin ich jetzt in Japan und habe das Beste an Erziehung genossen, was sich in Japan für ein Mädchen nur auftreiben ließ. Selbst Judo ließ mich mein Großonkel lernen; das wünschte ich mir sehr. Aber eine Japanerin bin ich nie geworden; ich bin in Amerika aufgewachsen und will nicht nur gehorsame Dienerin meines Vaters oder meines ältesten Bruders oder meines Mannes oder meiner Schwiegermutter sein. Erst wenn ich selber Mutter von Söhnen oder Schwiegermutter geworden bin, hätte ich hier etwas zu sagen. Das dauert mir zu lange. Ich will nach Hause. Ich bin mit ganzem Herzen dafür, daß die Amerikaner der japanischen Frau endlich mehr Freiheit verschaffen! Seit ihr hier seid, und ich mit euch Englisch sprechen kann, seit ich spüre, wie ihr mich für voll nehmt, seitdem weiß ich erst, daß ich Kanadierin war und bin und bleiben will. Ich halte nicht immer den Mund; ich kann nicht einmal einsehen, daß stets etwas Gutes dabei herauskommt. Die Männer haben diesen verrückten Krieg gemacht – und ihr werdet ja noch erleben, wie Japan aussieht, wie es zerschlagen und zerstört ist nach diesem grausigen Krieg!«

»Und unser Land auch!« warf Paul ein.

»Ja, euer Land und Frankreich und Burma und Rußland und Italien und Holland und halb China und Griechenland. Ich will nach Hause. Mein Bruder mag hierbleiben; für einen Mann ist es sowieso leichter, Japaner zu werden, er brannte ja darauf, für Groß-Japan, DAI-NIHON, zu kämpfen.« Ihre Augen flammten.

Paul und Peter lauschten ihr hingerissen; der Gegensatz zwischen dem äußerlich so blumenhaften zierlichen Geschöpf und ihren heftigen Worten war beinahe beängstigend. Sie fuhr fort:

»Meine Mutter ist Chinesin. Die chinesischen Frauen sind selbstbewußter als die japanischen; sie wissen meistens, was sie wollen. Ich bin meiner Mutter Tochter. Hier bin ich angesehen, weil ich chinesisches Blut habe; aber die Familie meiner Mutter war nicht sehr einverstanden damit, einen japanischen Schwiegersohn zu bekommen. Sie würde uns natürlich helfen, wenn es notwendig sein sollte, denn Familie verpflichtet. Ich habe es meinem Großonkel schon gesagt: ich gehe mit euch nach Süden; ich werde mit euch oder ohne euch auch weiter nach Formosa gelangen – und von dort werden mich meine chinesischen Verwandten wieder nach Kanada schaffen; meinen Paß habe ich noch, und mit keinem Wort habe ich mich im Kriege gegen meine alte Heimat vergangen. Ich will hier nicht bleiben; ich komme mit euch nach Süden!«

Paul und Peter antworteten mit keinem Wort. Sie waren also keineswegs die einzigen Menschen, die in diesen Tagen und Jahren nach der Heimat suchten.

»Die ganze Welt ist unterwegs nach Hause!« sagte Paul schließlich.

»Gebe Gott, daß wir alle wissen, wo wir zu Hause sind.«

»Ich weiß es!« erwiderte O-koë kurz.

»Wir glauben es auch zu wissen –.« Es klang so, als sollte noch ein »aber« hinterherkommen; doch Paul sagte nichts weiter.

Drei weitere Tage flossen über die See davon; an einem von ihnen sprang plötzlich Sturm auf. O-koë sagte furchtsam:

»Hoffentlich ist mein Großonkel nicht gerade heute zu uns unterwegs!«

Aber die Angst erwies sich als grundlos.

Gegen Abend war der Sturm so plötzlich vergangen, wie er aufgekommen war; nur die wildere Brandung erinnerte noch an ihn.

Paul und Peter übten eifrig viele Stunden lang, während Kishida und O-koë unverdrossen berichtigten.

Am Abend des vierten Tages nach O-koës Geständnis hielt vom südlichen Horizont her ein Mattensegel auf die Küste zu, zielte in die Flußmündung seitab der Hütte und entließ Sakura Katsumi aus seinen hölzernen Borden. Viele tiefe Verbeugungen – Peter beherrschte sie nun und wußte, worauf es ankam, alle Floskeln, die gesagt werden mußten, hatte er, unermüdlich wiederholend, auswendig gelernt. Sakura lächelte freundlich und anerkennend, als Peter ihn mit den vorgeschriebenen Formeln freundlich begrüßte. Sakura erkundigte sich höflich nach dem Ergehen der Gäste.

Erst als Kishida das Abendessen abgeräumt und sich entfernt hatte, als eine angemessene Zeit mit ruhigem Geplauder über Wetter, Blumen und Bäume vergangen und die fünf Menschen bei der dritten Tasse Tee angekommen waren, begann Sakura-san zu berichten.

Dies war es, was er zu sagen hatte:

»Ich habe einen Boten an O-koës Bruder Noburu nach Kisagata geschickt mit der Weisung, Fischfang vortäuschend die Küste heraufzusegeln. Er wird, wenn ihn keine Kontrollen oder andere Zwischenfälle aufhalten, morgen oder übermorgen nacht in Hakodate eintreffen. Ich werde dann den Mann vorausschicken, den ihr kennt; er wird mit euch nachts zu einem vesteckten Ort wandern, drei Meilen westlich von hier. Dort wird euch Noburu abholen und nach Süden mitnehmen. Euer gesamtes europäisches Gepäck behalte ich hier. Ich schicke es, sobald das möglich wird, mit der Bahn nach Süden, nach Tsugaru, wo ein Neffe von mir wohnt. Da fällt es nicht auf und kann euch nicht verraten.«

Er wandte sich O-koë zu:

»Ich habe mich entschlossen, meine Tochter, dir die Erlaubnis zu geben, um die du mich gebeten hast. Ich weiß es seit langem, daß du hier nicht glücklich bist. Aber wer von uns ist glücklich? – Du wirst auch den Mann nicht heiraten wollen, den wir dir bestimmt haben. Ich habe dich in allem unterrichen lassen, was ein japanisches Mädchen aus gutem Hause wissen muß; ich hoffte, daß du damit allmählich in die Bahnen unseres Volkes einlenken würdest; aber wie es deinem Vater zu eng in Japan war, wie auch er sich nicht fügen wollte, die Frau zu heiraten, die ihm von der Familie bestimmt war, so wird auch dir unser altes Japan zu eng bleiben.

Die Zeiten sind andere geworden; die alten Gesetze, nach denen unser Land und Volk seit Menschengedenken regiert worden ist, sind abgeschafft. Ich habe keine Handhabe mehr, dich zu deinem wohlverstandenen Glück zu zwingen. Ich bin auch – das will ich ehrlich vor den Ohren unserer Freunde bekennen – nicht mehr so sicher wie einst, daß die alten Gesetze die besten gewesen und daß keine besseren denkbar sind.

Als Japan sich auf den Weg der Gewalt begab, ist es seinem innersten Herzen, ist es dem Geiste Buddhas abtrünnig geworden. Nun büßen wir.«

Der alte Mann ließ seine dunklen Augen unter den buschigen Brauen eine Weile wortlos auf O-koë ruhen, die mit gesenktem Blick, sehr blaß, den blumenbunten Kimono um ihr Knie festgezogen, aufrecht auf den Matten saß; ihre Hände ruhten, wie es die Sitte vorschreibt, leicht übereinandergelegt im Schoß; nichts weiter als ein kaum merkliches Zittern der Lippen verriet ihre Erregung. Endlich fuhr der Alte fort:

»Nein, ich liebe die Gewalt nicht. Es wird dich überraschen,

O-koë, daß ich längst weiß, wie sehr du dich nach Hause sehnst. Nicht unsere große Familie – wie es in frühern Zeiten selbstverständlich gewesen wäre –, sondern nur deine Eltern und das Tal in British Columbia bedeuten dir Heimat. Sehnsucht – man sollte ihr eigentlich nicht nachgeben! Wir alle sehnen uns nach irgend etwas – und wenn wir es erreicht haben, dann sehnen wir uns nach etwas anderem. Aber du bist jung und hast die Geduld nicht gelernt, zu der wir hier alle erzogen worden sind. Ich will dich also aus der Familie entlassen und dich diesen beiden Sendboten deines Vaters anvertrauen. Du bist so sicher, auf eigenen Füßen stehen zu können, versuche es also! Schließe dich der Reise nach Süden an; schlage dich nach Formosa durch; von den Verwandten deiner Mutter aus wird es dir nicht allzu schwerfallen, nach Kanada zurückzukehren, besonders, wenn du dich auf dein chinesisches Blut berufst.«

Er richtete jetzt sein Wort an Peter und Paul:

»Ehrenwerte Gastfreunde, meines Brudersohnes Sohn wird vielleicht schon morgen hier erscheinen; er ist ein tüchtiger Seemann; auch ihr seid Seeleute; es kommt alles darauf an, von der Küste der Südinsel den Absprung zu wagen und nach Shanghai oder unmittelbar nach Formosa zu segeln. Für Yen würdet ihr kaum ein Fahrzeug gewinnen, aber da ihr im Besitze von Dollar seid, gelingt es euch vielleicht sogar, eine kleine Hochseeschunke zu kaufen, sicher aber eine solche zu chartern. Ich weiß nicht, was es kosten wird, aber billig wird es nicht sein, da ja Gefahr damit verbunden ist. Noburu hat im Kriege manchen schwierigen seemännischen Auftrag erfüllt, er wird sich euch bis nach Formosa anschließen; er muß mir die Gewißheit wiederbringen, daß seine Schwester O-koë sicher in den Schutz ihrer mütterlichen Verwandschaft gelangt ist, es soll zugleich der letze Dienst an seiner väterlichen Familie sein; denn er ist ja jetzt durch Adoption ein Hirose geworden und ist kein Sakura mehr. – Eure Dollar werden den schwersten Teil der Reise O-koës zu bestreiten haben; bis dahin – so habe ich mich nach dem Rate meiner hochverehrten Frau Mutter entschlossen – werde ich die Ausgaben in japanischer Währung für euch alle bestreiten. Noburu wird von mir entsprechend ausgerüstet werden. Ich bin der Meinung, ihr solltet euch nur längs der Westküste Japans nach Süden bewegen; sie wird weniger streng kontrolliert, ist weniger belebt; auch wohnen an ihr unsere Verwandten und Freunde, sie sind fast alle Sardinenfischer; manche besitzen nur ein Boot, aber andere sind oder waren wenigstens reiche Leute, die ganze Flotten von Booten unterhielten. Den Heimatsitz unserer Familie, das Dorf Kozu in Shimosa, werdet ihr also nicht zu sehen bekommen und auch nicht die letzten stolzen Geschichten hören, die dort mit unserem Namen verknüpft sind; sie beweisen, daß es in unserer Familie von jeher Leute gegeben hat, die sich nach Freiheit sehnten und willens waren, sich aufzulehnen –. Deshalb ...«

Er zögerte, weiterzusprechen, sagte dann aber doch, was er vorgehabt hatte:

»Deshalb kann ich auch O-koë nicht gram sein, und deshalb lasse ich sie ziehen.«

Paul warf ein:

»Wir danken Ihnen, Sakura-san, für Ihre Hilfe. – Wir werden O-koë nicht im Stich lassen, bis wir sie in Sicherheit wissen.«

»Das weiß ich, Palu-san! Ich habe euch die nötigen Ausweise mitgebracht, die Bescheinigungen für die Lebensmittelkarten und vor allem Belege, die bestätigen, daß ihr Flüchtlinge aus Toyohara in Karafuto seid. Es ist darin angedeutet, daß ihr, Palu-san, Sohn eines Japaners und einer russischen Mutter seid; es gibt auf Sachalin Nachfahren der Kettensträflinge aus zaristischen Zeiten, die japanische Staatsangehörige geworden waren; sie haben vielfach Japaner geheiratet; damit wäre eure hellere Haut und die braunen Haare erklärt. Pita-san muß sich noch von Kishida die Haare auf japanische Manier schneiden lassen, er wird, schwarzhaarig und mit seinen starken Brauen, in japanischer Kleidung ohne weiteres als Japaner passieren; ein gewisser japanischer Schlag ist von vielen Südeuropäern kaum zu unterscheiden.

Solltet ihr nicht die ganze lange Reise im Boot zurücklegen können und zwischendurch oder für weitere Strecken wandern müssen, so werdet ihr die Tracht eines Komuso benutzen. Noboru und O-koë werden euch dann als gewöhnliche Pilger begleiten, wie es ja oft geschieht. Sie können euch warnen und in schwierigen Lagen beistehen.«

Der Abschied von Sakura entfaltete sich sehr höflich, sehr förmlich, sehr streng, als gäbe es weder Flucht, noch Not, noch Angst.

Dann stieg das Segel über dem kleinen Boot hoch und entschwand in der Dunkelheit der See.

In der übernächsten Nacht darauf nahm aus einer versteckten Bucht weiter westlich eine seetüchtige, gedeckte Fischerdschunke mit hohem Vierecksegel Kurs auf die Tsugaru-Straße nach Südwesten. Ehe noch der Morgen graute, wendete sie um Kap Tappi auf

Süd-Südwest und folgte von nun an über die Hohe See, außer Sicht des Landes, der Westküste der Hauptinsel Hondo nach Süden.

Am hohen knarrenden Hauptmast lehnte Peter. Sein Herz schlug im Takte des Glücks:

Wir sind wieder flott! Die Reise geht weiter!

Dreizehntes Kapitel

Die Dschunke segelte an ruhigem ablandigem Winde südwärts. Noburu hatte gehofft, noch am zweiten Tage nach der Abreise von Hokkaido die Höhe von Kisagata zu erreichen; aber der Wind blieb so enttäuschend matt, daß das breitbugige Fahrzeug nur geringe Fahrt machte.

Die vier jungen Menschen hockten über dem Stern des Schiffes. Gerade hier mußten sie festliegen, auf einem beliebten Patrouillenweg der Küstenkontrollkutter!

O-koë erhob aus der Dunkelheit ihre Stimme, wie wenn ein freundlicher Nachtvogel riefe:

»Ihr Männer, eure Ungeduld spürt man durch die Dunkelheit. Warum ärgert ihr euch? Was kommt es bei der weiten Reise, die wir vorhaben, auf ein paar Stunden an!«

Peter hörte O-koë kaum vernehmbar seufzen; er vermochte die Stille kaum noch zu ertragen; er erhob sich, blickte sich um, erstarrte. Mit gepreßter Stimme rief er: »Was ist das da achtern an Backbord für ein weißes Geflacker?«

Peter war der einzige, der das Gesicht nach rückwärts gekehrt hatte. Noburu wußte sofort Bescheid:

»Es ist der Suchscheinwerfer eines Kontrollbootes, in dieser Flaute kann den Kerlen kein Segler entgehen; sie liegen alle fest. Wenn wir unsere Positionslampen setzen, machen sie uns sofort aus. Setzen wir sie nicht und werden doch entdeckt, so werden wir erst recht bestraft und sind obendrein noch verdächtig!«

Peter stieß hervor:

»Ich bin dagegen, Lampen zu setzen. Das Boot ist noch weit entfernt. Die Nacht ist sehr finster; es ist gut möglich, daß sie uns gar nicht finden!«

Keiner sprach mehr darüber – es war beschlossen.

Paul gab zu bedenken:

»Wenn sie unsere Komusokleider finden – wenn sie uns bis aufs Hemd untersuchen – unsere Dollar – und wie sollen wir das Mädchen an Bord erklären?«

»Das ist leicht: Werft die Sardinennetze aus; ich wollte mit euch von Tobi nach Kisagata – mit meinem Bruder«, sagte O-koë.

Peter fragte: »O-koës Ausweis stammt aus Hakodate?«

Noburu: »Das macht nichts. Sie hat Freunde auf Tobi besucht, sie heißen Imagawa. Die Söhne Yoshimoto und Shungetsu sind Kriegskameraden von mir. Wir würden füreinander das Blaue vom Himmel lügen, wenn es sein muß. – Jetzt will sie eben mich und meinen Adoptivvater Hirose besuchen.«

Paul: »Gut! Aber all das verdächtige Zeug an Bord müssen wir verbergen. Es kann uns Kopf und Kragen kosten!«

Peter ließ sich vernehmen – und seiner Stimme war anzumerken, daß er schon wieder Geschmack an der neuen Gefahr, am neuen Abenteuer gewann:

»Sie werden Leute an Bord haben, die solche Fischkutter wie unseren bis in jedes Spant, jede Planke kennen. Ich mache einen anderen Vorschlag: Wir bringen das kleine Beiboot zu Wasser, binden ihm aber vorher all unsere Wertsachen unter den Bauch – in der Blechtrommel mit dem Gummiverschluß –, die ich mir aus dem Fischerhaus in Oyasu mitgenommen habe; anscheinend hat sie dazu gedient, bei heißem Wetter Speisen, die frisch bleiben sollten, in den Brunnen zu hängen. Wir geben dem Boot sehr viel Leine; vielleicht treibt es so weit ab, daß es gar nicht bemerkt wird; geschieht das doch, so sagen wir, daß wir in der Dunkelheit nicht gemerkt hätten, daß die Leine schon so weit ausgelaufen ist. Wir hätten eigentlich ins Beiboot steigen und unsere Dschunke ins Schlepp nehmen wollen, aber schließlich wäre es zu finster dazu geworden.«

Da war ein ausgezeichneter Vorschlag. ––

Das Scheinwerferspiel war inzwischen in weitem Bogen um den Sardinenfänger herumgewandert und nun ein wenig über Steuerbord weit voraus zu erblicken.

»Sie finden uns nicht!« flüsterte O-koë. Alle starrten wie gebannt auf das blanke Lichterspiel. Alle schlossen wie auf Kommando die Augen und wandten das Gesicht ein wenig ab, denn das grelle Glotzauge des Scheinwerfers leuchtete sie plötzlich geradewegs an.

»Ob sie uns gesehen haben? Sie sind noch mindestens eine Seemeile ab. Wir hätten das Segel senken sollen; es strahlt wahrscheinlich zurück.«

Aber dazu war es nun zu spät. Der Scheinwerfer glitt zunächst vorüber, kehrte zurück, irrte noch einmal ab und blieb dann starr auf ihnen haften. Sie waren entdeckt.

»Mach die Leine zum Beiboot am Ruder fest, Noburu. Am besten unter der Wasserlinie.«

Noburu verstand sofort, er warf achtern einen Tampen über Bord und kletterte dann zum Wasser hinunter. Nach wenigen Minuten ließ er sich über die Reling wieder an Deck rollen. So – wenn es nicht gerade mit dem Teufel zuginge, würden die Brüder das weit abgetriebene, von der Dunkelheit verschluckte Beiboot gar nicht entdecken.

Schon war das dumpfe starke Puck-puck-puck-puck des Schwerölmotors zu vernehmen. Mit rauschender Bugwelle schäumte der Polizeikutter heran, das Scheinwerferauge auf seine Beute gerichtet.

Die vier an Bord des Fischerbootes blickten zur Seite; das grelle Licht war nicht zu ertragen. O-koë hatte sich in den Schatten des niedrigen Vorderkastells gekauert. Der Polizeikutter stellte den Motor ab und ließ sich bis auf Rufweite herangleiten. Aus einem Sprachrohr drang es herüber:

»Erkennungszeichen? Heimathafen?«

»RA-TA 1783 Kisagata.«

»Warum haben Sie keine Positionslaternen gesetzt?«

»Kein Petroleum!«

»Wieviel Leute haben Sie an Bord?«

Drei Mann Besatzung. Einen Passagier von Tobishima nach Kisagata.«

»Sind Sie berechtigt, Passagiere zu transportieren?«

»Nein! Es handelt sich um eine Verwandte!«

»Was – eine weibliche Person?«

»Jawohl!«

»Halten Sie eine Leine bereit. Wir kommen an Bord!«

Noburu machte eine Leine wurfbereit. Der Kutter manövrierte geschickt und schob sich nach drei Minuten längsseits an den Sardinenfänger. Im letzten Augenblick dachte Paul daran und murmelte:

»Peter ist stumm, verstanden! Kriegsbeschädigung!«

»Verstanden!« flüsterten die anderen.

Ein Mann in amerikanischer Marineuniform und vier bewaffnete japanische Polizisten stiegen auf die Dschunke herüber.

O-koë wurde zuerst aufs Korn genommen. Sie zitterte. Das grelle

Scheinwerferlicht – obgleich abgedämpft – ließ ihr Gesicht kreidebleich erscheinen. Der Schiffsführer sei ihr Bruder. So? Er trüge doch einen anderen Namen? Ja, Hirose sei sein Adoptivvater. Wo hätten die wahren Eltern gelebt? In Kozu, Shimosa. – Der japanische Beamte notierte jede Antwort. Der Amerikaner stand stumm daneben; sicherlich verstand er kein Japanisch. Er mischte sich auf englisch ein:

»Frage sie, warum sie solche Angst hat! Wir sind keine Menschenfresser!«

O-koë war derart verwirrt, das grelle Licht belästigte sie so stark, daß sie beinahe die Nerven verloren und auf die englische Frage geantwortet hätte, ohne die Übersetzung ins Japanische abzuwarten.

Dem jungen amerikanischen Offizier war es nicht entgangen, wie O-koë vorschnell zur Antwort ansetzte, sich auf die Lippen biß und dann ihre Erwiderung erst hervorstotterte, als der Japaner sie in der Landessprache ansprach; O-koë sagte:

»Ich weiß, daß ich nur mit dem Passagierboot fahren darf! – Aber es ist doch mein Bruder, ehrenwerter Herr Offizier!«

Der Japaner dolmetschte. Der Amerikaner lächelte:
»Sage ihr, daß wir ihre Angaben prüfen werden. Aber im übrigen wollen wir ihr den Kopf nicht abreißen. Ich glaube, die Angst, die sie jetzt aussteht, genügt als Strafe. Frage sie, wie sie heißt.«

»Sakura O-koë.«

»Was bedutet das?«

»Das bedutet ungefähr Fräulein Kirschblüte Melodie.«

»Bezaubernd! Mache ihr mein Kompliment!«

O-koë sank viele Male in sich zusammen; dann trat sie wieder in den Schatten des Kastells. – Der Amerikaner wandte sich an Noburu:

»Ich werde Sie mitnehmen müssen. Ich weiß zwar, daß das Petroleum für die Positionslampen zur Zeit schwer zu beschaffen ist; Sie hätten sich jedoch mit Kerzen behelfen müssen. Ich nehme an, daß Hirose Eigentümer des Bootes ist. Er wird die übliche Strafe zu zahlen haben, dann können Sie wieder gehen, falls Ihre sonstigen Angaben stimmen. Was ist mit Ihren Leuten?«

Der Japaner dolmetschte hin und zurück; Noburu zeigte auf Peter:

»Sein Name ist Bito Kiyotaka; er ist stumm infolge einer Kriegsverletzung.«

198

Noburu zeigte auf Paul:

»Das ist Kotoku Rintaro. Beide stammen aus Karafuto und sind mir vom Flüchtlingsamt zugewiesen. Es sind gute Fischer.«

»Ihre Ausweise?«

Der Polizst prüfte die Papiere:

»Sie sind in Ordnung!« und gab sie wieder zurück. Der Amerikaner sagte zu seinem Dolmetscher:

»Das Mädchen –? Ohne Lampen –! Stummer Matrose –! Beide aus dem hohen Norden –! Adoptivvater –! Ich weiß nicht, Sanada-san –! Ich habe ein ungutes Gefühl. Ich kann mich ja täuschen. Was meinen Sie? Wollen wir sie mitnehmen? Wir müßten sie schleppen –.«

Der japanische Polizeioffizier antwortete:

»Ihre Papiere sind sämtlich in Ordnung. Der alte Hirose ist mir als ehrlicher Mann bekannt. Und es gibt wirklich kein Petroleum. Ich glaube, es lohnt sich nicht, sie einzuschleppen.«

Der Amerikaner überlegte, klopfte eine Zigarette auf dem Handrücken fest, zündete sie an, nahm einen tiefen Zug in die Lunge und sagte:

»Nein, wir schleppen sie ein. Wahrscheinlich täusche ich mich. Nun gut –! Ich möchte es darauf ankommen lassen.«

»Wir brauchen das Schiff jetzt nicht zu durchsuchen; dazu haben wir im Hafen mehr Zeit. Sollen wir die vier hier an Bord lassen, Herr?«

»Gewiß! Bei der Flaute können sie nicht fort. Sieh aber nach, ob sie ein Beiboot haben, damit sie uns nicht entwischen. Eine Wache brauchen wir nicht zurückzulassen. Entfliehen können sie ja nicht.«

Ein Beiboot war nicht zu entdecken. Der Amerikaner ließ sich noch einmal vernehmen:

»Sage ihnen, Sanada-san, daß sie nicht die geringste Sorge zu haben brauchen, wenn sie richtige Angaben gemacht haben. Ich erfülle nur meine Pficht. Und der jungen Dame sage, daß ich mich freuen würde, gelegentlich ihre nähere Bekanntschaft zu machen; es würde mir Spaß machen, ihr zu beweisen, daß ich privat ein umgänglicher Mensch bin –.«

Der japanische Polizeibeamte verbeugte sich leicht, lächelte, warf nochmals einen kurzen Blick zu O-koë hinüber, lächelte tiefer und sagte:

»Sehr wohl, Herr! Aber dem Mädchen sage ich nichts. Es

kommt aus sehr guter Familie. Das sehen wir sofort; die Einladung wäre zwecklos.«

Während der Amerikaner lässig über die Reling zu seinem Boot hinüberkletterte, hörte ihn Peter murmeln:

»Auch das noch! Diese beiden Kerls aus Sachalin – wenn mir einer sagte, sie wären Weiße, würde ich ihn keineswegs für völlig hirnverbrannt halten.«

Dann rief er noch einmal zurück:

»Sage ihnen noch, Sanada-san, sie könnten mir dankbar sein, denn ohne uns würden sie noch morgen früh hier in der Flut herumschwappern.«

Sanada, der Polizist, übersetzte. Die drei Sardinenfischer verbeugten sich.

Die Polizei stieg in ihren Kutter zurück. Eine Leine wurde vom Bug der Dschunke zum Heck des Kutters geworfen, lief eine Weile aus, als der Kutter Fahrt aufnahm, straffte sich; die Dschunke schwenkte ins Kielwasser des Polizeibootes. – Ab und zu tastete der Scheinwerfer herüber; aber die vier Menschen auf dem Sardinenfänger kamen ihm sowenig wie möglich ins Gehege.

Kurs auf Kisagata – daran war kein Zweifel.

Noburu sagte:

»In vier Stunden etwa sind wir in Kisagata. Dann ist noch volle Nacht. Wenn es bis dahin nicht aufklart, können wir ins Beiboot umsteigen. Es käme mir auch nicht darauf an, an Land zu schwimmen. Aber wie kommt O-koë hinüber?«

»Mich könnt ihr auf dem Schiff lassen; ich bin nicht gefährdet.«

»Unter keinen Umständen!« sagte Peter.

»Wenn wir um das Kisagata-Vorgebirge wenden, steigen wir um. Es wird schon irgendwie gehen. Vielleicht löschen sie ihren blöden Scheinwerfer mit der Zeit aus.«

Tatsächlich erlosch der Scheinwerfer, als sehr zart im Osten das erste Leuchtfeuer von Kisagata auftauchte.

Sie zogen das Boot an der langen Leine heran. Noburu stieg um und verstaute die wenigen Gepäckstücke, die ihm noch gereicht wurden. Die Büchse mit den Wertsachen holte er ins Trockene. Dann wagten sie es, das Beiboot längsseits zu holen; Paul und Peter hoben O-koë hinüber, Noburu nahm die Schwester in Empfang. Paul und Peter schwangen sich hinterher.

Das Tau, an dem Noburu das Boot noch festgehalten hatte, klatschte ins Wasser; Paul zog es ein, kein Zeichen blieb auf der

Dschunke zurück. Gleich trieben sie achteraus, krachten noch einmal an das Ruder der Dschunke, das sie festgebunden hatten; das Boot dreht sich schwankend einmal um sich selbst; dann gehorchte es den Riemen.

Eine gute Stunde später knirschte der Kiel des kleinen Schiffes auf den Sand. Noburu sprang ans Ufer der engen Bucht, hielt die Leine fest, damit Peter O-koë aufs Trockne heben konnte. Sie waren an Land – und frei!

Vierzehntes Kapitel

»Wir müssen das Boot versenken, sonst kommt man uns zu leicht auf die Spur!« sagte Noburu; und fügte hinzu:

»Wenn sie jetzt wirklich genau nachforschen, wer wir sind, werden sie vielleicht entdecken, woher ich gekommen bin. Ich kann nicht nach Kisagata zurückkehren.« Es klang wütend und verzweifelt zugleich.

Paul erwiderte begütigend:

»Wozu quälst du dich schon wieder, Noburu-san? Die Reise, die du mit uns vorhast, um O-koë sicher auf den Heimweg zu bringen, wird Monate dauern. Wenn du danach hierher wiederkehrst, ist viel Wasser den Berg hinuntergelaufen, der amerikanische Offizier hat längst gewechselt, und die Nachbarn freuen sich, daß du wieder da bist.«

Noburu gab lange keine Antwort, dann stieß er einen Seufzer aus und sagte halblaut, mehr zu sich selbst als zu Paul:

»Ob ich wohl noch einmal werde leben können ohne die Angst, entdeckt zu werden – einfach und selbstverständlich wie damals in Vernon?«

Inzwischen hatte Peter, der an der japanischen Unterhaltung nicht teilnehmen konnte, Felsbrocken in das Beiboot gehäuft, in dem sie sich gerettet hatten; jetzt schlug er mit einem spitzen, schweren Stein ein schmales Loch in die dünnen Bodenbretter. Das Wasser spritzte in fingerdickem Strahl herein. Peter sprang aus dem Boot, fuhr aus seinen strohernen Zori, schob auf nackten Füßen das Boot wieder ins Waser und versetzte ihm dann einen heftigen Stoß, der es weit in die Bucht hinaustrieb. Als ein dunkler Schatten war es noch für eine Weile zu erkennen; dann verschwand es; das leise

Gurgeln, mit dem sich das Wasser über ihm schloß, war in der großen nächtlichen Stille ringsum deutlich zu vernehmen.

Peter konnte sich nicht enthalten zu bemerken:

»Wenn die Polizisten ohne uns in Kisagata ankommen, werden sie anfangen, an Hexerei zu glauben.«

Aber es lachte niemand zur Antwort. Sie wandten sich ab, nahmen ihr dürftiges Gepäck auf und wanderten am Ufer der Bucht entlang, bis sie im Dunkel – es war nicht mehr ganz dunkel; dämmerte es schon? – einen schmalen Weg erkannten. Was nun?

»Es kann von hier nicht allzuweit sein nach Meyika«, sagte Noburu.

»Wir wollen uns wieder in Wallfahrer verwandeln und auf Sakata marschieren; in zwei, drei Tagen können wir dort eintreffen.«

»Wir müssen an O-koë denken. Wir haben in dieser Nacht noch kein Auge zugetan. Wir sollten uns ein Quartier suchen und erst einmal schlafen. Sakata – ich wünsche mir sehnlichst, daß ich meine alte Amah noch dort finde –!«

O-koë beteuerte zwar, daß sie nicht weniger standhaft wäre als die Männer; aber sie wurde überstimmt.

Auf alle Fälle mußten sie sich zunächst einmal in Wallfahrer verwandeln. – Das war nicht weiter schwierig; die einfachen Fischerkittel mit dem Zeichen »Hirose« auf dem Rücken wanderten ins Gepäck und die fast noch bescheideneren Wanderkittel kamen zum Vorschein. Als der Morgen graute, stülpten sich Paul und Peter ihre Bienenkörbe über und zogen hinter den Geschwistern her einen ausgetretenen Fußpfad entlang ins Küstengebirge hinauf – denn die große Straße, die bald näher, bald ferner dem Meeresufer folgte, wollten sie möglichst vermeiden.

Reisfelder öffneten sich; sie blinkten als graue stille Spiegel in den milden Tag; die grünen Sprossen des eben gepflanzten jungen Reises reckten sich nur erst schüchtern und nur hier und da über die Wasserflächen.

Am Wege lag ein bäuerliches Wirtshaus.

Noburu klatschte in die Hände; ein ältlicher Mann erschien.

»Müde Pilger bitten um ein Obdach!«

Der Wirt wand sich; seine Höflichkeit und der Respekt vor der Pilgerschaft kämpften mit seiner Furcht, um die Zeche geprellt zu werden.

Noburu sagte, während er sich abermals verbeugte, leise:

»Die beiden Komuso, Herr Wirt, sind vornehme Leute, die sich auf einer Bußfahrt nach Ise befinden. Wir sind nur ihre Diener. Sorgen Sie für das Beste, was Ihr Haus hergibt!«

Das änderte die Lage. Bald hockten Paul und Peter im dampfenden Bad, hüllten sich danach in saubere Hotelkimonos – wobei es ihnen schwerfiel, sich von einem kleinen Landpomeränzchen in vergnügt bunten Mädchenkleidern den Buckel scheuern und den Bademantel reichen zu lassen; aber wenn sie nicht auffallen wollten, so mußten sie so tun, als wären sie von jeher weibliche Kammerdiener gewöhnt – und dann sanken sie auf die Matten, um den Tag zu verschlafen. Vorher aber lugte O-koë durch die Schiebetür und flüsterte:

»Viel habt ihr bisher nicht erbettelt, meine ehrenwerten Herren Komuso. Von morgen ab wird das anders!«

»Sei nicht so streng, O-koë! Aber wir gehorchen natürlich. Ab morgen wird gebettelt!«

Und ab mogen wurde gebettelt. Paul und Peter bliesen ihre Flöte vor mancher Tür in den Dörfern, die sie durchwanderten, in Fukuura und Asuka. Und es erschütterte sie, und sie schämten sich, wenn Menschen, denen der Hunger aus den hohlen Augen blickte, Frauen in der Haartracht der Witwen, manche noch sehr jung und mädchenhaft – der Kopf eines Säuglings nickte ihnen aus dem Rückentuch –, wenn alte vergrämte Männer und Frauen, deren Kimonos zerschlissen und verwaschen schienen, ihnen, die ungeheuer reich waren im Vergleich zu diesen geschlagenen Menschen, doch noch ein Scherflein spendeten, wohl auch die Bettelschale voll Hirse oder Buchweizen füllten, ein Stück Fisch dazulegten oder ein paar Kupferstücke, damit sie sich an der nächsten Garküche einen Imbiß kaufen konnten.

»Das halte ich nicht aus!« sagte Peter. »Diese einfachen Menschen bedenken uns mit so viel Höflichkeit und Barmherzigkeit. Diese Bauern und Fischer und Krämer – wir sind ja Fürsten, verglichen mit ihnen! Ich mag von ihrer Armut nichts mehr fordern!«

O-koë entgegnete:

»Wenn ihr nicht bettelt in den Dörfern, die Flöte blast und wenigstens vor einigen der größten Häuser in jedem Dorf stehenbleibt, dann glaubt euch niemand den Bienenkorb der Komuso; und er allein verbirgt am Tag eure Gesichter.«

Peter war in den Rang eines Stummen erhoben. Er hatte sein Flötenliedchen vor mancher Tür erklingen lassen, hatte seine Bettel-

schale hingehalten und sich endlich wie auf eine rettende Insel in das
bescheidene Dorfgasthaus geflüchtet, wo Noburu wieder mit einigen geflüsterten Hinweisen einen anderen zunächst zögernden Wirt
in einen diensteifrigen Helfer verwandelt hatte.

Fünfzehntes Kapitel

Vor den Wandernden tauchten die dunklen Dächer von Sakata auf.
Die Straße, auf der die vier Wallfahrer marschierten, glitt über einen
flachen Paß in den Küstenbergen und wollte sich nun zu der kleinen
Hafenstadt an der Mündung des Mogamiflusses senken, der sich
durch sein weites Tal dem Meere zuschlängelte und verstohlen
herüberblitzte.

Manchmal rollten amerikanische Wagen durch die Straße, selten
nur japanische. Zwei Polizisten stelzten vorüber und fragten die
drei Pilger nach ihren Ausweisen, sie waren schnell befriedigt.

Ein amerikanischer Jeep gondelte gemächlich die lange Straße
entlang. Darin saßen zwei Männer in Uniform und sangen, als
wären sie noch nie in ihrem ganzen Leben so vergnügt gewesen –
und vielleicht war ihnen wirklich noch nie ein so heiterer Tag
beschert worden wie dieser hier, an dem sie als junge Sieger durch
den japanischen Frühling fuhren; und Mädchen hatten sie auch
dabei –! Die zwei Soldaten hatten ihr nüchternes Gefährt über und
über mit Kirschblütenzweigen geschmückt. Aus der plumpen
Motorhaube, dem formlosen Verdeck, zwischen den Lampen, an
den Stoßstangen, längs der Seitenwände – überall blickten die
Zweige der blühenden Kirsche hervor. So rollte das erstaunliche
Gefährt ein wenig unbeherrscht dahin, ein wandelnder, schneeig
schimmernder Kirschenbusch.

Die Wallfahrer hörten nicht auf, die Flöte zu blasen, als der Jeep
mitten auf dem Fahrdamm neben ihnen zum Halten kam, der
fröhliche Gesang verstummte und eine Stimme sich laut vernehmen
ließ: »Jack, guck dir die da an! Mit 'nem Strohkorb, wo anständige
Leute ihren Kopf sitzen haben! Und unten drunter blasen sie auf
'ner Flöte!« Und der andere schrie:

»O Mann, das ist mal was Neues in diesem Lande der gelben
Affen. Komm, wir wollen untersuchen, was die Kerle für Bienen
unter ihren Hauben haben, und sie ausräuchern.«

Die beiden kletterten unbeholfen aus dem Auto, die Mädchen hinterher; vergeblich versuchten sie, ihre Kavaliere wieder in das Fahrzeug zurückzulocken; in unbeholfenem Englisch erklärten sie, was die beiden Männer mit der schwarzen Tafel um den Hals und der Flöte bedeuteten. Die Soldaten antworteten mit einem nicht zu bändigenden Gelächter; sie schlugen sich auf die Knie:

»Jack, hör dir das an: Büßer! Haben ihr Gesicht verloren. Mensch, hast du das gehört, Männer ohne Gesicht! Wo haben sie denn ihr Gesicht? Steckt in der Hosentasche! Mensch, die haben ja keine Hosen an! Ha, ha, ha. Wo andere ihr Gesicht haben, da haben sie –! O Mann, o Mann, was die da haben! Ha, ha, ha!«

Paul und Peter hatten den Rückzug angetreten, ihr Liedchen weiterblasend, als ginge sie das laute vergnügte Paar, dessen unbekümmertes Gelächter – was kostet die Welt! – die Straße durchhallte, nicht das geringste an.

Aber das Glück war ihnen nicht hold.

Es dunkelte bereits; viele Leute waren unterwegs und strebten von der Arbeit nach Hause. Sosehr sich auch Paul und Peter mühten, im Strom der Fußgänger unterzutauchen, die Betrunkenen fielen in einen schwankenden Trab und holten die Flötenbläser bald ein.

Peter fühlte eine schwere Hand auf der Schulter und wurde herumgedreht:

»Hallo, warte doch mal, du komischer Vogel! Komm, hier hast du was!« Er zückte ein Päckchen Camel-Zigaretten. »Spiel uns was vor! Wir wollen das noch mal hören!«

Nur nicht reizen –!

Paul und Peter stellten sich an den Rand des Gehsteiges und bliesen ihre bescheidene Melodie. Die beiden vergnügten Männer hörten zu, plötzlich nachdenklich. Ein dichter Kranz von Menschen sammelte sich ringsum. Mit einem Male entdeckte Peter O-koë am äußeren Rand des Ringes der Zuschauer; sie war also in der Nähe geblieben, um den Bruder und die »Wallfahrer« nicht aus den Augen zu verlieren. Noburu hielt sich dicht hinter den beiden Angeheiterten. – O-koës Augen waren weit geöffnet. Peter erkannte die Angst, die aus ihnen sprach; er blies verzweifelt auf seiner Flöte ebenso wie Paul. Vielleicht wurde den beiden Neugierigen aus Oklahoma – oder wo sonst sie herstammten – das Konzert mit der Zeit zu langweilig. Aber der das Auto gesteuert hatte, wischte mit einer fahrigen Gebärde alles Bisherige beiseite und verlangte unwirsch:

»Nun hört auf mit der Pieperei! Nun nehmt man den Strohtopp vom Kopf. Ich will mal sehen, was ihr für Brüder seid. Und dann muß ich das Ding selber mal aufsetzen, und du mußt mich fotografieren, Jack! Mensch, die lachen sich zu Hause krank!«

Die Idee begeisterte sie gleich wieder zu brüllendem Gelächter. Aber Paul und Peter wehrten ab; es war noch nicht ganz dunkel, und Pauls Gesicht war von der Sonne immer noch nicht tief genug verbrannt, um als japanisches passieren zu können.

Einige der umstehenden Männer legten sich ins Mittel und versuchten den beiden Uniformierten in holprigem Englisch klarzumachen, daß ein Komuso seine Haube vor der Öffentlichkeit nicht abnehmen dürfe. Aber sie wurden beiseite gewischt:

»Ach was! Halt's Maul! Los, Jack, faß an! Ich muß das Ding aufsetzen. Wenn Bessie mich so fotografiert sieht, amüsiert sie sich königlich.«

Er rückte Peter lachend auf den Pelz und faßte nach der Haube, und Jack, der andere, versuchte das gleiche bei Paul.

Die Menge ringsum lächelte nicht mehr. Wenn die beiden Soldaten nicht so angeheitert gewesen wären, hätten sie vielleicht gemerkt, wie die Luft ringsum sich mit Feindseligkeit auflud.

Peter und Paul hatten ihre Flöten schnell im Gürtel verstaut. Als man ihnen den Korb kurzerhand vom Kopf heben wollte, hielten sie ihn am unteren Rande mit beiden Händen fest und wichen zurück. Das machte die Betrunkenen zornig, und sie drangen mit alkoholischer Hartnäckigkeit heftiger vor. Paul stolperte im Rückwärtsschreiten und wäre gestürzt, wenn die Umstehenden ihn nicht gestützt hätten. Ein alter Mann flüsterte ihm dabei zu: »Lauft lieber, sonst gibt es ein Unglück!«

Der Kreis öffnete sich wie auf Befehl. Paul und Peter suchten ihr Heil in der Flucht; hinter ihnen schloß sich der Ring von neuem. Aber das nutzte nicht viel. Die Soldaten, jetzt rauchend vor betrunkenem Zorn, brachen durch den Kreis und setzten unsicher, aber beharrlich hinter den Fliehenden her. Paul und Peter kamen nicht sehr schnell voran; sie hatten für die Stadt die formgerechten hohen Geta angelegt, in denen es sich schlecht laufen läßt. Die Verfolger holten schnell auf, hinter ihnen jammerten die beiden Blumenmädchen her; und dichtauf folgten O-koë und Noburu – aber das hofften Paul und Peter nur; sie wußten es nicht –, und natürlich ein Haufen Neugieriger, halb besorgt und halb belustigt. Noburu war es, der im Vorbeistürmen an einer Telefonzelle die Militärpolizei alarmierte.

Jack war dicht hinter Peter her. Peter fühlte sich von einer widerlichen Panik erfaßt; ihm war, als renne er um sein Leben, er verfluchte den schwarzen, heißen Korb, der ihm fast den Atem benahm; er verfluchte die ungeschickten, unnachgiebigen Geta, die ihn am Laufen hinderten. »Wenn mich der Kerl kriegt«, fuhr es ihm durch den Sinn, »wenn mich der Kerl kriegt, bin ich geliefert! Könnte ich nur besser sehen! Die Schlitze sind zu schmal!« Und schon war das Unglück geschehen; es glich auf ein Haar seinem ersten mißlungenen Versuch. Es dämmerte ja bereits; man konnte kaum noch erkennen, wohin man trat. Plötzlich rutschte das Querbrettchen unter seinem rechten Fuß in eine Spalte, unter der eine Abwasserröhre entlangführte; Peter stolperte, vermochte sich nicht zu halten und flog der Länge nach zu Boden. Der Bienenkorb, vom Schwunge fortgeschleudert, rollte in die Gosse; der Lederriemen an der Sandale war zerrissen. Und hinter ihm stand der Soldat und hielt sich den Bauch vor Lachen.

»O boy, o boy!« schrie er ein ums andere Mal, »der Kerl da, nein, wie der hingesegelt ist, o boy, o boy!« und lachte, als wollte er bersten. Seine indiskreten Absichten schien er vergessen zu haben. Die Umstehenden hielten es für das ratsamste, mitzulachen. Es war ja noch alles einigermaßen friedlich abgegangen – und lächerlich, gräßlich lächerlich war es sicherlich gewesen. Peter spürte stechende Schmerzen im Knöchel; er erhob sich mühsam, sammelte seine große Haube auf und wandte sich ab. Der Soldat lachte immer noch wie besessen. Peter nahm seinen Korb unter den Arm und bahnte sich wortlos einen Weg durch die Lachenden; gleich schirmte ihn die Menge ab. Ehe der Soldat wieder zu sich kam, mußte Peter im Dunkel verschwunden sein. Wo war Paul?

Paul war davongerannt, so schnell er konnte. Daß Peter gestürzt war, hatte er gar nicht bemerkt. Aber der Amerikaner hinter ihm in festen Schuhen war schneller. Er erreichte den Flüchtigen, packte ihn an der Schulter und zwang ihn einzuhalten. »Nicht wehren, nicht schlagen!« murmelte Paul unter seiner stickenden Kappe zu sich selbst. Der Soldat keuchte, halb zornig, halb außer sich vor Vergnügen:

»Ich will wissen, ob du wirklich kein Gesicht hast. Los, nimm das Ding ab!«

Paul, nach Atem ringend, klammerte sich mit beiden Händen an den Rand der Kappe. Wie sein Widersacher es fertigbekam, wußte er hinterher selbst nicht anzugeben: plötzlich stand er ohne Haube da. Der Soldat starrte ihn sprachlos an; auch die Umstehenden starrten. Der Angreifer fand endlich Worte:

»Junge, ein Weißer, nicht möglich!«

und wurde plötzlich nüchtern:

»Ein Spion! Warte, du Bastard! Du kommst mit auf die Wache. Dich müssen wir einmal näher unter die Lupe nehmen.«

Griff mit der Rechten Pauls Kimono über der Brust grob zusammen und wollte ihn mitschleppen.

Mit einem Male war O-Koë da und herrschte den Mann an:

»Lassen Sie ihn los! Auf der Stelle! Er ist aus Sachalin! Ein Halbjapaner!«

Aber der Soldat schob sie beiseite, und als sie sich ihm entgegenstellte, hob er die Hand –

und rollte urplötzlich in die Gosse.

O-koë hatte nicht umsonst Judo gelernt –.

»Komm fort, schnell! Da hinten! Militärpolizei!«

Ehe der überraschte Krieger sich wieder aus dem Rinnstein aufgesammelt hatte, waren Paul und O-koë in die nächste Schiebetür gesprungen. Schon flog sie hinter ihnen zu. Eine bewegliche Frau sagte erregt: »Da durch, dann durch den Garten; über den Zaun! Und dann über den Holzplatz; die Straße dahinter führt links hinunter zum Hafen.«

Vor dem Haus gellte die Polizeisirene.

Paul und O-koë rasten durch den Garten. Paul hob das Mädchen über den niedrigen Zaun. Der Holzplatz! Die Hinterstraße! Hier stießen sie mit Peter und Noburu zusammen.

»Hast du O-kotoba gefunden, O-koë?«

»Ja, sie erwartet uns. Es ist nicht weit, hier entlang!«

Zehn Minuten später rauschte hinter ihnen eine Tür ins Schloß. Die vier trugen ihre noch vorhandenen Geta mit ins Innere des Hauses, vor der Tür konnten sie sie vielleicht verraten.

Die alte gute Stimme der Amah klang Paul unendlich vertraut in den Ohren, als sie in einem der hinteren Räume des Hauses ertönte:

»Meine ehrenwerten Gäste, seid willkommen unter unserem ärmlichen Dach. Das Bad ist gerüstet.«

Zwei Stunden später hockten sie mit Shimako Mankei, dem Fischer, und Shimako O-kotoba, seiner Frau, im dunklen Hinterzimmer und berieten. Es war kaum anzunehmen, daß die Polizei der Behauptung der beschwipsten Soldaten, unter der Haube hätte sich ein Weißer verborgen, Glauben schenken würde.

»Wissen, mit Bestimmtheit wissen kann man es nicht, ob die Polizei nicht doch eine Nachsuche veranstaltet. Wir dürfen nichts riskieren«, sagte Paul.

Noburu meinte verdrossen:

»Ihr habt wenigstens euer Papier, auch Paul; es erklärt sein unjapanisches Aussehen zur Genüge. Aber ich – wenn ich nach meiner früheren Truppe gefragt werde, was antworte ich? Wenn sie mich in die Zange nehmen –? Ich möchte nicht in die Zange genommen werden –.«

Peter fiel ein, wütend:

»Und wenn sie mich hopp nehmen, den Bienenkorb setze ich mir nicht mehr auf! Ich habe die elende Bettelei satt und die Haube und die Holzsandalen dazu! Wir müssen über See weiterreisen, nicht mehr zu Lande! An Land nimmt unsere Fahrt früher oder später ein Ende mit Schrecken!«

Die alte Frau klagte:

»Übersetze, was sie sagen, Palu-san. Ach, ihr dürft nicht so bald wieder fortgehen. Ich habe tausend Nächte an dich gedacht. Du mußt noch hierbleiben, wir haben so viel zu erzählen.«

Paul begütigte:

»Wir sind in Gefahr, wir alle vier. Du hast uns gerettet, O-koto-ba-san, du und dein ehrenwerter Gemahl, der Herr Shimako! Es kommt noch einmal die Zeit, in der ich dir alles vergelten werde. Aber jetzt mußt du uns weiterhelfen, je schneller, je besser!«

»Aber wie, mein lieber junger Kiefernzweig? Wie soll ich euch weiterhelfen. Wir sind arme Leute.«

»Bitte deinen Mann, uns nach Tsuruga zu segeln, dort haben O-koë und Noburu Verwandte wohnen.«

Der Fischer fiel bestürzt ein:

»Das ist viel zu weit. So weit darf ich nicht fahren! Wenn ich gefaßt werde, nehmen sie vielleicht mein Boot.«

Stillschweigen folgte. Nur das schwere Atmen der Frau war vernehmbar; sie hätte wohl gerne eingegriffen; aber der Respekt vor ihrem Manne verbot es ihr. Paul nahm das Wort:

»Wir sind Seeleute, Shimako-san. Wir brauchen nicht in den Küstengewässern hängenzubleiben. Wir könnten weit draußen, außerhalb der Dampferlinien, nach Süden kreuzen. Wir könnten tagsüber den Mast und die Segel flach ins Boot nehmen und uns

treiben lassen; so wären wir nur aus allernächster Nähe zu entdekken. Wir segeln dann doppelt so lange; aber man wird uns nicht
aufhalten. Geschieht es doch, so geben wir uns als Schiffbrüchige
aus. Alles, was uns verraten könnte, verstecken wir außenbords in
einem wasserdichten Behälter. Und dann, Shimako-san, wir sind
nicht arm. Wir würden viel darum geben, so schnell wie möglich
nach Süden zu gelangen.«

Der Fischer antwortete nicht; aber jeder spürte durch die Dunkelheit, wie der Mann aufhorchte.

Noburu flüsterte leise:

»Wir rechnen nicht, Shimako-san. Wir sind in Gefahr. Ich biete
fünfhundert Yen, Shimako-san!«

Im Dunkeln war zu vernehmen, wie der Fischer fast erschrocken
den Atem einsog. Er murmelte:

»Fünfhundert Yen – bei allen Wandlungen der Gottheit! Fünfhundert Yen! So viel verdiene ich kaum in einem Jahr.«

»Wir zahlen dir die Hälfte hier, die andere Hälfte in Tsuruga!«

»Ihr müßt mir die ganze Summe vorauszahlen! Denn wenn man
auf der Rückfahrt so viel Geld bei mir findet, hält man mich für
einen Schmuggler.«

Die alte Amah sagte verhalten: »Ihr könnt uns vertrauen. Ich
habe Palu-san auf meinen Armen gewiegt und habe ihn hundertmal
beschützt, als er heranwuchs –.«

Paul erwiderte ebenso: »Ich weiß es, liebe O-kotoba-san. In
euren Händen sind wir sicher.«

Es war alles schon so gut wie beschlossen.

Peter fragte noch, ob die Shimakos irgendeine Gelegenheit wüßten, Briefe nach Amerika abzusenden. Peter sagte weiter:

»Du solltest auch versuchen, Paul, einen Brief an deine Eltern
nach Bangkok zu richten; sie könnten uns nach Tsuruga oder nach
Shanghai postlagernd antworten. Sie helfen uns vielleicht auf ganz
einfache Weise weiter. Ich habe inzwischen auch an Mrs. Hennie
Baker geschrieben. Das lag mir dauernd auf der Seele, Paul. Ich oder
wir können sie nicht länger warten lassen. Auch an die alten Sakuras
nach Vernon, B. C., habe ich geschrieben. Wir haben ihre Kinder
gefunden. Das müssen sie erfahren. Und dann habe ich noch einen
Dank- und Abschiedsbrief verfaßt an Ma Lincoln in Lexington,
USA. Die Briefe trage ich auf der Haut; sie sind gefährlich, wenn sie
bei mir gefunden werden. Ich muß sie loswerden. Und dann noch
eins: ehe wir wieder in See gehen, müssen wir uns mit wasserdichten

Behältern versehen, um unsere Wertsachen darin aufzuheben; am besten wären Gummibeutel, die man sich um den Leib bindet –.«

Die alte Frau erwiderte eifrig:

»Meine Schwiegertochter – weil sie vor dem Kriege auf der Schule einen Preis für ihr gutes Englisch bekam –, die ist als Aushelferin am Feldpostamt der Amerikaner in Niigata angestellt. Vielleicht kann sie eure Briefe in einen Luftpostsack nach Amerika schmuggeln. Briefmarken sind ja nicht notwendig. Ich will gern nach Niigata fahren, um ihr die Briefe anzuvertrauen.«

Paul sagte:

»Wenn es nicht glücken sollte, vernichte die Briefe! Peter hat recht. Ich will noch heute abend an meine Eltern schreiben.«

Der Fischer stellte fest:

»Wasserdichte Beutel mache ich euch unterwegs aus Fischblasen. Wir Fischer benutzen sie seit alten Zeiten, wenn wir wichtige Papiere oder wertvolle Dinge über See mitnehmen müssen.«

Noch bevor der nächste Morgen graute, ruderte mit umwickelten Riemen ein Fischerboot aus dem versandeten Hafen von Sakata. Die Strömung in der Mündung des Mogami-Flusses half den Fliehenden, unbemerkt die offene See zu erreichen. Dort erst stiegen die Segel. Hart am Süd-Monsun, der schon zu wehen begonnen hatte, nahm das Boot Kurs nach Osten. Der Monsun brachte Nebel und warmen Regen. Für Wochen waren diesiges Wetter, gleichmäßig starker Wind aus Süden und schlechte Sicht zu erwarten.

Erst am dritten Tag begann das Boot nach Süden aufzukreuzen. Zwei Wochen später – ehe es noch tagte – segelte das Boot bei ruhigem Wetter Hayase an, eine kleine Stadt bei Tsuruga, setzte drei Männer und eine Frau an Land und wendete sofort wieder in die offene See, über der das erste Grau des Morgens aufdämmerte.

Sechzehntes Kapitel

Der Weg vom Strande bei Hayase, wo der Fischer Shimako seine vier Passagiere gelandet hatte, um ängstlich und ohne Aufenthalt gleich wieder in die allmählich aufglänzende Wakasa-Bucht hinein davonzusegeln – dieser Weg zu dem recht großartigen, hoch umzäunten Anwesen des Herrn Sakura Iwao war der letzte, den

Paul und Peter in der Tracht und unter der Haube japanischer Bettelmönche zurücklegten.

Die beiden Komuso bauten sich, wie sie es nun schon oft genug getan hatten, neben dem mächtigen Tore auf und bliesen ihr Lied. Noburu hatte sich von Paul den Empfehlungsbrief des kanadischen Herrn Sakura, seines Vaters, geben lassen und vom Pförtner verlangt, den Herrn dieses stolzen Hauses, den Bruder seines Vaters, seinen und O-koës Onkel, eben Herrn Sakura Iwao, sprechen zu dürfen. Trotz der immer noch ungewöhnlichen Tageszeit war Sakurasan sofort am Tor erschienen, hatte die vier Wallfahrer wortreich willkommen geheißen und ins Innere seines Besitztums eingeladen.

Sakura Iwao, ein beleibter, um nicht zu sagen feister Mann, trug sich europäisch vom Scheitel, dem haarscharf gezogenen, bis zu den dicken Gummisohlen seiner amerikanischen Schuhe. Paul und Peter waren verdutzt, als sie ihre wohlgelernten japanischen Verbeugungen und Begrüßungen nicht an den Mann zu bringen vermochten, denn dieser Sakura schien die gesetzten, ein wenig langatmigen Sitten seines Landes nicht besonders zu schätzen; er begrüßte die Bettelmönche, als er sie erst einmal in ein Empfangszimmer geleitet hatte, in dem sich keiner mehr die Schuhe auszog, außerdem Stühle, Tische, Teppiche, Schränke und ein pompöser Kronleuchter abendländischen Komfort vortäuschten, ja, zu Paul und Peters Erstaunen begrüßte Sakura sie mit Handschlag und sagte dazu:

»Glad to meet you, Mr. Bolt. Glad to meet you too, Mr. Knapsack!«

Und dann bot er ihnen aus einer Originalpackung Chesterfield-Zigaretten an; zugleich vertröstete er sie auf ein reichliches Frühstück, das ihnen nach dem Bade serviert werden sollte. Dabei glänzte sein gelbes, großes, glattes Gesicht, aus dem kleine schlaue Augen blickten, vor Wohlwollen, Großspurigkeit und sehr versteckem Mißtrauen.

Außer wenigen englischen Floskeln, die Sakura Iwao gleich in den ersten fünf Minuten loszuwerden verstand, beherrschte der Japaner die englische Sprache nicht; die weitere Unterhaltung vollzog sich auf japanisch. So war Peter wiederum ausgeschaltet. Er kam sich völlig verdreht vor, wie er da in klassischem Komuso-Kimono, den Bienenkorb neben sich am Boden, auf einem völlig europäischen Stuhle, nicht etwa mehr auf den Bambusmatten, an einem schweren Eichentisch saß und eine amerikanische Zigarette rauchte. »Verrücktes Durcheinander«, stellte er bei sich fest. »Wir müssen uns bald nach

unseren Koffern umsehen. Vielleicht können wir hier endlich
wieder Hosen und Schuhe tragen; dieser Sakura-san scheint Wert
darauf zu legen. Anscheinend weiß er nichts vom Hunger. Ziga-
retten und ein Auto hat er auch, wenn mich die Spuren im Sand
der Hauseinfahrt nicht getäuscht haben! Diese Familie Sakura
scheint sehr wandlungsfähig zu sein. Nun, wir wollen nichts
dagegen haben. Er wird uns weiterhelfen, irgendwie; er scheint
mit vielen Wassern gewaschen zu sein, der dicke Kerl! Und solch
eine Zigarette nach so vielen trockenen Tagen – sie paßt zwar
nicht zum Komuso – aber schmecken tut sie doch, und wie!«

So hatten sich also Peter und Paul und auch Noburu und O-koë
bei Herrn Sakura Iwao niedergelassen. Den beiden Freunden war
der weiträumige Landsitz zwischen Tsuruga und Hayase ein
wenig unheimlich. Die vier »Wallfahrer«, wofür sie bei den
Bedienten immer noch galten, wohnten abseits im Park in einem
Gästehaus, das aus zwei Räumen, einem Bad und einer kleinen
Küche oder Anrichte, einer Mizuya, bestand. Dies Häuschen war
noch durch und durch japanisch; es zeigte sich auch sorgsam
gepflegt, wenn es wohl auch schon lange nicht mehr benutzt
wurde, denn Sakura und seine Freunde bevorzugten abendländische Lebensweise – oder was sie sich darunter vorstellten.
 Paul und Peter hielten nach außen hin den Anschein vornehmer
büßender Wallfahrer aufrecht, die sich hier zu längerer Rast auf-
hielten; Noburu und O-koë allein führten im Vorderhaus die
Verhandlungen mit dem Onkel, pflegten die Beziehungen zu den
wenigen weiteren Verwandten.
 Wenn die Sorge und Ungewißheit nicht gewesen wären, wie
hätten Paul und Peter diesen uralten Park, dies versteckte, träumerische Häuschen genossen! Ist doch die Landschaft hier
berühmt ob ihrer Schönheit; schon der große Basho hat sie in
seinem Wanderbuch Oku no Hosomichi gepriesen.
 O-koë hatte ein Exemplar dieses Buches in ihres Onkels
Bibliothek aufgetrieben und eines Abends, während nebenan Paul
sich von Noburu über die Geschäfte seines Onkels unterrichten
ließ und die Zukunft besprach, zeigte sich O-koë bereit, Peter
einen Abschnitt aus dem Reisetagebuch zu übersetzen.
 – Plötzlich klang von nebenan die Stimme Pauls:
»Ihr beiden Nachtschwärmer, wollt ihr nicht herüberkommen?
Wir haben Wichtiges zu besprechen.«

Peter erhob sich. O-koë klappte das alte Buch wieder zu und schloß das Schiebefenster. Dann hockten sie sich zu Noburu und Paul und berieten.

Sosehr Sakura Iwao auch darauf aus war, die Feste zu feiern, wie sie fielen, sowenig er sich ein Gewissen daraus machte, kostbare japanische Kunstgegenstände gegen harte Währung auf chinesischen Dschunken ins Ausland zu verschieben, sosehr er sich für einen modernen Geschäftsmann hielt, der bereit war, mit allem und jedem zu handeln, was nur mangelhaft vorhanden war, der sich nicht scheute, auf kleinen, harmlos chinesisch getakelten Seglern Menschen aus Japan hinaus-, andere hereinzuschmuggeln – so wenig war er doch imstande, die Bande der Familie zu verleugnen. Wenn das Oberhaupt der Sippe, der alte Sakura in Hakodate, befohlen hatte, diese vier jungen Menschen unversehrt ins Ausland zu schaffen, so blieb Sakura Iwao gar nichts weiter übrig, als sein Äußerstes zu tun, diesem Befehl nachzukommen.

In den nächsten Tagen erscheint hier vor der Küste außerhalb der Dreimeilenzone ein chinesischer Segler aus Hangchow, um irgendwelche verbotenen Waren anzuliefern und um kostbare Lackarbeiten und Rollbilder, die nicht ohne weiteres außer Landes gebracht werden dürfen, mitzunehmen. Die Dschunke segelt dann nach Shanghai. Sakura Iwao meint, uns für sechshundert Dollar sicher nach Shanghai verfrachten zu können. Das ist ein wahnwitziger Preis; aber die chinesischen Kapitäne nutzen natürlich eine Notlage wie die unsere aus. In Shanghai können wir untertauchen. Von dort werden wir nach Siam, O-koë nach Kanada weitergelangen, wenn uns die Dschunke nicht vielleicht für Geld und gute Worte gleich nach Formosa bringt, wo die Verwandten O-koës und Noburus wohnen. Noburu weiß nicht, ob er weiter mit uns mitkommen soll. Denn wenn wir mit der Chinesendschunke nach Shanghai gondeln, ist O-koë schon so gut wie in Kanada. Der Onkel hat Noburu angeboten, ihm einen als Fischerboot getarnten Schmuggelkutter anzuvertrauen; nach Korea hinüber und herüber gäbe es viele lohnende Fahrten und Frachten.«

Noburu warf mürrisch dazwischen:

»Ich habe meinem Großonkel versprochen, so lange bei meiner Schwester zu bleiben, bis ich sie anderen Verwandten anvertrauen kann. Ich mag am Jammer der anderen kein Geld verdienen.«

Peter beschloß das Gespräch:

»Ich finde, daß es nichts weiter zu überlegen gibt. Mit den

Chinesen auf der Dschunke werden wir fertig werden. Sechshundert Dollar sind ein Haufen Geld. Aber wenn wir erst Japan hinter uns haben, werden wir freier atmen. Ich freue mich schon auf den Augenblick, in dem ich meinen Komuso-Bienenkorb im Meer versenken werde, wo es am tiefsten ist. Ich muß zusehen, unsere Koffer von der Bahn hierherzuschaffen. Sakura Katsumi hat sie als Frachtgut nach Tsuruga aufgegeben. Unsere beiden Pistolen liegen hoffentlich noch drin; sie waren in die wollenen Strümpfe gepackt. Und dann mache ich mich wieder als amerikanischer Seemann auf, nehme Pauls und meine Mitgliedskarte von der Seemannsgewerkschaft und frage nach Post für uns. Sakura Iwao muß mich mit dem Auto nach Tsuruga hineinfahren und sich bereit halten, mich gleich wieder hinauszuschaffen, falls mir auf dem amerikanischen Postamt zuviel dumme Fragen gestellt werden.«

Paul erwiderte: »Es stimmt, was du sagst, Peter. Wir können es uns gar nicht leisten, wählerisch zu sein. Wenn wir vorsichtig wären, müßten wir uns weiter über Land nach Koye bei Nagasaki durchschlagen, aber ich habe die Lust verloren nach dem Vorfall in Sakata.«

Peter zitterte innerlich, als er das amerikanische Postamt betrat und nach postlagernden Briefen für Peter Tolb und Paul Kaspank fragte. Der junge Mann in Uniform sah sich wenig interessiert die beiden Ausweise an, fragte:

»Neues Schiff im Hafen, wie?«

»Ja, gerade eingelaufen!« erwiderte Peter kurz angebunden. Der Beamte kramte einen Stapel Briefe durch:

»Nichts für Kaspank. Einer hier für Tolb. Gestern angekommen.«

»Danke! Mach's gut!«

Schon stand Peter wieder auf der Straße, schwenkte schnell um die nächste Ecke, wo Sakuras Ford wartete, ließ sich tief in den Sitz rutschen, damit von draußen nichts weiter zu sehen war als seine Allerweltskappe, und bat Sakura Iwao, der ihn als vorsichtiger Mann selbst hergefahren hatte, sich zu beeilen; denn wer wollte wissen, ob nicht der Schwindel plötzlich platzte.

Nichts für Kaspank – Pauls Eltern hatten also nicht geantwortet. Vielleicht war es ihnen zu gefährlich gewesen; vielleicht hatten sie ihre Antwort nach Shanghai gerichtet. – Aber trotzdem spürte Peter eine Last auf sein Herz sinken: wenn Pauls Eltern gar nicht mehr in Bangkok lebten – in den Jahren des Krieges konnte sich viel ereignet haben! Wenn sie nun beide, Paul und Peter, einem Ziele zustrebten, das in Wahrheit gar keines mehr war? Peter strich sich mit der Hand schwer über die Augen und Stirn: man durfte nicht zuviel nachdenken! Vielleicht fand Paul seine Eltern gar nicht mehr in Bangkok! Wo sollen wir dann hin, wir beide? Nach Afrika ist es noch weit – und haben doch fest damit gerechnet, im Land der Thai Hilfe zu finden! Ach, nicht mehr nachdenken! Man wird verrückt, wenn man überlegt, was alles geschehen kann oder geschehen sein könnte!

Halb gedankenlos hatte er den an ihn selbst gerichteten Brief geöffnet. Während das Auto die Paßhöhe gewann, welche die Straße zwischen Tsuruga und Hayase zu überwinden hat, las Peter die folgenden Zeilen – sie waren in englischer Sprache geschrieben:

»Spokane, Wash. 2. 5. 46.

Sehr geehrter Herr Tolb!

Ihr Brief an meine Schwägerin Hennie Baker hat diese nicht mehr erreicht. Auf den Rat hin, den Sie schon in Ihrem ersten Telegramm erteilten, hat sich Hennie die bedeutenden Guthaben auszahlen lassen, die mein verstorbener Bruder bei der Alaska-Straßenbau-Gesellschaft hinterlassen hatte. Meine Schwägerin ist hier in Amerika nie recht froh geworden; aber solange sie noch auf die Heimkehr ihres Mannes hoffte, blieb sie hier. Nun wird mein Bruder also nie mehr in sein hübsches Haus zurückkehren. Meine Schwägerin hat es mir überschrieben. Sie selbst ist, was ihr schon lange vorschwebte, nach Kapstadt in Südafrika abgereist, wo ihre beiden Brüder tätig sind. Sie hat immer noch mit einem ausführlichen Bericht von Ihnen gerechnet, aber schließlich nicht mehr länger warten wollen und können. Ich vermutete wohl richtig, wenn ich annahm, daß Ihr dicker Brief diesen Bericht enthielt. Ich habe ihn daher gleich nachgesandt, obgleich ich auch selbst gern im einzelnen erfahren hätte, wie mein Bruder gestorben ist. Die Adresse meiner Schwägerin lautet:

Mrs. Hennie Baker
c-o Mr. Albert Krug
Fleetwood Ave.
Claremont
Capetown, Union of South Africa

Mit besten Grüßen bin ich Ihre

Clara Baker«

Peter las diesen Brief, und es fuhr ihm durch den Kopf, ich besitze immer noch Bills Entlassungsschein und die Blätter des Tagebuches aus Bill Bakers Paß. Ich weiß immer noch nicht, ob die Notizen deutsch oder englisch stenografiert sind – und hier in Japan werde ich das auch nicht erfahren. Nun reist also mein langer Brief über Bills letzte Tage nach Afrika weiter. Auch ich will nach Afrika. Vielleicht schreibe ich ihr nach Kapstadt. Sonst kann sie mir abermals nicht antworten –!

Peter schüttelte den Kopf: verwirrte Welt, wirklich! –

Als Paul erfuhr, daß seine Eltern nicht geschrieben hatten, wurde er sehr ernst. Aber auch er sagte schließlich:

»Man soll nicht zuviel nachdenken. Wir wollen machen, daß wir weiterkommen, und dem Rätsel an Ort und Stelle auf den Grund gehen. Wir haben gar keine andere Wahl!«

Am vierzehnten Tage nach der Ankunft in Hayase erschien spät am Abend – O-koë hatte sich bereits schlafen gelegt – unerwartet Sakura Iwao bei Paul, Peter und Noburu. Sakura verkündete: »Die Dschunke ist eingetroffen. Heute nacht bringen meine Leute in kleinen Booten die Ladung an Land. Ich habe bereits mit dem Kapitän verhandelt. Er wird euch mitnehmen. Das halbe Geld für die Überfahrt nach Shanghai könnt ihr mir aushändigen. Ich erledige alles weitere.«

»Weiß der Chinese, daß wir Geld bei uns tragen?«

»Ich habe ihn im unklaren gelassen. Ihr zahlt ihm den Rest der Passage kurz vor der Ankunft. Er wird natürlich vermuten, daß ihr noch mehr Geld bei euch habt. Seid vorsichtig! Bei Geschäften wie diesem gibt es weder Gesetz noch Recht!«

»Wieviel Mann Besatzung führt die Dschunke?«

»Eigentlich fünf. Drei davon sind meine Leute, das heißt, sie werden von mir bezahlt, mehr nicht. Ich behalte sie hier. Dann ist Wong Tso-lin auf seinen Bruder Tshin-wei und auf euch drei angewiesen; ihr habt dann auf alle Fälle das Übergewicht.«

»Das klingt ziemlich verdächtig, Sakura-san!«

»Ist es auch. Die Zeiten sind dunkel. Die Meere sind tief. Man muß die Augen offenhalten und sich seiner Haut wehren.«

»Das sind wir gewohnt, Sakura-san! Hier sind dreihundert Dollar!«

Der beleibte Mann griff danach und zählte die Scheine durch. Peter täuschte sich nicht: Sakuras Hände zitterten leicht dabei. Er sagte heiser:

»Bindet euch das Geld wasserdicht um den Bauch! Seid vorsichtig, mißtrauisch, dreimal mißtrauisch! Der Kapitän ist nicht mit euch verwandt, auch nicht befreundet –! Ich will noch dafür sorgen, daß ihr chinesische Kleider an Bord vorfindet. Man braucht von vorüberfahrenden Schiffen nicht zu bemerken, daß Europäer an Bord sind. Aber für Noburu und O-koë werde ich auf alle Fälle auch europäische Kleider mitgeben.«

»Wann gehen wir an Bord, Sakura-san?«

»Ich bringe euch mit dem letzten Boot hinüber, habe der Dschunke einige sehr kostbare Stücke anzuvertrauen. Haltet euch für zwei Uhr morgens bereit!«

Das schwere Segelboot mit den hohen Aufbauten an Bug und Heck erwies sich schon in den ersten Tagen der Reise als see- und segeltüchtig. Der »Kapitän«, ein sehniger gelber Kerl, der tagaus, tagein in einem zerfetzten, ehemals weißen Leibchen und speckigen schwarzen Kattunhosen herumlief, verstand sein Geschäft. Er hatte anfangs seine drei männlichen Passagiere wie Matrosen behandeln wollen; auch sein Bruder, der Maat, hatte es mit groben Kommandos versucht. Aber Paul hielt ihn ruhig und kühl in den Schranken, die er für richtig hielt. Weder Wong, der Kapitän, noch sein Bruder lachten jemals, als fürchteten sie, sich damit etwas zu vergeben.

»Ich komme mir vor wie auf einem Pulverfaß!« sagte Peter schon nach dem ersten Tage der Fahrt. Aber Paul hatte geantwortet:

»Chinesen dieser Sorte halten Freundlichkeit oder Vertraulichkeit oder gar Freigebigkeit für Schwäche und Dummheit. Japan und China – sie sind verschieden wie Tag und Nacht. Solange sie uns achten und fürchten, geschieht uns nichts. Am richtigsten behandelt sie Noburu.«

Noburu begegnete ihnen mit eisiger Nichtachtung – eine Haltung, die Peter keineswegs mit gleicher Vollkommenheit beherrschte und die auch Paul nicht ganz zustande brachte.

Die drei Passagiere waren selbst Seeleute genug, um zu wissen, wie die Dschunke zu segeln war. Das hohe viereckige Hauptsegel und die beiden kleineren im Bug und im Heck waren einfach zu setzen und zu streichen. Die Dschunke ließ sich erstaunlich leicht halsen und kreuzte flink gegen den stetigen harten Süd und Südost. In einer bewölkten Nacht stießen sie durch die Korea-Straße; sie hatten keine Lichter gesetzt. Die Leuchtfeuer der Tsu-Inseln zogen langsam an Steuerbord vorüber. Als letztes blieb das Feuer von Kap Ko zurück, verglimmte unendlich zögernd und verlosch lange nicht.

Als der Morgen graute nach dieser Nacht voller Spannungen und Ängste, denn mehr als einmal hatten die Scheinwerfer der Kontrollboote den Horizont umblitzt – und wer wollte sich dafür verbürgen, daß die Polizei in den japanischen Meerengen die zweifelhafte Flagge der chinesischen Nationalregierung respektierte –, als endlich der Morgen sich über den immer länger und runder anrollenden Wogen hob, da hatte die Dschunke schon annähernd die Höhe der großen Insel Quelpart erreicht.

Wong hatte erkennen lassen – nie gab er klaren Bescheid, wenn Paul ihn fragte, aber die Passagiere waren mit einer guten Seekarte versehen –, daß er noch einen Tag lang nach Süden kreuzen wollte, um von den japanischen Küsten freizukommen, und daß er dann erst vorhatte, hart am Winde auf klaren Westkurs abzudrehen und die Mündung des Yang-tse anzusteuern.

Es passierte etwas sehr Sonderbares und Verdächtiges an diesem Morgen. Als O-koë zum Süßwasserfaß ging wie jeden Morgen – sie hatte die Seekrankheit schon überwunden –, entfuhr ihr ein Schreckensschrei, der sofort Peter und Noburu herbeirief. Das Faß war mit breiten Eisenbändern auf einem starken Holzlager dicht unter der Back befestigt. Im Vorschiff schliefen die beiden Chinesen; den Passagieren hatten sie das Quarterdeck überlassen.

Paul erkannte entsetzt, was geschehen war; O-koë war kein Mädchen, das grundlos schrie. Der Spund war aus dem Faß herausgestoßen und der ganze Vorrat an Trinkwasser ausgelaufen. Bald erschien auch der zerlumpte Kapitän. In seinem fahlen, fleischlosen Gesicht zuckte kein Muskel; er hob die Achseln:

»Großes Unglück!« sagte er sonderbar gleichmütig. »Großes Unglück! Spund hat sich herausgearbeitet. Bloß noch vier, fünf Tage nach Shanghai! Das halten wir schon aus. Bald brauchen wir nicht mehr zu kreuzen; dann kommen wir schneller voran.«

Er sprach mit seinen Passagieren stets in unvollkommenem Chinesisch, als wäre das für die Fremden leichter verständlich.

Die Freunde und Noburu ließen sich auf keine Debatten ein. Sie traten unter dem Heckmast zusammen und berieten sich. Paul meinte trocken:

»Ich war schon längst auf eine Teufelei gefaßt. Ich wußte nur nicht, was es werden würde. Nun wollen uns also die Kerle das Trinkwasser entziehen. Wenn wir noch fünf Tage nach Shanghai unterwegs sind – so lange halten wir es ohne Wasser nicht aus.«

»Sprich nicht so laut, Paul!« mahnte Peter. »Der Kapitänsbruder steht oben am Ruder.« Peter hatte sich an die chinesischen Namen nicht gewöhnen können oder wollen. Er redete stets nur ironisch von dem »Herrn Kapitän« und dem »Kapitänsbruder«.

Noburu sagte: »Natürlich haben die beiden noch Wasser irgendwo in ihrem Quartier versteckt. Sie werden es uns teuer verkaufen, wenn wir erst dursten. Es ist ein alter Trick unter den vielen Tricks der China-See.«

Paul erwiderte: »Die Sache ist ganz einfach: wir haben bis jetzt die Dampferrouten gemieden. Wenn wir uns einen halben Tag lang weiter südwärts halten, müssen wir die Route Shanghai-Nagasaki und noch weiter im Süden die Route Shanghai-Yokohama erreichen. Es sollte uns gelingen, einen Dampfer anzuhalten und uns für ein paar Tage mit Frischwasser zu versehen.«

Peter fiel ein: »Der Kapitän glaubt natürlich, wir trauten uns an keinen europäischen oder amerikanischen Dampfer heran. Er wird sich wundern. Wir könnten die entsprechenden Flaggen des Signalbuches setzen, aber von Signalflaggen hat sich die wackere Dschunke sicherlich nie etwas träumen lassen. Wir müßten also einen Dampfer bis auf Rufweite angehen, damit er beidreht. Im allgemeinen stoppt ja wohl kein Dampfer seine Maschinen wegen einer schmutzigen Dschunke; aber wir werden es schon irgendwie zustande bringen.«

Noburu knurrte: »Ich werde dem Herrn Kapitän einmal den Standpunkt klarmachen.«

Die anderen blickten ihm nach, wie er breitbeinig und sicher über das wankende Deck zum Vorschiff stelzte und auf den Kapitän einzusprechen begann, der sich immer noch an dem Wasserfaß zu schaffen machte. Es war bald zu erkennen, daß der Kapitän sich halsstarrig zeigte. Noburu kehrte zornig zurück, mit bösen Augen:

»Er weigert sich; er sagt, er könnte es nicht wagen, einen Dampfer anzuhalten. Doch will er früher, als er vorhatte, auf Westkurs abdrehen, um möglichst schnell die Yang-tse-Mündung zu gewinnen. Ich habe ihm gesagt, wir ließen ihm fünf Minuten Zeit, sich zu entscheiden. Dann würden wir Gewalt anwenden. Der

Schurke weiß genau, daß wir bis Shanghai nicht ohne Wasser auskommen.«

Peter sagte leise: »Geh in die Kajüte, O-koë, und riegle dich ein – für den Fall, daß es zum Kampf kommt.«

O-koë sagte: »Ja, Pita-san!« senkte das Haupt und trat in das Logis im Quarterdeck.

Paul sagte: »Wir fragen ihn gar nicht. Du gehst ans Ruder, Noburu, und wir an die Segel. Wenn Tsching-wei Widerstand leistet, wirf ihn uns die Treppe herunter; du wirst das mit einem Judogriff schon schaffen. Wir bringen das Schiff an den Wind und dann: klar zum Halsen!«

Noburu setzte mit drei Sprüngen die Treppe hinauf aufs Achterdeck. Der Rudergänger wollte den langen Hebelarm nicht hergeben. Noburu stieß einen wilden Schrei aus, griff zu und gleich danach kollerte der Chinese aufs Hauptdeck hernieder. Er erhob sich und hinkte nach vorn. Die drei Männer brachten das Schiff in wenigen Minuten auf den gewünschten Kurs. Die Chinesen versuchten nicht, es zu hindern; anscheinend hatte der Kapitän nicht geglaubt, daß die Männer wirklich Gewalt anwenden würden. Der Übermacht beugte er sich, er war ein Chinese und blieb nüchtern. Er ließ zu, was er nicht vermeiden konnte.

Schon drei Stunden später wurde eine Rauchfahne am Horizont sichtbar. Der Himmel hing voll treibender Wolken, aber die Luft war klar. Die Dschunke auf ihrem neuen Kurs schlingerte nicht mehr; sie rollte behäbig. Sie hatte die Dampferroute bereits erreicht.

Der Kapitän und sein Bruder hatten nach einem kurzen aufgeregten Geschnatter wieder an den Arbeiten, die zu verrichten waren, teilgenommen, als wenn kein Streit vorausgegangen wäre. Mit gleichgültiger Kälte blickten die Chinesen an ihren Passagieren vorbei; aber da schon vorher keine Vertraulichkeit zwischen Vorschiff und Achterschiff gewaltet und nur die Arbeit die Männer gelegentlich vereint hatte, war wenig an Bord verändert.

Paul sagte zu Peter: »Sie probieren es. Mißlingt der Schachzug, so zucken sie mit den Achseln und warten die nächste Gelegenheit ab. Hätten wir uns die Wassergeschichte gefallen lassen, so wären uns die Daumenschrauben bald noch fester angezogen worden; sie hätten uns dann verachtet; jetzt respektieren sie uns; nicht wir, sondern sie haben an Gesicht verloren. Mein Vater hat mir diesen chinesischen Zug oft genug erklärt. Wir müssen jetzt auch unsererseits so tun, als ob nichts vorgefallen wäre. Dann steigen wir noch mehr in ihrer Achtung als nicht nur kluge und energische, sondern auch höfliche Leute. Das alles zusammen erst macht einen chinesischen Herrn aus. Ein etwas kompliziertes Puzzle-Spiel, das kann ich dir sagen.«

Peter glaubte es gern nach dem, was er mit diesen beiden chinesischen Piraten erlebt hatte – diese Bezeichnung verdienten sie wahrlich.

Als die Nacht sank, rollte die Dschunke an einem Dampfer vorüber, der ostwärts zog. Paul und Peter, die von der Back Ausschau hielten, wagten nicht, sich ihm bemerkbar zu machen; sie glaubten, einen Engländer in ihm zu erkennen. In dieser Nacht setzte die Dschunke Positionslaternen; sie hatte die japanischen Gewässer endgültig hinter sich gelassen. Es schien kein Mond; die Nacht wurde also sehr dunkel unter dem Wolkenhimmel – und die Vorstellung, hier auf der Schiffahrtsstraße von einem großen Dampfer überrannt zu werden – wenn man keine Lichter ausgesteckt hatte –, war nicht sehr verlockend.

O-koë hatte noch vom Abend zuvor einen Rest kalten Tees in ihrer Kanne vorgefunden; der war tagsüber geteilt und getrunken worden. Ein wenig spürten die vier schon Durst, oder glaubten ihn zu spüren, als es Nacht geworden war, weil sie immerwährend daran dachten.

Noburu war der erste, der es merkte, daß der Wind nachließ. Erst wollten ihm die anderen nicht glauben; aber dann hißte der Kapitän die bis dahin gereffte Fock voll wieder auf. Die Seen schäumten schon nicht mehr; sie rollten rund und glatt unter der Dschunke durch. Gegen Mitternacht flappten die hohen Segel zum ersten Mal gegen die Masten, die Dschunke machte kaum noch Fahrt. Wahrscheinlich versetzte sie die Strömung nach Norden zurück.

Die Luft lag faul und schwer über der nächtlichen See. Die Dünung aus Südost rollte träger und flacher. Die Flaute drückte unheimlich. Der Kapitän schien merkwürdig erregt.

»Er meint, wir bekämen Sturm aus Nordost«, sagte Paul achselzuckend. Nur O-koë und Peter hatten sich schlafen gelegt; die Wache war an Paul und Noburu umschichtig; aber keiner von beiden verspürte Lust, sich zu legen. Paul fuhr nach einer Weile fort:

»Er sagt, wenn der Monsun gestört ist und aussetzt, dann gibt es immer Sturm. Ich wollte, es wäre erst wieder Tag und wir sichteten einen neutralen Dampfer. So versetzt uns die Strömung sicherlich so weit nach Norden, daß wir die Dampferroute verlieren.«

In der zweiten Hälfte der Nacht kam ein stößiger, fackelnder Wind aus Nord-Nordost auf, der schnell kalte Luft heranzuführen schien; die weiche Luft des Monsuns war plötzlich wie nie gewesen. Es klarte auf. Zum ersten Male, seit die Dschunke die Gewässer von Tsuruga verlassen hatte, schimmerten die Sterne am Himmel. Der Wind schralte ungewiß nach Norden hinüber; ein wenig Kreuzsee wollte sich bilden. Peter wunderte sich, daß der Kapitän das Hauptsegel fallen und nur noch Bug- und Hecksegel stehen ließ. Die Dschunke stampfte jetzt, rollte nicht mehr, kletterte auf und ab über die stetig anlaufende Dünung des versiegten Monsuns.

Es wurde hell, die Sonne kündigte sich an – zum ersten Male wieder die Sonne seit manchem Tag! Vom Osten her steckte ein Dampfer seine Schornsteine über den Horizont. Ohne daß er angewiesen zu werden brauchte, steuerte der Kapitän auf den schnell über die Kimm tauchenden Dampfer zu. Ein Frachter war es, kaum über 5000 Tonnen groß. Je näher er kam, desto deutlicher erkannten Paul und Peter, daß das Schiff einen ärmlichen Eindruck machte; der eiserne Bug zeigte Rostflecken; das Weiß der Aufbauten schien trübe und versehrt. »Das ist kein Engländer oder Amerikaner!« sagte Peter, den Paul gleich nach dem ersten Anzeichen, daß ein Schiff sich näherte, auf die Back gerufen hatte. »Es könnte ein Chinese sein oder Grieche oder sonst was Zweifelhaftes. Der Kasten sieht wenig respektabel aus. Mit dem können wir uns ruhig einlassen.«

Es dauerte nicht lange, und die Dschunke segelte – wieder unter all ihrer Leinwand, nein, ihren Mattensegeln – in spitzem Winkel auf den Kurs des Dampfers zu, der allmählich aufholte und schließlich auf gleicher Höhe, langsam überholend, im Lee der Dschunke hinrauschte. Der wachhabende Offizier des Dampfers lehnte von der Brücke und blickte, halb gelangweilt, halb interessiert, zu dem China-Segler hinüber.

»Ein Portugiese ist es. ›São Thomé‹, Heimathafen Lisboa, also Lissabon. Der paßt uns gut. Ich rede ihn portugiesisch an. So viel kann ich noch von zu Hause«, sagte Peter hastig. Er winkte aus Leibeskräften. Der verschlafene Offizier auf der Brücke wurde aufmerksam. Peter hatte eine Pappe aus seinem Koffer zu einem Sprachrohr zusammengedreht; er rief hinüber:

»Wir bitten Sie, beizudrehen; wir sind ohne Trinkwasser!«

Der Mann da drüben auf der Brücke zog ein so dummes Gesicht, als er sich von einer chinesischen Dschunke aus dem Munde eines Europäers portugiesisch angerufen hörte, daß Peter lachen mußte. Der Offizier schrie zurück:

»Wiederholen Sie, bitte! Wer sind Sie?«

»Dschunke Yüyao, Heimathafen Hangchow, auf der Reise von Tsuruga nach Shanghai. Unser Trinkwasserfaß ist leckgeschlagen und leergelaufen. Wir bitten Sie um hundert Liter Frischwasser.«

»Warten Sie! Bleiben Sie dwars von uns!«

Der Offizier verschwand. »Er holt den Kapitän aus dem Bett!« sagte Peter. Währenddessen zog das größere Schiff ungerührt weiter seinen Kurs; die Dschunke fiel langsam zurück; sie vermochte die Fahrt des Dampfers nicht mitzuhalten.

Paul, Peter, Noburu, O-koë zitterten vor Ungeduld. Die »São Thomé« schien nicht daran zu denken, abzustoppen. Die Dschunke folgte ihr nun schon im Kielwasser.

Dann aber erschien neben dem wachhabenden Offizier ein kleiner dicker Mann in Zivil mit einem schwarzen steifen Hut auf dem Kopf. Er winkte herüber. »Das muß der Kapitän sein!« sagte Peter. »Diese Frachtdampferfritzen treten manchmal so auf!«

Der Dampfer verlangsamte seine Fahrt, und die verzweifelt unter allem Zeug segelnde Dschunke holte ihn allmählich wieder ein. Der Mann in der Melone schrie durchs Sprachrohr:

»Können Sie bezahlen?«

»Jawohl!« schrie Peter zurück.

»Kommen sie längsseits in Lee und schicken Sie einen einzigen Mann mit fünfzig Dollar herüber. Wenn Sie Dummheiten vorhaben, schießen wir ohne Warnung. Wir werden Ihnen hundert Liter Frischwasser in Kanistern ausschwenken.«

Der Dampfer verhielt und wurde von der Dschunke überholt; dann ließ sich die Dschunke zurückfallen. Vom Dampfer flog eine Leine herüber; ein Seil wurde an ihr nachgezogen und festgemacht. Der Segler legte sich sachte an die Eisenwand; dicke Polster fingen den Anprall ab; eine Strickleiter wurde herabgelassen. Peter griff zu und kletterte nach wenigen Sekunden über die Reling des Dampfers. Vier Mann der Besatzung der »São Thomé« standen über der Dschunke mit schußbereiten Waffen. Der dicke Kapitän riskierte nichts. Dschunken in der China-See sind immer verdächtig, wenn sie Wert darauf legen, längsseits zu kommen.

Peter begrüßte den Kapitän lachend mit Handschlag.

»Wir sind keine Piraten, Herr Kapitän. Wir wollen wirklich nichts weiter als etwas Trinkwasser.«

»Kommen Sie!« sagte der kleine, runde Mann und führte den Gast in sein Logis. »Nehmen Sie Platz!«

»Hier sind gute fünfzig Dollar für hundert Liter Wasser. Teures Wasser, Herr Kapitän!«

Der Herr Kapitän lächelte listig aus olivgrünem Gesicht: »Wer stoppt schon gern auf hoher See! Aber fünfzig Dollar nimmt man schließlich mit. Wie kommen Sie dazu, Portugiesisch zu sprechen? Das hat uns überrascht.«

»Ich bin auf dem Wege nach Angola, wo meine Eltern eine Farm haben. Dort bin ich auch geboren. Meine Eltern sind Deutsche. Natürlich spreche ich Portugiesisch.«

»Deutscher aus Angola, sieh an, sieh an!« Der Kapitän pfiff munter durch seine schlechten Zähne. »Daher die Dschunke! Gleich lasse ich das Wasser in Kanistern ausschwenken, damit Sie ihr Faß wieder füllen können.« Der behäbig listige Mann setzte seinen steifen Hut auf, zerrte an den befleckten Aufschlägen seines sackigen Straßenanzuges und verließ die Kajüte. Peter hörte ihn ein paar Befehle erteilen. Dann trat der Herr der »São Thomé« wieder in die Kajüte, gefolgt von einem sehr verdreckten schwarzen Steward, der eine Flasche und zwei Gläser auf den Tisch stellte. Der Portugiese stellte seine offenbar unvermeidliche Melone neben sich auf den Fußboden, wo sie leise zu schaukeln begann, schenkte ein und prostete:

»Auf glückliche Heimkehr, mein Herr! Grüßen Sie mir das schöne Angola! Ich wage nicht, Sie viel zu fragen. Sie würden mir wahrscheinlich nur ungern antworten!«

Die kavalierhafte Höflichkeit des Mannes stach seltsam von seinem verwahrlosten Aufzug ab. Nicht nur List sprach aus den dunklen Augen – merkte Peter plötzlich –, sondern auch eine versteckte Langmut und Güte, wie sie alten Völkern eigen ist. Der Mann ist gar nicht so übel, dachte Peter. Um auch seinerseits zu beweisen, daß er die Umgangsformen unter seefahrenden Kavalieren beherrschte, fragte Peter über die Gläser hinweg – der beinahe schwarze Wein rann wie ein mildes Feuer über die Zunge – nach Woher und Wohin der »São Thomé«.

»Wir sind bis unter die Luken voll von Seide, Därmen und Tee. Wir kommen von Macao und Shanghai und gehen ohne Aufenthalt nach Vancouver, Seattle und Portland.«

»Nach Vancouver–?« Der Name durchfuhr Peter wie ein Schlag. Blitzartig stieg eine neue Möglichkeit vor ihm auf. Er fragte hastig:

»Herr Kapitän, wir haben eine Kanadierin an Bord. Sie will nach Hause. Würden Sie sie mitnehmen?«

Der Kapitän schien sich über nichts mehr wundern zu wollen. Er lächelte sehr breit:

»Sie meinen die kleine Chinesin, die neben Ihnen auf der Back stand. So, so – ist sie Kandadierin? Ich hoffe, ihr Paß ist in Ordnung; ich möchte keine Schwierigkeiten haben. Und dann, ein weibliches Wesen allein bei mir an Bord auf so langer Reise. Etwas kitzlige Geschichte, wissen Sie! Kann sie denn etwas bezahlen?«

»Wieviel verlangen Sie? Das Mädchen muß eine Kabine haben, die von innen sicher zu verriegeln ist, dicht neben der Ihren.«

Der Wohlbeleibte lachte: »Mich selbst halten Sie wohl nicht mehr für gefährlich, wie? Recht so, recht so! Ich habe Frau und Kinder daheim. Wir sind natürlich auf Passagiere nicht eingerichtet; sie müßte vorliebnehmen. Ich kann ihr nichts bieten außer Langeweile, Ölsardinen und Kakerlaken; mit denen sind wir reichlich gesegnet. Aber ich will es billig machen. Ich bin kein Unmensch. Sagen wir dreihundert Dollar nach Vancouver!«

Peter dachte: Paul wird es zuviel sein. Dann bezahle ich's von meinem Geld. Sicherer und schneller kommt sie nicht nach Hause, und schneller können wir das Versprechen nicht einlösen, das wir ihren Eltern gegeben haben.

»Ich sage Ihnen in einer Viertelstunde Bescheid. Machen Sie Ihre Güte voll, Herr Kapitän! Ich bitte Sie, warten Sie solange!«

Der Mann mit dem steifen schwarzen Hut lachte Peter an, nun ganz ohne Arg, nur noch freundlich und menschlich:

»Ich bin kein Unmensch! Ich sagte es schon! Natürlich stoppe ich solange. Und wenn es nur aus dem Grunde wäre, von meiner Passagierin dann Ihre Geschichte erzählt zu bekommen. Und da fällt mir noch etwas anderes ein: Wollen Sie mir nicht die Adresse Ihrer Eltern in Angola sagen? Ich könnte Ihren Angehörigen sicherlich Nachricht geben, daß, wie und wo ich Sie getroffen habe. Wer weiß, ob Sie selbst diese Nachricht schon absenden konnten!«

Peter starrte den Mann an:

»Ja! Ja! Mein Gott, ich danke Ihnen!«

Dann fügte er hinzu: »Haben Sie ein Stück Papier und einen Bleistift?«

»Natürlich!«

Peter warf die Anschrift der Heimat auf das Blatt, besann sich, riß die untere Hälfte des Bogens ab und schrieb darauf:

»Liebe, liebe Eltern!
Ich bin in Freiheit. Ich komme nach Hause. Bald, bald kann ich Euch hoffentlich alles schreiben. Alles Gute Euch allen, alles Liebe und Schöne! Auf ein baldiges Wiedersehen!

Euer Peter«

»Würden Sie diesen Zettel Ihrem Brief an meine Eltern beilegen, Herr Kapitän?«

»Mit Vergnügen, mein junger Freund!«

Zwei Minuten später stand Peter vor Paul, Noburu und O-koë in der stickigen Kabine der Dschunke.

»Der Portugiese ist bereit, dich für dreihundert Dollar nach Vancouver mitzunehmen, O-koë!« O-koë wurde blaß; sie mußte sich setzen; sie flüsterte: »Ich habe keine dreihundert Dollar –!« Paul bemerkte ruhig:

»Wir haben sie, O-koë-san. Wir verdanken deinen Eltern so viel, daß wir es mit Geld ohnehin nicht bezahlen können –.«

O-koë zitterte so heftig, daß ihr die Zähne schnatterten, als sie sagte:

»Ich packe gleich. Ich habe ja nicht viel. Es geht ganz schnell!« Und dann warf sie sich mit einem Male Noburu an die Brust, ganz unjapanisch unbeherrscht, ganz amerikanisch leidenschaftlich und liebevoll:

»Nein, ich fahre nicht allein. Die Eltern haben mehr Sehnsucht nach dir als nach mir, Noburu! Du mußt mitkommen. Ich flehe dich an!«

Noburu stand starr; blickte finster wie nie; in seinem Gesicht arbeitete es heftig. Alle sahen ihn an, und alle spürten den schrecklichen Aufruhr, der den jungen Mann durchtobte. Zwei Heimaten kämpften um seine Seele – war es nicht so?

Paul sprach ihm leise zu:

»O-koë hat recht. Du darfst sie nicht allein fahren lassen. Was würden deine Eltern dazu sagen! Noburu, du gehörst nach Kanada genau wie O-koë. Ich bitte dich, fahre!«

»Ich habe keinen kanadischen Paß mehr!« stieß der gequälte Mann hervor.

O-koë rief:

»Ich habe deinen Paß. Ich habe ihn damals heimlich gerettet, als du Japaner wurdest, und immer mit meinem aufgehoben.«

Noburu stöhnte schwer. Dann endlich knirschte er, als wollte er sich selbst zerreißen: »Ich fahre!«

Peter und Paul stiegen noch einmal an Bord der »Saõ Thomé« und bezahlten für ihre beiden Gefährten die Passage in die Heimat – jene Heimat, die sie hoffentlich nicht abweisen oder ihnen noch Schlimmeres antun würde! Der portugiesische Kapitän sagte:

»Bruder und Schwester sind es also. Ich werde sie in einer Kabine dicht neben meinem Logis unterbringen; sie müssen sich irgendwie einrichten. Ich habe einfach nicht zwei Kabinen, die ich frei machen könnte.« Er hob abermals das Glas mit dem dunklen Wein seiner fernen Heimat:

»Auf das Glück von Ihnen allen vier!«

Sie leerten die Gläser. Als sie sie absetzten, fuhr der alte Mann freundlich fort:

»Und haben Sie Dank, daß Sie meinem ärmlichen Kasten die Ehre erweisen, ihm Passagiere anzuvertrauen, und sogar ein junges Mädchen. Ich fahre seit meiner frühestens Jugend zur See und bin froh, einmal wieder richtige Menschen um mich zu haben, solche von Land mit richtigen Schicksalen.«

Aus seinen Augen blitzten Spott, Menschlichkeit, reiches Wohlwollen und ein wenig Trauer. Paul dachte an seinen Freund und Kameraden Noburu, der sich entschlossen hatte, einem sehr ungewissen Schicksal entgegenzufahren. Paul fragte sich, ob er ihm noch einen letzten Liebesdienst erweisen sollte; Noburu in seiner starren Verzweiflung, in seinem verhärteten Stolz würde den Kapitän kaum um etwas Ungewöhnliches bitten; aber noch konnte Paul für ihn eintreten. Er begann tastend:

»Herr Kapitän, mein Kamerad Noburu – er hat ein wenig Sorge vor der Heimkehr nach Kanada. Man hat ihn während dieses Krieges in Japan zurückgehalten; er ist ja halber Japaner – und ein wilder Idealist dazu. Sein Paß ist natürlich abgelaufen. Man wird ihm eine Menge Fragen stellen –.«

Er stockte; er wußte nicht recht weiter. Stillschweigen herrschte. Man vernahm ab und zu dumpfe Stöße: die matten Seen aus Süden paukten die Dschunke leicht gegen die Fender an der Bordwand – sonst kein Laut als das sanfte Stampfen der nur mit viertel Kraft voraus laufenden Maschinen.

Der alte Portugiese hatte sehr aufmerksam zugehört, er lächelte unbestimmt nachsichtig. Plötzlich schoß Paul mit der Frage heraus: »Die Mannschaftsliste führen Sie doch selbst, Herr Kapitän?«

Der Kapitän schenkte seinen Gästen und sich die Gläser wieder voll, hielt die Flasche gegen das Licht; sie war leer; hob sein Glas und nippte daran, als hätte er plötzlich die Besucher vergessen, und meinte dann nebenbei und ohne den Frager anzusehen:

»Natürlich, die Mannschaftsliste führe ich selbst. Ich weiß auch, wo Sie hinauswollen, mein junger Freund von der Seefliegerei: ich soll Ihren sogenannten Kanadier auf meine Liste setzen, damit sich die Hafenbehörden nicht weiter für ihn interessieren, wenn ich in Vancouver vor Anker gehe. Wenn er dann vom Landurlaub nicht zurückkehrt, so darf ich mich nicht weiter aufregen und auch der Polizei keine Umstände machen. Ganz so einfach ist die Sache nicht, meine jungen Herren; es gibt da einige technische Schwierig-keiten. Aber Sie haben ganz recht; ich rege mich nicht gerne auf, und die Polizei ist mir, wo auch immer, unsympathisch. Ich ver-spreche Ihnen gar nichts außer einem: Ich werde mir unterwegs diesen Heimkehrer einmal näher betrachten; vielleicht eignet er sich wirklich dazu, ein Mitglied meiner ohnehin recht gemischten Mannschaft zu werden. Wir Portugiesen haben ja weiter keine –« – er zwinkerte lustig und spöttisch mit den Augen zu Paul hinüber – »– weiter keine rassischen Vorurteile wie letzthin die sonst vom mir sehr geschätzten Deutschen–!«

Man wußte nie genau, wo der Spott anfing und der Ernst auf-hörte. Paul stammelte nochmals:

»Wir sind Ihnen fremd, Herr Kapitän. Aber Sie haben uns doppelt und dreifach geholfen. Wir wären Ihnen unbeschreiblich dankbar, wenn Sie auch noch–«

Der Portugiese hob die Hand:

»Langsam, langsam! Sparen Sie sich Ihren Dank für eine bessere Gelegenheit! An mich ist er verschwendet. Was wollen Sie? Sie haben ja bezahlt; ich habe Ihnen viel Geld abgenommen!« – Wieder dies spöttische, gütige Lächeln auf dem fahlen grünlichen Gesicht.– »Jetzt muß ich Sie aber bitten, die Leinen loszuwerfen. Ich habe schon zwanzig Minuten versäumt!«

Paul und Peter erhoben sich sofort und traten mit dem Kapitän an Deck. Auf der Dschunke schickten sich O-koë und Noburu gerade an, ihr Gepäck an einen Tampen zu binden, damit es auf das Deck des Dampfers gezogen werden konnte. Der Kapitän sagte: »Verabschieden Sie sich unten von Ihren Gefährten, damit Sie nicht alle vier zugleich bei mir an Bord sind. Die beiden chinesischen Galgenvögel auf ihrer gloriosen Dschunke sind unberechenbar. Ich kenne die Sorte. Also leben Sie wohl und nochmals alles Gute!«

Die Händedrücke waren kurz aber kräftig. Paul und Peter schwangen sich über die Reling.

Der Abschied von den Gefährten vollzog sich beinahe hastig. Alle vier waren verlegen. Die beiden Chinesen sahen zu mit unbewegten, mißgünstigen Gesichtern. Über die Reling des Dampfers blickten der Kapitän und einige Leute seiner Mannschaft.

»Leb wohl, O-koë!«

»Leb wohl, Peter! Und du auch, Paul!«

»Alles Gute, Noburu-san!«

»Du kannst das san fortlassen, Paul! Kommt gut heim, beide!«

»Wir werden auf eure Nachricht warten!« sagte O-koë noch, die in europäischen Kleidern – so wollte es Peter scheinen – jetzt erst wirklich fremd erschien. Die Geschwister kletterten über die Strickleiter an Bord. Die Leinen, an denen die Chinesen ihre Dschunke locker längsseits gehalten hatten, klatschten ins Wasser. Sofort scherte der Segler von der Seite des Dampfers fort.

Der Portugiese schrie noch einmal herüber:

»Was ich Ihnen noch sagen wollte: Das Barometer fällt seit gestern abend schon. Ich rate Ihnen, bei den Goto-Inseln Schutz zu suchen. Sehen Sie sich vor!«

Peter hatte die letzten Worte kaum halb verstanden. Er sah nur O-koë an der Reling da drüben. Schon war ihr Gesicht nicht mehr zu erkennen. Sie winkte immer noch. Paul stieß den Freund an:

»Laß nur: die sind schon ein paar Schritte weiter als wir. Komm jetzt! Die beiden Chinesen schaffen es nicht allein. Wir wollen über Stag gehen, damit wir endlich auf Gegenkurs kommen. Viel Wind ist nicht mehr da; aber paß auf, es dauert nicht mehr lange, dann fängt es an zu wehen, daß uns Hören und Sehen vergeht!«

Von der »São Thomé« war nichts weiter mehr zu erblicken als eine schwarze Rauchfahne; auch sie verwehte bald. Peter war ein wenig so zumute, als ob er heulen sollte. Aber auf schmutzigen Dschunken hat noch nie ein Mensch Tränen vergossen –!

Siebzehntes Kapitel

Als in einer der grausigen Kreuzseen das Ruder wegbrach und die Dschunke nicht mehr zu steuern war, schloß Peter mit dem Leben ab. Das Fahrzeug legte sich sofort quer vor die heulenden Brecher aus Nordost, von der alten Grundsee des Monsuns aus Ostsüdost obendrein wild gebeutelt; das Schiff begann zu rollen, als könnte es seinen Kiel nicht länger in der Tiefe halten. Im gleichen Augenblick brach der Vormast, der ungeheure Druck des Orkans hatte die Blöcke gesprengt, die das Sturmsegel hielten; es zerknallte im Nu und flog in schwarzen Fetzen durch die Nacht davon. Die Dschunke war zu einem hilflos treibenden Wrack geworden, verloren in der heulenden Dunkelheit.

Paul und Peter hatten am Ruder gestanden; denn ein einzelner Mann vermochte es nicht zu halten; die beiden Chinesen hatten hinter der Back gehockt, um das Sturmsegel zu regieren. Paul meinte, sie mühsam aufs Vorschiff klettern zu sehen, als der Mast brach; vielleicht wollten sie retten, was zu retten war; wahrscheinlich hatten sie noch gar nicht begriffen, daß ihr Fahrzeug schon steuerlos trieb.

Als der Widerstand an der Ruderpinne plötzlich nachließ, taumelten Paul und Peter zur Seite. Der sich sofort wie irre auf seine Backbordseite legende Segler riß die Männer um; sie stürzten und rutschten über das nasse Deck an die Backbordreling, wo sie zerschlagen liegenblieben. Im Bauch der Dschunke, über dem Kreischen des Sturmes, dem Brüllen der Schaumkämme dumpf und unterirdisch hörbar, kollerte es. Peter verstand es gleich: Die mächtigen Steinblöcke, die das Schiff als Ballast führte, waren bei dem urplötzlichen Überholen, als das Ruder brach und den Segler freigab, nach Backbord hinübergerutscht – die Dschunke richtete sich nicht mehr auf, kenterte aber auch nicht; sie trieb vor den wüsten Seen aus Nordost, bis fast an die Backbordreling im Wasser hängend. Anscheinend hatte der Ballast sich abermals gelagert.

Peter hatte den rechten Arm um einen hölzernen Pfosten der Reling geschlungen, mit dem linken umklammerte er Pauls rechtes Bein. Paul schien irgendwie auf dem abschüssigen Deck festeren Halt gefunden zu haben; Peter konnte nicht erkennen, wo und wie; es war zu finster dazu, es war ihm auch gleichgültig. Viele, viele Stunden trieben sie schon vor dem rasenden Orkan nach Südwesten. Der Sturm war einen halben Tag nach der Trennung von

O-koë und Noburu urplötzlich losgebrochen – mit einer Bö, die gleich einer himmelhohen Faust herniederkrachte. Das Hauptsegel, das sie allein noch geführt hatte, war nicht mehr schnell genug zu bergen gewesen; es flog beim ersten Anhieb des Orkans davon. Nichts weiter war übriggeblieben, als sich unter mühselig geheißtem Sturmsegel vor dem Winde treiben zu lassen.

Schaum, von den Wellenkämmen gerissen, Spritzer, hart wie Peitschenschnüre, fegten über das verlorene Fahrzeug. Was fragten die Männer noch nach dem Süßwasser in der Tonne unter der Back! Sie dachten nicht einmal mehr daran. Sie vergaßen, daß sie etwas essen mußten, um bei Kräften zu bleiben. Sie hielten das Schiff am Kurs, vor Erschöpfung bald zu keinem Gedanken mehr fähig.

Bis auch das vorbei war!

Bis nur noch ein Wrack, hilflos treibend, sie von den gläsernen Abgründen trennte.

Jedesmal, wenn die Dschunke gefährlich nach Backbord überholte, dachte Peter: jetzt – jetzt – jetzt – jetzt – kehrt sie ihren Kiel nach oben.

Aus – aus dann? Nein, wieder nicht! Sie behält ihre Schlagseite, aber sie will nicht kentern.

Wie lange noch?

Es geschieht ja doch einmal – jetzt – jetzt ist es soweit! Nein, aber in der nächsten halben Stunde irgendwann!

Alles ist vergeblich gewesen!

Wenigstens werden die Eltern erfahren, daß ich bis hierher gelangte.

O-koë – ach, alles vorbei!

Alles vorbei!

Peter dämmerte nur noch dumpf.

Ich kann nicht mehr –!

Es wird mir zu schwer, mich noch festzuklammern.

Beim nächsten Überholen lasse ich los. Dann ist der Wahnsinn endlich aus. Vater unser, der du bist im Himmel – –.

Ich weiß das auch nicht mehr weiter – –.

Jetzt –

jetzt kentert sie –!

Nein, noch nicht –.

Paul liegt so still –!

Lebt er noch –?

Es war, als brächte ihn die Sorge um den Kameraden wieder zu sich. Unendlich müde und mühselig schob er sich am Körper des Freundes entlang. Er vermochte nur zu tasten. Die Augen brannten vor Erschöpfung und Salzwasser. Es war eigentlich nicht mehr dunkel–! Wie – sollte diese grausige Nacht vorüber sein? – schon vorüber – und wir leben noch–?

Peter hob ein wenig den Kopf–: Ja; blaß graute, ganz blaß im Osten der Morgen.

Endlich hatte er sich so weit hochgeschoben, daß er mit dem Munde neben Pauls Ohren zu liegen kam.

»Paul, Paul, lebst du noch?«

Paul hob den Kopf und blickte ihn an:

»Und du–? Peter, wir kentern nicht, nein, es geschieht nicht. Wir müssen es noch einmal versuchen!«

»Aber wie?«

»Das Hecksegel ist übrig. Einen Treibanker daraus machen und an einer Leine über Bord bringen, vom Bug aus; dann liegen wir nicht mehr quer zur See, sondern beigedreht. Vielleicht reiten wir den Sturm aus.«

»Ich glaube nicht mehr dran, Paul!«

»Du mußt, Peter! Es wird ja wieder Tag. Der dritte Tag, Peter! Kein Sturm dauert ewig!«

Ja, es wurde wieder Tag. Noch einmal richtete sich der Mut der Männer auf, als wären alle Gefahren geringer, wenn es nicht mehr finster ist.

Peter schloß die Augen; es fiel ihm schwer, den letzten müden Glauben aufzurichten.

Paul schrie ihm ins Ohr:

»Peter, hörst du nicht, wir wollen nach Hause! Nach Hause! Wir sind noch nicht zu Hause!«

Das war ein Zauberspruch.

»Also los!« knurrte der zerschlagene, im Salzwasser wie zerweichte Mann.

Als sie es erst versuchten, fügten sich die Dinge leichter, als sie erwarteten. Bei Tageslicht schien das Deck nicht mehr so steil über ihnen aufgerichtet. Sie sahen, wohin sie griffen. Peter war es, der an der Backbordreling entlang zum Vorschiff kroch, um eine Axt zu holen, da hing noch immer die Rahe, die das Mattensturmsegel unten gestrafft hatte; der Mast und die obere Rahe waren über Bord gegangen. Der Baum aus Bambus – ha, er würde den Notanker tragen; Peter kappte die Taue, die den Baum noch hielten; er schleppte die Bambusrahe und die Axt nach achtern, wo Paul auf dem Quarterdeck schon die Matte des Hecksegels ausgebreitet hatte. – »Womit soll man die unteren Ecken beschweren, daß der Treibanker nicht flach auf dem Wasser schwimmt, sondern senkrecht zur Oberfläche an der Bambusrahe im Wasser steht?«

»Hol mir zwei Steine des Ballasts, Peter!«

Leichter gesagt als getan! Es wollte Peter nicht gelingen, das schräge nasse Deck zu erklimmen; er mußte ins Logis zu gelangen suchen; von dort drang er vielleicht durch die Bodenbretter an den Ballast. Schließlich versuchte er es hinter der Steuerbordreling und ließ sich zur Tür hinunterrutschen. Ich muß sie gleich hinter mir schließen, damit das Logis nicht voll Wasser schlägt –! Es paßt wenigstens, daß sich die Tür zur Backbordseite öffnet; anders wäre es schwerer –!

So, drin wär' ich. Alles schwimmt! Was kommt es darauf an! Durch die Bodenbretter –! Die sind fest! Also her die Axt! Hartes Holz, verdammt hartes Holz! Krach! Durch! Halt dich fest! Jetzt kentert sie doch noch – und ich hier eingeschlossen! Nein, braves Tier, kommt wieder hoch. Aufgeschürft –! Wenn schon –!

So, der erste –

der zweite Stein! Die werden passen! Ich schmeiße sie aus der Tür. Die Backbordreling fängt sie auf. Halt dich fest! Schon wieder! Hier drinnen wird einem angst und bange. Bloß wieder raus hier!

In einer Stunde waren sie soweit. Dann kam das Schwerste: Das Gewirr von Matte, Baum, Steinen und Leinen über das immer wieder ins Wasser tauchende Hauptdeck aufs hohe Vorschiff zu schleppen. Blies der Sturm nicht schwächer? Gräßlich, gewaltsam, ungeheuer überkämmend, rollten immer noch die Seen an. Zuweilen verschwand die Dschunke unter den grünen Bergen. Die beiden hohläugigen Männer blickten nicht hin; sie schwammen zu lange schon, zu nahe am Tode dahin; er schreckte sie nicht mehr; und dann: sie hatten noch einmal den Kampf aufgenommen; sie hatten keine Zeit, sich zu fürchten.

Es gelang! Es gelang!

An langer Leine blieb der Treibanker – wie ein Kinderdrachen von allen vier Ecken her an die Hauptleine gefesselt – hinter der Dschunke zurück, die dem Orkan immer noch so viel Widerstand bot, daß sie in schneller Fahrt südsüdwestwärts trieb. Der Bambusbaum hielt die Matte des Segels schwimmend; die Steine zogen sie abwärts.

Die Leine straffte sich, begann am Segel zu zerren; bald schwenkte das Wrack herum; der Treibanker zwang es, die Nase wieder in die anrollenden Seen zu stecken; es rollte nicht mehr wie totes Holz!

Gelungen! Gelungen!

»Paul, vielleicht kommen wir noch einmal davon!«

»Natürlich kommen wir davon!«

»Wir dürfen nur nicht schlappmachen! Wo mögen wir sein?«

Paul blickte sich um –. Das hohe Verdeck hing immer noch stark nach Backbord. Aber die Gefahr des Kenterns war vorbei. Wenn der Treibanker hielt, vermochten sie noch tagelang so vor der See zu reiten.

Paul blickte sich um –.

Und als wollte das Schicksal ihre Mühe, ihren verzweifelten Kampf belohnen –:

»Peter, da! Achtern! Land!«

Blaß an den Horizont gezeichnet, ganz flach, ein ferner dunkler Strich: Land!

Stunden später waren es Berge;
dann dunkelblaue dunstige Tropenberge!

Der silberne Riegel der Brandung schwebte schließlich am Horizont auf – ein weißer flacher Sandstrand darüber, auf den die Brecher weithin aufliefen.

»Der Anker!« schrie Peter. »Wenn er hält! Dann schlägt uns die Brandung nicht quer. Wir springen vom Achterdeck!«

»Nicht springen! Zu hoch!« brüllte Paul. Schon steilten sich um sie in weiten glänzenden Zeilen die anrollenden, aufbäumenden, brandenden Brecher.

Er hielt – der Anker!

Die Nase des Wracks blieb seewärts gerichtet, auch in der Brandung! Zum ersten Male krachte das Schiff schwer auf den Sand. Der Rücksog zerrte es frei – noch einmal!

Der nächste Brecher, ein Riese, spülte es höher hinauf. Donnernd schlug es zum zweiten Male auf, sackte noch einmal seewärts und wurde zum dritten Male hoch hinaufgefegt!

Es brach, als es zum dritten Male aufschlug, zerbrach in zwei Teile! Eine Sekunde zuvor waren Paul und Peter abgesprungen – doch gesprungen, weil keine Leine mehr zu finden gewesen war. Sie sackten zusammen. Der nasse Sand quirlte um ihre Füße. Die nächste See leckte nach ihnen; sie klammerten sich an den Stumpf des Ruders.

»Hoch, auf, Peter! Ehe die nächste See uns holt!«

Sie taumelten den Strand hinauf.

Noch einmal raste eine See hinter ihnen her –

erreichte sie nicht mehr!

Am Rande eines dicht verfilzten tropischen Waldes ruhten sie im Ufersand. Peter war es, der sich zuerst aufrichtete.

Auf und ab spielte die Brandung immer noch mit den Resten der Dschunke Fangball.

»Wir sollten sehen, ob wir nicht noch einiges bergen können, Paul!«

Auch Paul richtete sich auf:

»Wo sind unsere zwei Chinesen –?«

»Ja, wo –?«

Peter hatte in all dem entsetzlichen Aufruhr nicht mehr an sie gedacht, keinen Augenblick. Der Fockmast hatte sie mit über Bord geschlagen, als er brach.

Peter ließ sich wieder zurücksinken.

Ein Gefühl namenloser Erschöpfung überfiel ihn; er murmelte noch:

»Nun sind wir wieder genauso weit wie damals, als wir das Lager eben erst hinter uns hatten!«

Und war eingeschlafen.

Aber Paul hatte noch Kraft genug zu knurren:

»Nein, Peter, weiter!«

Und faßte nach der Tasche aus Fischblasen um seinen Leib. Sie war noch da –!

Dann senkte sich der Schlaf auch auf ihn herab wie eine betäubende Maske.

Paul und Peter waren vom Glück nicht verraten worden. Der Orkan hatte ihr Fahrzeug auf die Nordküste der Insel Formosa zugetrieben. Dort waren sie unweit jener Stadt gestrandet, in welcher die chinesischen Verwandten der Mutter O-koës wohnten.

Und weiter hatte es das gute Glück gewollt, daß Paul und Peter von Kindern geweckt wurden, die krabbenfangend den Strand abstreiften. Die Reste der gestrandeten Dschunke waren von der

nur langsam abschwellenden Brandung inzwischen zur Unkenntlichkeit zerschlagen worden. Die Kinder faßten Vertrauen, als Paul
sie vorsichtig auf chinesisch ansprach; sie ließen sich ausfragen. Ja,
die Stadt läge nur zwei Stunden entfernt. Und – »Wer soll da
wohnen?« – »Ja, der wohnt da, ein reicher Mann.« – »Wo –? Ganz
einfach! Gleich vor der Stadt über dem Strande. Ein großer kupfer-
ner Drache bewacht das Tor!«

Paul und Peter hielten sich tagsüber versteckt und marschierten
erst bei Anbruch der Dämmerung nach Kelung. Der Brief ihres
Freundes Sakura öffnete ihnen das schwere Tor hinter dem kupfer-
nen Drachen. Und zum dritten Male hatte das Glück die beiden
Flüchtigen angelächelt, als sie erfuhren, daß im Hafen eine
Dschunke lag, die am nächsten Morgen nach Bangkok und weiter
nach Singapore segeln wollte. Vielleicht lag dem Bruder der kanadischen Mrs. Sakura daran, die gefährlichen Gäste wieder loszuwerden – wie dem auch sei, er bezahlte den beiden Deutschen, die nun
schon so viele Verkleidungen hinter sich hatten, die Passage nach
Bangkok.

Paul und Peter standen auf dem hohen Stern der Dschunke. Schönwetterwolken hingen gleich silbernen Märchenbergen im tiefblauen
Himmel. Irgendwo hinter dem Dunst des westlichen Horizontes
ruhten die Küsten Chinas. Der Segler zog hart am hellen Wind nach
Südwesten. Zuweilen stoben Schwärme fliegender Fische über die
beglänzte See.

Pauls Brust hob sich in einem tiefen Seufzer. Er sagte:

»Allmählich glaube ich es wirklich, Peter: wir sind frei!«

»Ja, wir haben es geschafft! In Bangkok werde ich endlich alle die
Briefe schreiben, die ich schuldig bin.«

»Es wird wirklich Zeit damit, Peter! Die Schreiberei bleibt auf dir
hängen. Ich habe meinen Eltern viel zuviel zu erzählen, als daß ich
Lust haben werde, Briefe zu schreiben.«

»Und wenn ich mit der Schreiberei fertig bin, dann geht hoffentlich bald ein Schiff nach Afrika, ein unverdächtiges, neutrales! Von
Bangkok kann ich auch nach Angola an meine Eltern telegrafieren,
daß ich wieder ein freier Mann bin.«

»Mein Vater verfügt über viele Beziehungen, Peter. In meinen
Augen bist du schon so gut wie zu Hause in deinem Afrika. Wie ich
mich in die Arbeit im Geschäft stürzen werde – endlich wieder eine
vernünftige Arbeit!«

»In Alaska und beim alten Sakura in British Columbia haben wir auch vernünftige Arbeit verrichtet.«

»Das ist wahr; aber es war nicht unsere Arbeit!«

»Nein, unsere war es nicht. Jetzt erst sind wir wieder wir selber. Wenn nur der Wind anhält –! Er sollte uns in wenigen Tagen nach Thailand bringen.«

»Es kommt auf einen Tag mehr oder weniger nicht mehr an, Peter. Es ist schon jetzt der Wind der Freiheit – und der weht rings um die Erde!«

Zweites Buch
Weiße Sonne

Erster Teil

Erstes Kapitel

»Ich bin verliebt, Paul« sagte Peter.

»Du bist verrückt, Peter!« erwiderte Paul.

Peter schwieg eine Weile, offensichtlich beleidigt. Dann begann er von neuem:

»Ich meine es ernst. Sag selbst: Ist sie nicht bezaubernd?«

Die beiden Männer lehnten am hölzernen Bord der mächtigen Hochsee-Dschunke, die unter knarrenden Mattensegeln südwärts rauschte. Eine der Türen des hohen Aufbaus über dem Heck des chinesischen Seglers hatte sich geöffnet, und heraus auf das gemächlich und gleichmäßig schwankende Hauptdeck trat die schöne Yü-loh.

Sie trug lockere, glänzende Hosen aus schwarzem Kaliko, dazu einen schwarzen Kittel aus steifer, stumpfer Seide mit weiten Ärmeln. Der Hals entstieg einem schmalen Kragen, zierlich, zu zierlich fast für das vollkommene Oval des Gesichts von blaßgoldener Farbe, mit leise schräg gestellten Augen, schmal geschwungenen Lippen und den tiefschwarzen Brauen, wie Schwalbenflügel gesichelt.

Um den fremdartig edlen Kopf schmiegte sich schwarzglänzend straff das Haar, im Nacken zu einem schweren Knoten zusammengefaßt, den ein einziger langer silberner Pfeil festhielt.

Kein Schmuck sonst. Vor der Schulter war der Rock mit drei seidenen Schnüren verschlossen. Aus den kaum knöchellangen Flatterhosen blickten schmale Fesseln, weiß bestrumpft. Die Füße steckten in schwarzgeblumten Atlasschuhen mit dicken Sohlen aus Filz. Die junge Chinesin drehte den beiden Männern den Rücken, hob mit einer Gebärde von versteckter Anmut die Hände zum Hinterkopf – die Ärmel fielen zurück und gaben schlanke, feste Arme bis fast zu den Ellenbogen frei – und nestelte an ihrem Haar. Wie Tropenvögel-Geflatter, diese Hände! dachte der schwärmerische Peter, und das war kein schlechter Vergleich.

Paul flüsterte Peter zu: »Sie ist aus sehr gutem Hause, Peter. Laß die Finger davon, Junge! Das wird nichts!«

Peter schien die Warnung gar nicht zu hören; er murmelte: »Wenn ich bloß wüßte, ob sie Englisch spricht! Ich hätte nie geahnt, daß es Mädchen wie diese gibt. Hier mitten auf der China-See! Paul, die Welt ist ein einziges buntes Abenteuer.«

Paul gab mißmutig-trocken, immer noch leise, zur Antwort: »Du spinnst wieder einmal. Wir sind immer noch auf der Flucht.«

Dieses Geschoß hatte getroffen. Peter murrte unwillig zurück: »Ich kann das Wort nicht mehr hören. Ich will nicht mehr daran denken, daß wir immer noch auf der Flucht sind. Was soll uns jetzt schon noch passieren? In drei Wochen oder vierzehn Tagen, wenn wir guten Wind behalten, wird dies wackere Schiff Kurs auf die Hafeneinfahrt von Bangkok nehmen, wir werden das Haus deiner Eltern finden, deine ehrenwerte Schwester Betty begrüßen, und dann, mein Lieber, bringt mich der nächste portugiesische Dampfer nach Afrika. Hoffentlich habe ich nicht allzu lange darauf zu warten.«

»Und die hübsche Chinesin da drüben wirst du dann bei meinen Eltern einführen, nicht wahr? Ich weiß nicht, ob du ihr Wohlgefallen damit erregen wirst. Aber meinetwegen. Ich kenne dich ja. Wenn du dir dergleichen in den Kopf gesetzt hast, läßt du nicht davon ab. Also gut, gehen wir der jungen Dame auf den Grund.«

Paul stieß sich leicht von der Reling ab und schritt über das träge schwankende Deck zum anderen Bord des Seglers hinüber. Wie Peter ihn so hinschreiten sah, breitspurig und mit weichen Knien, um das gleichmäßige Rollen der Dschunke abzufangen, mußte er unwillkürlich lächeln.

Sieh an, der Paul! Behauptet immer, nicht bis drei zählen zu können, und dann findet er Anschluß schneller als irgendwer. Lieber Himmel, jetzt kommen sie schon zu mir herüber!

Ja, so war es. Lächelnd schritten der falsche Kuli und die echte Chinesin über das blankgeputzte Deck her auf Peter zu.

»Du hast Glück, Peter, wie meistens! Darf ich Ihnen meinen Freund Peter Bolt vorstellen, Miß Tai! – Dies, Peter, ist Fräulein Tai Yü-loh. Du kannst Englisch mit ihr sprechen.«

Es verschlug Peter ein wenig die Sprache, als ihn die schwarzen schrägen Augen anblickten. Das Lächeln, das um die Lippen dieses Fräulein Tai Yü-loh spielte, schien spöttisch zu sein. Peter stammelte: »Als wir vor zwei Tagen in aller Herrgottsfrühe hier an Bord kamen – wer hätte das gedacht! Wie schön, daß Sie Englisch sprechen, Miß Tai! Sonst hätten wir Schiffbrüchigen uns nur wieder miteinander unterhalten können.«

Das Mädchen kreuzte die Arme und versteckte die Hände in den weiten Ärmeln. Sie lächelte wieder: »Ich weiß. Mein Onkel Wong aus Kelung hat mir einiges verraten.«

»Wong ist Ihr Onkel, Miß Tai? Dann müssen Sie ja auch mit Mrs. Sakura verwandt sein! Dabei ist es solch ein weiter Weg nach Vernon in British Columbia.«

»Eigentlich bin ich nicht mit Mrs. Sakura verwandt. Aber Mrs. Wong, die Frau meines Onkels, ist eine geborene Tai.«

Peter taute schnell auf:

»Wie kommen Sie zu Ihrem vorzüglichen Englisch, Miß Tai?«

»Vielen Dank für das Kompliment, Herr Bolt! Mein Englisch? Sehr einfach! Meine Eltern schickten mich zu Verwandten nach San Francisco. Ich habe dort ein amerikanisches College besucht; dann hat mich der Krieg drüben festgehalten. Erst vor vier Monaten habe ich endlich Gelegenheit gehabt, wieder zu meinen Eltern nach Kanton zurückzukehren.«

Peter erstaunte:

»Auch Sie hat der Krieg festgehalten? Die halbe Menschheit scheint irgendwo unterwegs zu sein, wo sie nicht hingehört. Hat Ihnen der gute Herr Wong, der uns zu dieser prompten Weiterreise verhalf, erzählt, was mit uns los ist?«

Der vorsichtige Paul fiel ein:

»Ich glaube kaum, daß sich Miß Tai so lebhaft für uns interessiert, wie du annimmst. Reden wir lieber von etwas anderem!«

Wieder zuckte es um die Lippen des jungen Mädchens wie in heiterem Spott:

»Lassen Sie ihn doch reden, Herr Knapsack! Ich bin zur Verschwiegenheit erzogen. Meine Eltern halten sie für eine der wichtigsten fraulichen Tugenden. Das klingt altmodisch. Aber manchmal sind auch die alten Dinge etwas wert. Diese Einsicht habe ich mir selbst in Amerika nicht abgewöhnt.«

Peter war begeistert:

»Da hast du's, Paul! Wirf deine ewigen Bedenken endlich über Bord! Sieh dich um: Schönwetterwolken und stetiger Wind! Wir gondeln nicht nur auf diesem guten Schiff in der richtigen Richtung. Wir finden darauf auch Gesellschaft, wie man sie sich nicht besser wünschen kann.«

Paul wandte sich lachend an die junge Chinesin:

»Nehmen Sie ihn nicht so wichtig, Miß Tai. Er brennt immer gleich lichterloh. Aber es hat noch keiner im Ernst feststellen können, ob es nicht bloß Stroh ist, was da brennt.«

Fräulein Tai Yü-loh ließ einen schnellen, prüfenden Blick über den »Kuli« Peter gleiten, dem der Wind die schwarzen Haare an den Schläfen zerblies. Peters Antlitz war schmaler und hagerer noch als sonst; die Strapazen und Gefahren der letzten Wochen hatten sich mit ein paar harten Linien um den Mund unverwischbar eingegraben. Aber unter den dichten schwarzen Brauen schimmerten die schwarzen Augen heiter und kühn.

Peter entlockte der schönen Yü-loh ein erstes Lächeln des Wohlwollens und Gefallens. Eine unwägbare Minute lang glitt jenes Schweigen über das Deck des Seglers hin – eine schwebeleichte Wolke –, in dem sich Entscheidungen vollziehen; Yü-loh sagte:

»An den braven Kohlenfeuern kann man sich zwar die Füße wärmen; aber wenn das Stroh aufloht, dann fangen auch die harten Balken an zu brennen und es gibt einen großen Schaden. Das ist wenigstens nicht langweilig.«

Paul wurde mit einem Male ernst; die Worte Yü-lohs riefen ihm die verwirrte Zeit ins Gedächtnis zurück; allerdings schien die Unrast der Gegenwart weltenweit entfernt von dieser silberblauen See und dem fremdartigen Asiaten-Schiff zu liegen. Paul erwiderte:

»Langweilig – nein! Über Langeweile haben wir uns in den letzten sieben, acht Jahren nicht zu beklagen brauchen. Ich weiß nicht, manchmal sehne ich mich geradezu danach. Ein wenig Langeweile, weil endlich nicht mehr dauernd was Unvorhergesehenes passiert, könnte uns wirklich nichts schaden!«

Aber Peter gab sich nicht zufrieden:

»Ich kenne deine mißmutige Philosophie, alter Freund. Und ich habe dich schon lange im Verdacht, daß du eigentlich für Filzpantoffeln bist und für einen warmen Platz am Ofen! Aber mir hat man trotz allem immer noch nicht den Geschmack daran verdorben, daß die Welt rund und bunt ist. Ich gedenke noch einiges zu erleben, ehe ich mich zur Ruhe setze, mag es auch ohne gelegentliche Beulen nicht abgehen.«

Yü-loh fügte hinzu:

»Es brauchen ja nicht immer gleich häßliche Beulen zu sein. Es genügen auch ein paar gutsitzende Kratzer, die hinterher so nette

Narben geben. Ich bin durchaus für Ihre ›Weltanschauung‹, Herr Bolt, durchaus!«

Sie hatte das deutsche Wort »Weltanschauung« benutzt. Paul und Peter horchten auf. War es nur ein Zufall? Es wird ja gelegentlich als Fremdwort im Amerikanischen gebraucht. Oder wollte sie mit dem deutschen Ausdruck andeuten, daß sie mehr wußte und Genaueres, als den beiden Freunden lieb sein konnte. Paul murmelte:

»Auch das noch! Ich finde, wir sind mit Beulen schon reichlich versehen, und ich fürchte fast, wir haben noch nicht alle abbekommen, die uns zugedacht sind.«

Sein Gesicht drückte so viel ehrlichen Mißmut und verdrießliche Besorgnis aus, daß Peter und Yü-loh, schon unbewußt eines Sinnes, in Gelächter ausbrachen. Peter faßte, als müßte es so sein, die junge Chinesin unter den Arm und zog sie zu einem kurzen Spaziergang fort; lang konnte er nicht sein, denn das blanke Deck der Dschunke war nicht länger als breit. Peter sagte in vergnügtem Hochmut:

»Lassen wir den Griesgram, Miß Tai! Kommen Sie, wir wollen uns endlich einmal unsere Staatsgeheimnisse verraten!«

»Peter –!« entgegnete Paul nur noch in komischer Verzweiflung. Aber die beiden sahen sich nicht mehr nach ihm um. So blieb ihm nichts weiter übrig, als sich in die unbestimmt säuerlich riechende Kammer im Quarterdeck zurückzuziehen, die er mit Peter teilte.

Peter und Yü-loh hatten sich auf der schmalen, abgewetzten Bank niedergelassen, die neben der Tür zu Yü-lohs Kabine stand. Unter dem riesigen, manchmal hölzern knarrenden Mattensegel hinweg konnten die beiden Plaudernden über die leere See blicken, auf der in silbernen Zeilen die Wellen gezogen kamen, ohne Anfang, ohne Ende. Kein Rauch trübte den schimmernden Horizont; die Dschunke segelte weitab der Dampferroute. Der Rudergänger hoch über dem Sitz der beiden Menschen schwatzte unaufhörlich mit dem »Kapitän«. Aber der Wind verwehte die Worte.

An diesem klaren Tage im Mai 1946, während der auslaufende Monsun über das Südchinesische Meer hinweg seine heftigsten Schwälle schon verschwendet hatte, begann die im Grunde aussichtslose Beziehung zwischen dem deutschen Flüchtling Peter Bolt und der kantonesischen Kaufmannstochter Tai Yü-loh, die in Peter lebenslang eine tiefe Narbe hinterlassen sollte, die aber für die schöne Yü-loh...

Paul erwachte erst, als der Koch mit der Abendmahlzeit an die Kabinentür klopfte; er raffte sich auf und öffnete. Auf einem Tablett hielt der eisern ernste Mann in verschwitztem Leibchen, kurzen Hosen und groben Bastsandalen dem verschlafenen Passagier die dampfenden Schüsselchen hin. Paul nahm ihm das Tablett ab und stellte es vorsichtig auf das Bett, auf dem er geschlafen hatte; einen Tisch wies die Kammer nicht auf, so pflegten die Freunde die Speisen zwischen sich zu stellen und zuzulangen.

Paul hatte viel nachzuholen; die vergangenen Ängste und Entbehrungen machten es verständlich, daß er am hellichten Tage so lange schlafen konnte; der Hunger, den er jetzt spürte, war so heftig, überfiel ihn so plötzlich, daß er sofort zu kosten begann.

Auch Peter entwickelte einen geradezu gesegneten Appetit.

Als der ärgste Hunger gestillt war, sagte Peter wie nebenbei:

»Ich habe dir etwas zu sagen, Paul, was dich enttäuschen wird.«

Paul blickte hoch. Er hatte vor lauter Hunger und Lust am Essen gar nicht daran gedacht, daß Peter nach dem langen Gespräch mit Yü-loh ihm vielleicht einiges mitzuteilen hätte.

»Was ist denn?« wollte er wissen.

»Aus unserer Fahrt ohne Aufenthalt nach Bangkok wird nichts. Der gute Onkel Wong an der Nordspitze von Formosa hat uns nicht ganz klaren Wein eingeschenkt. Er wollte uns wahrscheinlich möglichst fix los sein. Es wird wahrscheinlich einige Wochen dauern, ehe wir um das Cap Ca-mau herum Kurs nach Nordwesten nehmen und die Mündung des Menam ansteuern.«

Paul ließ die Stäbchen sinken, mit denen er gerade einen gehörigen Brocken Reis zum Munde führen wollte, und fragte mit plötzlicher Furcht in der Stimme:

»Und ich habe die Tage schon gezählt, die wir noch bis Bangkok brauchen würden. Wir machen, wenn wir diesen stetigen Wind behalten, in der Stunde etwa sechs bis sieben Meilen und könnten nach meiner Rechnung etwa am vierzehnten Tag nach unserer Abreise von Kelung vor Bangkok den Anker fallen lassen. Was hat dir dein neuer Schwarm alles erzählt? Mir ist übrigens eingefallen: Wie kommt das Mädchen hier überhaupt aufs Schiff? Ich bringe das nicht recht zusammen, sie stammt doch offenbar aus guter Familie und sollte eigentlich nicht allein in der Weltgeschichte umhergondeln.«

Peter erwiderte:

»Die Sache ist ganz einfach. Diese Dschunke ist eine der vielen, die ihrem Vater gehören. Der alte Tai aus Kanton scheint ein sehr einflußreicher Großkaufmann zu sein, sehr, sage ich dir. Der Mann hat seine Hände offenbar in sehr vielen Geschäften stecken, und ob sich diese stets und überall mit den Vorschriften des Bürgerlichen Gesetzbuches decken, wage ich durchaus nicht mit Sicherheit zu behaupten. Auf alle Fälle hat er aber einen Narren an dieser seiner Tochter gefressen. Kann ich übrigens verstehen, Paul, kann ich in der Tat verstehen.«

»Hast du also auch einen Narren an ihr gefressen, Peterchen?«

Peter antwortete nach einigem Zögern gedehnt:

»Wenn du es so nennen willst –. Ich muß dir sagen, ich kam mir in dem langen Gespräch, das ich mit ihr geführt habe, mehr als einmal wie ein dummer Junge vor. Und dann fängt man natürlich an, mit den Heldentaten zu renommieren, die man im Kriege mehr nolens als volens verübt hat. Ich hätte das nicht tun sollen, und ich bezweifle obendrein, ob es überhaupt Eindruck auf sie gemacht hat.«

Paul schüttelte den Kopf:

»Ich begreife dich nicht, Peter. Als du erfuhrst, daß wir nicht unmittelbar nach Bangkok segeln, hättest du den Mund halten müssen. Ich weiß nicht, ob du nicht dem Mädchen zuviel an Verschwiegenheit zutraust.«

»Sie hat es mir erst hinterher gesagt. Ich hatte ihr meine verschütt-gegangene Ordensspange schon vorher erläutert.«

»Also lassen wir das. Du bleibst ein sentimentaler Schwätzer, wenn dir irgendwas nettes Weibliches vor die Klinge kommt. Aber erkläre mir endlich, was das Mädchen hier auf dem Schiff zu tun hat, und wo wir hinfahren.«

Peter fuhr sich mit der Hand durch die Haare. Wer ihn kannte – und Paul kannte ihn –, merkte leicht, daß Peter sich befangen fühlte, daß irgend etwas ihn sehr verwirrte. Er fing nach einer kurzen Pause ungewöhnlich stockend an:

»Wenn ich Fräulein Tai Yü-loh richtig verstanden habe, dann ist ihr Vater zum Christentum übergetreten. Sein einziger Sohn ist bei einem Schiffbruch umgekommen. Und nun richtet er seine ganze Liebe auf die älteste Tochter Yü-loh, der er eine amerikanische und eine chinesische Ausbildung hat geben lassen, als wäre sie ein Sohn. Wenn diese Chinesen einmal modern werden, dann werden sie es

247

gleich mit Haut und Haar. Du hast mir ja auch Ähnliches erzählt, als du mir neulich von den Erfahrungen deiner Eltern in Hankau berichtetest. Yü-loh ist also vor einigen Monaten aus Amerika zurückgekommen, ist nun von ihrem Vater allmählich in alle Geschäfte eingeweiht worden und inspiziert jetzt auf dieser Reise eine Reihe von Filialen des väterlichen Geschäfts. Ich glaube, daß sie auch sonst noch einiges zu verrichten hat, was mir aber noch nicht ganz klargeworden ist. Sie ist also mit der Dschunke von Kanton nach Kelung auf Formosa gesegelt, hat dort mit dem Onkel Wong eine Anzahl von Frachten abgeschlossen, bringt nun Stückgut nach der Insel Hainan. Wir werden uns dort wahrscheinlich eine Weile aufhalten. Dann geht es zu irgendwelchen mehr oder weniger gewagten Geschäften an die Küste von Tonkin. Wenn alles gut geht, gondeln wir von da nach Saigon – aber das weiß sie noch nicht genau. Mag sein, daß wir auch ohne Aufenthalt nach Bangkok segeln. So sieht es also aus.«

Paul hatte längst aufgehört zu essen. Er erhob sich und lehnte sich in die offene Tür:

»Die Fahrt kann also nicht nur Wochen, sie kann sogar Monate dauern. Und Tonkin ist im übrigen französische Kolonie. Ich glaube zwar nicht, daß die Franzosen jede hergelaufene Dschunke kontrollieren. Aber sympathisch ist mir die Sache auf keinen Fall.«

Er schwieg. Erst nach einer Weile fügte er leise und trübselig hinzu: »Es wird also nichts mit der schnellen Heimkehr, Peter. Ich habe ein ungutes Gefühl. Es wäre ja auch zu schön und zu einfach gewesen, wenn wir einfach so schnurstracks in den heimatlichen Hafen hätten einlaufen können. Gefällt dir eigentlich der Kerl, Peter, der auf diesem knarrenden Schiff als Kapitän umherläuft?«

Peter trat mit dem Freund auf das Deck hinaus. Er nahm den Faden des Gesprächs wieder auf:

»Ich glaube, wir schätzen den Mann falsch ein. Ich fragte Yü-loh, ob sie sich nicht fürchte unter dieser Horde von sogenannten Seeleuten. Sie begriff gar nicht, was ich meinte. Der älteste Sohn des Kapitäns steht als Lehrling bei dem alten Tai in Diensten; und wie weit er es im Geschäft des großen Mannes bringen wird, das dürfte nicht wenig davon abhängen, wie und ob der Kapitän sich als ein geschickter und treuer Helfer und Beschützer Yü-lohs erweist. Der Mann soll sich übrigens nur auf See wie ein Pirat herausstaffieren. Daheim am Perlfluß besitzt er ein schönes Haus, eine prächtige Haupt- und zwei knusprige Nebenfrauen und gilt als ein nicht unbeträchtlicher Herr. Er wird ja wohl seine Prozente einkassieren von all den Frachten, die er fährt. Und kahlköpfig ist er eigentlich gar nicht, er läßt sich nur jeden zweiten Tag den Kopf rasieren.«

Paul brummte: »Den Kopf rasieren – scheußlich! Na, mir soll's recht sein! Die Hauptsache, er hält den Mund und bringt uns irgendwann nach Bangkok.«

Dazu war nicht mehr viel zu sagen. Sie schwiegen, bis dann plötzlich Yü-loh aus ihrer Kammer trat, ihnen lächelnd guten Abend wünschte und sich ihrem Spaziergang anschloß.

Auch Paul spürte den Reiz, der von diesem jungen Frauenwesen ausstrahlte, und er wunderte sich nicht mehr, daß Peter von der Aussicht nicht gerade bekümmert wurde, mit der schönen Yü-loh ein paar Wochen auf demselben Schiff zu verbringen.

Es kam eine Nacht, die wie verzaubert glänzte. In runden Rücken rollte die See. Der sanfte Südost war nicht stark genug, Schaum aus den Wassern zu locken. Die Dschunke machte gerade noch so viel Fahrt, daß man das Rauschen ihres Bugs vernahm, wenn man an Deck darauf horchte. Die Segel knarrten nicht. Der Wind füllte sie gerade, zerrte aber nicht an ihnen.

Nur Peter und Yü-loh wanderten als zwei ruhelose Geister das Deck auf und ab, auf und ab, getrieben von der Unrast ihrer Herzen. Sie waren mutterseelenallein und mußten doch jeden Augenblick daran denken, daß der Rudergänger von der Höhe des Achterdecks sie beobachten konnte.

Peter flüsterte erregt – wenn er gekonnt hätte, wie er wollte, so hätte er dem Mädchen neben sich den Arm um die Schulter gelegt; aber das ging nicht, der Mann am Ruder da oben, der eintönig immer dieselbe Melodie aus vier Tönen vor sich hin pfiff –! So konnte er manchmal nur nach ihrer Hand greifen und sie unauffällig ein wenig drücken. Er flüsterte also:

»Du meinst also wirklich, daß wir unter Umständen deinen Vater auf Hainan treffen?«

»Ja, der jüngere Bruder meines Vaters verheiratet seinen ersten Sohn. Eigentlich müßte mein Vater dabeisein. Er ist das Haupt der Familie. Er nimmt das Christentum ebenso unverbindlich, wie er vorher Buddha oder Lao-tse genommen hat. Ich glaube, er ist nur deswegen Christ geworden, um sich nach dem Tode meiner Mutter mit einigem Anstand und gutem Grund von seinen

Nebenfrauen trennen zu können. Er hatte sie wohl nur genommen, weil er glaubte, sie seinem Stande schuldig zu sein.«

Peter fing von neuem an:

»Wie soll ich ihm aber erklären, Yü-loh ––?«

Er stockte, fuhr nach einer Weile unsicher fort: »Und ich kann doch auch nicht einfach meinen Eltern in Afrika –––. Vor einer Woche noch konnte ich mir nichts Besseres und Schöneres vorstellen, als möglichst gerade und möglichst schnell nach Hause zu gondeln, und heute –––?«

Yü-loh nahm das Wort, sehr leise, sehr zärtlich:

»Lauter Sätze, die du nicht zu Ende sprechen kannst. Und ich wüßte auch viele Sätze, deren Ende mir keineswegs gewiß ist.«

Peter sagte schnell und beinahe tonlos, als wagte er nicht, es auszusprechen – und als wäre es doch aller Weisheit und aller Sorgen letzter Schluß:

»Ich liebe dich!«

Es war, als würde Yü-loh von einer unsichtbaren Hand gestoßen; sie blieb stehen, prallte fast zurück:

»Komm! Wir wissen doch nicht weiter. Vielleicht haben wir Glück und treffen meinen Vater. Er weiß gewöhnlich einen Weg, wo alle anderen Leute keinen mehr entdecken können. Gehen wir schlafen! Ich fühle mich hier wie in einem Käfig, von allen Seiten sieht einer zu. Gute Nacht! Denke an mich!«

Peter ließ sie wortlos gehen, wartete noch, bis ihre Tür ins Schloß gefallen war, trat dann in die Kammer, in der Paul schon schlief, und kletterte leise in sein oberes Bett, um den Freund nicht zu stören, und auch, um keine Fragen mehr beantworten zu müssen.

In dem weitläufigen Hause des jüngeren Tai war das Fest schon verrauscht, als die Dschunke mit Paul, Peter und Yü-loh vor Tschang-hwa, einer kleinen Hafenstadt an der Westküste Hainans, vor Anker ging. Der matte Wind der vergangenen Tage hatte die Dschunke über Gebühr aufgehalten.

Peter und Paul hatten anfänglich gemeint, die Liegezeit der Dschunke an Bord verbringen zu müssen. Aber der alte Tai, der alles zu wissen schien, was in den weiten Bezirken seines Einflusses vor sich ging, hatte schon durch seinen ersten Boten die beiden fremden Passagiere einladen lassen. Offenbar wirkte die Empfehlung der Mrs. Sakura aus Kanada, die Paul und Peter bei ihrem älteren Bruder Wong in Kelung eingeführt hatte, auch noch in der verschwägerten Sippe Tai.

Doch scheuten sich die beiden Fremden sehr, in ihren simplen Kulikleidern das sicherlich vornehme Haus des jüngeren Tai zu betreten. Sie besaßen ja an Kleidern nichts weiter als das, was sie auf dem Leibe trugen. Alles übrige war in der Brandung vor Formosa verlorengegangen. Aber Yü-loh, die gleich mit dem ersten Boot an Land gegangen war, hatte ihrem besorgten Freunde Peter zugeflüstert:

»Warte nur ab! Wenn mein Vater euch einlädt, wird er auch an alles übrige denken.« – –

Die Stunden des Nachmittags vergingen, und weder Yü-loh noch ihr Vater ließen etwas von sich hören. Es waren ein paar halbnackte Männer an Bord erschienen, mit nichts als einem mageren Lendentuch bekleidet, die mit viel grellem Geschrei, angeleitet von den Matrosen, die Ladung aus den Luken der Dschunke hoben.

»Was meinst du, Peter, was wir da in unserer braven Dschunke transportiert haben?« fragte Paul mißmutig.

Aber Peter schien die Frage gar nicht zu hören. Er fragte etwas ganz anderes dagegen; anscheinend hatte er schon unausgesetzt darüber nachgedacht: »Würdest du mich für wahnsinnig halten, Paul, wenn ich Tai Yü-loh heiratete?«

Paul trat zwei Schritte beiseite, um den kreischenden Bootsmann vorbeizulassen, der gerade einen der Schauerleute in höchst blumigen Ausdrücken beschimpfte: beinahe wäre eine der schweren Kisten aus schlecht sitzender Schlinge ins Wasser gerutscht. Peter sah den Freund fast verzweifelt fragend an. Paul überlegte eine ganze Weile, ehe er antwortete:

»Wenn du wirklich meine ehrliche Meinung hörsten willst, Peter – Yü-loh zu heiraten ist eine der verrücktesten Katerideen, die mir je vorgekommen sind. Stell dir vor, du erscheinst mit dieser schönen Chinesin bei deinen Eltern, sicherlich viel braveren Leuten als du – aus Brandenburg an der Havel stammend –, und sagst zu deiner Mutter: Liebe Mama, hier bringe ich dir deine Schwiegertochter; und dann tritt auf in schwarzem Atlas mit weiten schwarzen Hosen und einem spannenlangen Silberpfeil im schwarzen Haarknoten Fräulein Tai Yü-loh aus Kanton! Das Mädchen mag vielleicht von Amerika einiges wissen, von Deutschland hat sie keine Ahnung, und eine deutsche Farm in Afrika wird ihr sicherlich so fremd sein, als läge sie auf dem Mond.«

Peter starrte mißmutig vor sich auf das beschmutzte Deck. Nach einer Weile stieß er halsstarrig hervor:

»Interessiert mich alles nicht! Mach du, was du magst! Ich bin entschlossen, dieses Mädchen zu heiraten, koste es, was es wolle. Fremdartige Frauen waren schon immer mein Schwarm. Der ganze Rassenkram, den man uns eintrichtern wollte, ist fauler Zauber. Mir ist nie ein besseres und klügeres Wesen begegnet als Yü-loh, und, das kann ich dir sagen, wir werden ein Leben lang miteinander glücklich sein, ob du es glauben willst oder nicht!«

Paul erwiderte so nüchtern und trocken, wie er stets zu sein vorgab:

»Na schön! Mir soll's recht sein! Ich muß sie ja nicht heiraten, und es gibt sicherlich eine große Auswahl von Façons, selig zu werden. Wenn du deinen ersten schlitzäugigen Sprößling Friedrich oder Heinrich taufst, dann schreib mir mal 'ne Karte, damit ich euch gratulieren kann. Du, der Bursche will was von uns!«

Dem letzten Sampan war ein schmalschultriger Chinese entstiegen, bis an den Hals in ein makellos graues Gewand geknüpft, das von den Schultern eng bis zu den Knöcheln reichte. Der blaßgesichtige Jüngling verbeugte sich tief, überreichte Peter einen Brief und Paul ein dickes, in ein Tuch verschnürtes Bündel. Peter riß hastig den Brief auf; er war in englischer Sprache verfaßt; Yü-loh schrieb:

»Lieber Peter!
Mein Vater erwartet Euch, und mein Onkel schließt sich der Einladung an. Es hat deswegen so lange gedauert, weil ich erst einen Augenblick abpassen mußte, in welchem ich meinen Vater allein sprechen konnte. In dem Aufzug, in dem Ihr an Bord herumgelaufen seid, könnt Ihr hier natürlich nicht erscheinen. Deshalb füge ich aus dem Vorrat meiner Vettern einiges bei, damit Ihr mir hier keine Schande macht. Zieht Euch schnell um, richtet Euch auf ein paar Tage Besuch ein und laßt Euch von dem Überbringer dieses Briefes hierher geleiten.

Deine Tai Yü-loh«

Der Name »Yü-loh« war nicht in abendländischen, sondern in chinesischen Schriftzeichen wiedergegeben. Peter war von der Freundin darüber belehrt worden, was die Pinselstriche bedeuteten: dem Sinne nach eigentlich: »Kämmerchen aus Nephrit«. Immer wieder stimmte es ihn sonderbar zärtlich, daß sein Mädchen so hieß.

Er wußte nicht recht, wie beides zusammenkam. Aber irgendwie ahnte er, daß es etwas sehr Liebenswürdiges andeutete.

Die beiden Freunde zogen sich in ihre Kabine zurück und falteten das Bündel auseinander.

Paul knurrte:

»Also los! Hinein! Schon wieder Karneval!«

Peter fragte nicht viel, genierte sich nicht weiter, schlüpfte in die dunkelroten, enganliegenden Baumwollhosen, band sie um die Hüften fest, streifte sich dann den Rock aus blauer Seide über, der vom Hals bis zu den Knöcheln reichte und an beiden Seiten mit vielen kleinen Stoffknöpfen geschlossen wurde. Als aber dann die Freunde einander neu gewandet gegenüberstanden, mußte selbst der unromantische Paul zugeben:

»Teufel, Teufel, Junge, wir sehen aus wie Mandarinen-Anwärter. Elegant ist das schon – bei allen guten Geistern der Marinefliegerei! Menschenkind, wenn die alten Kameraden in meiner Staffel mich so zu sehen kriegten – sie würden vor Neid erblassen. Und wie leicht und locker man sich darin fühlt!«

Auch der nüchterne Paul war vom Zauber der abenteuerlichen Stunde erfaßt. Peter drängte vorwärts:

»Wo bleibst du, Paul?«

»Bin schon da. Muß mich erst ein bißchen an meinen Frack gewöhnen.«

Paul kletterte über die Reling und sprang in den Sampan hinunter.

Der halbnackte, dürre Kerl im Heck, mit Augen so schräg, daß sie fast herauszukullern schienen, setzte den in fester Dolle sitzenden Pendelriemen in Bewegung. Im Bug kauerte der Diener, der den Freunden Yü-lohs Brief überbracht hatte. Paul und Peter aber standen in aller ihrer seidenen Pracht aufrecht in der Mitte des Bootes, wie es sich für junge ungeduldige Herren aus klassischen chinesischen Romanzen geziemt.

Die Sonne neigte sich dem Abend zu. Ringsum, die Bucht von Tschang-hwa umkränzend, hoben sich immer höher und ferner und blauer die Berge der großen Insel Hainan auf, ein prachtvolles Amphitheater, vom Dunst des vergehenden Tropentages verschleiert. Der Kiel des Bootes knirschte auf den Sand. Der Diener sprang mit bloßen Füßen hinaus und zog das Fahrzeug höher hinauf, so daß Paul und Peter trockenen Fußes aussteigen konnten.

Peter sagte gar nichts. Die beiden folgten dem Boten durch die engen Gassen, die von ferne so romantisch wirkten, aber aus der

Nähe, Gott sei's geklagt, höchst unromantisch nach Bratöl, faulen Fischen und toten Katzen stanken.

Und dann hielt endlich ihr Führer vor einem großen hölzernen Tor an, über dem in einem Rahmen aus mächtigen Balken ein goldener, ziselierter Drache prangte. Auch der schwere Türklopfer aus Bronze, den der Diener hallend auf einen metallenen Amboß fallen ließ, zeigte als Glückszeichen einen wohlgenährten Drachen. Ein Schiebefensterchen öffnete sich in dem schweren Tor, zwei schwarze Augen funkelten, und dann tat sich der breite Flügel geräuschlos auf. Der Bote ließ den beiden Gästen höflich den Vortritt.

Schwer wuchtete das Dach aus dunkelgrün glasierten Ziegeln, an den Enden leicht aufwärts gebogen, getragen von schweren hölzernen Säulen, über der offenen Halle: sehr weit, sehr vornehm, sehr still, die Straße und ihren Lärm, ihren Schmutz und ihre schlechten Gerüche ausschließend. Eine unerklärliche Befangenheit bemächtigte sich der beiden Besucher. Aber da war auf einmal Yü-loh! Sie lächelte. Nie war sie Paul so willkommen, nie bisher Peter so bezaubernd erschienen, da sie den schwarzen Kittel, den sie auf See getragen, mit einer lichtblauen, faltenrund hängenden Jacke vertauscht hatte – über weiten, stahlblauen Hosen, die um nackte Knöchel über dunkelroten, seidenen Pantoffeln locker fielen. Sie lachte – und alle Befangenheit war verflogen:

»Kinder, ihr seht großartig aus. Als hättet ihr seit frühester Jugend nichts weiter getragen. Kommt herein, mein Vater wird sich freuen!«

Das Haupt der Sippe, Herr Tai Hsi-ta, begrüßte Paul und Peter in lockerem Englisch, das keine Spur schlechter war als ihr eigenes. Der alte Tai – seine Zierlichkeit täuschte anfangs über sein Alter hinweg – meinte lächelnd:

»Verkehrte Welt, nicht wahr! Sie erscheinen hier wie zwei Figuren aus dem ›Kin Ping Meh‹, unserem großen, unanständigen Roman aus vergangenen Zeiten, und ich wie ein Held aus einer Kurzgeschichte von Somerset Maugham. Er liebt es ja, von mehr oder weniger zweifelhaften Chinesen zu berichten, die irgendwo in der Südsee noch viel zweifelhaftere Geschäfte betreiben.«

Paul und Peter kamen ein wenig außer Atem. Der Mann verschlug ihnen die Sprache. Paul faßte sich zuerst:

»Es ist sehr freundlich von Ihnen, Herr Tai, uns einzuladen, während das Schiff im Hafen Aufenthalt hat. Wir taumeln seit einem Jahr von Entbehrung zu Genuß und von einer Überraschung in die andere; aber so freundlich sind wir noch selten willkommen geheißen worden.«

Der feingliedrige Mann erwiderte:

»Nehmen Sie Platz, meine Herren! Betrachten Sie das Haus meines Bruders als Ihr eigenes, solange die Dschunke hier verweilt. Sie haben allerdings einen guten Fürsprecher gehabt.«

Yü-loh mischte sich in ihrem alten spöttischen Tone ein:

»Und dabei haben sie in allem Ernst gefürchtet, Vater, wir würden sie verraten. Als ob nicht gerade wir Verständnis dafür aufbrächten, wie sehr man nach Hause verlangt und nach Hause gehört, wenn man lange getrennt gewesen ist. Nichts stelle ich mir schrecklicher vor, als irgendwo gefangenzusitzen, besonders dann, wenn man gar nichts verbrochen hat, was einem die Gefangenschaft wenigstens begreiflich macht.«

Peter fand endlich Worte; er stimmte aus tiefstem Herzen zu:

»Ja, lieber die ganze schreckliche Unsicherheit der Freiheit ertragen, als in Gefangenschaft weiter keine Sorgen zu haben. Seit wir aus dem Lager in Kentucky ausbrachen, sind wir schon mehr als einmal haarscharf am Tode vorbeigegangen. Aber man weiß und spürt wenigstens, daß man lebt. Und das Beste am ganzen Leben ist, kräftig zu leben.«

Der alte Tai in seinem hohen Stuhle (er konnte ja nicht mehr allzu jung sein; aber wie alt er wirklich war, ließ sich kaum erraten) lächelte unbestimmt und fuhr nach einer Weile vorsichtig fort:

»Vielleicht eine etwas zu einfache Weisheit, mein lieber Herr Bolt. Aber sie stimmt ganz gut mit gewissen chinesischen Grundsätzen überein. Im übrigen haben wir national gesinnten Chinesen nicht das geringste gegen die Deutschen. Vor den Deutschen brauchen wir keine Angst mehr zu haben. Die anderen Mächte des Westens riechen uns alle noch ein wenig nach Kolonialherrschaft. Es ist ein Elend, daß die Deutschen häufig die verkehrten Führer haben; sie sind sonst so fleißig und tüchtig und geben so vorzügliche Soldaten ab!«

Paul und Peter sperrten ihre Ohren auf; wehte daher der Wind? Paul fand es richtig zu bemerken:

»Sie sprachen vorhin von Gastfreundschaft, Herr Tai. Ich glaube, sie bietet in diesem großen Hause die weitaus zuverlässigste Gewähr dafür, daß wir uns bei Ihnen geborgen fühlen. Alles übrige ist doch längst ins Gleiten geraten, gibt keine festen Maßstäbe mehr her und kann sich morgen schon wieder ändern.«

Tai lachte lautlos in seinem Sessel, daß es ihn schüttelte. Erst als er sich wieder gefaßt hatte, antwortete er:

»Ich verstehe, ich verstehe, mein junger Freund! Seien Sie ganz unbesorgt! Sie sind uns sehr angelegentlich empfohlen. Sie haben einigen Angehörigen einer verschwägerten Familie sehr geholfen. Und nun genießen Sie diese Tage in unserem alten Hause!«

Tai Hsi-ta erhob sich; seine Tochter und die beiden Gäste erhoben sich ebenfalls. »Meine Tochter wird Ihnen zeigen, wo Sie wohnen. Der abgelegenste unserer Gästehöfe steht Ihnen zur Verfügung. Ihren Leibdiener kennen Sie bereits. Alles Notwendige werden Sie dort vorfinden. Sie sind dort vor Horchern und Beobachtern vollkommen sicher. Wir sehen uns sicher bald wieder.«

Er drückte den beiden Männern auf gut abendländisch die Hand. Paul und Peter waren entlassen. Hinter ihnen rauschte die Schiebetür aus Ölpapier und schwarzem Holz leise wieder ins Schloß. Yü-loh führte die Freunde durch einige weitere Hallen und Höfe, bis sie schließlich ein von einer einstöckigen Häuserzeile umrahmtes Geviert betraten. Dort erwartete sie der Diener, der sie vom Schiff abgeholt hatte.

Yü-loh wies in eine weit zum Hof geöffnete Tür: »Das ist euer Zimmer!«

Peter rief:

»Wie schön! Diese alten Möbel! Paul, und dies gewaltige Doppelbett – mit rotseidenem Betthimmel! Herz, was begehrst du mehr? Ich sage ja, uns geht's wie Mandarinen erster Klasse auf Urlaub! Gehört all diese Pracht dem jüngeren Bruder deines Vaters, Yü-loh?«

»Nein, eigentlich gehört sie meinem Vater. Er ist der Älteste, und dies ist unser Stammsitz. Aber mein Vater verbringt schon seit vielen Jahren den größten Teil seiner Zeit in Kanton. Auch kann er nicht mehr die Ahnenopfer darbringen, seit er nach dem Tode meiner Mutter zum Christentum übertrat. Das muß er nun meinem Onkel überlassen. Es war hier nicht immer so friedlich, wie es jetzt aussieht. Wer bei unserem jahrzehntelangen Auf und Ab und Hin und Her von Bürgerkriegen und Banditen, Revolten und Piraterie den Kopf oben behalten will wie mein Vater, der muß in vielen Sätteln reiten können und darf sich auch nicht allzusehr auf eine Partei festlegen; denn schon morgen ist sie vielleicht nicht mehr obenauf. – Aber ich muß euch jetzt allein lassen und mich ein wenig um die frisch gebackene Ehefrau kümmern. Die hat es in China gewöhnlich nicht leicht. Und meine Tante, ihre Schwiegermutter, noch ganz alter Stil, ist ein Biest. Ich bin das einzige weibliche Wesen weit und breit, das sich nicht vor dem Biest fürchtet.«

Yü-loh lachte dabei so unbekümmert, daß auch Paul im stillen zugeben mußte: Peter hat recht; sie ist bezaubernd. Schon war sie vom Hof gehuscht; den Diener Ch'en-Hsu hatte sie mitgehen heißen. Die beiden Freunde blieben in leichter Verwirrung zurück; Peter meinte, nachdem er sich merkwürdig ausführlich geräuspert hatte:

»Ich glaube, Paul, hier haben wir noch einiges hinzuzulernen.«

Und Paul ergänzte:

»Mein Vater hat uns mehr als einmal gesagt: Niemand auf der Welt hat es so schwer, am Leben zu bleiben und sich durchzusetzen, wie ein Chinese in China. Wer das dort fertigbringt, der nimmt es mit jedem anderen auf, gleich, welcher Rasse und Herkunft!« –

»Wenn wir das hier allein bewohnen sollen«, fing Peter an, der wieder ins Freie getreten war, »– so hochherrschaftlich mit Leibdiener sind wir selten untergebracht gewesen. Kommt mir ein wenig nach goldenem Käfig vor.«

»Ach was, ein paar Tage ausruhen wird uns nichts schaden. Wir sind hier wirklich gut aufgehoben. Ich traue dem alten Tai durchaus. Vielleicht will er uns als Kommandeure seiner Leibgarde anheuern. Sicher hat er eine. Wir wollen bloß nicht vorzeitig ›nein‹ sagen. Dazu ist immer noch Zeit, wenn wir eben in Bangkok vom Schiff steigen.«

Er blitzte den Freund so vergnügt aus hellen Augen an, daß Peter nichts weiter antworten konnte als: »Schurke –!«

»Danke! Setz dich hierher! Sei nicht so traurig. Deine Angebetete wird schon wieder auftreten, wenn dir auch wohl heiß und kalt bei dem Gedanken wird, in was für eine schwierige und komplizierte Familie du einheiraten willst.«

»Lümmel –!«

»Danke. Aber ich komme ohne deine Komplimente aus.«

Sie saßen auf dem bemoosten Steinrand des wie eine Ohrmuschel geformten Wasserbeckens mitten in dem verträumten Hof.

Peter sagte:

»Ich glaube, wenn man in solchen Höfen groß wird, kommt man ganz von selbst aufs Malen oder Dichten.«

»Mag sein, aber ein gutes Abendessen wäre mir augenblicklich lieber. Ich spüre allmählich ein gelindes Rühren im Magen. Ich glaube, wir bekommen hier eigens für uns serviert und essen nicht mit an großer Tafel.«

Es war, als hätte Paul das Stichwort gegeben, denn unmittelbar nach seinen Worten erschien der Diener Ch'en-Hsu und brachte ihnen auf großem Tablett die Abendmahlzeit. Er setzte ein Tischchen aus dem Zimmer ins Freie, zog zwei Sessel heran, stellte das Tablett auf dem Tisch bereit, und das Mahl konnte beginnen. Peter fand besonderen Geschmack an einem Gemüse, das so ähnlich wie Spargel aussah; nur schmeckte es herzhafter und zerging nicht so leicht auf der Zunge. Paul kam schließlich darauf, was es sein konnte: junge Bambusschößlinge.

»Ich muß Yü-loh danach fragen«, sagte Peter.

Ja, es waren Bambusschößlinge. Yü-loh bestätigte es, als sie eine Weile nach dem Essen bei den beiden auftauchte. Der Mond stieg gerade dunstig über die Berge im Südosten. Sie stellte eine bemalte Papierlaterne neben sich nieder und setzte sich ein wenig zu den beiden Freunden auf den Steinrand des Wasserbeckens. Paul berichtete, daß Peter dichterische Anwandlungen verspürt hätte. Aber Yü-loh war gar nicht überrascht:

»Ich habe noch ein paar englische Übersetzungen von alten chinesischen Gedichten, ich bringe sie euch morgen mit. Jetzt etwas anderes: Mein Vater erzählte mir eben, daß sich Besucher bei uns angesagt hätten. Zwei Franzosen aus Haiphong und einige Leute aus dem Norden von Tonkin. Es wird nicht ganz leicht sein, mit diesen zwei Sorten von Gästen zur gleichen Zeit fertig zu werden. Da wir das Haus immer noch voll von Hochzeitsgästen haben, müssen wir die Besucher mit euch an diesem Hof unterbringen. Es sind nur die Zimmer gerichtet, die rechts und links von dem euren liegen; die Räume gegenüber sind mit überflüssigen Möbeln vollgestellt.«

Sie schwieg ein Weilchen still und blickte vor sich nieder. Wie sie da auf dem Steinrand des Beckens saß, von dem gedämpften Licht aus der Papierlaterne matt bestrahlt, glich sie eher einer Märchengestalt als einem Wesen aus Fleisch und Blut.

Paul mußte es abermals im stillen zugeben: Peter hatte recht, dies Mädchen war von unbeschreiblichem Reiz. Yü-loh fragte:

»Ich sagte meinem Vater, daß wir uns unbedingt auf euch verlassen können. – Ich irre mich nicht darin, nicht wahr?«

Paul dachte leicht erheitert: Aha, die erste Rätselfrage unserer Turandot! Laut sagte er:

»Das versteht sich von selbst, Fräulein Tai. Wir verdanken Ihnen und Ihrem Vater schon so viel – und hoffen, ihm bald noch für viel mehr danken zu können! Wir stehen in jeder Hinsicht zuverlässig für Sie bereit.«

Und Peter fügte hinzu:

»Das versteht sich längst von selbst, Yü-loh.«

Von der Halle her, die zu dem vorletzten Hofe führte, hörte man eine Tür ins Schloß schlagen.

»Das wird mein Onkel sein. Er wollte euch noch begrüßen.«

Ja, es war der jüngere Tai. Er konnte kein Englisch. Er wirkte schwerfälliger, farbloser, undurchsichtiger als sein älterer Bruder. Er entschuldigte sich viele Male wegen der Dürftigkeit des Quartiers, das er seinen Gästen zugemutet habe, entschuldigte sich wegen der Unzulänglichkeit des Dieners und wegen seiner eigenen ungastlichen Nachlässigkeit, die ihn erst so spät herführe, sich nach dem Ergehen seiner Gäste zu erkundigen. Yü-loh dolmetschte. Paul und Peter, nicht faul, ergingen sich in ebenso umständlichen und blumigen Redensarten über ihre eigene Unwürdigkeit, bedankten sich ausführlich und lobten das in der Tat lobenswerte Quartier über alle Maßen. Damit schien der chinesischen Höflichkeit Genüge getan zu sein. Denn nun wollte der jüngere Tai wissen, ob ihnen schon berichtet war, daß sie bald nicht mehr die einzigen Gäste an diesem Hofe sein würden. Ja, Yü-loh hätte sie eben darauf vorbereitet, gab Paul zur Antwort. Der jüngere Tai fuhr sehr vorsichtig fort:

»Wissen Sie, unsere Schiffe segeln viele auch sehr kleine Häfen an, und unsere besten Kapitäne kommen weit umher von Shanghai und Kanton nach Formosa und den Philippinen hinüber, an der ganzen indonesischen Küste entlang, bis in den Golf von Siam, hinüber zu den Malaien-Staaten und nach Singapore hinunter. Wir erfahren eigentlich alles, was an diesen Küsten vorgeht; jeder will etwas von uns, wenn vielleicht auch nur etwas wissen; und wenn wir all die Geschäfte machen würden, die uns angeboten werden, dann wären wir längst vielfache Millionäre, oder –«

Er lachte verhalten kichernd auf –

»– wir wären inzwischen einen Kopf kürzer gemacht.«

Ich will Emil heißen, wenn die Sache jetzt nicht langsam aufregend wird, dachte Paul. Peter spürte, wie Yü-loh ihn lange und forschend ansah; er hielt ihrem Blick ruhig stand. Er sagte wie nebenbei:

»Das kann ich mir denken, Herr Tai.«

Und fragte dann rundheraus:

»Was macht es eigentlich so schwierig für Sie, Herr Tai, die beiden Franzosen aus Haiphong zugleich mit den Leuten aus dem Norden Tonkins zu empfangen?«

Aber damit war ein vorsichtiger Chinese wie dieser Tai viel zu grob gefragt. Er hob die Hand:

»Oh, mein lieber junger Freund! Das ist sehr verwickelt. Das läßt sich nicht in wenigen Worten sagen. Meine Nichte hier wird Ihnen vielleicht einiges erklären können. Ich darf mich für heute empfehlen. Sie wissen, wir haben ein junges Ehepaar im Haus, und mein Sohn bedarf meines Rates.«

Er erhob sich, verbeugte sich ein paarmal tief, so daß sein weiter schwarzer Seidenrock den Boden berührte, und verschwand. Die drei waren wieder allein.

Der Diener Ch'en-Hsu huschte herein und stellte in einem Körbchen dampfendheiße Tücher bereit. Dann räumte er das Geschirr fort und zog sich zurück. Es war sehr angenehm, sich Gesicht, Nacken und Hände mit den Dampftüchern anzureiben; die Haut kühlte sich wunderbar danach ab.

Yü-loh drehte einen Grashalm zwischen den Fingern:

»Wißt ihr, was in den Kisten war, die wir auf unserer Dschunke transportierten?«

Paul dachte: Sieh da, die zweite Frage unserer Turandot! Laut sagte er:

»Wenn Sie so anzüglich fragen, Miß Tai, glaube ich die richtige Antwort zu wissen: Waffen und Munition!«

»Richtig geraten! Mein Vater hat es übernommen, für die Nationalarmee hier auf Hainan ein großes Waffenlager anzulegen. Tschiang Kaischek bereitet sich für jede Situation vor. Die Insel Hainan ist ein guter Zufluchtsort, und Amerika liefert das Zeug reichlich aus seinen restlichen Kriegsbeständen.«

Paul pfiff durch die Zähne:

»Dagegen ist ja nichts einzuwenden, und im Kriege ist Vorsicht immer die Mutter der Porzellankiste gewesen. Aber was haben die Franzosen damit zu tun, die Ihren Vater hier besuchen wollen, Miß Tai, und was die Leute aus Tonkin?«

»Die Franzosen werden wohl gar nichts damit zu tun haben;

denen ist es sicherlich ganz recht, wenn der Führer National-Chinas im Süden Waffenlager anlegt. Sie werden von meinem Vater oder von meinem Onkel irgendwelche vertraulichen Auskünfte haben wollen. Mein Vater wird wieder all sein Geschick aufwenden müssen, ihnen nichts zu verraten und trotzdem gleichzeitig den Glauben einzuflößen, die allerwichtigsten Geheimnisse offenbart zu haben. Ich weiß nicht, wieviel ihr beide von den Verhältnissen im französischen Indochina wißt. Da ist schon eine ganze Weile der Teufel los. Die Franzosen waren dort nie sehr beliebt. Die Annamiten und die Tonkinesen sind im Kriege von den Japanern auf die einzig mögliche Idee gebracht worden. ›Asien den Asiaten!‹ heißt sie. Die Japaner haben ihnen auch genug Waffen und Munition dagelassen, den Franzosen die Hölle heiß zu machen. Was die Leute aus Tonkin wollen, weiß auch mein Vater noch nicht. Aber ich kann es mir beinahe denken.«

Peter drängte:

»Sprich es ruhig aus, Yü-loh. Wenn wir mit von eurer Partie sein sollen, müssen wir auch wissen, was gespielt wird.«

Yü-loh stellte eine überraschende Zwischenfrage:

»Ist dein Beschluß gefaßt, Peter? Sind wir uns wirklich einig?«

Peter blickte überrascht hoch, antwortete aber sehr bestimmt:

»Darüber sollten wir eigentlich kein Wort mehr verlieren. Du kannst bestimmen, ob du selbst mit deinem Vater reden willst oder ob ich mit ihm reden soll. Wenn du es wünscht, tue ich es noch heute abend.«

Ihre Stimme zitterte vor Unsicherheit, als sie antwortete. Es war sehr ungewohnt an ihr und wirkte deshalb sonderbar rührend. Sie hob fast erschrocken die Hand:

»Nein, nein, nicht so schnell! Wir dürfen das Zeremoniell nicht so völlig vergessen. Ich kann ihn nicht fragen und du kannst ihn nicht fragen. Ich glaube – ja, ich meine, wir brauchen Paul dazu.«

»Paul –?«

»Ja, als Vermittler. Es muß doch immer ein Vermittler mit den Eltern reden. Deine Eltern sind nicht da, also mußt du selbst einen Vermittler beauftragen. So ist es nun einmal bei uns.«

Paul warf trocken ein:

»Gemacht! Ich bin zu allen Schandtaten bereit. Aber im Augenblick ist mir viel interessanter: Mit den Leuten aus Tonkin, was ist mit ihnen?«

Yü-loh strich sich mit der Hand über die Stirn, seufzte hörbar und erwiderte dann:

»Ja, die Leute aus Tonkin – die haben da drüben natürlich längst gehört, wieviel Waffen und Munition mein Vater hier auf seinen Schiffen zusammenbringt; sie werden ihm viel gute Worte geben und einen fürchterlichen Haufen Geld anbieten, wenn er so ein oder zwei Schiffe mit guter amerikanischer Heeresausrüstung vor irgendeinem passenden Sturm an irgendeinem passenden, entlegenen Stück der Küste von Tonkin auflaufen läßt. Was könnte er schon dafür? Schiffe sind aufgelaufen oder gestrandet, solange die Welt steht. Und mein Vater hätte sicherlich dann bei den Aufständischen einen Stein im Brett und käme noch zu weiteren großen Geschäften. Und niemand vermag vorauszusagen, ob es nicht gut wäre, an vielen verschiedenen Stellen Freunde zu haben.«

»Was wird dein Vater tun?« fragte Peter nach dem seltsam gedrückten Schweigen, das Yü-lohs Worten gefolgt war.

»Ich weiß es nicht. Aber sicherlich wird er weder den Franzosen noch den Tonkin-Leuten ein verbindliches Ja oder Nein geben können. Wir müssen balancieren. In einer Lage wie der unseren kann jede eindeutige Entscheidung Tod und Untergang bedeuten.«

Paul warf mit echter – oder nur gemachter? – Kühle in der Stimme ein:

»Von uns haben Sie aber eine klare Entscheidung für die Interessen der Familie Tai verlangt. Wir sind doch nichts weiter als arme Teufel, die nur den einen Wunsch haben, möglichst schnell zu den heimatlichen Gefilden zurückzufinden. Allerdings, wie mir inzwischen noch viel klarer geworden ist, hat Ihr Vater uns völlig in der Hand. Von einer Entscheidung unsererseits kann also gar nicht mehr die Rede sein.«

Nein, die Kühle im Klang seiner Stimme war keineswegs gespielt. Zuletzt verrieten seine Worte sogar Bitterkeit. Ein schwerer Seufzer entrang sich seiner Brust. Yü-loh saß still wie aus Stein, ein fremdartig schönes Standbild im Mondschein. In der Papierlaterne hatte die kleine Kerze noch ein paarmal geflackert und war dann verloschen.

War Yü-loh gekränkt? Paul wußte es nicht. Er erhob sich und sagte:

»Heute abend kommen wir wohl nicht weiter. Vielleicht könnt ihr beiden euch in einer verständlicheren Sprache unterhalten. Ich überlasse euch das Feld. Gute Nacht!«

Peter umfaßte mit brennenden Augen das Bild des rätselvollen

Mädchens. Eine schmerzhafte Zuneigung zog ihm in diesen stillen Augenblicken das Herz zusammen. Was ihm in den vergangenen Tagen felsensicher erschienen war, hatte jetzt den fahlen Schimmer des bloß Erdachten, ja des Selbstbetruges angenommen. Yü-loh senkte den Kopf, als wage sie nicht mehr, den Geliebten anzublicken. Es war sehr still. Die Stadt Tschang-hwa und an ihrem Rande das weitläufige Anwesen der Tai – selbst eine kleine Stadt für sich – schliefen längst.

Vom Rande der Urwälder jenseits der Reisfelder geckerten schrill die Nachtaffen; es klang herüber wie fernes Hohngelächter.

Drittels Kapitel

Peter – nach der verschwiegenen Nacht im Innersten aufgestört – faßte sich am übernächsten Tage ein Herz und ließ sich bei dem alten Tai feierlich melden. Ohne Erfolg! Doch wurde ihm bedeutet – ebenso schicklich wie bestimmt –, daß Paul als Vermittler willkommen sei. Paul unterzog sich der Freundespflicht seufzend, wenn er auch nach wie vor die ganze Heiratsgeschichte für kompletten Irrsinn hielt. Er makelte ehrlich und ließ den Freund und seine Familie in so wohlwollendem Lichte erscheinen, wie es sein empfindliches Gewissen irgend erlaubte. Yü-loh, die ihren Willen ohnehin durchzusetzen verstand und der ihr Vater nur ungern eine Bitte abschlug, unterhöhlte den anfänglichen Widerstand des alten Tai eifrig. Als sich der kluge und fortschrittlich gesonnene Mann überhaupt erst einmal an den Gedanken gewöhnte, seine einzige Tochter an einen Europäer zu verheiraten, als ihm klar wurde, daß er einen jungen Mann von guter Bildung, dazu aus achtbarem und sogar wohlhabendem Hause vor sich hatte, als er sich schließlich deutlich machte, daß ein Mensch, der eine so weite und gefährliche Flucht überstanden hatte und der auch keinen Augenblick daran zweifelte, sie zu einem guten Ende zu bringen, sicherlich ebenso tüchtig und kühn auch mit seinem späteren Leben fertig werden würde – verstand er sich endlich, der als Kaufmann ohnehin schnelle und gewagte Entschlüsse gewohnt war, zwar noch zu keinem vollen Ja, sprach aber erst recht nicht ein deutliches Nein aus. Er war jedoch Chinese genug, eine gewisse Förmlichkeit und Wartezeit gewahrt sehen zu wollen. Und außerdem bot sich ja gute Gelegenheit, Peters

Aufrichtigkeit und Geschick auf die Probe zu stellen. So hatte er ihn denn beauftragt, die Franzosen auszuhorchen und auch die Leute aus Tonkin. Die Franzosen waren erschienen, um die Brüder Tai über gewisse Querverbindungen zu befragen, die von den Führern des indochinesischen Widerstandes offenbar nach Südchina, aber auch nach den Philippinen hinüberreichten. Aber schließlich hatte der alte Tai – und Peter und Paul hatten geschickt dabei geholfen – mehr von den Franzosen als diese von ihm erfahren.

Besonders intensiv interessierten sich natürlich die beiden französischen Beamten dafür, was die Besucher aus Tonkin zu den Tais geführt hatte. Aber Tai sowohl wie die drei Männer aus Lang-son blieben dabei, daß nichts weiter als ein schon lange florierender Handel sie wieder einmal zusammengebracht habe. Immerhin, die Tais waren den Franzosen viel zu sehr verpflichtet, in den indochinesischen Hafenorten auch viel zu sehr auf sie angewiesen, als daß sie die Wünsche der französischen Besucher einfach überhören konnten.

Hinzu kam, daß die drei Männer aus Lang-son in Tonkin tatsächlich an den alten Tai das Ansinnen stellten, für ihren Aufstand eine Schiffsladung von den Waffen und der Munition »abzuspalten«, die Tai auf Hainan für die chinesische Nationalregierung auf Lager nahm. Paul und Peter erlebten, wie der alte Tai dieses Ansinnen, das ihm riesige Gewinne gebracht hätte, nicht einen Augenblick lang in Erwägung zog. Altchinesische und christliche Grundsätze mischten sich in diesem Menschen auf eine höchst merkwürdige und bewundernswerte Weise. Nein, was ihm in gutem Glauben anvertraut war, das tastete er nicht an, obgleich er keiner genauen Kontrolle unterlag. Der jüngste von den drei Männern aus Tonkin, ihr Führer offenbar, machte auf Paul und Peter vom ersten Augenblick an einen ausgezeichneten Eindruck. In ihm begegnete den beiden Freunden zum ersten Male ein junger Asiate, der für die Freiheit seines Landes glühte. Der Haß, mit dem er zu Paul und Peter von den Franzosen sprach, war bestürzend, ja erschreckend. Ebenso bestürzend aber auch die Selbstbeherrschung, mit der dieser junge Theng Van-bu ihn zu verbergen wußte, als er im Hause der Tai mit den französischen Besuchern zusammentraf.

Die französischen Beamten wußten natürlich mehr, als sie zugaben. Sie kamen schließlich mit ihrem eigentlichen Anliegen heraus: Tai sollte ihnen den Weg verraten, auf dem von Hainan aus heimlich Waffen ins nördliche Tonkin geliefert wurden. Zwar beargwöhnte man den alten Tai selbst nicht; aber sicherlich wäre ihm die Route und der Umschlagplatz an der tonkinesischen Küste vertraut. Er sollte einen schnellen Segler an einen bestimmten Reishändler in Mong-kay senden und ihm eine Waffenlieferung ankündigen. Tatsächlich sollten dann auf einer harmlos wirkenden Dschunke eine Anzahl von Kisten nach Mong-kay transportiert und an vorher genau bezeichneter Stelle unweit des Ortes in einer heimlichen Bucht ausgeladen werden. Die französische Polizei wollte die Männer, die dann dort erscheinen würden, um die Kisten fortzuschaffen, auf frischer Tat überraschen und verhaften. Die Polizei hoffte, so einem ausgedehnten Ring von Waffenschmugglern und Verschwörern auf die Spur zu kommen. Hätte der alte Tai dieses Ansinnen der Franzosen abgelehnt, so wäre damit offenbar geworden, daß er sich nicht den Franzosen, sondern den Aufständischen verbündet fühlte. Er stimmte also nach einigem berechnenden Zögern zu.

Die beiden französischen Beamten glaubten, erreicht zu haben, was sie wollten, und machten sich in ihrer starken Hochseebarkasse mit Kurs auf Haiphong davon. Von dort aus würden sie den Draht nach Mong-kay spielen lassen; die Gendarmerie im nordöstlichen Küstenzipfel Tonkins würde sich bereit machen, eine Falle zu stellen und sie zuschnappen zu lassen. Denn daß der alte Tai den gewünschten Kurier in einem schnellen, offenen Segelboot an jenen verdächtigen Reishändler in Mong-kay abschickte, davon hatten sich die beiden französischen Emissäre noch überzeugt, bevor sie abreisten. Den jungen Theng Van-bu und seine beiden schweigsamen Sekretäre – oder was sonst sie darstellten – hatten die französischen Beamten nicht mehr beargwöhnt. Sie waren seiner Wohlerzogenheit und stets gleichen Liebenswürdigkeit schließlich erlegen. Theng Van-bu verstand es, den beiden stets das Gefühl zu vermitteln, als achte er sie als überlegene Herren und respektiere sie als selbstverständliche Vorgesetzte. Paul und Peter hatten beobachtet, wie der im Grunde vor Haß glühende Mensch die beiden offiziellen Vertreter der französischen Macht allmählich in Sicherheit wiegte und sich sogar zu Freunden machte. Sie sprachen manchmal darüber, wenn sie allein waren.

Als der alte Tai Paul und Peter fragte, ob sie bereit wären, der großen Dschunke »Tschui-tong« vorauszufahren, Theng die versprochenen japanischen Waffen auszuliefern und gleichzeitig den Reishändler in Mong-kay zu warnen – Yü-loh würde mit ihnen fahren, denn je weniger Außenstehende man bei solchen Sachen ins Vertrauen zog, um so besser! –, als dies sozusagen als Bedingung erschien, wenn Paul und Peter die Dschunke weiter zur Fahrt nach Süden besteigen wollten – als der alte Tai andeutete, daß er Peter auf diese Weise Gelegenheit böte, sich an einer schwierigen Aufgabe zu bewähren, und daß Yü-loh, da sie ohnehin alle Filialen seines Hauses besuchen sollte, mit nach Bangkok reisen dürfe, um sich Pauls Eltern (sozusagen als Stellvertretern der Schwiegereltern) vorzustellen – und wohl auch um zu erleben, wie das Dasein in einem deutschen Hause abläuft –, als also Paul und Peter sich so in ein dichtes Geflecht von Gründen und Bedingungen verwickelt sahen, blieb ihnen weiter gar nichts übrig, als sich den mehr oder weniger gewagten Geschäften der Tai zur Verfügung zu stellen.

Am nächsten Morgen, noch vor Tau und Tag, wurde aus einer versteckten Bucht bei Tschang-hwa ein europäisch getakelter, gedeckter Kutter ins Freie gerudert. Die Segel stiegen am Mast, füllten sich, das Boot gewann Fahrt, je weiter es den Windschatten der Uferberge hinter sich ließ, und rauschte schließlich auf Nordkurs hart am auffrischenden Frühwind sprühend dahin, weit nach Backbord geneigt, so daß das Deck fast ins Wasser tauchte. Die beiden chinesischen Seeleute verstanden ihre Sache und segelten tollkühn. Aber das Boot trug unter Deck, verstaut und festgezurrt, entlang dem Kiel so viele schwere Kisten, daß ihm nicht viel passieren konnte.

Paul und Peter genossen die helle Fahrt über die offene See wie ein Fest, und auch Yü-loh, die sich chinesisches Seezeug, aus großen Fischblasen zusammengestückelt, übergezogen hatte, ließ sich den Schaum mit großer Lust um die Nase fliegen.

Es war schon Nacht, als wolkenschwarz die Berge der Küste von Kwang-tung und des äußersten Ostzipfels von Tonkin sich gegen den lichteren Himmel abzuzeichnen begannen. Sie hatten die Reise mit Absicht so berechnet, daß sie ihren Bestimmungsort erst bei voller Dunkelheit erreichten. Die braunen Segel ihres Kutters verschwammen sicherlich in den Schatten der Uferberge so vollkommen, daß sie nur aus naher Entfernung ausgemacht werden konnten. Selbstverständlich waren keine Positionslaternen gesetzt.

Die Lust an der raschen Fahrt war verflogen. Ihr Boot trug sehr gefährliche Last. Yü-loh hatte keinen Zweifel darüber gelassen, daß sie den guten Kutter eher versenken wollten, als sich mit seinen Kisten an Bord erwischen zu lassen. Das Schiff war darauf eingerichtet. Von Deck her konnte man mit zwei langen eisernen Stangen, die durch das Innere des Schiffes zum Schiffsboden führten, durch ein paar kräftige Stöße zwei drauf eingerichtete Planken aus dem Boden herausstoßen. Es war dann gerade noch Zeit, sich ins Beiboot zu retten, ehe der Kutter wie ein Stein zu Grund ging.

Aber keiner von ihnen dachte daran, als sie vorsichtig um das Ostkap der Insel Mui-ngoc wendeten und scharfen Westkurs nahmen. Zwanzig Minuten später zogen an Steuerbord des noch immer gute Fahrt machenden Kutters die Lichter von Mong-kay vorüber. Ein einziger Segler begegnete ihnen, lichtlos wie sie; die Boote nahmen voneinander keine Notiz. Dann tasteten sie sich weiter westwärts in die Untiefen vor, die der gefährlich verwinkelten Küste vorgelagert sind. Fast ohne Übergang erhebt sich hier das Gebirge von der Küste her bis zu viereinhalbtausend Fuß Höhe; von unerhört üppigen Wäldern bedeckt. Nur wenige Pfade schlängeln sich durchs Unterholz, die allein den Einheimischen vertraut sind.

Es wurde gefährlich, weiter zu segeln. Paul und Peter wanden den schweren Bleikiel des Bootes hoch. In diesen Untiefen konnte man kein Segelschwert unter dem Bootsleib gebrauchen. Alle vier Mann an Bord machten sich ans Paddeln. Yü-loh stand am Ruder. Bald wurde das Küstengewässer so flach, daß man den Kutter staken konnte. Bis er schließlich mit leisem Knirschlaut auf eine versunkene Bank auflief.

In diesem Augenblick blitzte von dem nicht mehr weit entfernten Ufer her – es war nur an seiner noch tintigeren, noch tieferen Schwärze erkennbar – ein winziger Lichtschein auf, als sei ein Streichholz angesteckt und gleich wieder ausgeblasen worden, blitzte noch ein zweites und ein drittes Mal. Der ältere der beiden Chinesen, ein totenhagerer, ständig maskenhaft grinsender Mann, hatte vorzüglichen Lotsendienst geleistet und den Kutter genau an der vereinbarten Stelle an die Küste gebracht. Es wurde kein überflüssiges Wort gesprochen. Die Luke wurde aufgeschlagen und das gefährliche Ladegut Kiste für Kiste ins Beiboot hinübergehoben. Peter ruderte mit dem zweiten Chinesen das Boot an Land, während Paul und der Lotse weitere Kisten am Rande des Decks bereitstellten. Yü-loh stand schattenhaft im Heck des Schiffes auf Posten. Das tief im Wasser liegende Beiboot erreichte den Strand. Der Chinese stieg hinaus und zog das Boot höher auf den Sand. Ein paar Gestalten hoben die Kisten aus dem Boot und trugen sie ins

Dunkel davon. Im Schatten abseits stand ein einzelner, der das ganze Manöver zu beaufsichtigen schien. Peter trat auf ihn zu. War das nicht Theng? Ja, es war Theng Van-bu. Die beiden drückten sich die Hand wie alte Freunde. Theng flüsterte:

»Ihr seid genau drei Stunden nach Dunkelheit hier angekommen, Su To-yu. Ist Ma Mu-chai auch mitgekommen?«

»Ja, er ist auf dem Boot und stellt die nächsten Kisten bereit. Tai Yü-loh hält Wache.«

(Su To-yu war der Name, unter dem Peter Bolt den Gästen und anderen Hausgenossen bei den Tais vorgestellt worden war. Dem guten Paul war der prächtige Name Ma Mu-chai verliehen worden.)

Peter flüsterte zurück:

»Alles klar, Theng?«

»Alles klar!«

»Wir entladen so schnell wie möglich und wenden dann sofort. Hals- und Beinbruch, Theng!

»Vielleicht sehen wir uns einmal wieder, To-yu!«

»Vielleicht!« rief Peter halblaut zurück, während das Beiboot, in dem er stand, sich schon vom Ufer entfernte.

Schon eine halbe Stunde später hatte sich der Kutter aus dem Gewirr von Klippen und Bänken wieder in den offenen Golf hinausgetastet; inzwischen hatte sich der Wind aufgemacht, der des Nachts vom Lande zur See hin zu wehen pflegt. Der Kutter furchte bald durch das sanft sich kräuselnde Wasser. Gegenüber den Lichtern von Mong-kay sanken die Segel zum zweitenmal, das Schiff trieb. Paul, Yü-loh, Peter und der jüngere Chinese stiegen ins Beiboot und ruderten zur Stadt hinüber, wo sie abseits der Pier an Land gingen. Der Chinese legte sich sofort wieder in die Riemen und nahm den Weg zurück zum Kutter, der noch vor dem Morgengrauen, wie Theng geraten hatte, die offene See erreichen wollte.

Die drei ans Land Gesetzten wanderten ein Stück von der Stadt fort, um nicht aufzufallen, und fragten sich erst am nächsten Morgen, als das Leben in den Straßen erwachte, zu dem Reishändler durch, den sie warnen sollten. Sie waren nicht wenig erstaunt, als sie der Reishändler, der schnell begriff, was gespielt werden sollte, in ein verstecktes Hinterzimmer führte. Wen trafen sie da? Den jungen Theng Van-bu! Gelächter auf beiden Seiten!

»Daß wir uns so schnell wiedersehen würden, hätten wir heute nacht allerdings nicht gedacht«, rief Peter.

»Gewiß nicht. Aber es bleibt trotzdem eine erfreuliche Begegnung!«

»Wie sind Sie denn so schnell hierhergekommen, Theng?« wollte Paul wissen.

»Mit dem Motorrad natürlich, wie sonst, Ma Mu-chai!«

Sieh da, dachte Peter, Motorrad fahren die Jungens auch! Scheint ja ein Aufstand mit allem Komfort der Neuzeit zu sein. Gegen Abend kam dann die Dschunke »Tschui-tong« von Hainan hergesegelt und fuhr so dicht an Mong-kay vorbei, daß die Hafenpolizei sie sehen mußte. Zwei, drei Meilen weiter drehte sie zum Ufer ab, legte sich an die brüchige Verladerampe einer schon seit Jahren nicht mehr arbeitenden Holzschneidemühle und brachte hier die Waffenkisten, die als Köder dienen sollten, in einem verfallenen Schuppen unter. Die Kisten enthielten in Wahrheit nichts weiter als schwere Steine. Der Reishändler, der in dem kleinen Hafen Mong-kay als geheimer Agent für die Aufständischen tätig war, dachte nicht daran, auch nur das geringste Interesse für die Kisten zu zeigen. Er war ja von Paul, Peter und Yü-loh rechtzeitig gewarnt worden; auch Theng, der Verbindungsmann zu den Führern des Aufruhrs im Innern Tonkins, wußte Bescheid. So wollte sich außer den französischen Gendarmen kein Mensch um die Kisten kümmern; niemand, um den es sich lohnte, ging der Polizei auf den Leim.

Die Dschunke »Tschui-tong« legte gleich wieder von der Pier der alten Sägemühle ab, als sie ihre ebenso gewichtige wie unwichtige Ladung losgeworden war. Später, als es schon dunkelte, nahm sie aus einem offenen Ruderboot Yü-loh und die beiden Freunde an Bord und segelte zwischen den bewaldeten Schären nach Süden.

Vorsichtig glitt das gute Schiff, das Paul und Peter schon von Formosa nach Hainan getragen hatte, zwischen die vielen Inseln dahin, die dem äußersten Norden der Küste von Tonkin vorgelagert sind.

Viertes Kapitel

Die Dschunke »Tschui-tong« hat das Städtchen Tien-jen längst hinter sich. An schwachem, ablandigem Wind segelt sie zwischen La Table und Kau-tau-schan, den Boto-Inseln, mit geringer Fahrt nach Süden. Sie hat sich mit Passagieren vollgestopft. Die schlitzäugige, schwarzhaarige, nacktbeinige Menschheit hat jeden freien Raum unter Deck, auf dem Deck und selbst über dem Deck auf dem Vorderkastell mit Bündeln und Kisten, dicken Bambusrollen, Vogelkäfigen und sich selbst belegt. Jeder hockt und liegt, wo er will, denn der Fahrpreis ist überall der gleiche. Wer ihn irgend aufbringen kann und wem an seinem persönlichen Schicksal mehr liegt als an dem allgemeinen, der strebt aus dem ewig unruhigen China und dem an allen Ecken und Enden brennenden Tonkin fort nach Süden.

Paul und Peter hatten bangend miterlebt, was ein asiatisches Schiff an Passagieren aufzunehmen imstande ist – ganz ohne sanitäre Anlagen und erst recht ohne Speisesaal erster und zweiter Klasse, von Schwimmbassins und Gymnastiksälen gar nicht zu reden. Der Dschunkenkoch bereitet jeden Tag einen ungeheuren Kessel voll Reis und gibt im übrigen heißes Trinkwasser aus. Für alles übrige müssen die Passagiere selber sorgen. Paul und Peter haben sich mit Yü-loh, einigermaßen bedrängt, auf das Quarterdeck zurückgezogen, wo der Kapitän, der Bootsmann und der Rudergänger regieren. Hier ist das einzige kleine Reservat auf dem ganzen Schiff zu finden, wo man nicht über nackte Oberkörper, sehnige Beine und stillende Mütter stolpert.

Paul war schon seit ein paar Stunden unruhig. Aber Peters gute Laune war noch ungebrochen. Wer ihm geweissagt hätte, was er jetzt erlebt, als er mit Paul aus dem Gefangenenlager in Kentucky ausbrach, den hätte er für einen Phantasten oder einen Wahnsinnigen gehalten: Da fährt er nun als prächtiger Chinese Su To-yu auf einer märchenhaft stinkenden, altertümlichen Hochsee-Dschunke, »Tschui-tong« geheißen – was sonst! –, durch den gewaltigen Golf von Tonkin südwärts, den er früher kaum dem Namen nach gekannt hat. Und da drüben steht Yü-loh, seine wunderbare Yü-loh! Wenn das alles nichts ist, was ist dann überhaupt noch etwas!

Paul wollte gerade antworten, wandte dann aber plötzlich den Kopf und fragte: »Hörst du was, Peter?«

»Ja, natürlich, ein Flugzeug irgendwo! Nichts Besonderes, hier unweit Haiphong und Hanoi. Vielleicht oder wahrscheinlich die Verkehrsmaschine von Hongkong.«

Aber es war keine Verkehrsmaschine. Das sahen die beiden Kriegsfachleute sofort, als das einmotorige Flugzeug von La Table her in knapp 400 Meter Höhe auftauchte. Paul war plötzlich erregt, wie ihn Peter lange nicht gesehen hatte.

»Ein Marine-Beobachter!« schrie er. »Ich kenne die Sorte!«

Peter riß den Freund heftig am Ärmel und flüsterte ihm wütend zu: »Bist du verrückt, Mensch? Du kannst doch nicht so laut auf deutsch in der Gegend herumschreien!«

Paul knirschte mit den Zähnen, knirschte tatsächlich.

»Natürlich! Geschah bloß, weil ich an meine alte Kiste denken mußte. Mit so einem einmotorigen Ding bin ich abgeschossen worden.«

Peters Stimmung war immer noch nicht verdorben:

»Wenn sie dich nicht aus deiner Kaffeemühle herausgeschossen hätten, hätten wir beide uns wahrscheinlich nie kennengelernt, schaukelten wir beide jetzt nicht auf prächtiger Dschunke in der China-See umher – und Yü-loh wäre mir wahrscheinlich auch nie begegnet. Und das wär' alles jammerschade, gib es zu!«

Aber Paul gab nichts zu. Er knurrte statt dessen:

»Ich wußte es ja, der Bursche nimmt uns unter die Lupe.«

Das Flugzeug war auf 100 Meter heruntergegangen und flog ein paar steile Schleifen um die Dschunke. Pilot und Beobachter waren deutlich unter der Glashaube zu erkennen. Dann nahm die Maschine Kurs nach Südwesten und war in wenigen Minuten den Blicken entschwunden. Paul unkte weiter:

»Jetzt braucht der Bruder bloß ein Patrouillenboot oder irgendein Küstenwachboot auf uns zu hetzen, und wir werden einige Teller voll Angst auszulöffeln haben. Eins kann ich dir sagen: Wenn die Herrschaften hier an Bord erscheinen, dann kann ich nichts weiter als Chinesisch, und wenn ich zehnmal in Shanghai eine russische Amah gehabt haben soll.«

Peter erwiderte – nun doch einigermaßen bedrückt:

»Und was sage ich? Mit den drei Dutzenden chinesischen Phrasen, die mir Yü-loh inzwischen beigebracht hat, werde ich keinen großen Eindruck schinden. In Französisch habe ich meistens eine drei minus gehabt, und mit meinem Portugiesisch werden sie nichts anzufangen wissen. Ach, ist ja alles Unsinn! Die Franzosen werden wegen unserer lächerlichen Dschunke kein Kanonenboot mobil machen.«

Peter schien recht zu behalten. Für Stunden regte sich nichts. Die Hitze war unerträglich. Der Kapitän hatte ein Sonnensegel über dem Quarterdeck aufspannen lassen; es spendete zwar ein wenig Schatten, erzeugte über unter seiner gewölbten Fläche eine lastende Luft, die den Schweiß aus allen Poren trieb. Das Meer lag bleiern blank, ein stumpfer Spiegel unter erbarmungsloser Sonne. Die Stunden dehnten sich unerträglich. Endlich, als die Strahlen schon schräger und milder fielen, regte es sich wieder in der Luft. Gleich legte der Kapitän mit einigen Kommandos die Dschunke an den Wind, der, je näher der Abend rückte, um so luftiger auffrischte.

La Table blieb an Backbord liegen und entschwand schon den Blicken, als scharf von Westen her sich ein niedriger Schornstein, gedrungen und rückwärts geneigt, schwarze, dicke Rauchwolken ausstoßend, über den Horizont schob. Bald tauchte darunter ein grauer Eisenleib auf, nur flach über die See gestreckt, aber mit unmäßig hohem Bug. Um alles in der Welt –! Kein Zweifel:

»Ein Torpedoboot, Paul! Eine uralte Schaukel!« Peter flüstert es erregt.

»Es hält auf uns zu!« gibt Paul zur Antwort. Er hat das Fahrzeug längst erkannt. Yü-loh tritt zu den beiden. Auch sie ist besorgt. Angst zittert in ihrer Stimme, als sie fragt:

»Ob das Kriegsschiff etwas von uns will, Peter? Können sie uns überhaupt hier anhalten?«

Peter sagt böse:

»Können –? Ein Kriegsschiff kann alles. Und die Kiste da hat die Bug-Geschütze scharf geladen. Darauf kannst du dich verlassen. Und außerdem werden wir uns wohl noch innerhalb der Dreimeilenzone befinden – und wenn es auch schon fünf sind, die Brüder werden die Meilen zählen, wie es ihnen paßt.«

»Wo habt ihr eure amerikanischen Papiere? Sie könnten euch schaden. Die Franzosen werden das Schiff durchsuchen. Vielleicht sind wir verraten worden.«

Yü-loh ist so erregt, daß ihre Nasenflügel sich blähen und beben. Ihre Hände umklammern die Reling hart; die Haut über den Knöcheln bekommt weiße Flecken. Peter wird sonderbar ruhig, als er die Furcht erkennt, von der die Geliebte gepackt ist.

»Laß nur! Wir sind schon mit schlimmeren Dingen fertig geworden. Man darf nicht die Nerven verlieren. Ich bin Su To-yu aus

Formosa, und das ist Ma Mu-chai aus Shanghai. Soll doch erst mal einer das Gegenteil beweisen! Und außerdem sind wir mit der mächtigen Sippe Tai verwandt. Die Franzosen werden keinen Wert darauf legen, deinen Vater zu verärgern!«

»Gewiß nicht!« antwortete Yü-loh. »Aber sie sind trotzdem unberechenbar. Man weiß nie, mit was für einer Sorte von Beamten man es gerade zu tun bekommt. Wenn sie die Papiere bei euch finden, seid ihr verloren.«

Paul mischt sich in das aufgeregte Flüstern:

»Wir tragen die Papiere nicht mehr auf der Brust, Fräulein Tai. Dort wird man stets zuerst untersucht. Wir haben uns die flache Tasche um den linken Unterschenkel gebunden, dicht unter dem Knie. Da die Papiere immer noch in der wasserdichten Hülle stecken, die uns der Fischer aus Sakata in Japan gemacht hat, können wir zur Not sogar damit schwimmen, wenn es darauf ankommt. Im übrigen, Kinder, ruhig Blut und warme Unterhosen! Es sind sicherlich außer uns noch genug Leute an Bord, die man beargwöhnen kann. Warum soll man es gerade auf uns abgesehen haben? Sieh, da funken sie von der Brücke! Wir sollen stoppen!«

Das Torpedoboot rauschte neben der Dschunke her und morste mit der Funklampe herüber: Stoppen!

Aber der Kapitän der Dschunke verstand nichts von Morsezeichen oder tat wenigstens so; er hielt sein klobiges Segelschiff weiter auf dem bisherigen Kurs, als gäbe es weder Franzosen noch Torpedoboote, Dreimeilenzonen und sonstigen westbarbarischen Zauber.

Peter knurrte:

»Wenn der Esel von Kapitän die Dschunke nicht beidreht, setzen uns die drüben eine Granate vor den Bug, daß uns Hören und Sehen vergeht. Paul, sage dem Mann, er soll beidrehen!«

Yü-loh legte ihre Hand leicht auf die Peters: »Nicht! Wir dürfen nichts von dem begreifen, was hier vorgeht. Es verriete uns nur!«

Natürlich! Peter schämte sich schnell ein wenig. Yü-loh war klüger. Drüben das Torpedoboot schwenkte schon das Buggeschütz herum. Auf der Dschunke kümmerte sich noch immer niemand um die aufgeregte Blinkerei von der Kommandobrücke des forschen Schiffes mit der Trikolore am Heck. Auch die Passagiere des Seglers nahmen keine Notiz davon, daß sie nicht mehr allein über die See hinsegelten. Paul und Peter erlebten zum ersten Male, was sie später noch oft erfahren sollten: Wenn Chinesen

Gefahr wittern, wenn sie sich gestellt sehen und nicht mehr ausweichen können, dann blicken sie nicht hin, tun so, als ob nichts weiter als Luft um sie wäre, leere, blaue Luft. Vielleicht meint die Gefahr, sie hätte sich in der Adresse geirrt, und zieht wieder ab; man darf sie nur nicht beachten!

Paul und Peter waren die einzigen, die genau wußten, was kommen mußte. Es gab einen Donnerschlag da drüben, ein Feuerstrahl fuhr aus dem Geschütz, und dicht vor dem Bug der Dschunke heulte ein Geschoß vorüber. Ein vielstimmiger Aufschrei der plötzlich aufgestörten Passagiere war die Antwort; er löste sich in kreischendes Schnattern auf. Peter fand es sehr lächerlich trotz aller Sorge, die ihn erfüllte. Jetzt hatte auch der dickfellige Kapitän begriffen; er ließ das Ruder herumwerfen, die Dschunke legte scharf bei, die Segel kamen aus dem Wind und knallten mit harten, knöchernen Schlägen gegen die Masten, leer und kraftlos. Das Torpedoboot schwenkte eine Motorbarkasse aus, ein paar Gestalten mit roten Pompons auf den blauen Mützen sprangen hinein, ein Offizier dazu, noch einer; schon legte die Barkasse ab und zischte über die immer noch mäßige See zur Dschunke herüber, die keine Fahrt mehr machte. Ein paar Enterhaken packten an, ein Seil flog herüber, schon kletterten der Leutnant und drei Matrosen über die hölzerne Reling und bahnten sich schnell den Weg zum Quarterdeck hinauf.

»Sacré nom d'un chien!« fluchte der Leutnant auf den Kapitän ein, der mit unbeweglichem Gesicht neben seinem Rudergänger verharrte, ein Urbild stummer Widerspenstigkeit. Der junge Offizier zeigte sich fahrig unter den vielen gelben Gesichtern, von denen nicht ein einziges lächelte; er schien versucht, den Kapitän der Dschunke zu schlagen; schreckte aber wohl doch vor dem maskenstarren Ausdruck in diesen Zügen zurück; sie verrieten auch nicht einen Schimmer von Verständnis, verrieten nur eines: eiskalten, gefährlichen Haß!

Auch Paul und Peter begriffen nur wenig von dem Schwall französischer Worte, die wie ein Sturzbach den Lippen des jungen Mannes entsprudelten. Eingedenk der Warnung Yü-lohs zogen die Freunde das dümmste und unbeteiligtste Gesicht ihres Lebens.

Schließlich mischte sich Yü-loh ein und sagte auf englisch:

»Entschuldigen Sie, mein Herr, dieser Mann versteht kein Französisch. Dies ist eine Dschunke der Firma Tai Hsi-ta aus Kanton. Wir haben diese Passagiere, fast alles chinesische Staatsangehörige, in Tien-jen an Bord genommen und bringen sie nach Saigon. Wir führen nur das Gepäck dieser Leute und einiges Stückgut an Bord, keine Waffen oder sonstiges, was verboten ist. Es steht Ihnen frei, das Schiff zu durchsuchen!«

Der junge Offizier verstummte vor der beinahe hochmütigen Sicherheit, mit der er angesprochen wurde. Er blickte das schmale Mädchen in ihrer ebenso unscheinbaren wie kostbaren schwarzen Tracht erstaunt an und fragte verdutzt und noch immer grob in unbeholfenem Englisch:

»Wer sind denn Sie?«

»Ich bin Tai Yü-loh, die Tochter des alten Tai, und jetzt unterwegs, um unsere Filialen zu inspizieren.«

Ein Lächeln des Begreifens verbreitete sich auf dem Gesicht des Offiziers; der aufgeregte Mann verwandelte sich plötzlich in einen Kavalier, verbeugte sich und erwiderte mit ungeahnter Liebenswürdigkeit:

»Ich bitte um Vergebung, Mademoiselle Tai. Wir sind gewarnt worden. Es treiben sich so viele verdächtige Fahrzeuge vor unseren Küsten umher –. Sie wissen ja: Das ganze Hinterland der Kolonie ist im Aufruhr. Wir müssen vorsichtig sein.«

Yü-loh wandte sich auf chinesisch an den scheinbar unbeteiligt aufs Deck starrenden Kapitän:

»Zeige die Schiffspapiere und die Passagierliste!«

Der Mann verschwand in seiner Kammer und kehrte nach wenigen Sekunden mit einem Haufen länglicher Papiere zurück, an denen einige Siegel hingen. Die Papiere trugen nichts weiter als chinesische Zeichen – in feinen und in groben Pinselstrichen.

»Hier sind die Schiffspapiere und die Passagierlisten!« sagte Yü-loh auf englisch und händigte beides dem Offizier aus. Der junge Herr errötete bis unter den Mützenrand und bis in seinen ein wenig verschwitzten Kragen hinein. Er stotterte:

»Verbindlichsten Dank! Ja, so –! Ich muß die Papiere mit zu meinem Kommandanten hinübernehmen. Wir haben einen schriftkundigen Dolmetscher an Bord. Oder würden Sie selbst ––?«

Yü-loh antwortete sehr kühl:

»Ich bedaure! Sie begreifen, daß wir nicht sehr glücklich darüber sind, von Ihnen aufgehalten zu werden –.«

Der Offizier errötete abermals bis über beide Ohren, zuckte dann aber leicht verärgert die Achseln und blickte sich hilfesuchend um. Dabei nahm er zum ersten Male Paul und Peter wahr, die sich abseits gehalten hatten. Die Augen des französischen Leutnants weiteten sich; er deutete auf Paul:

»Dieser Mann in chinesischer Kleidung, Mademoiselle Tai, das ist doch ein Weißer? Natürlich, das ist ein Weißer!«

Es gelang Paul, sein Gesicht völlig in der Gewalt zu behalten; auch Peter zuckte mit keiner Wimper. Yü-loh erwiderte noch eisiger:

»Darf ich Sie bekannt machen: mein Vetter aus Shanghai, Herr Ma Mu-chai. Er hat eine europäische Mutter. Mu-chai, dies ist Herr Leutnant— —?«

Der Herr Leutnant lief schon nicht mehr rot, er lief beinahe blau an:

»Leutnant Maréchal, wenn ich bitten darf, Mademoiselle!«

Er durfte bitten, und Paul verbeugte sich gemessen.

»Aus Shanghai —?« fragte Maréchal, der doch nicht gesonnen schien, sich ganz und gar ins Bockshorn jagen zu lassen. »Aus Shanghai—? Vielleicht aus der französischen Konzession oder aus dem Internationalen Settlement? Sicher verfügt dieser Herr nicht nur über einen Paß in chinesischer, sondern auch über einen solchen in französischer oder englischer Sprache!«

Natürlich verfügte er! Dafür hatte der alte Tai gesorgt, bevor der schnelle Kutter, mit Paul, Peter und Yü-loh an Bord, sich auf die Fahrt von Tschang-hwa auf Hainan nach Mong-kay an der Nordostküste Tonkins gemacht hatte. Der Paß lautete auf: Ma Mu-chai, gebürtig aus Shanghai, geboren am 3. März 1920, von Beruf Kaufmann, wohnhaft in Shanghai, Wenchow Road 37, und war ausgestellt von der Verwaltung des International Settlement of Shanghai am 5. Januar 1946.

Das Papier machte einen prächtig seriösen Eindruck. Aber der junge Offizier schien nicht damit zufrieden. Er klappte das Heft im steifen Deckel zusammen, schlug sich damit in die flache Hand, sagte:

»Zu schön, um wahr zu sein!« oder etwas, was so ähnlich klang, und steckte den Paß in die Brusttasche. Er fuhr fort:

»Haben Sie sonst noch Passagiere an Bord, die englisch- oder französischsprachige Pässe führen, Mademoiselle Tai?«

»Nein, Herr Leutnant Maréchal. Mein Vetter ist der einzige auf diesem Schiff, der aus einer chinesischen Siedlung stammt, die aber nicht unter chinesischer Oberhoheit steht. Das gibt es leider immer noch. Alle anderen sonst führen chinesische Papiere.«

»Und Sie selbst, mein Fräulein?« Der Ton dieser Frage klang unverkennbar anmaßend.

Yü-loh nestelte an der Schulterklappe ihrer seidenen Jacke. Mit einer Verachtung im Ton, die schneidend war, erwiderte sie:

»Mein Vater hat Ihrem Lande, Herr Leutnant, schon manchen Gefallen getan. Er wird in Zukunft darauf verzichten. Hier ist mein internationaler Reisepaß, erneuert vom chinesischen Generalkonsulat in San Francisco, und hier ist mein akademischer Ausweis der Stanford-Universität, Palo Alto, Californien; er lautet auf den Baccalaureus der Schönen Künste Tai Yü-loh.«

Sie hatte vor Zorn vergessen, den Kragen ihrer Jacke, deren Schulternesteln sie gelöst hatte, wieder zu schließen. Wie zärtlich schlank der Ansatz ihres Halses hervorleuchtete! Peter sah es und lächelte, als wäre ihm heimlich und unvermutet ein Geschenk zugefallen.

Der junge Offizier schien zu spüren, daß er sich einen Schritt zu weit vorgewagt hatte. Baccalaureus der Schönen Künste, Stanford-Universität, Tochter des großen Tai – zum Teufel, der junge Mann merkte, daß er sich auf glattem Parkett befand. Er warf nur einen flüchtigen Blick in die Papiere, reichte sie mit gezwungenem Lächeln wieder zurück und nahm mit einer verlegenen Verbeugung Abschied. Er sprang mit seinen drei Leuten in die Barkasse zurück, rief:

»Warten Sie auf weitere Kommandos!« und legte ab. – –

Gut eine halbe Stunde verging. Der Abend stieg mit milderen Farben vom Osten her über die Kimm. Die Dschunke trieb langsam vor dem auffrischenden Wind. Das Torpedoboot hielt sich mit ein paar gelegentlichen Schraubenschlägen in immer gleicher, unmißverständlicher Nähe.

Paul, Peter, Yü-loh standen auf dem Quarterdeck beieinander.

»Daß der Bursche mich nicht beachtet hat –?« sagte Peter.

»Du siehst mit deinen schwarzen Haaren und Augen und den schwarzen Brauen, ohne rote Farbe im Gesicht und braungelb gebrannt von der Sonne eben doch viel glaubwürdiger und unauffälliger aus als ich in chinesischen Kleidern!«

Paul hatte recht; ihn allerdings konnte man beim besten Willen nicht für einen waschechten Chinesen halten.

Yü-loh war sehr unruhig:

»Wenn ich nur wüßte, warum wir angehalten worden sind! Ob der Schwindel mit den Steinen in Mong-kay schon entdeckt ist? Das wäre peinlich für uns; besonders für mich. Dann müßte ich mich sobald wie möglich aus dem Staube machen; ich möchte kein Verhör riskieren; ich könnte meinen Vater gefährden – und all unser normales Geschäft an der indonesischen Küste. Wir müssen unter allen Umständen bei dem bleiben, was unsere chinesischen Papiere ausweisen!«

Peter warf gedrückt ein:

»Wenn ich nur besser chinesisch sprechen könnte –.«

»Wie auch immer dies Zwischenspiel ausgeht, wir sollten jede freie Minute benutzen, um Chinesisch zu lernen. Wir werden es unter Umständen noch bitter nötig haben.«

Es war Yü-loh, die dies sagte. Man sah es ihr an, wie sehr sie unter der Spannung dieser Minuten litt.

»Da kommt die Barkasse wieder herüber!«

So war es. Gleichzeitig setzte sich das Torpedoboot dicht vor den Bug der Dschunke. Ein paar Matrosen stiegen aus der Barkasse an Bord des Seglers. Der junge Leutnant war wieder dabei. Sie sagten nichts, sie fragten nicht. Eine Leine flog vom Heck des Torpedoboots herüber, wurde aufgefangen; eine Trosse wurde daran herübergeholt und am Ankerspill festgemacht. Langsam nahm das Torpedoboot Fahrt auf, die Trosse straffte sich, der Bug der Dschunke schwenkte gehorsam ins Kielwasser des Torpedoboots. Weiß im Gesicht sagte Paul: »Sie schleppen uns ein!«

Ja, das Torpedoboot hatte ohne weitere Verhandlung die Dschunke samt Kapitän und Passagieren ins Schlepp genommen und zog mit ihr südostwärts davon, als wäre es das Selbstverständlichste von der Welt. Auf dem Vorderkastell hielten drei schwerbewaffnete Matrosen – Maschinenpistole unter dem Arm – neben der Schlepptrosse Wache, rote Pompons auf den blauen Mützen. Der Leutnant stand daneben, vom Quarterdeck mit Yü-loh und dem vor Wut mit den Zähnen knirschenden Kapitän, von Paul und Peter, pardon, von Su To-yu und Ma Mu-chai, um die ganze Länge des Schiffes getrennt. Die übrigen Passagiere hatten eine Weile wild aufgeschrien, gefuchtelt und gestrampelt, sich dann plötzlich ins Unabänderliche geschickt und sich ihrem Abendreis zugewandt.

Es dunkelte tief. Die Tropennacht war schnell hereingebrochen und der Wind wieder eingeschlafen. Die See regte sich kaum. Die hölzerne Dschunke rauschte gleichmütig hinter dem Kriegsschiff her, dessen stinkende Rauchschwaden den chinesischen Segler zuweilen dicht umwallten. Die vielen Menschen an Bord der Dschunke schliefen längst. Nur der Rudergänger, der darauf zu achten hatte, daß der Segler nicht aus der Schlepplinie scherte, war noch wach.

Und die beiden Liebenden waren tief beunruhigt.

»Peter, wenn sie dich festnehmen –!«

Peter streichelte die Hand Yü-lohs; sie hatte ihren Arm in den seinen gelegt. Er wußte keine Antwort. Sie fuhr nach langen, ungewissen Minuten fort:

»Vielleicht würde es dich retten, wenn wir verheiratet wären. Dem Schwiegersohn des alten Tai wird man kaum etwas antun.« Nach einer schwebenden Sekunde flüsterte sie weiter; sehr scheu und kaum verständlich:

»Vielleicht wäre es auch der Zwang des Schicksals, ein wohlwollender Zwang! Wir brauchten uns ihm nur zu unterwerfen, könnten endlich die hundert Bedenken und Schwierigkeiten abtun, einfach abtun – und dann ist nichts mehr rückgängig zu machen –!«

Peter spürte, wie sie glühte. Er hielt nur mühsam an sich. Warum durfte er nicht mit ihr allein sein? Er konnte nicht einmal den Arm um ihre Schulter legen. Der Rudergänger hätte es gesehen. – Dann zuckte er mit den Achseln und ließ hilflos die Arme sinken; er murmelte:

»Yü-loh, liebe Yü-loh. Warum hängst du dich an mich? Es kann ja nicht gut gehen. Ich verstehe nicht einmal deine Sprache. Wer soll mir glauben, daß ich deines Vaters Schwiegersohn bin? Sie werden mir schnell auf die Schliche kommen, wie selbst dieser dumme Leutnant unserm Paul auf die Schliche gekommen ist.«

»Wenn du aber meines Vaters Schwiegersohn geworden bist, Lieber, wenn du es *bist*, bist bist! Niemand könnte etwas dagegen tun –!«

»Ach, manchmal glaube ich, all unser Mühen ist sinnlos. Ich bin nichts, ich habe nichts, ich gehöre nirgendwohin. Womit habe ich verdient, daß du dein Herz an mich bindest, Yü-loh?«

Sie wurde zornig, wies ihn beinahe heftig zurück:

»Im umgekehrten Fall würdest du das gleiche für mich tun. Das weißt du genausogut wie ich. Und dann: Ich werde schon etwas aus dir machen, wenn wir erst verheiratet sind, glaube es mir! Mein Vater weiß, was er sagt, wenn er manchmal meint, ich wäre ein besserer Sohn als der, der ihm ertrunken ist. Peter, in China sind Ehen unauflöslich, und wir haben doch –.«

Sie stockte und drängte sich unmerklich enger an ihn.

Peter lächelte plötzlich ins sterndurchglänzte Dunkel hinein, lächelte befreit, fast erheitert: »Ja, Liebste, ich weiß. Du willst etwas aus mir machen. Wie prächtig! Ich kann schon deshalb nicht ›nein‹ sagen, weil ich zu neugierig bin zu erleben, ob du es fertigbekommst. Gut also, meine Gebieterin, heiraten wir! Was wird dein Vater dazu sagen?«

Sie erschrak ein wenig vor der Leichtigkeit seines Tons:

»Lachst du mich aus, Peter? Wehe dir! Tue es nicht! Ich meine, was ich sage. Oder glaubst du, daß ich dich wieder zu einem Kriegsgefangenen werden lasse –?«

Er wurde wirklich wieder ernst und flüsterte:

»Nein, Yü-loh! Hilf mir! Dann werde ich lieber für ein Leben lang dein Gefangener, Yü-loh!«

Es war so viel Zärtlichkeit in seinen Worten, daß er die eigene Stimme fast nicht wiedererkannte.

»Ja!« flüsterte sie zurück. »Ja! Und morgen früh, wenn wir in Haiphong angekommen sind, telegrafiere ich sofort an meinen Vater. Oder ich lasse durch unseren Vertreter einen schnellen Segler nach Hainan senden. Wenn mein Vater erfährt, was uns zugestoßen ist, trifft er in ein oder zwei Tagen bei uns ein. Er wird nicht zulassen, daß man einfach seine Schiffe und Leute von der hohen See weg verhaftet.« –

»Siehst du das Blinkfeuer, dort voraus, ganz blaß noch, Yü-loh? Es wird die Einfahrt von Haiphong bezeichnen.«

»Dann sind wir in vier, fünf Stunden da! Verschlafen wir sie lieber! Vielleicht müssen wir morgen frisch sein! Ich schreibe noch ein paar Zeilen an meinen Vater.«

»Laß mich einige beifügen!«

»Gern! Schreibe sie aber in deiner Kammer und gib sie mir morgen früh unauffällig!«

Peter schrieb – nach einigen einleitenden Sätzen der Höflichkeit, die er für notwendig hielt:

»– – – Ich weiß, daß meine Eltern sich glücklich schätzen werden, eine Schwiegertochter wie Yü-loh zu empfangen. Ihnen, hochverehrter Herr Tai, kann ich nur versprechen, daß ich – soweit es in meinen Kräften steht – Ihrer Tochter ein guter Mann und Ihnen ein getreuer Schwiegersohn sein werde. Die Umstände und das Nachgedröhn des vergangenen Krieges – oder ist es schon wieder das

Vorausgeschrei eines kommenden? – machen es uns schwer, Anstand und Schicklichkeit zu wahren. Deshalb bitten wir Sie, bald nach Haiphong zu kommen, mich – oder darf ich schon sagen: uns – vor einer unmittelbaren Gefahr zu schützen und Yü-loh und mir Ihren Segen zu geben.

Ihr aufrichtig dankbarer und ergebener

Peter A. E. Bolt«

Fünftes Kapitel

Am zweiten Tag nach der Ankunft auf der Reede von Haiphong, als am Nachmittag die ärgste Hitze schon vergeht, steigen aus einer weißgestrichenen Hafenbarkasse einige Uniformierte an Bord der Dschunke.

»Polizei!« murrt Peter. »Ewig Polizei: Fremdenpolizei, Hafenpolizei, Grenzpolizei, Schutzpolizei, Lagerpolizei, Wasserpolizei, Verkehrspolizei, Stadt- und Land- und Luftpolizei! – ich kann das verdammte Wort schon nicht mehr hören. Wenn in allen Ländern ständig ebensoviel Männern unterwegs wären, für die Freiheit zu sorgen, wie sich da landauf, landab die Hacken ablaufen, sie einzuschränken, Kinder, so viel Freiheit wäre kaum zu ertragen!«

Aber niemand beachtet seine zornige Randbemerkung, denn die Kontrolleure haben schnell das hohe Vorschiff erklettert, einen kleinen Klapptisch aufgestellt, ein paar Klappstühle dazu und lassen durch einen Dolmetscher die einzelnen Passagiere aufrufen. Der Dolmetscher ist ein dick aufgeschwemmter Chinese mit einem formlosen Spitzbubengesicht. Er trägt einen dunkelblauen Baumwollrock, der ihm von den Schultern bis zu den Knöcheln reicht. Er legt offenbar Wert darauf, seine Landsleute als das minderwertigste Gesindel zu behandeln, das je von Gottes Sonne beschienen worden ist. Wenn einer der Befragten laut und ärgerlich zu werden versucht, so faucht ihn der Dolmetscher mit solcher Bösartigkeit an, daß dem armen Teufel jede Lust zu weiterer Aufsässigkeit vergeht. Wer hier den Ton anzugeben hat, ist demnach keinen Augenblick zu bezweifeln. Die französischen Beamten sitzen gelangweilt daneben, der Dolmetscher steht. Die so als Herren dieser ostasiatischen Welt gekennzeichneten Uniformen spielen mit dem Bleistift, gähnen ungeniert oder zupfen selbstvergessen an ihren Nasen. Nur selten erwacht ihre Anteilnahme; sie zeigen dann mit dem abgenagten Bleistift auf diesen oder jenen, dem gerade die Daumenschrauben des Verhörs angesetzt werden – und schon ist das Opfer ausgesondert, muß bei dem Häuflein anderer Verdächtiger Platz nehmen, das unter den wachsamen Augen der drei Posten langsam anwächst. Wahrscheinlich verstehen die gelangweilten Bleistiftdreher und Nasenreiber doch mehr Chinesisch oder Tonkinesisch, als sie sich den Anschein geben. Yü-loh, Paul und Peter, der Kapitän und auch der alte, mit Knollenmuskeln wie ausgestopfte Bootsmann Chu Chaho-chi beobachten die quälend zäh ablaufende Prozedur auf dem Vorderkastell vom Quarterdeck aus.

Die Sonne ist schon untergegangen. Der Uniformierte hinter dem Tisch erhebt sich und wischt den nächsten Passagier, der gerade zum Verhör aufgerufen ist, mit einer Handbewegung vom Vorderdeck. Für heute wär's genug. Die zwei Drittel der Passagiere, die noch nicht vernommen sind, mögen bis morgen warten. Der Beamten trocknet mit einem Taschentuch den schwitzigen Innenrand seines Tropenhelms, nimmt dann seine Papiere vom Tisch, blättert in ihnen, stutzt, als wäre ihm etwas Vergessenes wieder aufgestoßen, stülpt seinen Helm wieder auf, setzt sich noch einmal und gibt dem Dolmetscher einen kurzen Befehl.

»Ma Mu-chai! Herkommen!« schreit der fette Kerl über das Deck, wie er schon viele Namen geschrien hat.

Es ist, als träfe Paul ein elektrischer Schlag. Er murmelt:

»Wenn sie mich behalten, Peter –!« Dann steigt er die Treppe zum Hauptdeck hinunter.

»Ich hole dich wieder heraus, Paul!« hat Peter gerade noch flüstern können – auf deutsch natürlich, als dürften dieser Stoßseufzer und dieser Schwur nicht anders gesprochen werden. –

Paul steht vor der Polizei. Der französische Beamte setzt sich aufrechter hin: »Der Kerl ist ja ein Weißer – von Mischling keine Rede! Die Sorte kenne ich!«

Der Dolmetscher stellt zunächst die üblichen Fragen. Woher? – Von Shanghai über Kelung auf Formosa und Tschang-hwa auf Hainan nach Bangkok. – Wozu? – Familienpflichten und Geschäfte. – Beweise dafür oder Zeugen? – Ja, Fräulein Tai. Und drei französische Beamte, die mit dem alten Herrn Tai verhandelt haben, M. Vincent, M. Lebruge und M. Grosval.

Der Dolmetscher zuckt die Achseln und berichtet seinem Vorgesetzten. Der nimmt sich zum erstenmal persönlich eines Verhörs an. Er fragt auf französisch:

»Ihr Chinesisch klänge sonderbar und dürftig, sagt mir der Dolmetscher, Monsieur Ma. Wie erklären Sie das?«

Paul, der sich vollkommen in der Gewalt hat, antwortet englisch: »Ich verstehe nur wenige Worte Französisch, mein Herr. Würden Sie die Güte haben, mich chinesisch oder englisch zu befragen.«

Der Beamte zieht die Augenbrauen hoch und wiederholt seine Frage in leidlichem Englisch. Paul erwidert:

»Ich bin gewohnt, mehr englisch als chinesisch zu sprechen. Meine Mutter ist Europäerin. Bei uns daheim sprechen wir chinesisch nur mit den Dienstboten. Ich arbeite außerdem für eine englische Firma.«

»Für welche?« schießt der Beamte die nächste Frage ab.

Aber Paul ist präpariert: »Jardine, Matheson & Co., Ltd.«

Der Beamte notiert – und Paul fühlt sich nicht ganz wohl.

»Sie sind also im International Settlement von Shanghai geboren. Betrachten Sie sich als Chinese oder als Engländer?«

»Als Chinese natürlich!«

»Warum natürlich?«

»Weil mein Vater Chinese ist.«

»Haben Sie Zeugen, die das bestätigen können?«

»Ja, hier an Brod meine Base Tai Yü-loh, die Tochter des großen Tai Hsi-ta.«

»Warum groß?«

»Der alte Tai ist einer der bedeutendsten Händler und Reeder an diesen Küsten von Tientsin bis Malakka.«

Der Beamte befiehlt dem Dolmetscher:

»Gehe hinüber, Jean, und bitte Mademoiselle Tai, sich einen Augenblick hierherzubemühen.«

Aha, denkt Paul, der Name Tai –! Der mit »Jean« angeredete fette chinesische Dolmetscher steigt stöhnend die Treppe zum Hauptdeck hinunter, hebt seinen langen Rock mit spitzen Fingern hoch, um über die vielen auf dem Boden lagernden Gestalten hinwegzusteigen, erklimmt das Quarterdeck, verneigt sich vor Yü-loh lächerlich tief und geleitet sie, die an ihm vorbeiblickt, als gäbe es ihn gar nicht, zum Vorderkastell.

»Mademoiselle Tai, mein Name ist Dubois, Marcel Dubois. Ich bedaure außerordentlich, daß ich hier meine Pflicht tun und Sie belästigen muß! Kennen Sie diesen Mann?«

»Dieser Mann ist ein Herr, Monsieur Marcel Dubois. Er heißt Ma Mu-chai, ist der Sohn meines Mutterbruders und stammt aus Shanghai.«

Der Beamte trommelt mit den Fingern seiner rechten Hand auf dem wackligen Tisch. Plötzlich verändert ein unmerkliches Grinsen sein Gesicht. Ihm ist etwas eingefallen. Er winkt einem seiner Beisitzer zu, sich zu erheben, und lädt Yü-loh mit einer Geste ein:

»Nehmen Sie bitte Platz, Mademoiselle!«

Yü-loh setzt sich. Der Beamte fährt in ironischer Breite fort:

»Verbindlichsten Dank für Ihre Auskunft, Fräulein Tai! Gestatten Sie mir jedoch, die Richtigkeit ihrer Angaben ergebenst zu bezweifeln. Sicherlich haben Sie in gutem Glauben geantwortet, und ich darf Ihren Herrn Vater – dessen gute Dienste wir stets zu schätzen wissen – zu einer so couragierten Tochter beglückwünschen. Wenn Sie auf meine Meinung Wert legen sollten: Dieser Mann ist ein reinblütiger Weißer, ohne eine Spur chinesischen Blutes. Ich durchschaue natürlich nicht, wie er es zustande gebracht hat, Sie von seiner Verwandtschaft mit Ihnen zu überzeugen. Auf alle Fälle lügt er. Ich bin bereits auf ihn aufmerksam gemacht worden. Ich verhafte ihn unter dem Verdacht, aus einem der in Indochina stehenden Bataillone unserer Fremdenlegion desertiert zu sein. Es wird ihm freistehen, das Gegenteil zu beweisen. Es wäre nicht der erste Fall dieser Art, der mir unterläuft, durchaus nicht!«

Paul ist totenbleich. Er sagt:

»Sie werden für den Schaden und die Kränkung einzustehen haben!«

»Gewiß, gewiß, Herr Ma! Bedenken Sie, es ist Krieg, noch immer Krieg, schon wieder Aufstand und Revolte, und die Legion ist nur mit strengster Disziplin zusammenzuhalten. Gewiß werden Sie entschädigt werden, sollten Sie wirklich der Halbchinese Ma Mu-chai aus Shanghai sein. Dann können Sie natürlich Ihre Reise ungehindert fortsetzen. Aber –.«

Der Uniformierte rückt sich mit dem Zeigefinger den Tropenhelm aus der Stirn, erhebt sich, tritt auf Paul zu, greift ihn an die Brust und stößt ihn leicht zurück, daß der Überraschte taumelt –:

»Aber Sie sind es nicht! Ein gottverdammter Lügner, das sind Sie!«

Es ist totenstill auf dem Schiff, soviel Menschen auch darauf atmen. Alle Augen starren zum Vorderkastell hinauf. In die Stille hinein klingt die Stimme Yü-lohs:

»Monsieur Dubois, meine Papiere sind ja wohl in Ordnung! Wer ich bin, steht ja wohl fest! Ich verlange, sofort mit Ihnen an Land zu fahren und den Gouverneur zu sprechen!«

Der Beamte lächelt jetzt über sein ganzes Gesicht! Er zieht sich den Tropenhelm wieder in die Stirn. Er kräht:

»Natürlich, mein verehrtes Fräulein, Ihre Identität steht fest, steht einwandfrei fest. Natürlich dürfen Sie an Land gehen, natürlich. Leider nicht mit meinem Boot. Das verstieße gegen die Dienstanweisung. Ich darf nur Amtspersonen oder Verhaftete transportieren. Ich möchte Ihnen nicht zumuten, sich für die zehn Minuten Überfahrt zum Kai von mir verhaften zu lassen. Wenn Sie erlauben, schicke ich Ihnen gleich nach meiner Ankunft einen Sampan herüber, der Sie – allerdings nur Sie – nach Haiphong hinüberrudern kann. Die übrigen Herrschaften hier an Bord werden morgen früh abgefertigt werden. Ich denke, daß die Dschunke, diesmal mit korrekten Papieren versehen, morgen nachmittag ihre so unliebsam unterbrochene Fahrt nach Saigon fortsetzen kann. Einige der lieben Leute hier werden uns indessen ein Weilchen Gesellschaft leisten müssen, bis wir festgestellt haben, ob sie etwa zu denjenigen Angehörigen Ihres Volkes, Mademoiselle Tai, gehören, die den Unruhestiftern im Hinterlande unserer Kolonie gelegentlich Waffen und Munition liefern, nur gelegentlich, ganz gelegentlich. Ich darf mich jetzt verabschieden, Mademoiselle Tai!«

Er verbeugt sich. Die Bewaffneten weisen dem Trüppchen ausgesonderter Passagiere den Weg zu der Motorbarkasse, die immer noch längsseits wartet. Paul steigt als letzter über die Reling der Dschunke. Es wirkt für die europäischen Augen Peters leicht lächerlich, wie der gefährdete Freund den langen chinesischen Rock aufheben muß, den vornehmen, um die Beine über die hölzernen Balken schwingen zu können. Paul wirft keinen Blick zurück. Das Motorboot rauscht in schaumiger Schleife davon.

Yü-loh steigt vom Vordeck herab, überquert das Hauptdeck der Länge nach – die Passagiere weichen ihr respektvoll aus; sie braucht über niemand hinwegzusteigen, ein Durchlaß bahnt sich für sie wie von selbst, sie ist die Tochter des großen Tai, das weiß ein jeder; und sie und ihre Familie sind auf unerhörte Weise gekränkt worden.

Yü-loh steht neben Peter am äußersten Stern der Dschunke. Beide blicken vom Schiff fort. Hier können sie von der überwiegenden Mehrzahl der Passagiere nicht gesehen werden. Yü-lohs schöne

Haut ist in diesen Augenblicken nicht mehr goldfarben; sie ist grau vor Furcht und machtlosem Zorn. Sie flüstert:

»Du bist in der gleichen Gefahr wie Paul! Du mußt noch heute abend das Schiff verlassen. Da kommt schon das Ruderboot, das mich abholt. Ich werde bei voller Dunkelheit, wenn der Nachtwind aufgekommen und das Wasser geräuschvoll geworden ist, dir einen Nachen schicken, er wird sich genau in der Längsrichtung des Schiffes von hinten anpirschen. Die Wachen auf dem Vorschiff werden ihn nicht bemerken, weil das Quarterdeck höher ist als das Vorderkastell. Lasse dich hier über die Reling gleiten. Der Mann im Boot wird wissen, wo er dich hinzubringen hat.«

Peter wendet ein:

»Ich stehe auf der Passagierliste. Wenn ich verschwunden bin, erwecke ich natürlich sofort Verdacht. Man wird nach mir suchen. Bis jetzt bin ich mit meinen chinesischen Papieren nicht beargwöhnt worden. Vielleicht komme ich mit kurzem Verhör davon.«

»Der Dolmetscher merkt sofort, daß Chinesisch nicht deine Sprache ist.«

»Wenn ich auf Formosa geboren bin, in Kelung, wie meine Papiere behaupten, könnte meine Muttersprache Japanisch sein –.«

»Und sprichst du japanisch –?«

»Nein, auch nicht –. Das gehörte zu Pauls Künsten.«

Aber Paul ist fort, sitzt irgendwo hinter Schloß und Riegel. Paul ist fort, der gute Kamerad; ins Leben ist plötzlich ein großes Loch gerissen. Yü-loh drängt. Peter spürt, wie ihre Angst auf ihn überspringt. Mit einem Male sieht auch er keinen anderen Ausweg als die Flucht. Yü-loh sagt:

»Tue es mir zuliebe, Peter! Wenn du morgen vor diesen Kerlen stehen sollst und verhört wirst –! Und ich bin nicht mehr hier –! Peter, es gibt keine Wahl. Vielleicht ist morgen mein Vater schon hier; vielleicht fliegt er. Peter, ich muß noch meine Sachen zusammenpacken. Peter, bei voller Dunkelheit halte von dieser Stelle aus Wacht. Ich warte auf dich an Land. Leb wohl bis dahin! Sei vorsichtig, sehr vorsichtig!«

Sie schlüpft davon; es ist schon beinahe dunkel. Wenige Minuten später legt sich das Ruderboot neben die Dschunke. Einer der Wachtposten vom Vorderkastell geruht, sich bei der Leine aufzubauen, an welcher der Ruderer sich neben dem großen Segler festhält. Niemand außer Yü-loh darf das Schiff verlassen.

Der Bootsmann reicht ihre zwei großen, durchaus amerikanischen Kabinenkoffer und einen ebenso unchinesischen Handkoffer in das Ruderboot hinunter, hebt dann die leichte Yü-loh über die Reling, der Rudersmann nimmt sie vorsichtig ab und setzt sie in den flachen Sessel im Vorderteil seines Kahns. Dann greift er nach dem Pendelriemen und wedelt sein schwankes Gefährt schnell in die Dämmerung davon.

Der Kapitän will noch etwas hinter dem Kahn herrufen. Aber der Wachtposten pufft ihm nicht eben sanft den Lauf seiner Maschinenpistole in die Rippen:

»He, halt's Maul, du Hammel! Das steht nicht im Reglement!« und drängt ihn beiseite.

Der Kapitän gehorcht. Peter hat nur die Worte »junge Herrin« und »Windstille« und »ehrenwerter Herr Vater« verstanden und wundert sich, wieviel er schon versteht, und denkt: Yü-loh hat sich solche Mühe mit mir gegeben; ich lerne es schon. Und er denkt auch: Der Kapitän hat Angst vor dem alten Tai, weil er nicht den weiten Bogen und Umweg östlich um die Boto-Inseln gesegelt ist; da hätten ihn die Frenchies nicht abgefangen. – Es fällt ihm nicht auf, daß er in Gedanken den Ausdruck benutzt, mit dem unter anderen die englischen Kanadier etwas verächtlich von den französischen sprechen.

Peter verfügt sich in seine Kammer und packt seine eigenen und Pauls Habseligkeiten zusammen. Er gibt sich Mühe, nichts zu vergessen in der Dunkelheit des niedrigen Raumes. Und dann ist fast ohne einen Laut der Kapitän in der Kabine und murmelt:

»Ich schaffe das Zeug schon hinauf. Gehen Sie nur nach oben. Ich hänge es an einer Leine vom Heck. Dann weiß das Boot gleich, daß alles vorbereitet ist.«

Peter steigt wie absichtslos wieder auf die Poop.

Sechstes Kapitel

Peter liegt lang hinter der Heckreling und blickt durch eine der Speigatten nach achtern.

Die Ebbe läuft kräftig dem Meere zu. Der Ruderer, der ihn abholen soll, wird alle Kraft aufwenden müssen, gegen die Strömung anzukämpfen.

Doch umso schneller werden sie von der Dschunke wieder

abtreiben, wenn das Gepäck und Peter selbst erst in das Ruderboot gefallen sind.

Wenn es nur erst soweit wäre; es ist unverschämt hell, gerade in dieser Nacht! Das Gepäck baumelt schon an einer Leine über Bord. Weiß der Teufel, wie der Kapitän es fertigbekommen hat. Ich habe es nicht bemerkt und lag doch fortwährend hier auf dem Quarterdeck umher. –

Ganz hinten da der Schatten auf dem Wasser, das könnte ein Boot sein. Aber ob es das für mich bestimmte ist? – So spricht er mit sich selbst.

Peter strengt die Augen an, daß sie schmerzen. Das Boot hält sich genau achteraus von der Dschunke. Seine schwärzlichen Umrisse werden deutlicher, ganz allmählich, quälend langsam, und wachsen unmerklich, während sich der Kahn gegen die scharfe Strömung der Ebbe zögernd immer näher heranschiebt. Jetzt ist kein Zweifel mehr daran: das Ruderboot strebt der Dschunke zu, genau von achtern. Peter hat die langen Bahnen seines Chinesenrocks mit einem Riemen hochgebunden, um sich ungehindert über die Reling rollen zu lassen. Das Boot langt lautlos unter dem hohen Heck der Dschunke an. Das Geplätscher und Geflüster der kleinen Wellen, die der Nachtwind gegen den Leib des großen Seglers schlägt, übertönt jedes andere Geräusch. Peter hat die Hand an das Seil gelegt, an dem sein und Pauls Gepäck über die Bordwand zum Wasser hinunterhängt. Peter spürt, wie das Seil sich strafft. Der Ruderer da unten hat also zugepackt, die Bündel losgeknüpft und hält nun sich und sein Boot, an dem die Strömung zerrt, hinter der Dschunke fest. Peter richtet sich in den Knien auf. Der Bootsmann und der Kapitän stehen breit auf dem Quarterdeck und versperren den Wachen vom Vorschiff den Blick nach achtern. Peter greift zu und rollt sich so schnell wie er kann flach über die Reling, hat das Tau schon in der Hand und fällt dann mehr als er gleitet in das Ruderboot hinunter – viel zu hastig; er verbrennt sich die Haut an der Innenseite der rechten Hand, so schnell hat er das Tau hindurchgleiten lassen.

Kaum hat Peter den Boden des Bootes berührt und sich flach hineingekauert, treibt der Kahn schon achteraus davon. Aber die Strömung hinter der großen Dschunke wirbelt. Der Ruderer hat noch nicht den Riemen eingesetzt. Der Nachen muß ja erst herumschwenken und die Nase stromab richten. So entfernt sich das Boot nicht genau nach achtern im Schutz des hohen Quarterdecks, sondern treibt seitlich ein wenig nach Backbord hinaus – gerade so viel, daß einer der Wachtposten auf dem Vorderkastell den schnell sich entfernenden Schatten zu entdecken vermag.

Im ersten Augenblick ist der Polizeisoldat verwirrt: Ist da wirklich ein Boot? Die Dschunke hatte doch kein Beiboot im Wasser liegen, und die Barkasse, die die Ablösung bringt, ist erst in einer Viertelstunde fällig.

»Halt!« schreit der Posten dumm und pflichtgemäß und schickt gleich ein paar Schüsse aus seiner Maschinenpistole hinterher; sie reißen eine Kette von kleinen roten Blitzen in die Finsternis; sie sind so vergeblich wie die Schaumspritzer an der Ankerkette oder die Funken, die der Wind manchmal von der Zigarette reißt. Der Schatten, der noch eben ein Boot sein konnte – nein, ein solches war! –, ist jetzt nur noch ein unbestimmter schwarzer Fleck weit fort, von keiner Schußwaffe mehr zu erreichen. Peter und der Ruderer liegen lang auf dem Boden des Kahnes. Sie haben die Geschosse vorüberpfeifen hören. Der Zufall ließ sie nicht schlecht gezielt sein. Peter denkt: Treffen? Unsinn! Aber jetzt weiß die Bande, daß irgend etwas anders ist, als es sein sollte. Er richtet sich auf. Das Boot ist schon so weit hinausgetrieben mit der schnellen Ebbe, daß die Dschunke nicht mehr zu erkennen ist. Jetzt endlich greift der Ruderer zu seinem Riemen und arbeitet den Kahn aus der Strömung zum Ufer hinüber, wo die Tide sachter läuft.

Peter sagt sich: Ich steige lieber aus und wandere am Ufer stadtwärts; vielleicht versucht das Polizeiboot, den Kahn abzufangen.

Der Ruderer versteht schnell, worum es sich handelt. Peter wandert bald auf einem hohen Damm neben dem Strom dahin; er ist beinahe zu hoch, dieser Deich; man muß vom Wasser her sofort jede Gestalt erkennen können, die auf der steilen Böschung entlangschreitet. Zur Linken, landeinwärts, scheinen sich unabsehbar reifende Reisfelder zu dehnen. Wenn man die Ohren anstrengt, hört man, wie der Wind in dem Meer von Halmen raschelt. Peter sieht das Boot nicht mehr, das ihn ans Ufer gesetzt hat. Der Ruderer hat sich aus dem Staube gemacht. Dann blitzt zur Rechten über dem dunklen Wasser ein Scheinwerfer auf. Peter vermutet richtig: Die Polizeibarkasse sucht den Strom nach dem entflohenen Boote ab. Ihm gefällt das strahlende Licht gar nicht. Es tanzt zum Ufer herüber. »Erkennen sie mich?« Kaum –! Der Lichtkegel gleitet weiter, ohne bei ihm zu verweilen. Aber dann faßt er einen Nachen mit einem aufrecht stehenden Ruderer im Heck und hält ihn fest. Das Polizeiboot schießt auf den Kahn zu, umkreist ihn und nimmt ihn ohne viel Federlesens ins Schlepp. Peter denkt: Wenn der Ruderer nicht rechtzeitig unsere Bündel ins Wasser geworfen hat, wird die Polizei einiges darin entdecken, was ihr wenig chinesisch vorkommen wird; meinen schönen Rasierapparat zum Beispiel und Pauls Rasierpinsel. Welcher Chinese muß sich schon rasieren? Und das Messer und die Gabel, die ich mir von Yü-loh beschaffen ließ – bloß aus Pietät sozusagen –, werden der wackeren Polizei auch einige Rätsel aufgeben. Hoffentlich und vor allen Dingen hält der Ruderer den Mund. Wie um alles in der Welt finde ich jetzt Yü-loh?

Doch diese Frage beantwortet sich schnell von selbst. Der Deich geht unvermittelt in eine Straße über. Hütten auf hohen Stelzen drängen sich wirr von rechts und links heran. Längst ist er nicht mehr allein. Manch dunkle Gestalt streicht an ihm vorbei. Lagerhäuser und Speicher recken sich neben ihm auf. Dann postieren sich sogar Straßenlaternen neben seinem Weg, Steinmauern zur Rechten, die hohen Spinnenarme elektrischer Kräne – der Hafen also! Da liegen auch – an ihren Lichtern erkennbar – ein paar Frachtdampfer, wohl auch ein Kreuzer dort und einige Torpedoboote. Von der Dschunke auf der Reede war dies alles nicht genau zu erkennen.

Er ist jetzt ein junger Chinese, barhaupt, gut gekleidet, und schlendert die Hafenstraße entlang der Stadt zu. Wahrscheinlich kommt er von einem verliebten Abenteuer, denkt der annamitische Polizist an der Ecke unter seinem flachen runden Strohhelm und schlägt sich mit seinem weißen Stöckchen gegen die Waden.

Plötzlich schreitet von der anderen Straßenseite her eilig eine Chinesin auf Peter zu, von einem breitschultrigen Kuli in respektvollem Abstand begleitet.

Sie ist es, Yü-loh! Peter möchte sie am liebsten umarmen, so glücklich ist er, sie gefunden zu haben; das heißt, sie hat ihn gefunden. Yü-loh sagt:

»Ich habe gesehen, wie die Polizei das Boot einschleppte. Ich dachte mir, daß du vorher ausgestiegen bist, wenn es dir überhaupt gelungen war, vom Schiff fortzukommen. Man hat auf euch geschossen, nicht wahr? Ich habe es gehört. Ich bin dir am Ufer entgegengegangen. Got sei Dank, daß wir uns gefunden haben!«

Sie wendet sich an ihren Begleiter: »Rikschas, Tsung-tseh!«

Der Kuli trabt davon. Yü-loh und Peter treten abwartend in eine Seitengasse. Nach wenigen Minuten schon biegen zwei Rikschas in die Nebenstraße und halten vor den Wartenden. Die beiden Zieher senken die Deichsel zu Boden, Peter und Yü-loh nehmen in den hochrädrigen Wägelchen Platz, die Kulis spannen sich davor, Yü-loh gibt mit heller Stimme das Ziel an, und die beiden Gefährte rollen schnell davon, rollen über hell erleuchtete Ladenstraßen, auf denen Peter zum erstenmal seit langer Zeit wieder europäisch gekleidete Mädchen und Frauen flanieren sieht und dazu viele europäische Männer in Zivil, die meisten allerdings in irgendeiner französischen Uniform. Vor einigen Cafés sitzen an runden Marmortischen weiße Menschen auf der Straße, saugen durch lange Strohhalme eisgekühlte Getränke und lassen sich von vielen weißgekleideten, schmalschultrigen Kellnern, Farbigen natürlich, bedienen. Niemand beachtet das chinesische Paar, das in den beiden Rikschas die Straße entlangrollt; solch ein Bild bietet sich jeden Augenblick. Selten hat Peter die Gefahr und die Heimlichkeit seines Flüchtlingsdaseins so brennend deutlich empfunden wie in diesen Sekunden: er als ein Chinese im chinesischen Gefährt, von einem chinesischen Mädchen geschützt, umringt von den Kulissen einer untergehenden kolonialen Welt. Und er spürt zum zweitenmal in diesen Tagen, daß er nichts mit diesen mürben Kulissen zu tun hat, gar nichts, daß er viel eher zu jenem Mädchen gehört, dessen schwarzes Haar in der wippenden Rikscha vor ihm zuweilen im Schein der elektrischen Lichter aufglänzt; oder ist es der Silberpfeil, der wie immer den Knoten im Nacken zusammenhält?

Und dann geschieht etwas, das ihn, der sich eben noch als Chinese fühlt, bis auf den Grund seines Herzens erschüttert. Die Rikschas haben die Hauptstraße der Stadt verlassen und rollen eine schmalere entlang, die zu einer der Vorstädte hinauszuführen scheint. Auch diese Straße ist noch gut beleuchtet. Peter sieht, wie einige Wägelchen, die vor den ihren dahingleiten, und auch ein Auto links an den Straßenrand heranfahren, um einer Kompanie der französischen Fremdenlegion auszuweichen, die von irgendeiner Nachtübung zurückkehrt und wahrscheinlich ihrer Kaserne in der Nähe des Hafens zustrebt.

Einer in den hart und gleichmäßig herandröhnenden Gliedern fängt zu singen an. Was ist das? Was um alles in der Welt singt der Mann, und andere fallen ein? Peter erschrickt derart, daß ihm mit einem Male die Zunge trocken am Gaumen liegt. Was singen sie? Da auf der nächtlichen Straße, in einer tropischen Kolonie Frankreichs am anderen Ende der Welt? Sie singen – singen es im Marschtakt, wie es sich eigentlich gar nicht gehört:

>Vor der Kaserne,
vor dem großen Tor,
steht eine Laterne,
und steht sie noch davor...«

Ja, um alles in der Welt, sie singen: »...mit dir, Lily-Marlen!« Alles Blut hat Peters Herz verlassen und strömt mit einem Schwall nun wieder zurück. Dies verrückte Lied, abgeleiert bis zum Überdruß, als man noch selber zur See fuhr unter der Flagge, die es nicht mehr gibt, und dann die Gefangenschaft, bis zum Erbrechen und bis man es nicht mehr hören konnte und bis es dann die Posten in den Wachttürmen an den Lagerecken sangen, bis zum Irrewerden: »...mit dir, Lily-Marlen!«

Deutsche also! Nicht nur einer – es müssen viele sein in dieser Kompanie der Fremdenlegion, viele Deutsche, vielleicht Leute von der Waffen-SS, denkt Peter und denkt gleich weiter: Man wird sie vor die Wahl gestellt haben: entweder Gefangenschaft, Straflager, Prozeß – oder Fremdenlegion, mit der Knarre über dem Ast. Man hat schon unter vielen Himmelsstrichen gefochten, warum nicht noch unter ein paar mehr! Warum soll man nicht noch ein paar Jahre lang für irgendeinen Unsinn weiterfechten? Was kommt es auf ein paar Sinnlosigkeiten mehr oder weniger an? Wichtig ist allein, daß man sich aus dem verfluchten Gefangenenlager herausbringt.

Peter versteht das alles blitzschnell, während die Rikscha mit ihm weiterrollt und das dumme Lied schon verhallt ist; er merkt gar nicht, daß es ihm die Tränen aus den Augen getrieben hat.

Er braucht ein paar Minuten, der alte junge Soldat Peter Bolt, wieder zu sich zu kommen, als die Rikscha vor einem hohen Tor in einer langen weißen Mauer hält, und der Kuli, schwer atmend nach dem langen Trab, die Deichsel seines Wägelchens langsam zu Boden senkt. Peter ist noch so geistesabwesend, daß er Yü-loh deutsch anspricht:

»Wo sind wir hier?«

Sie erahnt sofort, was in ihm vorgegangen ist, denn selbst ihr ist die Melodie »Lily-Marlen« vertraut. Sie sagt mit einer Stimme, die ihn seltsam zärtlich wieder in die Wirklichkeit zurückruft:

»Hier? Bei mir, bei uns, bei meines Vaters Verwandten. Sprich englisch, Lieber! In der Fremdenlegion stecken neuerdings unzählige Deutsche. Jeder weiß es. Sie kämpfen wie die Löwen. Auf der falschen Seite –!«

»Auf der falschen Seite –«, wiederholt Peter leise und ist abermals nicht ganz sicher, ob es stimmt, was sie so sicher behauptet.

Er wandert wieder neben der Geliebten – sie war es nur einen Augenblick lang nicht – über viele dunkle Höfe, durch viele zwielichtige Hallen, in denen nur ein paar matte Papierlaternen glimmen. Endlich biegt Yü-loh vom geraden Wege ab und tritt mit ihm in einen sehr großen, dämmernden Raum mit niedrig hängender Balkendecke.

Der alte Tai Hsi-ta erhebt sich aus einem Lehnstuhl und geht dem Besucher entgegen; er trägt einen runden schwarzen Rock aus steifer Seide, der bis zur Erde reicht, und darüber einen lockeren Kittel bis zu den Hüften aus knisterndem, in sich gemustertem schwarzen Atlas mit weiten Ärmeln. Seinen Kopf bedeckt ein seidenes Käppchen mit aufrechtem, drei Finger breitem Rand. Darunter blicken seine schwarzen Augen wach, ein wenig besorgt und – freundlich den jungen Mann an, der sich in seiner Verkleidung Su To-yu nennt, sonst jedoch auf den ehrlichen Namen Peter Bolt hört.

Peter empfindet die große Würde, die den zierlichen, zurückhaltend und zugleich kostbar gekleideten alten Herrn umgibt; er verbeugt sich sehr tief, indem er die Hände vor der Brust kreuzt, verbeugt sich mehrere Male mit unbewußtem Anstand. Dann sagt er:

»Sie sind sehr schnell von Hainan herübergekommen, Herr Tai. Ich bewundere, wie sicher Ihr Nachrichtendienst funktioniert. Hoffentlich finden Sie den Anlaß, der Sie hierhergeführt hat, nicht allzu unangenehm!«

Der alte Tai lächelt und verschränkt seine Hände in den weiten Ärmeln, so daß sie ganz darin verschwinden:

»Das Flugzeug braucht etwa eine Stunde. Ich bestellte mir eine Maschine aus Kanton. Daß die ›Tschui-tong‹ angehalten worden ist – dergleichen passiert. Die französische Polizei ist jetzt sehr nervös. Wir können natürlich nicht für jeden Passagier die Gewähr übernehmen, es sei denn –«, er lächelt und zögert unmerklich, »es handele sich um Verwandte.«

Peter fragt hastiger, als es die gute Sitte eigentlich erlaubt:

»Haben Sie schon etwas für Paul tun können? Wo steckt er?«

Der Chinese neigt den Kopf und lächelt ein wenig gezwungen:

»Dies ist ein fremdes Land für mich genauso wie für Sie. Ma Muchai sitzt nicht im Polizei-, sondern im Militärgewahrsam. Er wird morgen früh zur Vernehmung nach Hanoi überführt. Er hat das Unglück, anscheinend einem Soldaten ähnlich zu sehen, der aus der Fremdenlegion desertiert ist. Es desertiert manch einer, aber fast keiner hat Erfolg damit.«

»Aber Paul hat noch nie in seinem Leben etwas mit der Fremdenlegion zu tun gehabt!«

»Gewiß, das wird sich schnell herausstellen. Aber ebenso wird eine telegrafische Rückfrage in Shanghai ergeben, daß seine Papiere und sonstigen Angaben fingiert sind. Man wird ihm irgend etwas anzuhängen suchen, allein schon deshalb, um sich nicht zu blamieren. Vielleicht ist dann der Augenblick gekommen, in dem ich helfend eingreifen kann. Die Behörden werden vielleicht froh sein, wenn ich ihnen den Mann abnehme, mit dem sie nichts anzufangen wissen, dem sie auch nichts Greifbares vorwerfen können – ich betone: vielleicht!«

Peter blickt zu Boden und fragt sich: Was hat der alte, mächtige Mann eigentlich für einen Grund, sich unser anzunehmen? Peter läßt seinen Blick, als fände er dort die Erklärung, zu Yü-loh hinübergleiten – und wird sehr aufmerksam. Yü-loh sieht aus großen, fragenden – oder fordernden – Augen ihren Vater an. Peter meint, noch nie ein so aufgeschlossenes, ein so bittendes Antlitz erlebt zu haben. Dann scheint es ihm, als nicke der Alte kaum sichtbar mit dem Kopf, und ein gütiger, nachgiebiger Zug breitet sich um seine Augen und Lippen. Tai Hsi-ta richtet plötzlich von neuem das Wort an Peter:

»Ich halte die Gefahr, in der Sie schweben, Herr Bolt, für größer als jene, in der sich Ihr Freund Paul befindet.«

Peter erschrickt nicht gerade, aber er ist überrascht:

»Tatsächlich? Ich sehe nicht, inwiefern?«

»Es war falsch, daß meine Tochter Sie veranlaßt hat, vom Schiff zu fliehen. Sie haben damit die ganze Aufmerksamkeit der ohnehin mißtrauischen Polizei auf sich gezogen. Man wird Sie suchen. Sollte man Sie entdecken, so wird sich sehr schnell herausstellen, daß Ihr chinesisches Kostüm nicht echt ist. Wie nahe liegt es dann, in Ihnen ebenfalls einen Europäer zu vermuten, wie in dem schon verhafteten Passagier von der Dschunke ›Tschui-tong‹! Sie könnten sich vielleicht für einen Portugiesen ausgeben; ich verfüge über einige Beziehungen nach Macao. Aber es scheint mir zu allem zu spät.

Man muß dann auf viele Rückfragen gerüstet sein. Wohin es führt, wenn man das nicht ist, werden wir bei Ihrem Freunde Paul noch erleben. Ich könnte Sie natürlich hier verbergen. Aber was hätten wir davon? Was nutzt mir ein Schwiegersohn, den ich verborgen halten, den ich über Hintertreppen aus dem Lande schmuggeln muß; er soll vielmehr mit meiner Erbin unterwegs sein, meine Geschäfte und Agenturen zu kontrollieren. Die Zeiten sind so geartet, daß man sich den Wünschen der Menschen, die man liebt, nicht entgegenstellen soll, wenn sie nicht unsinnig und verderblich sind. Meine Tochter ist nun einmal durch die Umstände halbe Amerikanerin geworden. Ich bin überzeugt davon, daß in Ihnen, mein Herr Peter Bolt, ein erstaunlich harter Kern steckt. Ich glaube, dem Gefühl meiner Tochter vertrauen zu können. Es ist keine Zeit zu langen Überlegungen. Ich meine in der Tat, daß Sie nur als mein Schwiegersohn dies Land ungefährdet verlassen können. Ich will meiner Tochter keinen Schmerz bereiten. Ich habe für morgen alles vorbereitet, um aus Ihnen beiden nach christlichem und nach chinesischem Brauch ein Paar werden zu lassen. Wer will heute wissen, was morgen geschieht! Vielleicht werden wir morgen schon auseinandergerissen; man soll das wenige Glück, das diese Erde noch bietet, nicht aufschieben, nicht verzögern; vielleicht verweigert es sich sonst ganz und gar. Der Krieg ist noch längst nicht zu Ende, auf der ganzen Welt nicht – und im Kriege muß man schnelle Entschlüsse fassen.«

Der alte Tai hat sich in einen großen Lehnstuhl gesetzt, als fiele es ihm schwer, so viel zu erklären. Peters Herz schlägt sehr schnell und sehr laut. Ihm will nicht einfallen, was der Augenblick von ihm zu sagen fordert. Er spürt, daß ein sehr weiser, sehr skeptischer, sehr wohlwollender Mann zu ihm gesprochen hat.

Etwas sehr Überraschendes geschieht plötzlich: Yü-loh kniet neben dem Lehnstuhl nieder und küßte die lange, schmale Hand des Vaters. Der Alte entzieht sie ihr nicht, aber er legt sie ihr nach einer Weile auf das schwarze Haar.

Peter empfindet, wie altasiatisch es ist, was sich vor seinen Augen abspielt. Er fühlt sich versucht, es Yü-loh gleichzutun. Aber er kann die Scheu seiner jungen Jahre und seine abendländische Steifheit nicht überwinden. Schließlich bringt er es fertig zu sagen: »Ich danke Ihnen, Vater! Ich habe Ihnen schon in meinem Brief geschrieben, wozu ich mich verpflichte. Ich bin dazu erzogen, meine Versprechen zu halten. Mein dringendster Wunsch ist jetzt, meinen Eltern Nachricht zu geben.«

Der Alte lächelt mit jener wohlwollenden Ironie, die ihn an diesem Abend ganz zu beherrschen scheint. Er antwortet:

»Mein lieber Sohn, man soll Eltern nicht so lange warten lassen, wie du es in diesem Falle getan hast. Wir sprachen ja schon auf Hainan davon, daß man deinen Eltern Nachricht geben müßte. Als mir klar wurde, was sich zwischen euch beiden entwickelte, habe ich aus eigenem Antrieb deinem Vater alles mitgeteilt, was ich von dir, deinen Schicksalen und deinen Absichten wußte. Ich glaube sogar, daß sich deine Eltern eher mit einer chinesischen Schwiegertochter abfinden, wenn ich ihnen davon berichte, als wenn du es getan hättest. Die Antwort aus Afrika habe ich an mein Kontor nach Shanghai erbeten; die Postverbindung dorthin ist immer noch die bei weitem schnellste und sicherste. Ich bekomme den Brief sofort nachgesandt, wo auch immer ich mich gerade befinde. Auf deinem Zimmer wirst du alles an Papieren und Kleidung vorfinden, was du morgen brauchst. Ich werde die Eheschließung vom chinesischen Konsulat registrieren lassen. Du wirst unter deinem chinesischen Namen heiraten. Die Familie Su ist ohnehin mit uns verschwägert. Ich habe das Familienoberhaupt, das mir sehr befreundet ist, bereits unterrichtet. Wenn es not tut, kannst du später einmal in die Familie Su adoptiert werden. In einem zweiten vertraulichen Dokument, bei dem nur Yü-loh und der Konsul Zeugen sein werden, wirst du mir unter deinem Eide erklären, daß du, Su To-yu, derselbe bist, der als Peter Bolt von deutschen Eltern, die jetzt im portugiesischen Angola da und dort begütert sind, geboren bist. Damit sollte der ganze Akt rechtlich einwandfrei werden. Du mußt mir nur versprechen, ihn vor einer deutschen Behörde oder der Heimatbehörde deiner Eltern zu wiederholen, sobald die Umstände dir dies gestatten.«

Wie Peter nach diesen Worten auf den alten Tai Hsi-ta zutritt, wie er mit geradem Nacken ihm die Hand hinhält, die der alte Tai lächelnd ergreift, wie er sie ihm drückt, wie er sie fahren läßt und dann wieder einen Schritt zurücktritt – da ist er unverkennbar nicht ein junger Chinese in dem langen, glatten, bis auf die Knöchel fallenden Rock, sondern der Leutnant zur See Peter Bolt, der sich soeben als Offizier und Ehrenmann durch Handschlag gebunden hat. – Der alte Tai sagt:

»Es ist spät; ich will dich in dein Zimmer führen lassen. Wir sehen uns morgen um halb acht zum Frühstück hier in diesem Raum. Meiner Tochter wirst du erst wieder bei der Feier selbst begegnen. Du kannst unbesorgt schlafen, du bist hier vollkommen sicher. Gute Nacht, mein Junge!«

Als Peter sich zu Yü-loh wendet, sich über ihre Hand beugt und sie küßt, ist er immer noch der Leutnant in Zivil. Vor dem Vater allerdings verbeugt er sich, wie es den Kleidern entspricht, die er trägt, mit über der Brust verschränkten Armen und sehr tief, wobei er in der Tiefe der Verbeugung für einige Sekunden verharrt.

Tai Hsi-ta hat nach einem Diener geläutet. Peter folgt dem lautlos voranschreitenden Manne in ein nahebei gelegenes Zimmer, in dem zwei Papierlaternen ein mildes Licht verbreiten. Dort bleibt er sich selbst und dem Sturm seiner Gedanken überlassen. Aber was auch geschehen mag, eines weiß er ganz sicher: er wird Paul wieder herausholen!

Siebentes Kapitel

Was Peter an diesem schicksalsträchtigen Vormittag erlebt, ist ein seltsam gemischter Blumenstrauß von christlichen, asiatischen und abendländischen Zeremonien und Aktionen, die ihn zugleich verwirren und seltsam beflügeln. Der uralte Su Pao-shu hat während des ganzen Frühstücks nicht ein einziges Mal das Wort an Peter gerichtet. Auch während der feierlich-steifen Vorstellung, die dem Mahl vorausgegangen ist, hat der Alte kein Wort gesprochen. Peter hat also nichts weiter zu tun gehabt, als sich zu den höflich gemurmelten Erklärungen, die der alte Tai für ihn abgab, unzählige Male zu verbeugen. Während des ausführlichen Frühstücks hat er dann auf glühenden Kohlen gesessen, hat keine Silbe von sich geben dürfen, ist dabei aber so scharf und schonungslos betrachtet und beobachtet worden, daß er sich bis in den innersten Winkel durchschaut fühlt.

Doch scheint diese Prüfung nicht zu seinen Ungunsten ausgefallen zu sein, denn als die peinliche Sitzung endlich zu Ende geht, sagt der alte Su mit krähender Greisenstimme, aber in klarem Englisch:

»Meine Familie hat im Laufe der Jahrhunderte schon viele Söhne adoptiert; wenn aber die Umstände und mein ehrenwerter Neffe Tai Hsi-ta es fordern sollten, daß wir auch dich, To-yü, in unsere

Familie aufnehmen, dann werden wir noch nicht oft einen Adoptivsohn gewonnen haben, der für sein Alter so selbständig und erfahren ist wie du!«

Peter ist sehr überrascht und ahnt nicht, was er nach guter Sitte jetzt zu antworten hätte. So bleibt ihm nur übrig, was niemals falsch sein kann: Er verbeugt sich sehr tief und höchst ehrfurchstvoll.

Ein geschlossenes Auto wartet vor dem hohen Tor des Anwesens der Su und bringt die drei Herren, den uralten, den alten und den jungen, um viele belebte Ecken zum chinesischen Konsulat. Der Konsul erwartet sie bereits, ein feister freundlicher Mann, dem englische, französische und chinesische Floskeln wie Honigseim in reicher Fülle von den Lippen träufeln. Er mustert Peter schnell aus lustigen, listigen Augen, begrüßt ihn dann herzlich und scheint mit diesem Als-ob-Chinesen durchaus einverstanden. Der Konsul trägt sich vollkommen europäisch, und auch das Zimmer, in das er jetzt die Besucher führt, würde genausogut nach London oder Berlin passen. Nur das zierliche Lacktablett, das auf dem Tische steht und zwei kleine Schälchen und ein handhohes Gefäß, etwa wie eine griechische Vase geformt, auf seiner schwarzen glänzenden Oberfläche vereint, würden mit dem durchsichtig dünnen Porzellan und dem dunkelgoldenen Drachen auf seinem Boden höchst unberlinisch oder unlondonisch wirken. Die beiden Schälchen sind durch ein rotes Seidenband, das an ihre runden Füße geknüpft ist, miteinander verbunden.

»Tritt dorthin, mein Sohn!«

Der alte Tai weist Peter hinter den Tisch, auf dem das Tablett mit dem Porzellangeschirr steht. Tai selbst und der Konsul treten an die beiden Schmalenden des Tisches, der alte Su stellt sich Peter gegenüber an der anderen Längskante auf; er vertritt in diesen feierlichen Augenblicken die Stelle von Peters Vater. Dann klatscht Su Pao-shu in die Hände.

Eine Seitentür tut sich auf, und geführt von einer alten Frau in weiten schwarzen Hosen, über die bis zu den Hüften eine fahlgelbe reichgestickte Seidenjacke hängt, betritt Yü-loh den Raum. Peter ahnt nur, daß sie es ist, denn ihr Gesicht ist von einem roten Schleier so dicht verhängt, daß ihre Züge nicht zu erkennen sind. Fast unwirklich erscheint ihm der Prunk, in den sie gekleidet ist, sehr fern und sehr fremd. Die alte Frau leitet Yü-loh an Peters Seite und verläßt dann das Zimmer.

Peter spürt nichts neben sich von dem lebendig warmen, schnellen Mädchen, das er kennt und liebt. Etwas wie unwillige Verzweiflung wandelt ihn an. Da hebt der alte Su leicht die trocknen Greisenhände und spricht auf chinesisch, uralter Sitte entsprechend, die Worte:

»Nimm deinen Schleier fort, meine Tochter, damit mein Sohn dich erkennt!«

Yü-loh hebt die ringgeschmückten Hände – kaum finden sie aus den weiten, steifen Ärmeln den Weg ins Freie – und schlägt den Schleier zurück und wendet Peter voll ihre dunklen, ernsten Augen zu. Ja, sie ist es, er erkennt sie nun und hat im gleichen Augenblick den fremden Prunk vergessen, in den sie gewandet ist. Aus diesen Augen blickt sie ihn an, seine kluge, kühne, schöne Yü-loh! Der alte Su fährt mit seiner brüchigen Stimme fort:

»Ich nehme dich als Schwiegertochter an, Su Yü-loh. Gebäre uns viele Enkel. Wie du bisher deinem Vater gehorcht hast, so gehorche fortab deinen Schwiegereltern; wenn sie nicht mehr leben, deinem Manne, und sollte er vor dir sterben, was die Götter verhüten mögen, so gehorche deinem ältesten Sohn!«

Yü-loh senkt bejahend das Haupt. Peter hat nicht ganz verstanden, was die uralten Formeln ausdrücken, aber soviel ist ihm doch klar geworden, daß er selbst nicht viel bedeutet, sondern nur die Familie. Enkel soll sie gebären, nicht seine und ihre Kinder. Er denkt, auch dies wird vorübergehen; ich begreife nicht viel davon.

Wieder die leise, rauhe Stimme des alten Su:

»Hebt nun die Schalen und trinkt gemeinsam den Wein des Lebens und des Glückes, damit ihr vor diesen ehrenwerten Zeugen ein Paar werdet. Du, Su To-yu, und deine Ehefrau Su Yü-loh!«

Er gießt aus dem porzellanenen Fläschchen glasklaren Reiswein in die beiden Schalen; das Paar hebt die Schalen, die das rote Band miteinander verknüpft, an den Mund und trinkt das fadsüße Getränk. Peter wird diesen Geschmack sein Leben lang auf der Zunge fühlen; das weiß er fast schon in diesem Augenblick.

Ohne Übergang wird dann der Zauber gebrochen. Die chinesische Zeremonie ist beendet. Der Konsul schüttelt Peter die Hand und gratuliert so wortreich und beweglich, als käme er eben mit ihm von einem amerikanischen Standesamt. Auch der alte Tai drückt dem Schwiegersohn ganz europäisch die Rechte und sagt auf englisch:

»Alles Gute, mein Junge!«

Und selbst der alte Su macht den Versuch, ihn europäisch zu beglückwünschen. Chinesisch ist bei allem nur, daß keiner der Männer daran denkt, auch Yü-loh Glück zu wünschen.

Peter holt es nach. Er vergißt den Reiswein und die Enkel und die Sippenwünsche. Er erinnert sich seiner eigenen Welt, beugt sich über Yü-lohs Hand, küßt sie und flüstert:

»Liebe Yü-loh –!«

Der alte Tai scheint es nicht ungern zu sehen; er lächelt und sagt: »So, Kinder, auf chinesisch seid ihr nun verheiratet, nun lasse ich euch noch christlich einsegnen, damit nach jeder Seite das Rechte getan wird.«

Die alte Frau, die Yü-loh an ihren Platz geführt hat (sie ist die ranghöchste Dienerin aus dem großen Hause Su), erscheint von neuem, als hätte sie hinter der Tür gelauscht, und trägt das Lacktablett mit dem Hochzeitsgeschirr aus Porzellan wieder hinaus.

Dann führt Tai Hsi-ta einen katholischen Priester herein, der offenbar in einem der Nebenzimmer gewartet hat, und Peter erkennt zu seiner Verwunderung, daß der bis zum Hals in schwarzen Satin geknöpfte Mann Chinese ist oder vielleicht auch Tonkinese – so genau vermag er die Südchinesen von den Indochinesen noch nicht zu unterscheiden. Der alte Tai hat dafür gesorgt, daß auch die zweite Zeremonie schnell und ohne viel Aufhebens vonstatten geht.

Als der Priester die uralten Fragen an Yü-loh und Peter richtet, antworten sie beide mit lautem und deutlichem »Ja«! Peter spürt den leisen Druck der segnenden Hand auf seinem Haar, und die leichte Berührung durchriesel ihn bis in den letzten Nerv. Er hält Yü-lohs Hand und weiß nicht, hat er nach der ihren oder sie nach der seinen gesucht.

Und dann ist plötzlich auch dies vorüber. Der Konsul lädt das junge Paar und die Väter in ein Nebenzimmer. Dort steht, als wäre nichts anderes denkbar, französischer Sekt bereit und belegte Brote, und es steigt ein kleines Frühstück, das irgendwo in Paris oder Berlin nicht anders oder besser sein könnte. Der Konsul unterschreibt zwischendurch einige chinesische und einige französische Dokumente. Peter setzt vor Zeugen seinen Namen unter ein vorbereitetes englisches Schriftstück, in dem er sich als Su To-yu mit Peter Bolt identisch erklärt und sich verpflichtet, die eben geschlossene Ehe auch vor den Standesämtern seiner Heimat zu bestätigen. Es ist alles ein wenig wirr, ein wenig feierlich und ein wenig unwirklich.

Der ungewohnte Sekt versetzt Peter in einen Zustand fahriger Heiterkeit, die nichts mit echter Freude zu tun hat. Yü-loh merkt es, sie bebt; sie wagt nichts zu sagen.

Welch irrer Wirbel von Umständen! denkt Peter. Und Paul sitzt irgendwo im Gefängnis, während ich, Peter Bolt, den glücklichen Hochzeiter markiere, Sekt trinke und Clubsandwiches zu mir nehme. Glück und Ratlosigkeit halten Peter gefangen. Er lehnt etwas abseits an einem der verschatteten Fenster und sieht den anderen wie aus weiter Ferne zu, und er denkt, wieder einmal und mutlos: Wenn ich all die Verwicklungen vorausgesehen hätte, die mir auf dieser irrsinnigen Flucht blühen – ich wäre vielleicht nicht aus dem Gefangenenlager in Kentucky ausgebrochen. Doch dann gleitet sein Blick über das fremdartig schöne Antlitz Yü-lohs, und er schämt sich im gleichen Augenblick seiner Schwäche. Es hat sich gelohnt! Es hat sich wahrhaft gelohnt – um dieses wunderbaren Mädchens willen – seiner Frau! Aber dies Wort wagt er noch gar nicht zu denken!

Peter reißt sich zusammen: Ja, mit allen Konsequenzen! Die Umstände haben es nun einmal so gefügt, daß ich in dieser fremden Welt meine Frau gefunden habe; sie gäbe ihr Leben für mich –. Peter erschrickt vor sich selber, als er diesen Gedanken denkt; aber er weiß ebenso plötzlich, daß es stimmt. So muß es auch sein – fährt Peter in Gedanken fort –, und ich wäre ein Lump, wenn ich nicht mit Haut und Haar zum gleichen entschlossen wäre. Die Sache ist mir ein wenig über dem Kopf zusammengeschlagen! Aber was tut es! In diesem Wasser will ich schwimmen lernen.

Mit einem zärtlichen Blick will er die Geliebte umfangen; sie hat ihre hohe Brautkrone abgelegt und bietet ihm ihr Antlitz nun wieder vertrauter dar. Aber zugleich ruft ihn der Ausdruck auf ihren Zügen aus seiner Geistesabwesenheit gewaltsam wieder in das Hier und Jetzt zurück, das er für ein paar nachdenkliche Minuten vergessen hat. Yü-loh horcht angestrengt; worauf horcht sie? Ja, nebenan irgendwo spricht der Konsul; er ist eben abgerufen worden; er telefoniert, spricht chinesisch. Peter versteht kein Wort; aber es scheinen aufregende Nachrichten zu sein, die der Konsul empfängt; die Stimme, mit der er ins Telefon zurückfragt, klingt besorgt, verrät sogar Furcht. Auch Yü-lohs Vater ist aufmerksam geworden, geht schließlich in das anschließende Büro hinüber, von dem aus der Konsul telefoniert. Noch immer weiß

Peter nicht, worum es sich handelt, aber er ahnt schon, daß es sein Schicksal ist, das in Frage steht.

Wenige Minuten später ist alle Hochzeitsfreude (gab es sie überhaupt?), alle Versonnenheit, sind alle großen und feierlichen Gedanken verflogen, denn schon reckt die unmittelbare Gefahr wieder ihr Haupt auf. – –

(Es ist ja nur erst kurze Zeit her, seit jener Ho Chi-minh, der eine Weile sogar Ministerpräsident von Indochina gewesen ist und mit den Franzosen monatelang über die Unabhängigkeit seines Landes verhandelt hat, Paris und Frankreich enttäuscht den Rücken wandte und mit allen seinen Leuten in die unwegsamen Dschungeln im Norden und Nordwesten des Landes auswich. Schon flackert seitdem überall der Kleinkrieg auf; Farmen, Militärposten, Transporte und allzu vertrauensselige einzelne Weiße oder auch Indochinesen, die als Freunde der Franzosen bekannt sind, werden aus dem Hinterhalt mit erschreckender Wut angegriffen; wer den Rebellen in die Hände fällt, wird erbarmungslos niedergemetzelt. Viele Franzosen nehmen den spindeldürren, zeigenbockbärtigen, asketischen Ho nicht ernst. Wie soll dies Männchen, das sich jahrelang in Paris als Fotografengehilfe durchgeschlagen hat, der glorreichen französischen Kolonialherrschaft gefährlich werden können!

Aber seit die Japaner im Zweiten Weltkrieg den übrigen Asiaten vorexerziert haben, daß die weißen Herren alles andere als unbesieglich sind, ist überall in Asien der Anfang vom Ende der »weißen Überlegenheit« angebrochen. Die Franzosen, hochmütig, zähe wie stets, nehmen es nicht zur Kenntnis; aber sie sind nervös und mißtrauisch geworden und wittern überall Feinde.) –

»Das Verschwinden unseres jungen Freundes hier« – der Konsul verbeugt sich leicht zu Peter hinüber – »ist noch gestern abend festgestellt worden. Man hat einfach die Passagiere an Bord der Dschunke aufgerufen; Su To-yu aus Kelung fehlte. Der Ruderer, der ihn abgeholt hat und der dann verhaftet worden ist, hat zwar nichts verraten. Aber erstens war er ein Mann, der im Dienste der Su steht, und die Su sind mit den Tai vielfach verschwägert; der verschwundene Passagier hört ja selbst auf den Namen Su. Und zweitens hat man in dem Ruderboot zwei Gepäckstücke gefunden, deren Inhalt auf europäische Besitzer schließen läßt. Kein Wunder also, daß der entflohene Passagier Su To-yu sich noch verdächtiger gemacht hat als der falsche Chinese aus Shanghai. Die Polizei vermutet auch, daß der Verhaftete und der Geflohene miteinander zu tun haben, denn die beiden Bündel auf dem Kahn müssen zwei Männern, nicht einem gehört haben; in jedem Packen befand sich ein amerikanischer Rasierapparat. Vielleicht also hat es auf der Dschunke nicht nur einen, sondern zwei verkleidete Weiße gegeben. Gegen Su To-yu ist also–« – der Konsul windet sich und zögert, ehe er schließlich fortfährt – »ein Haftbefehl erlassen worden.«

Yü-loh vermag einen leisen Aufschrei nicht zu unterdrücken. Sie flüstert in die Stille hinein, die den Worten des Konsuls gefolgt ist: »Ich bin schuld. Ich habe dich überredet, die Dschunke zu verlassen.«

Aber Peter, der weniger erregt scheint als alle anderen, sagt: »Laß nur, Yü-loh! Es wäre so oder so doch dazu gekommen, nachdem die Dschunke überhaupt festgehalten worden war. Du hast das Beste gewollt.«

Sie beraten, was zu tun sei.

Yü-loh denkt gleich daran, daß ihr Vater mit einem Flugzeug von Hainan herübergekommen ist. Aber wenn Peter auf dem Flugplatz auftauchte, würde man ihn sicherlich mehr fragen, als er beantworten könnte.

Es wäre wohl möglich, ein kleines Ruderboot oder Segelboot irgendwo außerhalb der Stadt und im Schutze der Nacht bereitzuhalten, in dem die Bedrohten die Freiheit der hohen See gewinnen könnten. Denn auf einer der größeren Dschunken des Hauses Tai darf sich Peter an diesen Küsten nicht sehen lassen. Der alte Tai sagt schließlich:

»Es gibt überhaupt nur eine einzige zuverlässige Lösung; sie schwebt mir schon vor, seit Yü-loh mich in das Geheimnis Peters eingeweiht hat. Das Paar zieht sich so lange in den Schutz unserer Familie auf Hainan zurück, bis Peter rechtens und gemäß der Sitte in die Familie Su adoptiert ist. Der ehrwürdige Su Pao-shu ist ja grundsätzlich einverstanden; er hat ja auch vorhin bei der Trauzeremonie Peters Vater vertreten. Sobald Peter adoptiert ist, kann ich ohne weiteres die chinesische Staatsangehörigkeit für ihn beantragen. Doch selbst wenn ich alle meine Beziehungen spielen lasse, werden Wochen und vielleicht Monate vergehen, bis Peter einwandfrei und auf eine Weise, die auch die französische Polizei respektieren muß, in einen chinesischen Su To-yu verwandelt ist. Bis dahin besteht ständig Gefahr, daß er verhaftet und – wenn nicht Schlimmeres passiert – wieder in die amerikanische Gefangenschaft zurückgeliefert wird. Unsere erste Sorge muß also sein, Yü-loh und To-yu möglichst heute nacht noch aus dieser Stadt fortzuschaffen. Hier im Konsulat sind wir ja sicher. Aber selbst das Haus der Su wird vielleicht beobachtet oder durchsucht. – Was glauben Sie, Konsul, können Sie meinen Kindern bis heute abend, sagen wir bis Mitternacht, Asyl gewähren?«

Der so unverblümt und unchinesisch auf Ja oder Nein angesprochene Mann windet sich. Sein feistes Gesicht lächelt sehr gezwungen; er möchte jedem Ärger mit den französischen Behörden aus dem Wege gehen, das sieht man ihm an; andererseits ist Tai ein mächtiger Mann, dem man nicht vorschnell etwas abschlagen darf. Vielleicht schwebt dem Konsul auch vor, daß er gewisse diplomatische Pflichten nicht verletzen darf. Aber ehe er noch zu einem Entschluß gelangt, erlöst ihn Peter aus seiner Verlegenheit. Peter hat sich nicht an der Debatte über seine Sicherheit beteiligt. Es ist ihm widerlich, daß sich andere Leute den Kopf darüber zerbrechen müssen, ob und wie ihm zu helfen sei. Er gehört nicht zu den Leuten, die sich gern helfen lassen. Er hilft sich lieber selbst. Und dieser ganze Familienklüngelkram ist ihm in Grunde fürchterlich fremd und zuwider; er begreift nicht einmal recht, daß diese Menschen einfach ihren stärksten Instinkten folgen, wenn sie ihn als ein neues Mitglied der Familie zu schützen suchen. Er ist kein Asiate, kein Chinese; er ist als Europäer geboren und steht lieber auf eigenen Füßen.

Peter sagt unvermutet:

»Das kommt alles nicht für mich in Betracht. Solange Pauls Schicksal ungewiß ist, solange Paul hier im Loch sitzt, fliehe ich nicht. Es nutzt mir gar nichts, wenn ich in Sicherheit bin und Paul irgendwo verlorengeht. Ich werde heute noch nach Hanoi fahren und mich um ihn kümmern. Ich fahre in europäischer Kleidung. Darin falle ich weniger auf als in chinesischer. Es gibt ja hier Europäer genug. In Hanoi vermutet mich die Polizei nicht. In der Höhle des Löwen bin ich wahrscheinlich am sichersten. Ich bin überzeugt, daß meine Frau mit mir nach Hanoi fährt. Sie wird mir helfen, einerseits unterzutauchen und andererseits die nötigen Fäden zu spinnen, um mit Paul Verbindung aufzunehmen. Ich bitte dich Vater, mich zu verstehen und uns nicht im Stich zu lassen.«

Der alte Tai hat sich bei diesen Worten in einen Stuhl gesetzt, als wandelte ihn plötzlich eine Müdigkeit an.

Yü-loh indessen spürt, daß es Peter vollkommen ernst ist, daß er gar nicht umgestimmt werden kann. Sie ist ja im Grunde viel klüger und älter als er – zwar nicht nach Jahren, wohl aber nach den vielen, vielen Zeitaltern, die ihr im Blute liegen; in ihnen lernten die Frauen, Männer und Umstände zu erahnen wie nirgendwo sonst unter dieser Sonne – und zu wissen, daß Geduld stärker ist als Gewalt, und Nachgeben wirksamer als Aufbegehren. Die Entscheidung vollzieht sich gedankenschnell in ihrem Herzen. Sie wendet sich dem Vater zu und sagt:

»Gewähre uns ein Auto, ich bitte dich, Vater, das uns nach Hanoi bringt. Und gib uns einen von deinen oder Großonkel Su's Leuten mit, damit er uns in Hanoi unterbringt und zur Seite steht!«

Es ist ein paar Herzschläge lang sehr still in dem großen Raum. Man hört ein Auto draußen hupen und die schrillen, kreischenden Rufe eines der Männer, die mit frischen Gemüsen und Früchten handeln. Ein großes Insekt zuckt brummend und böse durch das beschattete Zimmer, findet schließlich einen der vielen schrägen Spalte in den Jalousien und verschwindet. Seit der Konsul sein Telefongespräch beendete, sind lautlos gleich ein paar Entscheidungen gefallen.

Der alte Tai weiß, daß sie vorläufig nicht zu widerrufen sind. Geduld, Geduld! denkt er. Wenn ich To-yu zwänge, mir zu gehorchen, würde er vor sich und in seiner Welt an Gesicht verlieren. Diese Einsicht, die ihm Peters Verhalten ins Chinesische übersetzt, macht ihm das Nachgeben leichter. Geduld, Geduld – es werden noch viele Tage über die Erde wandern. Er sagt leise und nüchtern:

»Wartet hier in einem Hinterzimmer. Ich werde dir europäische Kleider senden, To-yu. Am frühen Nachmittag wird euch ein Auto abholen. Ich werde euch einen guten Mann mitschicken. Ihr seid dann noch vor der Dunkelheit in Hanoi. Die Straße ist nicht ganz ungefährlich. Es sind einige Überfälle vorgekommen. Deshalb ist es besser, wenn ihr noch vor dem Abend ans Ziel gelangt. Mit der Bahn könnt ihr nicht fahren; Peter würde allzusehr auffallen. Lebt wohl, Kinder, ich werde alles tun, euch zu helfen.«

Damit sind die Würfel gefallen.

Habe ich schon je so anmutige und strahlende Kinder gesehen, denkt Peter, während er neben Yü-loh über die Straße nach Hanoi hinrollt. Die Kinder stehen am Straßenrand, sehen dem Auto nach, halbnackt oder auch ganz, unter wild zerfledderten großen Hüten aus Reisstroh, ein paar Enten hütend oder einen schwerleibigen riesigen Büffel. Sie sind zierlich geformt in schönstem Ebenmaß, ihre hellbraune Haut schimmert wie Samt, und aus den schwarzen großen Augen glitzert das Leben unbezähmbar und immer lachend. Ihre Väter und Mütter schleppen unwahrscheinliche Lasten auf den schmalen Schultern, jäten das Unkraut aus den Feldern, treiben die Büffel vor schwerfälligen zweirädrigen Karren.

Yü-loh sagt leise, damit es der Fahrer und der vertrauenswürdige Diener neben ihm, den der alte Tai dem Paar mitgegeben hat, nicht vernehmen:

»Du hättest doch lieber in chinesischen Kleidern fahren sollen, Lieber. Ich meine, die Bauern an der Straße sehen uns voll Haß an, wenn sie dich erkennen. Natürlich halten sie dich für einen Franzosen. Manchmal denke ich, dieser oder jener will uns grüßen. Aber dann lassen sie's, wenn sie merken, daß ein Europäer im Wagen sitzt.«

Peter hat es selbst ebenfalls gemerkt; er antwortet ebenso leise:

»Du hast recht. Aber die Weißen sind mir gefährlicher als die Einheimischen. In Hanoi wird mir mein Anzug helfen, nicht aufzufallen. In einer Stunde etwa sollten wir da sein. Der Fahrer kommt nicht sehr schnell vorwärts mit der alten Karre, trotz seiner beständigen Huperei.«

»Ach, ärgere dich nicht, Lieber!« erwidert Yü-loh und drückt seine Hand, die in der ihren liegt. »Hier sind wir wenigstens ungestört beieinander.«

Ein dürftiger Trost, denkt Peter. Er ist sehr zerfallen mit sich und seinem Geschick. Er flüstert:

»Wieviel besser hättest du es haben können, Yü-loh, hättest du mich oder uns laufen lassen. Eine schöne Hochzeitsreise, die wir hier veranstalten –!«

Sie zieht ihre Hand von der seinen fort und antwortet beinahe hochfahrend:

»Du redest Unsinn. Ich habe es so gewollt. Ich werde es nie bereuen.« Mit leiserer Stimme schränkt sie sich nach ein paar Augenblicken ein:

»Solange du es nicht bereust!«

Jetzt ist er es, der ihre Hand in die seine zieht:

»Nie!« sagt er und ist ohne Rückhalt davon überzeugt.

Sie hängen für einige Minuten ihren Gedanken nach und spüren, seltsam gemischt, Trauer und Glück zugleich. –

Das Auto beginnt zunächst kaum fühlbar, dann immer deutlicher zu schleudern.

»Wir haben eine Reifenpanne hinten links!« sagt Peter. Der Fahrer merkt es endlich auch und bringt den Wagen am Straßenrand zum Halten. Gleich sammelt sich ein Ring von Kindern, bald auch von müßig starrenden Erwachsenen um das Auto. Der Fahrer macht sich mit rotem Kopf ans Werk, den Wagen hochzubocken – wie schmachvoll, daß ihm dies auf offener Straße passieren muß; er wird an Gesicht verlieren vor der Tochter und dem Schwiegersohn des großen Tai. Peter möchte helfend zupacken. Aber Yü-loh zieht ihn beiseite:

»Nicht! Beachte ihn gar nicht! Du würdest an Respekt einbüßen. Der Fahrer würde sich sehr gekränkt fühlen. Sieh, selbst der Diener starrt in die Luft!«

So ist es – und Peter ergibt sich seufzend in sein chinesisches Schicksal. Der Fahrer erweist sich als ziemlich ungeschickt, und es dauert lange, ehe er damit fertig wird, die Schrauben des Rades zu lösen.

Peter und Yü-loh wollen den unerwünschten Aufenthalt benutzen, ein Stückchen die Straße entlangzuwandern; dem Fahrer ist es offenbar unangenehm, wenn sie ihn bei seiner unzulänglichen Bemühung beobachten. Peter lernt wieder einmal, daß in dieser Welt die Würde der Diener genauso geachtet werden muß, wie die Diener die Würde ihrer Herren zu achten und zu mehren haben.

Der Kreis der stummen Beobachter ringsum macht kaum Platz, um Peter und Yü-loh auf die offene Straße zu entlassen: das braune Volk ringsum, sparsam bekleidet, die Frauen auf hölzernen Pantoffeln in weiten Hosen mit einem sehr knappen Jäckchen darüber, das kaum die braunen Brüste verbirgt, die Männer fast alle in weißen oder ehemals weißen Baumwoll-Leibchen und -Hosen, bis übers Knie hochgekrempelt, manche bis zur Unkenntlichkeit verschlissen und zerlöchert, die braunen Kinder, die nicht mehr lachen – eine Wolke von ungewisser Feindschaft schwebt über dem ständig wachsenden Menschenhaufen. Es mag die Gaffer unsicher machen, daß hier eine Chinesin und ein Europäer vertraut miteinander verkehren. Aber das Mißtrauen bleibt beinahe körperlich greifbar.

Yü-loh sagt:

»Am liebsten setzte ich mich mit dir in den Wagen zurück. Dort sind wir am besten aufgehoben. Die Leute hier sind mir unheimlich!«

»Dort hinten kommt ein Auto. Es ist wohl besser, wenn man mich nicht mit dir hier spazieren sieht. Du hast recht. Wir wollen uns lieber hineinsetzen. Dann bleiben wir am ehesten unbemerkt.«

Aber es ist leichter gewesen, aus dem Kreis der Gaffer herauszugelangen als sich wieder in ihn hineinzuwinden. Die Menge macht nur widerwillig Platz. Ehe Peter und Yü-loh noch das Auto erreicht haben, ist der andere Wagen schon heran und hält mit kreischenden Reifen – eine Polizeistreife! Ein paar annamitische Polizisten springen heraus, ein französischer Unteroffizier.

Der Haufen von Menschen zerstiebt wie Spreu vor dem Winde. Die Straße ist mit einmal leer.

»Hat man Sie belästigt?« fragt der Unteroffizier. Peter nimmt sein höchst kärgliches Französisch zusammen und antwortet:

»Nein! Vielen Dank! Durchaus nicht!«

Der Polizist scheint nicht zufriedengestellt. Er ist wahrscheinlich nicht gewohnt, so kurz abgefertigt zu werden. Wahrscheinlich wird sein Auftreten sonst von allen Weißen befriedigt begrüßt. Peter wagt kein Wort weiter, aus Furcht, sein schwächliches Französisch zu verraten. Der Polizist beginnt noch einmal:

»Ich hatte den deutlichen Eindruck, mein Herr, daß man Sie von Ihrem Auto abdrängen wollte. Die Leute hier sind seit einiger Zeit unberechenbar; sie werden offenbar verhetzt. Vielleicht legen Sie Wert darauf, daß wir Sie nach Hanoi eskortieren. Es liegen jetzt erstaunlich viele Nägel auf der Straße.«

»Wirklich? Vielen Dank! Vielen Dank! Ich glaube nicht.«

Der Uniformierte weiß nicht recht, was er mit diesem merkwürdig einsilbigen Reisenden anfangen soll, sieht Peter verdutzt an, kratzt sich den Kopf und schließlich mit offenem Munde das unrasierte Kinn, als Peter ihm ein

»Nochmals vielen Dank, mein Korporal! Au revoir!« zuruft, in das endlich wieder fahrbereite Auto steigt, dem Chauffeur auf die Schulter tippt, abzufahren, und mit einem leutseligen Gruß davonrollt. Yü-loh ist schon vorher eingestiegen.

»Uff!« stöhnt Peter. »Wieder einmal gut gegangen!«

Aber das ist zu früh gejubelt. Die beiden in dem eilig dahinrasselnden Auto merken bald, daß sich der Polizeiwagen an ihre Fersen heftet; er läßt sich nicht abschütteln, obgleich der chinesische Fahrer den Gashebel bis auf den Boden durchdrückt und die Hand auf der Hupe liegen läßt. Peter schüttelt ihn endlich:

»Bist du wahnsinnig, Kerl? Diese Raserei macht die Polizei erst recht mißtrauisch.«

Das nutzt nicht viel; der Mann versteht kein Wort Englisch. Erst eine sehr knappe Weisung Yü-lohs bringt ihn zur Vernunft. Obgleich sie nun viel langsamer fahren, denkt der Streifenwagen nicht daran, sie zu überholen.

Zögernd rollt das Auto mit Peter und Yü-loh durch die Vorstädte von Hanoi. Das Polizeiauto folgt ihnen dicht aufgeschlossen, eskortiert die Verdächtigen jetzt wirklich. Peter kann nicht daran denken auszusteigen und irgendwo in einer Seitengasse zu verschwinden. Die beiden Menschen in dem verfolgten Auto – am Vormittag dieses gleichen Tages erst haben sie geheiratet – zittern; sie wissen nicht, wie sie die Verfolger abschütteln sollen. Schließlich knirscht Peter:

»Laß uns dorthin fahren, wo man uns erwartet. Wir entgehen den Brüdern doch nicht. Wir müssen es drauf ankommen lassen.«

Yü-loh gibt dem Fahrer auf chinesisch einen Befehl. Eine Viertelstunde später – sie sind an dem weißen Palast des Gouverneurs vorbeigeglitten und an den unverkennbaren Fronten einiger Regierungsgebäude – hält das Auto vor einem schwarzen Tor in einer langen weißen Mauer, hinter der sich ein größes chinesisches Anwesen verbergen muß.

Peter will gerade Yü-loh helfen, aus dem Wagen zu steigen, als der Unteroffizier neben ihn tritt:

»Verzeihung, mein Herr, darf ich Sie bitten, sich auszuweisen. Ich vermute, daß Sie kein Franzose sind.«

»Stimmt!« sagte Peter. »Warum?«

»Sie haben mich Korporal genannt – Caporal heißt es auf französisch. Außerdem redeten Sie nicht mit mir.«

Peter schlägt sich vor die Stirn:

»Großartig! Großartig!« – Galgenhumor ist das einzige, was noch möglich scheint.

Peter kramt nach seinem Paß und zieht das chinesische Papier, sagenhafterweise ausgestellt in Kelung auf Formosa, aus der Tasche.

Der Korporal – pardon, Caporal! – macht das dümmste Gesicht seines Lebens; das will viel heißen!

»Wie? Sie sind Chinese? Unmöglich!«

Dann blickt er auf Yü-loh –.

»Meine Frau!« stellt Peter vor.

»Ihre Frau?« stottert die Uniform. Daß sie Chinesin ist, läßt sich in der Tat selbst bei unerbittlichstem Mißtrauen nicht bezweifeln. Der Fahrer, der Diener: ebenfalls waschechte Himmelssöhne. Und das Haus hier – chinesisch!

Einige Augenblicke lang hängt das Schicksal in der Schwebe. Vielleicht ist doch alles in Ordnung – denkt der Unteroffizier. Aber der Bursche sieht so unglaublich europäisch aus. Ah – ich riskiere lieber nichts. Neulich schon der Anschnauzer vom Capitaine, daß ich in dieser gefährlichen Zeit zu gutmütig wäre. Was soll mir schon passieren –? Ein Chinese – bah! Wenn's stimmt – gut, mag er wieder laufen! Stimmt's nicht, um so besser! Der Polizist sagt:

»Ich kann nichts Chinesisches lesen. Ich muß Sie auf die Wache mitnehmen. Wenn Ihre Papiere in Ordnung sind –.«

Ihm fällt plötzlich ein, daß der Paß einen französischen Stempel tragen müßte, wäre sein Inhaber auf legalem Wege ins Land gelangt. Er blättert – nichts!

»Mitkommen!« sagt er, gar nicht mehr höflich.

Ein letzter Blick Peters senkt sich in Yü-lohs Augen, die weit offen starren – hilflos – wie noch nie in ihrem Leben.

Eine halbe Stunde später sitzt der durch Polizeirundruf gesuchte Su To-yu hinter Schloß und Riegel.

Zweiter Teil

Achtes Kapitel

Einige Monate später – schon ist das Jahr 1947 angebrochen – schlägt sich ein Bataillon der französischen Fremdenlegion durch die brütendheißen Urwälder am oberen Song-chu im äußersten Nordostzipfel Annams. Viele Deutsche stecken in der Uniform der Legionäre; und die Deutschen werden immer zahlreicher, denn der Ersatz für die vielen Ausfälle durch Krankheiten, Heldentod und Wunden ist vorwiegend deutsch. Die Legionäre kämpfen für eine Sache, die sie wenig angeht, gegen braune Menschen, die ihnen unendlich fremd sind, die ihnen nichts getan haben, die vorgeben, für ihre Freiheit sterben zu wollen. Sie sind Landsknechte, verfallen dem Elend, dem Ruhm und der uralten Lust des Landsknechtsdaseins, die unausrottbar in vielen Männern vieler Völker schlummert, verfallen auch einem bösen Tod unter den Messern, Speeren und Pfeilen, aber auch mordernsten Maschinenwaffen eines erbarmungslosen Feindes. Paul und Peter haben schon manchen Kameraden neben sich fallen sehen, manchen unter ihnen, der den ganzen Weltkrieg überstand und hier in ein namenloses Grab sinkt.

Als Paul und Peter vor die Wahl gestellt wurden, entweder von den französischen Behörden schwer bestraft und dann in die amerikanische Gefangenschaft zurückgeliefert zu werden oder in die Fremdenlegion einzutreten, haben beide nach kurzem Besinnen unabhängig voneinander sich für die Legion entschieden.

Nichts fehlt der kämpfenden Truppe bitterer als verläßliche Dolmetscher – weiße Dolmetscher, denn auf keinen Farbigen ist mehr Verlaß.

Paul hatte in den vielen Wochen und Monaten, seit die Freunde von Formosa abfuhren, die chinesischen Kenntnisse aus seinen Hankauer Kindertagen eifrig und gründlich wieder aufpoliert, und Peter hat unter des Freundes und Yü-lohs Anleitung wenigstens so viel gelernt, daß er mit einem Ragout von chinesischen, englischen und französischen Brocken sich jedem intelligenteren Chinesen verständlich machen konnte; und er lernt jeden Tag hinzu.

Paul und Peter haben es beweglich darzustellen verstanden, daß sie beide ihr Bestes leisten würden, wenn man sie dem gleichen Truppenteil zuwiese. Auszubilden ist an diesen beiden erfahrenen Soldaten ohnehin nicht mehr viel, die Zeit drängt; die Kämpfe in den Dschungeln und den weglosen Bergen werden härter und bösartiger mit jedem Tag, und Dolmetscher werden dringender gebraucht als das tägliche Brot.

Paul und Peter sind oft genug nach ihren Beziehungen zu den Tai und den Su gefragt worden. Sie haben sich nicht zu verständigen brauchen über das, was sie aussagen können. Denn daß sie die Menschen, die ihnen geholfen haben, nicht in ihr selbstverschuldetes Schicksal hineinziehen durften, verstand sich für sie von selbst. Sie waren also nichts weiter als Passagiere auf der Dschunke und haben mit Fräulein Tai Yü-loh die übliche Schiffsfreundschaft geschlossen gehabt, nichts weiter; waren dann von ihrem Vater während des Aufenthaltes auf Hainan eingeladen worden, nichts weiter. Allen anderen Fragen gegenüber zuckten sie nur mit den Achseln. Peter atmete erleichtert auf, als er einer Nebenbemerkung des vernehmenden Beamten entnahm, daß der alte Tai und Yü-loh gleich nach seiner Inhaftnahme das Land verlassen haben.

Und den Franzosen ist es wichtiger, diese beiden Unverwüstlichen, die sogar als Dolmetscher zu verwenden sind, für die Legion zu gewinnen, als ihren gelegentlichen Amouren mit netten chinesischen Mädchen nachzuspüren; dafür hat man Verständnis, wenn man ein guter Franzose ist. – Und man weiß auch von jeher bei der Legion, daß man Freundschaftsbündnisse unter Männern wie das zwischen Paul und Peter nicht zerreißen soll. Sie verleihen jeder Truppe in schwierigen Lagen Rückgrat. So werden Paul und Peter dem gleichen Bataillonsstab zugeteilt und gleiten viel schneller, als sie es selbst für möglich gehalten haben, in das Dasein des Frontsoldaten zurück, jenen Zustand, der sich überall gleicht, unter welchem Himmelsstrich und in welcher Truppe auch immer.

Und Peter und Paul gewinnen sogar Geschmack an dem gefährlichen Geschäft, zu dem sie sich verstehen mußten. Yü-loh ist nur noch ein ferner Traum. Peter vermag kaum noch zu glauben, was er mit ihr erlebt hat. Die Wirklichkeit besteht nur noch aus Kämpfen, aus bösartigen Hinterhalten, aus Hitze, Regen, Dienst und Ungeziefer, aus endlos sich hinschleppendem Kleinkrieg – und über allem aus dem Willen, am Leben zu bleiben; aber schließlich auch aus der Lust, sich mit einem unendlich zähen, unendlich listigen Gegner zu messen.

Die beiden Freunde ergänzen sich ausgezeichnet. Paul kümmert sich mehr um die militärisch wichtigen Nachrichten für die Truppe, Peter widmet sich mehr den politischen und personellen Verhältnissen beim Gegner, diesem schwer faßbaren Feinde, der überall ist und nirgends, der für die nationale Freiheit, den sozialen Umsturz verbissen kämpft – man weiß es nicht genau, wofür – das Wort »Kommunismus« will irgendwie nicht ganz passen.

Peter plätschert bald leichter und geschickter in diesen trüben Wassern als Paul. Er versteht es vorzüglich, seine Zuträger davon zu überzeugen, daß er unbedingt verschwiegen ist – auch, nein gerade, wenn es sich um Kenntnisse handelt, die den Zwischenträgern Kopf und Kragen kosten können – und manchmal kosten. Es gelingt ihm, seine Truppe einige Male aus höchster Gefahr zu retten, an drohenden Hinterhalten vorbeizuführen, zu klugem Ausweichen zu veranlassen; sein Kommandeur vertraut ihm und Paul bald vollkommen; ist er doch ein alter, harter Kolonialsoldat, der Männer zu erkennen weiß, wenn er ihnen begegnet; in diesen beiden Deutschen hat er Männer vor sich. Er überläßt ihnen den Verkehr mit den chinesischen Händlern und Agenten allmählich ganz und gar; er kann seine Dolmetscher ohnehin nicht entbehren, da ihm kein Wort der Sprache geläufig ist.

Eines Nachmittags läßt sich ein mit weißem Jäckchen und schwarzer Hose bekleideter Chinese zu Peter führen, der diesem unbekannt ist. Der feingliedrige, bewegliche Mann überschüttet ihn mit einer wortreichen Erklärung der Güte seiner Waren und Nachrichten – wie üblich. Der französische Intelligenz-Offizier, der dem Gespräch beiwohnt, wendet sich für einen Augenblick ab; blitzschnell reicht der Mann, im gleichen Tonfall weiterschnatternd, Peter ein eng zusammengefaltetes Papier und verschwindet dann merkwürdig schnell mit der Ankündigung, daß er am nächsten Tage wiederkommen werde. Erst eine Stunde später findet Peter einen unbeobachteten Augenblick, in dem er das Papier entfalten kann; er hält einen Brief von – – Yü-loh in den Händen –! Yü-loh schreibt:

»Endlich habe ich Deine Spur gefunden. Mein Vater und ich mußten nach Deiner Verhaftung sofort Hanoi verlassen, da die Franzosen uns sehr übelnahmen, daß wir Euch so lange gedeckt hatten. Man hätte uns viel mehr gefragt, als mein Vater Lust verspürte zu beantworten. Ohne jeden Verzug abzureisen, bildete den einzigen Ausweg; vor allen Dingen durften wir auch den Konsul nicht in Verlegenheit bringen. Es ist mir unverständlich, warum Paul so schnell verraten hat, daß er Deutscher ist. Als Vater endlich wieder wagen konnte, über einen Vertrauten mit Euch im Gefängnis eine Verbindung aufzunehmen, wart Ihr schon nicht mehr in Hanoi. Und ehe wir zu Euch nach Saigon eine Brücke schlagen konnten, wart Ihr irgendwohin ins Innere zur kämpfenden Truppe versetzt. Endlich weiß ich nun, Liebster, wo ich Dich zu suchen habe. Und ich will nicht länger auf Dich warten. Du darfst nicht länger für die Franzosen kämpfen. Für mich gibt es nach dem, was sie Euch und mir angetan haben, keine Wahl mehr. Ich stehe innerlich ganz auf der Seite der Aufständischen. Die weißen Missionare haben uns ständig die Liebe gepredigt, aber nur, damit wir besser stillhielten, uns ausbeuten zu lassen. Deine Liebe zu mir, die allein ist echt! Ich weiß, daß Du mich gerade auch deshalb liebst, weil ich von hier stamme, aus diesem ältesten und größten Lande der Welt. Dein Volk ist heute geschlagen, gedemütigt, verachtet, so wie wir einst verachtet und nicht für voll genommen worden sind. Du gehörst zu mir, Peter, Du gehörst auf die andere Seite, auf die der Freiheit, und Dein Freund Paul auch, nicht dorthin, wo Ihr jetzt seid.

Mein Vater hat Angst vor dem Kommunismus. Aber das ist Unsinn. Im Grunde weiß er ganz genau, daß wir nur mit denen sein können, die die Völker Asiens von der Gewaltherrschaft der imperialistischen Mächte des Westens befreien wollen.«

Peter läßt den Brief für eine kleine Weile sinken. Was sind das für Worte? Was ist mit seiner Yü-loh in den vergangenen Monaten vorgegangen? Forderungen, Leidenschaften, Entscheidungen, Fragen dringen mit diesen Zeilen auf ihn ein, die er lange beiseite geschoben hat. Stimmt es, was sie schreibt? Gehört er nicht viel enger zu diesen guten Kameraden, tapferen Soldaten, die ihrer Fahne keine Unehre machen? Gehört er, ein Weißer – wenn auch nur ein verachteter Deutscher, wie sie schreibt –, wirklich auf die andere Seite? Zu den heimtückisch kämpfenden Leuten des Ho Chiminh, die seinen Kameraden die Hälse abschneiden und die Bäuche aufschlitzen, wenn sie sie fangen? Yü-loh auf der anderen Seite –? Peters Herz krampft sich zusammen. Er liest weiter:

»Ich hatte meine liebe Not, den Vater zu überzeugen, daß ich mich aufmachen müßte, Dich zu suchen; denn ohne mich und Vaters Einfluß wirst Du der Fieberhölle in den Gebirgen kaum entfliehen. Er gab schließlich nach, so streng er sich auch manchmal gebärdet. Und außerdem braucht er Dich; er will, daß ich – das heißt Du – ihn entlaste; er ist alt und vermag die Unsicherheit und die ewige Aufregung der Geschäfte in dieser verrückten Zeit nicht mehr zu ertragen; ich hätte Dich nun einmal geheiratet; damit wärst Du sein Sohn geworden und gehörtest in das Haus des alternden Vaters als seine Stütze; er mag noch so modern und amerikanisch und republikanisch tun; im Grunde ist er stets ein alter Chinese geblieben – so wie sie früher waren, in der klassischen Zeit. Aber das brauche ich Dir alles nicht zu schreiben; Du weißt es selbst.

Der Überbringer dieses Briefes ist absolut zuverlässig; instruiere ihn, als was ich zu Dir ins Lager kommen soll und wann. Alles weitere müssen wir besprechen, unter vier Augen; Du mußt irgendeine Gelegenheit dafür schaffen. Ich warte in dem Flecken Hua-Muong; ich kann in einem Tage bei Dir sein.

Deine Yü-loh«

Peter liest den Brief, zitternd vor innerer Erregung, liest ihn zweimal, dreimal und verbrennt ihn dann. Es ist ein Geschenk des Himmels, daß die Truppe in diesen Tagen verhältnismäßig in Ruhe gelassen wird; das Bataillon hat ein Dorf, dessen Einwohner in die Wälder geflohen sind, als Standquartier bezogen. Peter beantragt bei seinem Kommandeur, ihm eine der luftigen Hütten, möglichst eine abseits gelegene, zu seiner ausschließlichen Benutzung anzuweisen: Er vermute, daß ihn in diesen Tagen, wahrscheinlich schon morgen, mehrere Späher, einheimische und chinesische, aufsuchen werden, die weder gesehen noch erkannt werden wollen.

Es ist dies das erste Mal, daß Peter oder Paul sich eine Vergünstigung erbitten; dergleichen steht in der Legion bei ihrer unerbittlichen Manneszucht nicht hoch im Kurse. Aber der respektvoll vorgebrachte, dienstlich gerechtfertigte Wunsch des Deutschen findet die Zustimmung des Vorgesetzten.

Peter hat nicht einmal Paul ins Vertrauen gezogen, hat dem Freunde nichts anderes gesagt, als was er den Kommandeur hat wissen lassen. Ist es Angst davor, daß Paul plaudern könnte, die Peter den Mund verschließt? Oder nur die Scheu, das Allerprivateste preiszugeben? – Als Peter im Truppenlager von Saigon dem Freunde wieder begegnete, hat er ihm von seiner seltsam übereilten und unvollkommenen Heirat mit Yü-loh berichtet.

Yü-loh aber hat Wort gehalten, hat keinen Augenblick lang vergessen, was sie über den Reisweintäßchen vor dem Priester gelobt hat –! Peter schämt sich heimlich und bitter. Er denkt nach in der Stille seiner Hütte –. Yü-lohs zierliche Gestalt, ihr edler, goldfarbener Kopf mit den hochgeschwungenen Brauen, den enganliegenden kleinen Ohren, den blaßroten Lippen und dem Silberpfeil im blauschwarzen Haar steigt vor seinem inneren Auge hoch, ein unendlich fremdartiges, unendlich holdes Bild. Und plötzlich zerreißt ihm eine solche Sehnsucht das Herz, nach ihr, einem Menschen, der ihm zur Heimat werden wollte und will, daß ihm fast die Tränen in die Augen treten.

Am nächsten Vormittag empfängt er den geschwätzigen, mageren Mann vom Tage zuvor. Der ist jetzt gar nicht mehr geschwätzig. Die beiden Männer hocken lange in der halbdunklen Hütte und flüstern. Endlich ist alles verabredet und ausgemacht, was abgesprochen werden muß. Peter sagt:

»Weißt du nicht etwas von drüben, Ting Pin-su? Ich muß meinen Vorgesetzten Greifbares berichten, sonst glauben sie mir nicht, daß es sich lohnt, mich weiter hier allein hausen zu lassen.«

Ting Pin-su, der zuverlässige Bote des alten Tai aus Kanton, dem dieser die Tochter anvertraut hat, sieht Peter mit einem schnellen, prüfenden Blicke an; dann antwortet er leise:

»Ich sage es dir, weil es euch nicht viel nützt, denn der Weg dorthin ist zur Zeit wegen der letzten schweren Regenfälle unpassierbar: In einem Kampong, eine halbe Stunde von der Stadt Muong Het, sitzt Toura-khom mit allen seinen Leuten.«

Der Chinese erhebt sich gleich darauf, nennt noch den Namen des Dorfes und beschreibt seine Lage am Nam Ma; dann verschwindet er lautlos ins Dickicht, als hätte er schon zuviel verraten und wollte nichts weiter gefragt werden.

Das ist allerdings eine wichtige Nachricht!

Toura-khom ist einer der gefährlichsten Führer der Aufständischen in diesen Bezirken. Ein Preis steht auf seinem Kopf; die Legion hat schon mehr als einmal versucht, ihn zu fangen; aber es ist nie auch nur annähernd gelungen. Was weiß Ting von unpassierbaren Wegen – für Legionäre gibt es keine unpassierbaren Wege! Peter müßte seinem Kommandeur sofort melden, was er gehört hat.

Doch wer ahnt, was dann befohlen wird? Peter ist sich eine Weile gram, daß er zögert; sein Herz ist schon geteilt; Yü-loh gehört zur anderen Seite–! Und Yü-loh will am nächsten Tage zu ihm kommen, als wäre sie ein Händler und Zwischenträger wie Ting oder irgendein Kung oder Ma oder Lin. Endlich findet Peter einen Ausweg.

Er meldet sich bei seinem Kommandeur und berichtet, daß er Grund zu der Vermutung habe, Toura-khom mit seinem Stabe befände sich nicht weit von Muong Het, in drei Tagemärschen zu erreichen und auszuheben, denn er fühle sich völlig sicher. Doch habe er, Peter, noch nicht volle Gewißheit erhalten können; die hoffe er erst morgen oder übermorgen durch einen anderen Späher zu gewinnen. Der Kommandeur ruft seine Offiziere zusammen. Peter wiederholt seinen Bericht. Es wird nicht lange überlegt: Die Entfernung ist bedeutend; Wege sind für das erste Drittel des Marsches kaum vorhanden; aber das gerade wird die Überraschung sichern; dreißig Mann, drei Unteroffiziere, zwei Offiziere haben sich für einen Gewaltmarsch bereit zu machen. Sobald Peter die erwartete Gewißheit empfängt, soll das Unternehmen beginnen.

Peter ist verwirrt und erschreckt; mit so schnellem Entschluß hat er nicht gerechnet. Indessen noch hat er es in der Hand, den militärischen Übereifer zu bremsen.

Der Tag vergeht mit zäher Langsamkeit. Die Nacht schenkt ihm nur kurzen Schlaf.

Peter wälzt sich hin und her. Er weiß immer noch nicht, ob er Paul ins Vertrauen ziehen darf oder nicht. Er spürt, daß seine Freundschaft in Frage gestellt ist. Paul ist schneller und vollständiger ins Soldatsein zurückgesunken als er. Die Wochen, in denen er von Paul getrennt war, dazu sein Entschluß, sich im Allerprivatesten zu binden – war es nicht zugleich eine Abkehr von dem Freunde und Kameraden? –, haben sie unmerklich einander entfremdet. Ihre Wege laufen nicht mehr dicht verschwistert nebeneinander her; sie haben verschiedene Richtungen eingeschlagen. So spürt Peter – als er sich entschließt, Paul nichts zu verraten –, daß er sich entschieden hat: für Yü-loh, gegen den Freund! Oder ist es Unsinn, von Entscheidungen zu sprechen? Aber gleich fällt ihm ein: Paul brächte es fertig, aus Pflichtgefühl die Zusammenhänge aufzudecken; die Truppe gilt ihm mehr als mein chinesisches Mädchen, meine – Frau! Wie unwirklich dies Wort mir klingt! Wie verwirrt dies alles ist! –

Endlich graut der Morgen des Tages, der ihm Yü-loh wieder-
schenken soll. Er ist geistesabwesend beim Morgenappell und hat
unversehens einen Zusammenstoß mit einem Unteroffizier; er wird
zur Bestrafung gemeldet, und es bedarf des Eingreifens des Intelli-
genz-Offiziers, um ihn zunächst wieder in seine Hütte am Dorfrand
zu entlassen. Er verflucht die ganze Legion, sein Bataillon im
besonderen, und wünscht es zu allen Teufeln.

Und mit einem Male steht Yü-loh vor der Treppe zu seiner Hütte,
schmal, in schwarzen, halblangen Baumwollhosen, Sandalen aus
Bambusbast an den nackten, schmalen Füßen und den Oberkörper
nach der Weise des Landes mit nichts weiter bekleidet als einem
hüftlangen Jäckchen mit langen, engen Ärmeln, das vorn nicht
geschlossen ist und nur durch die Steife des Stoffs zusammengehal-
ten wird; zuweilen schimmert die Haut auf wie mattes Gold; das
Haar im Nacken zu glattem, glänzendem Knoten geschürzt und
über den schwarzen, unbeschreiblich leuchtenden Augen die dunklen Bögen der Brauen, geschwungen wie Schwalbenflügel im Flug.

»Yü-loh!«

»Peter!«

Sie beben beide. Sie wagen nicht, sich zu berühren; vielleicht sähe
es einer von fern. Erst als er ins Innere der Hütte zurückgetreten, als
sie ihm zögernd gefolgt ist, umarmen sie sich lange und wortlos.
Dann sitzen sie im Dunkel des Eingangs, um von außen nicht
gesehen zu werden, aber selbst jeden zu sehen, der sich nähert, und
sprechen leise miteinander. Er sagt ihr:

»Du bist unverändert, Yü-loh! Oder noch schöner geworden!«

Sie lächelt: »Wenn, dann nur für dich! Du kommst mir älter und
härter vor!« Er nickt dazu, er zweifelt nicht daran, daß sie richtig
urteilt.

Sie entwickelt ihm ihren Plan: Er soll sich dem getreuen Ting Pin-
su anvertrauen; er würde sie beide zur Küste schleusen. Gegenüber
der Insel Hon-nhuong würde die Dschunke warten; sie brächte in
etwa vier Wochen dort heimlich schwere Kisten an Land –.

Er zögert; sie drängt. Schließlich spricht er es aus: »Ich desertiere
nicht.« Es dauert lange, bis sie begreift, daß er sich im Ernst weigert;
dann versteht sie, daß er mit den Gedanken seiner anderen, der
westlichen Welt denkt; sie gibt nach. Tränen stehen in ihren Augen;
sie sagt:

»Dann weiß ich keinen Ausweg!«

Auch er weiß keinen anzugeben. Aber desertieren – nein, das

wäre kein Ausweg; man läßt anständige Kameraden nicht im Stich. Und dann Paul – trotz allem! Nein, desertieren nicht! Lange sitzen sie stumm. Schließlich fährt Yü-loh fort:

»Ich bleibe in der Nähe von Toura-khom; dann erfahre ich am ehesten, wann etwas gegen deine Truppe im Gange ist, und kann dich durch Ting warnen; oder ich komme selbst; aber es ist gefährlich.« Ja, es ist gefährlich; die Männer stecken schon lange in der Wildnis, und wenn sie einer Frau begegnen, die schön ist wie Yü-loh und mit sanfter Haut –.

Peter glüht mit einem Male; er bezwingt sich; doch sie hat es sofort gespürt. Er ruft sich zurück und fragt: »Also ist Toura-khom wirklich am Nam Ma?« –

»Ja, so ist es. Hat Ting es dir gesagt?« –

»Wir werden ein Kommando ausschicken, ihn auszuheben.«

»Ich glaube nicht, daß ihr ihn je in eure Hände bekommt!« Sie sagt es mit verächtlichem Beiklang. Er braucht eine Weile, ehe er zu erwidern imstande ist:

»Ich habe mich nun einmal der Legion verpflichtet, Yü-loh. Ich kann es jetzt nicht ändern. Ich bitte dich, begreife mich! Ich muß wenigstens einigermaßen vor mir selbst bestehen können!«

Sie flüstert traurig:

»Ich habe unsere Flucht bis in alle Einzelheiten vorbereitet. Das war schwierig genug. Und nun sprichst du davon, daß man nicht desertiert!«

Sie schweigen. Der Widersinn ist groß. Er meint nach vielen endlosen Minuten: »Es wird noch manches geschehen, was wir heute noch nicht absehen können –.«

»Ich hoffe darauf. Ach, wenigstens wissen wir jetzt, wo wir sind. Und sind doch so getrennt voneinander!« Wieder scheint es, als wenn Tränen in ihrer Stimme wären. Er flüstert:

»Bleibe heute nacht bei mir, Yü-loh. Diese Hütte bewohne ich allein. Es fragt niemand nach mir.«

Sie hebt die Schultern ein wenig und zittert. Ihre Augen irren ab. Ihre Hand schwebt leise wie ein scheuer Vogel auf seine und schmiegt sich in sie ein. Sie gibt keine Antwort; sie braucht keine zu geben. Nach vielen Herzschlägen flüstert sie:

»Ich gehe jetzt. Ting wartet am Waldrand. Leb wohl!« Sie springt die Treppe hinab und schreitet zwischen den Büschen davon, schnell und ohne sich umzusehen.

Peter versteht es, den Abmarsch des Kommandos nochmals hinauszuzögern; er sei seiner Sache noch nicht ganz sicher; er bemühe sich noch um eine Gegenkontrolle der Angaben seines Gewährsmannes über Toura-khom; er hoffe, noch heute Gewißheit zu erlangen; vielleicht aber erst am Abend.

Dem Kommandeur gefällt das nicht; er ist für schnelle, bestimmte Entscheidungen; aber er muß sich schließlich zufriedengeben. Peter reißt sich zusammen, um abzutreten, als ihn der Intelligenz-Offizier, ein eiskalter Mann, mit der Frage überfällt:

»War nicht der Bote, mit dem Sie heute so lange verhandelt haben, eine Frau? Eine Eingeborene, der Kleidung nach zu urteilen?«

Peter fühlt, daß alles Blut aus seinem Gesicht weicht; er behält sich jedoch in der Hand und erwidert mit dienstlichem Tonfall:

»Jawohl, mon Capitaine, eine Frau; sie war mir aus Hua-muong geschickt, weil in letzter Zeit Männer mehrfach beargwöhnt worden sind. Es war etwas schwierig, aus ihr herauszufragen, was wir wissen wollen; es hat deshalb länger gedauert als gewöhnlich.« –

»Länger als gewöhnlich –. Kann ich mir denken –.«

Der Mann lächelt ironisch. Peter steht starr wie aus Holz.

»Abtreten!« sagt der Kommandeur.

Neuntes Kapitel

Auf der Veranda einer dunklen, scheinbar schlafenden Hütte am Dorfrand – in den entlegenen Bergen an der Grenze des wilden Laos – hockt bewegungslos ein Schatten eng zusammengekauert.

– Soll ich sie gleich wieder fortschicken? Vielleicht läßt mich der Schurke doch bespitzeln –; damit quält sich Peters Herz. Er traut dem Intelligenz-Offizier nicht, einem vollkommen illusionslosen Mann.

So lange waren wir nicht allein beieinander – – und wer weiß, was morgen ist! flüstert dasselbe sehnsüchtige, durstige Herz. Die Ronde schritt weit vom Haus vorüber. Im Dorf ist es schon sehr still heute; die Expedition, die am nächsten Tage ins Ungewisse abmarschieren soll, wirft eine Ahnung ihrer Gefahren und Beschwerden voraus und läßt auch jene verstummen, die nicht an ihr teilnehmen werden; denn am Abend sind die Männer, die besten und kühnsten der Truppe, bereits instruiert worden. Paul ist unter ihnen; Peter hat den Befehl erhalten, beim Stabe zu bleiben.

Der wartende Mann, so regungslos er auch im Dunkel des Vordachs hockt, ist doch mit allen Sinnen wach. Aber wie er auch späht und horcht, er kann nichts Verdächtiges wahrnehmen, was darauf schließen ließe, daß er und die kleine Hütte vor dem verwilderten Garten beobachtet werden. Nein, er wird mit der Geliebten allein sein.

Sie hat kein leisestes Geräusch verursacht: Yü-loh. Auf den Filzsohlen ihrer Stoffschuhe ist sie herangeglitten, eilt die Treppe hinauf, verweilt einen Augenblick: »Du –!«

und ist im Dunkel des Innern der Hütte verschwunden.

Der Wartende richtet sich lautlos auf, springt noch einmal mit einem weichen Satz zur Erde, umkreist die Hütte in weitem Bogen –: nichts! Nur die großen Fledermäuse, die auf Nachtfalter jagen, fiepen manchmal, wenn sie vor dem dunklen Wesen am Erdboden erschrecken. Peter steigt zur Hütte hoch, tritt in ihr Inneres – – und fühlt sich von zwei warmen Armen umfangen.

»Meine liebe Frau!« flüstert er. –

»War das nicht, als wenn einer geht –?« Er flüstert es, sein Atem stockt jäh. Schon ist er auf, dann auch sie – rechts und links von den Türpfosten.

Die Ronde –! Einer mehr dabei. Sie sind nach zwanzig Meter entfernt. »Komm!« flüstert er. Sie springen. Er kennt die Stimme, die da schreit:

»Halt!«

»Fort, Yü-loh! Ich lenke sie ab!«

Sie ist gedankenschnell im Schatten des Waldrandes verschwunden. Er rennt hierher, dorthin. Sie sind verwirrt, die Wachegehenden.

»Wer war bei Ihnen, Bolt?«

Er schweigt.

»Kommen Sie mit!« herrscht ihn der Intelligenz-Offizier an.

Sie ist in Sicherheit, denkt er, während er dem Quartier des Kommandeurs zuschreitet, rechts und links eskortiert. Peter tröstet sich: Ting wird am Waldrand auf sie gewartet haben.

Der Kommandeur ist wütend:

»Eine Frau? So? Schöne Schweinerei! Im übrigen, meine Hochachtung! Strafe muß sein. Sie marschieren morgen früh mit zum

Nam Ma, denn jetzt haben Sie ja wohl die fehlende Bestätigung erhalten, wie?«

»Oui, mon Commandant!«

Vier Stunden später schlägt sich Peter mit drei Dutzend Legionären – Paul ist auch darunter – durch dichten Urwald bergauf.

Zehntes Kapitel

Peter vermeidet es, mit Paul allein zu sprechen. Es ist ihm vollkommen unmöglich, sich befragen zu lassen oder gar aus eigenem Antrieb zu verraten, wie jene stille und dann so jäh gestörte Sternennacht am Berghang ihn bis in den Kern seines Wesens verwandelt hat. Sie haben Hochzeit miteinander gefeiert, der Deutsche und die Chinesin, und sind zu einem neuen Wesen verschmolzen. Manchmal, wenn Peter, ächzend unter seinem Gepäck, auf den groben Pfaden hintaumelt, fliegt ihm auf lautlosen Flügeln der halbe Satz durch den Sinn: »– – bis daß der Tod uns scheide!« und wieder: »bis daß der Tod uns scheide!« Und irgendwie hängen diese wenigen, schon ein wenig abgegriffenen Worte ganz in der Tiefe mit dem Erlebnis zusammen, das ihm, wie aus den Urwäldern herangeweht, Yü-loh in die sehnsüchtigen Arme zauberte. Jene Stunden in der einsamen Hütte am Rande des schlafenden Dorfes haben nichts mit der sonstigen Wirklichkeit gemein, diesem ermüdenden und wohl auch sinnlosen Legionärsdasein. Peter könnte kein Wort darüber sprechen! Unmöglicher Gedanke! Auch nicht zu Paul! Und manchmal – ganz plötzlich –, während er sich am Schluß der kleinen Kolonne durch die Wälder quält, haßt er Paul, den Freund, ein paar unvernünftige Augenblicke lang, daß der die Legion tatsächlich ernst zu nehmen scheint und für Peters Empfindungen wohl kaum Verständnis aufbrächte – höchstens die Ironie des Landsers, der sich solche hinderlichen Gefühle vom Leibe halten muß.

Am Abend des zweiten Tages sagt Peter zu dem Führer des Kommandos: »Wir werden ständig begleitet und beobachtet, mon Capitaine!«

Der zuckt die Achseln:

»Einheimische, die wissen wollen, wann wir ihre Bezirke durchschritten haben, damit sie wieder in ihre verlassenen Dörfer einziehen können. Interessiert mich nicht. Und sollten es andere Späher sein – ich möchte es selbst zehnfacher Übermacht nicht raten, uns anzufallen. Halten Sie weiter die Augen offen!«

Am dritten Tage soll auf besserer Straße im Gewaltmarsch vorgestoßen, das Dorf der Rebellen umzingelt und sofort angegriffen werden. Aber es kommt ganz anders.

Die Straße windet sich am frühen Nachmittag durch ein enges Tal; zur Rechten wie zur Linken steigen die Urwaldmauern fast undurchdringlich auf die Berge. Zuweilen ragt ein senkrecht zum Grunde abstürzendes Vorgebirge aus den Hängen ins Tal, kahl und rissig, das den Blick voraus verwehrt. Der schäumende Bach und auch die Straße winden sich mühselig um seinen Fuß. Die zähe voranhastenden Männer, die von dem verbissenen Bewußtsein getrieben werden, daß die Entscheidung nahe ist, geraten unversehens auf einen Abschnitt des Weges, wo die Sturzregen auf fast zweihundert Meter die steile Böschung zum Abgleiten gebracht haben. Über die Straße hinweg hat eine zähe lehmige Brühe, mit Felsen und entwurzelten Bäumen vermischt, sich steil zum Fluß hinunter eine breite Bahn geschaffen. Die abgerutschte Stelle scheint oberhalb nicht zu umgehen zu sein, denn dort steht der lianenverhangene Urwald dicht; unten tost der hochgehende Fluß. Also quer über die unsichere Lehne hinweg! Der Zug löst sich in lauter einzelne, mühselig taumelnde, bis über die Knöchel im saugenden Lehm und Morast watende Gestalten auf. Einer stürzt und fällt mit dem Gewehr in den Dreck. Gotteslästerliches Fluchen! Da setzt sich noch einer hin; er hält die Waffe hoch, bis ihn ein anderer, der sich mühsam hingearbeitet hat, an ihr wieder hochzieht. Im Nu kleben und starren sie alle bis zu den Hüften vor Lehm. Die Offiziere, die leichter zu tragen haben, sind schon über das ärgste Stück hinweg; sie treiben ihre Leute an, halb wütend, halb besorgt.

Peter ist weit hinter der Truppe marschiert, war mit einem anderen zur Nachhut bestellt; die beiden erreichen den verschlammten Hang, und der Kamerad geht ihn sofort an; er möchte nicht auf dieser Seite zurückbleiben, während die anderen drüben schon weiterziehen. Peter zögert; er hält nichts von solchen Gewaltstückchen; gewöhnlich findet sich doch eine einfachere Lösung. Er wird es oberhalb der aufgebrochenen Flanke des Hanges versuchen. Vielleicht braucht er etwas mehr Zeit als die andern, aber er kommt wenigstens nicht vollständig verschmiert und erschöpft jenseits der verwünschten Strecke an. Paul – das nimmt Peter gerade noch wahr – hat es dicht am Ufer des schäumenden Wildflusses versucht, von Stein zu Stein springend, manchmal watend; anscheinend wird er lieber naß als lehmig; zwei, drei Kameraden tun es ihm nach. Peter schwingt sich vom Wege hoch ins Dickicht; langsam windet und stemmt er sich bergan. Ab und zu gelingt ihm ein Durchblick auf den lehmigen Abhang: da, die beiden Offiziere haben es so gut wie geschafft; ein paar andere sind ihnen dicht auf den Fersen; aber die meisten stecken gerade erst in der Mitte der peinlichen Lehne.

Plötzlich erstarrt Peter zu Stein: vor ihm zwischen Büschen am Abhang undeutlich eine menschliche Gestalt! Er sieht schärfer hin, nimmt langsam das Gewehr von der Schulter, entsichert. Der Mensch vor ihm hat ihn nicht gehört und gesehen, denn er beugt sich zwischen den Sträuchern vor und blickt angestrengt zu der Gruppe von Männern hinunter, die sich durch den Morast quälen. Peter schiebt sich unhörbar auf zehn Meter heran. Er hat einen Chinesen vor sich, der Kleidung nach; der Mann scheint unbewaffnet. Peter ruft halblaut auf chinesisch:

»Stehenbleiben, da, wo du bist!« und legt an.

Und setzt, erschreckt und überrascht, das Gewehr wieder ab. Der Mann, der sich blitzschnell herumgeworfen hat, ist – Ting.

»Wie kommst du hierher?« –

Der Chinese lächelt schon wieder, wenn auch etwas krampfig:

»Fast wäre ich den Berg hinuntergesprungen. Ich konnte es nicht glauben, daß Sie da unten nicht dabei sind, denn Sie sind doch mit abmarschiert. Gleich wird es losgehen; und ich sollte Sie rechtzeitig warnen.« –

»Was wird losgehen?«

Aber die Antwort gibt nicht mehr Ting. Von jenseits des Tales fällt ein Schuß. Peter drängt sich sofort zu dem Platz, an dem Ting gestanden und beobachtet hat; von dort ist der ganze Bergrutsch gut zu überblicken. Peter sieht, wie der Hauptmann, der als erster schon festen Grund erreicht hat, die rechte Hand in die Hüfte preßt und dann langsam zusammensackt. Der zweite Offizier brüllt Befehle, aber die Männer sitzen wie die Fliegen im Leim und können sich kaum bewegen. In der verzweifelten Anstrengung, irgendeine Deckung zu finden, stürzen sie, beschmutzen ihre Gewehre und sind hilflos. Von allen Seiten prasseln jetzt Schüsse in die wehrlose Gruppe, ohne daß die Angreifer sichtbar werden; die

Legionäre kommen kaum dazu, das Feuer zu erwidern. Sie werden einer nach dem andern abgeknallt wie Hasen. Einige lassen sich den Hang abwärts in den Fluß kollern und verschwinden sofort in den tosenden Wassern. Peter kann nicht unterscheiden, ob sie ertrinken oder lebendig stromab treiben. Der Rest von denen, die sich noch regen, etwa acht Mann, hebt schließlich die Hände hoch. Das Feuer des Überfalls schweigt; es war kein Kampf, es war eine Schlächterei.

Paul ist nicht mehr zu sehen, ist von der reißenden Strömung davongetrieben. Tot–? Oder lebendig?

Peter hätte den Überfallenen gerne beigestanden. Aber auch von seinem erhöhten Standpunkt ist kein Angreifer zu sehen gewesen. Jetzt endlich tauchen dunkle Gestalten auf. Plötzlich wimmelt es von ihnen am Ende des Lehmhanges, wo der tote Hauptmann liegt. Es zuckt Peter in den Händen, hineinzuhalten. Ting legt ihm die Hand aufs Gewehr: sinnlos! Ting hat recht. Der Lauf sinkt herab. Was nun?

»Ihr seid schon durch drei Hinterhalte marschiert. Aber ihr wart so gut gesichert und marschiertet so geschlossen, daß man nicht gewagt hat, euch anzugreifen. Hier ist es gelungen. Ihr wart sehr unvorsichtig!«

Ja, das sind sie gewesen. Aber Klagen haben keinen Zweck.

»Wo ist Yü-loh?«

»Sie hat die Gewaltmärsche nicht ausgehalten. Sie wird uns wohl heute abend einholen.« –

»Was machen wir?«

Ting klopft auf die Uniform und die Koppelschnalle Peters:

»Uniform ausziehen und Kulikleider anziehen, sonst kommen wir nicht weit.« Er hat ein kleines Bündel mitgebracht, das neben ihm im Geäst hängt. Peter zögert, aber er sieht bald ein, daß ihm kaum eine andere Wahl bleibt, als die Uniform abzulegen. Als einzelner Soldat ist er vogelfrei. Er kennt nur den Rückweg zu seiner Truppe. Wo andere französische Formationen stehen, weiß er nur ungenau; er besitzt keine Karte. Er ist von Feinden umgeben. Peter zieht Stück für Stück seiner Montur herunter und seine Unterkleider. Dann fährt er in die weiten, leichten Baumwollhosen und zieht die hochzuschließende, hellere Jacke an. Die Stiefel? Ja, die Schnürstiefel behält er an; er kann nicht halb barfuß gehen. Was er ausgezogen hat, schiebt er unter einen Haufen toten alten Laubes. Das Gewehr–? Desgleichen! Aber die kleine Pistole? Sie allein läßt sich unauffällig mitnehmen.

Der Deutsche und der Chinese – jetzt sind es aus der Ferne nur noch zwei Chinesen – klettern vorsichtig den Hang hinunter, treten aber nicht auf die Straße hinaus, sondern bleiben in Deckung. Peter spürt eine bleierne Müdigkeit; er ist mit sich selbst zerfallen. Was wurde aus Paul, was wurde aus Paul? Die Frage peinigt ihn bitter. Ting drängt, sie sollten den Weg zurückwandern, den sie gekommen sind, Yü-loh entgegen. Peter besteht darauf, an Ort und Stelle zu warten.

Die Nacht bricht schon herein, als auf der Straße sich drei Menschen nähern, zwei Männer und eine Frau. Die Männer sehen aus wie chinesische Händler; die Frau scheint eine Eingeborene zu sein. Peter erkennt sie schon von weitem:

Es ist Yü-loh – in der gleichen Tracht, in der sie ihn drei Tage zuvor besuchte.

Die toten Soldaten sind von den Angreifern in den Fluß geworfen worden; vielleicht waren noch nicht alle tot. Die Schar braun- und gelbhäutiger Männer ist mit den wenigen Gefangenen und Leichtverwundeten längst abmarschiert – wahrscheinlich in jenes Dorf, das wir erobern wollten, denkt Peter.

Yü-loh sagt:

»Es ist schwieriger von hier – aber du bist die Uniform los, und man wird dich für ebenso tot halten wie die anderen, die in den Fluß gerollt sind. Wir müssen uns zur Küste durchschlagen. Wenn wir nur nachts unterwegs sind, wird man kaum erkennen, daß du kein Chinese bist.«

Das ist richtig: Peter ist nur mittelgroß, hat schwarzes Haar und schwere schwarze Brauen über schwarzen Augen und ist tief braun gebrannt. Er ist schon mit sich darüber im reinen, was er zu antworten hat:

»Zur Küste? Nein, Yü-loh, etwas ganz anderes: Wir werden zu Toura-khom gehen. Er ist sicherlich deinem Vater irgendwie verpflichtet. Dort sind meine Kameraden, die bei dem Überfall lebendig davongekommen sind; ich muß versuchen, sie zu retten.«

Langes Schweigen –.

Yü-loh fragt nicht, drängt nicht, versucht nicht, ihn umzustimmen. Das sind die Dinge, die sie nicht zu begreifen vermag, sie liebt ihn ja, weil er so ist, wie er ist, so »weiß«, so europäisch; es ist das Fremde und zugleich Bewunderte, das Menschen verschiedener Rasse geheimnisvoll zueinanderzieht. Sie überlegt angestrengt; schließlich spricht sie wieder, zögernd und überlegend:

»Ich müßte dich zu einem von Vaters Leuten machen, die er mir zu meiner Sicherheit mitgegeben hat; vielleicht könntest du Toura-khom von Nutzen sein; Toura wird keinen Verdacht schöpfen, denn daß es Weiße geben könnte, die chinesisch sprechen, wird er nicht für möglich halten. Besonders wird ihn überzeugen, daß du mich bedienst wie ein richtiger chinesischer Diener. Weiße, die eine ›Farbige‹ bedienen – das sollte selbst ein Rebell wie Toura-khom sich nicht vorstellen können.«

Sie lächelte ihn an. Er spürt wie einen warmen Strahl im Herzen ihre unbeschreibliche Zärtlichkeit und Ergebenheit. Fast will ein heiteres Gefühl seine Brust dehnen.

Toura-khom ist ein beweglicher, äußerst intelligenter Mann, der vom oberen Me-kong stammt, dort, wo er die Grenze zwischen den Schan-Staaten und Luang-Prabang bildet. Er glüht für die Freiheit von Vietnam; er stammt aus einer Landschaft und einem Geschlecht, die die französische Oberhoheit nie anerkannt haben. Die Japaner haben dann in den Jahren des Zweiten Weltkriegs dafür gesorgt, daß in all diesen alten Völkern der Wille zur Selbstbestimmung aufloderte. Toura-khom bringt eine natürliche Begabung zum Anführer mit. Obgleich er von primitiveren Stämmen herkommt als die Leute an dieser Drei-Länder-Ecke von Tonkin, Laos und Annam, ist er ihnen doch als der Härtere und Kühnere überlegen. Er ist lange in Thailand gewesen und hat dort auf einer amerikanischen Missionsstation die Wege des weißen Mannes sehr aufmerksam kennengelernt. Seine militärischen Kenntnisse erwarb er sich zwischen den Weltkriegen in der französischen Kolonialarmee; er mag etwa fünfundvierzig Jahre alt sein.

Er nimmt von dem Diener Yü-lohs, dem Manne Su To-yu, kaum Notiz. Yü-loh wird als Tochter ihres Vaters, der der vietnamesischen Freiheitsbewegung manchen Dienst geleistet hat, sehr geehrt, um so mehr, als sie bestimmte Aufträge und Lieferungen zu besprechen hat.

Es fällt Peter nicht schwer auszukundschaften, wo und wie seine Kameraden gefangengehalten werden. Es geht ihnen schlecht; sie sind gequält worden und werden früher oder später auf grausame Weise vom Leben zum Tode gebracht werden.

Man hat die Männer in eine Höhle gesperrt, die sich etwa zehn Meter über dem Talgrund in einen steilen Berghang hineinbohrt.

Manchmal werden sie herausgelassen, um widerliche Arbeiten zu verrichten. Legionäre sind hier nicht beliebt – beim besten Willen nicht; sie neigen nicht dazu, Pardon zu geben, und erhalten auch kein Pardon.

Nach dem Überfall, der Peters und Pauls Bataillon drei Dutzend seiner besten Leute gekostet hat, rückt die Formation mit anderen energisch vor; die lockeren Verbände der Freiheitskämpfer weichen nach Norden aus; die Gefangenen werden mitgenommen. Yü-loh mit ihren Dienern bleibt bei Toura-khom. Man erreicht über Muong Mok die Telegrafenlinie, die von Hanoi am Schwarzen Fluß entlang erst nordwestwärts und dann über die Berge in großem Bogen südwestwärts nach Luang-Prabang führt. Sie ist längst zerstört. Peter erwirbt sich das besondere Vertrauen Toura-khoms, als er vorschlägt, die Linie teilweise wiederherzustellen, damit die Aufständischen sich besser untereinander verständigen können. Er bittet sich zwei der Gefangenen zu diesen Arbeiten aus, nachdem er sich erkundigt hat, ob Männer darunter wären, die im Fernmeldewesen ausgebildet sind.

So bringt Peter es zustande, sich mit seinen Kameraden unauffällig in Verbindung zu setzen. Toura-khom ist begeistert, als er zum ersten Male über den Draht mit anderen Führern der Aufständischen sprechen kann, und stellt dem geschickten Diener der Tai Yü-loh eine Bitte frei. Peter erwägt diese Möglichkeit sehr genau und lange mit Yü-loh. Er erbittet sich schließlich die vietnamesische Staatsangehörigkeit, die es natürlich vorläufig nur auf dem Papier gibt. Toura-khom ist angesichts so festen Glaubens an den endlichen Erfolg seiner Sache sehr gerührt und geschmeichelt und läßt von seinem Sekretär ein feierliches Papier ausstellen, das Yü-loh in Verwahrung nimmt. Auf dem weiteren gemächlichen Marsch gelingt es Peter, seinen Kameraden zur Freiheit zu verhelfen. Er hat einem von ihnen seine Pistole zugespielt, einem anderen ein paar scharfe Messer; die Bewachung ist matter geworden; doch schleppt man die Legionäre immer noch als Geiseln mit und wird sich ihrer erst entledigen, wenn sie als solche nicht mehr gebraucht werden sollten.

Ting wird eingeweiht. Eines Abends sind die Fesseln heimlich durchschnitten. Um drei Uhr morgens gibt es plötzlich eine wilde Schießerei; die Wachen sind verwundet oder tot. Ehe die Schlafenden sich noch aufraffen, sind die Gefangenen auf und davon; sie haben die Gewehre der Wächter mitgenommen und noch ein paar mehr.

Peter weiß, daß Ting die Männer außerhalb des Lagers erwartet hat und sie auf schnellstem Wege einer französischen Einheit zuführt, die in den letzten drei Tagen dem Lager Toura-khoms ganz nahe rückte, ohne daß dieser es bisher gemerkt hat. Der listige, leise, unermüdliche Ting hat es ausgekundschaftet.

Peter hat verrichtet, was ihm sein Gewissen vorschrieb; er könnte jetzt das Rebellenheer verlassen. Aber er muß sich mit Yü-loh vorsichtig bewegen. Toura-khom darf keinen Verdacht schöpfen; es steht für Yü-loh und ihren Vater zuviel auf dem Spiel. Wenn sie gleich nach der Flucht der Gefangenen verschwänden, drängte sich der Verdacht beinahe von selber auf, daß sie für den Ausbruch der Gefangenen mitverantwortlich sind.

Doch wieder nimmt das Geschick eine völlig unerwartete Wendung: Yü-loh fühlt sich eines Tages schlecht; sie bekommt hohes Fieber und klagt über heftige Schmerzen in der rechten Seite. Peter erkennt, daß Schlimmstes zu befürchten ist, wenn Yü-loh nicht sofort in die Hände eines europäischen Arztes überführt wird.

Es gibt nichts mehr zu besinnen. Mag der Rebell denken, was er will; sie brechen auf.

Vier Männer mühen sich unsäglich, die wirr phantasierende Kranke auf einer Bahre nach Osten zu tragen, sie möglichst sanft zu tragen, daß die Unebenheiten der groben Bergwege sie nicht treffen. Sie erreichen mit letzter Kraft die Yünnan-Bahn bei Yen-bai und finden dort, Gott sei Dank, ein französisches Hauptlazarett.

Yü-loh wird gerade noch rechtzeitig operiert: an schon eitrig gewordener Blinddarmentzündung.

Am Tage darauf wird Peter unter dem Verdacht, aus der Fremdenlegion desertiert zu sein, von der Straße weg verhaftet und in militärischen Gewahrsam genommen.

Elftes Kapitel

Was Peter den Offizieren der Feldgendarmerie, die ihn vernehmen, zu erzählen hat, klingt so phantastisch, daß ihm niemand Glauben schenkt. Und selbst wenn es stimmen sollte, daß er einer Anzahl seiner Kameraden, die das Massaker am Erdrutsch überlebten, wieder zur Freiheit verhalf – warum ist er nicht mit ihnen geflohen und hat sich wieder zu seiner Truppe verfügt? Warum ist er erst wieder aufgetaucht – und zwar nicht dort, wo die Rückkehr zu seiner Truppe es gefordert hätte –, als es offenbar galt, eine Chinesin auf den Operationstisch eines europäischen Arztes zu bringen? Er weiß nicht, wie er die scharfen Vorwürfe zureichend beantworten soll.

Er bleibt also weiter in Haft; erst muß ausführlich Rückfrage bei dem Stabe seiner Formation gehalten werden; es kann lange dauern, ehe die notwendigen Auskünfte eintreffen, denn das Bataillon kämpft sich einigermaßen mühsam auf Hua-Muong durch, und seine Offiziere und Mannschaften sind mit wichtigeren Dingen beschäftigt, als lange Zeugenaussagen und Erklärungen zu Papier zu bringen.

Peter ist mit einem Schlage wieder von der Welt abgeschnitten; er hockt in einem schwülen Loch, dem hintersten Raum einer Holzbaracke mit Wellblechdach; das schwer vergitterte Fenster ist dick mit Kalkbrühe verstrichen, damit man nicht hinaussehen kann. Er leidet unter dem Ungeziefer; er trägt immer noch nichts weiter als die weite Chinesenhose und das enge Jäckchen; beides ist längst zerlumpt und verdreckt, am schlimmsten während des letzten Gewaltmarsches mit der auf ihrer Tragbahre stöhnenden Yü-loh.

Wenn er wenigstens wüßte, ob sie sich auf dem Wege der Besserung befindet! Er klammert sich verzweifelt an den Trost, daß der überaus geschickte Ting bei ihr geblieben ist. Aber der spricht kein Wort Französisch, Yü-loh außer ihrer Muttersprache nur Englisch. Ob sie sich Geld beschaffen konnte? Ob sie seine Frau mit Vernehmungen quälen? Ob sie nicht ihn oder sich selbst in Widersprüche verwickelt? Ob Ting und die anderen Kulis des alten Tai, die man vielleicht auch vernommen, vielleicht sogar inhaftiert hat – denn mit solchen Männern unklarer Beschäftigung und Herkunft wird nicht lange gefackelt –, ob sie alle sich klug verhalten, sich dem Zugriff der Behörden entziehen konnten? Chinesen sind sehr geschickt in solchen Dingen; aber vielleicht –?

Er faßt den Blechlöffel, der in der Suppe steckt, und will den heißen Brei umrühren. Plötzlich wird er aufmerksam: Sind da nicht Schriftzeichen in die Farbe geritzt, mit der das Kochgeschirr angestrichen ist? Die Strichelchen sind sehr fein und gehen fast in den vielen Schrammen unter, mit denen der vielbenutzte Topf bedeckt ist. Er wischt die Suppenflecken mit dem Handballen ab, trägt das Geschirr unters Fenster und liest:

»Es geht mir besser. Wir bleiben in deiner Nähe. Verliere den Mut nicht! Deine Yü-loh.«

Alle seine Lebensgeister richten sich mit einem Schlage auf. Er liest die wenigen Worte noch einmal und viele Male. Er ist nicht mehr verlassen. Er spürt plötzlich, daß er auch diese elende Lage irgendwie meistern wird; er fühlt sich mit »seinen« Leuten, die in dieser Welt daheim sind, den Mächten überlegen, die ihn festhalten. Er kratzt an der Türklinke die Zeichen auf dem Kochgeschirr wieder aus, damit nichts verraten wird.

Aber wenn Peter gehofft hat, daß dieser einen Nachricht weitere folgen, so sieht er sich bitter enttäuscht. Offenbar hat sich Yü-loh nur eine einzige glückliche Gelegenheit geboten, die sie ausnutzte – aber keine weitere.

Nach quälenden Wochen des Wartens wird Peter wieder zur Vernehmung vorgeführt: es wäre Antwort von seiner Truppe eingetroffen; zwar sei bestätigt worden, daß die gefangen gewesenen Legionäre es nur Peter zu danken haben, befreit zu sein; daß sie aber andererseits bezeugt hätten, wie intim Peter mit den Leuten von Toura-khom und wohl auch mit ihm selbst verkehrt hätte, und daß die Chinesin, als deren Diener er aufgetreten sei, offenbar in dem Lager der Rebellen eine sehr geachtete Stellung eingenommen hätte.

Es ist alles sehr undurchsichtig und zweifelhaft; die Etappenleute, die Peter vernehmen, sind nicht imstande, sich von den sicherlich abenteuerlichen Verhältnissen an der Front – wenn man von einer solchen überhaupt sprechen kann – eine rechte Vorstellung zu machen. Peter verteidigt sich so überzeugend, daß der Ankläger unsicher wird. Peter verlangt, seinen ehemaligen Kameraden gegenübergestellt zu werden. Er wird wieder abgeführt; nochmals wird Rückfrage bei seiner Formation gehalten.

Diesmal läßt die Antwort nicht lange auf sich warten: Das Bataillon fordert, daß der Angeschuldigte ihm übergeben würde, da alle Zweifelsfragen nur an Ort und Stelle zu klären seien. Die Leute in Yen-bai sind froh, den schwierigen Fall loszuwerden, der sie im Grunde nichts angeht, und schieben ihn zu seinem Bataillon ab.

Das ist ein jammervolles und ermüdendes Unterfangen. Er gondelt erst über Hanoi nach Nam-dinh, reist dann in Etappen an der Küste entlang bis nach Vinh und wird von da erst wieder landeinwärts längs des Song-Ca auf den stoßenden Lastwagen des Nachschubs nach Hua-Muong geschafft, das inzwischen von seiner Truppe besetzt worden ist. Die Reise hat den ohnehin geschwächten Peter böse mitgenommen; man hat wenig Federlesens mit ihm gemacht; er ist halb verhungert und übel verschmutzt, als er endlich in Hua-Muong seiner Formation ausgeliefert wird, die gerade nach heftigen, wochenlangen Strapazen eine längere Zeit leidlicher Ruhe verlebt. So wird er vor seinen Kommandeur geführt. Der erkennt ihn zunächst kaum wieder und bekommt dann einen seiner gefährlichen Wutanfälle, als er erfährt und mit eigenen Augen feststellt, wie seinem Untergebenen mitgespielt worden ist, einem Manne, der immerhin der Truppe manchen Dienst geleistet und es an Mut und Geschicklichkeit nicht hat fehlen lassen.

Peter kann sich endlich waschen und gründlich reinigen; er wird von neuem eingekleidet, dann allerdings wieder in Gewahrsam genommen; jedoch legt man ihn nicht wieder in ein stinkendes Rattenloch, sondern gibt ihm ein kleines Zimmer – vergittert natürlich – im Hause der Präfektur. Es dauert nicht lange, und die Verhöre beginnen von neuem. Der Kommandeur hat das Verfahren dem unerbittlichen Intelligenz-Offizier übergeben.

Peter habe sich also jener Chinesin angeschlossen, die zweimal als Agentin bei ihm gewesen ist. Das sei doch wohl die gleiche Frau, mit der er in der Nacht vor dem Abmarsch überrascht worden wäre?

Der Befragte verweigert die Aussage.

Nun gut – wie habe er sie denn wiedergetroffen? Es sei doch sehr merkwürdig, daß Peter dem Massaker entgangen wäre.

Peter vermag an dieser Stelle des Verhörs nicht die Frage zu unterdrücken, was aus Paul Knapsack geworden ist. Aber er erhält nur eine eiskalte, beinahe höhnische Gegenfrage als Antwort: »Geben Sie also zu, daß Sie den Legionär Paul Knapsack ebenfalls zur Desertion veranlassen wollten?«

Peter prallt zurück:

»Nein, das ist vollkommen aus der Luft gegriffen. Ich wollte nicht desertieren, wie ich schon unzählige Male gesagt habe. Und

Paul Knapsack ist überhaupt nicht von mir in meine Beziehungen zu der Eingeborenen eingeweiht worden. Ich hatte ihr versprochen, nichts zu verraten, und daran habe ich mich gehalten. Paul ist genauso ahnungslos in die Falle Toura-khoms getappt, an jenem abgerutschten Berghang, wie alle anderen.«

»Wie alle anderen? Sie selbst schließen sich also aus?«

Peter sieht den Frager groß an. Als er begreift, was ihm unterstellt wird, läuft er rot an vor Zorn. Er sagt schneidend:

»Ich weiß nicht, wie andere Leute bei diesen Fragen reagieren. Mir selbst ist es unmöglich, meine Truppe oder meine Kameraden zu verraten.«

Der vernehmende Offizier lächelt dünn, spielt eine Weile mit seinem Bleistift und fordert dann den Gefangenen auf, die Vorfälle der Reihe nach zu schildern. Peter gehorcht. Aber er findet bei seinem Gegenüber keinen Glauben. Allzu unwahrscheinlich klingt, was er vorzubringen hat. Der Vernehmungsoffizier beendet das Verhör mit bösartiger Kälte:

»Suchen Sie sich Dümmere, die das glauben. Ich will Ihnen sagen, wessen Sie in meinen Augen überführt sind: der unerlaubten und böswilligen Entfernung von der Truppe. Sie sind ein Deserteur! Sie wissen, was darauf steht! Treten Sie ab!«

Peter hat nicht gezuckt unter diesen gefährlichen Worten; er salutiert und verläßt den Raum. Draußen nehmen ihn zwei wachhabende Kameraden mit schußbereiter Waffe in Empfang, die ihn in seine Zelle zu bringen haben. Einer von ihnen ist jener Legionär, mit dem zusammen er die Telegrafenleitung repariert hat; dieser flüstert ihm zu:

»Was werden sie mit dir machen, Pierre?«

»Sie werden mich als Deserteur erschießen, Jacques!« Jacques ist Wallone und, weiß der Teufel, weshalb, in der Légion Etrangère. Er flüstert zurück:

»Kommt nicht in Frage, Pierre! Wir holen dich raus! Ohne dich wären wir längst abgemurkst, wir acht von damals!«

»Seid vorsichtig, Jacques! Es ist noch nicht soweit. Ich bitte dich, tue alles, um festzustellen, ob du die Chinesin oder Ting, der euch damals fortbrachte, in der Stadt entdecken kannst. Sage ihnen, was mir bevorsteht, und bringe mir Nachricht!«

»Kannst dich drauf verlassen, Pierre!«

Und noch eins flüstert Peter:

»Weiß man was von Paul?«

»Nein! Er gilt als vermißt. Wahrscheinlich ist er damals im Fluß ertrunken. Wir haben nie wieder etwas von ihm gehört!«

»Mein Gott!«

Wenige Sekunden später wird die Tür wieder hinter ihm zugesperrt. Der zweite Wachtposten, der ihn hergebracht hat, scheint nichts von dem leise aus dem Mundwinkel geführten Gespräch mit Jacques gehört zu haben; wenigstens hat er sich nichts anmerken lassen.

Tage vergehen, quälende, endlose, schwüle Tage, in denen nichts geschieht, nichts!

Peter hockt auf seiner Pritsche und denkt an Paul, den Freund. Paul – tot? Peter wagt das Wort kaum zu denken. Er sieht ihn noch – von oben her, vom Waldrand, neben Ting kauernd: Paul dort unten – wie die Schüsse peitschen – Paul von Stein zu Stein springend – und dann mit einem Male sich rückwärts ins Wasser werfend – und schon ist er vom Wildfluß verschlungen, ein Arm taucht auf, ein anderer, ein Kopf, Pauls Kopf? – Das ist nicht mehr zu erkennen gewesen.

Dann endlich bricht ein Morgen an, an dem jener Jacques wieder zu den Wachhabenden gehört. Er bringt dem Gefangenen das Essen; während er sich niederbeugt, flüstert er:

»Die Chinesin ist in der Stadt. Wenn du fliehst, sollst du dich nach Muong-Het durchschlagen; ungefähr siebzig Kilometer von hier nach Nordosten; dort, im zweiten festen Haus vor der Stadt von hier aus, wohnt ein chinesischer Händler namens Tu; dort sollst du warten. Wenn du verurteilt wirst, Pierre, wir schaffen dich rechtzeitig weg.«

Peter drückt dem Manne schnell die Hand; der macht sich mit rasselndem Schlüsselbund davon.

Leere, lähmende Tage vergehen; er wird weder vernommen, noch empfängt er sein Urteil.

Eines Abends geschieht etwas Unerwartetes. Die Dunkelheit ist schon hereingebrochen, als noch einmal der Schlüssel in der Tür kreischt; sie geht auf; der Wachhabende winkt dem strammstehenden Gefangenen: »Heraustreten! Mitkommen!«

Man bringt ihn in das Dienstzimmer des Kommandeurs.

»Ich habe Sie kommen lassen«, beginnt der alte grauhaarige Soldat, der vom Ersten Weltkrieg her eine breite, tiefe Narbe am linken

Unterkiefer trägt, »um mir noch einmal selbst ein Urteil über Ihren Fall zu bilden, Bolt!«

Peter reißt sich zusammen und schweigt. Es brennt nur eine Lampe auf dem Tisch, nicht sehr hell, an dem der Kommandeur sitzt, vor dem Peter steht. Vor dem Offizier liegt ein aufgeschlagener Aktenhefter; nachdenklich und wie abwesend blättert er darin. Plötzlich sagt er:

»Gewehr und Uniform haben wir gefunden; ich habe drei Leute hinübergeschickt; die Gegend ist ja einigermaßen gesäubert jetzt.«

Peter weiß nicht, wo das hinaus will, steht weiter still, schweigt. »Der Tatbestand der Desertion scheint mir erfüllt, Bolt. Sie sind aus dem Lager Toura-khoms nicht zur Truppe zurückgekehrt und haben auch in Yen-bai nicht versucht, sich wieder zu melden. Das genügt für jedes Kriegsgericht. Andererseits lebte von den Leuten, die bei dem Überfall in Gefangenschaft gerieten, heute keiner mehr, wenn Sie ihnen nicht die Möglichkeit verschafft hätten, sich zu befreien. Außerdem werde ich nicht damit fertig, daß Sie aus freiem Entschluß in den Bereich der Feldgendarmerie zurückkehrten, nach Yen-bai. Ich halte Sie nicht für dumm genug; Sie können nicht angenommen haben, daß Sie der Gendarmerie entgehen würden; trotz Ihres dunklen Aussehens und Ihrer Kulikleider erkennt Sie natürlich ein Weißer bei einigem Mißtrauen gleich als Weißen. – Ich suche also noch nach Gründen, Bolt. Haben Sie sich in diese sagenhafte Chinesin wirklich so verliebt, daß Sie Ihre Pflicht vergaßen und lieber Kopf und Kragen riskierten?«

Der alte Offizier hebt sein schmales, tief gegerbtes Pferdegesicht und blickt den Angeschuldigten lange an. Peter hält zwar dem Blicke stand, aber er zittert innerlich bis in den letzten Nerv. Er bringt schließlich kaum hörbar mit rauher Stimme hervor:

»Die sagenhafte Chinesin, mein Kommandant, ist meine Frau. Ich liebe sie!«

Der Offizier zieht sehr erstaunt und dann mit leichtem Unwillen die Brauen hoch:

»Machen Sie keinen Unsinn! Wer soll glauben, daß Sie ausgerechnet hier an der Grenze von Laos Ihre Frau, dazu eine Chinesin, getroffen haben. Allerdings –« fährt er stutzig werdend fort, »Sie sprechen ja selbst auch Chinesisch. Berichten Sie!«

Peter beginnt zu sprechen; zuerst zögernd und stockend, dann immer freier; von den sonderbaren Umständen, die ihn bis an diesen Ort geführt haben, selbst fortgerissen; und dunkel fühlt er: ich rede um mein Leben!

Der Offizier hört schweigend zu, ihn unverwandt musternd; in seinem harten Gesicht regt sich nichts; nur seine Augenlider zucken manchmal; er unterbricht Peter kein einziges Mal. Peter verschweigt nichts; die ungeheure Buntheit seiner Erlebnisse, die er noch nie so zusammenhängend wiedergegeben hat, beflügelt ihn. Er erzählt gut; er gerät selbst in Glut dabei.

Als er seinen Bericht abgeschlossen hat, legt sich Schweigen lastend auf den halbdunklen Raum. Der Offizier blickt in die matt brennende Lampe und klopft mit seinen Fingern auf dem Tisch einen Marsch; er scheint den Menschen an der anderen Seite des Tisches vergessen zu haben. Plötzlich sagt er:

»Setzen Sie sich, Bolt! Sie stehen schon zu lange! Nehmen Sie den Stuhl da herüber!« – Peter hielt sich in der Tat nur noch mit Anstrengung aufrecht. Dann hört er weiter:

»Wo ist also diese Madame Bolt jetzt?«

Peter gibt Bescheid. Der Kommandeur fragt sehr verwundert weiter:

»Woher wissen Sie das?«

»Ich kann darauf keine Antwort geben, weil ich damit Freunde in Gefahr brächte.«

»Ich gebe Ihnen mein Ehrenwort, daß ich aus Ihren Angaben keine Entschlüsse oder überhaupt irgendwelche Folgerungen ableiten werde.«

Peter berichtet von Jacques und dem Plan der andern, ihn auf alle Fälle einem Urteil zu entziehen; der Kommandant lächelt kaum merklich:

»Warum sind Sie nicht gleich davongelaufen, als Ihre Frau auftauchte?«

»Ich hätte es leicht tun können. Es ging nicht. Ich bin kein Davonläufer.«

Wieder dies kaum merkliche Lächeln.

»Sie sind sich doch aber jetzt darüber klar, daß jedes Kriegsgericht und auch ich Sie zum Tode des Erschießens verurteilen muß?«

»Jawohl, mein Kommandant!«

Es ist sehr still in dem großen Raum, den die Lampe nur dämmerig erhellt. Über den Tisch hinweg sehen sich die beiden Männer lange an. Der Nachhall des Todesurteils schwingt noch in der unbewegten Luft. Ein großer Nachtfalter will mit aller Gewalt zum Licht; man hört, wie er immer wieder mit leisem Aufprall an das Gazefenster stößt. Sonst kein Laut; es muß schon auf Mitternacht gehen. Die beiden Posten mit schußbereitem Gewehr, die den Häftling zum Zimmer des Kommandeurs gebracht und sich vor der Tür niedergelassen haben, sind wahrscheinlich eingenickt. Nach unwägbar langer Zeit – mögen tatsächlich auch nur Minuten vergangen sein – fragt der alte Offizier noch einmal:

»Also, Ihre Frau ist in der Stadt, und der Legionär Jacques Ferreur weiß, wo sie zu finden ist?« –

»Jawohl, mein Kommandant!«

Zum dritten Male zuckt jenes Lächeln um die Mundwinkel des Vernehmenden; das harte, hagere Antlitz wird sonderbar dadurch verändert – als legte es für Sekunden eine Maske ab, hinter der es sich sonst ständig verborgen hält. Ohne daß Peter es weiß, muß er vor diesem für Augenblicke sich offenbarenden Gesicht tief aufatmen, als rollte ihm eine schwere Last vom Herzen. Dann hört er seinen Richter sprechen:

»Treten Sie jetzt ab, Legionär! Ich habe das erfahren, was ich wissen wollte!«

Peter erhebt sich, salutiert straff und wendet sich zur Tür. Ehe er sie aber noch erreicht, hält ihn ein leiser Ruf zurück:

»Hören Sie, Bolt!«

Peter dreht sich kurz vor dem Ausgang um. Der Kommandeur ist aufgestanden und tritt dicht an ihn heran; er sagt mit sehr gedämpfter Stimme, ohne ihm ins Gesicht zu blicken, während er Peters zweiten Blusenknopf gefaßt hält:

»Und, was ich noch sagen wollte, Legionär, lassen Sie den Mut nicht sinken! Und verstehen Sie eins: Wenn Sie hierbleiben, im Gewahrsam der Truppe, muß ich Sie erschießen oder im besten Falle zu langjähriger Zwangsarbeit verurteilen lassen. Seien Sie also auf dem Quivive, verstehen Sie!«

Er zieht Peter am Knopf der Uniformbluse leise vor, neigt sich ihm noch näher zu und wiederholt eindringlich:

»Ich kann die Entscheidung nur noch wenige Tage aufschieben. Ich werde selbst gedrängt. Seien Sie also auf dem Quivive!«

Peter empfängt einen leichten Stoß vor die Brust und ist entlassen. Die beiden Posten vor der Tür springen auf und nehmen ihn in Empfang, er kennt keinen von beiden. Wortlos bringen sie ihn in sein Arrestlokal zurück. Die Tür fällt hinter ihm ins Schloß, der

Schlüssel kreischt, die Lampe erlischt; er ist allein. Für Stunden findet er keinen Schlaf. Er hat zum ersten Male ganz die Gefahr begriffen, in der er schwebt; aber zugleich empfindet er dunkel und unbestimmt, daß sein Weg noch nicht beendet ist; Abgründe klaffen ihm zur Seite; aber es ist niemand da, der ihn hineinstößt –.

Der nächste Tag vergeht, ohne daß sich etwas ereignet.

Am nächsten Nachmittag ist mit einem Male Jacques, der Wallone, im Raum. Peter hat ein paar Stunden geschlafen und erwacht jäh. Er weiß sofort, daß ein Umschwung eingetreten ist. Ist schon Abendbrotzeit? Hat er so lange geschlafen? Jacques hat zwei verschlossene Kochgeschirre gebracht. Sonst hatte sich Peter mit einem zu begnügen, und es reichte allemal. – Peter hat sich aufgerichtet. Erregt beugt sich Jacques zu ihm nieder und läßt ihm etwas in die Tasche gleiten:

»Der Schlüssel zur Tür, Pierre! In den Kochgeschirren sind Kulikleider. Der Kommandeur war bei der Chinesin; er sagte ihr, er müsse dich verurteilen. Er hat sich gestern von der Wache den Ersatzschlüssel geben lassen, um dich hier nach seinem Belieben noch einmal vernehmen zu können. Er hat aber den Schlüssel bei der Chinesin aus der Tasche verloren; sie erkannte ihn sofort – es ist ja ein Schild daran. Ting brachte ihn mir. Der Kommandeur hat den Verlust noch gar nicht bemerkt, sonst hätte er ihn suchen lassen. Wenn du den Gang vor deiner Tür hinunterläufst – dann nicht nach rechts zum Ausgang, sondern vorher nach links zum Hof! Mit drei Sprüngen bist du über ihn hin, dann durch den Garten; dort stößt du gleich auf einen kleinen Schuppen; dahinter habe ich ein Loch in den Zaun gebrochen. Du mußt achtgeben; wir veranstalten irgendeinen Spektakel, wenn es dunkel geworden ist, damit die ganze Wache vor dem Hause ins Gewehr treten muß. Dann lauf mit den beiden Kochgeschirren! Ting erwartet dich vor dem Loch im Zaun; schon jetzt! Alles Gute, Pierre! Sieh zu, daß du durchkommst! Wenn du außer Gefahr bist, dann schreibe!«

Er stößt das alles in äußerster Hast hervor; er darf nicht länger im Raume bleiben als sonst. Die beiden Männer drücken sich die Hände. Dann dreht Jacques von außen den Schlüssel im Schloß, besonders laut und deutlich, wie es scheint.

Völlige Stille danach.

Peter wartet, wie er noch nie in seinem Leben gewartet hat. Er probiert mit höchster Vorsicht und völlig lautlos den Schlüssel im Schloß; er paßt. Es ist ja nur eine ausgeräumte Kammer, in der er sitzt, und keine regelrechte Gefängniszelle; man hat also kein besonderes, etwa nur von außen schließbares Schloß angebracht.

Peter holt die Kulikleider aus den Kochgeschirren und verbirgt sie unter der Schlafpritsche, jederzeit griffbereit.

Der Abend sinkt – nichts!

Eine ewige Stunde vergeht. Peter hockt auf dem Pritschenrand, das Kinn in die Hand gestützt. Er horcht mit jeder Fiber, kann aber nichts Ungewöhnliches vernehmen. Plötzlich: Alarm!

Polternd schlagen Türen, schwere Stiefel dröhnen, ein Gewehr klirrt irgendwo zu Boden, Fluchen. Dann draußen die wütende Stimme des Kommandeurs, der die Wache anherrscht, daß sie nicht schnell genug ins Gewehr getreten ist.

Die Stimme des Kommandeurs – ohne Zweifel! Peter nimmt es gerade noch wahr, während er mit dem Kleiderbündel unter dem Arm den Gang entlanghetzt; da, rechts der Ausgang; mit einem Blick erhascht er noch im Halbdunkel die Rücken der draußen angetretenen Wache – links die Tür zum Hof. Der Hof menschenleer –! Drei Sprünge hinüber! Der Garten – halb dunkel. Der Schuppen –! Hinter ihm: da, eine Spalte in dem schweren Bohlenzaun. Er windet sich hindurch!

Aus den Gebüschen zur Seite gleitet ein Schatten: Ting!

»Die Uniform herunter! Man erkannt sie auch in der Dunkelheit gleich!« Peter zerrt sich die Sachen vom Leibe; er schlüpft in die leichte, luftige Kleidung, die man ihm gebracht hat. Die Uniform nehmen sie zusammengewickelt mit.

Zwei chinesische Kulis eilen auf Nebengassen, die nicht beleuchtet sind, dem nördlichen Ausgang des Städtchens Hua-Muong zu; es sieht sich niemand nach ihnen um; die Straßen sind ohnehin fast leer. Sie vernehmen undeutlich hinter sich den Schall von Hörnern; die ganze Garnison wird alarmiert. Die Fliehenden sind schon weit, haben den jetzt in der Trockenzeit nur wenig Wasser führenden Fluß überquert, von Stein zu Stein springend, seichte Stellen durchwatend, und tauchen am anderen Ufer in den Wald; ein schmaler Fußpfad entführt sie hier endgültig dem Bereich der Stadt. Sie sind die ganze Nacht hindurch unterwegs, ohne ein einziges Mal die Straße zu berühren. Die Uniformstücke fliegen an einer tiefen Stelle in den Fluß, dem sie stromauf folgen; sie binden zuvor schwere Steine hinein, damit die Kleider nicht wieder auftauchen.

Ehe noch der Morgen graut, nimmt sie die Bretterbude eines Chinesen auf, der an einem Seitenweg einen kleinen Laden für alles

und jedes betreibt, was das Herz der braunen Kinder dieser Tropen-
welt erfreuen könnte. Sie essen dampfenden Reis, viele Schalen voll,
und Gemüse dazu und jeder eine gebratene Ente. Dann kriechen sie
in eine künstliche kleine Höhle, die der Händler unter vielen Ballen
von Kattun und Musselin, unter Kisten und Säcken gebaut hat.

Peter ist sehr erschöpft; der Marsch hat ihn nach der langen
Untätigkeit der Gefangenschaft über Erwarten mitgenommen. Er
schläft fast den ganzen Tag und merkt nichts davon, daß gegen
Mittag sich eine Militärstreife nach einem entsprungenen Legionär
erkundigt. Aber es ist keiner gesehen worden, beteuert der Trödler.

In der nächsten Nacht und auch noch in der übernächsten setzen
Ting und Peter ihren Marsch fort, immer neben den Straßen und
Pfaden her und mit höchster Vorsicht. Sie erreichen mit letzter
Kraft noch vor dem Morgengrauen Muong-Het und das Haus jenes
Chinesen Tu vor der Stadt, das Peter schon von Jacques bezeichnet
worden ist.

Und hier erwartet ihn Yü-loh, die am Tage zuvor mit einem
Lastauto dorthin gelangt ist.

Wer beschreibt der beiden Freude –!

Yü-loh fragt: »Keine Gewissensbisse mehr?«

Er schüttelt verneinend den Kopf.

Sie sehen sich lange an und wissen, daß sie sich nie mehr verlieren
wollen. Ehe es ganz hell ist, liegt Peter wieder in einem sicheren
Versteck und schläft.

Am Morgen darauf wandern zwei chinesische Kulis, von denen
der eine seinen breitkrempigen Sonnenhut aus Reisstroh tief in die
Stirn gezogen trägt und im übrigen sonderbar schmutzig erscheint,
in die steilen Bergzüge hinauf, die das Tal des Nam Ma von dem des
Schwarzen Flusses, des Song-bo, trennen. Ting und Peter sind guter
Dinge, denn sie wissen genau, daß sie in diesen strotzenden Berg-
wäldern Europäern nicht mehr begegnen werden. Außerdem hat
Peter sich so herrlich mit Schlamm beschmiert, daß er gelber und
dunkler aussieht als die Gelben.

Yü-loh hat von Muong-Het aus die Verhältnisse genau erkundet.
Sie ist auch jetzt wieder in einem gebrechlichen Lastauto, das ein
verängstigter Pflanzer zurückgelassen hat, nach Van-Yen vorausge-
fahren, um Peter rechtzeitig zu warnen, wenn am Schwarzen Fluß
die Luft nicht rein sein sollte.

Yü-loh und Peter sind übereingekommen, sich nach Norden zur
verhältnismäßig nahen chinesischen Grenze durchzuschlagen.

Denn je tiefer im Innern des Landes sie sich bewegen, desto geringer ist die Gefahr, daß sie abermals französischer Polizei in die Hände laufen.

Peter empfindet einen beinahe panischen Schrecken vor dem Gedanken, sich wieder in oder auch nur um Hanoi oder Haiphong oder irgendwo längs der streng kontrollierten indochinesischen Küste blicken zu lassen. Nein, lieber will er sich durch die dichtesten Urwälder und die gefährlichsten Rebellengebiete zur chinesischen Grenze schleichen.

Yü-loh, Peter und Ting haben sich des Nachts, von einem Wegekundigen geführt, auf halbem Hang des hohen Long-po, immer auf den Stützmauern der vollendet in die Berglehne geschmiegten Reisterrassen entlang, nach Norden und Nordwesten vorgetastet. Es ist hell geworden, und sie sehen von ihrem hohen Ausguck hinter sich, im Süden, den Rauch der Morgenfeuer aus vielen Schornsteinen über den graublauen Ziegeldächern eines Städtchens steigen. Ihr Führer, ein gnomenhafter, lederzäher Mann unbestimmbaren Alters, weist mit seinem runzligen Finger, an dem der Nagel sitzt wie eine Kralle, ins Tal hinunter, weist zurück und sagt mit breitem, vergnügtem Grinsen:

»Lao-kai!«

Yü-loh in ihren weiten schwarzen Hosen, mit den freundlich breiten Bastsandalen an den zierlichen Füßen, in ihrem steifen Tonkin-Jäckchen, das vorn nicht geschlossen wird und immer ihre goldfarbene Haut und den Ansatz ihrer vollendet runden, nachtigallengroßen Brüste aufschimmern läßt, Yü-loh faßt Peter, den Kuli Su To-yu, mit seinem runden Strohhut fest am Arm und sagt mit unbeschreiblichem Triumph in der Stimme:

»Wir sind auf chinesischem Boden, Peter! Jetzt können sie dich nicht mehr fangen!«

Peter blickt zurück in das Land jenseits von Lao-kai, das ihm so feindlich, so bösartig mitgespielt hat. Wie mit einem Zauberschlage wird die zitternde Spannung von ihm gehoben, die ihn in den vergangenen Wochen und Monaten beherrscht hat – und das allzu jäh entlastete Herz droht überzuquellen. Er legt Yü-loh seinen Arm um die Schultern und sagt leise:

»Irgendwo dahinten, Yü-loh, bleibt mein Freund Paul zurück.«

Sie gibt ihm eine Antwort, die ihm ein wenig rätselhaft klingt:

»Niemand bleibt zurück, der nicht vergessen ist.«

Sie steigen langsam ins Tal hinunter. Sie brauchen keine französische Polizei mehr zu fürchten. Unterhalb des gewaltigen Hsia-kai auf einer kleinen Station der Bahn lacht ihnen das Glück. Gegen Geld und gute Worte dürfen sie auf einer Draisine nach der ersten größeren chinesischen Station Möng-tse mitfahren. Hier führt sie Ting zu dem örtlichen Agenten des alten Tai, der mit vielen Verbeugungen die Tochter und den Schwiegersohn seines hochmächtigen Gönners und Geschäftsfreundes willkommen heißt.

Hier finden sie auch einen Brief des alten Tai vor, der sie warnt, sich etwa quer durch die Provinzen Kwang-si und Kwang-tung nach Kanton auf den Weg zu machen. Der Weg wäre weit, schwierig und gefährlich. Fahrgelegenheiten gäbe es überhaupt nicht; sie müßten entweder die beinahe anderthalbtausend Kilometer marschieren oder sich in Sänften tragen lassen – aber das wäre sehr kostspielig. Nein, sie kämen viel schneller und sicherer heim, wenn sie irgendwie mit der Bahn nach Yünnan-fu (oder Kun-ming, wie es neuerdings hieße) zu gelangen suchten, von da sich über den letzten Abschnitt der Burmastraße zum oberen Yang-tse durchschlügen und dann zu Schiff den Strom bis nach Shanghai abwärts reisten. Dort würde er sie erwarten. Von Yünnan-fu oder Tschung-king aus sollten sie ihm nach Kanton telegrafieren. Und Peter sollte sich nicht vor den Amerikanern fürchten, die noch überall in den großen Städten vom Kriege her ein paar Restkommandos stehengelassen hätten. Peter sei sein Schwiegersohn, befände sich jetzt auf chinesischem Boden, wo die chinesische Nationalregierung und nicht die Amerikaner regierten und wo er, der große Tai Hsi-ta, viele Drähte ziehen könnte. Für Peters Papiere hätte er gesorgt; er fände sie bei dem Agenten in Möng-tse.

Peter ist überrascht, wie ihm auch aus dem Brief des Schwiegervaters, gedämpft zwar, doch unverkennbar, der Haß gegen die Fremden entgegenschlägt. Er fragt Yü-loh, wie es zu verstehen ist, daß der Alte die doch unverkennbar zum Kommunismus neigenden Aufständischen in Indochina mit Waffen versieht, während er sich gleichzeitig in China selbst als eine der Stützen des bitter antikommunistischen Tschiang Kaischek betrachtet und im übrigen seine Einnahmen und sein Vermögen im abseitig sicheren Manila und Singapore anlegt.

Sie sitzen auf dem Dach eines unvorstellbar überfüllten Zügleins, das sie ächzend und oft versagend – Geduld, Geduld! Was ist Zeit? Mei yu fatsu! – in zweitägiger Fahrt die dreihundert Kilometer weit

342

von Möng-tse nach Yünnan-fu (wie die Leute immer noch sagen, mag es auch in Kun-ming umgetauft sein) zu befördern unternommen hat – teurer ist die Fahrkarte als die für einen Luxuszug in Amerika, denn wer muß nicht erst alles bestochen werden –. Yü-loh wischt sich ein Rußkörnchen aus dem Augenwinkel und sagt:

»Du wirst es schon noch verstehen lernen, Peter! Wer auf einem Tiger reitet, kann nicht absteigen. Deswegen hütet sich mein Vater, einen zu besteigen. In diesen wirren Zeiten – er ist für die Familie verantwortlich, und es hängen viele Dutzende, nein, viele Hunderte von Menschen an ihm allein – darf er kein Geschäft vorübergehen lassen, das ihm Geld einbringt und ihn mit seinen Pflichten gegenüber seiner Familie und gegenüber dem Staate, der Nationalregierung, nicht in Konflikt bringt. Wir wollen keine Fremden im Land. Das ist das einzige, worüber sich ganz Ostasien einig ist. Mein Vater muß die Familie sichern – nach allen Seiten; das ist das zweite. Kommunisten sind gut, solange sie gegen die Fremden kämpfen. Aber zugleich muß mein Vater für den Fall vorsorgen, daß Tschiang versagt und der Kommunisten nicht mehr Herr wird. Sie waren schon einmal mächtig und haben in der Gegend von Kwei-lin einen ganzen großen Zweig unserer Sippe bis auf das letzte Kind und den letzten Pfirsichbaum ausgerottet.«

»Ich bin ja auch ein Fremder!« erwidert Peter traurig. »Wie soll ich je diese schwierigen und verzahnten Verhältnisse durchschauen lernen?«

»Du bist kein Fremder!« sagt Yü-loh, und ihre dunklen Augen schimmern ihn an wie Freudenfeuer an unbekannten Küsten. »Du bist der Schwiegersohn des großen Tai, und die mächtige Sippe Su adoptiert dich. Und du bist mein Mann!«

Es fällt Peter schwer einzusehen, daß er nicht mehr allein er selbst ist, sondern zum Glied einer weitverzweigten, äußerst zähen und fest gefügten Sippe wurde, die sein ganzes Dasein aufsaugen will, die ihn groß machen wird und mächtig und ihn zugleich – aufhebt, beinahe vernichtet.

Aber er fürchtet sich nicht davor; denn der Lohn, der ihm dafür gewährt wird, ist unwahrscheinlich reich:

Neben ihm sitzt die schöne, die dunkle, die wunderbar lebendige Yü-loh!

Dritter Teil

Zwölftes Kapitel

Das strömende Wasser flüstert um den Kiel des Bootes. Die Silberbahn des Mondes über dem gewaltigen Strom schimmert nirgendwo blank, nirgendwo glatt, sondern blinkt überall heimlich bewegt, ruhelos, ewig ihr Bild verändernd wie ein unbestimmbarer Traum. Der Strom wallt von innen her, aus seiner Tiefe, eigentümlich wild, nie gebändigt, er, der Goldsand-Fluß! Vom Dach der Welt her kommt er, irgendwoher aus den kaum bekannten Weiten Hochasiens. Schon sind die Wasser weit über tausend Meilen alt, die das Boot unablässig an seiner Kette zerren lassen.

An diesem, dem rechten Ufer des Goldsandflusses, des Kinscha-Kiang (so heißt der mächtige Yangtse-Kiang in seinem Oberlauf) – hier, wo das unruhig schlummernde Boot vertäut liegt, steigt das Gebirge in sanfterer Schwingung vom Ufer her an, gibt Äckern und freundlichen Hainen, Feldern und Gräbern und geduckten Dörfern Raum. Mannshoch steht der Kaoliang, die Hirse, um die Häuser.

Die Nacht hat all dies verschlungen. Kein Lichtfünkchen verrät noch Leben und menschliche Wohnungen. Nichts weiter mehr regiert als der Mond über dem gleichmütig starken Strom, den schattenhaften Bergen und dem einsamen Boot am Ufer, das leise an seinen Seilen zerrt.

Das runde, von Bord zu Bord gewölbte Dach über dem Boot, dem großen Reisesampan aus Zedernholz, besteht aus Bambusstreifen; sie sind rechtwinklig miteinander verflochten. Der Nachtwind harft zuweilen darin. –

Während Peter lang auf dem Rücken lag und auf das Wehen des Windes lauschte und auf den dunkleren Gesang des Stromes, während er sein Schicksal bedachte und immer wieder – wie in beinahe jeder Nacht – auch das des Freundes, der ihm geraubt worden war, hörte er plötzlich neben sich aus dem Halbdunkel eine Stimme sprechen, verhalten, aber ganz wach und klar:

»Warum schläfst du nicht, Lieber?«

Hatte sie schon lange neben ihm wach gelegen? Er hatte Yü-loh noch immer in tiefem Schlafe liegen gewähnt. Er antwortete leise:

»Du bist wach, Yü-loh? Ich schlafe nicht – die Nacht ist so unruhig. Wir sind so furchtbar weit weg hier. Und dann denke ich daran, wieviel Glück wir bisher gehabt haben – und ob es so bleiben wird. Daß Paul verlorengegangen sein soll, läßt mich nicht los. Wir haben so viel zusammen erlebt, daß ich mir nicht vorstellen kann, es ginge ohne ihn. Solange ich selbst noch in Indochina in der Falle saß, hatte ich nicht viel Zeit zum Nachdenken. Aber seit wir aus der Gefahr heraus sind, muß ich immerfort an ihn denken.«

Eine Weile blieb alles still auf dem Polster neben ihm unter der gesteppten Seidendecke, die Peter anfangs unangenehm gewesen war, denn sie schien schon lange und von vielen unbekannten Vorgängern benutzt zu sein, wie alles in diesem Lande. Dann flüsterte Yü-loh:

»Du sagst, du hättest gesehen, wie er sich rücklings ins Wasser geworfen hat und daß er in jenem Augenblick noch nicht verwundet, erst recht nicht tot gewesen sein kann. Natürlich kann er immer noch ertrunken sein. Aber das glaube ich nicht. Wenn man ihn nicht noch im Wasser erschlagen hat, wird er weiter unterhalb der Unglücksstelle an Land geklettert sein und ist dann vielleicht in Gefangenschaft geraten.«

»Da wünsche ich ihm beinahe, daß er vorher umgekommen ist. Denn von den Aufständischen als ihr Gefangener umhergeschleppt zu werden – das ist schlimmer als der Tod. Außerdem wäre Paul, wie ich ihn kenne, irgendwann und irgendwie doch ausgerückt und hätte sich bei der Truppe eingefunden; aber dort ist er nicht wiederaufgetaucht. Am wahrscheinlichsten bleibt also, daß er ertrunken ist und die Fische im Flusse Nam Ma ihn gefressen haben.«

Yü-loh weist ihn ein wenig zurecht:

»Du sollst nicht so reden, Peter. Uns ist ja auch geholfen worden. Wir haben uns durchgeschlagen. Glaube mir doch, daß mein Vater alles versuchen wird, zu erkunden, was aus Paul geworden ist.«

Aber Peter will das nicht mehr hören:

»Dein Vater –! Immer dein Vater! Sicher vermag er viel. Aber Paul wieder lebendig zu machen, das auch nicht.«

Yü-loh richtet sich hoch:

»Was hast du gegen meinen Vater? Er hat nur das Beste für uns gewollt. Es mag ihm manches nicht ganz leicht geworden sein. Er hat es dich nicht fühlen lassen. Was verstehst du von einem Manne wie meinem Vater! Wenn einer herausfinden kann, ob Paul noch lebt, dann ist er es!«

Eigentlich ist der Zank schon im besten Gange. Peter merkt es gerade noch rechtzeitig. Er muß plötzlich ins Dunkel hinein lächeln. Hier auf den hochgehenden Wassern des oberen Yangtse, mitten in der fremden Mondnacht – und zankt sich mit seinem jungen Eheweibe. Er streckt seinen Arm aus und zieht sie an sich; sie widerstrebt ein wenig; er bittet:

»Nimm's mir nicht so sehr übel, Liebe, wenn mich gelegentlich der europäische Bock stößt. Ich muß mich noch erst daran gewöhnen, daß immerfort jemand anders da ist, der mir meinen Weg vorzeichnet. Ich habe bis jetzt meine Ehre dreingesetzt, für mich selbst und die mir Nahestehenden auch selbst aufzukommen.«

Yü-loh erwidert, immer noch ein wenig ärgerlich:

»Für dich allein? Was soll daran ehrenvoll sein? Es kann sich doch nur um uns alle handeln, die wir Tai oder Su heißen. Alles andere ist nicht so wichtig.«

Peter begreift nicht gleich, wie chinesisch das gedacht ist; er begreift es erst später. Jetzt flüstert er, um sie zu versöhnen:

»Komm, es muß schön sein, den Mond im Strom schimmern zu sehen.«

Sie hüllen sich in ihre Decken und hocken sich ins Heck des ruhenden Fahrzeuges. Der Wind umfächelt sie kühl, beinahe kalt. Der Mond steht tief. Es ist schon um die Stunde des Tigers, ehe der Hahn kräht. Die unruhige Glitzerbahn über den wallenden Wassern liegt weit vor ihren Augen ausgegossen. Die Kämme der Gebirge jenseits des Flusses zeichnen sich wie mit haarscharfem Messer geschnitten in den Horizont. Dunkel, beinahe drohend lagert ringsum das Land in tiefem Schatten. Kein leisestes Zeichen von Leben ringsum – und doch müssen Menschen über den Ufern atmen in lichtlosen Lehmhäusern – sie sind nicht einmal zu ahnen.

»Der Fluß steigt!« flüstert Peter. »Seit gestern abend ist das Wasser den Pflöcken, an denen das Boot festgebunden ist, viel näher gerückt.«

»Ja, es kommt die Zeit des hohen Wassers.«

»Seltsamer Gedanke: Irgendwo im hohen Tibet schmilzt der Schnee und hebt hier unser kleines Boot auf dem großen Strom.«

»Es war schon immer so –.«

»Ich bin froh, Liebe, daß wir auf dem Strom sind. Mit ihm sind wir beinahe schon an der Küste. Ich fürchte mich fast hier mitten in dem riesengroßen Land; Land, nichts als fremdes Land ringsum, und der Strom, auf dem wir schwimmen – niemand weiß genau, wo er herkommt. Aber daß er ins Meer fließt, nicht weit von Shanghai, das weiß ich ganz gewiß.«

Sie flüstert traurig:

»Wenn du das sagst, Peter, dann muß ich meinen, du wolltest wieder weiter, seist nicht zum Bleiben entschlossen. Es ist mein Land, Peter, ein großes Land. Und hier in Ssetschwan sind wir schon lange begütert und die Familie Su auch. Die Opiumfelder haben uns viel Geld eingebracht.«

»Opium?« fragt Peter unsicher.

»Ja, Opium!« antwortet sie, verwundert über seine Gegenfrage. »Eine Zeitlang war es verboten, damals, als man noch glaubte, man könnte alles neu machen in China, sagt mein Vater. Aber dann kam es wieder auf. Es brachte die höchsten Erträge vom Acker. Ich glaube, mein Vater hat sehr viel daran verdient.«

»Aber man hat doch immer gehört, daß der Genuß von Opium die Leute zugrunde richtet.«

Yü-loh sagt mit vollendetem Gleichmut:

»Es wird niemand gezwungen, Opium zu genießen. Wer es nicht mag, der kann es bleibenlassen. Unsere Familie ist reich daran geworden. Mein Großvater hat den Mohn ganz fern in entlegenen Tälern Ssetschwans wachsen lassen, als es verboten war und das Opium riesige Preise erzielte.«

Yü-loh hat diese Antworten plötzlich auf chinesisch gegeben, als ließen sich diese Dinge nicht auf englisch sagen.

Peter ist irgendwie im tiefsten betroffen. Er weiß, daß Yü-loh ihm so vollkommen ergeben ist, wie es eine abendländische Frau mit gleicher Bedingungslosigkeit wohl niemals vermöchte. Aber müßte diese Liebe nicht auch auf alle anderen Dinge überstrahlen? In ihrer Welt scheint solches nicht zu gelten. Peter erahnt zum ersten Male, daß im Umkreis chinesischen Geistes kein Gedanke beheimatet ist, der sich das Wohl des Mitmenschen, des Bruders, des Nächsten, der Menschheit zum Ziele nähme – nichts dergleichen. Es gelten nur die Beziehungen in der großen Sippe, die Pflichten der Freundschaft, Gehorsam nach oben, Verpflichtung nach unten – alle anderen Menschen sind Fremde. Man kann sie bezahlen, nutzen, kaufen und verkaufen und auch zerstören. Den Menschen allgemein, den ›Nächsten‹, gibt es nicht.

»Bist du nicht christlich getauft?« fragt Peter leise. Aber Yü-loh lenkt ab. Sie will diese Frage nicht beantworten. Sie schmiegt sich an ihn in der kalten Frühluft: »Gewiß, ich bin getauft, gewiß! Ach, Peter, nicht so viel nachdenken! Hörst du? Die Hähne krähen. Die Tigerstunde ist vorbei. Bald wird es hell!«

Im Bug des Bootes rühren sich die Schläfer, von der Kälte geweckt. Riesig erhebt sich der Eigner Yu I-fu, verneigt sich mit vor der Brust gekreuzten Armen vor seinen Passagieren über die ganze Länge des Sampans hinweg, wünscht ihnen, daß sie eine angenehme Nacht gehabt haben mögen, und erkundigt sich, wann die Verehrungswürdigen das Frühstück einzunehmen gedenken.

Aber da ist Ting auch schon auf – denn Ting ist natürlich ebenfalls auf dem Boot – und fällt dem Bootsmann ins Wort, sich um das Frühstück zu kümmern ist seine Aufgabe.

Schon vermischt sich das Grün am östlichen Himmel leise mit purpurnen Tönen. Ganz blaß löst sich in der Ferne am gleichen Ufer ein Dorf aus den Schatten, zwischen mächtige Zypressen gebettet.

Die Treidelkulis schöpfen Wasser aus dem Strom in der hohlen Hand, trinken es, spülen den Mund, waschen sich das Gesicht. Und anderes. Das Allzumenschliche ist hier nur menschlich. Peter ist noch nicht ganz dagegen gefeit. Er sagt:

»Komm, Yü-loh! Mir ist kalt. Ich bin müde. Wir wollen noch eine Stunde schlafen, bis die Sonne warm geworden ist.«

Sie ziehen sich in das Halbdunkel ihres Bambusverlieses zurück. Als das Boot eine halbe Stunde später in die Strömung hinausschießt, schlafen sie fest, sich beruhigt beieinander wissend in jener tiefen Einigkeit, die stärker ist als alle Verschiedenheiten der Herkunft, Rasse und Vernunft.

Dreizehntes Kapitel

Ein wunderbarer Tag! An den Bergen blühen die Pfirsichbäume; ein Schleier von zartestem Rosa hüllt die Hänge ein. Die herbe Kühle der Nacht ist ganz aus der Luft entflohen. Statt dessen steigt mit der Sonne eine leichte Schwüle aus den feuchten Gründen. Saftig grün wölben sich die Flanken der Uferberge hoch.

Ihr Boot hält sich stets an die Innenbögen der großen Windungen des Goldsandflusses – ja, der Sand ist goldfarben, den der Strom aus dem hohen Innern Asiens heranführt, und er enthält auch Gold; seit uralten Zeiten schon wird es daraus hervorgewaschen bis zum heutigen Tage. Immer auf den Innenbögen, wo die Strömung sanfter gleitet, nicht strudelt und in hohlen Trichtern wirbelt wie auf den Außenseiten, gleitet ihr Boot stromab, der großen Stadt Tschungking entgegen, wo sie erwartet werden.

Manchmal springen die Kulis ans Ufer und holen das Boot um ein weit in den Strom hinausragendes Riff, hinter dem gefährliche Rückwasser wirbeln. Der Bootseigner läßt dann viel Leine zum Ufer auslaufen und sein Fahrzeug weit in die Mitte des Stromes hinausschießen; an der Leine ziehen es die Kulis wieder ans Ufer, wenn der gefährliche Abschnitt des Rückstaus überwunden ist. Das ist nicht immer einfach, und es gibt ein paarmal aufregende Minuten, wenn die Strömung so heftig an dem Boote reißt, daß die vier Männer am Ufer, obgleich sie sich beinahe waagerecht auf dem schmalen Treidelpfad hintenüberstemmen, fast ins Wasser gerissen werden. Blitzschnell wirft dann der hinterste das Tau in einer Schlinge um den nächsten Felsen und verleiht ihm so genügend Widerstand; doch schwenkt dann das festgehaltene Boot so gefährlich schnell dem Ufer zu, daß es an den groben Steinblöcken zu zerschellen droht; es kommt also stets darauf an, so viel Leine im letzten Augenblick nachzugeben oder sie überhaupt zu lösen, daß der Sampan wieder beginnt, stromab zu gleiten, und vor dem Anprall abgefangen wird.

Ting schnattert in solchen Augenblicken aufgeregt. Peter und Yü-loh verfolgen von ihrem Platz vor dem Bambushäuschen erregt das gefährliche Spiel. »Künstler sind es, Künstler! Und sie müssen Muskeln haben wie Stahl, Nerven übrigens auch. Wenn sie bloß nicht so kreischen wollten!«

»Irgendwie muß die Angst aus ihnen heraus! Meinst du, sie haben keine Angst? Sie lassen nicht los. Sie lassen sich lieber ins Wasser reißen. Schwimmen kann hier keiner viel. Jeden Tag frißt der Strom Kulis, jeden Tag!«

»Angst, Angst, Angst – wer hat nicht Angst in diesen Zeiten! Um wen und um was haben wir nicht alles Angst – und dein Vater – und sicher auch meine Eltern – und Paul – und vielleicht alle Menschen in allen Völkern!«

»Aber weiterleben muß man doch. Immer weiter. Nicht jeden Kuli frißt der Strom. Manchmal mag einer sterben, alt und hochbetagt, von seinen vielen Söhnen verehrt, die alle selber wieder Kulis sind und den Strom hinauf und hinunter ziehen.«

»Und vielleicht ist es noch nicht einmal das schlechteste. Sieh das halbe Dutzend da, die die kleine Dschunke stromauf schleppen – ee, ho-a, ee, ho-a, den ganzen Tag lang mit dem gleichen stöhnenden Ruf, der sich an diesen Ufern wohl nicht geändert hat seit tausend oder zweitausend Jahren, was weiß ich! Wenn sie sich abends mit gefülltem Bauch neben ihr kleines Feuer legen, dann sind sie sicherlich zufriedener als alle die elenden Staatsmänner dieser Welt, die vor lauter Ehrgeiz oder Angst oder Hochmut, was weiß ich, ihre Völker aufeinander loslassen.«

»Ach, Peter, schweigen wir lieber davon. Laß die Kulis! Sie sind so alt wie China. Da hinten die schöne, alte Pagode, sieben Stockwerke, siebenmal die geschwungenen Dächer ringsum, auch sie ist so alt wie China: ein Zeichen der Versöhnung zwischen Himmel und Erde.«

Der Bootseigner ruft vom hohen Heck her und weist in den Abenddunst voraus:

»Ai yah! Tschungking!«

Die beiden Passagiere des Reisesampans, müde von dem langen, hellen Tage auf der blendenden Wasserfläche, sehen nichts weiter als ein hohes, dunstiges Gewölk über der Nordseite des Flusses. Tschungking also; die größte Stadt der innersten und zugleich größten und volkreichsten chinesischen Provinz Ssetschwan. Tschungking, das sagenumwobene, steigt allmählich immer deutlicher aus dem Dunst; auf ragenden Klippen baut es sich hoch, hoch über dem breiten, rastlosen Strom, in dem sich hier von Norden her der Kialing-Kiang ergießt. Auf dem mächtigen Vorgebirge, das sich zwischen die beiden Flüsse drängt, ehe der schmalere in dem größeren vergeht, erhebt sich die uralte Stadt.

Hier also hat Tschiang Kaischek den Krieg mit den Japanern überstanden, denkt Peter. Er hat davon in amerikanischen Zeitschriften gelesen, als er noch im Gefangenenlager saß. Hier also haben die Menschen zu Zehntausenden oder zu Hunderttausenden in den weitläufigen Felshöhlen gehockt, aneinandergedrängt wie die Heringe im Faß, bewacht von Soldaten Tschiangs, wenn die Japaner ihre Bombenangriffe auf Tschungking flogen, das Zentrum des chinesischen Widerstandes.

Plötzlich – Peter schreit es fast – ist es nicht beinahe wie ein lang entbehrtes Wiedersehen! – um ein Haar wäre Peter ins Deutsche verfallen, er zeigt mit der Hand in die Höhe: »Yü-loh, da, Bombeneinschläge! Die Lücken da in der Mauer, die Häuserruinen dahinter – das stammt von Bombenangriffen. Ich erkenne es sofort!«

Eigentlich ist es grausig: Die tiefen Wunden, die der Krieg der Stadt geschlagen hatte, machen dem erregten Peter Tschungking mit einem Schlage vertraut. Bis hierher also, in die Tiefe Chinas, hat der große Krieg gebrandet – und die Menschen, auch diese ganz anderen Menschen haben unter den Einschlägen der Bomben gebebt. Und wenn die Polizei mit den gezückten Pistolen sie nach den Angriffen aus den Höhlen wieder ins Freie entließ, dann fanden sie ihre Häuser genauso in Trümmern oder auch in Flammen vor, wie die Menschen in Deutschland es hundert- und tausendfach erlebt haben.

Yü-loh versteht nicht, warum ihn der Anblick so außer sich bringt; sie hat in Amerika und auf ihrer Heimreise kaum Bekanntschaft mit Trümmern geschlossen. Peter versucht, ihr zu erklären, daß der Krieg eigentlich eine Gemeinschaft aller Menschen auf der ganzen Welt geschaffen hätte; jeder hat jedem Trümmer bereitet. Halb Deutschland in Trümmern, halb England, halb Frankreich, ja, halb Europa, halb Rußland, halb Japan, die Philippinen, Singapore – und auch hier im fernen Ssetschwan – ja, so seltsam oder schrecklich es klingen mag: Das Land ist ihm mit einem Male nicht mehr fremd, weil auch hier Bomben eingeschlagen haben. Yü-loh bemüht sich, ihm zu folgen; sie schüttelt den Kopf und seufzt: »Ach, Peter – wie irrsinnig das ist!«

Sehr viel mehr ist wirklich nicht dazu zu sagen; denn das Leid, das man sich wechselseitig zufügte, hat keinen klüger und friedlicher, aber alle elender gemacht.

Vierzehntes Kapitel

Auch in der Nacht, die dem Tage der Ankunft in Tschungking folgte, konnte Peter nicht in den Schlaf finden, und Yü-loh erging es nicht anders. Man hatte ihnen ein riesiges Zimmer angewiesen, das sich auf einen stillen Seitenhof des vielverzweigten und ausgedehnten Anwesens der Su öffnete.

Peter atmete die frische Nachtluft in vollen Zügen. Er erschrak fast, als mit einem Male neben ihm eine Stimme flüsterte:

»Ich fürchte mich, Peter!«

Es war Yü-loh. Er legte seinen Arm um ihre Schulter und fühlte, daß sie zitterte. Fror sie? Es war kühl im Hof nach der dumpfigen Wärme des Zimmers.

»Wovor fürchtest du dich, Liebe?« wollte er wissen. Er griff nach einer der Decken, die auf einem schwarzlackierten Schemel bereitlagen, und legte sie um ihre Schultern, damit sie sich nicht erkältete. Sie erwiderte:

»Ich merkte, daß du nicht einschlafen konntest, tat aber so, als ob ich selber schliefe, um dir den Schlaf leichter zu machen und dich nicht zu beunruhigen. Ich habe darüber nachgedacht, wie sonderbar wir empfangen worden sind. Wir haben doch von Yünnan-fu vorausstelegrafiert. Mein Vetter ist Soldat – nun gut, er muß wahrscheinlich den Befehlen des Marschalls nachkommen. Aber der andere, der hier irgendeinen hohen Beamtenposten in der Provinzverwaltung bekleidet, der hätte sich eigentlich frei machen müssen, um uns zu empfangen. Wenn wirklich auch er nicht abkommen konnte, so hätten wenigstens seine Frauen mir ihre Aufwartung machen sollen. Statt dessen sind wir nur von der Dienerschaft empfangen worden. Und die Lao-tai-tai hat uns auf morgen vertröstet. Das ist alles sehr merkwürdig, beinahe unhöflich.«

Peter antwortet leise:

»Nimm es nicht so tragisch, Yü-loh! Ich kenne mich zwar in euren komplizierten Familiensitten nicht aus. Aber wenn wir den Herrschaften hier nicht passen, dann setzen wir uns wieder in eine Dschunke und lassen uns nach Shanghai hinuntertreiben. Dort schlagen wir uns schon durch. Seit wir hier an dem großen Strom sind, kann mir nicht mehr viel angetan werden; ich weiß sozusagen immer, wo ich wieder ins Freie finde. Und mit dir zusammen – was soll uns da schon passieren!«

Yü-loh richtete sich auf:

»Peter, du darfst mir nicht böse sein! Ich hatte meinem Vater versprochen, unbedingt diese ganze Adoptionssache in Ordnung zu bringen. Und mir liegt doch daran, daß alles, was uns betrifft, peinlich genau in Ordnung ist. Wir wollen uns später nicht schämen oder von deinen Eltern und meinem Vater Vorwürfe machen lassen. Der alte Su Pao-shu hat nämlich damals in Haiphong, als wir Hals über Kopf verschwinden mußten, die Bedingung gestellt, du müßtest noch der Lao-tai-tai, der alten Su Shun-i, vorgestellt werden. Hat auch sie, die Witwe seines ältesten Bruders, keine Bedenken, so will er alles Notwendige für die Adoption in die Wege leiten, sobald wir uns wieder in seiner Nähe sehen lassen. Und nun werden wir hier so jämmerlich empfangen, Peter! Ich fürchte mich. Ich fürchte mich. Ach, du kennst diese alten chinesischen Familiendrachen nicht! Ich fürchte, sie hat etwas gegen dich. Und dein Chinesisch ist noch so jammervoll. Rede nur ja keinen Ton, ehe du gefragt wirst! Und widersprich ihr nicht! Am besten ist, du machst gleich anfangs Kotau vor ihr, damit sie sieht, wie du das Alter und die alten Sitten ehrst.«

»Ich – und Kotau machen«, lachte Peter. »Weiß nicht einmal, was das eigentlich ist! Ich, ein ehrlicher, anständiger Leutnant der Kriegsmarine, und Kotau vor der Lao-tai-tai. Deine vielzitierten Ahnen in Ehren, Yü-loh – aber das kann ich dir sagen, meine würden sich vor Mißfallen mit ihrem verlotterten Nachfahren im Grabe umdrehen, wüßten sie, daß ich mich zu Kotaus vor alten Familiendrachen hergebe. Weißt du übrigens, was du bist, Yü-loh? Du bist der größte kleine Satan, den Gottes Sonne je beschienen hat. Wenn alle chinesischen Frauen so sind wie du, Yü-loh, dann sind die chinesischen Männer die erbarmungswürdigsten Geschöpfe auf Erden.«

Sie lachte unbändig. Der Mond beschien ihr Antlitz. Mit der schönen Que-hua-Blüte, die sie auf einem Tischchen neben dem Bett abgelegt hatte, verschloß sie ihm den Mund. Sie flüsterte ihm etwas zu, was er nicht verstand – es kam auf etwas weniger oder mehr dieser Art schon nicht mehr an:

»Du Yang zu meinem Yin! Du Yang zu meinem Yin!«

»Ist mir recht!« sagte Peter heiter. »Erklär's mir morgen, wenn wir die bissige Lao-tai-terai-tai-tai hinter uns haben. Wie ist das also mit dem kunstgerechten Kotau?«

Ach, sie erstickten beinahe vor unterdrücktem Gelächter, denn bald übten die beiden im Mondenschein, gekleidet in ihre Nacht-kittel, auf dem dicken Teppich vor ihrem Bett Kotau. Yü-loh machte die Lao-tai-tai, und Peter warf sich vor ihr zu Boden, daß seine Stirn den Boden berührte, bis die jugendliche Alte zufrieden war. Dann aber kam sie selbst an die Reihe. Peter zeigte sich erbarmungslos.

Als die beiden endlich wieder im Bett lagen, ganz schwach vor

Gelächter, als Peter schon halb im Einschlafen war, knurrte er noch einmal: »Du, das wird der tollste Jux meines Lebens!«

Fünfzehntes Kapitel

Alle Welt schien von der Bedeutung dieses Tages so durchdrungen, daß Peter trotz allen Übermuts, der seit der vergangenen Nacht immer noch in ihm rumorte, allmählich spürte, wie sich ein paar Wolken über den Himmel seines Gemüts ausbreiteten.

Ting kleidete seinen jungen Herrn in ein hellgraues Seidengewand, das den Hals mit einem niedrigen Kragen eng umschloß, um von dort vorn und hinten in zwei glatten Bahnen bis an die Fußknöchel hinabzufallen, an den Seiten bis zu den Oberschenkeln aufgeschlitzt, damit man keine Schwierigkeiten hatte auszuschreiten, die Ärmel eng bis auf die halbe Hand reichend; dazu standen schwarze Seidenschuhe mit dicken Filzsohlen bereit – eine Gewandung von raffinierter Einfachheit und Eleganz. – Das Kleid paßte Peter wie angegossen; er fragte verwundert:

»Sind meine zukünftigen Vettern derart ähnlich gewachsen wie ich, Ting, daß mir ihre Kleider auf Anhieb passen?«

Ting lächelte:

»O nein, Verehrungswürdiger! Dies Gewand ist über Nacht für Euch angefertigt worden!«

»Nicht möglich. Du mußt ein erstaunliches Augenmaß besitzen. Und wer bezahlt den ganzen Staat? Habe ich etwa in Tschungking Kredit?«

Ting wand sich ordentlich unter dieser groben Frage. Aber er war diese unanständigen Erkundigungen schon gewohnt. Bei den Soldaten verlieren sich mit der Zeit eben die besten Manieren. Ting lächelte sehr gezwungen:

»Ein Auftrag aus dem Hause Su wird immer noch über Nacht ausgeführt. Von der Bezahlung wird nicht gesprochen. Vor Neujahr, Herr, vor Neujahr werden alle Rechnungen präsentiert und bezahlt.«

»Großartig!« meinte Peter. »Was kaufen wir uns heute noch?«

Yü-loh rief aus dem Nebenzimmer:

»Bist du fertig, Peter? Wir werden gerufen!«

Sie gefiel ihm nicht, seine Yü-loh! Er mochte sie nicht in diesen

354

steifen, überschwer bestickten Seidenbrokaten, wenn ihr Gesicht so dick mit Reispuder bedeckt war, daß die vertrauten Züge, die fremdartig schönen, kaum noch darunter zu erkennen waren. Am liebsten hatte er sie, wenn sie sich trug wie die Frauen aus dem Volke: schwarze, über den Knöcheln endende, weite Kalikohosen, darüber eine lockere, hüftlange, weit fallende Jacke, über der rechten Schulter zugehäftelt und an den nackten schmalen goldhäutigen Füßen Bastsandalen – und eine Que-hua-Blüte, die blaßgelbe, im schwarzen Haar – ja, das auch seit kurzem!

Er hatte keine Zeit, darüber nachzudenken, denn der Weg, den Ting und der Oberdiener ihnen jetzt zeigten, war nur kurz.

Durch zwei hohe Hallen, über zwei üppig blühende Höfe hinweg, um eine Hecke aus säuselndem Zwergbambus her; eine große Tür rauschte auf, und dann standen sie vor der Lao-tai-tai. Der Anblick war so beeindruckend, daß Peter die großartige Pracht dieses saalhaften Zimmers zunächst überhaupt nicht wahrnahm, denn Augen nahmen ihn gefangen, unglaublich bezwingende Augen, wie schwarze Glut schimmernd, wenn das nicht einen Widerspruch in sich selbst bedeutet hätte. Diese Augen hielten die seinen einfach fest, ganz selbstverständlich, mit einer Kraft, gegen die anzukämpfen ihm überhaupt nicht in den Sinn kam. Ihm verging mit einem Schlage jeder Jux und jedes Lachen – daran war überhaupt nicht mehr zu denken. Ehrfurcht, nie zuvor so vor einem Menschen gefühlte Ehrfurcht ergriff ihn. War das noch ein Mensch? Nicht vielmehr ein uraltes Götzenbild, von magischem Leben erfüllt, nur noch Willen, kaum noch Körper?

Yü-loh war mit einem Male im tiefem Kotau zusammengesunken, wie hingemäht. Und plötzlich spürte Peter, daß er das gleiche tat, tun mußte. Er warf sich lautlos zu Boden und beugte die Stirn tief zwischen die vorgestreckten Hände; beinahe fühlte er sich erlöst, daß er nicht mehr in diese harten, durchdringenden Augen zu blicken brauchte, das einzig Lebendige in diesem Antlitz, diesem mit Pergament, brüchigem, gelbem Pergament überzogenen Skelett, mit Reispuder dicht bedeckt, von einem perlenstrotzenden Diadem gekrönt. Und die starre Pracht dieses Gewandes aus steifster gesteppter Seide und der gewaltig reich geschnitzte Stuhl, mit riesenhoher Lehne, hoch über dem Fußboden, daß die Füße dieser unerhörten Greisin auf einem stelzbeinigen Schemel ruhen mußten – und diese Füße – ja, sie steckten in winzigen, ganz spitzen Schuhen, nicht größer als Kinderschuhe – ja, es waren wirklich noch

»gebundene Füße«; »Lilienfüße« hießen sie einst – künstlich ver-
krüppelt nannte sie Peter.

Daß er dies alles schon wahrgenommen hatte, fiel ihm erst ein,
als er ganz in sich zusammengesunken, gefällt vor der Majestät der
chinesischen Familie, am Boden lag, nicht mehr diese sengenden
Augen auszuhalten hatte, sondern bewegungslos auf das Wort
wartete, das ihn wieder vor das Angesicht der lebenden Gottheit
der Sippe Su aufhob.

Yü-loh lag ebenso reglos neben ihm, das spürte Peter. Plötzlich
überflutete Mitleid mit ihr sein Herz. So sahen also die Gewalten
aus, denen ein Chinese, aber mehr noch eine Chinesin, sich beugen
mußte, die vor nicht allzu langer Zeit – und hier vielleicht immer
noch – Herr über Leben und Tod der Kinder und Enkel gewesen
waren. Auch so – ja, wenn er von den Su adoptiert wurde, dann
würde nach alten chinesischen Vorstellungen Yü-loh eine Sklavin,
bedingungslos Sklavin dieses heidnischen Götzenbildes sein –!
Und dieser Gedanke gab Peter die Selbstbeherrschung wieder; und
er flüsterte in Gedanken zu der Geliebten an seiner Seite: keine
Angst, mein Herz, meine Que-hua-Blüte! Wenn sie dir etwas
antun wollen, dann hole ich dich hier heraus. Ich mach' mir nichts
aus alten pergamentnen Götzenbildern.

Wie lange Zeit er so gelegen und seine Gedanken hatte wandern
lassen, das wußte er nachher nicht anzugeben. Eine Stimme wie die
einer geborstenen Silberglocke rief ihn wieder zu sich zurück:

»Steht auf, meine Kinder!«

Wieder mußte er diesen Augen standhalten; aber sie schienen
ihn jetzt nicht mehr mit solcher Schärfe zu durchgraben wie zuvor;
sie blickten milder, menschlicher. »Meine Kinder« hatte sie gesagt –.

Die Greisin ließ ihre Blicke einige Male schnell über Yü-loh
gleiten, die mit gesenktem Blicke vor ihr stand; dann wurde Peter
überprüft; er hielt der Alten ehrerbietig stand. Sie schien mit der
Musterung zufrieden zu sein. Plötzlich nahm Peter wahr, wie
unter der Maske von Puder und Pergament ein Lächeln entstand,
einen Herzschlag lang um die dunklen wimperlosen Augen zuckte
und wieder verschwand. Nicht also nur die Augen lebten in diesem
Götzenbild –! Und dann sagte das Götzenbild etwas sehr Überraschendes:

»Ich bin wenigstens froh, mein Sohn, daß du nicht so schrecklich helle Haare und farblose Augen hast wie manche von diesen

weißen Teufeln. Sie kommen mir immer wie Kwei vor, wie böse Gespenster. Knie dich hierher! Ich will dein Haar fühlen!«

Gehorsam beugte Peter sein Knie und ließ sich vor der Alten nieder. Es rann ihm sonderbar den Rücken hinunter, als er die dürre, über und über mit Ringen geschmückte Hand in seinen Haaren wühlen fühlte. Dabei kratzte ihn der lange Nagel des kleinen Fingers, der in einem perlengeschmückten Futteral aus Elfenbein steckte, immerwährend an der Stirn. Es war – hätte Peter es sagen dürfen – ja, es war schlechterdings scheußlich. Aber er durfte es nicht sagen und hielt also still.

»Dein Haar ist weicher als unsere Haare; aber es ist schön schwarz und nicht gefärbt; es ist echt. Und deine Haut ist nicht so abschreckend weiß wie Mehlwürmer. Gut, das gefällt mir. Allerdings scheinst du mir nicht von so zartem Körperbau zu sein wie unsere Gelehrten. Aber das wird ja heute sowieso nicht mehr geachtet. Erfüllt er seine ehelichen Pflichten, Yü-loh?«

Peter, der wieder aufgestanden war, spürte, wie Yü-loh unter ihrem Puder errötete. Tiefer senkte sie ihre Augen und flüsterte:

»Ja, Hochverehrungswürdige.«

Es fehlte nicht viel, und Peter wäre auch errötet. Ehern hielt er den Blicken des alten Drachen stand und verzog keine Miene. Dann schoß die Greisin eine Frage auf ihn ab, gegen die er nicht gewappnet war: »Wieviel Mu Land besitzt dein Vater und wieviel Picul Reis erzielt er darauf im Jahr?«

Damit war Peter überfragt. Er wußte nicht, wie groß ein Mu und wie schwer ein Picul zu denken war. Peter stammelte bestürzt:

»Hochverehrungswürdige, wir messen das Land bei uns nach anderen Maßen, als es hier in China üblich ist. Wir pflanzen auch keinen Reis, sondern vor allen Dingen Sisal, eine Faserpflanze.« Er wandte sich hilfesuchend an Yü-loh:

»Wieviel ist ein Mu, Yü-loh?«

Yü-loh zog das verzweifeltste Gesicht ihres Lebens. Sie stotterte:

»Sechs Mu sind ungefähr ein englischer Acker; und ein englischer Acker ist ungefähr gleich vier Zehntel Hektar. Aber ganz genau weiß ich es nicht.«

Peter war kein ganz schlechter Kopfrechner: ein Hektar sind dann also zweieinhalb Acker oder fünfzehn Mu. Ha – jetzt hatte er es! Mal fünfzehn also! Die Farm in Angola war groß. In Afrika sitzt man nicht so eng aufeinander wie in China. Im gleichen

Augenblick strahlte so etwas wie Triumph heimlich in seinem Innern auf: jetzt konnte er dieser hochmütigen Greisin imponieren! Rundum gerechnet, bebautes und unbebautes Land, war die heimatliche Farm ungefähr zehn Quadratkilometer groß, das sind also eintausend Hektar. Und die kämen also etwa –. Peter hatte ein paar Sekunden blitzschnell gerechnet; dann sagte er:

»Hochverehrungswürdige, ich mußte die Maße erst umrechnen. Mein Vater besitzt ungefähr fünfzehntausend Mu guten Bodens.«

Die Greisin zog die Augenbrauen hoch; ihr Blick erlangte wieder die gleiche Schärfe wie zu Beginn der Audienz – denn eine Audienz verdiente der ganze Auftritt schon genannt zu werden. Peter hielt die messerharten Augen aus, ohne mit der Wimper zu zucken. Die Lao-tai-tai wandte sich an Yü-loh:

»Frage ihn noch einmal, deinen Gatten, Yü-loh, ob er fünfzehntausend Mu meint!«

Yü-loh wandte sich Peter zu und befragte ihn auf englisch. Peter rechnete ihr die Sache noch einmal vor – es war ganz einfach, jedes Kind konnte es nachprüfen.

»Wenn du mir die Zahlen für die Umrechnung richtig angegeben hast, dann stimmt die Rechnung.«

»Ja, meine Zahlen waren richtig –!« Yü-loh blickte Peter mit einem Ausdruck im Gesicht an, den er noch nie auf ihm wahrgenommen hatte; sie hatte offenbar zum ersten Male Respekt vor Peter, dem Sohne eines Vaters mit fünfzehntausend Mu Besitz! Yü-loh strahlte plötzlich: Ja, auch nach chinesischen Begriffen war Peter ein reicher Mann, ein vornehmer Herr. Fünfzehntausend Mu –! Wenn Reis darauf wächst, ist das ein Königreich! Wenn Sisal darauf wächst, ist es auch nicht wenig! – Aber es wuchs nicht auf allen fünfzehntausend Mu Sisal da im fernen Angola. Yü-loh wandte sich eifrig der Lao-tai-tai zu: »Ja, Hochverehrungswürdige, es stimmt! Sein Vater besitzt fünfzehntausend Mu!«

Die Greisin wiegte das Haupt und schlug mit den Händen auf die Lehnen ihres Thronsessels:

»Ai yah, ai yah, fünfzehntausend Mu! Ein mächtiger Mann, dein Vater, ein mächtiger Mann! Und du bist sein ältester Sohn?«

»So ist es, Hochverehrungswürdige!«

»Du wärest also der Erbe seines Besitzes, auch wenn wir dich nicht adoptieren?«

»So ist es, Hochverehrungswürdige! Ich müßte allerdings meine beiden jüngeren Brüder versorgen.«

»Gewiß, gewiß! Und Yü-loh würde deine Hauptfrau werden in diesem Besitz und die erste der Schwiegertöchter?«

»So ist es, Hochverehrungswürdige!« Peter konnte nur schwer das Lachen unterdrücken, das dies Examen in ihm aufwallen ließ.

»Nun, dann können wir dich adoptieren, mein Sohn!«

Sie blickte das Paar zu ihren Füßen mit durchdringenden Blicken an; Herrschsucht und Güte, Verschlagenheit und Weisheit waren untrennbar in diesem Blick miteinander vermischt. Die Lao-tai-tai nahm noch einmal das Wort:

»Ich werde meinen Enkeln Li-t'ing und Shu-heng sagen, daß sie sich um einen passenden Posten für dich bemühen, mein Sohn. Laßt mich jetzt allein! Ihr habt mich ermüdet.«

Peter war heilfroh, als er sich mit Yü-loh endlich rückwärts hinausgedient, als das Dienergeleit, das vor den Gemächern der Lao-tai-tai auf sie gewartet hatte, sie wieder zu ihrem Gästehof geführt und dort allein gelassen hatte.

Hier hing ihm plötzlich Yü-loh am Halse, ganz unchinesisch stürmisch, durchaus abendländisch. Sie warf ihn beinahe um:

»Wir haben es geschafft, Peter! Wir haben es geschafft!«

Yü-loh schlüpfte in ihre Alltagskleider.

»Jetzt kenne ich dich wieder. So gefällst du mir hundertmal besser!« sagte Peter. Sie lächelte ihn an, unbeschreiblich liebevoll.

»Ich bin doch immer dieselbe, Peter, für dich immer die gleiche.«

Ja, Peter – –! Daß ihm solches gesagt wurde, daran hatte er sich immer noch nicht gewöhnt. Fast machte es ihn einen Augenblick lang verlegen; er blickte für einen, zwei Herzschläge beiseite. Aber so warm und glücklich fühlte man sich inwendig! Ach, liebe Yü-loh – –! Eigentlich wollte nun auch er etwas sagen. Aber solche Geständnisse waren nicht seine starke Seite. So erwiderte er nur ihren Blick und fing von etwas anderem an:

»Und was steht jetzt auf unserem Programm?«

»Nur nicht so hetzen, Peter! Wir haben Zeit. Jetzt wird die alte Gebieterin erst ein paar Worte zu ihrer Zofe oder zu dem Oberdiener fallenlassen, wie sie sich entschieden hat, damit es sich herumspricht. Die Diener werden meine Kusinen unterrichten, und die wieder werden die beiden hochmögenden Vettern einweihen. Heute mittag spätestens weiß das ganze Haus, daß du in Gnaden angenommen bist, und wenn der Oberdiener eigens einen Boten aufs Amt zu meinem Vetter schicken muß; und der schickt dann sicherlich einen Boten hinter seinem Bruder, dem Oberst, her, damit auch der sich die Sache überlegen kann. Denn morgen oder übermorgen wird die Lao-tai-tai die gesamte verfügbare Verwandtschaft vor ihren Stuhl laden und wird die Ansicht jedes einzelnen hören wollen. Und dann wird sie anordnen, daß die Vettern sich um einen Posten für dich bemühen. Paß nur auf, es dauert nicht mehr lange, und wir kriegen den ersten inoffiziellen Besuch von den Frauen meiner Vettern; und heute abend erscheint bestimmt Herr Su Li-t'ing, um dich zu beriechen.«

»Kann man nicht ausrücken, Yü-loh?«

Sie bettelte:

»Peter, es geht schnell vorüber. Es ist ja alles schon entschieden. Du mußt noch ein wenig aushalten. In vierzehn Tagen oder drei Wochen machen wir uns auf den Weg nach Shanghai. Dann sind wir wieder lange allein – auf dem Schiff. In Shanghai oder in Kanton oder in Tschang-hwa gibt dir der alte Su Pao-shu den letzten Segen, und dann bin ich endlich eine richtige Madame Su Yü-loh!«

Peter lächelte:

»Schade, daß du nicht einfach mit Frau Yü-loh Bolt zufrieden sein willst. Aber das kommt vielleicht noch. Vielleicht findest du doch Geschmack daran.«

»Habe ich ja längst gefunden, Peter!«

Peter und die schöne Yü-loh –!

Und gerade jetzt klatschte es vor der Tür in die Hände; die Zofe war da, wollte wissen, wann sie der Verehrungswürdigen beim Umziehen helfen dürfe und wann die minderwertige Dame Su Hsiach'ung, die erste Gattin des Herrn Obersten, den ehrenwerten Gästen ihre Aufwartung machen dürfe.

»Hab' ich dir's nicht gesagt, Peter!« meinte Yü-loh.

Sechzehntes Kapitel

Seit zehn Tagen schon schwamm Peter in einem wahren Meer des Unbehagens. In den zwei Wochen zuvor war es nur ein Bächlein gewesen, das schnell vorbeirauschte und dann vertrocknete. Aber dann hatte sich der Mißmut zu einer Lache gestaut, war schnell zu einem Teich, einem schließlich alle Ufer überschwellenden See geworden – und nun, seit er mit dem Herrn Oberst Su Shu-heng auf die Reise nach Norden gegangen war, hatten sich die grauen, wüsten Wasser zu einem unabsehbaren Meer gedehnt, einem Meer quälenden Unbehagens, in dem Peter hilflos und hoffnungslos dahinschwankte. Wenn Yü-loh ihrem Peter nicht immer wieder gut zugeredet, ihn nicht immer wieder beinahe flehentlich gebeten hätte, nicht schon zu Beginn die Flinte ins Korn zu werfen, dann hätte Peter dem wirren, wüsten, zerbombten Tschungking schnell und ohne Bedauern Lebewohl gesagt und sich mit dem einzigen chinesischen Menschen, der bisher seinen ungeteilten Beifall gefunden hatte, eben seiner Yü-loh, der zielbewußten Strömung des ständig schwellenden Yangtse anvertraut, um so schnell wie möglich Shanghai und vertrautere Gefilde zu erreichen.

Aber Peter denkt, und die Lao-tai-tai lenkt – und die schöne Yü-loh lenkt ein wenig mit. Und es half Peter nicht viel, daß er sich auf den vielen gepflegten Höfen der Su wie ein Vogel im goldenen Käfig vorkam. Die Lao-tai-tai hatte offenbar einen Narren an ihrem mutmaßlichen Adoptivenkel gefressen und bestand darauf, Peter – oder vielmehr den ehrenwerten To-yu, wie er hier genannt wurde – noch vor seiner Abreise mit einem einträglichen Amt ausrüsten zu lassen, das ihm für später – wenn alle weiteren Formalitäten und Zeremonien erfüllt wären – eine sichere Existenzgrundlage bot. Yü-loh war zuerst recht böse gewesen, als Peter sich nicht bereit zeigte einzusehen, wie gut es die Lao-tai-tai mit ihnen meinte. Aber Peter war zornig geworden wie noch nie.

»Zum Teufel mit euren fetten Pfründen! Ich kenne mich darin nicht aus und lege auch keinen Wert darauf.«

Manchmal glaubte Peter, Yü-loh hassen zu müssen. Merkte sie denn gar nicht, wie ihm diese enge Familienklüngelei abscheulich war? Nein, sie merkte es nicht; sie spielte auf dem Klavier der Beziehungen, Intrigen und des Klatsches, als sie erst einmal daran Platz genommen, schon nach wenigen Tagen mit solcher Virtuosität, daß Peter sich eingestehen mußte, von seiner Yü-loh bisher nur einen kleinen Ausschnitt gekannt zu haben.

»An Langeweile werde ich neben dir nicht sterben, mein Jasmin!« meinte er eines Abends sarkastisch, als sie allein waren. »Doch steigt mein Verlangen, etwas weniger familiäre Jagdgründe aufzusuchen. Wann reisen wir?«

Sie merkte sofort, daß eine Grenze erreicht war, die nicht überschritten werden durfte. Der sechste Sinn, mit dem sie alle seine Stimmungen belauschte, war immer wach. Sie wußte zwar, daß er sie unwiderstehlich fand, wenn sie eine wachsgelbe große Que-hua-Blüte ins Haar steckte, diesen blaßgrünen Kittel über den weiten schwarzen Hosen seine Falten schlagen ließ und an den bloßen Füßen nichts weiter trug als einfache Bastsandalen. Aber sie wußte auch, daß er trotz aller Verzauberung über gewisse Dinge nicht mit sich reden ließ. Sie antwortete zögernd:

»Ich begreife, Lieber, daß du dies Herumsitzen an Familienhöfen nicht allzulange erträgst. Ich mache dir einen Vorschlag: Der Oberst fährt in wenigen Tagen zu seinem Regiment nach Norden. Es liegt irgendwo an der Grenze von Shensi. Ich weiß es von der Lao-tai-tai. Ich habe dir schon erzählt, daß der Oberst vor deutschen Offizieren eine geradezu kindische Hochachtung empfindet, seit er bei eurem General Seeckt und bei eurem Oberst Bauer in Tschangscha in die Schule gegangen ist. Er verspricht sich ungeheuer viel davon, einen richtigen deutschen Offizier als Ausbilder – oder wie man dergleichen nennt – in seinem Regiment zu haben, und außerdem bist du noch Chinese und sein Vetter dazu. Er möchte sich einen Namen machen mit dir – und du kannst dir einen Namen machen mit ihm. Ich weiß es von der Lao-tai-tai. Fahre doch mit dem Oberst nach Norden; er ist ein mächtiger Mann und besitzt weit über seine Stellung hinaus Einfluß, bis unmittelbar in die Nähe des Marschalls. Sieh dich einmal bei ihm um; vielleicht merkst du, daß seine Vorschläge gar nicht so uneben sind.«

Peter knurrte:

»Also erstens sind mir diese ungewaschenen Soldaten mit Regenschirm – gestern sah ich zwei mit Regenschirmen, stell dir das vor! – höchst unsympathisch. Und zweitens der Herr Oberst, dieser vollfette Mehlsack, erst recht! Und drittens geht ja doch alles von der Lao-tai-tai aus. Und viertens, Yü-loh« – er sah sie bittend an –, »wann reisen wir?«

»Wir können noch nicht reisen, Peter, bitte! Wir würden es ganz und gar mit der alten Gebieterin verderben. Mache doch gute Miene zum bösen Spiel! Sie ist ja gar nicht so böse. Sie will ja nur unser Bestes. Laß dir da oben den Wind um die Nase wehen; es wird dich erfrischen. Tue einfach so, als ob dir die Wünsche des Obersten einleuchteten.«

Peter ergab sich also in sein Schicksal, steckte seine Nase in den auffrischenden Wind und brauste mit dem Oberst über die einzige brauchbare Autostraße des Landes nordwestwärts nach Tschöng-tu davon!

Peter schlug drei Kreuze, als der große verbeulte Ford endlich die vielen Vorstädte hinter sich ließ und die freie Landstraße gewann. Immer wieder holperte der Wagen – denn Löcher gab's genug in dieser Straße – an verlassenen Werkstätten vorbei. Hier und da schienen auch noch ein paar Maschinen zu arbeiten – in halb zerfallenen Bambushütten oder unter zerfledderten Dächern aus Reisstroh. Hier hatte während des Krieges die chinesische Nationalregierung an industrieller Produktion erstehen lassen, was dem Zugriff der Japaner im ungeheuren Osten des Landes noch rechtzeitig entgangen war. Der Oberst berichtete darüber voll Stolz. Peter fand es ein wenig komisch wie alles, was dieser fette, wie von innen aufgeblasene Mann mit dem formlosen Pfannkuchenkopf sagte und tat; manchmal allerdings erschrak Peter vor den Augen in diesem breit zerfließenden Gesicht; sie blickten klug, eiskalt und erbarmungslos.

Der Oberst hatte Peter die Uniform eines chinesischen Hauptmanns verpaßt; anscheinend machte das hier nicht so viel Umstände wie beim preußischen Kommiß. Ting war als Diener Peters mit von der Partie, dazu noch der gerissen fixe Bursche des Herrn Obersten und der Fahrer, ein riesiger bärenstarker Mann aus dem Norden, der wenig sprach und das Auto wie einen Eisbrecher durch die Fülle des Volks auf der Straße steuerte, immer schnurgeradeaus, mit dem Handballen auf der Hupe, was offenbar zum Reglement gehörte; der Oberst schien es durchaus angebracht zu finden, daß seine Bedeutung solchermaßen aller Welt kund und zu wissen getan wurde – mochten auch gelegentlich ein paar Hunde, Enten oder kleine Kinder dabei draufgehen – das steigerte nur sein Ansehen.

Der Herr Oberst Su Shu-heng schien am Abend zuvor noch tüchtig Abschied gefeiert zu haben, denn er gähnte häufig, sprach immer seltener von seinen vorzüglichen Erfahrungen mit deutschen Instrukteuren, der hervorragenden Qualität seines Regiments und der Unzulänglichkeit der amerikanischen Hilfe für das siegreiche Nationalchina. Schließlich sank ihm das Kinn auf die Brust; er begann mit baumelndem Schädel leise ächzend zu schnarchen – und jedesmal, wenn der stoßende Wagen ihn schwanken ließ, knarrte sein prächtiges Lederzeug über der graubraunen, bis oben hin zugeknöpften Uniform.

Am Abend des schwülen Tages wird Peter von einem Erlebnis angefallen, das ihn bis auf den Grund seiner Seele erschüttert und das ihm dies Land, das in so vielen klassischen Gedichten und

Romanen besungen wurde, vollends verleidet. Das Auto windet sich nach Tschöng-tu hinein. Tschöng-tu ist hinter seinen klobigen Wällen und Mauern nicht für Autos erbaut, kaum für Eselkarawanen oder einen geruhsamen Büffel vor seinem knarrenden Karren. Natürlich bleibt der Oberst nicht in einem Gasthaus, wo man auf dem Kang, dem großen Ofen, mit Eseltreibern und Handelsreisenden zusammen schlafen muß und mit Wanzen, Läusen und Flöhen Bekanntschaft schließt, die weit in der Welt umhergekommen sind. Der Oberst hat natürlich auch in Tschöng-tu Verwandte. Die Mauern ihres Anwesens erheben sich in einer schmalen Seitengasse hinter anderen Seitengassen, die nur für Sesselträger und Lastenträger, aber nicht für Autos bestimmt sind. So müssen die beiden Herren Offiziere ihren Wagen schon in der Hauptstraße verlassen und den Rest des Weges zu Fuß zurücklegen. Ting und der Bursche des Obersten beladen sich mit dem Gepäck und wandern voraus. Peter ist froh, sich die Beine vertreten zu können. Der Oberst knarrt furchtgebietend dahin, bewehrt mit einem zierlichen Bambusstöckchen, wie es die englischen Offiziere auf der Straße zu schwenken lieben.

Als sie von der breiten Hauptstraße mit ihrem Staub, ihrem niemals endenden Gewimmel, ihrem lärmenden Krach in eine stillere Nebenstraße einbiegen wollen, sitzt zwischen den Buden und Geschäften mit den riesigen chinesischen Zeichen eine Frau an der Erde, die in zwei flachen Körben zwei kleine Kinder neben sich stehen hat; Mädchen sind es, wie die Käppchen erkennen lassen, die die Kinder tragen; sie mögen drei, vier Jahre alt sein; sie rühren sich nicht in ihren Kiepen, nur ihre schwarzen Augen folgen den Vorübergehenden.

Die Frau hält Peter an der Pistolentasche fest. Der Oberst schlägt ihr mit dem Stöckchen auf die Hand, bleibt aber dann stehen und hört dem weinerlichen Wortschwall zu, mit dem das verhärmte Weib die beiden »großmächtigen Herren und Gebieter« überfällt.

Peter findet sonst nichts widerlicher, als wenn ihn, wie in Tschungking, Bettler straßenweit verfolgen. Aber dies hier ist anders. Die Frau will irgend etwas verkaufen; aber Peter begreift nicht, was. Der Oberst scheint das Lamento des Weibes einigermaßen erheiternd zu finden. Schon sammelt sich ein Kranz von Neugierigen, und der Handel wird immer erbitterter. Peter hat zunächst nichts verstanden; aber allmählich erfaßt er doch diesen oder jenen Satz:

»Ein paar Jahre noch, dann sind sie schon dick und rund und groß. Gerade das Richtige für so hohe Herren Offiziere. Und was kosten sie schon bis dahin! Ein bißchen Reis, ein bißchen Gemüse jeden Tag – und können sich nützlich machen, können Stiefel putzen und bei Tisch bedienen und Botengänge machen; sie gehorchen aufs Wort, sind Schläge gewohnt. Ach, meine hochmächtigen Gebieter, nehmt sie, die nichtswürdigen Geschöpfe, mit denen mein Bruder nichts anzufangen weiß, nehmt sie! Für fünf Silberdollar jedes – das ist fast geschenkt!«

Die Umstehenden grinsen, denn der Oberst macht die Kinder schlecht: wenn sie so würden wie ihre Tante, die sie meistbietend verkaufen will, dann wäre nicht viel mit ihnen los. Das Weib läuft rot an, will anfangen erbost zu keifen, besinnt sich dann aber und ermäßigt ihre Forderung auf vier Silberdollar.

Peter findet endlich den Mut, den Oberst zu unterbrechen. Er fragt ihn auf englisch – denn natürlich kann der Oberst englisch; er hat zwei Jahre auf einem amerikanischen College in Kalifornien zugebracht –:

»Will die Frau tatsächlich diese beiden kleinen Mädchen verkaufen, Herr Oberst?«

»Ja, allerdings. Die Eltern hungern mit den älteren beiden Söhnen. Die Truppen haben das Dorf verbrannt, weil aus ihm geschossen worden sein soll. Der Vater will die überflüssigen Mädchen los sein und sich gleichzeitig mit Bargeld versehen. Es sind ja nur Mädchen.«

»Wie soll ich das verstehen? Als Sklavinnen werden sie verkauft?«

»Ja. Die Haussklaverei ist ja eigentlich abgeschafft. Aber Sie sehen ja, die Not nach den langen Kriegsjahren ist zu groß. Die Kinder haben es vielleicht besser, wenn sie verkauft werden, als wenn sie bei ihren hungernden Eltern bleiben. Von zehn Silberdollar kann ein Kuli lange leben; manche Bauern leben ein Jahr davon. Ich könnte die Kinder meinen Verwandten als Gastgeschenk mitbringen. Es hat viel Krankheit hier gegeben in der letzten Zeit, und meine Verwandten haben ein paar tüchtige Dienstboten an der Seuche verloren. Die Kinder würden es gut haben bei den Yen. Frau Yen Yi-fang, meine Schwägerin, ist keine sehr strenge Frau.«

Er untersucht die beiden, ihn aus angstweiten Augen anstarrenden kleinen Mädchen noch einmal genau, ob sie auch keine Krankheit versteckten; nein, sie scheinen wohlgebildet und gesund. Acht

Silberdollar wechseln den Besitzer. Die Frau beißt in jedes der Geldstücke, so fest sie kann. Dann erst bricht sie in den Ruf aus:

»Aih yah! Hundert Söhne und tausend Enkel sollst du haben, mächtiger Herr des Krieges!« Sie verstaut die Dollar im Hosenbund.

Dann schultert sie die Körbe an wippender Tragstange; die beiden Kinder, die sich noch nicht ein einziges Mal geregt oder gemuckst haben, halten sich krampfhaft fest; das Weib trottet hinter den Offizieren her. Die Menge hat lächelnd und respektvoll Platz gemacht – ja, wer sich so im Handumdrehen Mädchen kaufen kann – ai yah – große Leute, vornehme Leute –!

So passierte es Peter, daß er seinen Gastgebern in Tschöng-tu, der ehrenwerten Familie Yen, zwei niedliche kleine Sklavinnen als Geschenk mitbrachte. Denn der Herr Oberst, der sich durchaus schon als Peters älterer Bruder fühlte, verehrte die Kinder seiner Schwägerin – offensichtlich hatte er eine Schwäche für die katzenschmale Frau Yen Yi-fang – auch im Namen Peters. Dem armen Peter aber war so übel bei der ganzen schrecklichen Geschichte, daß er ein wenig Fieber und Erschöpfung vorschützte und sich gleich auf seinen Gästehof zurückzog. Fieber war jetzt ohnehin an der Tagesordnung, denn der Mei-ti'en, der Monat »Jeden Tag ein bißchen Regen«, war angebrochen, der Monat, in dem die weiße China-Sonne am Himmel schwelt, der Lotos-Mond! Jetzt öffnen die Blumen Buddhas ihre wunderbaren Blüten dem Mond, nur dem Mond; der weißen Sonne an den glühenden Tagen bleiben sie verschlossen.

Peter hockte noch eine Weile auf dem Rande des Wasserbeckens in seinem Hof; die schönen blassen Blüten schwammen auf dem stillen Spiegel.

Er dachte an die kleinen Mädchen, die heute an dieses Haus gefallen waren.

Er dachte an seine Frau, die schöne, kluge Yü-loh; sie hätte sicherlich wieder hundert kluge Erklärungen gewußt – hundertundeine kluge Erklärung –!

Er sehnte sich mit einer Kraft, die wie eine klaffende Wunde brannte, hinaus aus diesem Lande, hinaus –!

Er gehörte nicht hierher, in dieses stöhnende, erbarmungslose Menschenmeer. Niemals wollte er hier Heimatrecht erwerben, niemals. Ihm lag nichts daran, nichts!

Er wollte Yü-loh mitnehmen, fort von hier, wo sie so war oder wurde, wie er sie nicht wollte. Zum ersten Male wurde es Peter bewußt, daß zwischen ihm und Yü-loh ein unterirdischer Kampf entbrannt war: wandelte sie ihn nach ihrem Willen – oder er sie nach seinem?

In dieser stillen Stunde über den Lotosblüten, während fern die Hunde kläfften – verlorene Seelen – und irgendwo leise, dumpf die Pressen pochten, die das Geistergeld prägten, hier beschloß Peter: Ich bin ihr Mann – und damit bin ich stärker als ihr Vater! Ich bleibe hier nicht. Dies ist nicht mein Land. Ich nehme sie mit in meines!

Dann erst wird vollkommen sein, was das Schicksal so gewollt hat:

Peter und die schöne Yü-loh!

Siebzehntes Kapitel

Nördlich von Tschöng-tu führte die schlechter werdende Straße durch unabsehbare Reiseebenen, einen wahren Garten Gottes der Fruchtbarkeit und Üppigkeit. Flach breitete sich die Landschaft hin; es hatte eben geregnet; aber schon stach die blendendweiße Sonne wieder durch den Dunst, der über den wogenden, rauschenden Sumpfäckern wie silberner Nebel lagerte.

Als die Ebene langsam zurückwich und die Straße sich dem Gebirge entgegenhob, als sie wieder einmal in eines der geduckten Dörfer einfuhren, die aus der Ferne so malerisch aussehen mit ihren tiefhängenden Strohdächern, den alten großen Bäumen und den braunen Schutzmauern aus Lehm, die aber aus der Nähe betrachtet vor Schmutz und Armut starren, als der Fahrer wegen der vielen mageren schwarzen Schweine die ohnehin holperige Fahrt verlangsamen mußte, barst die niedrige Tür eines der Bauernhäuser zur Straße auf, zwei halbnackte Bauern stürzten heraus, ein alter und ein junger, und hinter ihnen her ein halbes Dutzend Soldaten, die mit Knüppeln, flachen Säbelklingen und Gewehrkolben auf die beiden wehrlosen Männer einschlugen. Das Auto schleuderte knirschend zur Seite – so scharf riß der Fahrer das Steuer herum; beinahe wäre er mitten in die wilde Horde hineingeprallt. Dicht vor den Vorderrädern brachen die Unglücklichen zusammen, blutüberströmt. Der Wagen stand, Peter und der Oberst sprangen ins Freie.

Der Unteroffizier, der die Rotte führte, schien sehr verdutzt; er riß seine wickelgamaschenen Beine zusammen; die Füße steckten in zerlöcherten Stoffschuhen; er brachte etwas zustande, das entfernt einer strammen Haltung ähnlich sah.

»Was geht hier vor?« wollte der Oberst wissen. Peter hatte diesen eisig hochmütigen Ton noch nicht von ihm gehört.

Die Soldaten standen mit dummen, leeren Gesichtern im Kreis. Die Geschundenen hoben vom Boden her die Hände: »Erbarmen, habt Erbarmen, Herr! Wir sind nur Kot vor dir. Habt Erbarmen!« Der Oberst verschwendete keinen Blick an die Bauern.

Der Unteroffizier begann stotternd zu erklären:

»Wir haben den strikten Befehl, aus diesem Dorf fünfzig Picul* Reis, ebensoviel Hirse, hundert Gurken, zwei fette Schweine, zehn Hühner und zwanzig Enten herauszuholen. Und auch noch etwas Bargeld. Wir brauchen Bargeld, Herr Oberst. Wir haben schon lange keine Löhne mehr gesehen. Das Dorf hat ja nur fünfzehn Gehöfte. Und diese Enkel von schmutzigen Hunden hier sagen, sie hätten nichts mehr. Dabei sind sie mit die Wohlhabendsten im Dorf. Entweder haben sie ihre Vorräte gut versteckt, oder sie haben sie den Partisanen gegeben.«

Peter hatte angestrengt zugehört; er verstand den Soldaten leidlich; der Mann stammte nicht aus der Gegend, das merkte Peter gleich. Der Ausdruck, den der Unteroffizier für den Begriff »Partisanen« gebrauchte, war Peter fremd; er sagte »Rote Speere«. Peter begriff und dachte sich sein Teil. Hier irgendwo im Norden der Provinz begannen die Gebiete, die von kommunistischen Truppen besetzt waren; diese Formationen hatten während des Krieges neben der Nationalarmee Tschiangs gegen die Japaner gefochten. Jetzt aber machten sich die alten Gegensätze wieder bemerkbar. Es sollte, wie Peter schon in Tschungking gehört hatte, bereits vielfach Reibereien, Schießereien, hier und da sogar schon offenen Krieg gegeben haben. Als besonders gefährlich war hingestellt worden, daß die Bauern es offenbar lieber mit den Kommunisten hielten als mit den Truppen der Nationalregierung.

Der Oberst wandte sich jetzt den jammernden Bauern zu:

»Warum liefert ihr nicht ab, was befohlen ist? Die Soldaten müssen auch leben. Wenn ihr nicht pariert, lasse ich euch an eurem Türbalken aufhängen. Wo habt ihr eure Vorräte, ihr Halunken?«

---

* Ein Picul etwa einfünftel Zentner.

Der Herr Oberst war ungeduldig, kein Zweifel. Er wollte weiter, mochte sich nicht aufhalten lassen. Er klopfte sich mit dem Stöckchen auf die eleganten Reithosen, daß es knallte. Sicherlich wollte er auch Peter vorführen, wie man sich in solchen Lagen zu verhalten hatte.

Die Bauern jammerten und beteuerten hoch und heilig, sie besäßen nichts mehr.

»Sie haben wahrscheinlich die Partisanen versorgt«, sagte der Unteroffizier böse. »Die Berge sitzen voll von Partisanen, da zum hohen Kiu-ting-schan hinüber.«

Der Oberst war jetzt wütend. Widerstand schien ihm verhaßt zu sein. Er zischte:

»Wenn ihr nicht in zwei Minuten angebt, wo ihr euern Reis aufbewahrt habt, hängt ihr, und euer Haus wird angesteckt!«

Er sah nach seiner Armbanduhr.

Der Bauer lenkte ein: »Es ist unser letzter Reis, Herr, er sollte bis zur nächsten Ernte reichen, und als Saatgut dienen. Wenn wir ihn hergeben, müssen wir verhungern.«

»Ach was, verhungern! Es gibt genug Rinde an den Bäumen. Und außerdem habt ihr immer noch irgendwo etwas übrig. Unteroffizier, nimm den Kerlen alles ab, was sie haben! Zur Strafe!«

Die Soldaten machten wiederum Miene, etwas ähnliches wie stramme Haltung anzunehmen.

Der Herr Oberst und Peter stiegen ein. Das Auto entschwand in einer Wolke braunen Staubes. Die Schreie der erneut Geschlagenen verhallten.

»Sie glauben gar nicht, liebwerter Herr Vetter, wie hartnäckig diese Bauern manchmal sind. Sie wollen nicht einsehen, daß die Regierung der Kuo-min-tang und des großen Marschalls nur für ihre Interessen kämpft und allein auf ihr Wohlergehen bedacht ist!«

Peter sagte gar nichts.

Am Abend des nächsten Tages – nach halsbrecherischer Fahrt über Gebirgsstraßen, die nur notdürftig für ein verwegenes Auto passierbar gemacht waren, über reißende Flüsse auf gebrechlichen Fähren – erreichten die Reisenden endlich das weite Bergland, in welchem die Kompanien des Su'schen Regiments im Quartier lagen.

Die Nacht zuvor hatten Peter und der Oberst in der Missionsstation der Stadt Hantschung verbracht, die noch von Missionaren – amerikanischen Baptisten – besetzt war. Die hochgewachsenen, weißgekleideten Männer hatten sich anfangs von dem Besuch, den sie allerdings kaum abweisen konnten, nicht allzu entzückt gezeigt. Sie machten in ihrer amerikanisch unverblümten Art auch kein Hehl aus den Gründen: sie wollten nicht in den Geruch kommen, allzu intime Freundschaft mit hohen Offizieren oder Beauftragten der Nationalarmee zu unterhalten. Sie waren davon überzeugt, daß die Roten über kurz oder lang diese Gebiete beherrschen würden; sie wollten auf ihrem Platz ausharren. Sie hatten eine lebendige christliche Gemeinde um sich versammelt und ein kleines Krankenhaus gegründet; sie fühlten sich ihren Taufkindern verpflichtet und dachten nicht daran, ihre kleine Herde im Stich zu lassen.

Der Oberst versicherte einigermaßen pikiert, daß die Nationalarmee den Nordzipfel Ssetschwans und darüber hinaus das Land bis zu den Gebirgspässen unter keinen Umständen aufgeben werde. Die Armeegrenzen seien genau festgelegt, und die Roten hätten am oberen Kialing-kiang oder Han-kiang und den Nebenflüssen nichts zu suchen.

Die drei Missionare schwiegen vielsagend und blickten auf ihre Hände. Es war beinahe unhöflich, daß sie dem Oberst nicht zustimmten.

Peter hatte wortlos daneben gesessen und sich in der soldatischen Tugend des Untergebenen geübt, den Vorgesetzten reden zu lassen, so lange er wollte, und nur zu reden, wenn der Vorgesetzte dazu aufforderte. Die Missionare betrachteten Peter zuweilen forschend; aber Peter nahm keine Kenntnis davon.

Ein grobknochiger Mann aus Missouri – er hatte es zuvor halb zufällig verraten, daß er von dorther stammte – trat auf Peter zu und meinte mit der etwas aufdringlichen Freundlichkeit, die ihm eigen war, es täte ihm leid, daß sein Gast sich noch gar nicht mit ihm unterhalten hätte; aber sicherlich hätte er seinen Vorgesetzten reden lassen müssen. Ob Peter neu zu des Obersten Regiment versetzt sei, denn er, der Missionar, hätte ihn bis dahin noch nicht unter den Stabsoffizieren kennengelernt? Nein, erwiderte Peter – wie es ihm der Oberst eingeschärft hatte –, er wäre dem hochzuverehrenden Su Shu-heng nur mitgegeben, um für eine höhere Dienststelle gewisse Nachrichten über die Roten zu sammeln. Dieser sanfte Hinweis schien bei dem Missionar zu zünden; er zog Peter in ein kleines Büro und redete nun frei von der Leber weg. Da Peter ihn englisch angesprochen hatte, schien auch der Missionar alle Bedenken aufzugeben, etwa die chinesische Höflichkeit und Zurückhaltung wahren zu müssen.

Des Obersten Regiment läge der Bevölkerung ringsum wie mit Zentnerlasten auf der Brust. Die Soldaten lebten ausschließlich von den Dörfern, in denen sie lägen. Löhnung hätte es schon lange nicht mehr gegeben; die Soldaten, ihre Offiziere voran, machten sich aus dem ohnehin leergeplünderten Lande bezahlt.

Peter hatte zugehört, ohne den Missionar zu unterbrechen. Der Mann sprach nach bestem Gewissen die Wahrheit, daran zweifelte Peter keinen Augenblick. Schließlich stellte Peter die Frage, auf die es ihm ankam:

»Werden die Soldaten kämpfen, wenn sie im Ernst von Norden her angegriffen werden, Reverend Ashley?«

Der Geistliche blickte den Frager mit einem prüfenden Blick von unten her an: »Wollen Sie, Herr Hauptmann Su, daß ich Ihnen auf chinesisch als höflicher Chinese antworte und unser Gesicht wahre, da wir doch eigentlich Bundesgenossen sind? Oder soll ich Ihnen, Mr. Su aus Kanton, schlankweg nach amerikanischer Manier sagen, was ich denke?«

»Was Sie wirklich denken, Reverend Ashley!«

Die Züge des Befragten wurden hart. Er knarrte die Antwort hervor, als machte es ihm Freude, die Worte vorher zu zerkauen:

»Diese Horde von Marodeuren und Bauernschindern kann nicht mehr kämpfen. Sie ist längst verdorben. Man hat sie zwei Jahre lang in Hunger und Nichtstun verkommen lassen. Sie ist keinen Schuß Pulver mehr wert. Sie wird entweder zu den Roten überlaufen oder sie wird schleunigst verschwinden, ohne sich umzudrehen. Wer seine Waffen so oft gegen Wehrlose erhoben hat wie dies Gesindel, der hat das Kämpfen verlernt.«

»Wer hat den Sold dieser Soldaten bezogen? Wer hat ihren Proviant empfangen? In Tschungking ist man der Meinung, daß die Truppe regelmäßig bezahlt und verpflegt worden ist.«

»Also doch chinesisch, mein Herr Hauptmann Su?« fragte der Missionar mit offenem Hohn. Er fuhr fort: »Entbinden Sie mich von der Antwort auf diese Frage, Herr Hauptmann Su. Wenn Sie aber zuverlässig darüber aufgeklärt werden wollen, so empfehle ich Ihnen, sich bei Ihrem hochwürdigen Herrn Vetter, dem Herrn Oberst Su Shu-heng, zu erkundigen.«

Peter verneigte sich tief und ohne eine Miene zu verziehen:

»Ich danke Ihnen verbindlichst für Ihren klugen Rat, Reverend Ashley. Ich werde ihn mir dienen lassen.«

Peter erhob sich, empfahl sich und legte sich in dem winzigen kahlen weißgetünchten Gastraum, der ihm angewiesen war, auf die knarrende Pritsche.

So verdiente man also bei dieser gloriosen Armee Geld! Wie nett und reizend von der Lao-tai-tai, daß sie auch ihm einen solchen einträglichen Posten zugedacht hatte! Wie brav von ihrem gehorsamen Enkel, dem Herrn Oberst Su Shu-heng, daß er seinen frisch adoptierten Vetter an dem guten und einfachen Geschäft beteiligen wollte –!

Und seine Yü-loh, die sonst so glühend für Chinas Freiheit und Unabhängigkeit schwärmende –? War sie so naiv, daß sie gar nicht merkte, was hinter den Kulissen dieser »nationalen« Regierung gespielt wurde? Oder maß sie mit zweierlei Maß, dachte sie mit doppeltem moralischen Boden, wie das hier zum guten Ton zu gehören schien –? Viele Fragen. Keine Antwort.

Am nächsten Tag ritten Peter und der Oberst in die Berge, denn das Auto war nicht mehr fähig, das grobe Geröll, die krassen Steigungen dieser Gebirgswege zum Ta-pa-scha zu bewältigen. Die kleinen mongolischen Ponys, mit denen sich Peter und der Oberst beritten gemacht hatten, kletterten sicher wie die Ziegen; die bissigen, unfreundlichen Geschöpfe waren nicht schnell, aber ungemein zäh.

Die Menschen, die hier der kleinen Kolonne begegneten, blickten anders als die Bauern in den Tälern, in den Ebenen; sie blickten scheuer, wilder, finsterer. Peter fühlte ein paarmal nach der Pistole an der Hüfte, ob sie auch lose und griffbereit im Halfter steckte –.

Ungeheuer die Berge –!

Kahl, rissig, glühend in der erbarmungslosen Sonne. In tiefen Schluchten tobten Sturzbäche.

Zum Mittagessen: gekochten Reis aus einer Büchse, dazu ein Stück Bauchspeck, Tee aus der Feldflasche.

Weiter! Die Sonne schlägt mit Keulen.

Am halben Nachmittag endlich das Dorf, dem sie zustreben, in ein schmales, grünes Tal gebettet:

In dem Dorf liegt die A-Kompanie des Su'schen Regiments. Die Wache muß den Trupp der Nahenden schon von weitem gesichtet haben. Denn als der Oberst mit seiner Begleitmannschaft einreitet, sind hundert oder hundertzwanzig Mann schon auf dem Dorfplatz angetreten; der Hauptmann tritt heran, Pistole in der Hand, Lauf nach abwärts, Finger am Drücker – so scheint das hier üblich zu sein –, und meldet seinem Obersten. Der dankt.

Von den Bewohnern des Ortes ist niemand zu sehen. Aber es stellt sich bald heraus, warum das so ist. Die Kompanie ist nicht vollzählig versammelt. Die Fehlenden bewachen draußen auf den Feldern die Bauern, damit sie die Felder bestellen, jäten, misten, bewässern. Und abends bringen sie ihre Sklaven wieder zurück, und des Nachts bewachen sie die Gehöfte, damit keiner ausrückt und sich etwa in seiner Verzweiflung selbständig macht oder zu den Roten im Norden überläuft. Das Dorf ist groß und kann die hundertfünfzig oder zweihundert Mann der A-Kompanie leidlich ernähren, wenn man die Bauern tüchtig treibt und ihnen nur so viel zu essen gibt, daß sie eben ihr Leben fristen, ohne Lust zu verspüren, aufsässig zu werden. Und dann bleibt immer noch genug von den Ernten übrig, was man als Überschuß in die Stadt verkaufen kann. Der Hauptmann der A-Kompanie, Herr Kwo Wei-chun, grinst, daß seine langen gelben Zähne sichtbar werden:

»Meine Leute sehen nicht sehr proper aus, Herr Oberst. Wir sind eine sehr minderwertige Kompanie. Aber schießen können sie; ihre Gewehre sind in Ordnung.«

Ja, das scheint zu stimmen. Auch hier die Wattebäusche in allen Gewehrläufen, wie kleine Rauchfähnchen. Die Kerle verraten damit, daß sie wenigstens eine Vorstellung von der Sauberkeit eines Gewehrlaufes besitzen.

Peter tritt in eine der niederen Hütten. Er erschrickt: eine alte Frau und ein Kind darin werfen sich vor ihm auf die Erde in tiefem Kotau. Sie scheinen es nicht anders gewohnt. So also haust alles durcheinander: Soldaten, Bauern, Weiber, Schweine, Enten, Kinder, Büffel. Ihm wird übel. Er tritt wieder ins Freie. Die beiden Gestalten auf dem Boden haben sich nicht geregt.

Der Oberst sagt:

»Hier ist alles in Ordnung, Vetter! Wir wollen noch eine gute Stunde weiterreiten. Zur B-Kompanie. Die Hitze läßt jetzt nach. Im nächsten Dorf können wir auch besser übernachten.«

Der Tempel liegt in einem Hain von ungeheuren, uralten Phätinien und Steineichen. Die mächtigen Bäume zeigen an, welche Wälder hier einst die Hänge bedeckt haben, ehe der holzhungrige Mensch die rauschenden Dickichte, die wunderbaren Pflanzendome vernichtete.

Abseits vom staubigen Dorf schmiegen sich die ehrwürdigen Gebäude unter den gewaltigen Wipfeln in ein flaches Seitental. Peter hat sie schon von weitem erkannt und den Oberst gebeten, gleich dorthin vorauszureiten und Quartier machen zu dürfen. Der Oberst hat den Wunsch gewährt mit der ironischen Bemerkung: so lange Ritte wären eben doch nichts für ungewohnte Beine. Und damit hat er nicht ganz unrecht, denn als Peter sich endlich von seinem schweißbedeckten Pony gleiten läßt, sackt er in den Knien so heftig ein, daß er sich am nächsten Pfahl festhalten muß.

Das Pony sucht sich gleich einen großen Steintrog und säuft in langen Zügen. Der Bursche des Obersten, der Peter zum Tempel gefolgt ist, nimmt dem Tier den Sattel und das Zaumzeug ab; das Pferdchen schüttelt sich ausgiebig und beginnt unter den Bäumen zu grasen.

Peter wird von der Seite her angesprochen. Er fährt herum; er hat nicht vernommen, daß ein Mensch sich näherte. Der Mann verbeugt sich leicht, und Peter erwidert unwillkürlich die Verbeugung. Die dunklen Augen in dem großflächigen, kantigen Gesicht blicken überlegen freundlich, blicken weise – ja, dies anspruchsvolle Wort »weise«, hier paßt es, denkt Peter. »Seid willkommen, Soldat!« sagt der Mönch, als er sich wieder aus seiner Verbeugung aufrichtet.

Peter sagt: »Dürfen wir bei Euch übernachten, Ehrwürden? Der Herr Oberst Su Shu-heng inspiziert die Truppe im Dorf und will dann auch heraufkommen. Wir werden Euch nicht lange belästigen; wir wollen morgen nach Norden weiterreiten.«

Der Mönch sieht Peter forschend an. Peter kennt diese Blicke bereits: Wenn die Leute merken, daß er ein unvollkommenes, fremdartiges Chinesisch spricht, dann sehen sie ihn so an. Er ist froh, daß Ting inzwischen keuchend herannaht. Ting, der Wackre, hätte natürlich beim Auto bleiben können, in der friedlichen Missionsstation in Hantschung. Aber das wäre mit seiner Dienerehre nicht vereinbar gewesen; er hat sich den Soldaten angeschlossen, ohne Schießeisen, stets sich vorsichtig am Schluß haltend. Ting ist zähe, erst gegen Ende des heißen Tages ist er zurückgefallen; doch wohl nur, um ein wenig zu requirieren: Er schlenkert zwei Enten in der Hand, die so frisch geschlachtet sind, daß sie noch aus den kopflosen Hälsen bluten. Ting weiß, was sich an dieser Stätte gehört. Er legt die toten Vögel mit den bunten Federn beiseite, spült sich die Hände in dem Wassertrog, aus dem das Pony gesoffen hat, verbeugt sich dann vor dem Mönch und sagt:

»Wo darf ich meinen Herrn unterbringen, und wo darf ich ihm den Abendreis kochen, Verehrungswürdiger?«

Der Alte klatscht in die Hände. Aus der dämmrigen Tiefe der großen Vorhalle des Tempels erscheint ein jüngerer Mönch mit kahlgeschorenem Schädel und stillem, fahlgelbem Gesicht. Er verbeugt sich tief, winkt dann Ting mit einer sanften Geste, faßt das weidende Pony in die dicke Mähne, es gehorcht seinem leisen Wort ohne Widerstreben; auch der Bursche des Obersten schließt sich ihm an; er hat mit stumpfer Neugier abseits stehend zugesehen. Peter und der Mönch sind wieder allein; die andern sind irgendwo im dunkelnden Hintergrund zwischen den üppigen Fliederbüschen verschwunden.

Jetzt erst gibt der Alte seinem Gast Antwort:

»Ich freue mich, daß Ihr gekommen seid. Ihr findet Platz genug in den Wohnhöfen. Ich lebe hier nur noch mit vier Novizen. Alles andere ist davongelaufen, aus Angst vor den Soldaten, vor den Roten, vor dem Hunger. Aber wozu Angst? O me to fu! Ich verlasse mich auf den hohen Buddha! Ich kenne auch Euren Oberst; er ist ein großer Liebhaber der Schreibkunst. Er erweist mir die große Ehre, meine minderwertigen Fähigkeiten auf diesem Gebiet über Gebühr zu loben.« –

Peter ist ins Schwimmen geraten. Obgleich der Mönch langsam und deutlich spricht, versteht Peter nur die Hälfte dieser harten Laute des Nordens, die so anders klingen als der weiche Singsang der Dialekte von Kanton oder Hainan. Peter stammelt:

»Verzeiht, Ehrwürden! Es wird mir schwer, Euch zu verstehen. Ich bin Eure Aussprache nicht gewohnt.«

Der Alte lächelt und fällt plötzlich in ganz passables Englisch:

»Vielleicht verstehen wir uns in der Sprache der weißen Teufel besser.«

Er gebraucht den Ausdruck scherzhaft, ohne Bitterkeit.

Peter ist sehr erstaunt, sogar beunruhigt. Hat der Mönch ihn durchschaut? Peter kann sich immer in eine erdichtete Mischlingsexistenz retten, wenn ihn der unvollkommene Schnitt seiner Augen und Backenknochen verdächtig macht. Doch nein, dieser gütige alte Mann will nichts Böses. Peter fragt:

»Wo habt Ihr Englisch gelernt, Ehrwürden? Doch nicht in dieser Einsamkeit, in diesen entlegenen Bergen hier am Ende der Welt!«

Das Lächeln des Alten vertieft sich:

»Am Ende der Welt –? Hier ist nicht ihr Ende. Sie ist hier genauso wirr und wild wie in den großen Städten des Ostens. Mein lieber junger Bruder, die Menschen sind überall gleich. Ich war in vergangenen Jahrzehnten Christ und lebte lange als Schüler an einer der großen amerikanischen Missionsstationen in Tientsin. Aber dann fand ich, daß die Missionare trotz guter Absichten zu Zerstörern unserer alten Ordnungen werden; ich fand auch, daß unter den Christen nicht die Liebe vorwaltet, der zu leben sie vorgeben; ich fand sogar, daß das Christentum gewollt oder ungewollt sich zum Vorspann sehr eigensüchtiger Absichten des Westens entwürdigen läßt – und da bin ich wieder zu der alten Lehre zurückgekehrt, daß alles eitel sei und das Nichtwollen besser als das Wollen. Damals herrschte hier noch vollkommene Stille; es war mehr eine Einsiedelei als ein Kloster. Ich lernte die Kunst der vollkommenen Versenkung, und wie von selbst fing mein Pinsel an, wunderbar schön zu schreiben. Die Bauern kamen gern zu mir und holten sich Rat, als ich erst Abt geworden war; sie waren glücklich damals und zufrieden in all ihrer Unwissenheit, Armut und all ihrem Aberglauben. Aber dann kamen die Generäle und Soldaten, immer wieder Soldaten, wie Flöhe in Scharen auf einem kranken Hund. Seither habe ich einsehen müssen, daß kein Christ die alten Ordnungen so zu zerstören vermag wie ein geldgieriger General und die landfremden Räuber, die er in Uniform steckt und auf die Bauern und Bürger losläßt, um ihnen die ›neue Zeit‹, die ›neue Ordnung‹ beizubringen oder sie gar zu ›schützen‹!«

Peter hat sich auf einer bemoosten Steinbank niedergelassen, und der Alte hat sich daneben gesetzt. Peter bewundert den Mut des Alten. Oder ist das gar kein Mut mehr, sondern einfach die Überlegenheit des Alters, die sich nicht mehr darum kümmert, ob sie mit dem, was sie sagt, Wohlgefallen erregt oder nicht? Peter kann sich nicht enthalten, den Versuch zu machen, leise zu entgegnen:

»Ich bin auch Soldat, Ehrwürden!«

Aber der Alte schiebt den Einwurf mit einer beinahe verächtlichen Handbewegung beiseite:

»Ihr? Ein Soldat? Ihr seid kein Soldat! Sicherlich seid Ihr tapfer, wenn es darauf ankommt. Vielleicht seid Ihr sogar ein Krieger, ein großer Krieger, und wißt, worauf es ankommt. Soldat seid Ihr nicht. Kennst du dies Zeichen?«

Er greift einen Stecken aus dem Gebüsch und reißt mit großem Schwung ein Schriftzeichen in den Sand:

»Da! Das Zeichen für ›Soldat‹! Es ist das gleiche wie für ›Räuber‹! Soldaten sind Räuber! Bist du ein Räuber? Ich kenne sie! Ich kenne sie an ihren Augen! Kannst du die Menschen schinden und schänden? Kannst du essen, was du nicht gepflanzt, nehmen, was du nicht bezahlt, verschwenden, was du nicht erworben hast? Kannst du töten ohne Sinn, quälen ohne Verstand, schlagen und brennen und stechen ohne Not? Du gehörst hier nicht her. Du bist kein Soldat. Deine Augen sind anders. Kehre um! Ich weiß, daß ein furchtbares Gewitter droht. Die Blitze warten schon; sie sind nicht mehr zu bändigen.«

Peter ist bleich geworden. Wer ist dieser alte Mann? Ein Mönch? Mit solchen Worten? Ist er irrsinnig? Die Augen, ganz hell und sprühend bei aller Schwärze, drohen und glühen. Ein Seher? Ein Prophet? Ein Zauberkundiger? Warum eifert er gerade ihn an, einen Fremdling, den er eben erst als Gast aufgenommen hat? Peter ist wie gebannt von diesen brennenden Augen. Wie, um alles in der Welt, ist es überhaupt zu diesem Ausbruch gekommen?

Herr im Himmel, ja! Der Mann weiß etwas! Er will mich retten! Und versucht es mit den Mitteln, die auf seine Leute wirken. Warum findet er mich so erfreulich, daß er mich retten will? Wovor überhaupt? Retten? Wovor?

Peter stammelt:

»Ehrwürden, wenn der Oberst dieses hörte, oder auch nur sein Bursche –! Der Oberst ist unberechenbar! Ehrwürden, ich bitte Sie, seien Sie vorsichtig!«

Jetzt ist die Reihe, verdutzt zu sein, an dem eben noch drohenden Beschwörer. Ganz plötzlich bricht der Mönch in ein schallendes Gelächter aus, das im ersten Augenblick noch unheimlicher wirkt als seine wilde Anklage zuvor. Dann merkt Peter, daß die Heiterkeit echt ist; sie steckt sogar an. Der Alte stößt atemlos vor Gelächter hervor:

»Ein Kind noch, ein Kind ist er. Er warnt mich –! Was fürchte ich für ihn! Die Götter haben ihn lieb! Er denkt an mich eher als an sich! Was soll ihm schon passieren! Er geht über Regenbogenbrücken. Ihm sind sie fest!«

Und als der Alte sich endlich beruhigt hat, sagt er:

»Begleite mich, mein Sohn! Ich habe dir einiges zu sagen!«

Die beiden Männer erheben sich, der alte und der junge, und wandern in der immer tiefer und dunkler blauenden Dämmerung am Rande des uralten Hains dahin.

Der Alte sagt:

»Das Maß dieser Quäler ist voll! Die Bauern hören jetzt auf die Einflüsterungen der Männer aus dem Norden; die reden davon, daß der Grund und Boden allen gehören müßte, und sie verkünden, daß Pachtzins und Schuldzins nicht mehr gezahlt zu werden brauchen. Dies klingt natürlich meinen Bauern im Dorf lieblich in den Ohren – aber daß sie auch ihr Eigentum am Boden aufgeben sollen, das mögen sie nicht gern wahrhaben. –«

Peter hört aufmerksam zu; fast hat er den Eindruck, als vergäße der Alte stets nach einer Weile seinen Zuhörer und redete mit sich selbst. Vielleicht muß ich mich wieder in Erinnerung bringen, denkt Peter; er sagt, als sich der Alte einen Augenblick lang sinnend unterbricht:

»Täusche ich mich, Ehrwürden? Mir war, als hörte ich Geschrei aus dem Dorf heraufdringen. Aber es scheint zu weitab. Man kann es nicht genau unterscheiden. Die Zikaden machen solchen Lärm.«

Sie lauschten ein paar Augenblicke. Ja: unverkennbar – irgendwo da unten schreit ein Mensch.

Der Mönch wendet sich plötzlich Peter voll zu und faßt ihn an den Ellbogen. Der Perlenkranz schwingt herum bei der jähen Bewegung und schlägt Peter über die rechte Schulter, wo er sich in der Achselklappe verfängt. Der Alte fragt Peter gedämpft, aber mit erschreckender Leidenschaft in der Stimme:

»Hauptmann Su To-yu – so stellten Sie sich mir vor! Ihr Vetter, der Oberst, läßt dort unten einen Bauern peitschen, weil er irgend etwas nicht abgeliefert hat, oder vielleicht nur, um ein Exempel zu statuieren. Es ist immer dasselbe, wenn der Oberst hier eintrifft. Wenn ich nie etwas anderes gewesen wäre als ein Schüler Buddhas, ich würde das Leiden der gequälten Kreatur hinnehmen, denn alles ist Leiden – und wer leidet, erwirbt sich das Anrecht auf mehr Glück und Freude in der nächsten Existenz. Alles Dasein ist ja nur ein Übergang von einer Leideform in eine andere. Aber ich bin wohl zu lange Christ gewesen – ich kann dies sinnlose Unrecht, das da unten verübt wird, nicht mehr ertragen – nicht länger ertragen! Ich muß das Schwert nehmen und Ohren abschlagen, muß ihre Ohren abschlagen –!«

Er schüttelt Peter. Der hagere Mann mochte über unbändige Kräfte verfügen. Es ist fast schon dunkel. Die Sterne glimmen durch den Dunst, den der scheidende Tag über dem Tal vergessen hat. Peter sieht nur noch die Augen glühen und den Kranz silbernen Haares um die Stirn schimmern. Peter ist stark erregt. Wann jemals ist er so in der Tiefe aufgestört gewesen? Welche Entscheidungen treten hier in diesem Tal in der Tiefe des uralten Asien an ihn heran, an ihn, den kleinen, dummen Deutschen, den entlaufenen Kriegsgefangenen, den Heimatlosen in fremdem Land, den das Heimweh plagt, niemals offen eingestanden – den trotz aller heimlich beglückenden Frauenliebe Unglücklichen – denn diese Fremde ist ihm zu fremd!

Peter stammelt stockend – und dann immer verzweifelter und wilder – er ist nicht mehr Herr über sich:

»Ja, so ist es! So ist es! Mir geht es ebenso! Ich hasse dies alles! Es ist nicht meine Welt! Fort, fort von hier! Das Unrecht quetscht mich zu Tode. Ich habe nichts gemein mit diesen Wahnsinnigen! Sie saufen sich am Elend ihrer eigenen Leute voll! Das grausige ist, ich kann nicht fort. Ich muß dankbar sein. Sie wollen mir ihren Namen schenken! Sie haben mich vor dem Tode gerettet. Ich bin ein Su, ob ich will oder nicht. Ich kann nicht weglaufen, ich muß bei ihnen bleiben. Helfen Sie mir, Vater!«

Es ist, als hätte der Mönch dies Geständnis aus ihm herausgeschüttelt. Der Alte läßt Peter so plötzlich fahren, daß der jäh Freigegebene beinahe taumelt; der Mönch fährt nach einer Weile ruhiger fort, wie erschöpft, als müßte er jeden Satz überlegen:

»Ich wußte es. Ich bin alt geworden und habe gelernt, in Gesichtern zu lesen, wie ich die vierundvierzigtausend Zeichen der klassischen Schriften lese. Ich lese in dir, mein Enkel, wie in einem aufgeschlagenen Buch, wenn die Kerze brennt zur dritten Nachtwache und selbst die Fledermäuse nicht mehr flattern. Du ängstigst dich in deinem Herzen, Enkel, du bist erfüllt von Sehnsucht, du bist ein verirrtes Kind, und du weißt, daß du ganz machtlos bist.«

Peter hat sich langsam wieder gefangen. Er verfällt – sich selbst überraschend – in einen ganz nüchternen Tonfall, als er fragt:

»Ehrwürden, sprechen Sie, bitte, aus, was sich hinter Ihren Andeutungen verbirgt. Wenn es sich um vertrauliche Mitteilungen handelt, so bin ich durchaus bereit und fähig, das Geheimnis zu wahren.«

Der Alte lacht wie schon einmal ein leises Lachen, in dem sich Wohlwollen und spöttische Erheiterung freundlich mischen:

»Männlich ernst, mein Enkel? Gut, gut! Vielleicht ist das die beste Manier, über die Sache zu reden. Du hast sie im Westen gelernt, nicht wahr? Nicht alles ist vom Übel, was von den Westbarbaren stammt. Höre zu! Seit Monaten planen die Männer aus dem Norden, das ganze Regiment deines Vetters Su mit einem Schlage aufzuheben und totzuschlagen. Ich habe lange gezögert und die Menschen in den Dörfern ringsum abgehalten, mit den ›Roten Speeren‹ gemeinsame Sache zu machen; ich glaube nicht an die Aufrührer; ihnen fehlt, was allein die Menschenwelt in Ordnung hält: Ehrfurcht. Aber die Not ist schließlich unerträglich geworden. Ich weiß es. Bei mir laufen die Fäden zusammen. Die Bauern haben gewartet, bis sie den Oberst mit im Netz wissen. Ich wurde hier in meinem Tempel nicht belästigt. Der Oberst hatte es befohlen; er schätzt meine Schreibkunst. Die Bauern wissen schon, was sie mit ihm tun werden. Sie werden vier kräftige Esel an seine Gliedmaßen spannen und werden ihn auseinanderreißen. Und du, mein lieber Sohn und Enkel, wirst jetzt hingehen und deinen Vetter von all diesem in Kenntnis setzen; die Soldaten werden die Bauern der Dörfer ringsum zusammentreiben, nach Süden in die Knechtschaft führen oder aufknüpfen. Und mich, mein Enkel, wirst du dann dem Herrn Oberst als den Hauptverschwörer angeben, und er wird mich eigenhändig erschießen –.«

»Nie!« sagt Peter, ohne einen Augenblick zu zögern. Die Verschwörung scheint ihm das Natürlichste von der Welt – als käme dadurch diese Welt wieder ins Gleichgewicht.

»Ich wußte es!« kommt ruhig die Stimme des Mönchs aus dem tiefen Schatten unter den Bäumen. Die Sterne haben nun den Dunst überwunden. Sie glitzern in unerhörtem Glanz. Es ist sehr kühl geworden. Eine Weile schweigen Peter und der Mönch miteinander. Der Alte fährt schließlich fort:

»Der Oberst wird heute nacht erst sehr spät heraufkommen. Er betrinkt sich jetzt dort unten. Ich kenne das. Wenn ich nicht wüßte, daß du dich allein nicht in Sicherheit bringst, würde ich dir meinen zweiten Novizen mitgeben. Dein Pony hat sich jetzt ausgeruht und satt gefressen. Mein Schüler weiß einen Richtweg über die Berge nach Hanschung. Ihr könntet übermorgen in der Stadt eintreffen.

Dort solltest du dich nicht lange aufhalten. Denn auch da wird in den nächsten Tagen der Aufstand losbrechen. Dies Land hier hat im Grunde schon heute aufgehört, der Nationalregierung zu gehören. Es wird ihr nie wieder zufallen. Früher brachte das Volk den Kaiser um, wenn er Himmel und Erde nicht in Harmonie miteinander einen konnte. Heute gibt es keinen Kaiser mehr, und die alte Harmonie ist vergessen. Ich wünsche dir Glück, Enkel, langes Leben und viele Söhne! Du gehst den Weg, der dir bestimmt ist. Komm, wir wollen umkehren, damit du den Schlaf nicht versäumst. Dein Diener kann dir noch ein Bad bereiten; es wird dich erfrischen nach dem heißen Tage.«

Peter braucht nicht lange zu überlegen, was er zu antworten hat:

»Ich danke Ihnen, ehrwürdiger Vater. Auf das Bad freue ich mich. Aber ich bleibe hier, wenn ich gebadet habe. Bitte, verstehen Sie mich, ehrwürdiger Vater. Ich würde mehr als eine Pflicht verletzen, wenn ich mich heimlich über die Berge in Sicherheit brächte.«

Der Mönch drängt Peter nicht, legt ihm nur leicht die Hand auf die Schulter, als sie durch das Dunkel langsam wieder dem Tempel zuschreiten.

»Gut – gut!« sagt er nur; und nach einer Weile:

»Vergiß nicht den Weg hierher – und von hier über die Berge nach Hanschung. Der Richtpfad beginnt oberhalb der großen Zeder, die den Tempelhain am Berghang oben beschließt.«

Neunzehntes Kapitel

Der Ort Liu-pa liegt schon über tausend Meter hoch. Die niedrigen Häuser aus grob behauenen Steinen drängen sich auf einer schmalen Felsenebene über den schäumenden Wildflüssen, die hier von den ragenden Hängen des Ta-pa-Gebirges zusammenströmen. Liu-pa ist die letzte stadtähnliche Siedlung südlich der hohen Pässe. In Liu-pa haben deshalb auch die letzten drei Kompanien des Su'schen Regiments ihr Stadtquartier aufgeschlagen.

Seit dem Abend, an dem Peter von dem schreibkundigen Abt des verfallenen Klosters oberhalb Ma-tau-ji gewarnt worden ist, sind bereits drei Tage vergangen, ohne daß sich Überraschendes ereignete. Peter ist schon geneigt, das sonderbare Nachtgespräch für magischen Hokuspokus zu halten, der nicht ernst zu nehmen ist. Aber dann wird er allmählich der Tatsache inne, daß der Oberst von einer täglich wachsenden Unruhe beherrscht wird.

Peter führt diese Unsicherheit zunächst auf seine eigene Warnung zurück; er hat in verdeckten Wendungen dem Oberst klarzumachen versucht, daß die Kompanien dem überraschenden Angriff eines bewaffneten und mit den Bergen vertrauten Gegners völlig unvorbereitet gegenüberständen; die Soldaten wären zu bloßen Feldhütern herabgesunken, die ihre Hauptaufgabe darin sähen, die Bauern zu beaufsichtigen und mit den erpreßten Gütern ihre erbärmlichen Geschäfte zu machen. Im übrigen streiften sie nur einmal alle zehn Tage die einsame Straße zu den Pässen ab und kehrten dann so eilig wie möglich zu den Fleisch- oder Hirsetöpfen in Liu-pa Ma-tau-yi zurück.

Der Oberst hat sich das alles angehört, sein Pony sehr gemächlich dabei bummeln lassen und dann eine sehr chinesische Antwort gegeben:

»Es ist Frieden, lieber Vetter, und man soll den Krieg nicht dadurch herbeizaubern, daß man so tut, als wäre er schon da.«

Immerhin scheinen die Warnungen, die Peter mit sachverständigen Allüren vorträgt, nicht ganz ohne Wirkung zu bleiben, denn der Oberst verstärkt seine Eskorte um das Doppelte an Soldaten.

Gegen Abend hat es schwer geregnet. Die abschüssigen Gassen von Liu-pa wurden zu Sturzbächen. Dann klart der hohe Himmel ebenso schnell wieder auf, wie er sich bezogen hatte.

Peter ist vor das niedrige Tor des Städtchens ins Freie getreten, als ließe sich dort besser atmen. Mag Ting erst das ärmliche Quartier in Ordnung bringen, das ihnen im Hause des Dorfältesten angewiesen wurde. Peter läßt seine Augen über die fernen Hänge schweifen, die das Tal begrenzen. Die ungeheuerlichen Farbenspiele in dieser Felsenlandschaft entzücken ihn jeden Abend aufs neue – trotz aller Unruhe seines Herzens, trotz aller unmenschlichen Verlassenheit der feindlich drohenden Gebirge.

Was ist das dort? fragt sich Peter. Da an jenem fernen Abhang? Als bewege sich etwas? Man würde es wohl sonst nicht erkennen, es sei denn in so kristallen durchsichtiger Luft wie jetzt nach dem Regen. Ja, dort bewegt sich eine Kette von lebendigen Wesen – Menschen, natürlich Menschen, ohne Zweifel! Führt dort ein

Saumpfad von den Pässen her? Kommt so spät noch eine Karawane aus dem Norden nach Liu-pa?

Peter beeilt sich, den Oberst zu suchen, ohne recht zu merken, daß er bereits mit Ereignissen rechnet, die vorläufig nur in seiner Phantasie vorhanden sind. Peter erlebt voller Entsetzen, wie heftig der Oberst von der doch recht nebelhaften Kunde erregt wird. Peter argwöhnt sofort, daß seine Beobachtung nicht der einzige Grund ist, der den Oberst fast im Handumdrehen zu fieberhafter Tätigkeit aufruft. Der Oberst ist keineswegs so sorglos gewesen, wie er sich bisher den Anschein gegeben hat. Das Signalhorn ruft mißtönig: Alarm!

Eine Viertelstunde später schon marschiert eine Kompanie aus der Stadt hinaus, um den Ort in weitem Fächer gegen Osten und Norden abzuschirmen, wohin sich die Hochfläche öffnet und von woher sich alle Straßen nähern. Eine zweite Kompanie sichert die Stadtmauer; kein Unbefugter darf mehr herein oder hinaus, und unbefugt ist jeder, der nicht in einer zerlumpten Uniform steckt. Nach Westen und Süden brauchen keine Wachen ausgestellt zu werden; dort brechen die Felsen steil zu den Flüssen ab.

Die dritte Kompanie aber treibt die Einwohner des Ortes – alt und jung, Mann und Frau, arm und reich – auf dem großen Marktplatz zusammen.

Der Oberst steht mit Peter und einigen Offizieren abseits im Schatten; er schlägt sich unausgesetzt mit seinem Bambusstöckchen auf die Reithose, daß es klatscht – unausgesetzt. Es fällt ihm anscheinend entsetzlich schwer abzuwarten, bis alle Einwohner von Liu-pa versammelt sind.

Es ist längst tiefe Nacht; niemand beachtet die gleißenden Sterne, die mit dem glitzernden Gleichmut der Ewigkeit vom Himmel funkeln.

Der Oberst, ohne sein Stöckchen auch nur ein einziges Mal zu verhalten, knurrt Peter an, der neben ihm steht – er spricht englisch dabei:

»Ich hätte es nicht geglaubt, daß das Gesindel zum Angriff übergeht, solange ich noch in der Gegend bin. Irgendwann wollten sie angreifen, darüber waren wir uns klar. Wir wollten ihnen das Bergland überlassen, aber erst, wenn die Bauern uns die Ernte abgeliefert hatten. Aber dies Pack hat kein Benehmen; die Schurken befolgen nicht die vertraulichen Abmachungen; sie nehmen das Geld, das man ihnen schickt, aber sie halten sich nicht an die

Termine, die man erkauft hat. Vetter, wenn die ›Speere‹ die Verabredungen nicht einhalten, dann mögen sie längst unter den Soldaten hier Bundesgenossen geworben haben. Geh, suche meinen Burschen und deinen Diener. Sie sollen die Pferde zum Fluß hinunterbringen und dort warten, wo stromab die Straße nach Süden auf das Ufer stößt. Wir wollen nichts riskieren. Wenn das hier schiefgeht, sind alle gegen uns; wir heißen Su!«

Peter spürt ein kaltes Gefühl im Rücken. So steht es also! Abgekartetes Spiel! Aber die Brüder im Norden scheinen nicht mehr den Sitten zu gehorchen, nach denen die räuberischen Provinzgeneräle seit Jahrzehnten ihre Raubkriege geführt haben.

Peter muß den weiten Platz umrunden, ehe er auf der entgegengesetzten Seite die Straße erreicht, die zu seinem Quartier führt. Er hört gerade noch, wie der Oberst von einer Tonne her über den Markt brüllt:

»Verräter unter euch! Ich weiß alles! Ich weiß genau, wer von euch mit den ›Roten Speeren‹ im Bunde steht! Aber ich will wissen, wer sie für heute nacht herbeigerufen hat! Ich will es wissen! Ich werde es herausbekommen, oder ich jage euch alle über die Felsen in die Schlucht!«

Kein Laut aus der Menge –!

Die Soldaten starren ringsum mit angeschlagenem Gewehr.

Peter kann sich nicht entschließen weiterzugehen.

Die Menschen inmitten des Platzes ducken sich, liegen auf den Knien, schweigen. Der Oberst kreischt:

»Jeder Zehnte! Heraus mit jedem Zehnten! Ganz gleich, ob Frau oder Kind oder Greis! Stockmeister, hierher! Wollen doch sehen, ob sich immer noch keiner meldet, wenn erst die Söhnchen schreien, die kostbaren Söhnchen!«

Peter wendet sich und flieht. Das Geheul, das in seinem Rükken ausbricht, hetzt ihn fort, als würfe einer glühende Kohlen hinter ihm her. Herr im Himmel, denkt er, der Oberst läßt die Kinder schlagen, damit die Eltern gestehen; vielleicht haben sie gar nichts zu gestehen! Bin ich schuld an dieser Quälerei? Die schreckliche Frage läßt ihn beinahe taumeln. –

Den Burschen des Obersten findet Peter bald. Der Kerl steht in der niederen Tür des Quartiers und lauscht. Peter erkennt im hellen Sternenlicht, daß ein merkwürdig lüsterner Zug das grobe Gesicht des Soldaten überspielt. Peter fühlt sich angewidert. Dies Vergnügen an der Grausamkeit! Chinesisch? Peter schüttelt die

Frage ab. Er spricht den Burschen grob an. Der verschwindet um das Haus.

Wo aber ist Ting?

Schließlich findet Peter den Diener in seinem eigenen Zimmer. Ting liegt zusammengekauert auf Peters Schlafpritsche. Als Peter in den dunklen Raum hineinruft: »Ting!« hört er den Diener erschrocken aufspringen. Ting stammelt in der Finsternis: »Da seid Ihr, gestrenger Herr!« – Seit Peter Uniform trägt, liebt Ting diese feierliche Anrede. – »Ich habe Euch schon lange gesucht und konnte Euch nicht finden. Der Abt jenes Klosters, gestrenger Herr –! Er hat mir gesagt: Wenn die neue Mondsichel zwei Tage alt ist, dann – bei dem geringsten Anzeichen von Gefahr – sollte ich Euch zur Flucht bewegen. Und jetzt der Alarm –! Und ich fand Euch nicht. Herr, etwas Entsetzliches wird passieren –!«

»Es passiert schon!« erwidert Peter trocken. Sieh da, der Mönch! Er hat sich also noch andere Vertraute gesucht. Peter muß plötzlich ins Dunkle hinein lächeln. Er fühlt sich heimlich beglückt: jener große alte Mann sorgte sich um mich. Womit habe ich das verdient? fragt sich Peter. China – tausend Widersprüche, lauter Rätsel! – Die Empfindung huscht gedankenschnell vorüber. Ein paar Sekunden lang nur hat Peter sich unterbrochen. Er fährt fort:

»Kümmere dich um die Pferde, Ting! Bringe sie mit dem Burschen zum Fluß hinunter. Warte dort abseits, wo dich keiner sieht. Etwa dort, wo die Straße von der Höhe auf das Ufer stößt. Ich werde dreimal hintereinander kläffen wie ein streunender Hund, damit du mich erkennst. Wenn ich bis zur Morgendämmerung nicht unten bin, verstecke die Pferde irgendwo und schleiche dich hier herauf. Sei vorsichtig! Ich weiß nicht, was dann hier geschehen ist. Wenn ich abhanden geraten bin, schlage dich zu meiner Frau durch und gib ihr Bescheid. Der Mönch wird dir weiterhelfen. Auch die Missionare in Hanschung.«

Ting bettelt:

»Kommen Sie doch gleich mit mir mit, gestrenger Herr! Der Abt sagte, Sie würden mit dem Oberst erschlagen werden.«

Peter wird für einen Herzschlag versucht, sich auf und davon zu machen. Er ärgert sich sofort über sich selbst und fährt Ting unfreundlicher an als nötig:

»Unsinn! Sieh zu, daß der Bursche des Obersten sofort wieder umkehrt, wenn ihr mit den Pferden unten angekommen seid. Der

Bursche braucht nicht zu wissen, wo du dich versteckst. Mach jetzt, daß du fortkommst! Beeile dich!«

»Ja, Herr!«

Peter hört ihn davonlaufen. Die weichen Sohlen geben nur ein schwaches Geräusch, das schnell verstummt. –

Peter tritt wieder auf die Straße und wartet. Nach wenigen Minuten schon sieht er Ting und den Burschen mit den gesattelten und bepackten Ponys eilig davonziehen. Das wäre also getan –!

Über der Stadt steht immer noch dunkelrot der Schein des Feuers, das auf dem Marktplatz lodert. Die flachen groben Dächer heben sich schwarz dagegen ab. Peter horcht in die Richtung des Flammenscheins. Es schreit und kreischt immer noch dumpf und ungewiß von dort herüber. Entsetzlich!

Peter hält sich die Ohren zu. Nicht dorthin! Um alles in der Welt nicht! Weg! Daß ich diese Laute nicht mehr zu hören brauche!

Peter hastet die Straße hinunter; er weiß nicht, wo sie hinführt; aber sie leitet ihn vom Marktplatz fort. Das genügt.

Peter biegt um ein paar Ecken. Er spürt Wind, der ihm entgegenweht. Gut, so trägt er die gräßlichen Geräusche fort.

Peter hört nichts mehr. Er schreitet langsamer weiter. Die steinernen Gassen liegen totenstill und leer. Plötzlich öffnet sich vor Peter der Blick weit; er hat, ohne es zu wollen, den Südrand der Stadt erreicht, wo sie sich steil auf ragendem Vorgebirge über dem in die Tiefe dunkel murrenden Wildfluß erhebt.

Gerade will Peter an die halbhohe Brüstung aus Mauerwerk treten, die den Felsenpfad sichert, als sich zwanzig Schritte zur Rechten eine schattenhafte Gestalt über die niedrige Schutzmauer schwingt –

vom Flusse her, aus der Tiefe!

Peter hat sich sofort geduckt, in den Schatten der Brüstung, kriecht blitzschnell zu der Hausecke zurück, um die er eben gebogen ist, findet eine Nische im Gemäuer, drückt sich krampfhaft hinein.

Jetzt sind es schon zehn, jetzt zwanzig Männer – es werden immer mehr; der Abgrund scheint sie auszuspeien. Also gibt es doch einen Pfad aus der steilen Kluft? Oder hat man Stricke und Leitern ausgelegt –? Die meisten da tragen Gewehre; aber in manchen Händen blinkt auch Stahl, Messer, kurze Spieße; Peter kann es nicht unterscheiden. Die stummen Kletterer verschwinden sofort zwischen den Häusern, als wüßten sie genau Bescheid oder würden geführt. Vielleicht werden sie auch von verabredeten Zeichen an den Wänden in die Stadt gewiesen. Aber der Feuerschein vom Markt weist ihnen ohnehin den Weg. Peter zählt nicht mehr. Es mögen hundert schattenhafte, lautlose Gestalten sein oder mehr noch, die aus dem Abgrund den Stadtrand gewonnen haben.

Jetzt reißt die Kette ab. Das war der letzte. Niemand folgt mehr nach. Der Felsenpfad liegt wieder leer. In Peters Hirn jagen sich die Fragen. Er hat vergessen, daß der Oberst ein Lump ist. Er denkt nicht mehr daran, daß das Su'sche Regiment aus einer Horde von Schindern besteht. Er ist nur noch Soldat, der einem Überfall auf seine Truppe begegnen muß. Er rechnet fieberhaft: Gleich werden die beiden Pendelposten hier vorbeikommen, die der Oberst für diesen Teil der Stadtgrenze eingeteilt hat. Schon eilt Peter geduckt neben der Brüstung hin, fort von der Stelle, an der die Angreifer vom Fluß heraufgeklettert sind.

Da schlurren sie schon heran, die beiden Burschen; sie schwatzen unbekümmert laut. Als Peter vor ihnen aufspringt, mit der Pistole in der Hand, erschrecken sie maßlos. Sie hätten längst keine Zeit mehr gehabt, die Gewehre von der Schulter zu reißen. Sie erkennen den fremden Hauptmann, der mit dem Oberst in die Stadt gekommen ist. Sie erstarren. Peter fährt sie an: »Angreifer sind in der Stadt! Sie kamen vom Fluß herauf. Es wird gleich losgehen. Führt mich zu der Vorpostenkompanie draußen in der Ebene! Schnell, ihr Hundesöhne!«

Und er stößt dem nächsten so hart den Pistolenknauf in die Rippen, daß der aufstöhnt.

Im gleichen Augenblick dringt von der Mitte der Stadt her wildes Geschieße herüber – und Gebrüll so laut, daß es gegen den Wind zu hören ist.

Die drei hetzen stadtauswärts, gewinnen die Ebene. Nach einer Viertelstunde endlich die ersten Posten.

Auch die Kompanie am Stadtrand scheint in den Kampf eingegriffen zu haben; Gewehrfeuer ist überall aufgeflackert. Peter faucht den Posten an:

»Wo ist euer Hauptmann?« Der untersetzte Kerl zeigt stumm ins Dunkel. Peter hastet weiter. Er merkt gar nicht, daß ihm die beiden Krieger, die er an der Steinbrüstung aufgegriffen hat, nicht mehr folgen.

Endlich –! Da ist der Hauptmann. Peter erkennt ihn an seinen Ledergamaschen. Er brüllt ihn an:

»Warum greifen Sie nicht an! Vorwärts! Die ›Speere‹ sind in der Stadt. Sie kamen von der Flußseite.«

»Keinen Befehl!« erwidert der fetten Offizier mürrisch. Peter, wild vor Wut:

»Keinen Befehl? Was? Befehl vom Oberst: Greifen Sie sofort die Stadt an! Einen Zug lassen Sie hier zur Rückendeckung.«

»Gut! Diesen Zug übernehme ich. Führen Sie die Kompanie selber vor! Sie wissen wenigstens, was in der Stadt los ist!«

Der Offizier stößt ein paar Befehle heraus, und die Melder hasten davon. Peter ist sprachlos. Aber er hat keine Zeit, Widerspruch zu erheben. Schon hetzen von allen Seiten dunkle Gestalten heran. Der Hauptmann wendet sich ab, ruft ein paar Worte ins Dunkel und ist verschwunden.

Peter herrscht den Haufen ungewisser Gestalten an:

»Vorwärts! Ihr kennt die Stadt! Wir kämpfen uns zum Marktplatz durch!«

Und jagt mit langen Sprüngen davon. Er erreicht den Stadtrand, die Mauer; sie ist an manchen Stellen eingestürzt. Ab und zu huschen Gestalten vorbei; Peter schreit sie an:

»Mitkommen! Zum Marktplatz!«

Als Peter durch die Mauer in die Stadt springt, sieht er sich um, will seine Schar aufschließen lassen, damit sie als Sturmtrupp vorprellen kann, sieht sich um und ist –

allein!

Einen Augenblick lang ist Peter starr. Dann bricht er in ein lautes, kurzes Gelächter aus.

»Allein kann ich Liu-pa nicht zurückerobern. Das ist zuviel verlangt!«

Aber das verzweifelte Lachen vergeht ihm sofort. Von seitwärts wälzt sich Gebrüll heran – ein dunkler Menschenhaufen! Wenn sie mich fassen –! Und hetzt schon los in langen Sprüngen in die Stadt hinein mit ihren vielen dunklen Winkeln und Gassen. Zweimal rennt er an Ecken gegen eine andere Gestalt. Stets ist es Peter, der zuerst schießt.

Dann prallt er zurück; fast wäre er unversehens auf den heller-leuchteten Marktplatz geraten. Aber das hat er gerade noch erkannt, aus den Augenwinkeln, ehe er sich herumwirft: ein wirbelnder Haufen johlender Menschen, trunken von Wut und Sieg und Blutdurst. An den Häuserwänden liegen Soldaten des Su'schen Regiments, erschlagen, zerfetzt, tot.

Peter rennt besinnungslos.

Diese Straße ist ganz leer. Ein Gefallener starrt mit leerem Gesicht in den Himmel. Des Obersten Bursche –! Ein paar Schritte weiter liegt ein aufgesplittertes Bambusstöckchen im Rinnstein. Peter erkennt es, und einen Sprung weiter liegt abgerissen eine Achselklappe im Staub, schwer, groß, golddurchwirkt – und klebrig.

Peter überwindet sich und schiebt das steife Stoffstück in die Tasche. Er ist wie benommen. Er blickt sich wirr um, und mit einem Mal begreift er, wo er ist:

Das ist ja die Straße meines Quartiers. Dann also –! Peter denkt nicht mehr. Er handelt nur, erreicht den Stadtrand über dem Abgrund. Hier kamen die Roten, hier –! Ja! Peter schwingt sich schon über die Brüstung. Leiter über Leiter; ein schmaler Kletterpfad, dann wieder Leitern, aneinandergebunden. An ihrem Fuß wartet eine Wache. Der Mann ruft Peter an. Peter springt. Springt den Posten an wie ein Raubtier. Der taumelt. Stürzt hintenüber in den Fluß.

Peter springt von Felsen zu Felsen am Ufer entlang, fällt, stürzt nochmals, kommt immer wieder hoch; das Wasser ist sehr kalt! Endlich breiteres Ufer! Peter kann nicht mehr laufen. Er schleppt sich im Schritt weiter.

Ein helleres Band über dem Hang zu seiner Linken. Die Straße von der Höhe her!

Gott sei Dank!

Die Straße!

Ehe Peter Kraft findet, dreimal zu kläffen wie die mageren herrenlosen Köter, muß er sich ein paar Minuten an einen Felsen lehnen. Sein Herz geht wie ein Hammer auf Blei.

Endlich gelingt ihm der dreifache jaulende Laut.

Ting zerrt zwei widerstrebende Tiere zur Straße.

»Steig auf!« keucht Peter. »Der Oberst ist tot! Zum Abt in Matau-ji!«

Der Hufschlag zweier Pferde verhallt in der leeren Bergnacht. Es ist bitter kalt.

Der Fluß rauscht um die Felsen in seinem Bett, wie er immer rauschte.

Die Sterne blinken erhaben fern wie immer.

Zwanzigstes Kapitel

Peter handelt wie unter einem Zwang. Nur wenn ihn das hart galoppierende Pony zu heftig im Sattel wirft, knirscht er für einen Augenblick mit den Zähnen: Was geht mich der ganze Irrsinn eigentlich an?

Wenn die Pferde nach langem Galopp in Trab fallen und für eine Weile in ihren kurzen, stoßenden Schritt, huschen Gedanken, die der Stunde nicht gemäß sind, von weit her durch sein Hirn:

Gut, daß ich reiten kann; in Afrika lernt man alles. Paul, der hat immer so viel gefabelt von den dicken Ponys in Hankau und in Bangkok. Hier könnte er seiner Leidenschaft frönen und sich von den dicken Bäuchen die Beine auseinanderzerren lassen! Ach, Paul ist ja nicht mehr am Leben! Vielleicht ist er ebenso umgekommen wie vorhin die –.

Nein! Welten trennen den anständigen Legionär Paul Knapsack von dem Lumpengesindel, das heute über die Klinge springen mußte.

Peter schluckt ein paarmal. Nicht mehr daran denken –!

Ob Yü-loh sich eine Vorstellung davon macht, was es bedeutet, mit Krieg und Regimentern und Betrug Geld zu verdienen? Sie ist doch in Indochina gewesen; sie sollte wissen, welch widerliches Geschäft der Krieg in Wahrheit darstellt.

Peter denkt, wenn ich erst wieder in Tschungking bin, dann warte ich keinen Tag länger! Hol der Teufel die Lao-tai-tai. Ich nehme Yü-loh unter den Arm und steige auf die nächste Dschunke oder den nächsten Dampfer – und dann den Yangtse abwärts – Richtung Heimat! Chinese werde ich nie, nie, nie! Und wenn Yü-loh nicht mit mir kommen will, ja, dann soll sie – zum erstenmal auf diesem nächtlichen Ritt spricht es Peter klar und deutlich in seinem Innern aus –: Dann soll sie bleiben!

Er fügt aber gleich hinzu: sie bleibt nicht; sie kommt mit mir!

Das Pony schnaubt und hebt witternd die Nase. Auch Peter nimmt es wahr: Brandgeruch ist in der Luft. Sofort ist alles andere vergessen. Ting, dem das Reiten Mühe macht und der von Zeit zu Zeit leise stöhnt, treibt sein Pferd neben das Peters. Er sagt:

»Der Wind weht uns entgegen, stromauf. Es riecht nach Flammen, gestrenger Herr. Wir müssen bald das Dorf Pau-schui erreicht haben, wo die siebente Kompanie liegt. Wir sollten nicht einfach hineinreiten. Vielleicht ist auch dort der Aufruhr losgebrochen.«

Ting hat recht. Peter erwidert: »Hier können wir nicht ausweichen. Aber vor dem Dorf erweitert sich das Tal. Dort biegen wir von der Straße auf die Felder.«

Schon wenige Minuten später, als die Reiter um einen Felsenvorsprung traben, der ihnen den Blick voraus verwehrt hat, begreifen sie, was der Brandgeruch bedeutet. Über dem Dorf Pau-schui lagert der dunkelrote Schein eines ersterbenden Feuers.

Die beiden Reiter haben ihre Pferde gezügelt. Peter sagt:

»Ich glaube, Ting, in Pau-schui ist schon alles vorbei. Doch sollten wir uns vergewissern. Mich erkennt man gleich an meiner elenden Uniform. Ich will es dir nicht befehlen, aber du siehst in der Dunkelheit aus wie irgendeiner von den Einheimischen. Ich umreite mit den Pferden die Dorfgemarkung und erwarte dich dort, wo das Tal wieder schmal wird und die Straße einengt. Vielleicht kannst du auskundschaften, was in Pau-schui geschehen ist.«

Ting gleitet ohne ein Wort aus dem Sattel und hastet geduckt neben der Straße vorwärts. Peter verliert ihn gleich aus den Augen; er nimmt Tings Pony an die Leine und lenkt die Tiere bergwärts am Außenrand der Dorfäcker hin. Die Ponys gehorchen nur widerwillig; besonders das ledige Pferd zerrt böse am Zügel. Peter bleibt nichts anderes übrig, als abzusteigen und die Tiere zu führen; er faßt die Trensen hart unter den Pferdekinnen zusammen: so, jetzt werdet ihr parieren!

Es dauert anderthalb Stunden, ehe er die Dorfgemarkung umschritten hat.

Ting ist vor Peter eingetroffen. Um seinen Herrn nicht zu erschrecken, kündigt er sich durch das dreimalige Hundegekläff an. Er wartet nicht erst, bis er gefragt wird. Er berichtet aufgeregt:

»Ich traf am Dorfrand einen betrunkenen Bauern, er erschrak erst gewaltig und hielt mich für einen bösen Geist. Aber ich beruhigte ihn und erzählte ihm, daß ich aus Liu-pa käme; dort hätten die ›Roten Speere‹ den Leuten geholfen und die ganze verfluchte Garnison mit einem Schlage umgebracht, und nun wäre ich auf dem Wege, um die Kunde weiterzutragen. Da fiel er mir um den Hals und schluchzte: ›Bruderherz, bei uns war es auch so! Wir haben ihnen im Schlaf die Gurgel abgeschnitten. Die wenigen Wachen sind von den Bewaffneten unschädlich gemacht worden; die ›Speere‹ hielten sich schon seit Tagen in den Bergen versteckt. Aber die Offiziere und Unteroffiziere haben wir Bauern lebendig gefangen und ins Dorfgefängnis gesperrt. Darin haben wir, die Bauern, zuvor gefangengesessen, wurden gepeinigt und sind im Dreck verkommen. Aber nun haben wir Leute von Pau-schui unsere Quäler in das gleiche schmutzige Loch geworfen, Holz und Stroh ringsherum aufgeschichtet und dann den ganzen Haufen angesteckt. Bruderherz, wir haben sie lebendig gebraten. Und dann, Bruderherz, haben wir ihren Schnaps getrunken.«

Ting erzählt es atemlos. Peter täuscht sich nicht: der sonst so ruhige und zurückhaltende Mann fliegt am ganzen Körper. Ting fährt fort:

»Ich bin den Burschen fast nicht losgeworden. Ich sollte unbedingt mit ins Dorf kommen und die Befreiung feiern. Ich sagte, ich wollte meine Botschaft weitertragen. Ich riß mich los und bin gelaufen, was ich nur konnte. Bei allen guten Göttern, gestrenger Herr, wenn nun auch Ma-tau-yi den Aufrührern zugefallen ist – wenn wir erwischt werden – sie ziehen uns die Haut in Riemen vom Leibe! Bald wird es tagen, Herr! Wir müssen uns verstecken. Ihre Uniform würde uns sofort verraten, und auch die Pferde verraten uns. Wir sollten sie laufen lassen.«

»Nein!« entscheidet Peter. »Wir werden die Pferde mit uns verstecken. Vorwärts jetzt! Damit wir die Dunkelheit nutzen!«

Sie jagen weiter nach Süden.

Dann steigt über den Bergen im Osten ein milchiges Glimmen auf: der neue Tag!

Peter lenkt sein erschöpftes Tier in ein steil ansteigendes Seitental. Klettere, Pony, klettere! Setze die kleinen Eisenhufe vorsichtig! Vorwärts, bergauf! Das Schlagen mit dem Schweif nutzt dir nichts und das wütende Schnarchen auch nichts! Immer höher! Wo ist Ting? Ja, er folgt! Er hat es leichter: sein Pony folgt meinem. So, hier wollen wir eine Weile rasten! Hier sieht uns niemand mehr von der Straße aus.

Peter läßt sich todmüde aus dem Sattel gleiten. Sein Pferd bleibt mit hängendem Kopf und schlagenden Flanken stehen, wo es steht. Peter bindet es mit dem Zügel an einen verknorrten Lorbeer. Dann löst er dem Tier den Sattel.

Ting – auch er ist am Ende seiner Kraft.

Ginge doch erst die Sonne auf, denkt Peter mit klappernden Zähnen. Ich vergehe vor Kälte –!

Aber als die beiden Männer in dem einsamen Felsental sich eine Weile erholt haben, als der Morgen sein helles kühles Licht über die Berge schüttet, wird Peter noch einmal von der Furcht erfaßt, daß sie ihr Lager immer noch allzu nahe der Straße aufgeschlagen haben. Er drängt weiter bergauf, und Ting gibt trotz seiner Erschöpfung nach.

Denn erst jetzt merken beide, wie heftig sie von den Erlebnissen der Nacht verstört worden sind. Peter vermag ein fortwährendes Zittern im Innern seiner Brust nicht zu stillen. Er muß immer wieder denken: Der Mönch hat recht gehabt; es wird passiert sein, was er vorausgesagt hat; sie haben dem Oberst vier Maulesel an seine vier Gliedmaßen gespannt und ihn ---; ach, Peter vermag das Entsetzliche nicht zu Ende zu denken. Und er denkt weiter: nur in einem hat der Mönch nicht recht gehabt; mich, mich selbst haben die »Speere« nicht gefangen-! Und fügt, während er mit schmerzenden Gliedern sein Pferd über grobes Geröll, an rissigen Felsen vorbei weiter bergauf zerrt, mißtrauisch und müde hinzu: noch nicht, noch haben sie mich nicht gefangen; meine einzige Chance zu entkommen besteht darin, daß ich hier niemand etwas zuleide getan habe, daß mich keiner kennt und deshalb auch keiner vermißt.

Endlich finden Ting und Peter hoch in den Bergen eine Stelle, wo die Pferde ein paar Büsche und sogar ein Fleckchen grobes Grün abweiden können; ein wenig abseits davon läßt sich von einer Felsenkanzel die Straße nach Süden weit überblicken. Legt man sich flach auf den Boden und lugt nur gerade mit den Augen über die Kante, so sollte es einem Fußgänger oder Reiter auf der Straße schwerfallen, den heimlichen Beobachter in der Höhe zu entdecken.

Peter sagt:

»Wenn einer von uns Wache hält und die Straße unten beobachtet, dann kann uns nicht viel passieren, Ting. Wenn ich nur nicht so entsetzlich müde wäre--!«

Ting seufzt. Die Augenbrauen in seinem fahlen Gesicht steigen um einen Fingerbreit höher hinauf vor Gram und Mißmut. Aber er weiß, was er nun als getreuer Diener des Hauses Tai zu sagen hat – und sagt es:

»Ich unwürdiger Diener werde mir allergehorsamst erlauben, Wache zu halten, gestrenger Herr. Wie dürfte ich schlafen, wenn Ihr wacht! Schlaft Ihr nur! Ich passe, ungeschickt wie ich bin, auf die Straße auf.«

Am Nachmittag liegt Peter einigermaßen erfrischt, aber steif geschlafen, wie ein Brett auf dem Ausguck. Zuerst hat er Ting ein wenig verspotten wollen, weil der Wackere – willig im Geist, aber schwach im Fleisch – geschlummert hat, anstatt zu wachen. Aber dann beißt sich Peter gerade noch im letzten Augenblick auf die Lippen. Er darf Ting nicht merken lassen, daß er sein Versagen beobachtet hat; es wäre ein schwerer Verstoß gegen den Anstand, den guten Willen des Dieners etwa nicht für die Tat zu nehmen.

Während Peter auf der glühenden Felsenplatte dösend die Straße im Auge behält, ein Stück ranzigen Specks mit einigen dicken Brocken Hirsekuchen verzehrt – Besseres gaben die Satteltaschen nicht mehr her –, sagt er immer wieder seinen Plan bei sich auf, als ließe sich das Schicksal beschwören:

Heute nacht zu dem Abt des Klosters oberhalb Ma-tau-yi, dort muß ich diese entsetzliche Uniform loswerden – und wenn ich nichts anderes statt dessen umhänge als die gelben Bettlaken der Mönche, nur heraus aus diesen widerlichen Lumpen. Und in der Nacht darauf über die Berge nach Hanschung in die amerikanische Missionsstation! Jenem Missionar Ashley kann man alles sagen; ich mache die verdammte Theaterspielerei nicht mehr mit; ich muß mich endlich wieder einmal mit einem weißen Menschen aussprechen. Vielleicht sage ich ihm sogar, wo ich herkomme. Ob ich ihm das verraten kann –? Und dann ins Auto, wenn es noch da ist. Nein, lieber nicht ins Auto! Ich bin ja dann hoffentlich in Zivil – und passe in kein Auto mehr, hoffentlich! Ach, warum soll ich mir jetzt den Kopf zerbrechen! Bin ich erst bei Ashley, so bin ich so gut wie in Tschungking. – Gebe es Gott!

Peter sagt die letzten drei Worte laut vor sich hin und wird gleich darauf ganz wach. Denn zum ersten Male an diesem Tage belebt sich da unten die Straße; bis dahin war – selten genug – nur manchmal ein einzelner Bauer über sie dahingestolpert. Jetzt aber ist es ein Trupp von Bewaffneten, der tief im Tal auftaucht – das Sonnenlicht blinkt fahl auf ein paar Gewehrläufen. Die Männer da unten brüllen und sind offenbar völlig außer Rand und Band. Ein paar von ihnen tanzen nach rechts, tanzen nach links hinüber und schwingen breite gebogene Schwerter in der Luft, Peter kennt diese gräßlichen Waffen, diese gefährlichen Klingen aus alter Zeit, die einen Kopf mit einem Hieb vom Rumpf zu trennen vermögen. Er denkt: Das sind die Wahnsinnigen aus dem Dorf, über dem das buddhistische Kloster liegt. Sie sind betrunken vom Schnaps, vielleicht aber auch vom Blut, das sie in der vergangenen Nacht vergossen haben.

Peter schiebt sich dichter an die Felsenkante, denn die tobende

Meute wird kaum daran denken, vorsichtig nach allen Bergen ringsum Ausschau zu halten. Ja, sie sind trunken vom Sieg. Man braucht nur ihre Stimmen zu hören, die das Tal mit wüsten Lauten erfüllen. Auch Ting ist erwacht. Das Gebrüll ist selbst noch in seinen Schlaf tiefster Erschöpfung gedrungen. Er schiebt sich neben Peter auf die Felsenplatte. Ting flüstert:

»Sie sind irre vor Übermut, gestrenger Herr. Wir werden in dem Dorf keine Seele mehr vorfinden, die uns freundlich gesonnen ist.«

Peter antwortet nicht, denn Ting hat recht.

Als der johlende Haufen näher kommt und ein paar Steinwürfe tief unter ihnen vorbeizieht, wird Peter plötzlich aufmerksam. Er beugt sich so weit über die Felsenkante, daß Ting ihn erschreckt zurückreißt und flüstert:

»Nicht so weit vor, Herr! Die da unten werden uns doch noch entdecken!«

Peter rutscht zurück, aber er hat gesehen, was er sehen wollte. In dem Haufen von Männern da unten wandert einer dahin, der in ein gelbes Gewand gehüllt ist. Er trägt einen Ledergürtel um die Hüfte; an dem Gürtel hängt, wenn nicht alles täuscht, eine schwere Pistole. Peter sagt sich, es muß einer von den Schülern aus dem Kloster sein. Entweder ist er ein Lump oder man hat ihn gezwungen mitzumarschieren.

Die Rotte zieht vorüber, ihr trunkenes Geheul verhallt in der Felsenwildnis. Peter sagt:

»Ich glaube, es ist besser, Ting, wenn wir in der kommenden Nacht nicht mehr die Straße benutzen, sondern uns abseits vom Wege halten. Hast du den Novizen aus dem Kloster unter den Kerlen gesehen? Wahrscheinlich hat die Bande das Kloster vernichtet.«

»Ja, Herr«, sagt Ting. Nichts weiter.

Die Nacht hat ihre dunkle Fahne aufgerollt; schwarzviolett heben sich die Ketten der Berge gegen den fahleren Nachthimmel. Nach Stunden endlich tauchen Wälder über den Hängen auf, die sonst, trostlos kahl, zu nichts weiter bestimmt zu sein scheinen, als des Tags die Hitze und des Nachts die Kälte zu speichern. Das Tal breitet sich zur Rechten und zur Linken flacher aus – die ersten Felder, die ersten Grenzmauern der Reisäcker, ein paar Bäume, dann hohes Gebüsch und schließlich prächtige Blütenhecken, die man zwar nicht sieht, die aber in der Dunkelheit ganze Wellen von Duft über die Straße wehen lassen. Das Dorf vor ihnen liegt im Dunkel. Kein Lichtschein verrät es. Aber Ting sowohl wie Peter haben den gleichen Gedanken: Es wird Zeit, nach links in die Berge abzubiegen, damit wir den Hain erreichen, in dem das Kloster liegt. Sie finden einen Pfad; er führt gleichmäßig aufwärts, und Peter merkt mit einem Male, daß sie jenen Waldrand erreichen, an dem er vor Tagen, als alles noch anders aussah, mit dem Abt des Klosters jenes merkwürdige Nachtgespräch geführt hat. Peter sagt: »Wir steigen lieber ab, Ting, und führen die Pferde. Wir können nicht mehr weit vom Kloster entfernt sein.«

Hoch über ihnen steigen die königlichen Bäume in die Nacht. Ein Äffchen keckert irgendwo, ein aufgescheuchter Vogel läßt einen seltsam schnarrenden Ruf aus den Wipfeln hören. Peter weiß nicht, was für ein Vogel es ist, und er fragt auch nicht danach. Ihn interessiert nur ein Gedanke; finde ich den Abt noch vor?

Und dann bleiben die beiden Männer, der Chinese und der Deutsche, plötzlich wie angewurzelt stehen. Sie haben den Rand der Lichtung erreicht, auf der das alte ehrwürdige Kloster lag mit seinen großartigen, schattigen Hallen und seinem ausgedehnten Wirtschaftshof –.

Es ist nicht mehr da. Ein Haufen von Asche, Schutt und verkohlter Balken, auch im Sternenlicht unverkennbar, bietet sich dem entsetzten Auge dar. Ganz hinten glimmt noch letzte Glut. Die beiden Männer stehen, starren und horchen. Kein Laut ringsum. Totenstille. Das Äffchen ist wieder verstummt. Kein leisester Luftzug bewegt die rings um den Brandplatz angekohlten Bäume. Nach einer Weile sagt Peter und weiß nicht, daß seine Stimme plötzlich ganz rauh geworden ist vor Müdigkeit und Ratlosigkeit:

»Wozu sie das gemacht haben, Ting? Seit hundert oder seit tausend Jahren steht dies alte Kloster; und jetzt –? Ob der Alte noch lebt? Wir werden es wohl nie erfahren, Ting. Wir wollen sehen, ob wir am oberen Rand des Klosterwaldes den Pfad finden, der nach Hantschung über die Berge führt.«

Die beiden Männer zerren die Pferde, die von der Brandstelle fortdrängen, in weitem Bogen um den verwüsteten Ort bergauf. Ja, auch im Schatten der hohen Bäume ist zu erkennen, daß hier ein Pfad entlangführt. Vielleicht ist es schon der, nach dem sie suchen. Sie folgen ihm, folgen ihm vorsichtig tausend oder mehr Herzschläge lang durch das Dunkel, bis es licht zwischen den Stämmen wird. Sie haben, wie Peter schnell erkennt, jenen Zipfel erreicht, in welchem der uralte Wald in die Berge hinaufdrängt. Ting ist vorsichtig, er hält Peter zurück und flüstert:

»Ich werde vorausgehen, Herr, und sehen, ob die Luft rein ist. Dort oben wird es hell.«

Peter nimmt Tings Pferd an den Zügel und wartet. Nach einer Weile folgt er dem Diener, denn da nichts zu vernehmen ist, glaubt er, daß Ting nichts Verdächtiges entdeckt hat. Doch hört er plötzlich leise Stimmen vor sich und erschrickt. Aber nein, er braucht nicht zu erschrecken, denn es ist ja Tings Stimme – und Ting spricht ganz ruhig. Peter tritt mit den beiden Pferden ins Freie. Eine hohe dunkle Gestalt schreitet auf ihn zu, und gleich erkennt Peter, wen er vor sich hat: den Abt. Der Alte ist noch immer in seine gelbe Toga gekleidet, die auch im Sternenlicht sich noch verrät; er sagt – Peter erkennt die geborstene Stimme kaum wieder –:

»Ich ahnte, daß du hier vorbeikommen würdest, und habe auf dich gewartet, mein Sohn. Ich wollte euch den richtigen Weg weisen und wollte auch deine Stimme noch einmal hören. Ich wußte, daß du nicht auch zugrunde gehen würdest.«

Peter fragte, ohne auf die Sätze einzugehen, erregt dagegen:

»Um alles in der Welt, Ehrwürdiger, warum ist dies geschehen? Wem habt Ihr etwas zuleide getan? Haben sich nicht in Eurem Kloster die Bauern der ganzen Gegend Rat geholt?«

Der Stimme des Abtes merkte Peter an, daß der geschlagene Mann zu lächeln versucht, als er antwortet:

»Natürlich, ich und meine Schüler haben den Leuten ringsum hundertfach geholfen; aber was nutzt das alles! Als der Überfall auf die Kompanie Soldaten im Dorf unten gelungen war, hat ein einziges Wort genügt, die Bauern auf uns zu hetzen. Ja, wenn der Herr Oberst nicht so viel Geschmack an meiner Schreibkunst gefunden hätte –! Wenn ich oder meine Schüler wenigstens ein einziges Mal von ihm oder seinen Soldaten gequält oder auch nur schlecht behandelt worden wären! Aber das ist nicht geschehen. Der Respekt vor meiner Schreibkunst hat den Oberst und auch seine Soldaten stets gebändigt. Nun haben wir es ausbaden müssen. Meine Schüler haben sie erschlagen, einer ist mit der Rotte davongezogen. Er fand es besser, ein lebendiger Bandit zu sein als ein toter Mönch. Und mich–? Mich? Mich haben sie leben lassen. Dabei habe ich nichts weiter getan, als sie angeblickt, als sie sich auf mich stürzen wollten. Dann habe ich mich umgewandt und bin davongegangen, und keiner ist mir gefolgt. Nun sitze ich seit der vorigen Nacht hier am Waldrand und warte auf euch. Sogar ein wenig Nahrung habe ich für euch bewahrt. Setzt euch mit mir auf die Bank, ihr werdet müde und hungrig sein.«

Schon mag die Stunde der Mitternacht den leuchtenden Himmel umschwungen haben, als Peter und Ting endlich ihre Pferde auf steilem Pfad in die Berge hinauflenken. Peter schluckt ab und zu, als wollte es ihm nicht gelingen, Tränen zurückzudrängen. Er hat sich unendliche Mühe gegeben, den Abt zu bitten, doch mit ihnen zu fliehen. Aber der Alte hat in einem unverständlichen Gleichmut immer wieder geantwortet:

»Wozu? Niemand entflieht seinem Verhängnis, so schnell und so weit er auch flieht. Ich habe mich entschlossen, in diesem alten Walde, unter diesen alten Bäumen, meinen Freunden, das Leben zu beschließen.«

Der Alte hat Peter und Ting die Satteltaschen kärglich gefüllt, hat ihnen genau beschrieben, wo sie die nächste Nacht verbringen sollen, hat ihnen aufgetragen, Liupating in weitem Bogen zu umreiten, lieber eine Nacht länger zu zögern, als etwa bei Tage in Hanschung einzuziehen.

Peter spürt Trauer und Glück zugleich in seinem Herzen. Trauer, daß er diesen Menschen zurücklassen muß, Glück, daß er, ohne zu wissen wodurch, sich das Wohlwollen dieses Mannes in so hohem Maße erworben hat. Und glücklich ist Peter auch deshalb, weil er nicht mehr die verhaßte Uniform zu tragen braucht und nicht anders mehr gewandet ist als Ting: in die simplen baumwollenen Kleider eines armen Bauern.

Gegen Morgen, als das erste Grau der Dämmerung den östlichen Horizont zu erhellen beginnt, Peter müde im Sattel hängt und Ting, dem die Hüften und die Schenkel schmerzen, weit zurückgeblieben ist, denkt Peter: Wir werden die Pferde zurücklassen müssen, bevor wir nach Hanschung kommen. Das Lederzeug und die Sättel würden uns verraten, denn seit wann sitzen in China die Bauern stolz zu Roß!

Einundzwanzigstes Kapitel

Hoch wölbt sich die Sommernacht. Nichts mehr von der Glut des Tages ist in ihr zu spüren; gegen Abend hat es geregnet; Kühle fächelt von den Bergen her.

Die Straßen der Stadt Hanschung liegen leer. Fast könnte man meinen, die Stadt wäre ausgestorben. Zwei Bauern wandern scheu durch die Gassen, scheu und schnell, als fürchteten sie sich. Der ältere sagt zu dem jüngeren:

»Warum die Straßen so leer sind? Es kann noch gar nicht so spät sein!«

Der andere gibt keine Antwort, aber er beschleunigt seine Schritte.

Haben sie sich etwa verlaufen? Nein. Peter ist des Weges ganz sicher. Er hat ihn nicht vergessen, seit er mit dem Oberst in Hanschung zu Gast gewesen ist – es ist ja erst wenige Wochen her. Endlich bietet sich ihnen die lange weiße Mauer an – mit dem großen, gewölbten Tor darin, dem die beiden zustreben. Aber das Tor ist fest verrammelt.

Merkwürdig, es stand doch sonst einladend offen. Peter klopft. Er klopft unwillkürlich leise, als gelte es, besonders vorsichtig zu sein. Es dauert lange, bis sich hinter den Balken etwas rührt; sie müssen wieder und wieder klopfen. Endlich öffnet sich eine kleine Klappe in den hölzernen Bohlen, und eine mißtrauische Stimme fragt:

»Was wollt Ihr?«

Peter antwortet:

»Ist der große Lehrer nicht daheim, der Missionar? Ich bin sein Freund.«

Aber die Stimme hinter dem Tor bleibt mißtrauisch; sie antwortet:

»Freund nennen sich viele; aber schnell läßt dies Tor das Unheil ein, wenn es geöffnet wird.«

Peter wird dringlicher und verlangt, den Missionar Ashley zu sprechen. Ting mischt sich ein und beschwört den Torhüter, sie einzulassen. Aber der Mann hat anscheinend strengen Befehl, das Tor verschlossen zu halten. Er schlägt die Klappe zu. Peter ist ratlos und beginnt nach einer Weile von neuem zu pochen. Und schließlich öffnet sich auch die Klappe abermals. Diesmal ist es der Missionar selbst, der dahintersteht. Peter begreift es sofort und gibt sich zu erkennen. Gleich rauscht der Torflügel auf, schließt sich sofort wieder hinter den beiden, schwere Riegel werden vorgelegt. Peter atmet auf. Er fühlt sich heimgekehrt.

Bald danach sitzt er mit dem Manne in demselben einfachen Arbeitszimmer, in dem er schon einmal mit ihm gesessen hat. Hier erfährt er, daß der Aufstand noch für die gleiche Nacht erwartet wird. Der Missionar hat alle Ängstlichen, die Frauen und die Kinder, schon nach Süden geschickt – in Sicherheit, denn auch ihm ist bekannt, daß über den Han hinaus nach Süden die »Roten Speere« nicht vordringen werden.

»Und Sie selbst, Reverend Ashley?« fragt Peter.

»Ich selbst? Ich selbst gehöre hierher. Wir haben Kranke zu versorgen, und im übrigen habe ich fast mein ganzes Leben hier verbracht und gedenke nicht, im Stich zu lassen, was ich aufgebaut habe.«

Peter antwortet:

»Dasselbe habe ich schon vor zwei Nächten gehört. Der Abt in dem zerstörten Kloster über Ma-tau-yi hat mir fast genau das gleiche gesagt.«

»Mag sein«, meint der Mann, kaum merklich lächelnd, und Peter glaubt zu spüren, daß ihn der andere eigentlich zurechtweisen möchte. Peter lenkt also ab und beginnt zu erzählen, was er in den letzten Tagen und Wochen erlebt hat. Der Missionar hört aufmerksam zu. Erst als Peter geendet hat, sagt er:

»Ich habe es kommen sehen. Wenn die Nationalregierung zugrunde geht, so geht sie an ihrer eigenen Unfähigkeit zugrunde, erstickt sie unter der Last ihrer Verbrechen.«

Er wendet sich plötzlich Peter zu und legt ihm die Hand aufs Knie.

»Hören Sie zu, junger Mann, was ich Ihnen sage, und merken Sie sich's genau, damit Sie's anderswo weitersagen können: Wenn China den Leuten aus dem Norden anheimfällt, dann nicht deshalb, weil diese so viel besser sind, sondern deshalb, weil die alte Regierung keinen Schuß Pulver wert ist. Das Volk sagt sich eben, schlimmer als es jetzt ist, kann es nicht werden; probieren wir also das Neue!«

Peter weiß das im Grunde längst. Und im Grunde spürt er auch, daß es ihn nichts, gar nichts angeht. Er hat nichts damit zu tun und will nichts damit zu tun haben. Ihm drängt sich in diesem Augenblick die einzige Frage auf die Lippen, die ihn wirklich bewegt:

»Wie kommen wir von hier fort? Ich will hier nicht in der Falle gefangen werden.«

Der geistliche Mann stellt mit leichter, aber nicht unfreundlicher Ironie eine Gegenfrage:

»Warum sind Sie erst hierher in die Falle gegangen? Sie hätten ja genausogut vor den Mauern der Stadt bleiben können.«

Peter stutzt und weiß im ersten Augenblick nicht, was er erwidern soll. Er muß eine Weile nachdenken, weshalb ihn eigentlich so sehr danach verlangte, in eben dieses Zimmer, diesen kahlen, weißgetünchten Raum vorzudringen, in dem er jetzt sitzt. Schließlich gibt er verlegen zur Antwort:

»Ich hatte das unbestimmte Gefühl, als ob ich mit Ihnen sprechen müßte. Ich habe so lange mit keinem Menschen mehr reden können, der mich ohne weiteres versteht –.«

Der andere entgegnet, immer mit der gleichen freundlichen Ironie:

»Und von mir glauben Sie, daß ich Sie verstehe?«

»Allerdings«, sagt Peter. Beide schweigen eine lange Zeit. Peter ist ins Grübeln geraten. Er fragt sich im Innern: ja, warum eigentlich? Warum bin ich eigentlich hierhergekommen? Was will ich hier?

Und dann geschieht, was Peter wie mit einer Faust vom Stuhle stößt. Ohne jede Vorbereitung und ohne daß etwas Verdächtiges vorher zu vernehmen war, sausen plötzlich zwei faustgroße Steine durch die Fenster des Raumes, und jenseits der Mauer, die das Gebäude umschließt, ertönt ein Gebrüll, das nicht mehr menschlich klingt. Auch der Geistliche ist aufgefahren; ein Stein hat ihn an der Schulter getroffen; er blutet von ein paar Glassplittern, die ihm die Stirn verletzten.

»Nicht warten!« knirscht Peter, »entweder fliehen oder schießen!«

Der große magere Mann wischt sich das Blut von der Stirn und sagt ruhig:

»Aus diesem Hause wird nicht geschossen. Aber für Sie ist es noch nicht zu spät. Sie kommen über die Dächer davon; ich zeige Ihnen den Weg.«

Ting wartet bebend vor der Tür. Immer mehr Steine, Knüppel und Unrat prasseln auf den Hof der Station. Die drei Männer rasen durch den Hof, durch den Garten und erreichen die hintere Umfassungsmauer. Der Missionar stößt hastig hervor:

»Überklettert hier die Mauer, steigt dann im nächsten Garten am anderen Ende auf die Steindächer und haltet euch immer rechts. Die Ställe und Schuppen stoßen an die Stadtmauer. Sobald ihr die Stadtmauer erreicht habt, wendet euch nach links; hundert Schritte weiter findet ihr einen Durchlaß, wo die Mauer vor einigen Wochen zusammengestürzt ist. Lebt wohl!«

Ting hat sich schon in die Höhe geschwungen; Peter versucht noch einmal:

»Warum wollen Sie hierbleiben, Ashley? Es ist Wahnsinn! Kommen Sie mit uns.«

Aber der Mann gibt ruhig zur Antwort: »Nein, ich erklärte es Ihnen schon. Ich stehe in Gottes Hand hier und anderswo. Es macht keinen Unterschied, ob ich bleibe oder fliehe.«

Peter gibt keine Antwort. Er gewinnt mit einem kletternden Sprung die obere Mauerkante und läßt sich in den Nachbargarten gleiten. Ting hastet schon vor ihm her; niedrige Ställe und Schuppen dann, von einem Pflaumenbaum aus springen sie auf das Dach; unter Peter brechen die Ziegel ein, aber er fängt sich schnell und folgt dem geduckt voranschleichenden Ting.

Überall in der Stadt brandet jetzt Geheul auf, verirrte Geschosse zischen durch die Luft; Schreie! Das Kreischen entsetzter und geschlagener Menschen gellt gräßlich. Immer dasselbe, denkt Peter, immer und überall dasselbe, und springt mit Ting in die Gasse neben der Stadtmauer. Peter macht hastig die Pistole schußbereit, die er unter seinem Kittel immer noch trägt. Drei fuchtelnde Männer stürmen ihnen entgegen. Sie schreien:

»Halt! Wohin? Wer seid ihr? Wo wollt ihr hin?«

Peter schießt, zweimal blitzschnell hintereinander.

Da klafft das Loch in der Stadtmauer; hinüber, hindurch! Sie fallen in den Morast eines Reisfeldes, stapfen durch die raschelnden Halme – sind in Sicherheit. Hinter ihnen fliegt schon der Schein der ersten Brände über der Stadt auf.

Eine halbe Stunde später finden sie ihre Pferde, treiben die scheuenden in den Han, der nicht viel Wasser führt, und erreichen keuchend das südliche Ufer.

Die ganze Nacht hindurch währt der jagende Ritt. Das Land zeigt sich dichter besiedelt hier; aber niemand hält sie in den Dörfern auf. Die Bauern hinter den Wänden der geduckten Lehmhäuser werden die Köpfe tiefer in ihren Schütten aus Reisstroh vergraben, wenn sie die Hufe der galoppierenden Pferde über die Dorfstraße trommeln hören. Soldaten sind immer Feinde! Mögen alle guten Geister geben, daß die Bewaffneten nicht gerade in diesem Dorf ihre Pferde anhalten.

Peter und Ting erreichen gegen Morgen den Ort, vor dem die Straße, über die sie mit dem Auto hergekommen sind, den Han überquert. Die beiden Reiter folgen der Straße südwärts; die Pferde haben es leichter.

Aber noch sind sie nicht in Sicherheit. Noch zwei Tage und zwei Nächte vergehen, ehe sie endlich über die Paßhöhe hinweg den Oberlauf des Kialing-kiang erreichen. Sie sind wie bisher dabei geblieben, nur bei Nacht weiterzuziehen. Denn mußten sie bisher die Aufständischen fürchten, so müssen sie sich nun vor den Soldaten der Nationalarmee vorsehen, da das Zaumzeug und die Sättel der Pferde leicht als Militärgut zu erkennen sind. Die Fliehenden verbergen sich über Tag in abgelegenen Tälern. Peter bleibt bei den Pferden, Ting steckt sich ein Silberstück ein (er reitet ja das Pferd des Obersten; der hatte die Satteltaschen voll Geld), wandert in das nächste Dorf und kauft das wenige ein, das einzukaufen ist.

Ting ist es schließlich auch, der die beiden Pferde günstig an den Mann bringt, als die Flüchtenden endlich den Fluß erreichen, den schnellen Kialing-kiang, an dessen Mündung in den Yangtse ihr Ziel, die Stadt Tschungking, gelegen ist. Auch der Pferdehandel vollzieht sich nachts – mit viel Geflüster. Peter sagt:

»Das Geld für die Pferde kannst du behalten, Ting. Dann hat wenigstens einer von uns bei dem traurigen Abenteuer ein Geschäft gemacht.«

Ting verneigt sich viele Male, schlürft durch die Zähne und fühlt sich offenbar hochgeehrt. Natürlich hat er auch das Geld aus den Satteltaschen beschlagnahmt; er ist es denn auch, der den kräftigen Sampan auftreibt, auf dem sie die Fahrt abwärts antreten. Seit die Gefahr, von den Aufständischen gefangen oder erschlagen zu werden, nicht mehr unmittelbar droht, hat Ting wieder ganz die Manieren eines wohlgeschulten chinesischen Dieners angenommen. Er verbeugt sich oft und feierlich und sagt:

»Gestrenger Herr, bemüht Euch nicht, ich werde für die Reise sorgen; es ist alles bezahlt.«

Peter muß, wie so oft schon, ein Lächeln verbeißen. Es ist alles bezahlt――: Der gute Ting wird aus den gräßlichen Erlebnissen als reicher Mann hervorgehen, und weder Aufstand noch Diener-

pflicht und selbst nicht einmal die großmächtige uralte Lao-tai-tai
werden ihn daran hindern können.

Drei halbnackte Männer stoßen das Boot in die wirbelnde Strömung. Es dreht sich einmal um sich selbst; dann gehorcht es den
schweren Rudern, steckt die Nase stromab und gleitet über die
silbern wallenden Wasser, durch den strahlenden Morgen schnell,
sausend fast, davon.

Seit er mit dem nun wohl längst von den Geiern gefressenen
Herrn Oberst in die Berge ritt, erlebt Peter zum ersten Male wieder
das Gefühl, er selbst zu sein und das Leben neu gewonnen zu haben.

Zweiundzwanzigstes Kapitel

Peter hat es einzurichten gewußt, daß sein Boot erst mit andunkeln-
der Nacht die hoch auf ihrem Berge sich türmende Stadt Tschungking erreicht. Man soll ihn nicht neu beargwöhnen. Er will sich im
Halbdunkel oder im Dunkel durch die Straßen schleichen, zum
großen Anwesen der Su, wo er seine Yü-loh zu finden hofft.

Diesmal kümmert sich kein Mensch um die Ankunft des Bootes am
Fuß der Felsen, über denen sich in den Mauern Tschungkings das
Tor öffnet. Keiner der Ruderleute in den hundert oder tausend
anderen Kähnen, die sich als eine schwebende, unsichere Plattform
in der Mündung des Kialing in den Yangtse zusammendrängen,
nimmt von dem bescheidenen Sampan Notiz, der da ein paar
Bauern zur Stadt bringt. Diesmal schlagen sich auch die Sänftenträ-
ger nicht um die Passagiere. Ting entlohnt den Bootseigner; dann
springen die beiden Männer über die Schiffe hinweg zu den schmierigen Stufen der Treppe hinüber, die zur Stadt hinaufführt. Fast ist
es Nacht. Sie gewinnen das Stadttor gerade noch, bevor es geschlossen wird – ein glücklicher Umstand, denn wer das Tor nach
Sonnenuntergang passieren will, der muß sich ausweisen. Und das
würde Peter nicht sehr angenehm finden.

Zum ersten Male bewegt er sich jetzt zu Fuß mit Ting durch die
nächtlichen Straßen der überfüllten Stadt; zum ersten Male ist er
dem brodelnden Wirrwarr der Gerüche aus allernächster Nähe
ausgesetzt; wenigstens kommt es ihm so vor; früher ist er ja stets im

Tragstuhl über die Menge hingeschwebt und war irgendwie weiter als jetzt von dem hier wirklich gelebten Leben abgetrennt. Wieder fühlt er sich wie von einem Raubtier von dem Gefühl überfallen, in die fremdeste Fremde verschlagen zu sein, in diese stinkende, wirbelnde, unbeschreiblich lärmvolle Stadt unter keinen wie auch immer denkbaren Umständen hineinzugehören.

Endlich stehen die beiden Männer vor dem hohen Tor des Anwesens der Su. Weit öffnen sich die eichenen Planken, denn der Torhüter hat sofort erkannt, wer zu so später Stunde Einlaß begehrt. Peter beachtet die vielen Verbeugungen des Mannes kaum, der ihn, den ärmlich Gewandeten, erstaunt und bestürzt – oder ist er beleidigt – betrachtet. Er beantwortet auch keine der blumigen Redensarten, mit denen er begrüßt wird. Er ist kein Chinese in diesem Augenblick; er ist nichts weiter als ein Mann des Westens, der sich etwas vorgenommen hat und gesonnen ist, es unter allen Umständen zu vollenden. Er durchschreitet ein halb Dutzend Höfe und Hallen, und dann hat er am Rande der Mauer den Gästehof erreicht, an dem er mit Yü-loh gewohnt hat.

Ob sie allein ist? Er kann jetzt keine Zeugen, vor allem keine Zeugen aus dieser Familie, gebrauchen.

Sie ist nicht allein. Die Frau des Obersten ist bei ihr. Auch das noch! Er stößt die Tür auf, verneigt sich vor dem Gast, grüßt dann Yü-loh und sagt:

»Verzeiht mir, Hochzuverehrende, wenn ich Euch bitte, mich mit meiner Frau allein zu lassen. Ich habe ihr wichtige Mitteilungen zu machen.«

Die Frau des Obersten betrachtet ihn fassungslos. Sie kann sich nicht zusammenreimen, warum der Gatte Yü-lohs in schlechten Bauernkleidern auftritt; er ist doch in der Uniform eines Hauptmanns fortgereist. Sie vergißt ihre Erziehung, die ihr gebietet, dem Wunsch des Herrn dieses Hauses Folge zu leisten. Sie fragt:

»Ist der Verehrungswürdige, mein Gemahl, mit Ihnen zurückgekehrt?«

Peter sieht die Fragerin an, als hätte sie etwas Unbeantwortbares ausgesprochen. Er ist sich überhaupt noch nicht bewußt geworden, daß er ja für den Oberst, den es nicht mehr gibt, wird Rede und Antwort stehen müssen. Was geht ihn der Oberst an, dieser Schurke der – das ist ihm mit eisiger Deutlichkeit klar geworden – einer der Männer ist, die für das Elend und den Kummer Chinas verantwortlich sind. So stammelt er als Antwort:

»Ich bin allein eingetroffen, ehrenwerte Base. Ich werde morgen der alten Herrin berichten. Und nun bitte ich Euch nochmals, laßt uns allein!«

Die Frau erbleicht unter ihrer Schminke vor so viel Unhöflichkeit, sagt kein Wort und verläßt den Raum.

Yü-loh hat sich erhoben und sieht Peter mit großen, tieferschrokkenen Augen an:

»Bei allen Heiligen, Peter, was ist geschehen?«

Peter antwortet dürr:

»Im Norden ist der Aufstand losgebrochen. Du wirst es ja wahrscheinlich schon erfahren haben. Der Oberst ist abgeschlachtet worden; von seinem Regiment sind nur noch kümmerliche Reste übrig, wenn überhaupt irgendeiner dem gräßlichen Gemetzel entgangen ist! Ich selbst bin nur wie durch ein Wunder dem Tode entronnen.«

Er schweigt und sieht die Geliebte lange und wie verwundert an. Nach einer Weile flüstert Yü-loh:

»Daß du wieder da bist, Peter! Alles andere ist ja gleich. Hast du schon gegessen? Willst du baden? Du mußt vernünftige Kleider anziehen; in diesen schmutzigen Lumpen kannst du nicht bleiben. Ich werde etwas zu essen bestellen.«

So sprudelt sie über vor Besorgnis. Peter wehrt ab:

»Gewiß, ja, ich werde mich beeilen. Erst morgen will ich die anderen aus diesem Hause sehen. Heute müssen wir allein beisammen bleiben. Es braucht niemand zu wissen, daß ich gekommen bin.«

Sie antwortet:

»Es wissen längst alle. Ting ist ja da; und die Schwägerin wird den Mund nicht halten. Laß mich einen Augenblick fortgehen, ich werde dich mit völliger Erschöpfung entschuldigen.«

Die Liebenden ruhen nebeneinander; im Schnitzwerk vor den Ölpapierfenstern glimmt der Mond. Die Stadt ist zur Ruhe gegangen; nur in der Ferne stampfen die Pressen für das Geistergeld. Die Hunde natürlich – die Hunde heulen ihr nächtliches Lied wie in jeder Nacht in jeder chinesischen Stadt. Und manchmal, wenn das Paar still nebeneinander liegt, hört man die Fledermäuse fiepen, die um die schweren Giebel über den Höfen der Su huschen.

Peter hat alles erzählt, was zu erzählen ist. Er fährt nach langer Pause leise fort:

»Mich beherrscht nur ein einziger Gedanke, mein Jasmin: morgen schon mit dir hier fortzufahren. Glaube mir, Yü, der entsetzliche Aufstand greift weiter nach Süden. Ich weiß es so genau, als ob es schon geschehen wäre, daß das ganze große Land der jetzigen Regierung, das heißt deinen Leuten, verlorengehen wird. Was haben wir beide in diesem Chaos zu suchen? Ich will morgen mit dir fort!«

Yü-loh liegt ganz still, so still, daß er kaum ihren Atem wehen hört. Sie schweigt sehr lange. Dann flüstert sie kaum hörbar:

»Unmöglich, Peter! Du wirst der Alten Auskunft geben müssen. Sie hat sich schon völlig in die Vorstellung hineingedacht, daß du und ich zu ihrer Familie gehören. Sie hat längst über dich verfügt, hat dein Schicksal, deine Stellung, dein Einkommen, deine Wohnung schon beschlossen; natürlich für mich mit. Ich fürchte mich vor ihr, Peter. Ich glaube nicht, daß du schon begriffen hast, welche Macht sie besitzt.«

Peter richtet sich hoch und sieht auf die Geliebte hernieder. Die großen dunklen Augen sind voll zu ihm aufgeschlagen, ihr gelöstes Haar liegt wie schwarze Schlangen auf dem helleren Kissen. Peter spürt, daß es Zeit ist, die volle Wahrheit zu bekennen. Er sagt:

»Yü-loh, Jadekämmerchen, niemals habe ich dich mehr geliebt als in diesem Augenblick; aber das hilft mir nichts; ich muß dir gestehen, daß es mir jetzt und in aller Zukunft unmöglich sein wird, in dein Volk und in deine Familie einzugehen. Ich kann nur der sein und bleiben, als der ich geboren bin. Komm mit mir. Wo ich zu Hause bin, wirst auch du heimisch werden.«

Sie rührt sich nicht, sieht immer nur mit großen offenen Augen zu ihm auf, und es geschieht, was ihm das Herz zusammenzieht; eine Träne gleitet aus ihren Augen langsam zur Seite und verlischt in den Kissen; der Mond zaubert ein winziges Glanzlicht aus dem schmerzlichen Tropfen. Sie flüstert:

»Wenn du nicht in meiner Welt heimisch werden kannst, Peter – warum glaubst du dann, daß ich ohne weiteres in der deinen heimisch werden könnte?«

Das ist vollkommen wahr und klar; es ist nichts darauf zu erwidern. Peter fährt sich mit der Hand über die Stirn und läßt sich auf den Rücken fallen. Er weiß nicht weiter, als nach der Hand der Geliebten zu greifen und sie in seine zu schließen. So liegen sie lange.

Aber allzulange haben sie sich entbehrt.

Sie sind jung; sie vergessen, was sie unendlich trennt, die gütige Nacht nimmt sie in ihre weiten warmen Arme.

Dreiundzwanzigstes Kapitel

Wie ein uralter Vogel sitzt sie da –.

Dieser Gedanke huscht Peter durchs Hirn, als er sich aus der tiefen Verbeugung wieder aufrichtet, in die er nach seinem Bericht zusammengesunken ist. Die Greisin sieht ihn so starr aus ihren weitgeöffneten, wimperlosen Augen an, als wollte sie ihn bannen.

Völlig tonlos wiederholt sie noch einmal:

»Er ist also tot?«

Peter verbeugt sich nochmals, neigt sein Haupt und sagt leise:

»Ja, ehrwürdige Herrin, er ist tot. Fast sein ganzes Regiment ist mit ihm in den Tod gegangen.«

In die starren Vogelaugen über dem zerknitterten uralten Gesicht dringt ein leises Glimmen. Vielleicht denkt die hochbetagte Frau: ein ganzes Regiment mit ihm, dem Sohn des Hauses Su – so gehört sich's. Wir sind eine große Familie, eine ehrwürdige, eine uralte Familie!

Aber das Glimmen ,in den Augen erlischt schnell. Ohne zu zwinkern, dringen sie in Peters Blick. Es fällt dem jungen Manne, der wieder die Gewänder eines vornehmen Chinesen trägt, schwer, diesen Augen, diesem glanzlosen, starren Blick standzuhalten. Aber er zwingt sich dazu, nicht mit der Wimper zu zucken. Er gibt nicht nach. Er spürt, daß zwischen der Greisin da auf ihrem thronartigen Sessel, die geschmückt ist mit Edelsteinen, Perlen und brokatenen Gewändern wie ein Museumsstück, und ihm, dem jungen Manne, der in Gedanken längst zu neuer Flucht und zu neuer Weiterreise angesetzt hat, sich ein stummer Kampf vollzieht. Die unerbittliche Greisin tastet ihn ab, ob auch alles, was er erzählt hat, bis in die letzten Einzelheiten hinein wahr ist oder ob er ihr irgend etwas verhehlte, was den Tod des Obersten Su erst ins rechte Licht rückte. Aber Peter hat in dürren Worten nichts weiter als die Wahrheit erzählt.

Yü-loh liegt neben Peter in tiefem Kotau auf dem spiegelnd blanken schwarzen Fußboden des weiten Zimmers. Sie hat sich während des Gespräches zwischen der hohen Herrin des Hauses Su und Peter nicht gerührt. Peter hat sich diesmal nicht dazu verstehen können, in dem vorgeschriebenen Kotau vor der Alten zusammenzusinken. Es ist ihm auch so vorgekommen, als ob die Greisin nichts dergleichen mehr von ihm erwartet.

Die Alte räuspert sich. Sie sagt:

»Erhebe dich, Yü-loh, ich will euch beide vor mir sehen, Kinder.«

Yü-loh gehorcht und steht neben Peter, aber eine Handbreit von ihm getrennt. Die Alte prüft das Paar mit ihren Blicken, unerbittlich, erbarmungslos, scheint es Peter; als schätze sie Gegenstände ab, denkt Peter, und die Aufsässigkeit in seinem Innern wächst. Er muß die Zähne zusammenbeißen, um diese Musterung zu ertragen. Er eignet sich nicht dazu, als Gegenstand genommen zu werden. Die Alte murmelt schließlich mehr zu sich selbst als zu dem Paar, das vor ihr steht: »Ja, gut, es wird gehen.«

Sie hebt die Hand von dem Knauf des Sessels, wo sie wie eine juwelengeschmückte Vogelkralle gelegen hat, winkt kaum merklich und flüstert:

»Ihr seid entlassen. Ihr werdet von mir hören.«

Wieder sinkt Yü-loh zu tiefem Kotau zusammen, berührt mit der Stirn den Fußboden und zieht sich rückwärts schreitend zur Tür zurück. Peter begnügt sich mit einer Verbeugung, geht zur Tür, verbeugt sich dort noch einmal und läßt dann Yü-loh vor ihm ins Freie treten.

Die Nacht nach diesem Tage ist mit einem ungeheuren Gewitter über die Stadt hereingebrochen. Der strömende Regen hat die Schwüle des Monats »Jeden Tag ein bißchen Regen« niedergeschlagen und mit ihr den Staub, den Gestank und die Schwärme von Insekten. Noch immer grollt es in der Ferne, noch immer zucken Blitze über die Trümmerfelder der zerbombten Stadt.

Peter wandert in dem großen Zimmer neben seinem Gästehof auf und ab wie ein Tier im Gefängnis. Yü-loh hat sich auf das hohe Bett geworfen, die Hände hinter dem Kopf verschränkt, und beobachtet ihn voller Unruhe. Aus ihren Augen spricht Angst. Peter ist von einem wilden, wenn auch unterdrückten Zorn erfüllt. Die langen Stoffbahnen des chinesischen Gewandes sind ihm, während er ratlos auf und ab schritt, immer wieder zwischen die Beine geraten. In einem plötzlichen Wutanfall hat er den langen, vornehmen Kittel abgezogen und in eine Ecke geworfen.

»Ich passe in das weibische Lumpenzeug nicht hinein; ich will endlich wieder anständige Hosen tragen.«

Er war sehr lächerlich, dieser Wutanfall, und Peter selbst hat plötzlich lachen müssen, als er wahrnahm, wie um Yü-lohs Mundwinkel unwillkürlich ein Lächeln zuckte.

Aber das geschah schon vor einer guten Stunde, und die kurze Erheiterung ist schnell verflogen. Peter nimmt den Faden des Gesprächs wieder auf:

»Ich weiß genau, Yü-loh, wie die Alte sich das vorstellt. Sie ist ihren Oberst los. In mir sieht sie einen großartigen Soldaten, weiß der Teufel, warum. Wahrscheinlich hat ihr irgendwer eingeblasen, daß deutsche Offiziere das Nonplusultra des Soldaten darstellen. Dabei sind wir genauso froh, der Uniform entwischt zu sein, wie alle anderen, die sie allzu lange getragen haben. Es stimmt natürlich, was du mir sagtest, daß sie längst durch ihre unzähligen Verbindungen für mich oder für uns eine wichtige Stellung da oder dort beschafft hat und daß sie auch schon ganz genau ausgerechnet hat, wieviel wir dabei verdienen werden oder wieviel auf dem goldenen Wege der Korruption nebenbei in unsere Tasche gesteckt werden wird. Aber das ist eine Rechnung ohne den Wirt, Yü-loh, das sage ich dir, und der Wirt bin ich. Und damit du es ganz klar weißt, ich will nach Hause, und du kommst mit, denn du bist meine Frau. Ich lasse überhaupt nicht mehr mit mir darüber reden. Und wenn der alte Satan etwa vorhat, dich oder mich mit Gewalt hier festzuhalten – ich habe beinahe das Gefühl, als wären wir in diesem Gästehof gefangen –, dann werde ich mit Gewalt aus ihm hinausgelangen. Ich bin schon mit anderen Hindernissen fertig geworden als denen, die der überalterte Drache uns bereiten will.«

Er schweigt und mißt das Zimmer aus, immer wieder, und ärgert sich darüber, daß die Filzsohlen seiner seidenen Schuhe auf dem glattgebohnerten Boden keinen rechten Halt finden. Yü-loh regt sich nicht, aber die Angst in ihren Augen wächst. Peter merkt es nicht, denn er sieht sie nicht an; sieht sie auch nicht an, als sie fast unhörbar flüstert: »Wenn du wüßtest, wie du mich quälst.«

Er hört auch das nicht. Er fährt, als hätte sie überhaupt nichts gesagt, fort: »Das Geheul von den Klageweibern macht mich wahnsinnig; wir werden die ganze Nacht kein Auge schließen können.«

Im Haupthof des großen Anwesens sind die Klageweiber versammelt und wimmern schon den ganzen Tag lang den Jammer des Hauses Su über den Tod ihres hervorragendsten Mannes in die Luft.

Der unermüdlich wandernde Peter fährt fort:

»Wenn du es ihr nicht selbst sagen willst, Yü-loh, dann werde ich es ihr sagen. Komme danach, was wolle. Ting hat Geld genug bei dem ganzen gräßlichen Abenteuer erobert, und du selbst hast ja auch noch einen Haufen Geld irgendwo in deinem Untergewand versteckt.«

Sein Ton wird plötzlich bittend und zärtlich; er ist mit einem Male wieder der alte Peter, der zu der Geliebten spricht:

»Komm, Liebste, es wird uns niemand hindern, wenn wir jetzt das Haus verlassen. Ting schläft in dem Raum gegenüber; er wird gehorchen; er weiß, daß er dir zu gehorchen hat. Wer will uns hindern, jetzt das Haus zu verlassen? Die Nacht ist dunkel. Du weißt, daß sich die Leute hier noch vorm Gewitter fürchten. Irgendwo unten am Strom werden wir einen Sampan finden und heute nacht noch aufbrechen. Wir haben dann Vorsprung, eine Nachtfahrt weit. Man holt uns nicht mehr ein. Komm. Warum säumen wir hier noch eine Minute länger.«

Yü-loh hat die Augen von ihm abgewandt und zur Decke gerichtet. Nun ist sie es, die nichts gehört zu haben scheint. Sie antwortet nicht.

Erst als Peter von neuem drängt:

»Lieber Jasmin, komm, es kostet dich nur einen Augenblick des Entschlusses. Du muß dich für mich entscheiden. Was gehen dich die Wünsche dieser alten Frau an? Sie gehört nicht einmal zu deiner Familie.«

Yü-lohs Stimme ist rauh, sie scheint die trockenen Lippen kaum bewegen zu können. Sie sagt:

»Wenn ich mit dir komme, Peter –? Wenn ich der alten Gebieterin ungehorsam sein muß –? Ich werde mit dir kommen, Peter!«

Sie zögert und fährt dann leiser fort:

»Aber ich werde nie mehr glücklich sein, Peter.«

Diesmal hat Peter begriffen, was sie meint; er spürt bis in den Hintergrund seines Herzens, was in ihr vorgeht. Soll er ihr einfach sagen: bleibe hier? Nein, er gibt den Kampf nicht auf. Er setzt sich neben sie auf das hohe Bett, greift nach ihren Händen und weiß mit einem Male, was er ihr antworten soll:

»Es gibt nur einen, der dies entscheiden kann, Yü-loh. Es ist dein Vater! Wir wollen ihn aufsuchen. Er wird uns das Richtige zu raten wissen.«

Er sieht es den Augen der Geliebten an, daß er den richtigen Ton getroffen und den einzigen Vorschlag gemacht hat, auf den sie eingehen kann. Langsam scheint auch in ihr die Lust zu erwachen, dieser bedrängenden Umwelt zu entfliehen. Peter spricht noch etwas anderes aus:

»Glaube mir, Yü-loh, es hat keinen Zweck, daß ich mich irgendwie mit jenen Kreisen und Mächten verbinde, zu denen der Oberst gehört hat und zu denen auch sein Bruder gehört. Diese Welt ist nicht wert, daß sie fortexistiert. Sie geht unter. Sie wird verschlungen werden von Gewalten, die unbeschreiblich und grausam sind, aber die wenigstens zunächst das Recht auf ihrer Seite haben. Man besteigt kein sinkendes Schiff, am wenigsten dann, wenn man ohnehin nicht zur Mannschaft gehört.«

Bald danach, während draußen in den Höfen das Geheul der Klageweiber sich zu einem Inferno des Mißklangs steigert, besprechen die Liebenden flüsternd den Plan der weiteren Flucht.

Vierundzwanzig Stunden später wartet Ting in der Dunkelheit unten am Fluß. Der brave Mann schwebt in heftiger Sorge. Es widerstrebt all seinen Instinkten, dem Willen der alten Gebieterin zuwider zu handeln, aber noch ist er ja kein Diener des Hauses Su, sondern immer noch ein solcher des Hauses Tai und dem alten Tai mit seinem Leben verpflichtet, der einzigen Tochter des Hauses nach besten Kräften beizustehen.

Wenn sie nur endlich kämen, denkt der unruhig auf einem schmutzigen Balken hockende Mann.

Peter keucht heran, Yü-loh mit ihm; sie ist am Ende ihrer Kräfte. Peter sagt hastig:

»Man hat uns beargwöhnt; die Alte hat uns nicht aus dem Hause lassen wollen des Nachts; sie hat dem Pförtner Befehl gegeben, es müßte jeder daheim bleiben; in der Stadt wäre es zu unsicher, weil sich Aufständische aus dem Norden in die Stadt geschlichen haben sollen. Aber das ist natürlich nur ein Vorwand gewesen. Schnell, Ting, wo ist unser Boot?«

Sie stolpern hastig alle drei durch die Dunkelheit. Da liegt der breite Kahn; sie springen hinein. Ting hat das Gepäck heimlich vorausgeschafft. Die Bootsleute spüren, daß Eile geboten ist, und stoßen das schwere Gefährt schon in die ziehenden Wasser, ehe Ting noch als letzter über Bord gestiegen ist.

Yü-loh läßt sich auf den Boden des Bootes fallen. Sie ist zu Tode erschöpft. Peter sucht mit den Augen das dunkle Ufer ab. Er sagt:

»Ich glaube, sie haben uns nicht verfolgt; oder sie haben uns wenigstens aus den Augen verloren.«

Ting weist den Bootseigner an:

»Weit in den Strom hinaus, so weit vom Ufer weg wie möglich!«

Die Ruderer legen sich mit ganzem Körper in die schweren Riemen. Der Kahn gleitet aus der Mündung des Kialing schon in den großen Yangtse, wird hier von der gewaltigeren Strömung schnell erfaßt, gewinnt sausende Fahrt und ist lautlos wie ein Schatten in der Nacht über dem großen Wasser verschwunden.

Es gelingt Peter nicht, das Gefühl loszuwerden, daß er verfolgt wird. Manchmal wird ihr Boot von schnelleren und größeren Dschunken oder von anderen Sampans überholt, die eine größere Anzahl von Ruderern führen. Obgleich sich niemand um das unauffällige Boot kümmert, in dem Peter, Yü-loh und Ting stromab reisen, beobachten die Flüchtenden doch immer von neuem ängstlich jedes Schiff, das sich ihnen nähert.

Schon ist Wanhsin auf hohem Ufer an ihnen vorbeigezogen. Das Boot hat nicht an der Stadt haltgemacht. Die Reisenden vermeiden es, dort zu übernachten, wo man auf der Fahrt den Yangtse hinab seit alters zu übernachten pflegt. Sie ziehen es vor, in irgendeinem namenlosen Dorf vor Anker zu gehen und die Gastfreundschaft irgendeines kleinen Bauern in Anspruch zu nehmen – der ihnen gewöhnlich dankbar ist, denn klingende Münze hat er schon lange nicht mehr zu Gesicht bekommen.

Unterhalb Wanhsins dringt der Strom aus dem großen Bergland in ungeheure Felsenschluchten ein. Drohende Engpässe pressen ihn hier zusammen, peitschen seine ohnehin eiligen Wasser zu jagender Wildheit auf, als wollten die schroffen Berge das mächtige Gewässer nicht in die geruhsame, breite Ebene des chinesischen Tieflandes entlassen.

Am Abend des nächsten Tages, als sie die Tigerzahnschlucht durchfahren haben, als würde ihr klobiges Schiff aus einer Kanone geschossen, winken ein paar Bauernhäuser vom Ufer herüber. Ihr Boot nimmt Kurs auf das kleine Dorf. Aber noch lange, ehe sie es erreichen, löst sich aus einer Bucht am Ufer ein zweiter Sampan, der nicht mit drei, wie der ihre, sondern mit sechs Ruderern bemannt ist. Er stößt in spitzem Winkel auf die Kurslinie ihres Bootes zu.

Peter wird sofort unruhig; auch Ting sieht zu dem schnellen Boot hinüber, das sich mit rauschender Bugwelle nähert. Als der Kahn nur noch ein paar Steinwürfe weit entfernt ist und man die Gesichter der Männer erkennen kann, die sich im Bug des Bootes drängen, schreit Yü-loh plötzlich:

»Das sind Leute aus dem Hause Su, Peter. Ich erkenne den Großen, der vorn steht. Sie schneiden uns den Weg ab, Peter. Sie wollen uns fangen.«

Ting hat sofort begriffen und brüllt den Ruderern des Bootes zu: »Nicht auf das Dorf zuhalten! Hinüber in die Strömung wieder, wo sie am schnellsten ist!«

Die Ruderer wittern die Gefahr, in der auch sie schweben, und ändern den Kurs blitzschnell zur Mitte des Stromes hinüber. Aber es ist vergeblich. Das viel schnellere Boot holt sie ein.

Mitten in der jagenden Strömung prallen die hölzernen Borde aneinander. Die Verfolger werfen ein paar Stricke hinüber, und schon sind die Boote aneinandergefesselt. Peter hat seine Pistole in der Hand.

»Nicht schießen!« schreit Yü-loh und schlägt sie ihm beiseite.

Im gleichen Augenblick springen vier, fünf, sechs Männer aus dem verfolgenden Boot herüber. Peter gibt sich nicht gefangen. Mit einem der großen Messer, die bereitliegen, hat er das Tau durchschnitten, das die beiden Boote miteinander verbindet; der zweite Sampan treibt ab, wird aber schnell wieder zurückgedrückt. Peter und Ting sind in das Heck ihres Schiffes zurückgewichen. Yü-loh steht vor ihnen und schreit die Diener des Hauses Su an:

»Was wollt ihr von uns?«

schreit es mit so herrischer Miene, daß die Männer, die gewohnt sind zu gehorchen, einen Augenblick stutzen. Der große Kerl, der der Anführer ist, tritt vor und sagt:

»Herrin, die alte Gebieterin hat uns beauftragt, euch nach Tschungking zurückzubringen. Ihr könnt freiwillig folgen. Wenn ihr das nicht tut, müssen wir euch zwingen.«

Peter hört den Auftrag und vermag sich nicht mehr zurückzuhalten. In einem jähen Anlauf stürzt er auf den Anführer zu, jagt diesem seinen harten Schädel vor die Brust und kippt den riesigen Kerl über Bord. Mit einem wilden Schrei verschwindet der Mann in den Fluten.

»Nicht, Peter, nicht. Keiner kann schwimmen!« kreischt Yü-loh.

Aber Peter hört nicht mehr. Man will ihn zwingen, in das

verhaßte Tschungking zurückzukehren; er ist bereit, es mit der zehnfachen Übermacht aufzunehmen. Die anderen Männer stürzen sich auf ihn, aber sie sind ihres Anführers beraubt. Auch die Ruderleute wollen sich nicht von den Fremden bezwingen lassen und stürmen mit den schweren Pinnen auf die Angreifer ein. Aber der Kampf nimmt ein vorschnelles Ende, ehe er noch begonnen hat. Niemand hat mehr auf den Kurs geachtet, den die beiden Boote nehmen. Sie treiben Bord an Bord, quer zur Strömung jagend, talab, sausen im schnellsten Sog des Wassers auf das südliche Ufer zu, wo sich die Wasser grollend zusammendrängen, denn der Fluß wendet sich hier in eine scharfe Kurve. Plötzlich läuft das zweite Boot mit einem knirschenden Krachen irgendwo auf; seine sausende Fahrt wird so plötzlich unterbrochen, daß ein paar Männer, die am Außenbord stehen, ins Wasser stürzen und mit ein paar heulenden Schreien davontreiben. Auch Peter und Yü-loh sind zu Boden gestürzt, und es denkt keiner mehr an Kampf, denn das zweite Boot richtet sich, von der Strömung gepackt, von dem Unterwasserfelsen festgehalten, seitlich auf, hebt Peters Boot am Strick hinter sich her, daß das gegenüberliegende Bord unter Wasser sinkt, schon ergießt sich der ganze Schwall der schäumenden Strömung ins Innere. Mit zappelnden Armen stürzen die Männer nach, ein paar fassen noch nach den Planken; aber die Kähne überschlagen sich nochmals, zerschlagen den Haltsuchenden die Knochen oder die Schädel – und sind dann versunken. Erst weit stromab von der Unglücksstelle schiebt sich eines der beiden Boote kieloben wieder ans Licht.

Peter hat sich sofort über Bord geworfen, um aus dem Bereich der kenternden Boote zu gelangen. Seine Faust krampft sich um Yü-lohs Jacke. Er hat sie mit einem groben Ruck mit ins Wasser gerissen. Er weiß, daß er gegen diese jagende Strömung nicht ankämpfen kann, er muß sich treiben lassen. Er wirft sich auf den Rücken. Die dünne Baumwollhose der Kulikleider, die er trägt, behindert ihn kaum. Es gelingt ihm, Yü-lohs Kopf über Wasser zu heben. Er hält ihn mit der Nase nach oben über sich auf der Brust. Er schreit sie an:

»Nicht wehren! Liege ganz still.«

Sie ist noch nicht bewußtlos und gehorcht der Stimme, die ihr dicht vor den Ohren schallt. Peter denkt, wenn wir nicht in einen Strudel geraten, schaffe ich's. Er strebt, ohne der Strömung zu widerstehen, mit kräftigen Stößen der Beine langsam dem Ufer zu.

Felsen da, nichts als Felsen. Dort kann er nicht an Land gehen. Er wird müde, denn er muß den Körper der Geliebten regieren, muß aufpassen, daß ihre Nase und ihr Mund über Wasser bleiben, und das gelingt nur schlecht, denn die schäumenden Wallungen des Flusses überschütten ihn und sie immer wieder mit unvermuteter Brandung.

Peter denkt: schwimme ganz langsam, rege dich nicht auf, lasse dich abtreiben, schone deine Kräfte! Irgendwann wird irgendwo eine flache Uferstelle sich bieten. Strenge dich gerade nur soviel an, daß du über Wasser bleibst, und halte Ausschau nach Strudeln, denn die bezwingst du, so belastet, nicht.

Und ab und zu schreit er immer wieder keuchend der Geliebten ins Ohr: »Ganz ruhig atmen und tief! Halte den Atem so lange an wie möglich. Wir schaffen es schon, keine Angst.«

Und endlich dann, nach zwanzig Minuten, bietet sich das Ufer flacher dar. Er nähert sich ihm verzweifelt. Ein Felsblock ritzt ihn an der Schulter; so flach ist das Wasser also schon! Er tastet mit den Füßen nach unten. Ja, Grund, Sand, Boden! Und wenige Sekunden später taumeln die Geretteten an Land, taumeln zu Boden in den noch immer sonnenheißen Sand. Von den Männern, die mit ihnen im Boot saßen, ist weit und breit nichts zu entdecken. Yü-loh stößt noch einmal schwer atmend hervor: »Sie können ja alle nicht schwimmen; keiner kann hier schwimmen, Peter!«

Peter fragt nur eins:

»Aber Ting? Mein Gott, er kann doch nicht mit ertrunken sein?« Ting, der Treue, der Unermüdliche, der mit so viel List und Tapferkeit und Anstand sie durch so viele Fährnisse begleitet hat, er ist dahin! Und Yü-loh flüstert:

»Ich glaube gesehen zu haben, als ich mit dir ins Wasser fiel, wie ihn der Bord des kenternden Bootes erschlug.«

Peter seufzt:

»Dann hat er wenigstens einen schnellen Tod gefunden.«

Sie lassen sich beide in den Ufersand zurücksinken. Gleich wird die Nacht dasein. Sie wissen nicht, wo sie sind; aber sie haben feste Erde unter den Füßen und sind gerettet. Peter faßt nach dem Gurt, der seine Hose um die Hüften hält. Ja, die Tasche mit den Silberstücken ist noch vorhanden. Und auch Yü-loh findet das Geld in ihrem Untergewand. Das Papier ist naß geworden. Sie schält es heraus und breitet es zum Trocknen aus; sie beschwert es mit kleinen Steinen, damit der Nachtwind es nicht davonträgt.

Peter hat gerade noch Kraft genug, sich umzusehen. Ja, es führt ein Pfad von der Stelle, wo sie ein Obdach gefunden haben, in die Felsen; aber sie sind zu erregt und zu erschöpft, um jetzt noch auf Entdeckungen auszugehen. Die Hochsommernacht ist warm. Sie werden sie hier verbringen. Yü-loh sagt:

»Wir können nicht über Nacht in den nassen Kleidern bleiben; aber die Felsen sind noch heiß; wenn wir die Kleider darauf ausbreiten, werden sie schnell trocknen.«

Das ist ein guter Rat. Peter wühlt eine Mulde in den warmen Sand, damit sie zum Schlafen ein wenig Überwind haben. Nach einer Stunde sind die Kleider trocken, und ehe noch die Nacht kühl wird, liegen die Schiffbrüchigen schon und schlafen, eng aneinandergedrängt, wie die ersten Menschen, als sie aus dem Paradies vertrieben waren.

Die eisige Morgenluft hat Peter und Yü-loh geweckt, noch ehe die Dämmerung in die beschatteten Klüfte hinabgestiegen ist.

»Wir müssen uns waschen«, sagt Peter. »Das wird uns erfrischen!«

Yü-loh erhebt sich und gähnt. Sie sagt:

»Ich habe Hunger. Ting könnte uns –.«

Und dann erschrickt sie:

»Ach, Ting –!«

Ting, der immer da war, ist nicht mehr da.

Peter schlägt vor:

»Ehe wir hier frieren, können wir auch dem Pfad in die Berge folgen. Es wird bald Tag werden, und jetzt gibt noch der Mond genügend Licht.«

Die beiden Menschen tasten sich vorsichtig in die schroffen Felsen hinein. Je höher sie kommen, desto leichter wird es. Der junge Tag kündigt sich an. Aber menschliche Behausungen erreichen die Schiffbrüchigen erst, als längst die Sonne heiß vom Himmel brennt: ein kleines Dorf, nicht mehr als zehn, zwölf Häuser. Tief hängen die Strohdächer über die bemoosten Lehmwände, nicht wie im Westen am Rande geradebeschnitten, sondern gefranst, wie das Stroh es gerade hergab. Yü-loh geht voran. Ein kleines Kind, das ihnen als erster Mensch begegnet, läuft schreiend davon. Es ist Fremde nicht gewohnt. Yü-loh sagt: »Wir wollen lieber warten, damit sie nicht denken, wir kämen in böser Absicht.«

Peter ergibt sich ihr ganz. Er ahnt, daß es nicht leicht sein wird, die Freundschaft so entlegen wohnender Menschen zu gewinnen. So bleiben die beiden, der junge Mann und die junge Frau, auf dem Pfad stehen und blicken dem alten Mann entgegen, der sich ihnen mißtrauisch nähert. Yü-loh verbeugt sich tief, und Peter tut es ihr gleich. Yü-loh sagt:

»Ehrwürdiger, wir bitten um Euren Schutz und Eure Gastfreundschaft. Unser Boot ist gestern im Strom zerschellt, und unsere Ruderer sind ertrunken. Wir sind verloren, wenn Ihr uns nicht helft.«

Die Augen des Alten weiten sich schreckhaft und mißtrauisch. Er stößt hervor:

»Der große Strom gibt niemals Menschen wieder heraus, wenn er sie erst verschlungen hat.«

Der Alte weicht ein paar Schritte zurück.

In dieser vom Aberglauben beherrschten Welt – fährt es durch Peters Kopf – hält man uns womöglich noch für böse Geister. Auch Yü-loh hat sofort begriffen, daß sie dem Mißtrauen und dem Aberglauben zuvorkommen muß. Sie verbeugt sich abermals und sagt:

»Ehrwürdiger, gute Götter haben uns bewahrt und den großen Wassern entrissen. Wir bitten Euch, fühlt unsere Arme und Hände an, ritzt unsere Haut, wir sind wirkliche Menschen und keine Geister.«

Aber der Alte weicht noch ein paar Schritte zurück und öffnet schon den Mund zum Schreien. Peter und Yü-loh wissen nicht, was ihn so erschreckt haben mag. Aber Peter begreift, daß Yü-loh ihm ein Stichwort gegeben hat. Er bückt sich zur Erde, hebt einen spitzen Kiesel auf und fährt sich damit grob über den Unterarm; Blut tröpfelt hervor. Er hält den Arm hoch, läßt die kleine Blutbahn an der nackten Haut in den Ellenbogen laufen und ruft:

»Seht, Ehrwürdiger, wir sind richtige Menschen.«

Aus dem Gesicht des Alten verschwindet langsam die Furcht. Er stiert den Arm an, nähert sich von neuem. Peter zerrt die kleine Wunde ein wenig auseinander, daß frisches Blut hervorrinnt. Lächelnd geht er dem Alten ein paar Schritte entgegen und sagt noch einmal:

»Überzeugt Euch, Ehrwürdiger, wir sind Menschen. Der Strom hat uns hergegeben. Wir bitten Euch um Frieden und Gastfreundschaft unter Eurem Dach.«

Und Yü-loh fügt hinzu und lächelt:

»Wir sind nicht arm, Ehrwürdiger, wir stammen aus großem Hause.«

Der Damm ist gebrochen. Und plötzlich überstürzt sich der zerlumpte Alte in freundlichen Einladungen.

»Noch nie ist ein Gast ungespeist und ungetränkt aus unserem Dorf entlassen worden. Kommt! Wenn ihr aus gutem Hause seid, so sollt ihr die beste Hütte haben. Bleibt, solange es euch behagt! Wenn es nötig ist, will ich euch über die Berge nach Osten leiten, dorthin, wo ihr am Strom ein neues Boot mieten könnt.«

Bald danach muß Peter alle seine Sinne zusammennehmen, um den vielen Floskeln von Höflichkeit und Freundlichkeit standzuhalten, mit denen sie von den Leuten des Dorfes empfangen werden. Jede Floskel will mit der richtigen Gegenfloskel beantwortet werden, und es gibt manch ein Wort, das Peter beantworten muß, das Yü-loh nicht beantworten darf. Natürlich merken die Menschen dieses entlegenen Fleckens, daß Peter ein ganz anderes, in der Tat sehr unzulängliches Chinesisch spricht. Aber Yü-loh weiß alles zu erklären:

»Er kommt von weit her, dieser hellgesichtige Mann, aus einem anderen Land; dort spricht man eine andere Sprache, die der unseren nur ähnlich ist.«

Mehr als eine Stunde vergeht, ehe das Zeremoniell ländlicher Gastfreundschaft so weit gediehen ist, daß Trank und Speise aufgetragen werden können. Es fällt Peter schwer, sich auch dann noch in der Gewalt zu behalten; er muß ja erst ein paarmal abwehren, muß sich nötigen lassen, muß warten, bis ihm der Alte die besten Brocken aus der irdenen Schüssel vorlegt.

Schließlich werden sie satt.

»Ruht euch aus«, sagt dann der Alte. »Ihr seid viele Stunden weit durch die Berge gestiegen, seid gestern erst dem Tode entronnen. Wir lassen euch jetzt allein.«

Der Greis verbeugt sich lächelnd, winkt den Neugierigen ringsum, mit ihm zu kommen. Peter und Yü-loh sind allein in dem niedrigen Haus ohne Fenster, in dessen einzigem Raum nichts weiter steht als ein grober Tisch und ein paar noch gröbere Stühle, dazu in einer Ecke ein breites Bettgestell; seine Matratze ist aus rohen Lederriemen geflochten. Aber der Raum ist kühl und wehrt die lastende Hitze ab, die das enge Bergtal erfüllt. Peter tritt vor die niedrige Tür. Es ist wirklich niemand ringsum zu entdecken, der sie stören könnte. Ein paar nackte Kinder in der Ferne werden von der

Neugier festgehalten, aber sie blicken nur stumm herüber. Als sie merken, daß sie beobachtet werden, trollen sie sich wie unabsichtlich.

Peter und Yü-loh sitzen auf der Bettkante und beraten. Yü-loh sagt:

»Die Lao-tai-tai muß ihre Männer mit einer schnellen Dschunke hinter uns hergejagt haben. Als die Kerle uns erst überholt hatten, wollten sie uns an passender Stelle den Weg verlegen. Die Gebieterin wird natürlich bald erfahren, daß die beiden Boote gekentert sind. Du glaubst nicht, Peter, wie vorzüglich unter Umständen der Nachrichtendienst einer Familie wie der Su oder der Tai funktioniert. Es wird dann nicht lange dauern, und mein Vater wird telegrafisch die Nachricht erhalten, wir wären bei dem Bootsunglück mit ertrunken. Er wird sich entsetzliche Sorgen machen. Wir dürfen schon deshalb nicht allzu lange hier verweilen und müssen versuchen, so schnell wie möglich eine Telegrafenstation zu erreichen.«

Peter fragte dagegen:

»Weißt du, wo hier in der Wildnis eine zu finden ist?«

Sie überlegt und antwortet:

»Nein, ich weiß es nicht. Aber sicherlich können wir von Itschang aus telegrafieren.«

»Wie weit mögen wir noch von Itschang entfernt sein?«

»Mit dem Dampfer nicht länger als eine Tagesfahrt; wir hatten ja schon den größten Teil der Schluchten hinter uns. Wie lange wir natürlich von hier aus unterwegs sein werden, ehe wir Itschang erreichen, das weiß ich nicht.«

Peter blickt aus der Dämmerung des Hauses durch die offene Tür ins Freie. Er muß die Augen zusammenkneifen, so blendet die strahlende Vormittagssonne. Das Haus, in dem sie wohnen, liegt ein wenig höher als das übrige Dorf. So vermögen Peter und Yü-loh über die bemoosten Dächer hinweg in die schimmernden Berge hineinzuschauen, die sich unerhört schroff, ungebändigt, an ihren steilsten Hängen mit kahlen Flanken in den leuchtenden Himmel recken. Die Luft, die durch die offene Tür hereinweht, duftet. Duftet nach grünen Bergen und reifenden Feldern. Peter sagt:

»Die Menschen hier gefallen mir. Sie sind anders als in Tschungking und auch nicht so von Haß und Elend verdorben wie da im Norden Ssetschwans. Ich habe beinahe Lust, Yü-loh, hier eine Weile zu bleiben. Es ist so still hier, kein Mensch weiß, wo wir sind. Wir sind ganz allein, niemand und nichts stört uns hier.«

Yü-loh lehnt sich an ihn und lächelt. Peter fühlt, wie schwer es ihr fällt, nach einer Weile zu flüstern:

»Aber mein Vater wird sich sorgen.«

Das ist richtig. Und Peter weiß, daß es eigentlich nicht angeht, den Alten in so schrecklicher Sorge zu belassen. Aber er sagt doch noch einmal:

»Wenn wir jemand von hier fortschicken, um ein neues Boot aufzutreiben, könnten wir uns ein paar Tage gönnen, Yü-loh, denn es wird auch ein paar Tage dauern, ehe die Nachricht von dem Schiffbruch nach Tschungking gelangt und ehe sie von dort deinem Vater weitergegeben wird.«

Yü-loh vermag nicht zu widerstehen. Sie lehnt sich fester an ihn an und flüstert:

»Vielleicht können wir zwei Tage verantworten oder drei.«

Ja, das können sie. Es liegt sich gut und kühl auf der Bettstatt aus Lederriemen. Ehe sie einschlafen, fragt Peter:

»Sollten wir dem Alten nicht ein paar Silberstücke anbieten?«

Aber Yü-loh antwortet:

»Nein, wir würden ihn beleidigen. Es wäre ein Verstoß gegen die Gastfreundschaft. Wenn wir fortgehen, dürfen wir ihm für das Dorf ein Geschenk machen. Das kann dann sogar ein großes sein.«

»Dort kehren schon die Bauern vom Felde heim; in der Mittagsglut wird nicht gearbeitet. Wir sollten auch die Augen schließen; um diese Stunde des Mittags schläft ohnehin das ganze Dorf.«

Sie denken nicht daran, die Tür zu schließen. Hier gibt es keine Feinde. Der kleine Hund, der sich in der Türöffnung niedergelassen hat, scheint den Ruhenden nicht minder freundlich gesonnen zu sein wie das ganze Dorf. Aber ehe Peter einschläft, denkt er noch: Ting müßte noch am Leben sein! Ach, unser Ting!

Diese drei Tage –!

Als wüßten sie beide, daß sie vollkommnere nicht mehr erleben werden –!

Diese freundlichen Bauern, die nichts weiter von ihnen erbitten, als daß ihnen Geschichten erzählt werden aus der großen Welt. Es gelingt Peter nicht, zu erfahren, wie das Dorf heißt. Es ist »das Dorf«. Weit und breit in dem unwegsamen Bergland wohnt sonst keine Menschenseele. Erst viele Stunden jenseits der hohen Kämme im Osten trifft der Wanderer wieder auf menschliche Siedlungen.

»Dies ist unsere letzte Nacht im Dorf«, flüstert Peter.

Sie haben sich ihr Lager dicht an die offene Tür geschoben, so daß sie die Sterne sehen können und den Mond, der über die Berge wandert. Neben dem Haus raschelt zärtlich der Bambus; dies große, stolze Gras voller Anmut überschüttet des Tags die Hütte mit seinen spielenden Schatten und singt des Nachts sein niemals endendes, halblautes Lied. Die Grillen zirpen, und ihr Gesang erfüllt die Luft so gleichsam dicht und lückenlos, daß man ihn nur hört, wenn er zuweilen wie auf ein Kommando plötzlich verstummt. Ab und zu wehen auf lautlosen Schwingen die Fledermäuse in die Tür, huschen wieder hinaus, flattern um die Giebel und pfeifen leise dann und wann.

Peter sieht zu den Bergen hinaus. Ohne daß er es eigentlich will, kommt ihm mit einem Male ein merkwürdiges Wort in den Sinn, und er spricht es auch aus: »Ting ist tot, Yü-loh, und dies ist mein Abschied von China, Yü-loh.«

Sie antwortet lange nichts und flüstert schließlich unbestimmt:

»Wenn es nicht auch der Abschied von mir ist − −?«

Peter will ganz ehrlich sein. Wie könnte man in solcher Nacht etwas Falsches sagen wollen! Peters Herz hat ein paar Schläge lang schneller geschlagen; er erwidert:

»Nein, lieber Jasmin, das glaube ich nicht.«

Sie wiederholt so leise, daß er es kaum versteht:

»Glaubst du − −.«

So wandert das Gespräch der Liebenden unbestimmt und ohne Ziel durch die strahlende Nacht. Sie suchen sich, wissen nicht, ob sie sich schon verloren haben, und lassen doch ihr Herz so tief in den Brunnen des anderen Herzens sinken, wie es noch nie gesunken ist. Und immer wieder geistert trauervoll der verlorene Ting durch ihre Gespräche.

Drei Tage später treffen sie nach einer schnellen Reise ohne Zwischenfall in Itschang ein und telegrafieren von dort an Yü-lohs Vater nach Kanton. Zwanzig Stunden später trifft die Antwort ein:

»erwarte euch shanghai stop flugplätze ab dort von hier aus belegt stop abhebet zweihundert Dollar büro fluggesellschaft Vater« Sie heben die zweihundert Dollar ab, kleiden sich notdürftig chinesisch ein, verlassen zwei Tage später Itschang mit der fahrplanmäßigen Verkehrsmaschine der China National Aviation Co., übernachten in Hankau und erreichen am Abend des nächsten Tages Shanghai, wo sie der alte Tai auf dem Flugplatz in Empfang nimmt. Er weist Yü-loh als seine Tochter und Peter als seinen Schwiegersohn aus Tschanghwa auf Hainan aus und fährt mit ihnen in ein großes und ehrwürdig steifes chinesisches Hotel im chinesischen Viertel der Stadt.

Ehe noch Peter mit dem alten Tai und Yü-loh ins Hotel gelangt, hat er zu seiner maßlosen Freude erfahren, daß Paul am Leben ist. Er wohnt schon seit vier Wochen auf dem Stammsitz der Familie Tai in Tschanghwa auf Hainan und erholt sich von seinen Wunden und Verletzungen.

»Wie hat er zu Euch zurückgefunden, Hochzuverehrender?«

Der alte Tai antwortet:

»Laß es dir von ihm selber erzählen, mein Sohn. Ich glaube, wir haben wichtigere Dinge zu besprechen. Es sind nämlich hier zwei Briefe für euch eingetroffen, einer von deinen Eltern aus Angola und ein zweiter an Paul aus Australien.«

»Aus Australien?« fragt Peter sehr erstaunt.

»Ja, nach dem Poststempel aus Perth in Australien. Paul hat mir ausdrücklich aufgetragen, dich zu bitten, den Brief sofort zu öffnen, denn es könnte ja sein, daß er Nachrichten enthält, auf die du ohne Verzug eingehen mußt.«

Peter schüttelt den Kopf. Er ist sehr verwirrt.

»Wie um alles in der Welt kommen Pauls Eltern nach Australien? Nun, das wird sich bald herausstellen.« Er wird es sicherlich erfahren, wenn er erst einmal den an Paul gerichteten Brief gelesen hat.

Vierundzwanzigstes Kapitel

Peter weiß sich die Scheu nicht zu erklären, die ihn hindert, den Brief seiner Eltern aus Afrika als ersten zu lesen. Er versucht, sich klar zu machen, wieviel Jahre vergangen sind, seit er einen Briefumschlag mit der steilen Handschrift seines Vaters in den Händen hielt. Peter rechnet nicht nach, aber in den Jahren, die vergangen sind, ist so viel geschehen, daß Menschen in normalen Zeiten ein ganzes

Leben damit gefüllt hätten. Außerdem warnt ihn im Innern eine leise Stimme; die Eltern wissen von dem alten Tai, daß ich mich mit Yü-loh verbunden habe – und ich fürchte mich, ihre Meinung darüber zu erfahren. So weicht er der Entscheidung aus und öffnet als ersten den Brief der Eltern Pauls.

Er ist allein in seinem Zimmer. Yü-loh sowohl wie der alte Tai haben ihn sich selbst und seinen Briefen überlassen – mit jener wortlosen Rücksicht, die die Menschen des Ostens, wenn sie wohlerzogen sind, so liebenswert macht. Er hält den Brief der Eltern Pauls in der Hand und sieht darauf nieder. Die Adresse muß von Pauls Mutter geschrieben sein; zierlich und klar erscheint die Schrift. Nur eine Frau schreibt so. Ehe er sich entschließt, den Brief zu öffnen, denkt er und schließt die Augen dabei: Gott sei Dank, Gott sei Dank, Paul ist noch am Leben. Um alles in der Welt, was hätte ich seinem Vater und seiner Mutter erzählen sollen? Paul ist noch da, hat mich nicht im Stich gelassen.

Und als wäre es ein Echo auf diesen letzten Gedanken, hallt in ihm als Antwort nach: und auch ich werde ihn nicht im Stich lassen; wir werden uns beide nicht im Stich lassen! Nebenan hört er die Stimme Yü-lohs, die leise mit ihrem Vater spricht, und erschrickt. Was hat er da eben gedacht?

Aber er schüttelt die Frage ab und schlitzt den Brief mit der australischen Känguruhmarke vorsichtig auf.

Er entfaltet das Blatt und liest:

»Perth, den 10. Juli 1947

Mein lieber, lieber Sohn!

Der Brief, den Du uns nach Bangkok geschrieben hast, hat uns dort nicht mehr vorgefunden. Er ist uns lange über verschiedene Stationen nachgereist und hat uns erst jetzt hier in Australien erreicht. Zunächst und vor allem danken wir unserem Schöpfer, daß Du noch am Leben bist und daß sogar Deine Flucht zu gelingen scheint, denn Du mußt wohl einigermaßen sicher gewesen sein, nach Shanghai zu gelangen, denn sonst hättest Du unsere Antwort nicht dorthin bestellt. Wir wissen natürlich nicht, ob Dich dies Schreiben noch dort erreichen wird; aber wir senden es ab in der Hoffnung, daß Du Nachsendeadressen hinterlassen hast.

Wir haben ja so viel in der Zwischenzeit erlebt, daß wir gar nicht wissen, wo wir anfangen sollen. Während der letzten Jahre des Krieges konnten wir Dir ja nicht mehr schreiben und haben auch von Dir keine Nachricht mehr empfangen. Wir schlossen daraus, daß Du entweder gefallen, schwer verwundet oder frühzeitig in Gefangenschaft geraten bist. Ach, mein lieber Junge, ich bin so bewegt, daß Du mit heilen Gliedern den Krieg überstanden hast, daß ich gar nicht sagen kann, wie sehr ich mich freue, und Du brauchst Dich nicht zu wundern, daß meine Schrift so wacklig aussieht; meine Hände zittern, und ich muß ewig die Tränen abwischen, die mir aus den Augen quellen. Aber es sind Tränen der Freude. Vater hatte längst die Hoffnung aufgegeben, Dich noch wiederzusehen. Ich weiß es ganz genau, wenn er es auch nie zugegeben hat. Er sagte immer, Du wärst klug genug, einen Weg ausfindig zu machen, einen Brief an Deine Eltern loszuwerden. Aber es kamen keine Briefe mehr von Dir. Also schien er sich den entsprechenden Reim darauf zu machen. Nun hat er es mir überlassen, an Dich zu schreiben. Er selbst rennt durch die Straßen vor lauter Unrast und Unruhe und überlegt, wie er Dich so schnell wie möglich hierher nach Australien bekommen kann. Aber das ist alles schrecklich schwierig. Laß Dir der Reihe nach erzählen.

Du weißt ja, daß wir noch bis 1941 in Bangkok gesessen haben. Die Geschäfte gingen nicht schlecht, Vater allerdings meinte, sie könnten noch besser gehen, und ließ sich von einem Geschäftsfreund verleiten, auf einem portugiesischen Dampfer nach Goa zu reisen. Ich hatte ihn gewarnt, hatte ihm gesagt: Laß das lieber, Vater, du weißt nicht, ob nicht die Engländer die portugiesischen Schiffe anhalten werden, um sie nach verdächtigen Waren oder Gütern und natürlich auch nach Deutschen oder Japanern zu durchsuchen. Aber Vater hatte gemeint: Die Geschäfte, die ich in Goa abzuschließen hoffe, versprechen so große Gewinne, daß ich die Reise unbedingt wagen will. Leider behielt nicht er, sondern ich recht. Der Dampfer mußte wegen eines schweren Sturmes den Hafen von Colombo auf Ceylon anlaufen, um Schutz zu suchen, und da haben dann die Engländer Vater von Bord geholt. Er kam, wie fast alle Deutschen aus Indien, in die Gefangenschaft nach Australien. Ich blieb allein in Bangkok zurück, stand monatelang Todesängste aus, bis schließlich ein Brief aus dem Zivilgefangenenlager bei Fremantle eintraf. Unser Prokurist hat lange Zeit versucht, die Firma in Gang zu halten, aber Du weißt ja selbst, daß alles auf Vaters Schultern ruhte. Es ging mit den Geschäften natürlich schnell bergab, und ich war froh, wenigstens meine dringendsten Ausgaben laufend bestreiten zu können.

Vater ist es in Australien nicht schlecht gegangen. Ich weiß nicht, ob Du vielleicht irgendwo in der Zeitung gelesen hast, daß man einer großen Anzahl von Deutschen angeboten hat, sich nach dem Kriege in Australien niederzulassen. Auch Vater, der ja in keiner Weise belastet war, erhielt dieses Angebot und nahm es an; denn er glaubte mit Recht, daß unser Geschäft in Bangkok doch nach den vier Jahren seiner Abwesenheit so gut wie ruiniert war. Es fiel ihm außerordentlich schwer, hier wieder Fuß zu fassen. Er war ein Fremder, dazu noch Deutscher, und selbst seinem großen Geschick wollte es anfangs nicht gelingen, die vielen Widerstände sachlicher und persönlicher Natur, die sich ihm stellten, zu überwinden. Er versteht sich auf den Export und Import; aber in diesem kaufmännischen Bereich ist hier alles dicht besetzt, und er hat sich ganz neuen Aufgaben zuwenden müssen. Aber auch diese neuen Versuche (der Handel mit Landmaschinen und die Einfuhr italienischer und portugiesischer Waren, die wir von unseren alten Geschäftsfreunden aus Rom und Lissabon beziehen wollten) brachten keinen Erfolg. Nun sind wir froh, daß Vater schon seit zwei Jahren als Handelskorrespondent in einer großen, alteingesessenen Firma eine gute Stellung gefunden hat. Seine reichen Sprachkenntnisse kommen ihm hier zustatten. In Australien sind Leute, die noch andere Sprachen als Englisch verstehen, nicht sehr dicht gesät.

Wir leben von unserem Monatseinkommen ganz behaglich. Ich bin erst vor anderthalb Jahren nach Australien übergesiedelt. So lange brauchte Vater, um die ersten Bürgerpapiere zu erhalten, und um das Geld für meine Überfahrt von Bangkok zusammenzusparen. Denn in Bangkok hatte ich schließlich als geduldeter Gast bei alten Freunden leben müssen; das war auf die Dauer ein quälender Zustand.

Nun wünschen wir beiden alten Leute uns nur noch eines: daß Du so bald wie möglich den Weg zu uns finden mögest. Aber wir können Dir keinen Pfennig Geld schicken. Alles, was wir bisher verdient haben, mußten wir dafür verwenden, uns eine Wohnung auszubauen – sie sind hier rasend teuer und knapp –, sie mit Möbeln zu versehen und schließlich auch, da Vater ja immer gut angezogen gehen muß, uns einigermaßen einzukleiden. Denn die Anzüge und Kleider, die wir in Bangkok tragen konnten, die nutzen uns hier natürlich gar nichts.

Wenn Vater, mein lieber Junge, Dir auf Deinen Brief nicht selbst anworten will, so hat dies, das kann ich Dir im Vertrauen sagen, vor allem einen Grund: Er schämt sich, Dir und Deinem Freunde Peter kein Reisegeld schicken zu können. Er ist so verzweifelt darüber, daß ich ihn zum erstenmal in den langen, bald stürmischen, bald glücklichen Jahren unserer Ehe die Fassung habe verlieren sehen. Ich habe ihn davon abgehalten, ein Darlehen aufzunehmen. Ich sagte ihm: laß das bleiben, Vater. Unser Junge ist längst großjährig; er wird nicht haben wollen, daß wir uns, nachdem wir kaum einen neuen Anfang gefunden haben, für ihn in Schulden stürzen. Und außerdem hat er sich durch so viele Länder gebracht, daß es ihm schließlich auch glücken wird, sich ohne Reisegeld bis zu uns durchzuschlagen.

Und nun muß ich Dir im Vertrauen noch eines sagen, mein lieber Junge: Wir wissen natürlich nicht und wagen natürlich auch nicht, danach zu fragen, ob ein aus amerikanischem Gewahrsam entflohener Kriegsgefangener so ohne weiteres nach Australien kommen kann und als unser Sohn Australier zu werden vermag – wo wir doch selbst erst gerade den Antrag gestellt haben, Bürger zu werden. Wir müssen uns hier in dem fremden Lande noch äußerst vorsichtig bewegen, und ich glaube nicht, daß man uns die Einreise eines deutschen Soldaten ohne weiteres erlauben würde.

Ich schreibe Dir dies alles deutlich, mein lieber Junge, Du weißt, daß ich niemals gewohnt gewesen bin, Dir oder irgendwem sonst ein X für ein U vorzumachen. Meine, nein, unsere Sehnsucht, Dich wieder in die Arme zu schließen, ist so groß, daß ich sie nicht beschreiben kann. Sei aber trotzdem vorsichtig, mein lieber Sohn, damit Du nicht noch dicht vor dem Ziel Schiffbruch erleidest. Wir haben nun schon so lange auf Dich gewartet, und jetzt fällt uns ja das Warten, verglichen mit den vergangenen Jahren, leicht, denn wir wissen, daß Du lebst und daß Dir mit Deiner Flucht ein großartiges Wagestück gelungen ist.

Vater hat damals im Fernen Osten aus dem Nichts heraus anfangen müssen und ein großes, reiches Geschäft aufgebaut. Wir vertrauen darauf, daß Du Ähnliches zustande bringen wirst, und wir wissen, mein lieber Sohn, daß vielleicht noch Monate, ich wage nicht zu sagen, noch ein Jahr vergehen können. Aber dann wird ein Tag kommen, an dem wir Dich wieder in die Arme schließen werden. Wir wären glücklich, wenn Du mit Deinem Kameraden gemeinsam zu uns kommen könntest, denn zwei schlagen sich leichter durch als einer.

Du weißt nun, wo wir zu finden sind. Wir warten auf Dich. Wir umarmen Dich und küssen Dich und werden jeden Tag und jede Nacht an Dich denken.

Deine Mutter«

Peter starrt lange auf die dicht beschriebenen Seiten. Wie ihm aus diesen Worten die Heimat aufsteigt –! Dabei ist es gar nicht seine Mutter, die an ihn schreibt, sondern die Mutter eines anderen. Aber doch sind es Klänge, auf die sein Herz gestimmt ist. Nun findet er auch den Mut, den an ihn selbst gerichteten Brief zu öffnen. Er liest:
»Mein lieber Sohn!
Ein portugiesischer Kapitän schrieb uns, daß er Dir und Deinem Freunde Paul Knapsack im Chinesischen Meer unter seltsamen Umständen begegnet wäre. Und nun erhalten wir einen Brief des Herrn Tai Hsi-ta aus Kanton, daß Du seine Tochter heiraten willst.

Nach den langen Jahren, in denen wir nichts voneinander gehört haben, brauchen Mutter und ich Dir nicht zu beteuern, wie glücklich wir waren, Nachricht von Dir zu erhalten. Wir wußten ja nichts von Dir. Wir danken Gott, daß Du noch lebst und den Krieg heil überstanden hast. Ich bin kein Mann von vielen Worten, das weißt Du ja, Peter, und liebe es nicht, um die Dinge herumzureden. Ich gestehe Dir daher offen: Wir hätten uns gewünscht, Du kehrtest auf schnellstem Wege zu uns zurück. Wir brauchen Dich hier. Zwar haben wir während des Krieges gut verdient und die Pflanzung bedeutend erweitern können, aber gerade deshalb fehlt uns Deine Arbeitskraft mehr denn je. Nun mußten wir dem Brief des Herrn Tai entnehmen, daß Du Dich dort in einem völlig fremden Land an eine Farbige binden willst; denn wie soll ich eine Chinesin wohl anders nennen? Ich habe nichts gegen Farbige. Ich habe Dich und Deine Brüder immer gelehrt, auch in dem Schwarzen stets den Menschen zu sehen, sie für voll zu nehmen und anständig zu behandeln. Aber daß mein Sohn sich mit einer Frau verbinden könnte, die nicht weißer Hautfarbe ist, erscheint mir unmöglich. Mutter redet mir natürlich zu, die Sache nicht so tragisch zu nehmen, sicherlich würdest Du uns keine Schwiegertochter zuführen, die nicht in unsere Familie paßt. Aber ich bin da anderer Ansicht und glaube, daß sich gewisse Verschiedenheiten niemals überwinden lassen. Sicherlich hat Dich Dein romantisches und abenteuerlustiges Gemüt verführt, in einen anderen, vielleicht auf seine Weise liebenswürdigen Menschen Eigenschaften und Vorzüglichkeiten hineinzudichten, die gar nicht in ihm vorhanden sind.

Ich hätte mir gewünscht, Dir diesen ersten Brief unbeschwerter und glücklicher schreiben zu können, als ich zu tun mich gezwungen sehe; doch habe nicht ich diese unangenehme Situation heraufbeschworen, sondern Du hast es getan. Mir bleibt nur die Pflicht, den strengen Vater zu spielen (wie ungern ich das tue, kannst Du Dir hoffentlich vorstellen) und Dir klar und deutlich zu sagen, daß ich mit Deiner Ehe nicht einverstanden bin. Ich halte es für unmöglich, daß Du uns eine farbige Schwiegertochter ins Haus bringst. Wir leben nun einmal in Afrika, und unsere ganze Existenz beruht darauf, daß wir den Farbigen gegenüber Abstand und Haltung bewahren. Bringt mein ältester Sohn eine chinesische Schwiegertochter ins Haus, so werden wir diese wichtigste Voraussetzung unseres Daseins nicht mehr erfüllen können. Es wird Dir nicht schwer sein zu erraten, daß Mutter in dieser Frage anderer Meinung ist als ich, doch trage ich für uns alle die Verantwortung und kann Dir nichts anderes schreiben und habe auch Mutter bitten müssen, sich nicht mit Dir in Verbindung zu setzen.

Und nun laß mich noch ein paar Worte in anderem Ton mit Dir sprechen, mein lieber Peter. Ich bitte Dich von Herzen, als derjenige Mensch unter der Sonne, der Dir außer Mutter am nächsten steht, laß die Finger davon, binde Dich dort nicht! Vielleicht erlebst Du dort einen wunderschönen Rausch, aber es kann nicht mehr sein als ein Rausch; dazu kenne ich Dich als meinen Sohn zu gut. Irgendwann wirst Du aus diesem Taumel erwachen, und es wäre entsetzlich für Dich, und auch für uns, wenn Du dann Entscheidungen getroffen hättest, die nicht mehr rückgängig zu machen sind.

Ja, mein lieber, lieber Sohn, wir warten auf Dich, warten sehnsüchtig auf Deine Rückkehr. Alles ist für Dich bereit und gerichtet. Aber komme so zurück, daß wir Dich auch wirklich unbeschwert und ohne Vorbehalte in die Arme schließen können.

Es grüßen Dich Deine liebe Mutter, Deine beiden Brüder, die ihren älteren Bruder nicht länger entbehren wollen, und es grüßt Dich

Dein Vater

der sich nur nach langem Kampf und schwerzen Herzens zu diesem Brief entschlossen hat.«

Peter ist, als hätten sich harte Hände um seinen Hals gelegt und würgten ihn. Das ist sein Vater, wie er leibt und lebt: unerbittlich!

Peter beginnt nochmals zu lesen, liest noch einmal ganz langsam Wort für Wort von der ersten bis zur letzten Zeile. Er weigert sich, die freundlichen, die menschlichen, die bittenden Klänge, die aus den Zeilen seines Vaters an sein Ohr dringen wollen, wahrzunehmen und anzuerkennen. Als er zu Ende gelesen hat, weiß er nur eins und knirscht es leise zwischen den Zähnen hervor:

»Er will also Yü-loh nicht anerkennen, meine Yü-loh, die mich dutzendfach vor dem Tode gerettet hat, ohne die mein gestrenger Herr Papa da in Angola seinen ›lieben Sohn Peter‹ niemals mehr zu sehen bekommen würde –!«

Er schlägt mit der flachen Hand auf das Papier und knurrt weiter:

»Mein lieber Herr Papa, so einfach geht es nicht! Immerhin hättest du dir denken können, daß ich euch nicht irgendwen ins Haus bringe. Na schön! So ist er nun einmal, mein ehrwürdiger alter Herr. Er vergißt nur immer, daß ich sein Sohn bin. Was bleibt mir also anderes übrig –?«

Er nimmt den Brief und zerreißt die Seiten zu Fetzen, zu immer kleineren Fetzen. Das knirschende Rascheln des vernichteten Briefes erfüllt ihn mit schmerzlicher Genugtuung. Doch plötzlich hat er sich darüber zu wundern, daß Tropfen auf seine Hände und auf die groben Schnitzel fallen, die er immer noch festhält: Sie wollen sie also nicht, meine Yü-loh, das heißt, er will sie nicht, er, der Herr Papa. Gut, Alter Herr, entweder uns beide oder keinen von uns!

Peter hat nicht bemerkt, daß Yü-loh schon einige Minuten zuvor ins Zimmer trat. Sie ist lautlos an der Tür stehengeblieben und sieht dem Geliebten zu, wie er den Brief zerreißt – es muß der Brief seiner Eltern sein, denn den Brief an Paul würde er sicherlich nicht zerreißen. Furcht, ja, Entsetzen zieht in ihr Herz ein.

Sie hört ihren Mann unbewußt stöhnen, kann nicht mehr an sich halten und geht auf ihn zu. Jetzt erst bemerkt er sie. Yü-loh fragt mit zitternder Stimme:

»Um alles in der Welt, Peter, was ist geschehen? Du weinst ja.«

Er weist sie bitter ab:

»Ach, laß! Nichts von Bedeutung. Ich habe mir nur den ersten Brief meines Vaters nach so langer Zeit anders vorgestellt.«

Yü-loh wagt nicht, den Geliebten zu berühren. Sie hockt neben ihm auf der kunstvoll geschnitzten Bank und denkt nach. Sie fragt:

»Hat dein Vater den Brief meines Vaters erhalten, Peter?«

»Ja«, antwortet Peter.

Es vergeht geraume Zeit, bis Yü-loh den Mut aufbringt, noch eine weitere Frage zu stellen:

»Dein Vater hat aber nur an dich geschrieben, nicht wahr? Meinem Vater hat er keine Antwort gegeben?«

»Nein«, sagt Peter. Nichts weiter.

Starr sitzen die beiden jungen Menschen nebeneinander.

Sind es Minuten oder Viertelstunden, die durch die Stille tropfen? Nebenan geht der alte Tai leise auf und ab.

Trotz aller Haltung, die er stets bewahrt, wird auch er in diesen Minuten sehr darauf warten, zu erfahren, was in den Briefen mitgeteilt wurde.

Yü-loh erhebt sich schließlich und geht hinaus.

Peter weiß, daß sie zu ihrem Vater gegangen ist. Peter wird von einer unbeschreiblich qualvollen Scham angefallen wie von einem Raubtier.

Yü-loh hat natürlich durchschaut, was geschehen ist.

Peter grübelt:

O lieber Gott im Himmel, warum muß ich sie so kränken? Ich habe sie doch nicht kränken wollen.

Und ihren Vater dazu, diesen wunderbaren alten Mann.

Es ist alles zerstört, alles ist zerstört. Was ich auch immer anstellen mag, ich werde nicht mehr heilen oder auch nur kitten können, was eben zerschlagen worden ist. –

So verhockt Peter eine Stunde oder zwei, er weiß es selber nicht. Dann tritt Yü-loh ins Zimmer und fragt zärtlich und liebenswürdig wie immer:

»Wollen wir nicht zum Essen gehen, Peter? Mein Vater bittet uns darum. Er hat Hunger. Und ich übrigens auch.«

»Natürlich, gewiß. Entschuldige bitte, daß ich euch so lange warten ließ.«

Fünfundzwanzigstes Kapitel

An jenem Hofe unter den vielen Höfen des Stammsitzes der Tai zu Tschanghwa auf Hainan, an dem mehr als ein Jahr zuvor Paul und Peter gewohnt haben, wohnen nun Yü-loh und Peter. Es ist alles längst entschieden. Es hat sich alles wie von selbst gefügt.

Peters Vater, der alte Bolt, hat Entscheidungen getroffen, die nicht mehr zurückzunehmen sind – vielleicht ohne es zu wollen. Nie wird Yü-loh in eine Familie hineinheiraten, in der sie nicht willkommen ist. Nie wird der alte Tai einen Schwiegersohn haben wollen, der gegen den Willen der Eltern geheiratet hat. Der alte Chinese sitzt viele Stunden lang unbeweglich in seinem großen Lehnstuhl; seine schlanken schmalen Hände ruhen auf den Armlehnen, aus seinem farblosen schmalen Gesicht blicken die Augen starr in irgendeinen Winkel. Nur um die Lippen des Mundes zuckt es zuweilen leise, sonst könnte man denken, der einsame Mann lebte nicht mehr.

Aber er lebt noch. Seine Gedanken wandern den gleichen Weg immer wieder, hin und zurück:

Meine einzige Tochter –!

Was hätten wir damals tun sollen? Es blieb uns ja keine Wahl, wenn wir Peter retten wollten. Alles mußte in Viertelstunden, höchstens Stunden entschieden sein.

Nun sind die Würfel gefallen. Das Schicksal nimmt keinen Wurf zurück.

Die Verwirrung ist ungeheuerlich. Wir zappeln alle in riesigen Netzen, aus denen sich keiner von uns befreien kann: der Vater Peters nicht und ebensowenig ich selbst, Peter nicht und auch nicht Paul und erst recht nicht meine Tochter.

Und wie zu einem Kehrreim wandern die Gedanken des Alten immer wieder zu dem gleichen Satz zurück, zu dem Satz, der lautet:

Ich werde keinen Sohn haben!

Ich werde keine Söhne haben.

Sechsundzwanzigstes Kapitel

Paul erzählt:

»Es stimmt, Peter. Ich war noch von keiner Kugel getroffen, als ich mich bei dem Überfall am Bergrutsch rücklings ins Wasser warf. Schlecht ging's mir erst im Wasser. Ich wurde von der Strömung sofort erfaßt, Dutzende von Malen umhergewirbelt, schlug mit dem Schädel irgendwo an die Felsen und verlor das Bewußtsein. Die meisten von denen, die gleich mir ins Wasser stürzten oder sich hineinwarfen, sind ertrunken oder haben sich an den Klippen das Genick gebrochen. Ich selbst hatte Glück. Als ich wieder erwachte, lag ich zwar bis zur Brust im Wasser, mit dem Kopf aber auf dem Sand des Ufers irgendwo viel weiter stromab. Ich hatte keine Ahnung, wie ich dorthin gelangt war. Die Strömung muß mich ans Ufer geworfen haben. Mühselig schleppte ich mich ganz aufs Ufer hinauf und schloß mit dem Leben ab, denn ich hatte mir zwischen den Felsen des Flusses so viel zerbrochen, daß ich eben gerade nur ein paar Schritte kriechen konnte, unter rasenden Schmerzen übrigens, in den Beinen, in den Armen, im Schädel, in der Brust – und dann einfach liegen blieb. So fanden mich einen halben Tag später drei Leute aus dem Rebellenheer. Offenbar hatten sie den Auftrag, die Ufer des Flusses abzusuchen, um dort jeden von uns totzuschlagen, der sich vielleicht noch gerettet hatte. Ich war ganz offenbar nicht der erste, den sie vom Leben zum Tode befördern wollten.

Sie hatten Übung in ihrem Geschäft. Sie hockten sich um mich herum und versuchten, wieviel ich noch aushalten konnte. Na ja, lassen wir das! Weißt du, Peter, es gibt so Hölzchen, die man spitz macht und im Feuer glühend, die zischen so schön, wenn sie einem in die Wade gestoßen werden, und wehren konnte ich mich ja nicht. Ich konnte kaum noch stöhnen. Die Brüder amüsierten sich eine ganze Weile mit mir. Ich wurde immer längere Zeit ohnmächtig zwischendurch; sie bewiesen großes Geschick darin, mich wieder ins Bewußtsein zurückzurufen. So schnell wollten sie ihre freundliche Nachmittagsunterhaltung nicht abgebrochen wissen. Sieh dir einmal an, wie meine Oberschenkel aussehen.«

Paul streifte die weiten chinesischen Hosen hoch, die er trug. Schön war's nicht, wie seine Schenkel verwüstet waren, weiß Gott nicht! Aber es war alles brav geheilt. Peter schüttelte den Kopf:

»Kaum zu glauben, daß du jetzt wieder munter bist wie ein Fisch im Wasser.«

»Bin ich auch«, erwiderte Paul vergnügt. »Unkraut vergeht nicht. Denk dir, was am Abend dann passierte. Die Büsche teilen sich und heraus tritt ein vierter Rebell. Meine Peiniger springen auf. Offenbar ist der Mann ein Vorgesetzter. Ich denke mir: das ist das Ende. Hoffentlich kommt endlich das Ende! Lieber tot sein, lieber tot, als dies weiter ertragen zu müssen. Aber das war wieder falsch getippt. Der Mann, der neu erschienen ist, beugt sich über mich, und ich vernehme mit einem Male englische Laute. Ich schlage die Augen auf, weißt du, wer es war? Natürlich weißt du es nicht. Wie sollst du's wissen? Es war Theng Van-bu!«

Peter hat die Augenbrauen hochgezogen:

»Theng Van-bu? Der Bursche, mit dem wir damals hier an diesem Hof gewohnt haben, dem wir dann die Waffen nach Mong-kay brachten? Das klingt wie ein Märchen, Paul.«

»Ist auch ein Märchen, Peter. Märchen passieren heute eben, dutzendweise, hunderttausendfach, kann ich dir sagen, und die allermeisten sind peinlicher Natur; dies eine Mal war es ein erfreuliches Märchen.«

Paul wirft sich auf sein Ruhebett zurück und streckt sich aus, grunzt wohlig:

»Ich kann dir sagen, lieber Junge, als sich dann Theng meiner annahm, als mir dann meine Knochenbrüche und meine tiefen Verletzungen langsam und vorsichtig geheilt wurden, als ich viele gute Dinge zu essen bekam, in einer abgelegenen kleinen Hütte in den Bergen bewahrt und gehütet wurde wie ein Schatz, mit einem eigenen Pfleger, den Theng selbst mir ausgesucht hatte, wie sagst du doch immer oder dein ehrwürdiger Vater: Gott verläßt keinen braven Preußen. Mich hat er auch nicht verlassen. Schwierig wurde die Sache erst, als ich einigermaßen wiederhergestellt war und Theng wissen wollte, welche verrückten Umstände mich in die Fremdenlegion verschlagen hätten. Der Gute wurde mehr als einmal bitterböse. Er erkundigte sich immer wieder bei mir, ob ich wahnsinnig wäre. In endlosen Nachtgesprächen versuchte er mich zu überzeugen, daß ich für die Sache der Rebellen kämpfen müßte. Schließlich verstieg er sich sogar zu dem Bekenntnis: ›Ich hätte mich nicht einmischen sollen damals, als ich dich fand und die drei Wackeren dich langsam rösteten. Was soll man mit einem Irrsinnigen wie dich anfangen?‹ ›Mich loslassen!‹ habe ich ihm geantwortet. ›Du bist verrückt‹, meinte Theng darauf. ›Ich müßte standrechtlich erschossen werden, wenn ich einen Kerl wie dich nicht ein für allemal der Legion abspenstig mache!‹ – Und schließlich haben wir einen Vertrag geschlossen. ›Wenn du mich mit Gewalt aus Indochina wieder hinausschaffst, Theng–!‹ sagte ich zu ihm, ›gut, das soll gelten!‹ Danach passierte dann das Allernetteste bei der ganzen Geschichte überhaupt. Das heißt, was eigentlich passiert ist, davon habe ich keine Ahnung, denn schon am Tage nach der Wette verlor ich das Bewußtsein; wie, warum und wieso, ahne ich noch heute nicht; als ich wieder zu mir kam, fand ich mich hier im Hause des alten Tai auf Hainan. Der brave Theng, der seine Freundschaft zu uns nicht brechen wollte, weil wir ihm Freundschaft erwiesen hatten, mußte mich mit irgendeiner Droge betäubt haben, dann hat

434

er mich, weiß der Himmel wie, aus Indochina hierher nach Hainan verfrachtet. Da bin ich nun, und da bist du, und weil wir nicht gestorben sind, so leben wir noch heute.«

»Paul, Paul«, sagt Peter, »wenn du dies irgendwem erzählst – es glaubt dir kein Mensch.«

»Stimmt, Peter, deswegen erzähle ich es auch nur dir. Wir wollen es mit den vielen anderen tollen Sachen in unserem Busen verschließen. Mit den Rätseln des Fernen Ostens wird unsereins doch nicht fertig.«

»Kann man wohl sagen!« meinte Peter.

Siebenundzwanzigstes Kapitel

»Morgen also«, flüsterte Yü-loh.

»Ach, morgen, mein Jasmin! Denke nicht daran, noch ist heute!« erwidert Peter ebenso leise.

Sie schmiegt sich enger an ihn und meint kaum noch hörbar:

»Nein, schon morgen, Liebster, denn Mitternacht ist längst vorüber.«

Sternschnuppen fegen durch die wunderbare Augustnacht, und jedes Mal, wenn Peter durch die weit offene Tür einen Stern silbern stürzen sieht, wünscht er sich etwas nach alter heimatlicher Sitte, etwas ganz Geheimes, das er nicht einmal vor sich selbst ausspricht, wünscht sich, daß alles irgendwie noch einmal in Ordnung kommen möge, dies hier, Yü-loh, die Geliebte neben ihm, und jenes dort, das Ferne in einem anderen Land, in Afrika, die Eltern – nein, nicht die Eltern, nur der Vater, der nicht begreifen will oder kann und dem er erst noch erklären muß, was sich ereignet hat.

Peter nimmt nach langem Schweigen den Faden des nächtlichen Gesprächs wieder auf:

»Er kann ja nicht anders, Yü-loh. Er ist ein starrer alter Mann, der so erzogen ist und sich auf seine alten Tage nicht mehr ändern wird. Aber ich bleibe, der ich bin. Glaubst du mir das?«

Sie hebt ihr blasses Gesicht ins milde Licht des Mondes und sieht lange auf ihn hernieder: »Ich glaube es, Peter!«

Er fährt wieder fort:

»Wir beide bleiben uns einig, Yü-loh, auch wenn ich nun um die halbe Welt hinweg davonfahre. Viel mehr quält mich der Gedanke, daß ich deinem Vater nicht erklären kann, wie fern es dem meinen im Grunde liegt, ihn beleidigen zu wollen.«

Yü-loh tröstet ihn:

»Gräme dich deshalb nicht; seit mein Vater begriffen hat, daß ich nicht daran denke, ihn zu verlassen, und seit er weiß, daß weder er noch ich sich im Grunde in dir getäuscht haben, ist er wieder einigermaßen im Gleichgewicht. Er trägt dir nicht einmal etwas nach. Ich habe ihn nicht darum zu bitten brauchen, daß er euch mit kanadischen Pässen versieht. Sogar an das Transitvisum für Manila hat er gedacht, damit ihr dort auf das Schiff nach Australien steigen könnt. Und ich müßte mich sehr täuschen, wenn er euch nicht noch ein paar Dollar für die Weiterreise mitgeben wird.«

Peter erwidert mit einem schweren Seufzer:

»Auch noch Geld? Flehe ihn an, Yü-loh, daß er uns nicht auch noch mit Geld beschämt. Wenn er uns schon die Passage bezahlt, das ist mehr als genug; er hat uns ja die Beträge aufgehoben, die wir aus unserem Schiffbruch vor Formosa gerettet haben. Ich wage gar nicht danach zu fragen, was ihn die falschen Pässe gekostet haben mögen.«

Yü-loh erwidert:

»Ich glaube nicht, daß sie falsch sind. Du mußt das nicht einen Augenblick lang annehmen, sonst werdet ihr nur unsicher. Ihr müßt jetzt ohne Aufenthalt zu Pauls Eltern zu gelangen suchen. Warum willst du im einzelnen aufrechnen, was wir, richtiger mein Vater, für euch getan hat? Ich zweifle gar nicht daran, daß noch einmal ein Tag kommen wird, an dem du doppelt und dreifach zurückzahlen wirst, was mein Vater für dich geleistet hat.«

Peter stöhnt: »Ich wollte, es käme dazu!«

Jenseits der Mauer, die den Hof umschließt, singen die Zikaden. Der Ruf des Nachtwächters ist zuweilen zu vernehmen, der durch die Straßen wandert und seine melodischen Hölzchen aneinanderschlägt; die braven Bürger der Stadt sollen wissen, daß er wacht und seine Runde geht.

Von den Reisfeldern her dringt das Geläut der Ochsenfrösche, als würden dumpfe Glocken angeschlagen und gleich wieder zum Schweigen gebracht. Die breite Bahn des Mondlichts, das in die weit offene Tür flutet, ist unmerklich weitergewandert, der Silberschimmer berührt das Gesicht der Geliebten nicht mehr. Es ruht im Dunkeln. Aber Peter meint, daß ihre Augen einen Glanz von innen ausstrahlen, denn er sieht sie fortgesetzt auf sich gerichtet – in unendlicher Liebe – in unendlichem Abschied!

Wenige Stunden später verläßt eine große Hochseeschunke, die das Familienzeichen der Tai am hohen Heck trägt, den Hafen von Tschanghwa. Vom Quarterdeck blicken zwei junge Männer zur schnell versinkenden Stadt zurück. Schon lockt die glühende Augustsonne gewaltiges Gewölk aus den Waldbergen der Insel Hainan; es läßt sich fast auf die Minute genau ausrechnen, wann das tägliche Gewitter losbrechen wird. Die Dschunke umrundet südwärts vor gutem Wind die gewaltige Insel und nimmt dann ostsüdöstlichen Kurs. Paul sagt:
»Zwischen euch blieb also alles in der Schwebe, Peter?«
Peter wiederholt bestätigend:
»Alles blieb in der Schwebe. Wie sollte es anders sein.«
Schüchtern fast fährt Paul nach einer Weile fort:
»Du darfst jetzt nicht ständig zurückblicken, Peter.«
Peter schüttelt mit dem Kopf:
»Das werde ich nicht tun. In zwei, drei Tagen sind wir in Manila. Dort besteigen wir die ›Neptuna‹, und es sollte mit dem Teufel zugehen, wenn wir nicht in wenigen Wochen bei deinen Eltern angelangt sind. Paul, wenn wir beide zusammenhalten, glaube ich, brauchen wir keine Sorge zu haben. Mit der Zeit werde ich schon irgendeinen guten Verdienst ausfindig machen. Dann versuche ich es eben noch einmal, was mir beim ersten Anlauf nicht gelungen ist: Yü-loh herüberzuholen.«
Ein leiser Zweifel ist in Pauls Stimme unverkennbar, als er antwortet:
»Nach Australien, Peter?«
Aber Peter ist nicht zu verwirren. Er erwidert:
»Nach Australien oder anderswohin, das weiß ich heute noch nicht, aber irgendwann und irgendwie wird es mir gelingen. In China hätte ich nicht leben können. Das hat auch Yü-loh schließlich eingesehen.«
In plötzlichem Umschwung des Gefühls schlägt Paul dem Freund leicht auf die Schulter und sagt lächelnd, was sie beide trotz der Schwere des vergangenen Abschieds empfinden:
»Peter, wir sind wieder flott, sind wieder auf weite Fahrt gegangen. Und führt uns die Reise bis ans Ende der Welt –: Fahren ist schöner als Stillsitzen!«

Drittes Buch
Steppenwind

Erster Teil

Erstes Kapitel

Mike McClellan, dieser prächtige Bursche aus Australien, genauer: aus Minyip im Staate Victoria, lehnt an der Reling der »Neptuna«, die die Südsee durchfurcht, und erzählt seinen beiden Schiffsbekanntschaften, den Kanadiern Peter Bolt und Paul Knapsack (das heißt, Mike hält sie für Kanadier, und die beiden haben nicht den geringsten Grund, ihm dies auszureden), erzählt also den hingerissen lauschenden Kanadiern, was für herrliche Tage er in Celle bei Hannover erlebt hat.:

»Yes, Sir, und mein Regiment trug ein Känguruh als Zeichen am Ärmel. Das Känguruh war weit und breit berühmt. Ich hatte noch nie in meinem Leben eine Stadt wie Celle gesehen, lauter alte Häuser; manche natürlich älter als der ganze Staat Australien, und mitten in der Stadt auf einem grünen Hügel unter alten Bäumen, die mich immer an unsere australischen Eukalypten erinnerten, ein gelbes Schloß. Und die Straßen eng. Wenn wir mit unseren großen Kisten durchfahren mußten, Kinder, wir haben manche Ecke mitgenommen.

Und dann das Land rings um Celle: so grün! So grün ist das Land bei uns in Australien in der Steppe nicht einmal nach einer reichen Regenzeit. Ja, ja, so hat man doch eine Menge gesehen und erlebt in diesem Krieg. Wo seid ihr denn gewesen?«

»Oh«, meint Peter gedehnt, »ich habe auf meinem Torpedoboot Geleitzüge von Halifax nach England gefahren; war eine schrecklich langweilige Sache. Manchmal ging hier und da ein Kasten hoch, manchmal haben wir ein paar angreifende U-Boote versenkt, allerdings genau wußten wir das nie, wenn wir unsere Wasserbomben warfen. Nach dem Krieg bin ich glücklicherweise schnell entlassen worden und habe ein paar Semester in Amerika studiert. Wir waren dann ein wenig in China unterwegs und wollen uns jetzt die Welt weiter im Süden betrachten. Wie es in Kanada aussieht, wissen wir; aber nicht, wie es in Australien aussieht. Ich finde es großartig, Mike, daß wir uns getroffen haben. Hoffentlich werden wir auf der

Reise in deine Heimat oft Gelegenheit finden, Verbrüderung zwischen Kanada und Australien zu feiern.«

»Klar«, sagt Mike, »das sollte sonst mit dem Teufel zugehen!« Er wendet sich an Paul:

»Wo hast du während des Krieges gesteckt, junger Mann?«

Paul hat seine Hände tief in die Hosentaschen vergraben – es sieht unglaublich echt aus. Wenn er wirklich in einem jener Länder geboren wäre, wo die Männer mit den Händen in den Hosentaschen auf die Welt kommen, so könnte er auch nicht echter aussehen. Er gibt sich Mühe, möglichst amerikanisch durch die Zähne zu kauen und sagt:

»O well, ich bin bei der kanadischen Marinefliegerei gewesen. Habe auch Geleitzüge begleitet, allerdings nur ganz große und kostbare, die durch Flugzeugträger geschützt werden mußten. Ob du's glaubst, Mike, oder nicht, irgendein lausiges deutsches Patrouillenboot, auf das ich ein paar Anflüge probierte, um die Jungens unten ein wenig zu beunruhigen – die Brüder hatten die Frechheit, zurückzuschießen und, bautz, schon lag ich im Bach. Ich war lange im Lazarett in Glasgow und bin dann auch nach Amerika gegangen, als der Krieg zu Ende war, um zu studieren; in Louisville, Kentucky, habe ich dann meinen Landsmann Peter Bolt hier getroffen. Seitdem gondeln wir gemeinsam durch die Gegend.«

»Jungens«, sagt Mike vergnügt, »ihr müßt mich in Minyip besuchen. Meine Eltern besitzen da eine gewaltige Farm.«

»Ja, gern«, erwidert Peter und blickt einigermaßen vage über die blitzende blaue See.

Ein weißgekleideter Steward tritt mit einem appetitlichen Tablett zu den drei jungen Männern und fragt höflich:

»Ein belegtes Brot, meine Herren?«

Die Herren lassen sich nicht nötigen, durchaus nicht. Peter und Paul finden es geradezu paradiesisch, daß man ihnen auf diesem bezaubernden kleinen Schiff alle Nase lang einen langentbehrten Genuß nach dem anderen anbietet.

»Let's have a drink!« sagt Mike.

Und Paul und Peter, ohnehin schon im siebenten Sandwich-Himmel, denken gar nicht daran, dem Vorschlag zu widerstehen. So begeben sich also die drei hochachtbaren jungen Herren, die beiden »Kanadier« und der schmalhüftig breitschultrige Australier, in die Bar, bestellen, was ihr Herz begehrt, und lassen die gute Stunde leben. Es versteht sich, daß der alte Shortmuir, der in der

Ecke des Rauchsalons der drei Kumpane ansichtig wird, verständnisvoll und zustimmend lächelt, zu ihnen tritt, mit dem Finger einen kleinen Kreis durch die Luft schlägt und dem Mixer befiehlt:

»Die nächste ist meine Runde! Für uns alle das gleiche!«

Mike schweift mit einem Male ab, sagt plötzlich zu Peter:

»Peter, sieh dich vorsichtig um. Da kommt sie wieder, die mit uns in Manila an Bord gegangen ist.«

Peter gehorcht mit der Vorsicht, die ihm geraten wurde. Ein junges Mädchen von schätzungsweise zweiundzwanzig, dreiundzwanzig Jahren hat den Rauchsalon betreten. Ein hinreißendes Geschöpf, das muß ihr der Neid lassen; lange Beine, schmale Hüften, roter Mund und aschblondes, glänzendes Haar, mit einem Wort: ein Gedicht von einem sehr modernen Dichter. Wenn man noch Soldat wäre, könnte man konstatieren, daß einem das Wasser im Munde zusammenläuft. Die junge Dame hört auf den schönen Namen Kathleen Bloomsburry, ist Australierin und reist nach Sydney. Das haben die drei jungen Gentlemen längst ausgekundschaftet.

Mike knurrt:

»Ich würde wer weiß was darum geben, wenn ich sie endlich kennenlernen könnte.«

Peter beruhigt ihn:

»Nichts überstürzen, Mike! Du fährst ja noch bis Sydney, genauso wie Miß Bloomsburry. Ich gehe mit dir jede Wette ein, daß nicht mehr vierundzwanzig Stunden vergehen, und ihr habt miteinander Freundschaft geschlossen.«

Mike als echter Australier kann natürlich das Angebot einer Wette, unter welchen Umständen auch immer, nicht ausschlagen. Er reicht Peter die Hand und sagt:

»Gilt, Peter. Auf alles, was du an einem Abend trinken kannst.«

Paul trennt den Handschlag der beiden und sagt nüchtern:

»Bin Zeuge, gilt!«

Zweites Kapitel

Das schlanke, schnelle Schiff »Neptuna« ist eben durch eine Schmetterlingswolke geglitten. An Steuerbord zieht immer noch die große Tropeninsel Palawan vorüber. Der Wind weht von den mächtigen Bergen her, die dort über den leuchtenden Sänden der Ufer in den blendenden Tropenhimmel steigen.

Peter liegt in seiner Kabine auf dem Bett. Er verschränkt die Hände hinter dem Kopf und schließt die Augen. Am liebsten möchte er schlafen. Er spürt, wie eine bleierne Müdigkeit ihn überwalzt, aber es gelingt ihm nicht, ins Unbewußte hinabzusinken.

China liegt mir immer noch wie ein Alptraum auf der Seele, denkt er. Wie ist es möglich, daß Gegensätze von solcher Schärfe nebeneinander bestehen: im grausamen, uralten China Millionen, die verhungern, sich gegenseitig die Hälse abschneiden, sich umbringen, böse zueinander sind, gräßlich böse. Und hier diese dreißig, vierzig Vertreter der weißen Welt, vor lauter Übermut und Langerweile und gutem Essen kaum zu bändigen, mit so viel Geld in der Tasche, daß sie schon morgens mit Sekt anfangen, wenn es ihnen gerade einfällt. Und dies ganze hochmütige, mehr oder weniger mannstolle Weibervolk fährt von einem Hafen zum andern, amüsiert sich, koste es, was es wolle, und scheint die Meinung zum Grundsatz erhoben zu haben, daß der Mensch dazu da ist, sich einen guten Tag zu machen und die Feste zu feiern, wie sie fallen. Und sie feiern sie nicht nur jeden Tag, sie feiern sogar jeden Tag zweimal. Nun liege ich hier für mich allein und bin wieder einmal mit mir und der Welt zerfallen. Offenbar bin ich zu was Besserem geboren. Ich bin mir gräßlich zuwider.

Peter knirscht mit den Zähnen und weiß es nicht. Er fühlt sich entsetzlich allein, preßt die Augen noch fester zusammen; er möchte so gerne schlafen. Durch das offene Kabinenfenster hört er die See gleichmütig an den Flanken des schnellen Schiffes vorbeirauschen.

Ich wollte, wir wären schon irgendwo an Land und man könnte irgend etwas Vernünftiges anfangen, endlich eine richtige Arbeit verrichten und auf anständige Weise Geld verdienen. Ich bin jetzt – wie alt bin ich eigentlich? Viel fehlt nicht mehr an dreißig Jahren. Und was habe ich inzwischen zustande gebracht? Ein paar britische Küstenfrachter auf den Grund der Nordsee geschickt – keine sehr glorreiche Leistung! Bestimmt keine, die sich gelohnt hat. Verschwendete Zeit, und nun schon seit –? – tatsächlich, seit acht, neun Jahren! Fast ein Drittel meines bisherigen Lebens ist vertan!

Jetzt reise ich mit falschen Pässen durch die Gegend, habe heimlich Angst vor der Zukunft und sehne mich nach dem Mädchen mit der Que-hua-Blüte.

Die schöne Yü-loh – die wunderschöne Yü-loh! – die mich liebt, die meine Frau wurde. –

Peter ist endlich eingeschlafen.

Drittes Kapitel

In Sandakan ist es heiß. Der ungeheure Borneo-Urwald, dicht und riesig, gleich feuchten Mauern, umdrängt die blitzende, glühende Bucht und die kleine Tropenstadt dahinter von allen Seiten. Die »Neptuna« und ihre dreißig Passagiere werden gewaltig gefeiert; es passiert nicht allzu häufig, daß ein Schiff mit Passagieren diesen einigermaßen entlegenen Hafen anläuft. Außerdem kehrt der Polizeigewaltige der vorzüglichen Stadt mit der »Neptuna« von seinem Erholungsurlaub zurück, wird von seinen Freunden, Bekannten und Untergebenen am Hafen erwartet und anschließend im Triumph in den Klub geleitet. Die Wiederkehr muß natürlich begossen werden. Der dicke Polizeioberst Jim Forrest, ohnehin auf der »Neptuna« mit jedermann gut Freund, lädt nicht nur die Passagiere, sondern auch die Offiziere des Schiffes in den Klub ein.

Paul findet das alles großartig.

Zu lange hat er unter Druck gestanden, zu lange ist er Flüchtling gewesen, zu lange nicht mehr echter Zivilist, um jetzt nicht – wie ein Halbverdursteter einen frischen Quell – den Zustand zu genießen, daß ihn niemand weit und breit beargwöhnt, daß die jungen Damen ihn reizend und die Männer ihn prächtig finden. Zwar hat er an seine treue Braut in Kanada geschrieben; sie aber nicht aufgefordert, zu seinen Eltern nach Australien zu fahren.

»Denn«, so sagt er zu Peter, »wenn ich ihr schreibe, es wäre soweit, sie könnte ihre Koffer packen und sich eine Fahrkarte nach Perth in Australien lösen, dann muß ich ihr das Reisegeld mitschikken. Wie soll sie in Vernon so viel Geld beschaffen, um die weite Fahrt aus eigener Tasche bezahlen zu können. Wir müssen erst abwarten, Peter, ob wir nicht irgendwo beim Poker einen Haufen Geld verdienen, oder meinetwegen eine Wette abschließen, die uns zu reichen Leuten macht. Ich brauche es dir nicht erst zu versprechen, Peter: Dann geht das Reisegeld sofort nach Vernon ab. Meine Eltern habe ich natürlich schon vorbereitet. Und nun sei kein Frosch! Ich will heut abend mit Dora tanzen und mich endlich ein bißchen für die Zeit entschädigen, die ich verloren habe.«

Peter ist kein Frosch. Außerdem ist diese Dora wirklich ein verwirrendes, beinahe verführerisches Geschöpf.

Peter wird des schnell außer Rand und Band geratenden Trubels im Klub von Sandakan nach zwei, drei Stunden überdrüssig, nimmt ein Auto und fährt auf die nächtlichen Berge hinauf, die sich über der Stadt in den veilchenfarbenen Nachthimmel türmen.

Von dem Spektakel im Klub dringt nichts in diese reine Höhe. Peter ist ganz allein. Er hat das Auto zurückgelassen und ist ein paar Schritte die Straße entlanggewandert, um ungestört zu sein.

Was Peter in diesen Tagen und Nächten nicht begreift, ist dies: Er hat sich der schönen Yü-loh nicht nur versprochen, sondern er hat sich längst im tiefsten mit ihr verbunden; nichts ist im Grunde endgültiger, als verheiratet zu sein. Denn wo eine echte Ehe erst einmal so Gestalt angenommen hat wie zwischen Peter und der schönen Yü-loh, da kann sie zwar verraten, aber niemals wieder aus der Welt geschafft werden. Peter wird von dem ihm völlig ungewohnten, beinahe unheimlichen Tatbestand verwirrt, daß er zwar äußerlich die volle Freiheit wiedererlangt hat, innerlich aber gar nicht mehr sich selbst gehört. An diesen Zustand muß sich der junge Fant und Springinsfeld erst noch gewöhnen.

Viertes Kapitel

Von Sandakan aus hat die »Neptuna« ostsüdöstlichen Kurs genommen und strebt über die Celebes-See hinweg der Molukken-Straße entgegen. Fliegende Fische tanzen in Schwärmen vor dem Bug des schnellen weißen Schiffes her. Manchmal verirrt sich einer auf der Flucht und landet an Deck, nach Luft schnappend und völlig hilflos, bis ihn einer der Matrosen oder Passagiere wieder über Bord wirft. Als nächster Hafen wird erst wieder Salamaua auf Ost-Neu-Guinea angesteuert.

Inzwischen hat sich das Dasein der dreißig Passagiere und der sechs oder sieben weißen Offiziere auf der »Neptuna« zu glattem Rhythmus eingespielt. Was an Land Monate oder Jahre braucht, das entwickelt sich an Bord in Tagen oder Wochen. Die Pärchen verbinden und entzweien sich wieder; die ganze Welt besteht nur aus diesen dreißig oder fünfunddreißig Menschen. Spannungen steilen sich auf zwischen diesen und jenen, entladen sich oder vergehen von selbst, Cliquen bilden sich, und Eifersüchte schwirren von Kabine zu Kabine. Und wilder noch als alles, was wirklich vor den Türen und hinter den – verschlossenen – Türen passiert, wuchern die Gerüchte und der Klatsch.

Peter hat sich eng an die unbeschreiblich gutmütige, breithüftige Lokomotivführersgattin und Silberhochzeitsreisende, Mrs. Hulsey aus Sydney, angeschlossen. Die bösen Zungen an Bord haben ihm längst den Spitznamen »Mrs. Hulsey's Schoßkind« verliehen. Aber das stört ihn wenig. Er fühlt sich in der Gegenwart dieser freundlichen und immer heiteren Frau wohl, denn ihr ist nichts Menschliches fremd, sie läßt gerne fünf gerade sein und hat längst gemerkt, daß Peter trotz all des lockeren Trubels, dem er sich keineswegs zu entziehen sucht – sich im geheimen doch verraten und verkauft vorkommt.

Es ist schon so: Peter sucht bei der mütterlichen Frau Schutz vor sich selbst; es verwirrt ihn, wenn die aufreizend schmale Kathleen Bloomsburry sich wie unabsichtlich ein paar Schritte ihm gegenüber an Deck aufbaut, die Hände in die Taschen ihres weiten hellgrünseidenen Rockes steckt, der Hals wie ein schöner Turm aus dem tiefen Ausschnitt der elfenbeinfarbenen Seidenbluse steigt und sie die unbestrumpften Beine leicht gespreizt aufs Deck stemmt, daß selbst einem Dummkopf nicht entgehen kann, wie schmal die Füße in den weißen Wildlederschuhen stecken und wie zauberhaft das schnelle Mädchen überhaupt gebaut ist.

Sie sollte lieber dem Liebeswerben des guten Mike McClellan Gehör schenken. Der Wackere, der so gern, bevor er nach Hause zurückkehrt, ernsthaft seinen Hafen finden möchte, ach, der arme Mike mit dem lallenden Namen brennt lichterloh. Er sagt zu Paul:

»Paul, guter, alter Paul, ich würde sie heiraten, gleich vom Fleck weg. Aber der Satan läßt mich schmoren.«

Ja, der Satan läßt ihn schmoren. Die reizende Kathleen hat ein Auge auf Peter geworfen, und es kümmert sie gar nicht, daß er sich vorläufig weigert, davon Kenntnis zu nehmen. Seine bisherige gute

Freundschaft mit Mike allerdings ist schon dahin, denn Mike glaubt ihm natürlich nicht, daß er sich nichts aus der sinnverwirrenden jungen Dame macht. Paul merkt, daß sich zwischen Peter und Mike eine gereizte Stimmung entwickelt; sie bereitet ihm langsam Sorge, denn Mike neigt dazu, mit der Faust auszutragen, was sich auf zivilisierte Weise nicht bereinigen läßt. So beschließt Paul eines Tages, die beiden Konkurrenten zu einer guten Flasche Bourbon in seine Kabine einzuladen.

Peter und Mike sitzen einander gegenüber wie zwei Kampfhähne. Wenn Paul nicht wäre, der sich zwischen ihnen niedergelassen hat, wären sie sich vielleicht schon an die Gurgel gefahren. Der vorzügliche Bourbon hat die Gemüter nicht etwa beruhigt und erheitert, sondern die dumpfe Spannung zwischen den beiden Nebenbuhlern erst zu heller Glut entfacht.

Paul meint unwillig:

»Peter, du hast mir mehrfach gesagt, daß dir an dieser Kathleen Bloomsburry gar nichts liegt. Außerdem hast du dich längst gebunden. Warum gibst du dir also so viel Mühe, Mike bei Kathleen auszustechen?«

Peter knurrt verstockt: »Ich gebe mir nicht die Spur Mühe. Sie hat es nun einmal auf mich abgesehen, und wie komme ich dazu, mich ihr zu verekeln. Sie ist sehr nett.«

Paul wird böse:

»Sehr nett, sehr nett! Ist das alles, was du über sie zu sagen weißt? Mike hat dir versichert, daß er es ernst meint, daß er auch glaubt, Kathleen von sich überzeugen zu können, wenn du ihm nicht immer in die Quere kämst. Warum drängst du dich in Dinge ein, die du doch nicht ernst meinst? Sag selbst: Mike und Kathleen passen vorzüglich zueinander.«

Aber Peter, dem anfangs dieses Schiff mit seinen lockeren Sitten zuwider war, ist ins andre Extrem umgeschlagen. Er erwidert streitsüchtig:

»Bitte, mische dich nicht in meine Privatangelegenheiten. Wenn Kathleen lieber mit mir an Deck spaziert und abends lieber mit mir tanzt, zum Teufel, ich habe nichts dagegen. Sie tanzt vorzüglich, und ich habe seit mindestens fünf Jahren nicht mehr getanzt.«

Mike hat stumm bei diesem Gespräch gesessen und seine Augen von Paul zu Peter und von Peter zu Paul wandern lassen. Die ehrlichen Bemühungen Pauls, Peter zur Vernunft zu bringen, scheinen Mike immerhin gnädig zu stimmen. Er zieht sein großes Taschentuch, wischt sich zum fünfzigsten Male den Schweiß von der Stirn und versucht es noch einmal mit vernünftigem Zuspruch:

»Sieh, Peter, ich bin ja mindestens ebenso lange im Krieg gewesen wie du. Von Australien aus in den verdammten Krieg zu ziehen, war noch viel weiter als von Kanada. In Amerika gefielen mir die Mädchen nicht. Nun habe ich endlich Glück und finde auf der hohen See kurz vor Australien den Traum meines Herzens; wenn Kathleen erst an Land ist, schaffe ich es nie mehr. Ich muß sie gewinnen, ehe das Schiff in Sydney ankommt, oder ich gewinne sie nie. Sie mag mich im Grunde, Peter. Nur siehst du etwas romantischer aus als ich und kannst wilde Geschichten aus Alaska erzählen und noch verrücktere aus China, und das imponiert ihr natürlich.«

Peter wirft seine erst halb gerauchte Zigarette aus dem Kabinenfenster und antwortet mit jenem längst klassisch gewordenen Wort, das sich bei den Soldaten aller Länder ohne Unterschied der zweifellos höchsten Beliebtheit erfreut.

Mike wird plötzlich von einem Wutanfall geschüttelt, so unvermutet, als hätte sich der Zorn aus der stickend heißen Luft von selbst zusammengeballt. Er springt, und es hat einen Augenblick den Anschein, als wollte er sich auf Peter stürzen. Aber Paul ist dazwischengetreten. Mit Paul und seinen breiten Schultern und eisenharten Armen ist im Ernstfall schlecht Kirschenessen.

»Wir werden ja sehen«, schreit Mike zornig und schüttelt Peter den Finger vor der Nase. Dann knallt er die Tür hinter sich zu. Peter hat sein arrogantestes Lächeln aufgesetzt, hat nicht mit der Wimper gezuckt und findet, ehe die Tür zuschlägt, gerade noch Zeit zu erwidern: »Werden wir auch.«

Als Paul nochmals versucht, dem Freunde gut zuzureden, erhält er zur Antwort:

»Laß mich mit deinen moralischen Redensarten in Frieden! Ich kümmere mich nicht darum, was du mit deiner mannstollen Dora Blankety alles anstellst. Es interessiert mich auch nicht. Und, wenn du es genau wissen willst: ich finde sie geschmacklos. Zu allem Überfluß ist sie auch noch zwei oder drei Jahre älter als du.«

Jetzt ist es zu schlechter Letzt Paul, den der Zorn packt. Er verabschiedet sich auf die gleiche Weise wie eben Mike.

Fünftes Kapitel

Auf dem hohen Vorschiff schmeckt die Luft, seit es dunkel wurde, doch ein wenig nach Frische, sei es, daß der Wind abflaute und das hineilende Schiff nun ein wenig Zug spendet, sei es, daß die Luft sich abkühlte, seit das glühende, gewalttätige Gestirn des Tages in einem letzten wilden Aufruhr des Lichtes verging.

Im Rauchsalon des Schiffes ist eine Fete im Gange. Mrs. Quicktree hat sich gerade am vergangenen Nachmittag wieder mit ihrem Mann versöhnt, hat dies mit ihrer etwas schrillen Stimme allen übrigen Passagieren verkündet und den Anlaß benutzt, um alles, was laufen kann und nicht von der Hitze gefällt ist, zur Friedensfeier einzuladen. Peter und die reizende Kathleen haben das Stadium des allgemeinen Festefeierns schon hinter sich. Sie veranstalten nur noch ihre privaten Feste.

Ringsum wogt die wilde See unendlich. Das Kreuz des Südens hängt am Himmel. Peter erlebt es auf dieser Reise zum erstenmal und kann sich an dem diamanten strahlenden Geschmeide nicht satt sehen.

Kathleen wirft ihre Zigarette in hohem Bogen über Bord.

Sie richtet sich plötzlich aus ihrem Lehnstuhl auf und setzt sich seitlich hoch. Peter vermag im sanften Sternenlicht und in dem grünlichen Phosphorschimmer, den die Bugwelle des Schiffes aus den zerteilten Tropenwogen lockt, das schmale, nervöse, kühne Antlitz des schnellen Mädchens neben ihm deutlich zu erkennen. Was ihn an Kathleen fesselt, wird ihm plötzlich klar: ihre unbeschreibliche Selbstverständlichkeit und Sicherheit, die überhaupt keinen Augenblick in Erwägung zieht, daß irgendein Mensch unter der Sonne irgend etwas falsch verstehen oder gar irgend etwas kritisieren könnte, was sie zu tun, zu sagen oder zu denken für richtig befindet. Wirklich, huscht es Peter blitzschnell durchs Hirn, sie ist die Tochter einer freien Welt, frei gewachsen und ungebunden, unbeargwöhnt und freundlich respektiert. In diesem Mädchen beginnt er das großartig freie und weite Australien zu lieben, dessen Küsten noch fern hinter den südlichen Horizonten verborgen liegen. Kathleen blickt auf Peter nieder, streicht sich das schwere Haar in den Nacken und meint sanft:

»Peter, ich finde es wunderschön, daß wir uns getroffen haben. Laß uns also die Tage bis Australien noch genießen, weißt du, genießen, daß man sie später nicht mehr vergißt.«

Peter blickt zu dem schönen Geschöpf empor, das vor ihm im Dunkeln sitzt, und sagt leiser als bisher:

»Das ist sehr gefährlich, Kathleen. Besser ist, man läßt sich nur so weit miteinander ein, daß das Vergessen nicht allzu schwer fällt.«

Sie neigt sich plötzlich vor und preßt für einen Augenblick ihre Lippen auf die seinen. Er hält gern still. Er meint nur:

»Du, laß das! Der kleine Maxwell auf der Brücke bekommt einen Schlaganfall.«

Sie erwidert fröhlich:

»Schlaganfall bestimmt nicht, höchstens platzt er vor Neid, und das geschähe ihm recht.«

Die Nacht ist weit. Das Kreuz des Südens, holdes Sternbild, schwingt mählich um.

Peter kann nicht länger an sich halten, es ist so schwer, zu schweigen und das, was ihn unter der Oberfläche ganz und gar erfüllt, immer nur mit sich selbst zu bereden. Er gleitet ganz von selbst in Bekenntnisse hinüber; leise fängt er an, von seinen Träumen zu berichten, die weite Welt und die sieben Meere zu befahren. Kathleen unterbricht ihn nicht ein einziges Mal. Sie sitzt ganz still; nur der Wind weht zuweilen in ihrem lockeren Haar. Peter nimmt es gar nicht wahr. Er hat die Zuhörerin so gut wie vergessen. Er sagt nicht viel. Das meiste läßt sich ja gar nicht sagen. Aber das junge Mädchen, das zu hören versteht, begreift doch so viel, daß dieser junge Mann da vor ihr, der die Hände hinter dem Kopf verschränkt hat und mit weit offenen Augen in den Himmel blickt und den sie liebenswürdiger findet – so meint sie in diesen Minuten – als alle anderen, die ihr bisher begegnet sind – –, daß dieser Mann gar nicht mehr neben ihr weilt, sondern irgendwo anders hingehört; aber sie ahnt nicht, wohin –.

Nach unbestimmbar langer Zeit sagt Kathleen leise:

»Auf diesem Schiff sind wir für ein paar Tage oder Wochen auf Ferien von der Wirklichkeit, nicht wahr, Peter? Das braucht dir nichts zu schaden und mir erst recht nicht.«

»Gewiß nicht, Kathleen.«

Wieder beugt sie sich zu ihm hernieder, und er fühlt zum zweiten Male in dieser Nacht ihre warmen Lippen auf den seinen.

Die Nacht wölbt höher noch und feierlicher und weltenweit sich über den Menschen, die an ihrem Grunde dahingleiten. Wenn auch Peter und Kathleen gar nicht daran denken, sie spüren den ungeheuren Himmel; in sich spüren sie ihn.

Sechstes Kapitel

Die »Neptuna« umrundet ein gewaltiges Kap und nimmt Kurs nach Süden, dann nach Südwesten, Salamaua entgegen.

Die Passagiere haben sich in jene stets wiederkehrenden Gruppen aufgespalten, die überall entstehen, wo Schiffe auf langen Reisen ohne Häfen die See durchfurchen. Es gibt die Gruppe, die da säuft und sich endlose Lügengeschichten erzählt; dann die andere, die sich den Sport und die Deckspiele für die Dauer der Reise zum Götzen erkoren hat, weiter die unentwegten Poker- oder Bridge-spieler, schließlich ein paar Einzelgänger, die die Reisezeit benut-zen, um Akten oder Korrespondenzen aufzuarbeiten, zu denen ihnen sonst die Zeit fehlt. Zu guter Letzt aber diejenigen, die sich innerhalb der vollständig abgeschlossenen kleinen Schiffswelt ver-liebt haben und die nun, in eine kurze Spanne Zeit gepreßt, alle Höhen und Tiefen der Amour durchmessen – ungestört durch äußere Einflüsse und Umstände, wie sie auf dem Festland vorwal-ten; an Bord von Schiffen hat der kleine Gott mit dem Flitzebogen vielen sonst ganz normalen Leuten Erfahrungen vermittelt, zu denen sie an Land ebenso viele Jahre gebraucht hätten wie auf See Wochen oder nur Tage.

Zu dieser letzten Gruppe gehört Paul, der sich von der betören-den Dora in eine himmelhohe Passion entführen läßt.

Peter kann sich noch soviel Mühe geben, dem Freunde auseinan-derzusetzen, daß aus dieser wildgewachsenen Schiffsliebe nie im Leben etwas werden wird.

»Paul, du spielst mit falschen Karten. Das wackere Mädchen will sich verheiraten; du kannst sie doch nie heiraten; erstens hast du dich schon gebunden, zweitens kommt es früher oder später heraus, daß du ein entlaufener PW bist, und drittens paßt ihr überhaupt nicht zueinander. Dora wird nur glücklich werden mit einem vernünftigen älteren Mann, der sie ab und zu über die Stränge schlagen läßt und ihr im übrigen ein paar nette Kinder beschert.«

Aber Paul läßt nicht mit sich reden. Er macht sich auch nichts daraus, daß er und Dora Blankety längst unter dem Spitznamen »das Flitterwochenpärchen« über die Decks wandeln.

Zwischen Peter und Kathleen bleibt alles in der Schwebe. Sie fechten in den Hintergründen heimlich miteinander, fechten hin-haltend: ein erregendes und bezauberndes Klingenkreuzen. In Sala-maua, am Ostende Neu-Guineas, erreicht das Schiff den Hafen, von dem aus die Flugzeuge aufsteigen, die Menschen und Material zu den Goldfeldern im Innern der gewaltigen Insel tragen, hinweg über die weglosen, schroffen, beinahe unpassierbaren Urwälder und steilen Ketten der Küstengebirge.

Peter und Kathleen sind mit wenigen anderen in einer der hochbetagten, aber immer noch braven Junkersmaschinen, die sogar den Krieg und die Japaner überstanden haben, ins Innere zu den Goldfeldern geflogen und dann wieder heraus an die Küste.

Auf dem Rückflug zur See war ein Mann zugestiegen, mit dem Peter sofort in ein Gespräch geriet. Er freute sich, zu hören, daß dieser Robert Cuthpert als Passagier aufs Schiff steigen würde und nach Sydney zu reisen gedachte. Kathleen schien fast ein wenig beleidigt, als Peter sich so angelegentlich dem neuen Reisegefährten widmete.

Als die Maschine in Salamaua wieder aufgesetzt hatte und Peter seiner Dame aus dem Flugzeug half, entschuldigte er sich:

»Sei mir nicht böse, Kathleen. Ich glaube, der Mann kann mir beruflich nützen; und das habe ich dringend nötig.«

Am Abend dieses gleichen Tages, als das Schiff die Anker aufgenommen hat, um Neu-Pommern anzusteuern, mit dem von seinem Vulkan verwüsteten Rabaul als Ziel, findet Peter seit langem zum erstenmal wieder Gelegenheit, sich mit Paul, dem Freunde, in Ruhe eine Stunde zu unterhalten. Zunächst will Peter nicht davon sprechen, aber dann reizt es ihn doch, mit leichter Ironie zu fragen:

»Habt ihr euch gezankt, Paul? Warum bist du heute abend nicht mit Dora zusammen?«

Peter sieht Paul prüfend an. Irgend etwas ist an dem Freunde verändert; die Augen blicken nicht mehr so selbstgewiß wie sonst. Paul scheint nicht mehr vollkommen mit dem Dasein einverstanden zu sein wie in den letzten Wochen. Er erwidert auf Peters Frage:

»Wenn du es schon wissen willst, Peter, allerdings hat sich einiges verändert. Weißt du, wir sind eben doch arme Schlucker, trotz aller scheinbaren Eroberungen.«

Peter lächelt nicht. Er merkt, daß es dem Freunde unerwartet Ernst geworden ist. So antwortet er trocken:

»Hast du etwas anderes erwartet, Paul? Aber mit dir war ja nicht mehr zu reden.«

Paul sitzt eine Weile stumm da und blickt ins Ungewisse. Dann räuspert er sich und beginnt:

»Du hast ganz recht. Ich war offenbar reichlich vernebelt. Das ist mir selten vorgekommen. Aber wahrscheinlich erlebt es jeder einmal, früher oder später. Wir haben heute zum ersten Male von der Zukunft gesprochen, Dora und ich. Sie fragte mich, ob ich sie also heiraten wollte. Ich sagte: natürlich, was sonst! Schließlich weiß das ganze Schiff, was wir beiden uns nach allem Vorangegangenen schuldig sind; ich habe keinen Augenblick daran gedacht, sie etwa bloßzustellen. Stell dir vor, Peter, mitten in einer sehr zärtlichen Minute hat sie wissen wollen, wie hoch mein Monatseinkommen ist. Ich kann dir sagen, wenn mich einer mit dem Holzhammer –, so ungefähr war mir zumute. Die ganze rosenrote Kulisse krachte mit einem Schlag zusammen, und plötzlich wußte ich wieder, daß wir mit falschem Paß herumgondeln, daß wir nicht wissen, ob wir überhaupt bis zu meinen Eltern gelangen, keine Ahnung haben, ob wir überhaupt als Bürger anerkannt werden, und so weiter und so weiter.

Was soll ich tun? Der Zauber ist dahin. Ich bin wieder zu mir gekommen. Sie wird auch das nicht verstehen. Sie hat überhaupt, glaube ich, gar nicht gemerkt, was in mir vorgegangen ist; vielleicht entschließt sie sich noch, mir vorzuwerfen, ich hätte sie enttäuscht. Sie will von dieser Reise zum mindesten verlobt zurückkehren. Aus dem Versuch mit mir ist nichts geworden. Ich habe sie also um die Tage und Wochen betrogen, die sie auf bessere Versuchsobjekte als mich hätte verwenden können.«

Peter meint mit heiterem Spott:

»Wir müssen unsere Reputation unbedingt wiederherstellen, Paul. Wir müssen dafür sorgen, daß die prächtige Dora an den Mann kommt. Ein famoser Kerl ist eigentlich dieser Bill Baily, und Geld hat der Bursche wie Heu. Er muß irgendwo im australischen Nordosten riesige Schafherden besitzen, und, wenn mich nicht alles täuscht, ist er auf diese Reise gegangen, nicht nur um sich von seinen Schafen zu erholen, sondern auch um Ausschau nach einem geeigneten Weibe zu halten.«

»Menschenskind!« wehrt Paul ab. »Ich kann doch Bill Baily nicht einfach zur Wachablösung auffordern; natürlich wird sich auch Dora so leicht nicht umschalten lassen.«

Er schweigt eine Weile trübsinnig und beginnt dann von neuem: »Außerdem, Peter, ich weiß, du bist von Anfang an nicht damit einverstanden gewesen, aber es ist nun einmal so, ich habe Dora wirklich ––«

Peter unterbricht ihn. Er hebt die Hand und sagt:

»Mach dir nichts vor, Paul. Du hast doch eben ›geliebt‹ sagen wollen! Fauler Zauber! Schluck's runter, Paul!«

Paul hat gar nicht zugehört. Er starrt eine Weile vor sich hin. Seine Gedanken haben sich auf weite Wanderschaft begeben. Er fängt unvermutet von ganz anderen Dingen an zu sprechen. Er sagt:

»Hast du eigentlich schon darüber nachgedacht, daß wir auf der falschen Seite von Australien ankommen? Der Wohnort meiner Eltern liegt im äußersten Westen; Sydney liegt im äußersten Osten. Unser Geld reicht nicht viel weiter als bis Sydney. Wie kommen wir von Sydney nach Perth?«

»Schenken wird uns das Reisegeld keiner, Paul. Aber daß wir uns irgendwie hinüberverdienen – Kanadier, die wir sind –, es sollte mit dem Teufel zugehen, wenn uns das nicht gelänge! Du siehst nach deinem Reinfall natürlich überall Gespenster.«

Paul räuspert sich schwer und knurrt:

»Sehe ich auch. Sie werden uns noch allerhand zu schaffen machen.«

Nach dem Abendessen bildet sich im Rauchsalon ein kleiner Kreis: Kathleen und Dora, Paul und Peter, Mike und Bill und als Anstandsdame die fröhliche Mrs. Hulsey, die ihren Lokomotivführer gewöhnlich früh ins Bett schickt, damit er auch nach der Silberhochzeit nicht vergißt, wer der Herr im Hause ist. Dora mag noch so unbefangen scheinen und Paul sich noch soviel Mühe geben, nach zehn Minuten stellt jeder ringsum heimlich lächelnd fest, daß die Flitterwochen des ›Flitterwochenpärchens‹ ausgeflittert haben. Kathleen scheint ein wenig verärgert, daß Peter sich so angelegentlich der Dora Blankety widmet und immer wieder versucht, Bill Baily in das Gespräch einzubeziehen. Bill taut überraschend auf. In der üppigen Atmosphäre auf diesem Tropenschiff, in der man beinahe dazu gezwungen wird, den lieben Mitpassagier zu beobachten, spürt jeder sofort, wenn sich irgendwie oder irgendwo das Schwergewicht der Beziehungen verlagert; und ehe die anderen Herren der Schöpfung es genau wissen, handeln sie bereits nach der Erkenntnis, daß Paul nicht mehr den Rang eines Favoriten beanspruchen kann. Bill Baily blüht auf wie eine Blume nach langer Trockenheit, Paul wird daneben immer stiller. Als Peter es endlich soweit gebracht hat, daß Bill auf seine Schafe zu sprechen kommt, daß Dora sogar zuzuhören beginnt, daß Kathleen sich notgedrungen mit Mike beschäftigt, da Peter sich anderen Aufgaben gewidmet hat, kann Peter Paul zuwinken und ihm sagen:

»Du, der Zweite hat jetzt Wache. Er wollte uns auf der Brücke etwas zeigen. Kommst du einen Augenblick mit?«

Der Zweite Offizier ist selbstverständlich nur ein Vorwand. Die beiden wandern das dunkle Deck entlang. Peter sagt:

»Die Sache entwickelt sich. Wir wollen jetzt lieber nicht stören.«

Paul fragt schüchtern dagegen:

»Aber du und Kathleen –?«

Peter wehrt ab:

»Laß nur, darüber reden wir bei Gelegenheit.«

Es kommt ihm darauf an, Paul abzulenken; er beginnt nach einer Weile von etwas ganz anderem zu sprechen. Allerdings besteht ein untergründiger Zusammenhang:

»Paul, mir ist in der letzten Nacht eingefallen, als ich in dem Hotel bei den Goldfeldern im Innern übernachtete, daß wir immer noch die Aufzeichnungen mit uns herumschleppen, die ich damals in Alaska, Ende Juni 1946, dem toten William Baker abgenommen habe. Ich war nämlich, als wir durch die Minenstadt schlenderten, an einem Haus mit einem Schild vorbeigekommen, auf dem das Wort ›Land Surveyor‹ stand, Landmesser, oder wie man es übersetzen soll. Dasselbe Wort fand ich in William Bakers Paß als Beruf angegeben. Wir haben nicht ein einziges Mal Gelegenheit gehabt, festzustellen, ob die stenografischen Aufzeichnungen, die William Baker noch kurz vor seinem Tode im Schnee und Eis der alaskischen Tundra gemacht hat, eigentlich auf deutsch oder auf englisch stenografiert sind. Wir verstehen beide nichts von Stenografie. Mir ist weiter eingefallen, daß wir eigentlich die Blätter an deine Eltern vorausschicken könnten. Sicherlich wird dein Vater Gelegenheit haben, zu entziffern, was William Baker in den letzten Tagen vor seinem Tode aufgezeichnet hat. Irgendwie müssen wir die alten Fäden aus der vergangenen Zeit zu Ende spinnen; in diesem Fall sind wir sogar dazu verpflichtet.«

Paul sagt:

»Das stimmt. Meine Mutter kann übrigens stenografieren. Wir wollen die Blätter nach Perth vorausschicken.«

Sie besprechen den Plan noch eine Weile, und die Vergangenheit, die längst nicht so unbeschwert war wie diese heiteren Tage und Wochen an Bord der »Neptuna«, steigt drohend für eine Weile wieder auf. Das nimmt ihnen die Lust, sich noch einmal in den Kreis der plötzlich nicht mehr sehr wichtigen Schiffsgefährten zurückzubegeben.

»Komm«, sagt Peter. »Es wird uns nichts schaden, wenn wir einmal früh schlafen gehen. Außerdem ist heute nacht die Temperatur erträglich.«

Siebtes Kapitel

Rabaul ist zurückgeblieben und nochmals Salamaua. Die »Neptuna« hat endgültig Kurs nach Süden genommen. Sie wendet in weitem Bogen um das Südkap Neu-Guineas und rauscht dann, fast immer in Sicht der Küste, den Papua-Golf hinauf, Port Moresby zu erreichen, den bedeutendsten Ort der australischen Dependence Papua. In Port Moresby steht man also schon auf australischem Boden. Seit die hohe Kuppe des Südkaps an Steuerbord unmerklich langsam vorüberglitt, ist es kühler geworden. Der Wind steht von Süden herauf und bringt winterliche Frische mit, denn die Monate Juli und August sind ja auf der Südhalbkugel die eigentlichen Wintermonate.

Fast scheint es so, als ob auch aus den Beziehungen der Passagiere der »Neptuna« untereinander die Schwüle gewichen wäre.

Trotzdem leidet Paul darunter, daß Dora Blankety ihn abgelegt hat, wie man gebrauchte Handschuhe ablegt.

Die Aufmerksamkeit aller Passagiere richtet sich jetzt fast unvermeidlich auf jene drei jungen Menschen, die in den vergangenen Wochen der Hitze, der Schwüle und den Versuchungen des Blutes noch nicht erlegen sind; sie können auch jetzt noch nicht in ein ruhigeres Fahrwasser einlenken; noch ist das geheime Gefecht zwischen ihnen unentschieden. Diese drei, die schmalhüftige Kathleen, der schwarzhaarige, bewegliche Peter und der breitschultrige, ruhige Mike ahnen nicht einmal, daß der Scheinwerfer des allgemeinen Interesses sich ausschließlich ihnen zugewendet hat. Dazu sind sie viel zu sehr mit sich beschäftigt.

Anderthalb Tage vor Port Moresby sitzen in ihrer Stammecke des Rauchsalons: als Präsidentin des Kreises die ausgezeichnete Mrs. Hulsey, weiter der in der kühleren Luft höchst eindrucksvoll sich entfaltende Bill Baily, dann die verführerische Dora, der abgeblitzte Paul, der in Salamaua an Bord gekommene Robert Cuthpert, die ebenso dumme und schnattrige wie hübsche Jane O'Donnell, der lederzähe Mr. Kirk (vor lauter Orchideen, Kakteen und Kolibris zum Millionär geworden) und schließlich noch, stumm und betont mysteriös, die rothaarige Antoinette Macdonald. Ab und zu wandeln an den Fenstern des Rauchsalons auf dem Promenadendeck Kathleen, Mike und Peter vorbei. Das graziöse Mädchen zwischen den beiden so verschiedenen Männern empfindet kaum, daß ihr ein Dutzend Augenpaare folgen, deckauf, deckab. Peter blickt geradeaus, wenn er spricht, während Mike sich immer wieder angelegentlich dem Mädchen zuneigt; Kathleen selbst wendet ihren schmalen Kopf bald nach rechts, bald nach links. Aber es ist unverkennbar, daß sie sich Mike gegenüber nur um Höflichkeit bemüht. Spricht sie mit Peter, so verrät jede Bewegung ihres Kopfes oder ihrer Hände eine verhaltene und unbewußte Zärtlichkeit.

Mrs. Hulsey, die im Rauchsalon auf dem Sofa thront – es sieht aus, als hätte sie alle ihre braven Küchlein um sich versammelt –, stellt mit der Bestimmtheit fest, die sie auszeichnet:

»Ich hab's meinem George wohl ein dutzendmal gesagt: wir erleben noch ein oder zwei waschechte Brautpaare auf dieser Reise, George, paß nur auf! Aber George hat nur gebrummt: interessiert mich nicht, Kate; unsere Silberhochzeitsflitterwochen genügen mir vollauf.«

Gelächter ringsum. So ist Kate, drastisch, vergnügt und wunderbar menschlich. Alle Welt liebt sie, und niemand nimmt ihr etwas übel.

Zum allgemeinen Erstaunen ergreift die sonst so wortkarge und geheimnisvolle Antoinette das Wort und sagt:

»Ich gehe jede Wette ein, daß Peter Bolt das Rennen macht bei der hübschen Kathleen, und zwar noch, bevor das Schiff in Townsville angekommen ist.«

Paul empfindet sofort, daß an dieser Behauptung irgend etwas schief ist; er weiß nicht genau, was es ist. Im gleichen Augenblick wurmt es ihn, daß allgemein im Kreise den Worten Antoinettes zugestimmt wird mit: »Natürlich! Versteht sich von selbst! Kein Zweifel! Was passieren soll, passiert!«

Paul ärgert sich: immer trauen die Leute dem Peter mehr zu als mir. Keiner scheint sich darüber zu wundern, daß Dora mich, den Paul, an die zweite Stelle versetzt hat, aber alle halten es für selbstverständlich, daß Peter die erste Geige spielt. Mit einemmal stößt den guten Paul der Bock, und zu seiner eigenen Überraschung hört er sich sprechen:

»Well, Miß Macdonald, ich wette dagegen. Ich bin überzeugt

davon, daß noch vor Townsville Mike das Rennen macht und Peter auf dem zweiten Platz endet.«

Bill Baily offenbart, daß er für Ironie begabt ist, und meint nicht ohne Anzüglichkeit:

»Die Kanadier müssen schließlich am besten wissen, ob sie es im Tempo mit den Australiern aufnehmen können.«

Dora lacht klingend auf, und die anderen lachen mit; dieser und jener ein wenig betreten. Paul spürt, daß er hinter den Ohren rot wird. Er erwidert:

»Ich habe mir sagen lassen, daß man in Australien leidenschaftlich gern wettet, und jetzt haben schon zwei Leute in diesem Kreise Wetten angeboten, und keiner hält dagegen. Miß Macdonald will wetten, und ich will wetten. Ich wette, daß noch vor Townsville Kathleen Bloomsburry meinem Landsmann Peter den Laufpaß gegeben und sich statt dessen mit Mike McClellan verlobt hat.«

Antoinette nimmt einen tiefen Zug aus ihrer Zigarette, saugt den Rauch tief ein, stößt ihn langsam durch Nase und Mund wieder aus und erwidert, ohne eine Miene zu verziehen:

»Ich setze 50 Pfund gegen Mr. Knapsack, daß Peter Bolt und Kathleen Bloomsburry ein Paar werden, bevor das Schiff Townsville erreicht hat.«

Australier verwetten ihr letztes Hemd, wenn sie sonst nichts weiter mehr besitzen. Die Runde aber, die hier um den Tisch im Rauchsalon versammelt ist, verfügt, von Paul abgesehen, über wesentlich mehr als über ein letztes Hemd. Bill Baily muß schon gegen Paul setzen, nicht nur, weil er als Australier ohnehin setzen muß, sondern auch, weil er natürlich ein wenig vor Dora paradieren will. Er sagt:

»Ich setze 100 Pfund gegen Pauls Meinung.«

Mrs. Hulsey fällt ein:

»Kinder, Kinder, 100 Pfund kann ich nicht setzen, aber 10 Pfund will ich dranwenden. Also 10 Pfund gegen Paul.«

Wenn Bill Baily 100 Pfund setzt, kann sich der beutesüchtige Austen Kirk natürlich nicht lumpen lassen. Er knurrt:

»110 Pfund gegen Paul.«

Jane O'Donnell kakelt aufgeregt dazwischen:

»Ich natürlich auch 5 Pfund gegen Paul Knapsack.«

Robert Cuthpert bleibt der einzige Vernünftige im Kreise. Er lächelt und meint: »Ich wette nicht mit.«

Als letzte entschließt sich Dora. Sie sieht Paul eine Zeitlang an, so daß es auch den anderen auffällt, und meint zögernd nach einem Blick auf Bill Baily:

»Ich setze auch! Gegen Paul 25 Pfund.«

Paul ist blaß geworden aus mehr als einem Grund. Er hat verwirrt mitgerechnet: genau 300 Pfund gegen ihn, und er wird, wenn's hochkommt und er alles am Schluß der Reise bezahlt haben wird, was dann an Trinkgeldern, Wäscherechnungen und so weiter noch zu bezahlen ist, vielleicht 40 Dollar übrig haben. Er fühlt sich schnell heiß und wieder kalt werden; aber der Kampfhahn ist in ihm erwacht. Er sagt:

»Mit solchen Beträgen kann ich nicht mithalten, aber ich setze mein ganzes restliches Vermögen dagegen, 50 Dollar, meine Herrschaften. Wenn ich verliere, so soll mein Geld je nach Ihrem Anteil an der Wette aufgeteilt werden.«

Mrs. Hulsey erklärt: »Bin Zeuge, gilt!«

Gerade wandern draußen wieder Kathleen, Peter und Mike vorbei. Sie ahnen nicht, daß sie eben wie ein Feld von Rennpferden durch den Startschuß auf die Hindernisbahn entlassen worden sind.

Achtes Kapitel

Paul und Peter haben nichts einzuwenden gehabt, als der neue Passagier Robert Cuthpert sie bittet, zu den Mahlzeiten an ihrem Tisch Platz nehmen zu dürfen. Der große, besonnene Mann, von dem eine anscheinend unbeirrbare Heiterkeit ausstrahlt, hat auf Paul einen ebenso erfreulichen Eindruck gemacht wie schon auf Peter, als dieser ihn im Flugzeug während des Fluges von den Goldfeldern an die Küste kennenlernte. Während der Tischgespräche gibt natürlich ein Wort das andere. Paul und Peter erzählen die Geschichte, die sie sich zurechtgelegt haben. Sie sind vorsichtig genug gewesen, das Repertoire ihrer Als-ob-Vergangenheit in allen Einzelheiten sorgfältig einzustudieren. Sie treten als zwei junge Burschen englischen Geblüts auf, das heißt genauer deutsch-kanadischen, die sich, wie das in britischen Bezirken zum Teil noch selbstverständlich ist, für ein paar Jahre auf eigene Faust die englischsprechende Welt ansehen. Das leuchtet ein; sie bleiben Gentlemen in dieser Rolle – auch ohne viel Geld –, und es erwartet niemand von ihnen genaue Auskunft über Woher und Wohin.

Cuthpert hält nicht hinter dem Berge damit, daß ihn sein Aufenthalt in Neu-Guinea sehr befriedigt hat. Die Geschäfte seien glänzend gegangen:

»Stellt euch vor«, erzählt er lächelnd, »ich bin in den Goldgebieten landauf und landab unterwegs gewesen und habe alles verkauft, was ich mitgenommen hatte. Ich wäre bestimmt das Doppelte los geworden.«

Peter will wissen:

»Womit haben Sie denn gehandelt?«

»Mit Büchern«, erwidert Cuthpert, als sei es das Selbstverständlichste von der Welt.

Den beiden Freunden fällt vor Staunen der Unterkiefer herab.

»Mit Büchern? Wer kauft denn im Inneren Neu-Guineas Bücher?«

»Alle Welt«, entgegnet Cuthpert heiter und betrachtet wählerisch die zierlichen Hammelkoteletts, die der Steward gerade auf den Tisch stellt.

Peter denkt sich im geheimen schnell: ich habe gleich gewußt, daß mit dem Mann etwas anzufangen ist. Laut fragt er:

»Aber Sie können doch nicht einen ganzen Bücherladen in Neu-Guinea herumgeschleppt haben.«

»Das habe ich auch nicht getan«, antwortet Cuthpert und führt den ersten knusprigen Bissen echten Neuseeländer Masthammels zum Munde. Er kaut genießerisch und erläutert dann:

»Ich bin nur mit drei Büchern gereist, großen, prächtigen Schwarten mit vielen Bildern. Eins war ein Kochbuch. Das verkaufte ich an Kunden weiblichen Geschlechts. Es war ein Kochbuch, das für England und die englische Küche bestimmt war. Von englischer Küche kann natürlich im Innern Neu-Guineas nicht viel die Rede sein. Aber die Hausfrauen und Nicht-Hausfrauen lesen das Kochbuch wie ein Gedicht von der Heimat; ich habe mir sagen lassen, daß auch viele Ingenieure und Kaufleute, Geologen und Baggerführer über den wunderbaren Rezepten in Verzückung geraten sind. Als zweites Buch verkaufte ich ein Doktorbuch. Darin steht zu lesen, was man tun muß, wenn man sich im Winter eine schwere Erkältung zugezogen hat. Für das Innere Neu-Guineas mit 40 Grad im Schatten ist das besonders trostreich. Natürlich erfährt man auch daraus, wie man kalte oder heiße Kompressen anzulegen hat, wie man einen Beinbruch schient und daß es ratsam ist, auf Mückenstiche einige Tropfen Salmiak zu träufeln. Dies Kapitel über

Mücken- und Bienenstiche fand bei meinen Käufern in den Dschungeln der großen Insel besonderen Beifall.

Den Vogel aber habe ich mit meinem dritten Buch abgeschossen. Ich verkaufte eine illustrierte Spezialausgabe der geheimnisvollen Schriften nebst sämtlichen Prophezeiungen des großen Magiers Nostradamus. Sie wissen ja, meine Herren, daß in diesen Prophezeiungen der Lauf der ganzen künftigen Welt ein für alle Male dargestellt ist, allerdings so undeutlich, daß Nostradamus auf alle Fälle recht behält. Für einsame Männer im Urwald ist das die richtige Lektüre.«

Und dann setzt Cuthpert nach einer Weile lächelnd hinzu:

»Wenn Sie gelegentlich nicht wissen sollten, womit Sie Geld verdienen können, dann rate ich Ihnen: laden Sie auf ein Auto 200 Bände Doktorei, 300 Bände Kochen und 400 Bände Magie und ziehen Sie damit in die Wildnis; das ist besser als Gold graben. Es gibt kein schnelleres Mittel, seinem Bankkonto auf die Beine zu helfen.«

Peter meint:

»Vielen Dank für den Ratschlag, Mr. Cuthpert. Wieviel Provision wollen Sie haben, und wo wohnt der Verleger, von dem man die drei Bücher beziehen kann?«

Cuthpert erwidert:

»Ich bin in Brisbane pleite gegangen mit einer großen Buchhandlung, in der ich meinen australischen Landsleuten Philosophie, Bildung, Kunst und Wissenschaft und weiß der Himmel was noch alles beibringen wollte. Nun räche ich mich mit Doktorbuch und Kochbuch und Weissagungen des Nostradamus. Ich habe mir telegrafisch einen gewaltigen Posten dieser unübertrefflichen Werke nach Townsville bestellt; ich hege nicht die geringsten Bedenken, Sie als meine Unteragenten anzustellen, wenn Sie sich mit den dünner besiedelten Gebieten im Innern unseres großen Kontinents begnügen wollen.«

Später hocken Peter und Paul in ihrer Kabine. Die beiden sprechen zum erstenmal seit langer Zeit wieder über die Zukunft.

»Peter, Peter«, sagt Paul, »diesen Cuthpert hat uns ein Engel vom Himmel geschickt.«

»Wieso geschickt?« erwidert Peter. »Er ist ein Engel.«

Neuntes Kapitel

In Port Moresby hat sich die »Neptuna« nur wenige Stunden aufgehalten. Das Städtchen liegt in einer flachen, reizlosen Küstenebene. Der Mount Victoria schwebt, mit feinstem Silbergriffel gezeichnet, über dem Horizont im Norden, gerade eben noch zu ahnen.

Kaum einer der Passagiere ist an Land gegangen. Port Moresby ist der letzte Hafen, bevor das Schiff an der australischen Küste den Anker fallen lassen wird. Was ist in Port Moresby schon zu sehen? Plötzlich ist allen die Reise lang geworden, jeder denkt voraus an Townsville, die Hafenstadt im Staate Queensland hinter dem großen Barriere-Riff. Von Townsville ab wird die Reise der Küste folgen, bis Sydney erreicht ist. Das Schiff ist dann in heimatlichen Gewässern angelangt.

Paul und Peter haben kurzerhand beschlossen, mit Cuthpert zusammen in Townsville das Schiff zu verlassen. Sie haben unterwegs bei all den guten Leuten an Bord einen ganzen Sack Empfehlungen und Ratschläge gesammelt; der Zufall will es, daß fast alle diese Empfehlungen in den Norden des großen Kontinents weisen. Paul und Peter studierten unterwegs gründlich all die guten und schlechten Bücher über Australien, die in der Schiffsbibliothek zu finden waren. Sie wissen, daß der Norden des Kontinents leer ist und unendlich weiträumig. Aber die Leere zieht sie an. Wenn sie auch inzwischen ihre kanadischen Rollen höchst selbstverständlich zu spielen gelernt haben, so sagen sie sich doch: wir wollen uns durch die nördliche Wildnis des Erdteils in seinen Westen hinüberpirschen, wo Pauls Eltern auf uns warten; in der Einöde setzen wir uns weniger der Gefahr aus, erkannt zu werden, als wenn wir durch die dichter besiedelten Gebiete des Südostens und Südens ziehen. Außerdem, und das ist ein sehr gewichtiges Argument, dort im Süden wird das Leben sehr viel teurer sein!

Peter hat natürlich keine Ahnung, und auch Mike und Kathleen ahnen nicht, daß Offiziere und Passagiere allesamt wie mit Luchsaugen beobachten, wie sich das dreieckige Verhältnis in den letzten Tagen der Reise zwischen Port Moresby und Townsville entwickkelt.

Paul muß sich oft genug auf die Lippen beißen, um dem Freunde Peter mit keiner Silbe zu verraten, was für ihn auf dem Spiele steht.

Doch dann tröstet er sich: Peter ist genau solch armer Schlucker wie er selbst. Gewiß denkt Peter oft genug an die ferne Yü-loh – und daran, was er noch zu beichten hätte. Nie würden diese stolzen, unbeschwerten australischen Mädchen die verborgenen Nöte der beiden Sozusagen-Kanadier begreifen. Nein, Paul hält völlig dicht. Verliert er seine letzten 50 Dollars, gut, dann verliert er sie eben! Man muß sich langsam an den Lauf der australischen Welt gewöhnen.

Kathleen fragt aus ihrem Liegestuhl leise ins Dunkel:

»Ist dies die letzte Nacht, Peter, bevor wir in Townsville ankommen?«

Ihre Hand tastet nach der Lehne des anderen Stuhls hinüber, findet seine Hand und bleibt auf ihr mit leichtem Druck liegen.

»Nein«, erwidert Peter, »der Kapitän meint, wir würden frühestens übermorgen früh in Townsville eintreffen. Der starke Gegenwind hält uns zurück.«

»Also erst die vorletzte Nacht, Peter.«

»Zwölf Uhr schon«, murmelt Peter.

Kathleen scheint seine Worte nicht vernommen zu haben. Aber nach einer Weile rafft sie sich aus ihrem Stuhl auf, sitzt eine Minute lang bewegungslos da, erhebt sich dann und faltet ihre Decke zusammen. Peter ist liegengeblieben. Anscheinend nimmt sie von ihm überhaupt keine Notiz. Kathleen blickt auf das grünlich schimmernde Kielwasser hinaus, wirft dann mit leichter Bewegung ihr Haar zurück, als hätte sie einen Entschluß gefaßt, beugt sich über Peters Stuhl, legt ihre Hand leicht auf seine Schultern und sagt mit klarer Stimme:

»Bleib noch hier eine halbe Stunde; du weißt schon – die andern –! Ich gehe jetzt hinunter in meine Kabine und, Peter –«

Sie zögert ein paar Herzschläge lang; als sie fortfährt, bebt ihre plötzlich flüsternde Stimme unmerklich:

»Ich werde meine Tür heute nacht nicht verschließen.«

Kathleen hat die graugrünen Augen weit aufgeschlagen und blickt Peter unverwandt an. Peter hat sich auf den Rand ihres Lagers gesetzt und stützt sich mit der rechten Hand auf der anderen Seite des Bettes, so daß er an der Innenseite seines rechten Unterarmes und an dem rechten Oberschenkel leise ihre schmalen Hüften durch die Bettdecke fühlt.

Kathleen hat die nackten Arme hinter dem Kopf verschränkt, die Hände verschwinden in der Wolke blonden Gespinstes, aus dem ihr schmales, kühnes Antlitz sich ruhig und wartend, leicht zur Seite geneigt, dem Manne zuwendet.

»Gefalle ich dir? Findest du mich schön?«

Ein wenig kindlich und rührend irgendwie erscheint Peter diese Frage. Er antwortet:

»Unbeschreiblich schön, Kathleen.«

Jetzt mischt sich ein Zug von Übermut und zärtlichem Spott in den Ausdruck ihrer Augen. Sie fragt:

»Willst du ewig auf Abstand da hockenbleiben und mich anstarren, Peter?«

Ihr nackter Arm löst sich aus der Beuge hinter dem Aschblond des gelockten Haares. Ihre Hand mit den hellroten zierlichen Nägeln schwebt durchs Dunkel auf sein Knie und schlägt eine Brücke der Berührung von ihrem zu seinem Leib. Peter spürt unter diesem sanften Druck sein Blut das Herz verlassen und dann mit einem großen Schwall wieder dorthin zurückströmen. Er blickt beiseite. Er wird plötzlich ernst. Er sagt leise, und der Klang seiner Stimme beweist, daß er uneingeschränkt die volle Wahrheit spricht:

»Du bist die schönste weiße Frau, die ich kenne, Kathleen.«

Sie wird aufmerksam, und es dringt eine leise Unsicherheit aus ihrer nächsten Frage:

»Eine etwas merkwürdige Feststellung, Peter.«

Peter zögert einige Sekunden. Kathleen nimmt wahr, wie sich unter seinen Backenknochen eine leichte Mulde bildet; er beißt die Zähne aufeinander. In Peters Stirn steigt eine Röte, als er anfängt:

»Ich hätte es dir längst bekennen sollen, Kathleen, aber ich hatte immer noch gemeint, es käme dir lediglich auf einen Flirt an. Ich finde dich bezaubernd, und ich wäre längst mit fliegenden Fahnen zu dir übergegangen, wenn nicht – – –«

Er schweigt. Sie wartet eine Weile mit zusammengezogenen Brauen und fragt dann:

»Wenn nicht? Was weiter?«

Sie spürt es an dem Lager, auf dem sie liegt, daß er sich innerlich einen Stoß gibt. Er sagt:

»Wenn ich nicht längst verheiratet wäre, Kathleen.«

Sie versteht nicht gleich; dann werden ihre Augen ganz dunkel vor Schreck – oder ist es schon Zorn? Sie wiederholt:

»Verheiratet? Mit wem?«

»Mit einem sehr schönen, kühnen und stolzen chinesischen Mädchen namens Tai Yü-loh.«

Ihre Nasenflügel blähen sich. Sie blickt ihn eine Weile durchbohrend an, wendet dann den Kopf von ihm ab und zur Wand.

»Mit einer Farbigen!« flüstert sie, und nach einer Weile nochmals: »Mit einer Farbigen!« und nach einer Minute zum drittenmal: »Mit einer Farbigen! Er zieht mir eine Farbige vor.«

Er versucht sich zu verteidigen.

»Ohne diese ›Farbige‹, wie du sagst, wäre ich gar nicht hier. Sie hat mir ein halbdutzendmal das Leben gerettet. Sie ist klug, sie ist tapfer und kühner als zehn Männer. Sie hat mich nie enttäuscht. Und sie ist die schönste Frau, die ich kenne.«

Kathleen wendet den Kopf nicht zu ihm zurück, aber ihre Stimme verrät unbeschreibliche Verachtung, als sie antwortet:

»Darum also nanntest du mich die schönste weiße Frau. Die schönste Frau für dich ist also farbig.«

»Allerdings. Farbig«, erwidert Peter. »Ihre Haut hat die Farbe matten Goldes, und ihr Haar schimmert in den Wellen bläulich wie das Gefieder von Rauchschwalben, und ihre schmalen Füße sind getönt wie kostbare Bronze. Und sie ist bereit, zehntausendmal ihr Leben für mich zu opfern. Das würdest du niemals tun, Kathleen.«

Ihre Stimme klingt hart und hell wie Metall, als sie antwortet:

»Nein, nie! Ich hätte höchstens von dir erwartet, daß du dich für mich opferst.«

Auch in Peters Stimme mischt sich ein schneidender Klang, als er antwortet:

»Dafür empfehle ich dir Mike. Ich habe ihn dir schon lange empfohlen. Das wirst du zugeben müssen.«

»Allerdings«, sagt sie. »Das gebe ich zu.«

Sie faßt nach der Bettdecke und will sie sich über die nackten Schultern ziehen; aber er sitzt ja darauf, und es gelingt ihr nicht. Sie sagt:

»Steh bitte auf.«

Er gehorcht, und sie zieht sich das Leinen bis ans Kinn. Sie wendet den Kopf noch weiter zur Seite, wiederholt noch einmal, beinahe entsetzt:

»Vergleicht mich mit einer Farbigen!«

Peter steht stumm neben ihrem Bett und denkt daran, die Kabine zu verlassen. Da sagt sie, aber ohne ihn anzusehen:

»Nun gut, Peter. Ich habe mich immerhin für deine Ehrlichkeit zu bedanken. Du wirst einsehen, daß du mich nicht vor mir selber und vor dem ganzen Schiff demütigen kannst.«

Er erwidert: »Sehe ich ein.« Sie sagt: »Ich will mit Mike endlich Ernst machen. Im Grunde hatte ich es ohnehin vor. Klopf bei ihm an und sage ihm, daß ich ihn sofort zu sprechen wünsche.«

Peter denkt nicht daran, die Fassung zu verlieren, und antwortet: »Wie du willst, Kathleen. Lebe wohl.«

Lautlos schlüpft er wieder auf den halbdunklen Gang hinaus und wandert nachdenklich zu seiner Kabine. Von hier aus führt eine Tür in die Kabine Mikes hinüber. Sie ist nicht verschlossen. Peter tritt in die Kajüte seines Nachbarn, schaltet das Deckenlicht ein und rüttelt den Schlafenden. Mike fährt verwirrt hoch, ist aber gleich hellwach, als er Peter erkennt, und begreift sofort, daß etwas Besonderes geschehen ist. Peter sagt:

»Mike, bist du ganz wach? Hörst du richtig zu?«

»Ja«, sagt Mike und richtet sich in seinem Bett hoch.

Peter erwidert:

»Kathleen möchte dich sprechen. Jetzt, sofort, mitten in der Nacht. Zieh dir etwas über und geh in ihre Kabine. Sie erwartet dich dort. Sei vorsichtig und leise, damit niemand sonst etwas merkt.«

Zehntes Kapitel

Als nach dem Abendessen des Tages darauf der Kapitän die Tafel aufhebt, aufsteht und den Speisesaal verlassen will, bleibt er einen Augenblick lang neben dem Tisch stehen, an dem Paul, Peter und Robert Cuthpert sitzen, beugt sich zu Pauls Ohr hinüber und flüstert ihm zu:

»Ich wäre Ihnen dankbar, wenn Sie mich in einer halben Stunde in meiner Kammer aufsuchten. Ich habe Ihnen etwas Erfreuliches mitzuteilen.«

Paul sagt:

»Mit Vergnügen, Captain.«

Peter erkundigt sich, als der Kapitän den Speisesaal verlassen hat: »Was will er von dir?«

»Er will mich nachher sprechen«, sagt Paul, »er hat mir nicht angedeutet, worum es sich handelt.«

Peter gibt keine Antwort, faltet sein Mundtuch zusammen, erklärt:

»Ich habe noch meine Koffer zu packen. Morgen früh um sechs

Uhr sollen wir in Townsville sein«, verbeugt sich leicht und verläßt, ohne sich umzusehen, den Speisesaal. Peter hat fast den ganzen Tag in seiner Kabine verbracht. Er mag an diesem letzten Tag nicht mehr erleben, wie die übrigen Passagiere hinter ihm herflüstern. Peter hat sich sagen lassen, daß Kathleen und Mike sich kurz nach dem Frühstück als Verlobte erklärt und schon Telegramme mit der Freudenbotschaft an ihre Eltern vorausgeschickt haben. Peter verspürt nicht die geringste Lust, sich irgend etwas fragen zu lassen oder sich gar dem an Bord in solchen Fällen üblichen gutmütigen Spott auszusetzen –, außerdem ist dieser Spott nicht immer gutmütig. Er möchte das heitere Gefühl der Befriedigung, das ihn seit der vergangenen Nacht erfüllt, nicht verletzen lassen. So hat er denn in seiner Kabine dies und das geräumt, hat gelesen und hat am stillen Nachmittag sogar einen Brief geschrieben, einen Brief an seine Frau Yü-loh mit etwas magerem Inhalt. Er nahm ein großes Blatt, setzte oben rechts das Datum hin und schrieb dazu: »An Bord der ›Neptuna‹, am letzten Tage auf See.« Quer über die Mitte des Blattes setzt er dann einen einzigen Satz:

»Wir lieben uns unendlich und alle Zeit, wir:
                Peter und die schöne Yü-loh.«

Langsam hat er das Couvert verschlossen und die Adresse geschrieben: »Mrs. Su Yü-loh, c. o. Mr. Tai Hsi-ta, Canton, 37 Pearl River Road, China.«

Paul sitzt dem weisen, zynischen und unbeschreiblich gutmütigen Captain Holbrook gegenüber. Zwei Gläser, halbvoll mit bernsteingelbem Whisky, stehen zwischen ihnen. Vom Sodawasser hat keiner von beiden Gebrauch gemacht. Der Siphon auf dem Tischchen neben ihnen ist noch unberührt. Der Rauch ihrer Zigarren steigt friedlich in die unbewegte Luft (denn das Wetter ist so viel kälter geworden, daß der Kapitän schon das Fenster in seiner großen Kabine geschlossen hat.) Der Kapitän plaudert gemütlich:

»Und das ganze Schiff hat natürlich an der Wette teilgenommen, nicht nur die Leute, die ursprünglich in der Salonecke der Mrs. Hulsey versammelt waren. Alle tippten auf Peter als den Erfolgreichen. Wissen Sie, lieber Herr Knapsack, ich war der einzige an Bord, der sich von Anfang an darüber klar war, daß dem guten Peter Kathleen nicht als Beute zufallen würde. Ich kann eigentlich nicht recht sagen, warum. Einem so verführerischen und bezaubernden Geschöpf wie dieser Miß Bloomsburry verfällt ein keineswegs aus

Pappe bestehender junger Mann entweder spätestens nach drei Tagen oder überhaupt nicht. Überhaupt nicht dann, wenn er anderswo sich wirklich gebunden fühlt. Und dann hat es mir besonders imponiert, daß Sie nach Ihrem Reinfall mit der ebenso liebenswürdigen wie zielbewußten Miß Dora sich nicht lumpen ließen und Ihre letzten 50 Dollars wetteten, als man Sie nach einer kaum ernst zu nehmenden Bemerkung beim Wort nahm. Ich kann mir ja das Wetten etwas eher leisten und habe einen zweiten Wettring gebildet. Ich habe nämlich, genau wie Sie, eins zu zehn gelegt, daß Mike das Rennen bei Kathleen macht und nicht Peter. Wissen Sie, wieviel ich heute kassiert habe? 380 Pfund, mehr noch als Sie. Ich verdanke sie im Grunde Ihnen, und ich wollte Ihnen vorschlagen, daß wir halbpart machen. Ich behalte 190 Pfund und« – der Kapitän griff in seine Brusttasche – »und die anderen 190 händige ich Ihnen hiermit aus, damit Sie einen – nun, nennen wir es Dispositionsfonds für Ihre kommenden australischen Abenteuer gewinnen.«

Paul erwiderte trocken:

»Sehr freundlich von Ihnen, Captain, aber wie komme ich dazu, an Ihrem sauer erwetteten Gewinn teilzunehmen?«

Holbrook hob das Glas, prostete seinem Gegenüber zu:

»Cheerio!« –

Der Alte sah in diesem Augenblick einem vergnügten Faun zum Verwechseln ähnlich, ließ keinen Tropfen von dem starken Trunk zurück, stellte das Glas ab, griff abermals nach der Flasche und meinte:

»Well, young fellow, wie ich schon sagte, ich könnte gut Ihr Großvater sein. Und Großväter haben es nun einmal an sich, wohlgeratenen Enkeln gelegentlich etwas zu spendieren. Ich befinde mich gerade in einer solchen Laune. Wollen Sie nun die 190 Pfund nehmen oder nicht?«

Und in seinem Innern fügte der Alte gleichzeitig leise hinzu: die Seelenqualen um die Nase dieses jungen Mannes zu beobachten, ist wirklich 190 Pfund wert.

»Müßte ja schließlich ein Frosch sein!« dachte Paul laut, griff plötzlich so schnell nach dem Briefumschlag, als könnte sich der Alte noch eines Besseren besinnen, und ließ ihn in seiner Rocktasche verschwinden. Dann stand er auf, ging um den Tisch herum, schüttelte dem Spender begeistert und dankbar die Hand und füllte sich sein eigenes Glas ebenfalls bis zum Rande voll.

Als am Nachmittag des Tages darauf sich die »Neptuna« in Townsville vom Lande löste und die Passagiere, die nach Sydney weiterreisten, den wenigen, die in Townsville ausgestiegen waren, von Bord her zuwinkten, war Paul, der zu diesen wenigen mit Peter und Robert Cuthpert gehörte, immer noch grün im Gesicht von den Qualen und Strapazen der im übrigen so lukrativen Nacht.

Zweiter Teil

Elftes Kapitel

»Es bleibt eine ausgemachte Schurkerei«, verkündete Peter wütend. Paul fühlte sich windelweich geklopft und versuchte nur noch schwächliche Einwände:

»Deine Aufregung ist mir unbegreiflich. Und noch unbegreiflicher ist mir, daß du immer wieder von neuem von der Geschichte anfängst. Ich habe gewettet, und die andern haben dagegen gehalten. Was ist da schon dabei! Unter den Wölfen muß man mitheulen. Und die wackeren Australier wetten eben auf alles und jedes.«

Aber Peter war nicht zu beruhigen:

»Darauf zu wetten, daß Liebesbeziehungen zwischen zwei Leuten zu Glück oder Unglück führen, bleibt eine moralische Lumperei sondergleichen.«

Jetzt wurde Paul wütend:

»Rede nicht so schrecklich geschwollen daher, Peter, Menschenskind. Es steht dir nicht. Paß lieber auf, daß du unsere Karre ein bißchen vorsichtiger durch die zerwaschenen Bachbetten steuerst.«

»Vorsichtig genug!« erwiderte Peter, schaltete zurück in den ersten Gang und ließ das Auto die steile, steinige Böschung emporklimmen; sie begrenzte den Trockenfluß, über den sie sich soeben vorsichtig hingeschwindelt hatten; gab man auf seinem lockeren Sand unvermutet Gas, so wühlten sich die Hinterräder sofort in den trügerischen Untergrund. Und man hatte je nach Glück ein oder zwei oder drei Stunden zu schieben und zu schaufeln und Zweige abzuhacken, um den hilflos mahlenden Wagen wieder flottzumachen. Der grobe Anpfiff brachte Peter zur Besinnung: Paul hat ganz recht; geschwollen daherzureden habe ich wirklich keine Lust. Was ich getan habe, war richtig, und es wird nichts daran geändert, wenn andere ohne mein Wissen Geld bei der Gelegenheit verdient haben. Peter sagt nach einer Weile begütigend und ein wenig schuldbewußt:

»Wahrscheinlich stimmt, was du sagst, Paul. Wahrscheinlich

blase ich mich nur auf, weil ich beinahe umgekippt wäre und es jetzt natürlich nicht wahrhaben will.«

Peter fährt jetzt vorsichtiger. Die Straße ist von längst versickerten Wasserfluten tief zerfurcht. Wenn man dem braven Auto nicht weh tun will, muß man sehr vorsichtig den zerfahrenen Spalten im Wege und den vielen großen Steintrümmern ausweichen. Paul ist gleich bereit, einzulenken. Er erwidert:

»Du neigst zu feierlichen Aussprüchen, Peter. Ich kenne dich, ich nehme es dir nicht weiter übel. Du mußt bedenken, daß ich den größten Teil des unmoralisch verdienten Geldes gleich nach Kanada auf den Weg gebracht habe. Ich habe dir ja sogar Abschnitte aus meinem Brief an Hedda nach Vernon vorgelesen und dir die Überweisung gezeigt, die ihre Reisekosten von Kanada zu meinen Eltern nach Perth mehr als decken wird. Von dem Rest des Geldes haben wir uns diesen alten Schlitten gekauft, der uns, so Gott will, sicher ans andere Ende dieses fünften Kontinents tragen wird.«

»So Gott will«, erwidert Peter und fängt mit hartem Fußtritt auf die Bremse gerade noch rechtzeitig ein tiefes Loch mit steilen Rändern ab, das dem Wagen den Weg verlegt.

»Wo nun weiter?« fragt er.

»Immer der Nase nach«, meint Paul. »Biegst ein wenig nach links um den Eukalyptusbusch und wirst schon irgendwie auf die Straße zurückfinden.«

Es geht immer irgendwie. Das haben die beiden schon gemerkt. Man kommt auch ohne geschotterte oder gepflasterte Straße durch die australische Welt. Es genügt durchaus, wenn in den unabsehbar öden halbhohen Busch – oder soll man es schon Wald nennen – aus silbergrauen, schlanken Eukalypten schlecht und recht eine Schneise geschlagen ist. Wem sie nicht paßt, der mag sich nebenbei zwischen den Stämmen und Stämmchen dahinquälen.

Und Staub! Unwahrscheinliche Wolken von Staub! Peter und Paul haben sich die Rücksitze ihres Autos hoch voll Doktor-, Koch- und Prophetenbüchern gepackt und gondeln ungeahnten Abenteuern im fernen Westen des Staates Queensland entgegen. Die beiden Reisenden verzweifeln an der Aufgabe, die kostbaren Bücher, in denen sie fast den gesamten Rest ihres ohnehin nicht sehr stolzen Vermögens investiert haben, vor dem Staub zu schützen.

Peter hat wieder auf die Straße zurückgefunden und läßt den guten Ford V 8 vorsichtig weiterstolpern. Er nimmt den Faden wieder auf:

»Wie lange, glaubst du, Paul, wird es dauern, bis Hedda deinen Brief und die Überweisung empfängt, bis sie ihre Zelte drüben abbricht, sich auf die Reise macht und schließlich bei deinen Eltern eintrifft?«

Paul rechnet nach und meint nach einer Weile des Überlegens:

»Drei, vier Monate werden gut vergehen, ehe sie in Perth ankommt. In dieser Zeit sollten wir uns eigentlich auch bis dorthin durchgeschlagen haben. Oder meinst du nicht?«

»Wenn ich das wüßte –! Manchmal werde ich ein ungutes Gefühl nicht los, daß der gute Cuthpert uns nur möglichst viele seiner Bücher anhängen wollte.«

Das Auto zieht weiter seine Staubfahne hinter sich her. Die graugelben Wolken wandern träge in den Busch davon.

Plötzlich reißt Peter die Augen auf: Er sieht in der Ferne eine Gestalt auf der Straße stehen; sie winkt.

Ein paar Minuten später hält das Auto der beiden neben einem Mann in verschmiertem und zerledertem Anzug. Das trockene, zerfurchte Gesicht verschwindet beinahe unter einem Wald von grauen Bartstoppeln. Ein paar braune Zähne halten eine zernagte Pfeife, die offenbar schon manchen Sturm erlebt hat. Buschige, wirre Brauen über tiefliegenden, scharfblickenden Augen von unbestimmbarer Farbe. Auf dem kantigen Schädel ein zerbeulter, zerschrammter Filzhut mit riesiger Krempe.

Der Mann lehnt sich zu Paul ins Fenster, nimmt mit einer besudelten Hand die Pfeife aus dem Mund, zischt einen scharfen Strahl bräunlichen Speichels zwischen den Zähnen über die Motorhaube und beginnt ohne Übergang, gotteslästerlich ins Auto hinein zu fluchen:

»Seit heute früh sitze ich jetzt, Gott verdamm mich, hier in diesem gottverdammten Loch, und dies gottverdammte Auto von mir – da steht das Biest an diesem gottverdammten Rand von dieser gottverdammten Straße – blutige Hanswursterei von einer blutigen Straße! – Und kein gottverdammtes Auto ist seit zehn Stunden hier vorbeigekommen. So lange sitze ich schon an diesem gottverdammten Platz.«

Paul und Peter geraten über so viel Gottverdammnis in ein ganz gottverdammtes Grinsen. Paul fragt, nachdem er einen Blick seitwärts in den Busch geworfen hat, wo ein Auto steht:

»Was ist denn, verdammt noch mal, mit dem verdammten Auto los?«

473

»Gott soll den Bastard von Auto verdammen. Ich muß mit dem Vorderrad in eines von diesen blutigen Wagengeleisen von der letzten blutigen Regenzeit gekommen sein und habe mir doch, blutige Hölle, den ganzen blutigen Achsschenkel an dem blutigen rechten Vorderrad zerbrochen; kann natürlich mit der blutigen Karre nicht weiterfahren. Aber jetzt seid ihr ja da. Jetzt wird ja, blutige Suppe, schon irgend etwas passieren.«

Aha, denkt Peter und grinst noch breiter. Der zweite Vers reimt sich auf blutig, so wie der erste auf verdammt. Er antwortet:

»Na, dann wollen wir mal aussteigen und sehen, was los ist.«

Und bald liegen die drei Männer unter dem gestrandeten Auto im Staub. Paul und Peter überzeugen sich davon, daß man wirklich mit dieser Karre nicht weiterkommt. Sie läßt sich mit gebrochenem Achsschenkel nicht mehr steuern. Paul fragt:

»Wie weit ist es von hier zur nächsten menschlichen Siedlung?«

Der Mann hat die Pfeife schon wieder zwischen die Zähne genommen, nachdem er abermals ausführlich und zischend gespuckt hat, als bliese er ein giftiges Indianergeschoß aus einem Blasrohr. Er kaut seine Antwort zwischen der Pfeife und den wenigen Zähnen hervor:

»Drei Stunden von hier, immer geradeaus, wohnt Sam Clayton. Er hat fünfzehntausend Schafe, drei Personenwagen und mindestens zwei Lastwagen. Er soll mal gleich einen von seinen Lastwagen anspannen und ordentlich Ketten aufladen und Stricke und drei oder vier von seinen Niggern dazu, damit wir meine Karre hinten am Lastwagen hochbinden können. Und soll sich gefälligst beeilen. Es dauert ja doch mindestens acht Stunden, bis er hier eintrifft. In der Zeit wird mir der Tabak knapp. Und Sam soll sich gleich darauf einrichten, daß er mich bis nach Hughenden abschleppt.«

Paul wagt die Frage:

»Wird denn der gute Sam das ohne weiteres tun? Fünfzehntausend Schafe, das muß doch ein steinreicher Mann sein. Kommt der so einfach hier angegondelt?«

Der Mann mit den eisgrauen buschigen Brauen nimmt wieder einmal die Pfeife aus dem zahnarmen Mund, zischt rasant zum drittenmal ein schleimiges Geschoß in die Gegend und knurrt:

»Ihr seid wohl nicht von hier, was? Habe ich gleich gemerkt. Grünhörner, nicht wahr? Selbstverständlich wird Sam noch heute nacht hier antanzen und mich abholen. Was meint ihr wohl, wenn ihr hier festsäßet und nicht weiter könntet? Würde ich euch wohl etwa nicht mitnehmen oder abschleppen?«

Paul und Peter sind beschämt. Peter sagt:

»Nichts für ungut, Mr. –?«

»Pigbottle, Pigbottle, das ist mein Name. Ich schließe Kontrakte ab für Schafscherer. Wenn ihr wollt, kann ich euch gut in der Nähe unterbringen. Es geht bald los mit der Schur.«

Aber Paul wehrt ab:

»Vorläufig nicht, Mr. Pigbottle. Vielen Dank! Ich bin Peter Bolt und das ist Paul Knapsack. Wir wollen nicht Schafe scheren, wir wollen den Leuten hier was verkaufen.«

»Was habt ihr zu verkaufen?« erkundigt sich Pigbottle interessiert.

»Bücher«, sagt Paul.

Dem Alten fällt das Kinn herunter vor Staunen:

»Bücher? Nicht möglich! Hier liest kein Mensch Bücher. Wer hat euch denn auf diese verrückte Idee gebracht?«

»Oh«, meint Peter vage, »ein sehr netter Mann, den wir auf dem Schiff von Neu-Guinea her getroffen haben.«

»Von Neu-Guinea kommt ihr her? Das ist eine große Insel im Norden von der Kap-York-Halbinsel, nicht wahr? Lesen denn da die Leute Bücher?«

»Und wie!« sagt Peter. »Übrigens handeln wir ja nicht mit gewöhnlichen Büchern, in denen was von Liebe drinsteht oder ähnlichem Quatsch. Wir handeln mit Büchern, die jeder Mensch haben muß.«

»Sachte, sachte, junger Mann! Ich bin nun mit Gottes Hilfe gut sechzig Jahre alt geworden und habe noch nicht gemerkt, daß Bücher zum Leben notwendig sind. Und ich muß sagen, ich habe ein ganz nettes Leben geführt.«

Paul fällt in lehrhaftem Ton ein:

»Wie viel netter wäre es erst gewesen, Mr. Pigbottle, wenn Sie es durch Bücher verschönt hätten.«

»Ihr wißt schon mit Zucker im Munde daherzureden, Jungs. Heraus mit der Sprache, was sind es für besondere Bücher, die ihr den Leuten hier aufhängen wollt?«

»Erstens«, verkündet Paul, »haben wir da ein Kochbuch, dem man die besten und schmackhaftesten Rezepte aus allen Ländern der Erde entnehmen kann. Selbst die dümmste Frau und der dümmste Mann werden mit diesem Kochbuch niemals mehr eine Speise anbrennen lassen, versalzen oder versäuern. Zweitens führen wir ein Doktorbuch. Sehen Sie mal, Mr. Pigbottle, wenn Sie sich rechtzeitig nach unserem Doktorbuch gerichtet hätten, dann besäßen Sie nicht nur gerade noch fünf braune Zähne im Mund, sondern ein volles, blendendweißes Gebiß, mit dem Sie die Schönen der ganzen traurigen Umgegend betören könnten. Und haben Sie schon mal Kopfschmerzen gehabt oder Bauchgrimmen oder Beinreißen? Sie brauchen nur im Register nachzuschlagen, auf welcher Seite Bauchgrimmen steht, und schon wissen Sie, wie dem Übel beizukommen ist.«

Der Alte brummt:

»Ich habe mein Leben lang kein Bauchgrimmen gehabt und auch kein Beinreißen und auch keine Kopfschmerzen. Aber die Zähne, die Zähne? Was mir die mein Lebtag zu schaffen gemacht haben! So ein Doktorbuch ist vielleicht eine ganz gute Sache. Man weiß dann endlich, wie die vielen Krankheiten heißen, die man mit sich herumschleppt.«

»Gewiß«, erwidert Paul, »wenn man erst weiß, wie sie heißen, dann kann man sie auch kurieren. Aber noch ein drittes Buch führen wir mit, aber das ist das beste von allen.«

»Was ist denn das für eins?« fragt der nun schon sehr angeregte Mr. Pigbottle.

Paul zieht ein sehr ernstes und geheimnisvolles Gesicht und erwidert:

»Wissen Sie, verehrter Herr, das verkaufen wir nicht jedem. Da sehen wir uns die Leute vorher an. Es handelt sich um ein so wertvolles Buch und um ein so schwer zu verstehendes, daß wir es nur Menschen anvertrauen, die weit über dem Durchschnitt stehen. Sie müssen imstande sein, auch schwierige Fragen zu begreifen, und ein Gefühl für die Geheimnisse der Natur, der Vergangenheit und der Zukunft besitzen. Es lohnt sich eigentlich nicht, daß wir darüber sprechen, Mr. Pigbottle. Es ist ein sehr schwieriges Buch.«

Der Alte nimmt abermals langsam die Pfeife aus dem Mund. Zisch aus dem Loch zwischen Backenzahn und Eckzahn! In seinen Augen blitzt es böse. Er tippt mit dem schmutzigen Zeigefinger Paul auf die Brust:

»Sag mal, du grüner Lümmel, du wirst doch nicht etwa behaupten wollen, daß ich, James Lawrence Pigbottle, nicht jedes verdammte Buch verstehen kann, das von irgendeinem verdammten Idioten auf irgendwelches verdammtes Papier gedruckt ist?«

»Was soll ich behauptet haben?« fragt Paul ganz erstaunt dagegen. »Ich habe gar nichts behauptet. Und daß Sie, Mr. Pigbottle, ein so alter und erfahrener Mann, natürlich die geheimsten Prophezeiungen des großen Nostradamus verstehen werden, das habe ich vom ersten Augenblick an gewußt. Habe ich schon gewußt, als ich Sie ganz in der Ferne auf der Straße stehen sah.«

»Das wollte ich mir, verdammt noch mal, auch ausgebeten haben«, mummelt der verdammte, blutige Pigbottle befriedigt und steckt sich den Pfeifenstiel wieder in den Mund. »Also heraus mit der Sprache, was ist das für ein Buch?«

Paul beginnt zu erklären:

»Es handelt sich um die Prophezeiungen des großen Magiers Nostradamus aus dem dunkelsten Mittelalter, der unwahrscheinlich genau alles, was war und ist und sein wird, auseinandergelegt hat. Natürlich ist es nicht ganz leicht zu verstehen, was er meint. Und man muß schon kombinieren können und auch zwischen den Zeilen zu lesen verstehen. Versteht man das aber, so bildet dieses große und einmalige Werk eine Fundgrube des Wissens für alle Zeiten, für jedes Land, für alt und jung und jeden Stand.«

Peter hört beinahe sprachlos zu. Jetzt fängt der auch noch an zu dichten, der Paul. Sieh mal an, sieh mal an! Was in dem Burschen alles verborgen ist!

Pigbottle sagt:

»Wißt ihr was, ihr Nichtsnutze? Ihr laßt mir das Buch hier. Da kann ich sehen, was damit los ist. Und außerdem wird mir dann die Zeit nicht so lang, wenn ich hier auf Sam Clayton warte. Und wenn mir das Buch gefällt, dann kaufe ich es euch ab, wenn ihr wiederkommt.«

Paul fährt fort:

»Daß Sie ein kluger Mann sind, ist mit diesem Vorschlag endgültig bewiesen. Sie haben ja acht Stunden Zeit, das haben Sie uns eben gesagt; früher kann das Lastauto nicht wieder hier sein. In diesen acht Stunden, oder mindestens bis zum Sonnenuntergang, können Sie natürlich alle Weissagungen des großen Nostradamus auswendig gelernt haben, und dann haben Sie mit Ihren Ölfingern das gute, kostbare Buch bedreckt von vorn bis hinten und geben es uns zurück und sagen, die Weissagungen kenne ich jetzt, was brauche ich da noch 5 Pfund für die Schwarte zu bezahlen? Nein, mein lieber und verehrungswürdiger Mr. Pigbottle, so geht die Geschichte nicht. Bargeld auf den Tisch oder meinetwegen auch in die Hand, sonst wird's nichts mit den Prophezeiungen des großen Nostradamus.«

»Fünf Pfund?« schreit der Alte. »Ihr seid wohl wahnsinnig geworden?«

Jetzt mischt sich Peter ein:

»Nun überlegen Sie einmal, ehrenwerter Herr. Die ganze Zukunft wird in dem Buch auseinandergelegt. Sie brauchen sich nie wieder von Weltkriegen und Präsidentenwahlen und Regierungskrisen überraschen zu lassen. Sie brauchen überhaupt keine Tageszeitung mehr zu halten, denn in dem Buch des Nostradamus ist alles schon enthalten, was passiert; aber nicht nur das, was passiert ist, sondern auch das, was in aller Zukunft passieren wird bis an den jüngsten Tag. Und dafür wollen Sie nicht einmal fünf Pfund ausgeben?«

Der Alte denkt eine Weile scharf nach. Die Argumente Peters leuchten ihm schließlich ein. Er kramt einen überraschend dicken Packen von losen Geldscheinen aus der Hüfttasche, wühlt ein bißchen darin herum, bis er eine Fünfpfundnote erwischt hat, überreicht sie Peter und – Zisch aus dem Mundwinkel! – sagt:

»Her mit der Schwarte!«

»Mit Vergnügen«, erwidert Paul, hebt erst die Proviantkiste von dem Bücherstapel, dann die beiden Koffer, schält dann die Zeltbahn beiseite und die Wolldecken. Der Alte bekommt ganz runde Augen. Er flüstert ehrfurchtsvoll:

»Alles Bücher! Alles Bücher! Wer soll die alle lesen?«

Als Peter und Paul ihre Bücher wieder verpackt haben, einsteigen und davonrollen, sitzt der Wackere längst auf dem Trittbrett seines Autos, tief in die Weissagungen des großen Nostradamus versunken.

Peter schlägt Paul so gewaltig aufs Knie, daß er beinahe die Herrschaft über die Steuerung verliert, und schreit:

»Paule, Bruder und Leidensgenosse! Den ersten Schinken haben wir verkauft, drei Pfund verdient! Herz, was willst du noch mehr!«

Paul erwidert nüchtern:

»Die anderen Schinken auch verkaufen. Weiter nichts!«

»Werden wir auch«, behauptet Peter so überzeugt wie nur möglich. »Paß auf, Paul, bei diesem Mr. Clayton bringen wir gleich die ganze Serie an den Mann!«

Als es dunkel wird, bleibt der Eukalyptusbusch mit einem Male hinter dem Auto zurück wie abgeschnitten. Weite Ebenen breiten sich ringsum aus, mit magerem Gras bedeckt; und immer weiden irgendwo in der Ferne vereinzelt Schafe.

Zäune fangen an, sich wichtig zu machen. Alle viertel oder halbe Stunde ein neuer Zaun. »Wo Zäune sind, müssen auch Farmen sein. Und wenn der gute Mann fünfzehntausend Schafe hat – sicherlich hat er die doch in verschiedenen Hürden untergebracht und nicht alle auf einem Haufen irgendwo. Wahrscheinlich fahren wir längst über Claytons Farm und wissen es gar nicht. Wie finden wir das Haus, in dem er wohnt?«

Paul weiß auch keinen Rat, aber er schlägt vor:

»Wir müssen aufpassen, wann Autospuren von dem Hauptweg abzweigen. Wahrscheinlich bringen sie uns zu Clayton.«

Bald führen deutlich sichtbar und unverkennbar vielfache Autospuren vom Hauptweg ab. Paul biegt in die Nebenstraße ein, und zehn Minuten später rollen sie auf einen weiten Hof; ein Halbdutzend Hunde empfängt sie kläffend.

»Wollen wir aussteigen?« fragt Paul. »Die Bestien zerreißen uns in tausend Stücke.«

Peter fragt dagegen:

»Wollen wir uns gleich am Anfang blamieren und sitzen bleiben, bis einer die Hunde fortruft? Mit den Kötern werden wir schon fertig werden.«

Er öffnet die Wagentür und sagt beschwichtigend: »Beruhige dich nur, mein Tierchen. Sei ein gutes Hundchen! Komm her, komm!«

Auch Paul ist ausgestiegen und gibt sich Mühe, den Hunden gut zuzureden. Und schnell geschieht ein Wunder. Die knurrende, giftige Rotte verwandelt sich in ein schweifwedelndes, freundliches Empfangskomitee.

»Nette Hunde hierzulande!« sagt Paul anerkennend.

Ein großer, schwerer Mann tritt in das erleuchtete Viereck der Tür zum Wohnhaus und fragt ins Dunkel:

»Wer ist da?«

»Zwei Reisende bitten um ein Nachtquartier«, ruft Peter über den Hof.

»Right-o«, kommt die Antwort. »Kommt herein! Wir sind gerade beim Essen. Platz ist noch genug da.«

So einfach ist das hier, denkt Paul. Sie treten in eine weite Vorhalle. Der mächtige Mann – mit einem ruhigen gleichmütigen Gesicht – reicht ihnen eine riesige Rechte. Die beiden Freunde hängen ihre Hüte an den Nagel und folgen ihrem Führer in ein großes Nebenzimmer, wo an einem langen Tisch eine ältere Frau, drei Mädchen, vier Knaben wie die Orgelpfeifen und ein Halbdutzend Männer um große Schüsseln versammelt sind und sich an ganzen Serien von Hammelkoteletts gütlich tun.

»Da unten sind noch Stühle frei«, sagt Clayton – denn Clayton ist es, den sie gefunden haben – und nimmt wieder neben seiner Frau Platz, die der Tafel oben präsidiert. Paul und Peter sind ein wenig erschüttert von dieser einfachen und selbstverständlichen Gastfreundschaft, geben sich aber Mühe, sich nichts merken zu lassen, nehmen Platz und greifen ohne viel Federlesens kräftig zu.

Das Mahl wird von einem kurzen Gebet beschlossen, das der Jüngste am Tisch kunstlos über die vor seinem Teller gefalteten Hände deklamiert. Stühle scharren dann; die Tafel ist aufgehoben. Jetzt erst wendet sich Clayton an seine Gäste und fragt:

»Woher? Wohin, ihr beiden?«

Paul erwidert:

»Wir sind Geschäftsreisende. Aber das können wir später erklären. Jetzt ist etwas anderes wichtig. Drei Stunden von hier sitzt der alte Pigbottle im Wald mit zerbrochenem Achsschenkel und kann nicht weiter. Er hat uns hergeschickt, damit wir Hilfe holen.«

Clayton brummt:

»Den Kerl hat Gott im Zorn zum Autofahrer geschaffen. Ich glaube, es gibt nichts an seinem alten Dodge, das er noch nicht mindestens einmal gebrochen hat. Aber wir können ihn natürlich nicht sitzenlassen; die Nächte sind bitterkalt jetzt, und sicherlich ist er nicht darauf eingerichtet, im Freien zu übernachten. Wahrscheinlich wollte er nach Charters Towers. Es ist ja nicht mehr lange bis zur Schur.«

Paul und Peter haben sich höflich bei der Frau des Hauses bedankt. Sie hat es sehr gemessen und zugleich befriedigt aufgenommen. Offenbar ist es in diesen Gegenden so selbstverständlich, sich in den Häusern am Weg zu Gast zu laden, daß keiner mehr darüber nachdenkt; ein freundlicher Dank ist alles, was von den Gästen erwartet wird.

Clayton tritt in die Haustür und ruft über den großen Hof:

»Jim, Bob, Jacky, Joe! Holt den großen Lastwagen heraus, nehmt Ketten und Stricke mit und zwei Winden. Pigbottle ist ein paar Stunden von hier zusammengebrochen; wir müssen ihn abschleppen.«

Dann wendet sich Clayton an seine beiden Gäste: »Wollt ihr mitkommen? Ihr wißt wenigstens Bescheid, wo Pigbottle zu finden ist.«

Peter hat keine große Lust. Er ist müde wie ein Hund nach dem Tage, der ihn zehn Stunden lang durchgerüttelt hat. Paul sagt: »Natürlich, ich komme mit. Peter kann hierbleiben. Er muß noch am Auto etwas in Ordnung bringen; außerdem soll er die Damen unterhalten.«

»Right-o«, sagt Clayton. »Das ist ein guter Vorschlag.«

Eine halbe Stunde später rasselt der schwere Lastwagen vom Hof. In einem Ladekasten trägt er vier Eingeborene, dicht in graue Decken gewickelt; denn als Schwarze haben sich Jim, Bob, Jacky und Joe entpuppt. Sie scheinen nicht verärgert zu sein, daß sie so spät noch aus ihren Hütten gerufen werden. Sie klettern vergnügt schnatternd hinten auf den Lastwagen, nachdem sie aufgeladen haben, was ihnen befohlen ist, wickeln sich bis an die Nasenspitze in ihre großen wollenen Decken und freuen sich offensichtlich wie die Kinder auf die nächtliche Fahrt. Paul steigt zu Clayton in den Führersitz. Gewaltig rasselt das schwere Gefährt zur Hauptstraße hinüber, nimmt Kurs nach Osten und tobt auf seinen breiten, schweren Reifen viel schneller und sicherer über die Risse und Spalten der Straße, als Peter und Paul es zuvor in ihrem so viel leichteren Personenwagen fertigbrachten.

Jetzt ist die Reihe an Clayton, sich zu erkundigen, mit wem er es eigentlich zu tun hat.

Paul weiß sich gleich interessant zu machen, indem er sich als Kanadier vorstellt. Wieder stößt er auf ungläubiges Erstaunen, als er bekennt, womit er und Peter sich durchs australische Dasein zu schlagen gedenken. Aber nun fängt er an, seinen guten Robert Cuthpert von der »Neptuna« im stillen zu loben. Clayton meint:

»Ich sage ja dauernd, den Leuten aus Amerika fällt immer wieder etwas Neues ein. Jetzt kommen sie sogar herüber und verkaufen Bücher bei uns im hintersten Hinterwald. Warum eigentlich nicht? So ein Doktorbuch, das ist sicherlich eine feine Sache. Steht da zum Beispiel auch drin, wie man einen gebrochenen Arm wieder in die Reihe bringt oder wie eine vereiterte Wunde zu behandeln ist?«

»Selbstverständlich«, entgegnet Paul. »Mit genauen Zeichnungen ist angegeben, wie ein Arm geschient werden muß, damit der Knochen richtig wieder zusammenheilt. Und wie eiternde Wunden zu behandeln sind, darüber findet man ein ganzes Kapitel in unserem Buch.«

»Das läßt sich hören«, meint Clayton. »Dann werden wir morgen mal das Ding genau betrachten. Wenn man es wirklich brauchen kann, so schaffe ich es mir an. Es hat ja einen bleibenden Wert; selbst noch meine Kinder können darin nachschlagen, wenn sie etwas nicht wissen.«

»Ganz gewiß«, erwidert Paul. »In zwanzig oder fünfzig Jahren wird man sich genauso die Knochen brechen wie heute.«

»Leider«, sagt Clayton. »Es bleibt immer so bei mit den Knochenbrüchen, seit vielen tausend Jahren schon.«

Mitternacht mag schon vorüber sein, als Clayton, Paul und die vier Schwarzen endlich das zusammengebrochene Auto Pigbottles erreichen. Sie entdecken es schon weit voraus, denn Pigbottle hat das Standlicht angezündet. Paul kann ein Lächeln nicht unterdrücken; als sich Claytons Wagen der Unfallstelle nähert, erkennen die beiden Männer im Führerstand, daß Pigbottle sich einen großen Stein vor den Scheinwerfer getragen hat, darauf hockt und eifrig das auf seinen Knien aufgeschlagene Magierbuch studiert. Als der Lastwagen neben ihm auf der Straße hält, sagt Pigbottle nicht etwa »guten Tag« oder »vielen Dank«, sondern fällt gleich über Clayton her:

»Stell dir einmal vor, Sam, wenn ich diesen alten Schweden hier, der das Buch geschrieben hat, richtig verstehe, haben wir in zehn Jahren den fünften Weltkrieg. Und danach bricht dann das Goldene Zeitalter aus, ewiger Friede und so. Ein Kaiser regiert in Rom, und der Papst gibt an, was jeder zu tun und zu denken hat. Das wäre denn doch wohl eine ganz verdammte Schweinerei, wo doch hier bei uns kein Mensch katholisch ist. Also dieses Buch, Sam, wird uns noch viel zu schaffen machen. Aber ein tolles Buch ist das, das kann ich dir sagen. Das mußt du dir unbedingt auch kaufen, damit wir uns darüber unterhalten können – –«

Paul stellt fest, daß die Nostradamischen Weissagungen unter den öl- und fettfleckigen Händen des Mr. Pigbottle ein Aussehen angenommen haben, als wären sie versuchsweise durch ein Autogetriebe gedreht worden. Paul denkt: Gut, daß ich meine fünf Pfund schon in der Tasche habe. Clayton versteht natürlich zunächst kein Wort, es dauert eine Weile, ehe er begreift, daß auch dies wunderbare Buch aus Pauls Beständen stammt. Schließlich meint er:

»Müssen morgen weiter darüber sprechen, Pitgbottle. Jetzt wollen wir mal erst deine elende Karre hinten anbinden, damit wir möglichst vor Morgengrauen noch für ein paar Stunden ins Bett kommen.«

Zwölftes Kapitel

Während Paul mit dem Herrn der Farm, dem Mr. Sam Clayton, durch die Nacht rattert, um den verschmierten Schafschurmeister Pigbottle in den rettenden Hafen zu führen, widmet sich Peter den weiblichen Mitgliedern der Familie Clayton.

Die Männer, die auf der Farm arbeiten, haben sich in ihre weitverstreuten Häuser und Hütten zurückgezogen; Peter wird von Mrs. Clayton eingeladen, noch eine Stunde mit ihr und den Kindern im Wohnzimmer zu verplaudern. Die neugierige und ein wenig geschwätzige, aber sicherlich äußerst menschliche Mrs. Clayton gefällt ihm sehr. Und noch mehr gefällt ihm die älteste Tochter, ein hochgeschossenes, braunhäutiges und braunlockiges Kind von achtzehn Jahren. Die jüngeren Geschwister werden bald ins Bett geschickt, und Peter ist mit den beiden Frauen allein.

Er erfährt zum erstenmal, daß man zwar auf australischen Farmen, Schaf- oder Rinderstationen mit einer unbeschreiblich großzügigen Gastfreundlichkeit aufgenommen, daß aber ein Tribut von dem Gast mit eherner Unerbittlichkeit erhoben wird: er muß alles erzählen, was er zu erzählen hat, von frühester Jugend, von Enkeln, Onkeln und Geschwistern. Er muß berichten, woher er kommt, wohin er will, warum, wieso und weshalb. Er muß tausendundeine Geschichte mitzuteilen wissen, sonst, wie gesagt, lohnt sich für den Gastgeber die ganze Gastfreundschaft nicht. Peter hat sich bald als Kanadier vorgestellt, als Kanadier, der auf eigene Faust mit wenig Geld die Welt bereist. Er sagt:

»Man kann ja nicht nur auf Universitäten herumsitzen; man muß sich auch einmal den Wind um die Nase wehen lassen. Im Krieg habe ich so viel strammstehen müssen, daß ich jetzt ein paar Jahre brauche um mir das ›Rührt euch‹ wieder beizubringen. Ich kenne jetzt den Atlantischen Ozean wirklich gründlicher als nötig. Ich kenne den Westen Europas, das heißt besonders England und ein klein wenig von Frankreich. Ich kenne meine Heimat Kanada, die Vereinigten Staaten und Alaska, habe mich im Fernen Osten nach

Herzenslust umhergetrieben und mehr erlebt, als ich eigentlich verdauen kann. Nun, meine verehrten Damen, bin ich mit meinem Freund dabei, mir das große Australien anzusehen.«

Die scheue Laura Clayton blickt den erfreulichen, so überraschend ins Haus geschneiten Gast beinahe verzückt an. Ihr Mund ist ein wenig geöffnet, so angestrengt lauscht sie Peters Worten. Als er geendet hat, meint sie:

»Wie nett Ihr Englisch klingt! Ganz anders als das unsere.«

»Ja«, sagt Peter stolz. »In meiner Heimat, in Vernon, British Columbia, spricht man eine nette Mischung von amerikanischem und schottischem Dialekt.«

Laura fragt schüchtern, aber sich langsam erwärmend:

»Ich habe gelesen, daß wir Australier eigentlich ein ganz gräßliches, proletarisches Englisch aus dem Londoner Ostend sprechen sollen, weil – nun, Sie wissen ja, Australien hat seine Laufbahn im Britischen Weltreich als Sträflingskolonie begonnen. Stimmt das?«

Peter ist ein höflicher Mann. Er antwortet:

»Also, verehrte Miss Clayton, was mich betrifft, ich habe noch nichts davon gemerkt. Ich finde das australische Englisch in seiner Unbekümmertheit und Breite wunderbar.«

Die beiden Damen Clayton strahlen. Peter fährt fort:

»Außerdem muß ich sagen, daß mir an diesem Land besonders gefällt, wie leer es ist. Hier können sicherlich noch Millionen Leute unterkommen.«

»Ja«, sagt die alte Frau Clayton, »für uns ist es das schönste Land unter der Sonne, weil man so viel Platz darin hat, weil ein immer blauer Himmel darüber schwebt und weil es immer hell ist. Mein Mann war im vorigen Krieg in Kleinasien und sogar in Europa. Er hat mir immer wieder erzählt, wie fürchterlich er es empfunden hat, daß es dort Tage gäbe, die überhaupt nicht richtig hell werden wollen. Er faßt seine Eindrücke von dieser trüben Welt immer in dem Satz zusammen: The whole day was dark – der ganze Tag war dunkel.«

Ein Lächeln breitet sich auf dem Antlitz Peters aus, und er erwidert: »Ob Sie's glauben oder nicht, Mrs. Clayton, für uns Leute aus dem Norden ist es gerade die ewige Sonne, die auf die Dauer nicht zu ertragen ist. Wir wollen gerne ab und zu und unter Umständen sogar den ganzen Winter über dunkle Tage haben. Wieviel schöner ist das Licht und die Sonne, wenn sie nach dunklen Wochen wiederkehrt.«

Die gebannt lauschende Laura flicht ein:

»Daran habe ich noch gar nicht gedacht. Ich kann mir vorstellen, daß man die Sonne viel lieber gewinnt, wenn sie sich für Tage oder gar Wochen – undenkbar für uns hier in Australien – verbirgt und dann wie ein Wunder eines Tages wiederauftaucht.«

Sie sieht Peter eine Weile verträumt an und fährt fort:

»Endlich sehe ich einmal einen Mann, der die ganze Welt bereist hat. Ich habe mich schon oft gefragt, wie ein Mensch aussehen mag, der nicht bloß die umliegenden hundert Meilen oder seinen Staat kennt, sondern die halbe oder die ganze Welt. Wie bringen Sie es bloß fertig, so weite Reisen zu bezahlen?«

Peter sagt: »Es ist ja kein Geheimnis, meine Damen, womit wir unser Geld verdienen. Wir verkaufen Bücher.«

»Bücher?« echot es aus zwei weiblichen Kehlen.

Miß Clayton sagt:

»Wir erhalten zweimal in der Woche die Zeitung und auch ein paar Magazine; aber wie sollen wir jemals zu Büchern kommen? Dazu müßten wir erst nach Brisbane fahren; und wenn man dort in einen Buchladen tritt, weiß man nicht Bescheid, welches von den vielen Büchern man wählen soll.«

»Eben deshalb«, erwidert Peter, »haben wir uns auf den Weg gemacht, um den Leuten die Bücher gleich auf die Farm zu bringen. Natürlich nicht so viele auf einmal, daß sie die Menschen nur verwirren, sondern nur drei, die außerdem noch einen praktischen Wert haben. Denn auf einer entlegenen Schaf- oder Rinderfarm wird man wohl kaum nach verstiegener Literatur verlangen.«

»Das ist richtig, Peter – ich darf Sie doch wohl beim Vornamen nennen?«

Peter verbeugt sich leicht vor Mrs. Clayton und verbeugt sich gleich ein zweites Mal auch vor Laura, die bis unters Haar errötet, aber nicht abwehrt. Also kann Peter sie jetzt Laura nennen, wenn er will. Peter, nicht faul, richtet, als er fortfährt, seine Worte an Laura:

»Sehen Sie, Laura, natürlich können sie bei Ihrer verehrten Frau Mutter alles in der Küche lernen, was hier in diesen Landstrichen zu lernen ist. Aber wer weiß, ob Sie in dieser Gegend heiraten werden. Ob Sie nicht vielleicht in eine andere Stadt oder gar in ein fremdes Land heiraten? Und dann wollen Sie natürlich Ihrem Mann dies oder jenes kochen, was Sie hier nicht gelernt haben. Aus diesem Grunde, und auch aus noch vielen anderen, bieten wir als erstes ein Kochbuch an.«

Mrs. Clayton wirft ein:

»Da sei Gott vor, daß Laura in ein anderes Land heiratet! Was soll das arme Kind in der Fremde? Aber zu Ihrem Kochbuch – ich glaube etwas von der Kochkunst zu verstehen, und trotzdem möchte ich gern wissen, was man anderswo kocht. Was haben sie noch für Bücher zu verkaufen, Peter?«

Peter:

»Ein Doktorbuch, das für den Fall von Erkrankungen jeder Art oder Verletzungen angibt, wie man sich ohne Arzt helfen kann. Natürlich ist der Arzt nicht in allen Fällen zu ersetzen. Aber selbst da, wo er nicht zu ersetzen ist, teilt unser Doktorbuch doch mit, welche Erste Hilfe dem Kranken oder Verwundeten geleistet werden sollte.«

»Ein wunderbares Buch«, meint Mrs. Clayton. »Was haben Sie denn noch zu verkaufen?«

»Was wir noch zu verkaufen haben?« fragt Peter dagegen. »Nun, ein Buch nicht für jeden. Es handelt sich da um die Weissagungen und Prophezeiungen eines großen Magiers aus dem Mittelalter, Nostradamus geheißen. Bisher sind alle Prophezeiungen, die der Mann von sich gegeben hat, eingetroffen.«

Mrs. Clayton wehrt ab:

»Ach, davon will ich nichts wissen. Ich bin immer froh, wenn ich das hinter mich gebracht habe, was der Tag gerade von mir forderte. Ich glaube, es würde mich nur belasten, wenn ich mich ewig vor der Zukunft fürchten und probieren müßte, schlimme Ereignisse vorher abzuwenden. Was kommen soll, kommt doch! Viel schöner wäre es, wir sähen uns mal Ihr Kochbuch an. Könnten Sie uns nicht eins zeigen?«

»Natürlich kann ich das! Mit Vergnügen!«

Zehn Minuten später beugen sich drei Köpfe über das aufgeschlagene Kochbuch. Und weitere zehn Minuten später haben die beiden Frauen, die alte und die junge, ihren Gast so gut wie vergessen. Das Kochbuch mit seinen tausendundeins Rezepten hat sie eingefangen. Sie blättern hier und lesen da. Aber dann findet sich beim Blättern etwas, was sie in der Tat blaß werden läßt vor lauter Interesse: ein Rezept für Mixed Pickles! Mrs. Clayton liest vor:

»1 kleiner Blumenkohl, 15 kleine Karotten, 2 kleine Sellerieknollen, 12 kleine grüne Tomaten, 30 grüne Bohnen, 30 kleine

Essiggurken, 20 kleine Champignons, 1 Tasse Perlzwiebeln, 2 Eßlöffel Salz und Gewürzkörner, 4 große Pfefferschoten und 4 Tassen Essig.«

Sie liest noch einmal über das Rezept hin und meint dann:

»Bis auf die Champignons sollte es eigentlich gehen; alles übrige werden wir auftreiben. Damit überraschen wir Vater zum Geburtstag, Laura. Wir haben noch vier Wochen Zeit; bis dahin sind sie gut durchgezogen.«

Peter stellt mit Befriedigung fest, daß Mrs. Clayton Feuer gefangen hat. Er hilft nach:

»Wissen Sie, Mrs. Clayton, neulich, als unser Lehrer im Reisebuchhandel, Mr. Robert Cuthpert, mit uns nicht weit von der Küste auf Tour gegangen war, haben wir in einer Familie gleich mit Kochversuchen angefangen. Es war ein großer Spaß.«

Peter hat die Bemerkung eigentlich ohne Hintergedanken gemacht. Aber Mrs. Clayton beißt sofort an. Ihre Augen leuchten auf:

»Kinder, das ist eine großartige Idee! Die Männer kommen doch erst morgen früh wieder und werden hungrig sein wie die Wölfe. Wißt ihr was? Morgen haben wir ohnehin nicht viel zu tun; die Männer werden den halben Tag schlafen; wir nehmen uns das Buch her und überlegen, mit welch großartigem Menü wir sie morgen früh überraschen.«

Als morgens gegen drei Uhr der Lastwagen mit dem Auto Pigbottles im Schlepp auf den Hof rasselt, ist im Speisezimmer ein wunderbares Diner angerichtet. Den müden, hungrigen Männern kommt es gerade recht.

Als Paul und Peter am übernächsten Tag abfahren – einen Tag haben sie natürlich zu Gast bleiben müssen; das war das mindeste, wenn sie nicht als völlig unerzogene und unhöfliche Burschen gelten wollten –, sind sie nicht nur das Kochbuch losgeworden, sondern selbstverständlich auch ein Doktorbuch. Außerdem hat der wackere Pigbottle dem Oberschafhirten Murray Wickes von den Weissagungen des großen Nostradamus so unerhört wirr und wild die Hucke vollgelogen, daß dem ohnehin romantisch gesonnenen, stachelbärtigen Wickes nichts weiter übriggeblieben ist, als sich den Nostradamischen Geheimschinken zuzulegen.

Dreizehntes Kapitel

Weiter und immer weiter nach Westen! Das Städtchen Hughenden liegt längst hinter ihnen. Mehr als hundert Meilen fahren sie im Tal des oberen Flinders entlang. Doch der Fluß, den die Karte zeigt, ist nicht zu entdecken.

Sie führen einen bitteren Kampf mit der Straße, die um so schlechter wird, je weiter der Weg westwärts vordringt. Peter sagt:

»Solange wir neben der Eisenbahn herfahren, Paul, sind wir sozusagen noch nicht von aller Welt verlassen. Hinter Mt. Isa aber gibt es nach der Karte die Bahn nicht mehr. Von da reicht eine Telegrafenlinie bis nach Cammooweal. Wer weiß, was das für ein gottverlassenes Nest sein wird. Hinter Cammooweal überschreiten wir die Grenze des Nordterritoriums von Australien. Da hört die Welt schlechthin auf: weder eine Bahn noch eine Telegrafenlinie und bestimmt nicht einmal mehr die Ahnung einer Straße erwarten uns jenseits Cammooweal. Paul, wir haben uns viel vorgenommen, wenn wir hier im Norden mit dem Auto den ganzen Kontinent überqueren wollen.«

Doch Paul ist guten Mutes. Er sagt:

»Solange ich so viele Autospuren vor mir her durchs Nichts ziehen sehe, ist mir nicht bange.«

Paul und Peter benutzen auf ihrer Fahrt eine Routenkarte der Shell Company, die nicht etwa die gebahnte Straße nachzeichnet – eine solche ist längst nicht mehr vorhanden –, sondern lediglich die allgemeine Route von einem der winzigen Örtchen zum anderen skizziert mit den Ansteuerpunkten, nach denen sich der Reisende zu richten hat, etwa einem markanten alten Baum, einem seltsam geformten Felsentor, einem Einschnitt im Gebirge oder der deutlich erkennbaren Furt über einen Trockenfluß.

Wenn Paul fährt, macht Peter den Piloten und umgekehrt. In dieser Nacht sitzt Peter am Steuer. Der Wind aus Süden hat sich fast zum Sturm verstärkt – wie es manchmal gerade nachts geschieht; am Morgen wird er in unmerklichem Decrescendo zu einem Säuseln herabsinken –; hart drückt der scharfe Luftzug auf die linke Flanke des Autos. Paul sagt:

»Fahr nicht so schnell, Peter. Wir müssen in ein, zwei Meilen einen Trockenfluß queren, der auf der Karte als gefährlich bezeichnet ist; seine Ränder sollen sehr steil abbrechen.«

Ganz plötzlich geschieht es dann – so plötzlich, daß sie beide hinterher nicht wissen, wie es eigentlich geschehen ist: ohne daß auch nur das Geringste vorher zu ahnen gewesen wäre, bricht plötzlich vor Peters Augen die Straße ab. Die Scheinwerfer des Autos leuchten in leeres Nichts. Zwar tritt er jäh auf die Bremse – aber schon ist es zu spät. Die Vorderräder stoßen ins Leere; der nach vorn kippende Wagen schlägt aufs Chassis, fällt dann, von seinem Schwung fortgetragen, über die beinahe senkrechte Kante ab, rutscht, fängt sich aber gleich an dem steilen Sandhang, gleitet noch ein paar Meter weiter auf den Boden des Flußbettes hinunter; tief bohren sich die Vorderräder in den weichen Sand.

Sie haben sich beide die Stirn an der Windschutzscheibe verbeult, fassen beide im gleichen Augenblick an die schmerzenden Stellen und reiben sie, blicken sich an und brechen in Gelächter aus. Paul sagt:

»Betrunkenen und kleinen Kindern hilft der liebe Gott!«

Peter erwidert:

»Betrunken sind wir diesmal beim besten Willen nicht. Also haben wir das Recht, uns für das andere zu halten. Und unserem braven Auto scheint auch nichts passiert zu sein.«

Nichts ist passiert! Der Motor läuft ruhig wie immer, die Scheinwerfer leuchten. Als sie aussteigen, sich den Wagen von außen anzuschauen, vermögen sie keinen Schaden zu entdecken. Daß die Vorderräder tief im Sand stecken und auch die Hinterräder in dem weichen Sand sofort nachgesackt sind, ängstigt sie nicht weiter. Mit solchen Zwischenfällen sind sie schon Dutzende von Malen fertig geworden. Als Peter wieder festen Grund gewonnen hat, hält er an. Er sagt:

»Ich glaube, Paul, du hast nicht aufgepaßt. Wir müssen uns verfahren haben. Nirgendwo sind Autospuren zu entdecken. Die steile Böschung vor uns bezwingen wir nie, oder wir müssen uns erst einen Anstieg ausschaufeln.«

Einen Anstieg in den drei Meter hohen, steilen Uferrand zu graben, würde viele Stunden in Anspruch nehmen.

Paul schlägt deshalb vor:

»Wir fahren einfach im Flußbett weiter. Nach meiner Meinung sind wir nordwärts von der Straße abgewichen; also müssen wir uns jetzt nach Süden wenden, um sie wieder zu erreichen. Der feuchte Sand in der Mitte des Flusses muß die Spuren deutlich festhalten.«

Peter wendet den Wagen nach Süden und folgt dem tiefgerissenen Flußbett. Zuweilen rücken die hohen Uferböschungen dicht zusammen. Unmöglich scheint es, dieser tiefen Schlucht zu entrinnen.

Sie fahren eine halbe Stunde; aus der halben Stunde wird eine ganze. Über ihnen wölbt sich hoch die strahlend ausgestirnte Nacht. Sie haben diesmal keine Zeit, das kostbare Geschmeide des südlichen Kreuzes zu bewundern. Aus einer Stunde werden anderthalb. Schließlich bringt Peter den Wagen an sicherer Stelle zum Halten. Er meint ironisch:

»Paul, du hast heute deinen schlechten Tag. Zuerst verlierst du die Straße, und dann schickst du uns in die falsche Richtung. Ich drehe um, Versuchen wir das gleiche noch einmal nach der anderen Seite.«

Sie rollen eine Stunde auf ihrer eigenen Spur zurück; schneller diesmal, denn wo sie schon einmal gefahren sind, brauchen sie beim zweitenmal keine besondere Vorsicht mehr zu üben.

Doch entdecken sie plötzlich eine Spur, die sie zuvor überfuhren; sie ist im steinigen Geröll kaum zu erkennen. Sie stößt senkrecht auf das Steilufer, bricht kurz davor zur Seite und klettert in einem Winkel von 45 Grad in die Höhe. Peter sagt:

»Diesen Anstieg schaffen wir nie – umkippen würden wir obendrein dabei!«

Aber Paul knurrt:

»Das werden wir ja sehen! Das wollen wir erst einmal sehen! Wo ein anderer vorausgeklettert ist, werde ich mich nicht lumpen lassen.«

Sie nehmen einen gewaltigen Anlauf und greifen den Hang mit rasendem Motor im ersten Gang an!

Ihr Motor erstirbt nach fünfzehn Metern. Aber sie sind so gut wie oben! Noch einmal ein Satz! Dann haben sie's geschafft.

Schon nach wenigen Minuten rollt das Auto wieder über eine jener weiten Strecken hin, die tischflach und ohne jede Spur von Staub den Autopfad verschwinden machen. Paul und Peter blicken sich die Augen aus. Zwei Minuten vergehen, drei, vier, fünf.

Paul beginnt der geisterhaften Narretei überdrüssig zu werden. Er schlägt ärgerlich vor:

»Geben wir's auf, Peter! Hocken wir uns in den Wagen! Wir machen die Karre dicht und warten ab, bis der Morgen anbricht. Bei Tageslicht sieht sich alles anders an.«

Peter kaut einige Male auf seiner Unterlippe. Er mag sich nicht geschlagen geben. Er knurrt:

»Ich kann mir die blöde Geschichte nur folgendermaßen erklären: Wir sind überhaupt nicht von der Straße abgewichen, sondern sind genau geradeaus weitergefahren. Weißt du was, Paul? Die Karte stimmt nicht. Das Wegezeichen steht in Wirklichkeit nicht an der Stelle, wo es eingezeichnet ist. Oder seit dem Druck der Karte hat irgendein braver Australier, der nichts von Karten weiß, das Ding versetzt. Es ist zwar schon anderhalb Stunden nach Mitternacht. Trotzdem ist die Aussicht, bis zum Morgen hier vor Kälte zu schnattern, nicht gerade verlockend. Versuchen wir es noch einmal! Fahren wir einfach weiter geradeaus! Vielleicht löst sich das Rätsel auf ganz andere Weise.«

Peter gibt Gas und kann in wenigen Minuten den Wagen neben zwei aufrecht im Winkel aneinander gestellten Wellblechplatten zum Stehen bringen. Kurz vor dem Wellblech hat sich in einer kaum merklichen flachen Senke Staub gesammelt; er zeigt ein halbes Dutzend Autospuren. Die Wellblechplatten stehen dumm im Nichts. Ein grober Pinsel hat mit Kalkbrühe meterhoch auf die vordere der Platten »Kurbowidbie« geschrieben und auf das andere verrostete riesige Blechschild »Eddington«. Paul stöhnt. Dies ist also der elende Wegweiser. Er ist tatsächlich an eine andere Stelle versetzt.

Paul und Peter haben wieder Vertrauen gewonnen und lassen ihr Auto mit guter Geschwindigkeit dahinrollen. Paul sitzt am Steuer, Peter kontrolliert die Karte. Er muß dazu von Zeit zu Zeit die Lampe am Amaturenbrett andrehen. Paul merkt, daß Peter allmählich unruhig wird. Er fragt:

»Sind wir schon wieder verkehrt gefahren? Oder was gibt's sonst? Neues Wellblech in Sicht?«

Peter räuspert sich und erwidert:

»Ich sehe mir die Augen aus nach Eddington. Es ist als Stadt eingezeichnet mit Bahnstation. Kurz vor der Stadt müssen wir ein Farmgebiet durchqueren, drei Zäune sind angegeben, dicht hintereinander. Danach kreuzt der Weg die Bahnstrecke. Gleich dahinter soll die Stadt beginnen. In diesem flachen Land müßten wir eigentlich jetzt schon die Lichter des Ortes erkennen.«

Aber der Horizont vor ihnen bleibt dunkel; nur die Sterne blinken. Sie könnten genausogut in ein schwarzes Nichts hineinfahren; anders würden sie die nächtliche Reise auch dann nicht empfinden. Wie zum Trost baut sich schließlich doch ein Zaun vor ihnen auf. Anhalten, aussteigen, den Torflügel öffnen, hindurchfahren, den Torflügel schließen, einsteigen, weiterfahren! Das Spiel wiederholt sich bald danach noch einmal und zum drittenmal. Peter sagt:

»Du, die Stadt ist inzwischen vom Erdboden verschluckt oder vom Teufel geholt. Wenn sie überhaupt in Wirklichkeit existiert und nicht nur in der Phantasie des Kartenzeichners, so müßten längst ein paar Dutzend Lichter zu sehen sein, bestimmt aber die Lampen der Bahnstation.«

Die Straße läuft, von vielen Rädern gezeichnet, deutlich vor den Scheinwerfern her. Wie es sich für Straßen geziemt, gleitet sie als ein schmales, staubiges Band zwischen niedrigem Graswuchs dahin. Die beiden nächtlichen Reisenden brauchen keine Zweifel zu hegen. Peter meint nach einer Weile:

»Vor uns der Querdamm, das könnte die Bahnstrecke sein. Brennt da nicht auch ein Licht?«

Ja, ein winziges Flämmchen ist dicht an der Straße aufgetaucht. Was es darstellt, erkennen die Freunde erst, als sie neben ihm den Wagen zum Stehen bringen: auf den Bohlen des Eisenbahnübergangs steht eine rußige Stallaterne auf der Erde; blakend flackert darin ein Petroleumdocht. Rechts, abseits im Dunkel, duckt sich ein länglicher schwarzer Schuppen neben dem Gleis, wahrscheinlich der Bahnhof. Der Fahrweg wendet darauf zu, führt dicht daran vorbei und stößt dann auf ein größeres, einstöckiges Haus, das unvermittelt und ohne Zaun und Graben auf die platte Erde gesetzt ist wie ein Bauklotz auf ein leeres Tablett. Der Scheinwerfer des Autos faßt ein verwaschenes Holzschild: »Hotel Eddington« ist gerade noch zu entziffern. Peter stößt einen Seufzer der Erleichterung aus:

»Was lange währt, wird endlich gut!« sagt er.

Sie lassen das Auto vor dem Eingang stehen, löschen seine Lichter, nehmen ihre Taschenlampen aus dem Wagen und tasten sich in das Innere der dunklen, unverschlossenen Halle. Ein Mann, mager und groß, der offenbar mitten in der Halle auf einem Stuhl geschlafen hat, erhebt sich und meint:

»Na, Kinder, so spät in der Nacht –! Wir sind voll bis unters Dach. Aber wenn ihr eure Decken hereinbringt, werden wir igendwo einen Platz für euch auf dem Fußboden finden.«

Das dunkle, schweigende Gasthaus, das so verlassen und öde und tot in der Finsternis hockt, ist angefüllt mit schlafenden Männern. Sie liegen zu zweien in den Betten; sie liegen auf den Stühlen, die überall zu je vieren zusammengestellt sind. Im Freien will und kann niemand schlafen; der eisige Wind schneidet wie mit Messern. Paul und Peter finden hinter der Bar noch einen unbelegten Platz, breiten ihre Zeltbahn auf die Erde, wickeln sich in ihre Decken und warten auf den Schlaf. Sie brauchen nicht lange zu warten; sie sind todmüde und sinken schnell unter die Schwelle des Wachseins wie ein Stein ins Wasser.

So bringt jeder Tag seine kleinen oder großen Abenteuer.
    Am nächsten Tag halten sie keine Zäune mehr auf. Das Land der Schafe sinkt in ihrem Rücken zurück. Auch die weiß und rötlich schimmernden Alabastergebirge vergehen langsam hinter dem Auto am östlichen Horizont. Sie stoßen in die unabsehbaren Weiten des Barkly-Tafellandes hinaus.

Vierzehntes Kapitel

Peter und Paul haben ihr Zelt in einer tiefen, trockenen Senke aufgeschlagen, durch die vor vielen Monaten, vielleicht Jahren, die wilden Fluten tropischer Regengüsse tobten. Die Augustnächte im Norden Australiens werden grimmig kalt, wenn der Wind von Süden her weht – das Zelt der zwei Reisenden ist nicht sehr dicht, und stets suchen sie sich eine solche Mulde, um im Überwind ihre müden Knochen für den nächsten Tag auszuruhen. Das Feuer, an dem sie sich ihre Kartoffeln gebacken haben, verglüht schon. Völlig reglos zeichnen sich die mageren, halbverdorrten Eukalyptusbäume und Sträucher gegen den blassen Nachthimmel ab. Das Auto schläft abseits unter ganzen Bergen von belaubten Zweigen, die über den Kühler gebreitet sind.
    Die Winternächte im australischen Busch sind ungeheuer still. So leer dehnt sich vielleicht nur noch der äußerste Norden des nordamerikanischen Kontinents ins Endlose. Peter vermag nicht einzuschlafen. Paul allerdings schnarcht längst; er schnarcht wirklich auf dem unbequemen, harten Boden, wenn auch nur leise und sozusagen schüchtern. Peter denkt: ob uns morgen wieder die Benzinpumpe am Vergaser Schwierigkeiten machen wird? Er denkt, daß es schön wäre, sich wieder einmal richtig auszuschlafen und zu baden; er denkt, daß es eigentlich zu still hier sei, um gut zu schlafen, und – darüber mag er dann wirklich eingeschlafen sein. Wie lange Zeit

vergangen ist, weiß er nicht. Ein langgezogenes, helles Heulen hat ihn geweckt. Zuerst bleibt ihm unklar, ob ihn nur ein schlechter Traum genarrt oder ein echtes Geräusch gestört hat. Schon will er sich die Decke wieder über den Kopf ziehen, als, viel näher offenbar, dasselbe schrille Kläffen erschallt. Er richtet sich auf. Der Mondkahn schwimmt am östlichen Himmel und teilt das Zelt in eine weißlich helle und eine schwärzliche Hälfte. Das Nachtgestirn steht also tief am Horizont.

Wieder erschallt dies merkwürdige Heulen. Es klingt fast genauso wie das der Coyoten in der kanadischen Prärie. Er hat es schon ein paarmal gehört, wenn auch noch nie so nah wie in dieser Nacht: Dingos müssen nicht weit vom Lager sich herumtreiben, die scheuen, einzigen Raubtiere der australischen Wildnis.

Wenn sie auch dem Menschen nicht gefährlich werden, so hält es Peter doch für ratsamer, wieder in die Stiefel zu fahren und das beinahe schon erloschene Feuer von neuem zu heller Flamme anzufachen. Paul knurrt nur einige Male schlaftrunken und schläft gleich wieder fest. Er merkt nichts davon, daß ihn sein Gefährte verläßt. Peter klettert aus der Senke heraus, in der das Zelt steht. Nichts weiter bietet sich dem Blick als der magere, matterleuchtete Busch. Bald näher, bald ferner erschallt das Geheul der wilden Hunde. Es ist, als ob die dürre Ödnis im einsamen Norden dieses leeren Kontinents selbst Stimme gewonnen hätte.

Peter läßt sich zum Lager zurückgleiten, schürt noch einmal das Feuer, schneidet sich mit dem Messer einen handfesten Knüppel vom nächsten Strauch und folgt dann dem Rande des trockenen Flußbettes, an dem sie für diese Nacht haltgemacht haben. Vielleicht, denkt er sich, ist irgendwo in der Nähe eine Wasserstelle versteckt, an der sich des Nachts das wilde, scheue Leben des Buschs ein Stelldichein gibt, um seinen Durst zu löschen.

Vor ihm scheinen sich die Bäume und Büsche zu dichteren Gruppen zusammenzudrängen: dort muß es feuchter sein, dort mag sich der Rest letzten Wassers verbergen. Er nähert sich dem Gebüsch so weit, wie es ihm ratsam scheint, und hockt sich auf einen umgestürzten Baum, von dem aus der Blick einigermaßen weit zu schweifen vermag. Der Mond überflutet das tote Land mit geisterhaftem Licht.

Lange Zeit bleibt alles still, dann wieder raschelt es hier oder da; wieder ziehen unbestimmt in der Ferne tierische Gestalten. Gerade will er sich vorsichtig erheben, um näher an das Wasserloch heranzuschleichen, als aus dem Talgrund menschliches Gelächter ihm einen eisigen Schauer über den Rücken jagt. Nichts hätte ihn mehr entsetzen können als dies, denn wie sollte in solcher Öde, in diesem umschatteten Tal ein kichernder Mensch zu vermuten sein! Er erstarrt auf seinem Baumstamm von neuem; noch einmal lacht da unten wer im Tal. Nach einer Weile erklingen sogar Schritte unter ihm. Er hört einen leisen Fluch, es stolpert jemand, und plötzlich erblickt Peter auch die Gestalt eines Mannes, der im Tal dem Gebüsch im Hintergund zuschreitet. Er scheint darin zu verschwinden.

Als nichts mehr zu entdecken ist, steigt Peter leise den Abhang hinab; nach wenigen Schritten steht er vor den Körpern zweier toter Dingos. Sie können nicht erschossen sein, denn kein Blut ist zu entdecken – vergiftet also! Ihm fällt ein, daß es in dieser Gegend Männer gibt, deren Beruf es ist, Dingos zu vernichten, auf deren Kopf eine Fangprämie steht. Hier herum, weit verstreut, im äußersten Westen Queenslands, liegen immer noch einsame Schafstationen, denen ungezählte Tausende geduldiger Wollproduzenten zugehören. Die Dingos sind die ärgsten Feinde der wehrlosen Schafe, auf deren Rücken der Stolz Australiens, die Wolle, wächst; sie fallen den Dingos leicht zur Beute.

Ich bin also auf der Spur eines Dingo-Töters, denkt Peter. Dann brauche ich keine Sorge zu haben und kann dem Manne ruhig folgen, wenn mir auch das Lachen vorhin gar nicht gefallen hat. Er wandert also in das Gebüsch – da schimmert auch schon der Tümpel des Wasserloches durch die Zweige. Kein Tier ist zu sehen. Hat Peter oder der andere sie vertrieben? Sich durch dies dichte Gezweig lautlos hindurchzuzwängen, ist unmöglich. Der andere muß Peter längst gehört haben, wenn er hier irgendwo steckt.

Er hat Peter längst gehört; plötzlich lacht vor Peter einer aus vollem Halse:

»Hahaha, nun stolpern Sie auch noch über mich!«

Der Mann liegt an der Erde, und tatsächlich wäre Peter beinahe über ihn gestürzt, denn der Unbekannte ist im Schatten des Busches, unter dem er sich ausgestreckt hat, nicht zu ahnen gewesen.

Er fragt Peter anscheinend höchst vergnügt:

»Well, auch auf Dingos? Oder hat Sie bloß das Geheul der Bestien in Ihrem Zelt nicht schlafen lassen?«

»Das letztere, das letztere. Sie haben mir einen schönen Schrek-ken eingejagt, als Sie vorhin im Tal plötzlich unter mir loslachten.«

»Würden Sie nicht lachen, wenn Sie sehen, daß Sie wieder ein paar Schilling verdient haben, und nichts weiter dafür aufwendeten als einige Unzen Gift, mit Känguruhfleisch an der richtigen Stelle ausgelegt?«

Ist es der überstandene Schreck, oder ist es wirklich noch kälter geworden? Peter friert mit einemmal, als ob er in Eiswasser säße.

»Wissen Sie was«, sagt Peter, »kommen Sie mit zu unserem Lager. Ich koche uns einen Topf Tee.«

»Gut!« sagt der Mann. »Für heute haben wir die Dingos ohnehin vergrämt; trinken wir noch ein Glas Tee!«

Auf dem Rückweg will Peter wissen:

»Lagern Sie hier auch irgendwo?«

»Keine dreihundert Meter von Ihrem Zelt entfernt. Sie haben bloß nichts von mir entdeckt, als Sie ankamen. Ich war gerade beim Giftauslegen und nahm mir vor, mich früher oder später mit Ihnen bekannt zu machen. Daß Sie allerdings beinahe über mich stolpern würden, hatte ich nicht erwartet.«

Sie sitzen am Feuer, warten darauf, daß das Wasser kocht, und wärmen sich die Hände. Die Hitze scheint den Mann außerordent-lich zu erheitern. Während er sich die Finger reibt, kichert er von neuem in sich hinein. Das fällt Peter allmählich auf die Nerven. Er fragt:

»Was gibt es so furchtbar Belustigendes hier herum?«

»Hahaha, ja, wissen Sie, ich denke an die Bestien, die gerade jetzt meine vergifteten Fleischbrocken fressen. Morgen früh warten dann wieder verschiedene Schillinge auf mich; ich brauche sie gewisser-maßen nur aufzulesen.«

»Betreiben Sie dies Geschäft schon lange?«

»Doch, eine ganze Weile! Es gibt ja immer etwas abzuschießen. Auf diesem verrückten Kontinent wird alles mögliche zur Plage. In Westaustralien habe ich lange Zeit vom Abschuß wilder Kamele gelebt und in Nordaustralien und im Gebirge Nordwest-Queens-lands vom Abschuß wilder Pferde. Jetzt sind in dieser Gegend gerade wieder Dingos im Schwange. Dingos, auf die habe ich es am meisten abgesehen; Dingos, das geht am schnellsten! Gift knallt nämlich nicht und macht die anderen nicht scheu. Man kann den Betrieb Tag und Nacht fortsetzen. Ist ein großartiger Sport, sage ich Ihnen!«

Er umklammert mit schmierigen Händen den dampfenden Blechtopf voll Tee, den Peter ihm reicht. Wenn diesem Mann zu glauben ist, dann muß es eine begeisternde Beschäftigung sein, Dingos zu vergiften. In der Ferne heulen ein paar. Die Gegend scheint wirklich mit ihnen gesegnet zu sein.

»Heult nur, ihr Bestien!« flüstert der Mann mehr zu sich als zu Peter. »Ich bekomme euch alle noch!«

Wirres, graues Haar hängt ihm in die Stirn. Peter beobachtet aus den Augenwinkeln, wie die Zunge in seinem Munde umherfährt, als denke er an einen verlockenden Braten. Kein sehr erfreulicher Zeitgenosse, schätzt Peter bei sich, dieser gierige, dingofressende Nachtwandler. Im übrigen scheint er harmlos zu sein. Peter gähnt:

»Müde?« fragt der Mann. »Ich bin nie müde in solchen Mondnächten; da beißen die Bestien am ehesten.«

»Ja«, sagt Peter, »ich bin müde und werde jetzt schlafen gehen; wir müssen vor Sonnenaufgang weiter!«

»Ich bleibe hier sitzen, wenn Sie nichts dagegen haben. Trinke den Tee aus und will dann noch einmal nach den letzten Ködern sehen.«

Peter bückt sich ins Zelt hinein und kriecht unter die Decke. Paul schläft fest. Doch für Peter bleibt die Nacht unruhig. Wenn er kaum eingenickt ist, so wecken ihn bald wieder sachte Schritte, das Knistern der Flammen oder andere ganz unerklärliche Geräusche. Mit dem allerersten Grauen des Morgens erhebt er sich. Lägen nicht die beiden schmutzigen Teetassen neben der Asche des Feuers, so könnte Peter meinen, der kichernde Kerl sei nichts weiter als ein Gespenst gewesen.

Peter berichtet dem Freund, was er in der Nacht erlebt hat. Eine Unruhe erfüllt ihn, die er sich nicht erklären kann. Die Besorgnis des Freundes springt auch auf Paul über. Sie werfen in wilder Hast ihr Zelt zusammen. Erst nach Stunden atemloser Fahrt bröckelt langsam die Last vom Herzen, unter der Peter beinahe erstickt ist, seit ihm aus dem schweigenden Tal das kichernde Lachen des Vernichters der wilden Hunde in die Glieder fuhr.

Am Tage darauf werden Paul und Peter bis auf zwei Kochbücher und ein Doktorbuch den Rest ihres Vorrats los. Und wieder einen Tag später bleibt das trostlose Cammooweal mit seinen windschiefen, ohne Übergang in die leere Öde gestellten Häusern hinter ihnen zurück. Zwei Dutzend Meilen hinter Commooweal überfahren sie die unsichtbare Grenze, die Queensland vom Nordterritorium Australiens trennt. Auf einer einsamen Polizeistation werden ihre Pässe und ihr Auto registriert.

Als Paul und Peter in ihrem treuen Wagen weiter Kurs nach Westen nehmen, zuckt ihnen jenes Gefühl durchs Herz, das eigentlich die einzige wahre Belohnung aller Gefahren und Entbehrungen einer Reise ins Unbekannte ist: Northern-Territory – mit den Tundren Sibiriens und Nord-Canadas vielleicht das einsamste, merkwürdigste aller bewohnbaren Gebiete der Erde überhaupt! Der Vorhang hebt sich vor einem neuen, nur wenigen Sterblichen bekannten Land!

Dritter Teil

Fünfzehntes Kapitel

»Daylight! Daylight!« brüllt eine scharfe Stimme Paul und Peter aus dem besten Schlaf. Daylight? fragen sie sich. Das soll wieder einmal Tageslicht sein? Dabei kann man kaum die Hand vor den Augen erkennen; der Mond ist längst untergegangen; aber die Sterne glitzern alle noch in voller Pracht. Im Osten liegt gerade erst ein blasser grauer Streifen am Horizont und den nennt der Koch, dies böswillige Subjekt, daylight? Doch wenn der Koch entschieden hat, daß »daylight« angebrochen ist, so gibt es nach dem ehernen Gesetz des Reiterlagers keine Widerrede, und sollte es selbst noch so finster sein, daß man kaum seine Stiefel zusammenfindet.

Die halbe Stunde zwischen Frühstück und Sonnenaufgang ist die schlimmste am Tag; jeder friert, ist schlechter Stimmung und flucht in sich hinein, weil der Rauch des Feuers, an das jeder nahe herankriecht, beißende Tränen in die Augen treibt. Der Boß brummt:

»Wo der verdammte Lümmel bloß wieder mit den Pferden bleibt...!«

Jeden Morgen fast auf die gleiche Minute vernehmen die Reiter, wie die helle Glocke der großen grauen Mähre heranklingelt. Eine Staubwolke verrät, wo die Pferde auftauchen werden; bald traben sie aus dem lichten Busch hervor. Zur Wasserrinne geht's, die aus dem großen Tank durch ein Schwimmventil stets gefüllt gehalten wird; in langen, schlürfenden Zügen trinken die Tiere Vorrat für den ganzen Tag. Von selbst traben sie dann zu dem freien Platz, an dem aufgesattelt wird. Jetzt zeigt sich, wie klug die Behandlung ist, die die Australier ihren Pferden angedeihen lassen. Der Pferdehaufen versammelt sich freiwillig auf dem keineswegs eingezäunten Platz, wo die Sättel liegen, ohne daß er bewacht zu werden braucht. Jeder Reiter nimmt seinen Sattel und die Trense über den Arm, schreitet ruhig unter die langsam durcheinandermahlenden Tiere, sucht sich das Pferd, das ihn am Vormittag tragen soll, findet es, auch wenn es sich manchmal zu »drücken« versucht, klopft ihm freundschaftlich auf den Hals; und ehe das Roß recht weiß, wie ihm geschieht, ist es aufgezäumt und auch gesattelt.

Sobald die Reiter fertig sind, gibt der Boß das Zeichen zum Aufsitzen. Snowy, der halbwüchsige, rauchschwarze Dreikäsehoch, der jüngste der eingeborenen Viehmänner, läßt sich zum allgemeinen Gaudium von einer Astgabel in den Sattel seines ehrwürdigen Rosses plumpsen. Dann geht's in die Steppe und den Steppenwind hinaus. Jeden Morgen reiten die Männer vom Camp in einer anderen Richtung fort, denn an jedem Tag wird ein anderer Ausschnitt aus dem weiten Umkreis um die Wasserstelle durchgemustert, wird das dort weidende Vieh zur Wasserstelle getrieben.

Wenn gegen Mittag sich die Reiter dem Lager wieder nähern, wandert viel Vieh vor ihnen her, das der vertrauten Wasserstelle zustrebt; die Reiter bekommen sich gegenseitig wieder zu Gesicht, vereinen sich schließlich und treiben die gewaltige Herde zum Wassertrog, wo sie zunächst zur Ruhe kommt.

Der Boß bestimmt drei, vier Schwarze, die die Tiere zu umkreisen haben, um sie zusammenzuhalten. Alle anderen traben zum Lager, satteln ab und machen sich über das dampfende Mittagessen her, das schon auf sie wartet.

In kaum einer halben Stunde ist das Mittagsmahl der weißen und schwarzen Cowboys beendet. Es gab natürlich wieder Rindfleisch. Auf einer Viehstation gibt's morgens, mittags und abends Steak, entweder Roastbeef oder Corned beef, dazu Tee und Brot; wenn es hoch kommt, auch noch eine rohe Tomate oder ein paar kalifornische Pfirsiche aus der Blechbüchse. Sehr kurzweilig sind die Cowboy-Dinners nicht.

Jeder sattelt sich dann ein neues Pferd. Die Männer reiten zur Herde beim Wassertrog. Die Arbeit des Nachmittags beginnt. Der Boß und der Älteste der Schwarzen schieben sich zu Pferde mitten in die Herde hinein, und das »cutting-out« nimmt seinen Anfang: die Mutterkühe mit Kälbern, die noch nicht das Brandzeichen der Station erhalten haben, und auch ausgewachsene Rinder, die noch kein Brandzeichen tragen, werden aus der großen Herde »herausgeschnitten«, ausgesondert und zweihundert Meter weiter zu einer neuen Herde vereinigt.

Der Boß und der erfahrene, graubärtige Australneger verschwinden zuweilen völlig in den ungeheuren Staubwolken, die wie ein dichter grauer Vorhang über der rastlos durcheinandergescheuchten Herde lagern. Aber alle Augenblicke taucht einer der beiden am Rand der Herde auf und drückt eine weitere Kuh mit ihrem Kalb aus dem Verband der übrigen Tiere heraus.

Wo immer eine Kuh und ihr Kalb oder ein noch ungebrandetes älteres Tier aus der Herde herausgetrieben wird, übernimmt es die dort haltende Wache und treibt es der zweiten langsam wachsenden Herde zu, die sich aus den aufgeregt blökenden Anwärtern für das Brandzeichen zusammensetzt.

Endlich ist die Musterung beendet. Die große Herde wird wieder in Marsch gesetzt, in das Gebiet, aus dem sie kam, und die kleine Herde in die enge, quadratische Brandungskoppel getrieben. Dort glühen in drei Paaren über einem sausenden Feuer schon die Brandeisen, das eine mit dem Zeichen der Station, das andere mit der Endziffer der Jahreszahl, also einer Sieben. Die Reiter haben ihre Pferde mit Ausnahme von zweien abgesattelt und lassen sie in den Busch davonziehen. Diesen zwei besonders starken und besonders geschulten Tieren wird ein Geschirr umgeschnallt, wie es anderswo die Zugpferde tragen, jedoch nur mit einem Strang an der rechten Seite. Dieser Strang ist etwa fünfzehn Meter lang, aus starkem Rohleder geflochten und bildet den Lasso, mit dem nun jedes einzelne Kalb gefangen wird. Die in einem Eisenring laufende Lassoschlinge saust nieder, sofort macht das Pferd kehrt und schleppt das entsetzt blökende und bockende Kalb zum Brandbalken. Der Lasso rutscht in eine Lücke am Brandbalken, das Pferd zieht ihn durch, so daß das Kalb bis dicht an die starken Pfähle gezogen wird. Im Nu haben ihm zwei Schwarze zwei weitere Lassos um ein Vorder- und ein Hinterbein geschlungen. Diese Stricke laufen über zwei Rollen; sie werden mit einem Ruck angezogen; das stöhnende Tier schlägt hin; schon springen ihm die Schwarzen auf den Hals, auf die beiden freien Beine, schon zischen die Brandeisen ins rauchende Fell, aus dem Ohr wird ein Viereck geknipst (ebenfalls ein Stationszeichen, das sich vom Pferde aus an fliehenden Tieren leichter erkennen läßt). Die Bullkälber werden vom Boß mit vier schnellen, sicheren Schnitten, die niemals fehlgehen, in Ochsen verwandelt. Die schmerzhaften Operationen nehmen kaum zwei Minuten in Anspruch; dann werden die Fesseln gelöst; das völlig verwirrte, gepeinigte Tier taumelt mit einknickenden Gelenken wieder der Mutter zu, die es mit gepreßtem Gebrüll erwartet.

Die Sonne ist im Sinken. Ein paar alte Kühe, denen die Hörner ins

Gehirn zu wachsen drohen, werden durch kurzen Ruck eines kräftigen Knüppels von ihrer Qual befreit: die Hörner werden einfach abgebrochen.

Im Osten steigt die Finsternis auf; das Gatter der Koppel öffnet sich; die Herde donnert in die Dämmerung davon. Die ganze Nacht hindurch brüllen die gebrandeten Tiere ihre Schmerzen in den leeren Busch.

Die Männer waschen sich und setzen sich todmüde zum Abendessen nieder.

Reiten, reiten, reiten – Staub und Fliegen – Fliegen und noch mehr Staub, himmelhohe Wolken von Staub! Knochenzermürbender Kampf mit Kälbern, Kühen und Stieren.

Frost des Nachts, glühende, dörrende Hitze am Tage, und immer Staub und Fliegen.

Das ist Pauls und Peters schwerer, harter Alltag geworden, und von Romantik ist wenig darin zu entdecken. Wo Gestank, Dreck und Fliegen herrschen, da entschwindet die Romantik schnell.

Sechzehntes Kapitel

Paul und Peter haben sich also in »Stockmen« verwandelt, Reiter, die in Amerika »Cowboys« genannt werden. Cowboy bedeutet auf deutsch »Kuhjunge«, Stockman aber »Viehmann«. Dieser Unterschied in der Bezeichnung findet sein Spiegelbild in der Arbeitsweise der australischen Rinderhirten. In Australien verraten die Hüter der ungeheuren Herden im leeren Norden des Kontinents in keiner ihrer Sitten und Gewohnheiten, daß sie sich einer romantischen oder gar spielerischen Tätigkeit mit Fransenhosen, großen Hüten, bunten Hemden, Silbersporen und Flattertüchern verschrieben haben; sie sind nichts weiter als nüchterne Arbeiter, die in einem leeren, gefahrvollen Lande, ewig zu Pferde und ohne jeden Weg und Steg, die halb oder ganz wilden Rinder bewachen.

Der Tag war so entsetzlich trocken, das Vieh an dieser Wasserstelle zeigte sich so ungebärdig, daß die Reiter an den ungeheuren Wolken des Staubes fast erstickt sind, der von den tausend oder zweitausend angstvoll und aufgeregt galoppierenden Rindern aufgewühlt wurde. Endlich ist die Sonne gesunken. Die Männer haben sich gegenseitig mit einem stumpfen Messer den Staub vom Gesicht gekratzt und sich dann erst gewaschen; die graue Schicht, die das Wasser abstößt, verwandelt sich sonst in einen schmierigen Brei, der erst der vierten oder fünften Wäsche weicht. Zum Glück gibt es hier reichlich Wasser. Die verstaubten Männer brauchen nicht zu sparen. Es ist eine künstliche Wasserstelle, um die in dieser Woche Jack Crouch und seine Reiter die vier- oder fünftausend Rinder branden und sortieren, die auf gutem Gras am Rande der unermeß-lichen Polygonum-Sümpfe weiden. (Jetzt im Winter sind die Sümpfe allerdings knochentrocken). Ein viereckiges Bassin ist zwei Meter hoch und drei tief, ungefähr zwanzig Schritte im Quadrat, aufgeschüttet. Eine alte Dampfmaschine pumpt aus der Tiefe tags-über das Wasser hervor und läßt es in dies Becken plätschern; an einer langen, blechernen Trinkrinne stillt das Vieh seinen Durst.

Das Abendessen ist vorüber.

Der Boß hantiert noch eine Weile mit Ahle und Pechdraht an seinem Sattel, der nach den ungewöhnlich wilden Ritten des vergan-genen Tages aus dem Leim geraten ist. Tobias, der Jackeroo, raucht mit tiefer Inbrunst und überzeugt von der eigenen Manneswürde seine Pfeife und straft den dicken verschmierten Jimmy Beetle, den Mann, der tagein, tagaus die Dampfpumpe bedient, mit Verach-tung. Jimmy, der sonst das einsamste Leben auf der Welt führt – denn nur alle vierzehn Tage taucht ein großer Ochsenwagen mit Feuerholz bei ihm auf, der ihm außer dem Brennstoff für die Dampfmaschine auch noch den Proviant für die nächsten vierzehn Tage bringt –, Beetle genießt die seltenen Tage, an denen das Reiterlager neben seiner Wasserstelle aufgeschlagen ist, um zu schwatzen, zu fragen, zu juxen und sich wichtig zu machen. Wer würde, an eine klapprige Dampfmaschine gefesselt, etwa nicht einfältig–? Aber an dem Jackeroo, wie die Cowboylehrlinge oder besser Stockmanlehrlinge genannt werden, wetzt sich der im übri-gen völlig harmlose Jimmy fortgesetzt. Der Jackeroo zählt erst siebzehn Lenze, ein schmales Bürschlein von einer Station weiter im Norden. Dies ist der erste Winter, den er als voller Stockman zu bestehen hat; und dazu gehört natürlich des Abends die gemächlich glühende Pfeife.

Paul und Peter stehen längst im Bann der gähnend grenzenlosen Ödnisse. Wie fern liegen diese Weiten, seit Urtagen unberührt, dem Lärm und der Unrast der verwirrten Zeit, die – wenn es sie überhaupt gibt – irgendwo auf einem anderen Stern abzulaufen scheint, weit, weit jenseits der unermeßlichen Ödnisse des australischen Nordens. Alle Ängste und Sorgen der übervölkerten Welt verwehen unter den hohen Himmeln der Never-Never ins Wesenlose. Never-Never (was ›Niemals-Niemals‹ bedeutet; so nennen die Australier das ungeheure, leere Innere ihres Kontinents). An feuchten Stellen und um die wenigen Wasserlöcher wallen rosa schimmernde Wolken von weißen Papageien. Zutraulich hocken die Känguruhs am Wege und springen erst im letzten Augenblick vor dem Auto auf oder auch ungeschickt ins Auto hinein. Am Rand der Flußbetten rauschen und rascheln in lichten Hainen silberrindige Eukalypten, bevölkert von Kakadus und den freundlich drolligen Kookaburras.

Und Einsamkeit –!

Der nächste Nachbar der Viehstation wohnt vielleicht zweihundert Meilen oder dreihundert Meilen oder, kein Mensch weiß, wie viele Meilen überhaupt, entfernt.

Denn die winzigen Horden von Eingeborenen, die verstohlen durch diese Weiten schweifen, hinterlassen so wenig Spuren und leben so leise und unauffällig dahin, daß sie noch weniger zu merken sind als die seltenen Rudel streunender Dingos, die hier und da ein krankes Känguruh zu Tode hetzen oder sich zuweilen auch an die frischgeborenen Kälber wagen. – –

Es ist schon fast Nacht. Nur im Westen liegt noch grünlich der Schein des vergangenen Tages. Längst funkeln die Sterne über dem Lager des halben Dutzends weißer und des vollen Dutzends schwarzer Männer. Die Pferde sind längst der Glocke ihrer Leitstute in die Ferne gefolgt, wo das Gras besser schmeckt und nicht so zertrampelt ist wie rings um die Wasserstelle. Eine Zeitlang war das metallische Geläute der Glocke noch zu hören. Dann wurde es leiser und verstummte schließlich ganz. In der Ferne brüllt unaufhörlich in kurzen, bösen Trompetenstößen der Leitstier einer Rinderherde. Wer weiß, was ihn kränkt? Die Männer hören nicht hin. Er wird sich von selbst beruhigen. Beinahe jeden Abend sind es die gleichen Laute, die zu dem Lager herüberschallen. Es nimmt sie kaum noch jemand wahr.

Der Jackeroo gähnt herzhaft, streckt die langen, dünnen Beine in den engen Stiefeln von sich, sagt »gute Nacht« und sucht sich seinen Schlafplatz hinter der Bretterwand der Dampfpumpe.

Auch der Koch schlendert auf die andere Seite des Bassins zu dem Ochsenwagen hinüber, zwischen dessen Räder er sich gewöhnlich legt, und breitet seinen Schlafsack aus. Zuletzt sitzen nur noch der Boß, Paul und Peter um das verglimmende Feuer. Der Boß meint:

»Wir sind schon mitten im September. Im nächsten oder spätestens im übernächsten Monat sollte es zu regnen beginnen. Bald wird der Drover bei uns eintreffen. Ich habe mir diesmal den alten Hildebrand verschrieben. Er will mindestens achthundert gute Ochsen haben und nach Wyndham treiben.«

Paul und Peter wissen, daß das Wort »Drover« jene wildniserfahrenen Männer bezeichnet, die den Viehstationen gegen Ende der Trockenzeit die Herden der fetten Mastochsen abnehmen und sie auf eigene oder auf die Rechnung der Züchter an die Küste nach Osten oder Westen treiben. Von dort aus treten sie dann lebend oder in Büchsen die Reise in jene Länder an, in denen man gutes Rindfleisch zu schätzen weiß. Peter fragt:

»Hildebrand heißt der Mann? Und nach Wyndham will er treiben?«

»Ja«, antwortet der Boß. »Hildebrand stammt aus einer der ehemals deutschen Familien in Südaustralien. Er hat einen guten Namen hier herum, hält seine Kontakte, zahlt bar und hat noch niemals eine einzige Herde auf dem Wege zur Küste verloren. Das ist ein Rekord.«

Paul läßt sich vernehmen:

»Wenn erst die Regen zu fallen beginnen, Boß, hört wahrscheinlich die Arbeit hier ohnehin auf?«

»Sie hört nicht auf. Sie endet niemals auf einer Viehstation. Aber das Vieh findet dann überall Wasser und läßt sich nicht mehr um die Wasserstellen sammeln. Es beginnt die Zeit, in der wir die Grenzen der Station abreiten müssen, um die wandernden Viehtrupps einigermaßen unter Kontrolle zu behalten. Euch beide werde ich dann allerdings nicht mehr brauchen. Mir genügen die Männer, die ständig für mich arbeiten. Ihr beide wollt ja ohnehin weiter. Wie wäre es, wenn ihr euch dem Drover anschließen würdet? Da erlebt ihr etwas, was ihr noch nie erlebt habt. Denn fünfhundert oder achthundert Rinder tausend oder zweitausend Meilen weit durch die wilde Never-Never zu treiben – das geht niemals ohne die unwahrscheinlichsten Abenteuer ab. Bei Hildebrand wärt ihr in guten Händen. Er bringt euch sicher nach Wyndham. Und nebenbei wird er euch gut bezahlen. Ihr werdet eine Menge bei ihm lernen, was keine Schule der Welt euch beibringen könnte.«

»Das klingt nicht übel!« meint Paul nachdenklich.

Peter fühlt einen kalten Schauer über den Rücken rinnen. Er sagt: »Mir wird kalt. Ich gehe schlafen.«

Er erhebt sich und wandert dreißig Schritte zu dem Platz hinüber, wo der Pumper sein Feuerholz gestapelt hat. Dort ist die Erde dicht bedeckt mit alter zerfallener Borke. Peter hat sich hier eine Mulde gescharrt, eine Zeltbahn und seine Decke hineingebreitet und sich einen Schlafsack gefaltet. Peter zieht sich im Dunkeln aus. Er hat sich noch nicht daran gewöhnt, wie die anderen Männer jede Nacht in den Kleidern zu schlafen. Er schlüpft in das kunstvoll vorbereitete Futteral.

Er läßt seine Augen über die flimmernde Sternenwiese des hohen Himmels gleiten; unbestimmt wandern seine Gedanken:

Auf Alexandra-Station haben wir unser letztes Kochbuch verkauft. Eine Woche lang haben uns die freundlichen Matthews nicht fortgelassen. Unwirklich war das schöne Herrenhaus mitten in der grenzenlosen Einsamkeit: die getäfelte Halle, abends der silber- und kristallfunkelnde Tisch, und dazu die klugen Gespräche – ein Märchen, ein richtiges Märchen! Doch auch diese Leute – wahrscheinlich unermeßlich reich – waren von beinahe unverständlicher Einfachheit. Jeder der Stockmen redete den alten, großen Matthew zwar mit Boss an, verkehrte aber sonst mit ihm wie mit seinesgleichen. Und wirklich königlich die Gastfreundschaft, die wir dort genossen. Sie haben uns hier zu dem guten Crouch geschickt. Er bewohnt zwar kein Herrenhaus, aber schön und luftig und bequem ist das weite, flache Gebäude auf den hohen Pfählen doch. Der Wind streicht überall hindurch; man ist immer im Freien, auch dann, wenn man sich im Zimmer aufhält. Und die liebenswürdige, mütterliche Mrs. Crouch! Natürlich wurden wir unser letztes Buch bei ihr los. Dann hat uns Crouch von heute auf morgen an Stelle eines verunglückten Stockman eingestellt, als wäre gar nichts anderes möglich gewesen.

Nun hat er uns also empfohlen, mit dem Drover Hildebrand nach Wyndham zu ziehen. Nach Wyndham kommen wir mit dem Auto ohnehin nicht hinüber, da wir auf den weiten Strecken im leeren Nordwesten mehr Benzin mitschleppen müßten, als das Auto tragen könnte. So leer haben wir uns das leere Australien nicht vorgestellt. Und ein zweites Auto als Benzintransporter können wir uns nicht leisten. Allerdings werden Monate vergehen, ehe wir mit der Rinderherde nach Wyndham gelangen. Aber wir haben gar keine andere Wahl... Mit einem Mal weiß es Peter:

Während er in der grenzenlos stillen Nacht zum Himmel empor-
blickt, ein wenig übermüdet und überanstrengt, fühlt er erstaunt,
wie etwas warm in seine Augen steigt, als wollte eine Träne kommen; und er weiß es plötzlich auch: niemals, niemals wird er den
unendlichen Frieden und die wunderbare Einsamkeit der Never-
Never vergessen.

Noch einmal denkt er wie an jedem Abend:

Yü-loh, goldfarbene Yü-loh–, würdest auch du hier glücklich
sein? Zieht dann die Haube des Schlafsacks über sein Gesicht,
schließt so den sterndurchfunkelten Himmel aus, seufzt unbewußt
und tief und ist urplötzlich eingeschlafen.

Eines Tages ist die wunderbare Zeit auf den weiten, silbern glänzenden Grasfluren der Aberdeen-Downs-Station vorbei. Bridgers, der
Buchhalter der Station, ist erschienen und hat dem Boss berichtet,
daß der Drover Hildebrand eingetroffen ist und sich mit ungefähr
achthundert Ochsen möglichst bald auf den Marsch nach Westen
machen will.

Die achthundert Ochsen sind schon seit Wochen in der Nähe der
Farm in einer der wenigen eingezäunten Koppeln zur Herde vereinigt, wo besonders üppiges Gras ansteht; dort erhalten sie obendrein von den künstlich bewässerten Luzernegärten, die ein tüchtiger Chinese angelegt hat, ein kräftiges Zufutter.

Bridgers ist an einem Tag eingetroffen, an dem ein eisiger,
beißender Wind aus dem kalten Süden weht und die Arbeit zur Qual
macht.

Der Boß nimmt Peter beiseite und sagt zu ihm:

»Well, Dandy (diesen Spitznamen hat Peter bekommen, weil er
nach Meinung der übrigen sich zu viel wäscht und zu oft sein Hemd
wechselt), heute abend fahre ich zur Station zurück. Hildebrand ist
da. Wollt ihr mitkommen?«

»Ja«, erwidert Peter. »Vielleicht legen Sie bei Hildebrand ein
gutes Wort für uns ein!«

»Das will ich tun, Dandy! Ihr habt euch geschickter angestellt, als
ich erwartet hatte. Bei mir könnt ihr immer Arbeit finden, wenn ihr
der lausigen Großstadt wieder einmal überdrüssig seid. Den Lohn-
scheck bekommt ihr vom Buchhalter auf der Station. Heute abend
also fahrt ihr mit mir nach Hause. Hildebrand hat mir übrigens zwei
neue Stockmen mitgebracht. Ich bin also jetzt reichlich mit Reitern
versehen. Heute nachmittag brauchst du nur noch mit Jimmy

hinausreiten, Peter – ihr müßt den falben Wallach wiederfinden, der seit drei Tagen fehlt. Paul kann Crispin beim Branden helfen.«

»Right-o, Boß!«

Jim und Peter reiten hinaus. Sie finden den falben Wallach – tot! Das heißt, Jim, der beste Fährtenleser unter den schwarzen Cowboys, findet ihn. (Die Australneger geben übrigens keine schlechten Reiter ab. Sind sie jedoch einmal im Ernst geworfen, so überwinden sie ihre Scheu vor dem Pferd nie mehr und sind dann als Stockmen nicht mehr zu gebrauchen.) Eine Giftschlange mag den falben Wallach auf dem Gewissen haben. Der Abend kommt. Die Männer haben gegessen. Paul und Peter werfen ihre Deckenrollen aufs Auto und ihre Sättel dazu, die wieder in die Geschirrkammer der Station wandern. Sie drücken dem Koch die Hand (er schenkt ihnen zum Abschied eine ganze Dose kalifornischer Pfirsiche, die Peter mächtig gern ißt); sie drücken dem Pumper die Hand, dem sie flüsternd religiöse Traktätchen zu senden versprechen, die er leidenschaftlich gern liest; sie drücken dem Jackeroo die Hand und den anderen. Der Jackeroo grinst nur.

Zum Schluß kommt Crispin an die Reihe. Auch er drückt den beiden die Hand, schlägt ihnen auf die Schulter und sagt:

»Well, good-bye, stockmen!«

Das ist wie ein Ritterschlag, der sie feierlich in die kleine Bruderschaft der nordaustralischen Reiter aufnimmt. Unter dem Hallo der Schwarzen tasten sie sich mit suchenden Scheinwerfern in den dunklen Busch hinein.

Der Boß lenkt den Wagen, Bridgers sitzt neben ihm, Paul und Peter hocken im Ladekasten. Sie schauen lange zurück. Schon hat die Nacht den roten Feuerschein der Kochstelle verschluckt. Lebt wohl, ihr guten Pferde, ihr wilden Rinder und ihr ehrlichen Gesellen, weiße und schwarze! Lebt wohl!

Vierter Teil

Siebzehntes Kapitel

Paul und Peter sitzen nun schon gut drei Monate zu Pferde. Es kommt ihnen beiden so vor, als wären die Jahre ihres Lebens, die sie nicht im Sattel verbracht haben, gar nicht mehr wahr und nie gewesen. Ihre Kleider, die zerdrückten Filzhüte, die bis zur halben Wade reichenden Reitstiefel haben längst ebenso jede Farbe verloren wie die der anderen Reiter, zeigen auch nicht weniger Risse und Löcher und hier und da kunstlos aufgesetzte Flicken.

Paul hat in den Wochen des zermürbenden Zuges hinter der vielhundertköpfigen Herde riesiger Rinder her in die Kargheit an Worten zurückgefunden, die ihm eigentlich gemäß ist. Peter indessen kultiviert den skeptischen Übermut, der ihn auch während des Krieges und in den hundert Fährnissen der jahrelangen Flucht – nach der Devise: »Es wird schon schiefgehen« – standhaft über Wasser gehalten hat.

Der Braune, der Peter trägt, spitzt die Ohren. Längst ist Peter gewohnt, auf dieses Warnungszeichen zu achten, denn es hat eigentlich stets etwas zu bedeuten. Richtig! Die beiden, immer im Paar gehenden falben Ochsen haben sich unmerklich an den Rand der vorantrottenden Herde geschoben und drohen auszubrechen. Die beiden Burschen neigen dazu von Anfang des Marsches an.

Er setzt seinem Braunen die Hacken in die Weichen und gibt ihm die Zügel frei. Dem Pferd braucht nicht bedeutet zu werden, was es zu tun hat. Es hat von selbst gemerkt, daß die beiden Störenfriede wieder einmal Ausbruchabsichten hinter den breiten Stirnen hegen.

Schon ist Peter heran und läßt seine Geißel über die Herde zischen. Das Pferd drängt von selbst mitten unter die wandernden, mächtigen Tiere, die ihm, dem gefährlichen Wesen auf seinem Rücken, und der Geißel respektvoll ausweichen. Die beiden Ochsen wissen genau, daß sie gemeint sind. Der eine von ihnen schüttelt den mächtigen Kopf mit den großen Hörnern, als wollte er angreifen, aber schon brennt ihm die Schnur aus ungegerbtem Leder um den Hals. Das Tier wirft das feuchte Rindsmaul, an dem lange, schleimige Fäden hängen, zum Himmel auf, brüllt kurz und schmerzlich auf und drängt sich dann so hastig zwischen den anderen Tieren davon, daß es einige der Gefährten beinahe zu Boden stößt.

Damit gibt sich Peter zufrieden. Sein Brauner wendet von selbst wieder aus der Herde heraus und trägt den müden Reiter an seinen Posten zurück; zwanzig, dreißig Meter schräg hinter der linken Flanke der Herde.

Eine Weile döst Peter krumm und müde im flachen Sattel. Das ebenso müde Pferd stolpert über eine Wurzel. Der Stoß weckt Peter aus seinem Dämmern. Da er allzu krumm gesessen hat, schmerzt ihn der Ruck bis ins Hirn hinauf. Er denkt: Wenn wir vor drei Monaten gewußt hätten, was uns auf diesem Ritt alles bevorsteht, wären wir vielleicht nicht so voreilig gewesen, uns mit solcher Begeisterung dem alten Hildebrand anzuschließen. Der Mann ist großartig, kein Zweifel. Daß es Männer wie diesen überhaupt noch auf der Welt gibt, ist ein Trost. Aber schließlich wollen wir ja nach Hause, Paul und ich, und nicht unbedingt die höchsten Weihen der australischen Rinderhirtenzunft erringen. Es ist sicherlich besonderes Pech, das uns auf diesem Ritt verfolgt; denn wenn jeder dieser Trecks so gefahrvoll und strapazenreich wäre, wie wir ihn erleben, dann würde sich wohl längst keine Menschenseele mehr finden, die sich zu diesem Wahnsinn hergibt. Der Boß hat sich allzufest darauf verlassen, daß die Regenzeit zum gewohnten Termin eintritt. Geduld scheint nicht seine starke Seite zu sein. Crouch hat ihm mehr als einmal geraten, erst loszutrecken, wenn entweder der erste Regen wirklich schon gefallen ist oder wenigstens der Himmel durch sein Aussehen verrät, daß sich das Sommerwetter ankündigt. Der Boss hat eigensinnig darauf bestanden, das volle Risiko zu übernehmen: er will der erste sein, der bei den Fleischwerken in Wyndham ankommt; dann bekomme ich den besten Preis für das Vieh, hat er gemeint, und wir beide haben den Vorteil: Sie, Jack Crouch, und ich, Hildebrand.

Immer noch zögerten die Regen. Der Zeitpunkt ihres üblichen Beginns war längst vorüber. Ab und zu bildeten sich jene dunstigen, langhingezogenen Striche am Himmel, die sie ankündigen. Aber stets täuschten die Hoffnungen. Drei, vier Tage lang pflegten die dunstigen Wolkenbänder den Himmel blendendweiß zu verhängen, daß die Augen vor dem grell widergestrahlten Licht schmerzten; aber stets war ein neuer Tag angebrochen, dem die Schwüle des eben vergangenen völlig entflohen schien; der Himmel wölbte sich abermals von den ersten Morgenstunden an unbeschreiblich strahlend, leer und – enttäuschend über die dürstende Öde.

In den Herzen der Männer, die Hildebrand unterstanden, war an manchen Abenden die Stimmung der Revolte aufgekeimt. Sie fragten sich: Was soll es für einen Zweck haben, sich mit solcher Unerbittlichkeit durch das staubige Land vorwärtszuquälen, wenn doch früher oder später die ganze Herde irgendwo verdurstet oder den Koller kriegt und uns alle über den Haufen rennt und zertrampelt? – Denn nichts fürchtet der erfahrene Stockman mehr, als daß die Herden dieser wilden Rinder – die fern ihrer ursprünglichen Heimat, fern der Steppe, wo sie geboren sind, ohnehin zu Unruhe und Aufsässigkeit neigen –, daß diese Lawine von Muskeln, Hörnern, zähen Sehnen und stählernen Knochen plötzlich vom Wahnsinn gepackt wird und sich sinnlos irgendwohin in furchtbarer Karriere in Bewegung setzt, alles zermalmend und zertretend, was sich ihr entgegenstellt.

Hildebrand hat beschlossen: ich bringe die Herde in den ersten sechs Wochen bis zum Oberlauf des Victoria-Flusses – mit Regen oder ohne Regen! Im weiten Bett des Victoria steht auch in den trockensten Jahren immer noch so viel Wasser an, daß mein Vieh nicht zu verdursten braucht. Auf alle Fälle läßt sich in dem Trockenbett Wasser ergraben. Wir sind fünf weiße Männer und drei schwarze, dazu noch die zähe Rosa. Wenn wir alle Tag für Tag graben und Wasser schöpfen, muß es möglich sein, den Rindern mindestens jeden zweiten Tag genügend Wasser zu reichen. Notfalls schlagen wir uns nach Buchanans Station durch.

Trotz aller Bedenken und Ängste der anderen: der Boss hat bis jetzt recht behalten. Sie haben unter dem immer schwüler und bleierner lastenden Himmel, umsummt von immer dichteren und qualvolleren Wolken von Fliegen, jeden Tag nur zehn oder fünfzehn Meilen zurückgelegt, haben mindestens alle achtundvierzig Stunden für alle ihre Tiere und auch zur Not für sich selbst genügend Wasser an einem künstlichen Bohrloch der Stationen am Wege oder an einem der natürlichen Wasserlöcher oder Brunnen in der Steppe gefunden.

Wenn sie noch diese letzte Durststrecke überwinden, die sie vom oberen Victoria trennt, so kann ihnen nicht mehr viel passieren.

Denn in den weiten Niederungen des Victoria vermögen sie nach der Überzeugung des Alten noch Wochen, sogar Monate auszuhalten, ohne daß das Vieh vom Fleisch fällt. Und in diesen Wochen und Monaten wird sich irgendwann schließlich die Regenzeit bequemen müssen, ihre befruchtenden Güsse über dem durstenden Land zu entladen.

Nun also war die gefürchtete Durststrecke zu überwinden, die den Oberlauf des Victoria von den ein wenig bekannteren und vertrauteren Landstrichen längs der großen Nordsüdstraße und der Telegrafenlinie trennt.

Nicht nur für Paul und Peter, sondern auch für die anderen Reiter hatte es eine beinahe alberne Sensation bedeutet, als sie ihre Herde quer über die gebahnte Straße trieben, die von der großen Stadt Adelaide, fast fünfzehnhundert Meilen fern im Süden des Kontinents gelegen, nach Port Darwin, fünfhundert Meilen im Norden, führt. Die Straße – die einzige Straße, die Zentralaustralien bis an die Nordküste durchquert, ein spinnfadendünner Strich durch ungeheures, totes Nichts!

Als Paul und Peter ihre Pferde über die staubige Straße lenkten, sprang ihnen beiden das gleiche Gefühl im Herzen auf: auf zehn Meter Breite sind wir wieder in der Zivilisation. Wir brauchen nur unsere Pferde nach Norden oder Süden zu wenden, und die Never-Never hat keine Macht mehr über uns. Die Wildnis ist gebannt, und wir vermögen wieder ein Leben zu führen, wie wir es einst als Kinder noch erlebten und lieber heute als morgen mit denen, die wir lieben, wieder führen möchten.

Aber der Gedanke, dieser für ein paar Augenblicke am Herzen zerrende Wunsch, hatte sich schnell verflüchtigt. Denn der Boss – mit finster zusammengezogenen struppigen Brauen – schien von solchen Empfindungen nicht einmal etwas zu ahnen.

Die Durststrecke also!

Nicht dreißig, sondern das Doppelte oder Dreifache an wasserlosen Meilen ist in einem einzigen, gewaltigen Anlauf zu überwinden.

Den Tieren wird zunächst ein Ruhetag gegönnt. Dann werden sie mitten in der Nacht aufgejagt und zur Wasserstelle getrieben. Fast alle saufen sich voll. Dann wird die Herde wieder beruhigt; sie lagert sich von neuem. Am frühen Morgen wird den Tieren zum zweitenmal Wasser angeboten. Gewöhnlich erweisen sie sich nach der beunruhigten Nacht durstiger als sonst und füllen sich nochmals ihre großen Mägen mit Flüssigkeit.

Ehe noch die Sonne über dem Rand des Horizonts auftaucht, hat sich die Herde schon brüllend und durcheinandergewirbelt in Marsch gesetzt. Man braucht diese Nervosität auf der Durststrecke, um die Tiere unablässig in Bewegung zu halten.

Denn jetzt wird nicht mehr vorsichtig und geruhsam getrieben; jetzt wird gehetzt, unablässig gehetzt, ohne den Tieren Gelegenheit zu geben, zu weiden.

Der zweite Tag der gewaltsamen Wanderung ist schon zur Hälfte vergangen. Die Herde schleppt sich hin, und hinter ihr die Reiter und noch weiter hinten der plumpe Ochsenwagen, der den Proviant, die Kochkessel, die Schlafsäcke und noch manches andere von Lager zu Lager fährt und außerdem – welch lächerlicher Anblick! – das benzinlose Auto von Paul und Peter hinter sich her zerrt. – Herde und Reiter und Wagen quälen sich über die letzten fünfzehn Meilen, die die vielfach zu Tode erschöpften Tiere noch zu bezwingen haben – buchstäblich zu Tode erschöpft: schon sind gut ein Dutzend der schwächeren Rinder auf der Strecke geblieben. Niemand kümmert sich um sie. Sie sterben unter dem gleichmütig singenden Steppenwind den Tod der Wildnis.

Den staubverkrusteten Rindern steht schaumig der Schleim vor den Schauzen. Sie trotten halb im Trab, halb im Schritt, starr geradeaus, ein Glitzern wie von ständigem Schrecken in den weit aufgerissenen Augen. Das Vieh achtet nicht mehr wie sonst darauf, daß es sich gegenseitig nicht stößt oder drängt oder beim Marsch in die Quere kommt; es taumelt als ein einziger riesiger Körper vorwärts vor den unbarmherzigen Peitschen der Berittenen, die, selbst im Staub fast erstickend, die längst überanstrengte Stimme unablässig zu treibendem Gebrüll und Geschrei erheben.

Peter denkt müde: will denn dieser grausige Nachmittag nie ein Ende nehmen? Vor ihm wird wieder gerade ein Ochse schwach, läßt sich aus der Herde zurückfallen und macht Anstalten, zu Boden zu sinken. Peter prescht auf das müde Tier zu; kriß-kroß fegt die Peitsche über den bestaubten Rücken. So kurz vor dem Ziel darf kein Rind mehr verlorengehen. Denn der Boß besteht darauf, daß alle Tiere, die nicht weiter als fünf Meilen vom Ziel kapitulieren, in der darauffolgenden Nacht nachgeholt werden. Die Reiter haben sich dann mit zwei Wassersäcken zu bewaffnen, die zusammengebrochenen Tiere zu suchen und zu finden, sie mit Wasser zu erfrischen und sie noch nachträglich der Herde zuzutreiben. Der Boss hat den Befehl ausgegeben:

»Wir sind nur noch höchstens fünf Meilen vom Rande des Victorialtals entfernt. Ich rate euch allen gut, jetzt kein Tier mehr zu verlieren! Denn wer eins verliert, muß es in der kommenden Nacht der Herde nachtreiben.«

Keiner der Männer hat Lust dazu. Sie haben alle mit letztem Willen ihre Zähne zusammengebissen, um nicht zu versagen; sie können alle die trocken geschwollene Zunge im Gaumen kaum noch regen; der Schorf ist abgeplatzt um ihren Mund, den sie immer wieder brüllend aufreißen müssen; das Blut ist aus der hartgedörrten Haut hervorgequollen und hat sich mit dem Staub zu einer ekligen Borke um das ganze Unterteil des Gesichts vermengt; die Augen liegen wie glühende Kugeln in den schmerzenden Höhlen, die Muskeln und Sehnen sind so müde, daß die Reiter den ziehenden Schmerz darin eigentlich gar nicht mehr spüren. So wenigstens geht es Paul und Peter. Sie besitzen längst nicht mehr die Kraft, sich zu fragen, ob es den anderen ebenso geht.

Die Sonne neigt sich schon dem Abend zu. Da meint Peter, der ein Stück neben der Herde vorangaloppiert ist, am Horizont etwas Ungewöhnliches zu entdecken.

Peter hatte sich in der halben Stunde zuvor zu dem Ochsenwagen weit hinter der Herde zurückfallen lassen; neben dem Wagen treibt der zweite der erwachsenen Schwarzen, Curio, die vierzig Reitpferde her, die gerade nicht unterm Sattel gehen. Vier- oder fünfmal am Tage müssen die Reiter die Pferde wechseln. Selbst das zäheste Pferd hält das fortgesetzte Galoppieren kreuz und quer hinter der widerwilligen Herde nicht länger als drei, vier Stunden lang aus.

Peter reitet jetzt einen Rappen mit weißen Strümpfen an den Beinen und einem weißen Stern auf der Stirn; eine wunderschöne, sanfte Stute, weich im Trab und schwebend schnell im Galopp, die sich Peter stets für die letzten Stunden vor dem Abend aufhebt. Sie ist das klügste der ihm zugewiesenen Tiere, und sie reitet sich sanfter als die anderen.

Peter hebt die schmutzige Hand über die Augen, um besser sehen zu können. Aber die dem Westen zusinkende Sonne blendet. Es ist wohl nur eine Sinnestäuschung, die ihm einreden will, daß am Horizont sich ein schmaler dunkler Strich hinzöge. Peter glaubt nicht daran. Und gleich danach hat er wieder mit den beiden

Rebellen zu tun, die ihm schon den ganzen Nachmittag über härter denn je zu schaffen machen. Wut packt ihn. Er drängt seinen Rappen tief in die Herde hinein und läßt immer wieder seine Peitsche auf die Kruppen der beiden Ochsen niedersausen.

»Bestien ihr! Bleibt endlich, wo ihr hingehört!«

Als er zehn Minuten später sein Pferd wieder ins Freie gedrängt, einmal die ihm anvertraute Flanke der Herde bis zum Anschluß an Roscoe abgaloppiert hat, sein Pferd wieder herumwirft und der Herde vorauseilt, nimmt er, sobald die Staubwolke ihm den Blick nicht mehr behindert, wieder den dunklen Strich am westlichen Horizont wahr. Und diesmal ist kein Zweifel:

Galeriewald! Bäume! Ein lang hingestreckter Hain von hohen Bäumen am fernen Horizont!

Schon wendet er den Rappen auf der Hinterhand, fegt in voller Karriere zurück und brüllt, als sollten ihm die Stimmbänder bersten: »Wald in Sicht! Wir sind am Victoria!«

Der wilde Ruf pflanzt sich von Mann zu Mann fort.

Mit einem Schlag sind die Leiden der vergangenen zwei Tage vergessen. Keiner spürt mehr die Qual des verdorrten Gaumens und der schmerzenden Augen.

Auch das Vieh nimmt den Streifen Baumwuchs am Rande der kiesdürren Steppe wahr. Es braucht nicht mehr gehetzt zu werden. Neue Kräfte wachsen ihm von irgendwoher zu. Die Ochsen fallen in Trab und manche sogar in Galopp; und schließlich rollt die mächtige Tierlawine in voller Karriere, ohne daß sie von den Reitern noch getrieben zu werden braucht, dem Waldstreifen zu. Weit bleibt jetzt der Ochsenwagen zurück. Denn die an langer Kette im Geschirr gehenden Ochsen können bestenfalls traben; Galopp lassen die schweren hölzernen Joche nicht zu.

Pferde sind schneller als Rinder; besonders, wenn sie noch so frisch sind wie der Rappe, den Peter erst eine Stunde zuvor bestiegen hat. Paul und Peter preschen an den Flanken der Herde voran, überholen sie und fegen dem Baumstreifen zu. Gehört es doch zu ihren Aufgaben, die dem Wasser entgegeneilenden Tiere rechtzeitig aufzufangen, zu verteilen, abzudrängen, gemeinsam mit den Reitern hinter der Herde die Ochsen in einen breiten Streifen auseinanderzudrücken, damit sie sich nicht gegenseitig überrennen, wenn sie den Wasserlauf oder die großen Tümpel wittern oder vor sich sehen. Gewöhnlich bestehen die Wasserlöcher um diese Jahreszeit nicht aus einer geschlossenen Seen- oder

Teichfläche, sondern nur noch aus einer Kette von einzelnen Tümpeln.

Peters schwarze Stute fegt in ihrem federleichten Galopp dahin. Paul hat einen Steinwurf weit zu seiner Rechten aufgeholt. Er reitet als letztes Pferd am Tage stets einen hochbeinigen Fuchs, der selbst auf bestem Grasland mager bleibt, aber außerordentlich schnell und zäh ist.

Ja, Bäume! Nun sind sie schon ganz deutlich zu erkennen. Ihre lockeren Wipfel wehen im harten Wind über den grausilbern gefleckten mächtigen Stämmen. Noch ein paar hundert Galoppsprünge weiter, und die beiden Reiter haben die Pferde zu zügeln; denn vor ihnen zeichnet sich scharf eine Bruchkante am Boden ab: der schroffe Rand des Trockenflusses.

Paul und Peter müssen eine Weile suchen, ehe sie eine Stelle in der Böschung finden, wo ihre Pferde, ohne allzuviel zu wagen, in den lockeren Flußsand hinunterspringen können.

Weit dehnt sich vor Pauls und Peters Augen, während sie noch über dem vielleicht mannshohen Steilufer hinreiten, das leere Tal des Victoria: Sandbänke hinter Sandbänken, Geröll dazwischen, Klippen und Felsen, wie Riesenspielzeug geschichtet.

Während hinter Paul und Peter schon die große Herde im Karacho über die Uferböschung herniederwogt, galoppieren die beiden Spitzenreiter in weitem Abstand voneinander über die Sandfläche voraus. Noch haben sie den tieferen Einschnitt, in dem in der vorigen Regenzeit die Hauptströmung des Victoria entlanggezogen ist, nicht erreicht. Eine Meile bleibt hinter ihnen zurück, eine zweite. Die Herde ist in dem für Rinderhufe schwierigen Mahlsand aus dem Galopp wieder in Schritt gefallen.

Paul und Peter blicken mit einer Spannung ohnegleichen nach der Hauptrinne des Stromlaufes aus; schließlich halten sie an ihrem flachen Ufer. Sie richten sich in den Bügeln hoch, um besser stromauf und stromab blicken zu können, den verzehrenden Wunsch und die zitternde Sehnsucht im Herzen, irgendwo den stumpfen Spiegel offenen Wassers zu entdecken.

Aber sosehr sie auch gegen die sinkende Sonne unter den erhobenen Händen die Augen anstrengen:

Nichts!

Paul und Peter steigen aus dem Sattel. Hier und da scheint in der Stromrinne der Sand noch ein wenig feucht. Aber alles offene Wasser ist versiegt. Der Boß wird graben lassen; aber wenn überhaupt, so wird höchstens so viel Wasser über Nacht in den Löchern zusammenlaufen, daß man den eigenen Durst löschen und die Pferde tränken kann. Die achthundert Rinder werden aus feuchtem Sand nicht zu tränken sein.

Paul und Peter weichen der herantrottenden Herde aus und wandern, die Pferde am Zügel, den anderen Reitern entgegen. Die haben schon begriffen, welches Unheil sie erwartet. Die Herde drängt sich auf den feuchten Sandplätzen zusammen, wühlt in wüster, wilder Unruhe durcheinander und beginnt heiser und böse zum Abendhimmel emporzubrüllen, an dem schon den ganzen Tag über die bleichen Wolkenstriche ziehen, die sonst Regen verkünden. Die Herde braucht hier nicht mehr bewacht zu werden. Die Tiere wittern die kärgliche Feuchte im Boden. Offenes Wasser ist weit und breit nicht zu erwarten; sonst hätten sich die Tiere längst in der richtigen Richtung auf den Weg gemacht; es sei denn, daß das Wasser unter dem Wind liegt.

Die Männer hocken sich in einem Kreis zur Beratung zusammen. Zum erstenmal, seit er ihn kennt, glaubt Peter in dem Gesicht des alten Hildebrand einen Zug zu entdecken, der an Verzweiflung erinnert. Aber vielleicht täuscht er sich auch. Vielleicht sind es nur die wirren Falten, die der Staub und die Erschöpfung in das geradlinige Antlitz gegraben haben. In der Ferne quält sich gerade der Ochsenwagen heran, der Mühe gehabt hat, eine flachere Stelle in der Uferböschung des Flusses zu finden, über die er aus der Ebene auf die Tiefe des Flußbettes hinunterrollen konnte. Das mächtige Gefährt trägt in mehreren stählernen Tonnen genügend Wasser für die Reitpferde, die zahmen Zugochsen und die Menschen. Die Tonnen sind fest verschlossen, damit in der trockenen Hitze des Tages kein Tropfen verdunstet. Gefährlicher wäre es noch, wenn die durstigen Rinder das Wasser witterten. Niemand kann voraussagen, was die Tiere in ihrem dörrenden Durst dann anrichten.

Der Boß sagt:

»Curio, dieser Esel, hätte den Wagen unter dem Wind aufs Flußbett rollen lassen sollen. Jetzt kommt er mit dem Wind auf die Herde zu. Wenn eines der Fässer leck ist, wittern es die Rinder sofort; und dann ist der Spektakel da. Paul, setze dich aufs Pferd und reite dem Wagen entgegen: Curio soll einen weiten Bogen schlagen und erst fünfhundert Schritte unterhalb der Herde unter dem Wind anhalten.«

Paul schwingt sich in den Sattel und prescht davon, den Befehl auszuführen.

Aber das Unglück, das als zäher Verfolger dem Treck schon seit Wochen auf der Spur ist, schießt auch jetzt wieder einen bösen Pfeil auf die erschöpfte Herde ab. Paul hat den Ochsenwagen noch nicht erreicht, als er aus der Ferne beobachtet, wie Curio auf der Plattform des Wagens fuchtelnd die riesige Peitsche schwingt. Der Wagen sitzt offenbar fest in tiefem Sand oder Geröll. Paul ist schon heran, begreift sofort, was geschieht: Curio hat nicht genügend achtgegeben und ist mit den beiden rechten Rädern des Wagens in Quicksand geraten, der nachgibt wie Wasser und schwere Gegenstände auf Nimmerwiedersehen in sich hineinsaugt. Curio hetzt mit kreischenden Rufen die Ochsen vorwärts. Rosa und Leggy, der halbwüchsige schwarze Gehilfe, sind von der Plattform des Wagens gesprungen und treiben von der Seite die Ochsen mit kürzeren Peitschen an. Tatsächlich bringen die mächtigen Tiere es fertig, den Wagen aus dem saugenden Sand langsam freizuzerren. Aber sie können nicht verhindern, daß das rechte Hinterrad für eine Weile fast verschwindet. Der Wagen neigt sich hinten rechts zur Seite, und eines der aufrecht stehenden Fässer stürzt über Bord. Der Aufprall sprengt den vielleicht nicht fest in das Spundloch gesteckten großen Korken heraus, und ein armdicker Strahl von frischem Wasser ergießt sich in den Sand. Nur Paul nimmt das Unglück wahr; denn die Schwarzen sind so mit den Ochsen beschäftigt, daß sie nicht nach hinten blicken. Aber ehe Paul vom Pferd gesprungen und auf die Tonne zugelaufen ist, ist schon ein großer Teil des Wassers verschüttet. Außerdem merkt er plötzlich, was er im ersten Schreck vergessen hat, daß er selbst in Quicksand gerät. Er wirft sich gerade noch im letzten Augenblick der Länge nach wieder auf festen Grund. Die Tonne ist nicht zu retten. Sie verströmt ihren ganzen Inhalt. Der Ochsenwagen schwankt auf einigermaßen sicherem Boden dahin, biegt weit nach Osten aus, um die Herde zu umrunden; die Schwarzen haben nicht einmal gemerkt, daß sie eine der Wassertonnen verloren haben.

Aber der Wind hat den feuchten Hauch des offenen Wassers zu der lagernden Herde der wilden Rinder getragen. Die Tiere springen auf, heben die Schnauzen hoch in die Luft, wittern; schon gerät die ganze Herde in Bewegung; Paul fegt in gestrecktem Galopp auf seine Gefährten zu und brüllt:

»Eine Tonne ist umgekippt! Die Rinder brechen aus!«

Im Nu sind die Reiter wieder im Sattel; die langen Peitschen knallen drohend durch die Luft. Die vordersten Ochsen, die sich schon in Trab setzen, dem Wasserdunst entgegenzueilen, den ihnen der Wind zuträgt, wenden noch einmal in die übrige Herde zurück. Das aus der Tonne strömende Naß hat ja seinen Geruch nur für einen Augenblick abgegeben; es versickert sofort im Quicksand; schließlich versinkt auch die Tonne selbst. Es gelingt den wie rasend auf und ab sprengenden Männern, die ihre Peitschen erbarmungslos durch die Luft sausen lassen und sich die wunden Kehlen noch wunder brüllen, die erregte Herde noch einmal zu bändigen. Nach einer halben Stunde lagern sich hier und da wieder ein paar Ochsen auf den kühleren Sand. Nur die beiden falbfarbigen Störenfriede mit den mächtigen Hörnern wollen sich nicht zufriedengeben. Sie traben mit drohend erhobenen Muffeln auf und ab und scheinen gewillt, auf eigene Faust nachzuprüfen, ob nicht doch irgendwo im Süden eine Lache mit offenem Wasser steht. Endlich geben auch sie das Spiel auf – die Peitschenstriemen liegen ihnen wie fingerdicke Striche auf dem Rückenfell –, lassen sich in den Knien der Vorderbeine einknicken und wuchten wie die anderen schwer zu Boden.

Billy bleibt für alle Fälle bei der Herde, umreitet die lagernden Tiere weiter, spricht mit der seltsam gedämpften Stimme, die kein Weißer nachzuahmen imstande ist, auf die Tiere ein. Und es scheint wirklich, als beruhigten sich die durstgequälten Geschöpfe langsam. Auch ist ja nun die Nacht hereingebrochen, und kühlere Luft fächelt aus Süden heran. Die anderen Reiter traben zum Ochsenwagen hinüber, wo Rosa, das Mischlingsmädchen, schon das Kochfeuer in Gang gebrcht hat; ein paar Dutzend Rindersteaks brutzeln in der Pfanne, und daneben summt der mächtige Teekessel.

Die Reiter satteln ab, tränken die Pferde und werfen ihnen einen tüchtigen Armvoll der trockenen Luzerne vor, die für solche Lagerplätze in graslosen Flußbetten auf dem Ochsenwagen in großen Preßballen mitgeführt wird.

Während die Männer müde an ihren halbrohen Steaks kauen, sagt der Boss halb zu sich selbst und halb zu den Gefährten:

»Wenn wir nicht vor dem nächsten Morgen Wasser finden, so verlieren wir die Herde. Ist erst die Sonne morgen früh aufgegangen, so wird die durstigen Tiere der Irrsinn packen. Sie werden so lange ins Leere rasen, bis sie tot zusammenbrechen.«

Die übrigen Männer antworten nicht. Selbst Paul und Peter wissen, daß die nächsten zwölf Stunden die Entscheidung bringen müssen.

Als Rosa und Leggy die Blechteller wieder fortgeräumt, die Männer die letzte Tasse Tee hinuntergespült haben, Roscoe sich sogar eine Zigarette dreht und der inzwischen von Paul abgelöste Billy sich die erste Pfeife stopft, räuspert sich der alte Hildebrand mißtönig und sagt:

»Die Pferde sind noch einigermaßen frisch. Es bleibt uns nichts übrig, als sofort wieder aufzusatteln und den Victoria stromauf und stromab entlangzureiten. Es müssen irgendwo noch offene Wasserstellen zu finden sein. Der Victoria verbirgt immer noch irgendwo Wasser, selbst wenn es ein Jahr lang nicht regnet. Peter, du reitest mit Paul stromauf! Roscoe, du mit Albert stromab! Billy und ich bleiben bei der Herde. Curio und Leggy satteln auf und helfen uns beiden, die Herde zusammenzuhalten. Wir sind dann vier Männer bei der Herde und sollten damit fertig werden, auch wenn sie in Unruhe verfällt. – Keiner von euch reitet über Mitternacht hinaus; wenn ihr bis dahin kein Wasser gefunden habt, dreht ihr um und kommt zurück. Wir werden dann alle Hände voll zu tun haben, morgen früh die Herde zusammenzuhalten. Wir müssen noch vor dem Morgengrauen versuchen, die Tiere wieder in Marsch zu setzen. Fünfundzwanzig Meilen West von hier erreichen wir die Bubbling-Well-Station – das heißt, wenn wir sie noch erreichen mit den schon jetzt nahezu verdursteten Tieren.«

Peter fühlt sich, seit die stechende Sonne sank und seit er ein Pfund halbrohen Fleisches im Magen hat, einigermaßen gestärkt. Er entscheidet sich für das ihm liebste seiner sechs Pferde, die schwarze Stute mit den weißen Fesseln.

Das Tier steht im Windschutz des Ochsenwagens über die duftende Luzerne gebeugt und frißt behaglich. Peter hält ihm in der hohlen Hand drei Stücke Zucker entgegen und flüstert:

»Well, Whitefoot, how do you like the hay?«

Die Stute schnobert in die hingehaltene Hand, schnobert erfreut und zerbeißt den Zucker zwischen den starken Zähnen. Sie widerstrebt nicht, als Peter ihr den Sattel auf den Rücken wirft, den schönen, langen Schwanz durch den Riemen zieht und ihr dann die Trense zwischen die Zähne gleiten läßt.

Das Tier fällt von selbst in Trab, als Peter sich in den Sattel geschwungen hat und zu Paul hinüberreitet, der immer noch um die

Herde patrouilliert. Peter hat dem Freunde, auf einen Stecken gespießt, vier gebratene Scheiben Fleisch mitgenommen. Paul empfängt sie erfreut – und schwenkt sofort neben Peter auf den Ritt nach Süden: immer das weiträumige Tal des Victoria entlang.

Paul hat sein fettiges Mahl beendet und wischt die schmierigen Hände erst am Pferdehals und dann an seinen Hosen ab, die solchen Kummer längst gewöhnt sind. Die Herde, der winzige rote Funke des Lagerfeuers, der Kreis ihrer Gefährten, ist längst im Norden hinter den beiden einsamen Reitern versunken. Sie treiben jetzt die Pferde an, um schneller vorwärts zu kommen. Da die Nacht ein wenig Kühlung gebracht hat, traben die Tiere gern, fallen auch von Zeit zu Zeit in leichten Galopp. Paul und Peter sind nach den vergangenen zwei Tagen schon in jenes Stadium hinübergewechselt, in dem man die körperliche Erschöpfung nicht mehr spürt. Der Wille allein hält sie aufrecht; es ist ein schwebender, leichter Wille, den die Männer kaum spüren; er ist selbstverständlich. Paul und Peter wissen, daß sie sich nicht besondere Mühe zu geben brauchen, nach offenem Wasser zu suchen und Ausschau zu halten. Die Ohren und die Nüstern der Pferde würden ihnen sofort verraten, wenn irgendwo offenes Wasser auf sie wartet. Sie würden ihre Reiter mit sicherem Instinkt zu dem erhofften Ziel tragen. So dürfen die beiden Freunde ihre Gedanken wandern lassen – und sie wandern leicht, die Gedanken in den Gehirnen, welche die übergroße Müdigkeit von aller Schwere gereinigt hat. Paul sagt:

»Manchmal frage ich mich, Peter, warum eigentlich meine Mutter in dem Brief, der uns in Shanghai erreichte, kein Wort von meiner Schwester erwähnt hat. Ich sorge mich manchmal deswegen. Ich hatte meine Schwester Betty sehr gern. Wenn Betty in den Jahren meiner Abwesenheit gestorben wäre, so hätten die Eltern mir diese Tatsache sicherlich mitgeteilt. Es muß also irgend etwas anderes passiert sein. Was mag das sein?«

Peter erwidert:

»Zerbrich dir nicht den Kopf. Es ist so viel passiert in den verflossenen Jahren. Was haben wir selbst nicht schon an Menschen untergehen sehen!«

Paul läßt sich stumm von seinem grobknochigen, zuverlässigen Fuchs dahinwiegen, ohne zu antworten. Er hebt zuweilen die Augen zum Himmel, als böte sich ihm dort eine Erklärung an. Aber der nächtliche Himmel schweigt, wie immer. Paul wird abgelenkt durch diesen Blick. Er sagt zu Peter:

»Ist dir das auch schon aufgefallen, Peter? Die Sterne scheinen heute durch Dunst. Es ist nicht annähernd so klar wie sonst. Und wenn mich nicht alles täuscht, wird der Dunst sogar dichter. Die dünnen Wolkenstriche, von denen man uns erzählt hat, daß sie die Regenzeit ankündigen, haben sich heute über den Abend hinaus am Himmel gehalten. Sonst vergingen sie stets in der Dämmerung.«

Auch Peter hebt seine Augen aufwärts. Paul hat recht. Der Himmel bietet ein anderes Aussehen als in allen Nächten zuvor. Es ist nicht mehr der australische Himmel; jener Himmel, der Peter unvergeßlich bleiben wird: der unwahrscheinlich klare, wie von einem geheimnisvollen Licht von innen her durchleuchtete, in zahllosen Sternen funkelnde, vom Kreuz des Südens wie von Diamanten gekrönte Himmel des ältesten und zugleich unbekanntesten der Kontinente. Peter sagt:

»Sollten die Regeln stimmen, die der Boß uns immer wieder einprägt, so müßte dieser Himmel Regen bedeuten, Regen weiter im Süden. Denn das Firmament im Norden scheint viel klarer als das vor uns im Süden.«

Die Pferde sind gerade wieder für eine Weile in Schritt gefallen, den schnellen, schlanken Schritt guter Rasse. Die Reiter hängen weiter ihren Gedanken nach: Irgendwann wird dieser grausame Treck zu Ende sein. Irgendwann werden wir in Perth bei den Eltern Pauls eintreffen. Und dann? Peter sagt:

»Mit einer Frage komme ich nicht klar, Paul. Wir sind dem Paß nach Kanadier. Von deinen Eltern wissen natürlich die Leute in Perth, die Nachbarn und gewiß auch die Behörden, daß sie zwar die australischen Bürgerpapiere beantragt haben, aber immer noch Deutsche sind. Du kannst dich, Paul, im Grunde gar nicht bei ihnen sehen lassen. Denn wie sollen deutsche Eltern zu einem kanadischen Sohn kommen? Jetzt sind wir so nahe am Ziel, Paul, und es sieht so aus, als ob das verfluchte Papier uns weiter davon trennt als Länder und Meere.«

Paul erwidert verhalten:

»Glaubst du, ich hätte nicht selbst schon halbe Nächte lang wachgelegen und diese Zusammenhänge bedacht? Wir werden meinen Eltern von Wyndham aus einen Luftpostbrief schicken. Wenn es ihnen zu gefährlich erscheint, uns in Perth vom Schiff abzuholen – wir werden ja in Wyndham vom Boß so viel Geld ausgezahlt bekommen, daß wir von Wyndham nach Perth mit dem Schiff fahren können, Auto eingeschlossen –, dann sollen sie uns einen

Brief aufs Boot schicken, wie wir uns zu verhalten haben. Mein Vater ist zwar nicht der jüngste, aber er ist ein kluger Mann und von jeher im Fernen Osten gewohnt, mit komplizierten Situationen fertig zu werden. Er wird sicherlich eine Lösung finden, ehe wir dort eintreffen. Meine Braut ist Kanadierin. Wenn wir schnell heiraten und ich dann zum Ehemann einer britischen Staatsangehörigen und zum Sohn anderer britischer Staatsangehöriger in spe geworden bin, werden sie mich vielleicht nur ehrenhalber ein bißchen einsperren und bestrafen. Der Krieg ist schließlich schon seit Jahren vorbei; ich bin überzeugt, daß man mir in diesem großzügigen Land, wo die Menschen freier und menschlicher denken als in irgendeinem anderen Land, schließlich nicht den Kopf abreißen wird. Mir macht viel mehr Sorge, was mit dir geschehen wird, Peter. Du hast weder eine kanadische Braut noch einen australischen Vater.«

Peter lächelt ins Dunkel und schlägt dem Freund Paul, der dicht neben ihm reitet, herzhaft auf die Schulter:

»Laß das nur meine Sorge sein, lieber Junge! Mich kriegen sie nicht. Australien ist viel zu groß dazu. Ob du's glauben willst oder nicht: ich bin überzeugt, daß der alte Hildebrand und auch Billy und Roscoe und Albert, Leggy, Curio und die freundlich grinsende Rosa mich gegen alle Polizisten der Welt irgendwo in diesen Wildnissen verstecken würden, bis ich auch als Deutscher ungeschoren durch diese Lande schweifen kann.«

Paul schließt das Gespräch ab mit einem Satz, der beinahe ein bißchen neidisch klingt, es aber nicht ist:

»Wahrscheinlich hast du recht – du fällst immer auf die Füße wie eine Katze.«

Und dann beginnen zum ersten Male die Ohren von Peters Rappen zu spielen. Das edle Tier hebt, ohne daß Peter es zunächst merkt, ein wenig die Nüstern in den Wind.

Mit einemmal wirft dann auch Pauls Fuchs den Kopf auf. Die beiden Reiter wissen mit einem Schlage: Wasser! Irgendwo Wasser im Süden! Ohne daß es ihnen beiden befohlen wurde, setzen sich die Pferde in vollen Galopp.

Im Osten steigt ein abnehmender halber Mond über den Horizont; purpurrot hängt er im Dunst, der in immer dichteren Schwaden schon den ganzen Himmel bedeckt. Paul und Peter achten nicht darauf. Aber sie sind froh, daß sich der Schein des Nachtgestirns dem Sternenschimmer zufügt; im bleichen Leuchten des nächtlichen Lichtes vermögen sie besser zu erkunden, was sie vor sich haben:

Das Tal des Victoria ist hier so weit auseinandergezerrt, daß die Uferbänke nicht einmal mehr zu ahnen sind. Sicherlich ist das Flußbett acht oder zehn Meilen breit. Mitten darin ragt eine Felsbank aus den trockenen Sänden. Südlich von ihr, also dort, wo sie in der Regenzeit sich der Strömung entgegenstemmt, hat das Wasser eine erstaunlich tiefe Höhlung ausgewaschen; und am Grunde dieser Höhlung, wohl zwei Mann tief unter der Oberfläche des übrigen Flußbettes, blinkt stumpf im Nachtlicht der Spiegel offenen Wassers. Der Felsenriegel, vor dem sich dies Wasser gehalten hat – wahrscheinlich bildet der felsige Untergrund des Strombettes hier eine Wanne oder einen unterirdischen See –, diese Felsbarriere also quert den Flußlauf in einer Breite von vielleicht fünfhundert Schritten. Wenn man von Norden her, also stromauf, heranreitet, so ist sie kaum zu bemerken. Als sich Pauls und Peters Pferde in vollem Galopp der Wasserstelle nähern, erkennen die Pferde die Gefahr, über die schroffe Felsbarriere abzustürzen, erst im letzten Augenblick und setzen sich so grob bremsend auf die Hinterhand, daß die beiden Reiter beinahe über die Hälse aus dem Sattel fliegen. Paul und Peter halten Umschau. Paul sagt:

»Hier haben wir Wasser für mindestens vierzehn Tage. Aber die Herde muß in weitem Bogen herangeführt werden. Wittern die Rinder das Wasser und stürmen geradewegs darauf zu, dann stürzen sie über den Felsenriegel ab, selbst dann, wenn die vordersten die Gefahr rechtzeitig erkennen sollten, die hinteren werden sie weiterdrängen. Am besten wird sein, die Herde im Westen um den Felsenriegel herumzuführen. Dort ist das Flußbett ohne Geröll. In dem tiefen Mahlsand kommen die Rinder nicht schnell vorwärts; wir können sie vom Sattel her einigermaßen regieren.«

Die beiden Männer werfen ihre Pferde herum und preschen den Weg zurück, den sie kamen. Als Paul und Peter vor dem alten Hildebrand die keuchenden Pferde zügeln, um zu berichten, nähern sich, am dumpfen Hufschlag erkennbar, von Norden her zwei andere Reiter, Roscoe und Albert. Sie haben in der anbefohlenen Zeit nirgendwo offenes Wasser entdecken können.

Der Boss sagt:

»Bis um die Dämmerung bleibt es windstill. Wenn wir die Herde hetzen, könnte es reichen, um zum Wasser zu kommen. Der Wind ist diese Nacht merkwürdig spät eingeschlafen. Hoffentlich macht er uns keinen Strich durch die Rechnung. Wenn die Herde das Wasser wittert, bevor wir sie auf den Umweg nach Westen gedrückt haben, stürzt sie geradewegs auf die Wasserstelle zu. Es gäbe eine Stampede*, die wir allesamt nicht aufhalten könnten. Also vorwärts! Wir wollen unserem Glück vertrauen, daß wir das Vieh zur Wasserstelle bringen, noch bevor der Frühwind einsetzt.«

Der Boss braucht weiter keine Befehle zu erteilen. Jeder weiß, was er zu tun hat. Selbst Rosa, der Mischling, steigt mit zu Pferde. Sie soll zwar nicht hinter den Rindern herreiten, aber sie soll ein Dutzend Ersatzpferde hinter der Herde hertreiben, damit die Männer sich wieder beritten machen können, falls eines ihrer Tiere stürzt oder erschöpft zusammenbricht.

Die Reiter zwingen ihre Pferde immer wieder mitten zwischen die schaukelnden Leiber der Ochsen, um kräftiger und eindringlicher zu hetzen. Mit erhobenen Schnauzen und im Mondlicht glasig blitzenden, weit aufgerissenen Augen galoppiert der mächtige Schwarm des Viehs durch die Nacht.

Albert schreit auf. Peter, der ihm zunächst reitet, drängt sein Pferd zu ihm hinüber.

»Diese Bestie!« schreit Albert. »Einer von den fahlgelben Ochsen hat mich angegriffen. Ich habe ihn noch im letzten Augenblick abwehren können. Ich glaube, ich habe ihm mit der Peitsche ein Auge ausgeschlagen. Aber sieh hier!«

Peter sieht es:

Am linken Oberschenkel des Kameraden bildet sich schnell ein dunkler Fleck, der auch im bleichen Licht der Nacht gut zu erkennen ist. Blut also! Das spitze Horn ist Albert in den Oberschenkel gedrungen. Aber der verletzte Mann fragt nicht danach. Wahrscheinlich spürt er gar keinen Schmerz. Und wenn er ihn spürte, was käme es darauf an! In dieser Nacht ist kein Mann zu entbehren, solange er sich noch im Sattel halten kann.

Weiter also! Weiter!

Der Boß und Billy stürmen der Herde voraus, sie sozusagen zu leiten. Peter denkt im stoßenden Ritt: es kann nicht mehr allzuweit sein. Wir müssen nach Westen ausbiegen!

Er lenkt sein Pferd aus der Herde hinaus. In dieser Morgenstunde

---

* Stampede: Die Herde rast in plötzlich ausbrechendem Wahnsinn ins Leere, bis die Tiere vor Erschöpfung tot zusammenbrechen oder sich so weit zerstreuen, daß sie nicht mehr zu finden sind.

reitet er einen Rotschimmel, der über kein besonders sanftes Gang-
werk verfügt, dafür aber nicht die geringste Furcht vor den Rindern
kennt. – Der Rappe, den Peter zuvor ritt, wird immer ein wenig
ängstlich, wenn er in den Verband der Herde hineingezwungen
wird.

Peter setzt den Roten die Hacken in die Weichen und prescht in
voller Karriere neben der galoppierenden Herde her nach vorn,
erreicht den Boss und schreit:

»Weiter nach Westen jetzt, Boss! Wir können höchstens noch
zwei, drei Meilen von der Felsbarriere entfernt sein.«

Der Boss nimmt den Hinweis sofort auf und befiehlt dem schwarzen Billy, während die Pferdeleiber unter den Reitern weiter dahin-
wogen: »Billy, alle Reiter an die linke Flanke der Herde! Sollen die
Herde nach rechts hinüberdrücken!«

Billy schert zur Rechten aus und bleibt zurück. Die Vorausreiten-
den lenken ihre Pferde von der geraden Linie ab und wenden
langsam nach Westen.

Schon scheint ihnen die Herde willig zu folgen, als etwas eintritt,
was nicht vorausberechenbar war:

Vorzeitig springt in dieser verhängnisvollen Nacht der Wind von
Süden auf. Er fächelt zunächst nur in ein paar leisen Puffs heran, ist
dann aber mit so plötzlich hartem Stoß da, daß dem kleinen Leggy
auf Nimmerwiedersehen der allzugroße Hut vom Kopf fliegt, den
er vom alten Hildebrand geerbt hat.

Wind von Süden! Er bringt den Geruch offenen Wassers. Schon
haben die Ochsen das ersehnte Naß gewittert. Die ohnehin wild
erregten Tiere kennen kein Halten mehr. Die Reiter begreifen
sofort: jeder Versuch, sich zu Pferde den Tieren entgegenzustellen,
würde nur bedeuten, sich von der donnernden Lawine prasselnder
Hufe und massiger Leiber begraben zu lassen. Es dämmert schon.
Fahlgrau steigt aus dem östlichen Himmel der Morgen.

Die Reiter haben sich alle um den alten Hildebrand zu einem in
voller Karriere dahinsprengenden Pulk vereinigt. Der Boss brüllt:

»Es gibt nur noch ein Mittel: wir müssen mit aller Gewalt die
Herde überholen und vor ihr den Felsenriegel erreichen.«

Noch nie haben Paul und Peter erlebt, daß der Boss sein Pferd
schlägt. Jetzt aber versetzt er ihm mit dem kurzen Stock der Peitsche
ein paar harte Schläge auf die Hinterbacken. Das Tier macht einen
erschreckten Satz nach vorn – dergleichen hat es kaum je erlebt –
und schießt wie ein Gedanke schnell voran. Die Männer tun es alle

dem Alten nach und lassen schon nach wenigen Minuten die galoppierenden Rinder weit hinter sich zurück.

Zwanzig Minuten später haben die Reiter die Felsbarriere erreicht.

Die Männer springen aus den Sätteln. Die keuchenden Tiere reißen sofort aus und galoppieren an der Felskante entlang, um irgendwo den Abstieg zum Wasser zu finden.

Der Boss erklärt mit fliegendem Atem:

»Die einzige Möglichkeit, die Herde aufzuhalten, daß sie nicht über den Felsenriegel abstürzt: wir ziehen uns in einer Kette auseinander. Hat jeder sein Gewehr oder einen Revolver? Du hast keinen, Leggy? Hier, nimm meine Pistole! Wir müssen der Herde in einer Kette zu Fuß entgegentreten, Auge in Auge. Denn Menschen zu Fuß werden von den Rindern wie die Pest gefürchtet. Vielleicht gelingt es. Sollten die Bestien trotzdem auf uns zustürmen, so schießt jeder in die Herde hinein. Vielleicht stürzt dann eins der Tiere und bildet einen Wellenbrecher, hinter dem man sich ein wenig vor den nachdrängenden schützen kann. Vielleicht gehen wir alle unter. Ich befehle keinem mitzumachen. Jeder von euch, der die Sache nicht riskiert, mag es sagen. Es bleibt noch genug Zeit für ihn, sich irgendwo in Sicherheit zu bringen.«

Aber die letzten Worte hätte er nicht auszusprechen brauchen. Niemand denkt daran, den Alten in der höchsten Gefahr allein zu lassen.

Im Laufschritt eilen die Männer der in der Ferne herandonnernden Herde entgegen. Noch ist sie nicht zu erkennen. Aber als Peter keuchend wieder in Schritt fällt, vernimmt er das leise Grollen aus dem Boden, das die vielen tausend Hufe in der Ferne bewirken.

Der Zufall hat es so gewollt, daß zwanzig Schritte zur Rechten neben Peter der Boss Posten gefaßt hat, zwanzig Schritte zu seiner Linken Billy. Die anderen verteilen sich nach rechts und ·links: Roscoe, Paul, Albert, der kleine Leggy, Curio und selbst Rosa, die niemand dazu aufforderte, hat sich in die Front der Männer eingereiht. Schnell wandert die Kette im fahlen Morgenlicht den von Norden herandröhnenden Rindern entgegen. Die Ochsenherde ist lang auseinandergezogen. Die stärksten Tiere galoppieren an der Spitze, die schwächeren folgen in immer weiteren Abständen hinterher. Allen voran jagen die beiden fahlfarbigen Ochsen.

Schon herrscht Büchsenlicht. Die neun Menschen verhalten in einer langgedehnten Linie und starren den vor Durst wahnsinnigen

Tieren entgegen. Langsam wie auf dem Schießstand hebt der Boss den Karabiner, den er, wie die anderen Männer, beim Absitzen aus dem Halfter am Sattel gerissen hat, zielt ein paar Sekunden, schießt und gleich darauf zum zweiten Male: die schönsten Tiere der Herde, die beiden gelbhäutigen Rebellen, überschlagen sich mitten im Galopp und bleiben liegen. Sie sind es, die den Wahnsinn anführten. Die heranstürmende Herde teilt sich um die beiden Leiber wie um ein Bollwerk und erkennt zwischen sich und dem erwitterten Ziel des offenen Wassers die dünne Kette der neun Menschen.

Die Männer und die Frau in ihrer Reihe stehen starr wie aus Stein. Ihre Augen brennen den wilden Tieren entgegen. Sie rühren sich nicht. Peter meint, er wäre in diesem sandigen Boden verwurzelt. Sein Herz schlägt wie rasend. Wird es gelingen? Der Wille und der Befehl erfüllen ihn wie ein glühender Brand: Haltet an, ihr Bestien! Gehorcht!

Hundert Schritte vor der Kette fallen die vordersten Tiere aus dem Galopp zurück in den Trab. Die zweibeinigen Wesen, die sich vor ihnen aufgebaut haben, sind ihnen noch unheimlicher als der Durst, der ihre Zungen dörrt. Uralte Erinnerungen mögen in den Tierhirnen aufdämmern: das zweibeinige Wesen, gefährlicher und bösartiger als alle anderen Geschöpfe.

Die neun Menschen stehen unbeweglich. Ohne es zu wissen, halten sie den Atem an.

Neun Herzen schlagen rasende Wirbel hinter dem Gitter der Rippen, die wie mit Eisenbändern umspannt scheinen. Keiner der neun fragt: werden wir sie zum Halten bringen?

Alle denken den Befehl:

Haltet an, ihr Bestien!

Noch ist die Herde fünfzig Schritte entfernt. Die hinteren Tiere prallen auf die vorderen auf und schieben sie vorwärts. Aber die vordersten zögern schon und pressen zurück.

Schon vermögen die Augen der neun Menschen die Augen der Rinder zu erkennen, die ihnen unmittelbar gegenüberstehen; und sie starren in diese Augen hinein, ohne mit der Wimper zu zucken:

Haltet an, ihr Bestien!

Noch dreißig Schritte!

Schon traben die Tiere nicht mehr. Immer noch wälzt sich die Lawine vorwärts. Es dauert eine Zeitlang, bis die stärkeren Tiere, die vorweg galoppierten, die schwächeren im Hintergrund bremsen.

Noch zwanzig Schritte vor den Menschen! – Die Herde steht!

Plötzlich macht der Boß einen beinahe lächerlich wirkenden Sprung nach vorn und schießt im gleichen Augenblick sein Gewehr in die Luft ab.

Wie auf Kommando tun es ihm die anderen nach.

Der Schreck läßt die Ochsen zurückprallen.

Noch ein Sprung des Alten. Die neun Menschen sind auf fast zehn Schritte gegen die Front der Rinder vorgedrungen. Mit einem Male vernimmt Peter, wie Billy neben ihm mit sonderbaren, unnachahmlichen Lauten zu summen beginnt.

Dann noch ein Sprung des Alten.

Und das Entsetzen der Rinderherde vor den unheimlichen zweibeinigen Wesen erweist sich endgültig als stärker denn der Durst. Die vordersten Tiere werfen sich herum und bohren sich in die hinter ihnen aufgestauten Leiber. Schon haben die Männer die lange Geißel vom Gürtel gerissen und lassen sie über die noch zögernden Tiere prasseln.

Und schließlich geschieht es: die Herde wogt entsetzt, von einer Panik der Furcht gepackt, seitlich nach Westen davon. Der Boß stößt ein paar schrille Pfiffe aus; nach wenigen Sekunden galoppiert sein hochbeiniger Brauner herbei. Er ist, wie all die anderen Pferde, auf diesen Pfiff dressiert. Peters Rotschimmel setzt sich dicht vor ihm fast auf die Hinterbacken, so wild ist er herbeigerast, und so plötzlich bremst er vor seinem Herrn und Meister ab. Die Pferde wissen, daß dieser Pfiff ihnen eine ganze Handvoll Würfelzucker einträgt. Immer haben die Männer irgendwo Zucker für ihre Pferde versteckt. Nirgendwo sonst unter der Sonne wird die Freundschaft zwischen Mensch und Pferd so beinahe leidenschaftlich gepflegt wie in Australien, wo in den unendlichen Steppen unter dem ewig weinenden Steppenwind der Mensch ohne ein Reittier verloren ist.

Die Reiter jagen hinter der fliehenden Herde her. Längst blieb der gefährliche Felsenriegel hinter ihr zurück. Nun müssen sie in weitem Bogen wenden. Der Boß hat sich wieder an die Spitze der Herde gesetzt und führt sie zurück zum Wasser.

An der langgestreckten Lache kommen die Tiere endlich zur Ruhe. Sie saufen sich voll, wandern nur wenige Schritte weiter und lassen sich erschöpft, aber auch gestillt in den Sand sinken. Von den Herzen der Männer ist die ungeheure Spannung gewichen. Sie fallen aus den Sätteln; ein Absteigen kann man es kaum noch nennen. Rosa, die einzige, die noch nicht ihre Kraft bis zum Letzten geopfert hat, sammelt die Pferde um sich und führt die Tiere, nachdem auch sie sich sattgesoffen haben, westwärts aus dem Tal des Victoria fort, damit sie sich irgendwo in der freien Steppe satt fressen und ausruhen. Auch die Rinder sollen dorthin folgen. Aber darüber wird es wohl Abend werden. Die erschöpften Tiere werden, nun ihr Durst gestillt ist, erst wieder Kräfte sammeln müssen. Dann erst werden sie dem Hunger nachgeben.

Die Sonne ist aufgegangen – anders als an den Morgen, die vergangen sind. Schon das Morgenrot wölkte eigentümlich purpurn und zögernd auf. Die Dunststreifen am Himmel haben sich die ganze Nacht über gehalten und verdichten sich im Süden zu einer für den australischen Himmel ungewöhnlichen grauen Schichtung.

Am halben Vormittag richtet sich Peter auf; er fühlt sich wie zerschlagen nach den fürchterlichen Ritten der letzten Tage und Nächte. Er kann noch nicht richtig schlafen. Es wundert ihn nicht, daß auch der Boss den Schlaf schon wieder abgeschüttelt hat. Die beiden Männer, der alte und der junge, hohlwangig und hohläugig beide, blicken sich über die anderen Schläfer hinweg an. Die Luft wabert im Tal wie glimmende Watte. Die Fliegen gebärden sich wie irre. Das Vieh, das nach der Regel eigentlich noch viele Stunden lang die vergangenen Aufregungen verschlafen müßte, scheint schon wieder unruhig zu werden. Hier und da hat sich der eine und der andere der Ochsen erhoben, trampelt ein paar Schritte auf und ab, brüllt kurz, reckt den schweren Kopf hoch in die Luft, daß die Hörner den Rücken berühren, schnaubt dann und läßt sich wie widerwillig in den Sand zurücksinken.

Peter erhebt sich steif, und auch der Boss stellt sich mühselig wieder auf die Beine. Man merkt ihm an, wie schwer es ihm fällt, die schmerzenden Glieder zusammenzuraffen.

Peter tritt auf den Alten zu:

»Ganz anderes Wetter heute, Boss! Die Fliegen sind wie verrückt, und das Vieh ist schon wieder unruhig.«

Hildebrand blickt starr nach Süden: dort hat sich der Dunst schon zu einer unverkennbaren, schweren Wolkenbank verdichtet.

Der Alte knirscht mit den Zähnen:

»Will das Unglück auf dieser Reise überhaupt kein Ende nehmen?«

Billy, der Schwarze, tritt zu den beiden Männern. Er sagt:

»Im Süden Regen, Boss! Schwerer Regen! Bald Regen auch hier, Boss. Wir besser weg aus Tal. Bald kommen viel Wasser; viel Wasser! Und bald auch sein Regen hier.«

Der Alte antwortet zunächst nicht. Er starrt nach Süden. Aber auch er kann nicht bezweifeln, daß Billy das Richtige getroffen hat. Auch Roscoe hat sich erhoben, dann Paul, schließlich Albert. Die Männer stehen alle beisammen und beraten. Der alte Hildebrand faßt zusammen:

»Unsere Lage ist verzweifelt, Jungs. Rosa ist mit den Pferden nach Westen geritten, um sie auf die Weide zu führen. Wenn sie den Himmel nicht zu lesen versteht, wird sie kaum vor heute abend mit den Pferden zurückkehren. Wir hätten die Pferde nicht hierbehalten können; das Luzerneheu ist auf dem Ochsenwagen zurückgeblieben. Die Rinder werden, übersoffen wie sie sind, kaum vor dem Nachmittag zu bewegen sein, weiterzumarschieren. Wir können sie auch zu Fuß nicht treiben. Das halten wir in dem tiefen Sand keine zwei, drei Meilen weit aus. Wir müssen hier dem Ostufer des Victoria viel näher sein als dem Westufer. Wir könnten die Herde vielleicht einigermaßen sicher, auch zu Fuß, zum hohen Ostufer zurücktreiben. Fängt dann aber der Victoria zu steigen an, so ist uns der Weitermarsch verlegt. Denn wenn es so lange nicht geregnet hat, obgleich die Zeit dafür längst da ist, wird es vielleicht jetzt wochenlang regnen. Wir müssen also unbedingt auf das Westufer ausweichen, damit wir unseren Marsch fortsetzen können. Denn nordwestlich von hier in der Richtung auf Wyndham brauchen wir nicht mehr allzuviel zu fürchten. Wir kommen bald in gebirgige Gebiete. An den Hängen können wir uns immer vor den Wassern der Regenzeit in Sicherheit bringen.«

Roscoe sagt:

»Das alles stimmt, Boss! Ob wir wollen oder nicht, wir müssen warten. Wir hätten wenigstens zwei, drei Pferde hierbehalten sollen. Dann könnten wir jetzt Rosa und die Pferdeherde zurückholen. Ich gehe zu Fuß los, um nach Rosa zu suchen.«

Der Boss erwidert kurz:

»Du bleibst, Roscoe! Rosa ist kein Dummkopf. Bei dieser wahnsinnigen Hitze und in diesem tiefen Sand kämst du keine drei Meilen weit. Wir wissen nicht, ob Rosa auf ihrer eigenen Spur wieder zurückkehrt. Ich habe schon Rinder genug verloren auf diesem Treck; ich möchte nicht auch noch einen Mann verlieren.«

Paul und Peter sehen den Kameraden Roscoe bestürzt an, als der

Schotte, ein merkwürdiges Flackern in den Augen, widerspenstig entgegnet:

»Ich gehe Rosa suchen; ich will hier nicht bleiben. Im Süden regnet's, regnet's wie verrückt. Niemand kann sagen, wie schnell die Flut kommt. Ich habe es schon einmal erlebt. Ich will nicht ersaufen.«

Durch Peters erschöpftes Gehirn schießt die Frage: hat den Kerl der Koller gepackt? Ein Wunder wär's nicht nach den vergangenen Nächten und Tagen! Dem Burschen ist der Spaß vergangen; seine zwanzig Jahre halten der Strapaze nicht mehr stand.

Der Boß erhebt drohend seine Stimme:

»Ich sage dir, du bleibst, Roscoe!«

Roscoe zerrt in einem höhnischen Grinsen die Lippen von den Zähnen und knirscht:

»Daß dich Gott verdamme, du Schinder! Ich gehe!« und will sich wenden.

Im gleichen Augenblick trifft ihn ein erbarmungsloser Faustschlag des riesigen Mannes, der allein der Führer dieser Männer ist und der es bleibt, trotz all der Fehler, die er vielleicht gemacht hat. Roscoe schlägt in den Sand wir ein Ochse unter der Axt. Er bleibt bewegungslos mit weitgeöffneten Augen liegen. Entsetzt denkt Peter einen Augenblick lang: er ist tot. Aber nein, er ist nicht tot. Seine Brust hebt und senkt sich in schweren Atemzügen. Der Schlag hat den Aufsässigen vielleicht eine Weile betäubt, zugleich aber auch zur Besinnung gebracht: Er weiß wieder, wer hier zu befehlen und wer zu gehorchen hat.

Der Boss reibt sich mit der linken Hand die Knöchel der rechten, die den Schlag austeilte. Er blickt eine Weile geistesabwesend nach Süden zu der immer höher heranrückenden Wolkenwand und sagt dann mit rauher Stimme:

»Wir warten. Ich bin überzeugt davon, daß Rosa bald zurückkehrt.«

Er hat richtig gerechnet. Als sich die Sonne aus dem hohen Mittag (in Australien der Norden, nicht der Süden!) dem Westen zuneigt, trabt Rosa mit einem Dutzend erfrischter und sattgefressener Pferde von Norden heran. Sie berichtet:

»Ich nicht finden Westufer, Boss. Zu weit ab! Aber große Insel in Flußbett mit Bäume und Gras. Pferde dableiben, weil gutes Futter; werden nicht weglaufen. Ich schnell reiten zu Ochsenwagen, Ochsen einspannen vor Wagen und auf meine Spur von der Insel her schicken. Geben zwei Pferde mit und loslassen. Pferde laufen vor Ochsenwagen her zu ihrer Herde zurück und Ochsen hinterher. Ich glaube Ochsenwagen jetzt schon auf Insel, Boss, und alle Pferde. Und ich jetzt kommen euch holen. Denn, Boss« – und sie zeigt nach Süden – »viel Regen, Boss! Viel Regen und bald große Flut! Ich gleich kommen mit Pferde! Schnell nach Westen, Boss! Bis Insel wir kommen, bestimmt.«

Peter hat mit halbem Ohr zugehört, während er sein Pferd aufsattelt. Dann geschieht etwas sehr Merkwürdiges; die verstaubten und verhärmten Stockmen erstarren zum zweiten Male an diesem Tage zu Salzsäulen, wie vor der Front der wilden Rinder, denen sie vor wenigen Stunden erst gegenübergestanden: ihr riesiger, gewaltsamer Herr und Meister, der Drover John Hildebrand, tritt auf Rosa zu, hebt das schmierige Frauenzimmer in seinen gewaltigen Armen hoch und drückt ihr vor versammelter Mannschaft einen Kuß auf die Lippen. Er ruft:

»Rosa, ich weiß, was ich an dir habe! Du bist ein kluges Kind! Und wenn wir in Wyndham angekommen sind, dann sollst du auch deinen Curio heiraten. Ich steuere euch aus. Und bei deinem ersten Sohn bin ich Pate, und wenn es eine Tochter ist, erst recht.«

Er klopft ihr so herzhaft auf die Hinterbacken, daß sie aufschreit. Ihr Gesicht strahlt vor Stolz und Freude. Die Männer lächeln, und Paul denkt: Menschen wir alle, schwarze und weiße, woher auch immer wir stammen!

Während sie die widerwillige Herde westwärts treiben der großen, flachen Insel im Strombett entgegen, die Rosa entdeckt hat, spüren Paul und Peter, wie unüberwindlich die Menschen sind, wenn sie zusammenstehen und ihre Kräfte nicht damit vergeuden, sich gegenseitig zu bekämpfen.

Die Wolkenwand ist schon bis in den Zenit gerückt. Die Fliegen schwirren in quälenden Schwärmen über den hastig und schwer durch den Sand ziehenden Rindern und Reitern.

Trotz allem ist den Männern leichter ums Herz. Sie werden die rettende Insel rechtzeitig erreichen.

Sie taucht am späten Nachmittag vor ihnen auf, an hohen Eukalypten schon von weitem kenntlich. Bevor die Herde die Grasflur gewinnt, auf der friedlich die Pferde weiden, beginnen die ersten Tropfen zu fallen.

Achtzehntes Kapitel

Es regnet!

Es gibt keinen Schutz vor diesem Regen!

Seit fünf Tagen dringt kein Strahl der Sonne mehr durch die schwerfällig wallenden Wolken. Träge wandern die grauen Himmelsberge über das triefende Land, immer noch trächtig mit Nebel und Naß.

Den Männern kleben die Kleider am Leibe. Doch wird es jetzt auch nachts nicht mehr kalt. Die Männer spüren kaum noch, daß sie in feuchten, schmutzigen Umschlägen wachen, schlafen, reiten, Ausschau halten, immer Ausschau halten, ob es noch weiter regnen wird und was die Flut noch alles anrichten mag.

Selbst der geschickten Rosa will es nicht gelingen, in der allgegenwärtigen Feuchte ein Kochfeuer zu entzünden. Der Vorrat an Feuerholz, den Rosa sich am ersten Tage des Regens unter der breiten Plattform des Ochsenwagens gesichert hat, ist längst durchtränkt von Wasser, wie alles andere. Zwar hat das tüchtige Mädchen auch einiges Brennholz in das Auto Pauls und Peters geschichtet. Aber was nützt es? Im einigermaßen regendichten Innern des Autos läßt sich kein Lagerfeuer entzünden. Neben dem Wagen aber löschen die vom Himmel unaufhörlich rieselnden Schwaden schnell jede Flamme aus – wenn es überhaupt gelingt, sie zu entzünden.

Paul und Peter haben sich um ihr Auto schon lange nicht mehr kümmern können. Sie haben es an den Vorderrädern dicht unter den hinteren Rand der Plattform des Ochsenwagens gehoben, so daß es nur noch auf den Hinterrädern rollt. Der gute Ford hat bei diesem höchst erbärmlichen Transport schon manchen Stoß erlitten. Aber noch ist er vorhanden, und noch ist ihm nichts Ernsthaftes passiert.

Der Boß hat befohlen, die eiserne Ration anzugreifen. Die Männer haben sich zwei Tage lang mit Beefsteak Tatar begnügt. Aber Roscoe, der nach der Züchtigung, die er vom Boss empfangen hat, nicht mehr zu seinem alten spaßmacherischen Selbst zurückfindet, Roscoe, irgendwie verstört, hat das rohe, zerstoßene Fleisch wieder von sich geben müssen.

Zwar können auch Paul und Peter, Albert und auch der alte Hildebrand nach zwei Tagen schon das gehackte rohe Fleisch nicht mehr sehen. Aber daß ihnen schlecht davon würde, vermögen sie nicht zu behaupten. Wie dem auch sei, der Boss läßt die schwere

Kiste aufschlagen, die den Notproviant enthält. Nun leben die Männer aus den Büchsen, die der Alte sparsam verteilt – allerdings nur an die Weißen, denn die Schwarzen scheinen in den Unmengen rohen Fleisches nach wie vor geradezu zu schwelgen. Die Weißen ergötzen sich an Corned beef, an amerikanischen »Frankfurters«, an kalifornischen Pfirsichen, an trockenen, knusprigen Salzkeksen – die man allerdings schnell verschlingen muß, sonst weicht sie der Regen auf – und an allem anderen, was sonst noch die große Kiste hergibt.

Und doch kommt unter den triefenden Männern keine schlechte Laune auf. Wenn nicht als einziger Roscoe mürrisch und wie ein geschlagener Hund – wirklich wie geschlagen – abseits umherschliche, so wären die auf ihrer großen Insel im Strom gefangenen Reiter sicherlich höchst vergnügt und gewiß nicht verlegen um ebenso rauhe wie herzliche Späße. Wenn ihnen auch Roscoe zuweilen die Stimmung verdirbt, der Regen, der unendliche Regen spendet doch tagein, tagaus so viel Glück und Gnade vom Himmel, daß das Herz beim besten Willen nicht Zeit findet zu trauern.

Wie ein Wunder erscheint es den beiden Freunden Peter und Paul, die es zum ersten Male erleben, daß schon am dritten Morgen nach dem Anbruch des Regens ein zarter grüner Schimmer das graubraune, feuchte Land zu überhauchen beginnt. Wahrlich, hier kann man das Gras wachsen sehen, und der Regen spielt eintönig die Begleitmusik. Am vierten und fünften Tag ist längst kein Zweifel mehr: es grünt, es grünt überall!

Die triefende Rinderherde – die Felle schmiegen sich blankgewaschen wie aus Metall um die mächtigen Tierleiber – hat sich über die ganze große, von gelben Fluten längst umzingelte Insel verteilt. Wie verliebt neigen sich die schweren Tierköpfe zum Boden und pflükken unablässig und gleichsam spielerisch die winzigen Grashälmchen. Die vertrockneten und nun traurig und feucht hängenden Grasbüschel des Vorjahres werden von den Pferden und den Rindern schon verachtet. Lieber nibbeln die Tiere Stunde für Stunde an den winzigen, aber bald immer kräftiger aufsprießenden Halmen.

Paul und Peter, die bisher das Land nur in trostloses Grau und Braun getaucht erlebten, erheben sich von ihrem feuchten Lager mit jedem Morgengrauen zu einem neuen Wunder. Jeden Tag wird das Land grüner. Jeden Tag wandelt sich das Blattgefieder der mächtigen Eukalypten auf dieser Insel im großen Victoria deutlicher von Silber in Grün.

Und Wärme breitet sich aus. Nicht mehr die harte, trockene Hitze vergangener Mittage, vielmehr eine feuchte, milde Wärme, ohne die schroffen Unterschiede, die in den Wochen zuvor Tag und Nacht voneinander trennten.

Schon am zweiten Tage des Regens vermögen Paul und Peter der Versuchung nicht mehr zu widerstehen; sie wissen eine einigermaßen geschützte Bucht am Stromab-Ende der Insel zu finden, wo sie sich die feuchten Kleider vom Leibe schälen und ihre Leiber in den Strom tauchen. Aber sie merken bald, daß das Vergnügen, das sie sich bescheren wollen, noch keineswegs ein »reines« ist: buchstäblich kein reines, denn die jagenden Wasser führen so viel Lehm und Sand mit sich, daß auf der Haut, als Paul und Peter dem Bad entstiegen sind, eine feine Lehmschicht zurückbleibt.

Aber vom dritten Tage an beginnt sich das Bild des Flusses zu ändern. Hat er bis dahin ganze Bäume mitgeschwemmt, die phantastisch und drohend ihr blankgewaschenes Wurzelwerk oder ihre zerstoßenen Zweige wie Ertrinkende aus den Wassern streckten, hat der Strom am oberen Ende der Insel ganze Barrikaden von Treibholz, Felsen, entwurzelten Büschen und Lehmbänken aufgetürmt, so scheint er nun vom dritten und erst recht vom vierten Tage an all den Unrat davongetragen zu haben, den die Trockenzeit zwischen seinen hohen Ufern getürmt und vergessen hat.

Klarer fließen die Wasser dahin und gleichmäßiger, immer noch schwellend, denn der Regen läßt auch am sechsten Tag noch keine Stunde nach, wenn er auch unmerklich in ein sanfteres Rieseln und schließlich in ein feines Nieseln übergeht.

Der Boss sagt:

»Jetzt ist es Zeit zum Baden; das Wasser hat sich geklärt.«

Obgleich die Männer von der immerwährenden Nässe längst durchtränkt sind, bereitet es doch ein eigentümliches Vergnügen, sich in jener geschützten Bucht, die Paul und Peter entdeckt haben, in die nun klaren Wasser zu tauchen. Nur Roscoe hat die Achseln gezuckt und sich mürrisch wie immer beiseite gedrückt.

Der Boss meint:

»Der Bengel hat Fieber, aber ich kann ihn nicht bewegen, regelmäßig seine Tabletten zu schlucken.«

(Alle andern schlucken sie längst.)

Die Schwarzen haben sich eine andere Badestelle gesucht; der Boss hat Paul verraten, warum:

»Unsere weißen Leiber sind ihnen widerlich. Sie sagen: wie

Würmer so bleich. Außerdem stört sie unser Körpergeruch. Nach ihrer Meinung stinken wir. Sie wechseln stets den Platz, wenn ihnen der Wind unsere Witterung zuträgt.«

Und Paul hat wieder einmal Gelegenheit, darüber nachzudenken, wie verschieden die Welt aussieht, je nachdem, aus welchen Augen sie betrachtet wird und aus welchen Nasen berochen!

Am schwersten aber unter all den langsam wieder zu sich kommenden Gestrandeten hat es Rosa. Solange die Herde Tag für Tag ihre weite Wanderstrecke zurückzulegen hatte, fand keiner der Männer Zeit, sich um das Mädchen zu kümmern, es sei denn, daß sie abends hart angefahren wurde, wenn das Essen nicht rechtzeitig fertig war oder allzuviel Staub und Sand sich in die Bratpfanne verirrt hatte. Nur Curio, der Herr des Ochsenwagens, hat sich in den vergangenen Wochen um sie gekümmert. Das Mädchen ist ihm schon ein Jahr lang versprochen, und der Boss hat dem Paar zugesagt, es auszusteuern, wenn dieser Treck glücklich beendet ist. Die Männer haben alle die Beziehungen zwischen dem ein wenig ungeschickten, aber braven Curio, dem reinblütigen, breitnasigen, flachstirnigen Australneger, und dem schlanken, hellhäutigen Mischlingsmädchen Rosa, die von ihrer eingeborenen Mutter die breiten Backenknochen, das krause Haar und die überlangen Schenkel erbte, alle haben das Verlöbnis zwischen den beiden in den vergangenen Wochen und Monaten selbstverständlich respektiert. Jetzt aber in diesen weichen Tagen des Regens filtert das Nichtstun den jungen Kerlen Unruhe ins Blut. Der Boss hat am Abend des dritten Regentages seine Untergebenen, außer Leggy und Curio, zusammenrufen lassen und ihnen eingeschärft:

»Ich rate euch, laßt die Finger von Rosa. Ich erinnere euch daran, daß jeder Verkehr eines Weißen mit einer Farbigen nach dem Gesetz schwer bestraft wird. Wer sich nicht im Zaume hält, den werde ich selbst der Polizei ausliefern, ganz abgesehen davon, daß ich mich mit Billy Manns genug fühle, euch alle in Raison zu halten.«

Es ist nicht ganz leicht mit der Raison. Der Regen klebt nicht nur den Männern die Kleider an die Leiber, sondern auch dem Mädchen. Rosa ist jung und gut gewachsen. Und die Baumwollfähnchen, die sie trägt, verbergen ohnehin nicht allzuviel – selbst wenn sie trocken sind; jetzt aber haften sie naß an den Gliedern –.

Auch Rosa will baden. Die Insel ist groß, aber so groß nun wieder nicht, daß die Männer nicht merken, was das Mädchen vorhat, als sie am Ufer entlang dem unteren Ende zuwandert.

Der Boss sagt kein Wort. Aber er läßt seine Augen über die Schar seiner Reiter wandern, weißer und schwarzer, und es weiß jeder, was gemeint ist. Eine Viertelstunde später erhebt sich als einziger Roscoe, zerrt am Riemen seiner Hose, wringt seinen Hut aus, blickt den Alten mit höhnischen Augen an und macht Anstalten, dem Mädchen zu folgen.

»Du bleibst, Roscoe!«

Der kaum zwanzigjährige Bursche zuckt mit den Achseln und schlendert davon.

Später am Abend sagt Paul zu Peter:

»Ich hätte es nicht für möglich gehalten, daß der Alte derart blitzschnell zu handeln vermag. Roscoe hat kaum Zeit gehabt, zur Flucht anzusetzen, da war der Boss schon über ihm. Er hat dem Bengel keinen Faustschlag versetzt – hast du das auch beobachtet, Peter? –, sondern nur zwei fürchterliche Ohrfeigen. Und ehe Roscoe sich wehren konnte, war er schon gebunden.«

Peter erwidert:

»Es sah fast aus, als ob Billy und der Boss sich verabredet hätten, denn Billy stand bereit und hätte jeden Widerstand Roscoes sofort erstickt.«

»Sie haben sich nicht verabredet. Aber wahrscheinlich ist Billy seit dreißig oder mehr Jahren gewohnt, stets richtig einzugreifen, was auch immer der Alte vorhaben mag.« –

Ja, Roscoe liegt mit an den Leib gefesselten Armen und gebundenen Füßen unter der Plattform des Ochsenwagens. Ihn dingfest zu machen, hat wenige Minuten gedauert. Nun mag er in seiner unbequemen Lage darüber nachdenken, daß es sich nicht empfiehlt, dem erfahrenen Meister dieser kleinen Schar von Reitern zu widersprechen oder gar entgegenzuhandeln.

In der Nacht nach diesem Vorfall hörte es auf zu regnen. Am nächsten Morgen bricht zum ersten Male die Sonne wieder durchs Gewölk. Brodelnd und feierlich steigen leise Nebel aus dem feuchten Land. Der eilig und glasklar meerwärts wallende Strom glitzert unter der dunstigen Sonne. Schwüle breitet sich aus, die den Männern den Schweiß auf die Stirn treibt, auch wenn sie sich kaum bewegen.

Gegen Mittag hat Wind aus Südwesten die Wolkenmassen verweht. Der Himmel leuchtet in tiefem Blau. Grün schimmert die Insel. Das Gras ist schon eine Handbreit hoch gesprossen. Das langsam trocknende Fell der Rinder und Pferde glänzt.

Und ringsum rauscht der ungeheure Strom. Nie werden Paul und Peter vergessen, wie anderthalb Meter hoch die Flutwelle von Süden herangeschossen kam, wenige Stunden schon, nachdem Herde, Reiter und Ochsenwagen sich auf die Insel gerettet hatten.

Sich immer wieder überstürzend, schäumend, unheimlich brüllend und donnernd, ganze Baumstämme vor sich herstrudelnd wie Kinderstecken, milchigbraun, schlammig fast und sicherlich jedes Leben sofort erstickend, das nicht zu entfliehen vermochte, hatten sich die Flutwellen der aus hundert und tausend Rinnsalen zusammenquellenden Strömung des Victoria der Insel zugewälzt. Doch die Klippen, die das Stromauf-Ende der Insel schirmten, hatten standgehalten, hatten als mächtiges Bollwerk die Fluten geteilt und der Herde und den Reitern das Leben gerettet und gesichert.

Die neun Menschen hatten auf der Höhe der Insel gestanden und das ungeheure Schauspiel betrachtet, wohl jeder von ihnen, auch der furchtlose Hildebrand, mit Grauen im Herzen. Wo eben noch leere Sände und Bänke sich dehnten, wogten in rasendem Ansturm gelbe Fluten heran. Am zweiten Tag schon waren weit und breit von der Insel aus keine Bänke mehr zu erblicken. Ein jagendes Meer schien sich um die Geretteten zu breiten, ein gefährliches, ständig steigendes Meer. Aber das Innere der großen Insel schichtete sich höher auf als die von ihr aus nicht sichtbaren Uferbänke.

Roscoe ist von seinen Fesseln befreit. Der Boss hat seine weißen Reiter zusammengerufen und ihnen gesagt:

»Was ihr alles anstellt, Jungens, wenn wir erst in Wyndham angekommen sind, geht mich nichts an. Solange wir uns noch auf dem Treck befinden, dulde ich keinen Widerspruch. Ihr wißt alle, daß es nicht anders geht. Roscoe, gib mir die Hand! Es soll alles wieder so sein wie zuvor!«

Roscoe vergräbt seine Hände in den Taschen, wendet sich ohne ein Wort langsam ab, zuckt mit den Achseln und geht davon.

Der Boss blickt ihm eine Zeitlang nach, schiebt sich den Hut aus der Stirn, knurrt ein:

»Sieh mal einer an!«

und löst mit einer Handbewegung die übrige Versammlung auf.

Den Männern ist nicht sehr wohl, als sie sich wieder an ihre Arbeit machen. Sie haben die durchweichten Sättel aufzubocken. Sie haben ihr Zeug zu trocknen, die Geschirre der Zugochsen in Ordnung zu bringen. Sie haben schließlich ihre verwaschenen

Kleider hier und da zu flicken, und auch ihre Stiefel bedürfen an mehr als einer Stelle des gewachsten Zwirns.

Am vierten Tag ist das Wasser so weit abgesunken, gleitet die Strömung so gemächlich vorbei, daß der Boss befiehlt:

»Ich glaube, wir können es wagen, mit der Herde durchs Wasser das westliche Ufer zu erreichen. Ringsum tauchen schon Sandbänke auf. Wenn wir uns vorsichtig vorwärts bewegen, sollten wir überall eine Furt entdecken.«

Der Ochsenwagen wird in ein Schiff verwandelt. Die Wassertonnen, die nun nicht mehr gefüllt zu bleiben brauchen, werden rings um die Plattform gebunden, nachdem sie geleert und fest verschlossen worden sind. Sie werden das hölzerne Gefährt tragen helfen. Das Auto aber wird von den Männern auf den Wagen gehoben und dort festgezurrt. Der Boss hat Paul und Peter versprochen, daß er ihr Auto nicht im Stich lassen wird, wenn es irgend geht. Alles andere, was der Wagen bisher getragen hat und was zur Not schwimmfähig ist, wird nicht mehr auf, sondern unter der Plattform festgebunden; die schwere, breite Kiste wird also zu einem mächtigen Floß.

Gegen Mittag des vierten Tages – dunstig brütet die Schwüle über dem feuchten Land – ist alles zu dem gefährlichen Marsch durch das Wasser bereit. Die Männer sitzen wieder zu Pferde. Vergessen sind die Spannungen der vergangenen faulen Tage. Roscoe, anfänglich mürrisch noch, wird doch von der wilden Aufgabe mitgerissen und treibt die widerwilligen Rinder genauso erbarmungslos zusammen wie es die anderen Reiter auch tun.

Der Boss und Billy zwingen ihre Pferde als erste ins Wasser; es reicht ihnen kaum noch bis an die Steigbügel. Die anderen Männer hetzen die dichtgeballte Herde hinterher. Als erst einige der Rinder sich ins Wasser vorgewagt haben, gibt es kein Halten mehr; der Zug nach Westen durch den Strom hat begonnen.

Paul und Peter beziehen wieder ihre Posten an den Flanken der Herde. Peter blickt sich besorgt nach dem Ochsenwagen um. Er schwankt gerade über das Ufer der Insel ins Wasser hinunter. Er braucht noch nicht zu schwimmen, denn auf weite Strecken fließt der Strom flach.

Der Durchzug durch die vier, fünf Meilen breite Wasserstraße erweist sich einfacher als gedacht. Der Boss strebt allen anderen voran von Sandbank zu Sandbank. Er scheint von der Oberfläche der Strömung abzulesen, wo flache Furten sich anbieten, wo seine

Herde nur zu waten, nicht zu schwimmen braucht. Und nicht ein einziges Mal ist der Ochsenwagen bisher in Gefahr geraten; er neigt sich zwar zuweilen verdächtig nach der einen oder der anderen Seite, aber stets halten ihn dann die leeren Tonnen einigermaßen im Gleichgewicht.

Nur ein einzigs Mal wird der Marsch durchs Wasser gefährlich: als die Herde das tiefe Hauptbett des Stromes durchqueren muß. Wohl hundert Meter breit schießt hier immer noch das Wasser heftig dahin. Hildebrand und Billy zwingen ihre Pferde in die eilige Strömung und werden sofort abgetrieben. Peter beobachtet, wie Hildebrand und auch der Schwarze sich aus dem Sattel gleiten lassen, um ihre Pferde nicht unter Wasser zu drücken. Sie schwimmen neben den Tieren her, indem sie sich mit einer Hand an den Mähnen festklammern. Weit treiben sie ab, erreichen aber schließlich doch flacheren Boden. Die Männer finden wieder Grund unter den Füßen, das Wasser reicht ihnen nur noch bis zu den Hüften; sie vermögen sich wieder in den Sattel zu schwingen.

Der Boss winkt: vorwärts!

Die Peitschen knallen. Schnaubend drängt die Herde vor, verliert den Grund unter den Hufen, und gleich verwandelt sich der Strom in einen Wald von Hörnern, der über ihm abwärts treibt, denn außer den Hörnern und den Köpfen, die sie tragen, ist von den Rindern selbst in den schnellströmenden Wassern nichts mehr zu sehen.

Peter hängt an der Mähne seines Pferdes – er war klug genug, sich für diese gefährliche Wasserwanderung die schwarze Stute mit der Blesse an der Stirn zu wählen; sie rudert angstlos neben ihm her und folgt ihrem Reiter auch jetzt noch, wenn er sie mit leisen Worten zu lenken sucht. Peter gibt sich Mühe, genau quer zur Strömung zu schwimmen. So muß er flacheren Untergrund am ehesten erreichen; abgetrieben wird er von allein.

Und es gelingt. Nach kaum einer Viertelstunde klettern Herde und Reiter dem alten Hildebrand und dem alten Billy nach auf seichteren Grund. Zwar läßt sich nicht beschwören, daß keins der Rinder ertrunken oder abgetrieben ist. Aber viele Opfer kann der Strom nicht gefordert haben, denn der mächtige Haufen von feuchten Leibern scheint unvermindert groß.

Auch der Ochsenwagen bezwingt die gefährliche Überfahrt. Rosa schwimmt allein dem Gespann voran. Curio und Leggy haben das Leitochsenpaar an je einem Ohr gepackt und achten darauf, daß die Tiere nicht etwa drehen oder aus der richtigen Richtung geraten. Die übrigen Ochsen sind an den Jochen fest mit der langen Zugkette verbunden und müssen den beiden vordersten folgen, ob sie wollen oder nicht. Weit hinterher schwimmt der Wagen mit dem Auto obendrauf. Wenn Paul und Peter in diesen gefährlichen Augenblikken Zeit und Sinn für Komik hätten, so würden sie gewiß lachen, denn das klapprige Auto auf der breiten, von Tonnen und Kisten und Bündeln getragenen Plattform gleitet so dumm und unangemessen über den wilden Fluß, als hätte es der Dichter eines Lustspiels erfunden.

Der treibende Wagen zerrt an den zehn Paaren von Zugochsen. Sie finden erst viel später als die übrige Herde und viel weiter stromab wieder Grund.

Doch während die Reiter durch flacheres Wasser dem nun schon in der Ferne auftauchenden Ufer zustreben, sieht der besorgt sich umschauende Paul, daß auch der Wagen wieder Boden unter die Räder bekommen hat, nicht mehr schwimmt, sondern von dem Gespann vorwärtsgezerrt wird.

Als eine Stunde später der Ochsenwagen mit vieler Mühe weiter unterhalb der Herde das Ufer gewinnt, fällt den beiden Freunden Paul und Peter ein Stein vom Herzen: ihr Auto ist gerettet. Sie hängen an dem braven Ford, der sie von der Küste des Pazifischen Meeres bis tief ins Innere Australiens getragen hat und der, wie sie hoffen, auch an der Küste des Indischen Ozeans nicht versagen wird.

Der Boss läßt am Ufer des Stromes Lager aufschlagen, denn der schwierige und gefährliche Marsch durchs Wasser hat Herde und Reiter erschöpft.

Als die Nacht hereingebrochen ist, Peter sich in seine Decken wickelt, die böse Plage der Fliegen vergangen ist, empfindet nicht allein Peter, daß sie auf der Insel wie gefangen gesessen haben, daß sie jetzt wieder freier atmen können, seit sich westwärts wunderbar begrünte Fluren vor ihnen öffnen.

Neunzehntes Kapitel

Der Boss hat Buchanans Station weit im Noden liegengelassen und zieht mit seiner Herde und seinen Reitern über die prangende Hochebene zum Oberlauf des Stirling-Creek hinüber. Ihm will er folgen, bis er in den Negri mündet. Der Negri eilt dem mächtigen Ord zu – und dann kann der große Treck sich nicht mehr verirren, braucht nur noch in allgemeiner Nordrichtung dem Ord zu folgen, bis dem Ord-River von rechts der Behm zuströmt. Dort wird sich die Herde aus dem Tal des Ord nach Nordwesten wenden und die letzten Gefahren bestehen, denn dann gilt es, die wüsten Ketten des Carr-Boyd-Gebirges zu überwinden.

Jenseits der Berge jedoch erreicht dann der Treck die Telegrafenlinie von Halls-Creek nach Wyndham und mit ihr die Hauptrinderstraße von Süden und Südosten.

Schneller als vor der Regenzeit zieht jetzt die Herde durch die üppig grünende Wildnis. Ein Blumenflor hat sich entfaltet, der in der dürren Öde des Winters nicht zu ahnen gewesen ist. Der Treck hat die Ufer des Victoria noch keine Woche hinter sich, und schon ziehen die Rinder und Pferde durch knöcheltiefes Gras. Über weite Strecken drängen sich die Wildblumen in solcher Fülle, daß die Männer über ein wahres Meer von Duft und Farben reiten.

Die Rinder strotzen von Kraft und Gesundheit, brauchen nun nicht mehr vorsichtig geschont zu werden. Wenn das Gelände es erlaubt, werden den längst marschgewohnten Tieren fünfzehn oder gar zwanzig Meilen am Tag zugemutet.

Jetzt erst begreifen Paul und Peter, daß dieses Land als aller Schlangen Heimat gilt.

Die Männer schlafen des Nachts nicht mehr auf dem Erdboden, sondern rollen sich lieber auf den harten Planken des Ochsenwagens in ihre Decken. Es ist schon mehr als einmal vorgekommen, daß die Schlafenden des Nachts Besuch von Schlangen erlebten, sehr unangenehmen Besuch. Denn alle diese Schlangen sind giftig. Die Trockenzeit überdauern die scheußlichen Reptile irgendwo in schattigen Erdspalten oder in kühlen Klüften zwischen den Felsen. Der warme Regen und die schwüle Sonne des Sommers locken sie hervor.

Jeden Tag ein dutzendmal drohen die Reiter aus dem Sattel zu stürzen – und manchmal stürzen sie auch –, wenn ihre Pferde in plötzlichem Satz vor einer sich bäumenden Schlange scheuen.

Die dröhnenden Hufe der Rinderherde verjagen weit voraus die im Gras versteckten Schlangen. Trotzdem verliert der Boss manches Rind am Schlangenbiß; kaum allerdings, solange die Herde auf dem Marsch ist. Fangen aber gegen Abend die Rinder zu grasen an, so werden sie von überraschten Schlangen zuweilen in den Kopf gebissen. Die Ochsen sterben nicht immer an diesen Bissen. Sie kränkeln ein paar Tage hin, erholen sich aber im allgemeinen wieder.

Auch an die Schlangen gewöhnen sich Paul und Peter. Ihre Pferde vermeiden von selbst auf dem Marsch Stellen mit hohem Graswuchs und stapfen lieber über Geröll und tiefen Sand, wo der Boden wenigstens ein paar Schritte voraus zu übersehen ist.

Qualvoller als alles andere aber, qualvoller als die stechende Sonne, die heftigen Gewittergüsse, das unbeschreibliche grelle Licht, das von den weißen Wolkenbergen in die Augen gespiegelt wird, qualvoller als alles andere ist die Qual der Stechfliegen.

Senken sich die Nächte kühl und klar über das duftende, üppig in kniehohem Gras prangende Land, so verstummen die bösartigen Insekten; gegen die Moskitos schützt der Gazeschleier. Schleichen aber die Nächte schwül und schwer durch die Wildnis, lastet am Horizont ein nicht entfesseltes Gewitter, weigert sich der Nachtwind, die schweißfeuchte Haut zu kühlen, so gibt das Geschmeiß der Stechfliegen auch während der dunklen Stunden keine Ruhe.

In solchen Nächten finden die Reiter nur wenig Schlaf. Die Unruhe der Herde hält auch die Menschen wach. Wenn das Vieh sich nicht lagert, reichen zwei Berittene nicht aus, es zu bewachen. Dann müssen vier oder fünf Männer in den Sattel steigen, und manchmal kommt kein einziger der acht Reiter des Nachts aus den Stiefeln.

Der Boss behauptet, seit langem keine so heiße Regenzeit erlebt zu haben und auch keine, in der die Plage der Insekten so ekelhaft und gräßlich gewesen wäre wie in diesem Jahre.

Peter ist in Schweiß gebadet, nicht anders als sein Rotschimmel. Unter dem Rande des Hutes rinnt ihm das salzige Naß in die Augen. Der Mückenschleier rund um sein Gesicht und seinen Nacken verwehrt der Luft den Zutritt; aber ohne den Schleier lassen ihm die Stechfliegen nicht eine Sekunde Ruhe. Manchmal vermag er sein unruhiges Pferd kaum unter sich zu bändigen, obgleich er mit einem belaubten Zweig dem Tier immer wieder die Bremsen abstreicht.

Die Nacht ist sehr dunkel. Im Süden hängt Dunst über den

Sternen. Von Norden her aber hat sich unmerklich langsam seit Mitternacht eine tintenschwarze Wolkenwand herangeschoben, die nun schon fast bis an die Höhe der Nacht reicht. Drohend verharrt sie.

Keines der Rinder hat sich in dieser Nacht gelagert. Unaufhörlich dringt gequältes Gebrüll aus dem Verband der Herde. Die Tiere wühlen durcheinander. Noch in keiner Nacht zuvor sind sie vom Fliegengeschmeiß so gepeinigt worden.

Wenn es doch erst Morgen wäre, denken die Reiter alle. Bei Tage läßt sich leichter abfangen, was Unerwartetes geschehen mag. Auch hoffen sie darauf, daß gegen Morgen Wind aufkommen wird und kühlere Luft. Die Stechfliegen werden dann für eine Weile wenigstens Ruhe geben. Ist die Herde erst wieder auf dem Marsch, so ist das Schlimmste vorbei. Denn der Staub und die Bewegung der Rinder wehrt den Fliegen ein wenig.

Unbeschreiblich lastet die Schwüle. Der schattenhafte, ruhelose Haufen der Ochsen erscheint Peter wie ein drohendes Ungeheuer, das jeden Augenblick aufspringen und zuschlagen mag. Oft genug kreist der Boss den anderen Reitern entgegen um die Herde und ermahnt jeden einzelnen:

»Wir müssen das Vieh zusammenhalten, bis es hell wird. Packt die Tiere jetzt der Koller, so geht uns die Hälfte der Herde verloren.«

Wenn es nur nicht so dunkel wäre! Die schwarze Wolkenwand erhebt sich hoch über dem Land; man meint, sie könnte jeden Augenblick niederstürzen und alles unter sich begraben.

Kein noch so leiser Windhauch durchfächelt die düster schweigende Öde. Der Dunst der schweißfeuchten Rinder, der schwitzenden Pferde und Menschen brütet über der zertrampelten Flur und macht das Atmen schwer.

Peter kreist im Ring der anderen unablässig um die Herde. Vor ihm reitet Roscoe; er kann ihn nur selten erkennen; wer hinter ihm reitet, das weiß er nicht; wahrscheinlich Billy.

Noch hat keiner der mit ihren Schwänzen die Flanken peitschenden Ochsen einen Ausbruch versucht. Aber jeden Augenblick kann es geschehen. Die Herde ist bis zum Irrsinn überreizt vom langen Marsch des Tages zuvor, der schlaflosen Nacht und den qualvollen Schwärmen der Insekten.

Peter vermag kaum noch zu denken. Mechanisch schwingt er seine lange Geißel, wenn vor ihm dunkel einige der riesigen Tiere aus der Herde quellen; und mechanisch spricht er seinem Pferde zu, beruhigt es immer wieder, wenn es mit den Hinterhufen so wild unter seinen Bauch schlägt, daß es beinahe hinten einknickt. Roscoe ist nur widerwillig aufgestanden, denkt Peter; aber jetzt reitet er doch genau wie wir anderen auch; ein unberechenbarer Kauz, dieser Roscoe.

Ein paar Minuten später fällt ihm ein – nur einer von uns sitzt jetzt nicht zu Pferde: Rosa. Wo mag sie schlafen in dieser verrückten Nacht? Ich komme nicht dahinter, ob Roscoe ihr nachstellt oder nicht. Was geht's mich an! Soll der Boß aufpassen! Oder Curio!

Gerade trabt wieder der Boss dunkel auf seinem hochbeinigen Falben an ihm vorbei. Der Alte ruft:

»In einer halben Stunde wird es hell, Peter. Dann haben wir's geschafft. Das Gewitter wird losbrechen. Es wird regnen, und die zerstochenen Tiere werden wenigstens für eine Weile Ruhe haben.«

Ja, so ist es! Wenn es nur erst losbräche, das Gewitter, das nun schon für Stunden am nördlichen Himmel droht.

Und wenige Minuten später wird der Wunsch erfüllt, furchtbarer als geahnt!

Knisternd stürzt eine Lohe grellweißen Feuers aus dem Himmel und schlägt keine hundert Meter weit von der Herde in den Boden. Ein ungeheurer Donnerschlag läßt im gleichen Augenblick Himmel und Erde bersten. Wie von einem gräßlichen Faustschlag vor die Stirn fühlt Peter sich getroffen. Sein Pferd bäumt sich jäh auf den Hinterbeinen auf, schnauft beinahe menschlich vor Entsetzen, wirft sich zur Seite und will in irrer Panik davonstieben. Beinahe fliegt Peter aus dem Sattel bei der jähen Kerze des Tieres. Doch kann er sich gerade noch an der Mähne festklammern. Er nimmt die Zügel kurz, ruft beruhigend:

»Sachte, Schimmel, sachte! Keine Angst! Es ist schon vorbei!«

Und klopft dem Tier mit der flachen Hand auf den Hals. Der Schimmel rast noch ein paar Dutzend Sprünge weiter, gibt aber schließlich das Gebiß frei, das er starr zwischen die Zähne genommen hatte. Er gehorcht wieder dem Schenkeldruck.

Schon zuckt der nächste Blitz, nicht mehr so nahe wie der erste. Die Erde duckt sich düster. Noch immer geht kein Wind. Kein Regen fällt. Nur die furchtbaren Feuerstöße lohen, die der Himmel zur Erde oder auch von Wolke zu Wolke schickt.

Als Peter sein Pferd soweit in der Gewalt hat, daß er zur Herde zurückwenden will, vernimmt er, daß der Boden unter ihm donnert, als hätte er sich in eine riesige Pauke verwandelt.

Der urplötzliche Feuerschlag vom Himmel hat die Herde entfesselt. Nicht tausend Reiter vermöchten sie jetzt noch aufzuhalten. Im Schein der dicht aufeinander folgenden Blitze sieht Peter die rasende Schar der Ochsen ostwärts branden, ein wogendes Meer von schweißschimmernden Rücken, ein wirrer Wald von hocherhobenen Schwänzen und Hörnern. In panischem Schrecken rasen die Tiere vor den Blitzen her und sind nach wenigen Minuten von der Nacht verschlungen.

Aber die Nacht ist nicht mehr völlig dunkel.

Während der Feuersturm im Himmel, noch immer ohne Wind und Regen, unaufhörlich weitertobt, steigt grau am östlichen Horizont die Dämmerung auf. Schon läßt sich die breite Spur der Herde erkennen.

Der alte Hildebrand hat seine Männer um sich versammelt und sprengt in voller Karriere hinter den Fliehenden her. Er brüllt: »Wir müssen sie überholen! Wir müssen sie erreichen, noch bevor sie über die Felsen zum Ord hinunterstürzen! Wir müssen sie einringen!«

Während Peter dicht auf den Hals seines Pferdes geneigt über die Steppe fegt, denkt er: Was jetzt? Wird es dem Alten gelingen?

Peter sprengt als letzter der Reiter dahin; er hat am längsten Mühe gehabt, seinen Rotschimmel zur Vernunft zu bringen. Vor ihm donnern die Gefährten in den milchig aufdämmernden Tag. Eine Zeitlang weiß Peter nicht, was ihm eigentlich auffällt, aber dann schießt ihm plötzlich die Einsicht durchs Hirn: Roscoe ist nicht dabei. Er hat vor mir her die Herde umritten? Wo ist er jetzt? Blieb er zurück? Wo ist Roscoe? Der Alte hat sicherlich nicht einmal gemerkt, daß der Kerl zurückgeblieben ist! Die Reiter rasen hinter der Herde her, die sich sinnlos und ziellos, wie von Furien gepeitscht, vorwärts wälzt. Der riesige Haufe galoppierender Tiere zerrt sich schon auseinander. Die stärksten und wildesten toben voraus, die schwächeren Tiere bleiben langsam zurück. Immer länger und schmaler wird der Zug der vorwärts, immer geradeaus vorwärts wogenden Rinder. Manchmal stolpert eins der Tiere, überschlägt sich, rollt und wird zertrampelt – oder prellt seitwärts aus der wütenden Kavalkade heraus, sackt zu Boden, schlägt noch ein paarmal mit zuckenden Hufen um sich, liegt dann still.

Die Reiter haben den Schluß der fliehenden Herde eingeholt. Der alte Hildebrand brüllt:

»Albert, Billy, Peter! Ihr haltet die Herde hier am Ende beisammen! Paul, Curio, Leggy und ich nehmen die Spitze!« und prescht an der Flanke der schon zu einem langen Streifen gedehnten Herde nach vorn.

Bald verlieren die drei Männer, die langsamer als zuvor hinter den letzten Rindern herjagen, ihre vier Gefährten aus dem Gesicht. Peter vermag ein wenig zu verschnaufen. Schon muß er die letzten schwachen Ochsen, die bereits zu ermüden beginnen, mit der Peitsche antreiben, denn er weiß, die Herde darf nicht auseinanderreißen. Ihm fährt auch für einen Augenblick der Gedanke durch den Kopf: der Boss hat gemerkt, daß Roscoe nicht mit uns geritten ist.

Und ein paar Minuten später sagt er sich: Paul ist also dabei! Paul erlebt es; sie werden sich an die Spitze der fliehenden Herde setzen und werden sie langsam, nach Norden abdrehend, immer enger zu einem großen Kreis formen. Die Rinder folgen besinnungslos den Tieren, die vorausrasen. Und voraus werden nun bald nicht mehr Rinder jagen, sondern der Boss und Paul und Leggy und Curio auf schnellen Pferden; sie werden sich zu Leittieren der panisch erschreckten Herde aufwerfen. Wehe aber dem, dessen Pferd an der Spitze der Herde stürzt –!

Nach einer halben Stunde schon geschieht es: Die Herde hat sich zu einem meilenlangen Strich auseinandergezerrt. Höchstens noch zu zweien oder dreien galoppieren die Rinder nebeneinander her. Aber die Reiter an ihrem Schluß und auch von den Flanken her zwingen sie, nicht müde zu werden. Und schließlich nähert sich den Reitern am Ende der wilden Kavalkade der Boss mit den anderen von hinten her, die Spitze der Herde immer noch hinter sich herlockend.

Der große Ring wird geschlossen. Die Berittenen biegen urplötzlich nach außen ab. Die stärksten Rinder, die die Spitze hielten, sehen nun die schwächsten, die den Beschluß gemacht haben, vor sich her galoppieren und folgen ihnen, nicht wissend, daß sie in einen großen Zirkel gelistet sind.

Auf schaumbedecktem Pferd hält abseits der Boss mit seinen Reitern. Er reißt sich den Hut vom Kopf und wischt sich den Schweiß von der Stirn. Mit tonloser Stimme bringt er heraus:

»Geschafft! Sie werden sich im Kreise müde toben; wir müssen sie nach innen zusammendrängen. Bald wird es regnen, dann kann nichts mehr passieren.«

Die Panik kreiselt in sich selbst matter und matter, bis sie schließlich zum Stillstand gelangt. Mit pumpenden Flanken drängen sich die erbarmungslos von außen getriebenen Tiere wieder zu einer Herde zusammen.

Und endlich beginnt der Regen zu fallen. Noch donnert es in der Ferne, aber die Blitze haben ihren Schrecken verloren; sie flammen nur noch als grelles Feuerwerk durch die dichten Perlenschnüre des Regens. Herrliche Kühle verbreitet sich. Die Fluten, die vom Himmel stürzen, schlagen das quälende Geschmeiß der Insekten ins feuchte Gras. Schon senkt hier und da eins der Pferde den Kopf zu Boden und reißt ein paar Maulvoll der grünen, saftigen Nahrung ab. Als hier und da sogar die Rinder zu weiden beginnen, wissen die Männer alle, daß die Gefahr gebannt ist. Wohl mag ein Dutzend Ochsen sich auf der wüsten Flucht das Genick gebrochen haben; das ist der Zoll, den jeder dieser großen Trecks durch die Wildnis fordert. Und all dieser Zoll ist im Preis, den der alte Hildebrand bezahlt hat, von vornherein miteinberechnet gewesen.

Jetzt erst könnte die Frage laut werden: Wo ist Roscoe?

Aber keiner stellt die Frage.

Einige Stunden später, während immer noch der Regen rauscht, wandert die Herde friedlich vor den Reitern wieder den Weg zurück, den sie am Morgen voller Wahnwitz entlanggeflohen ist, und erreicht gegen Mittag das Lager vom Tage zuvor.

Unter der Plattform des Ochsenwagens sitzt Rosa; sie blickt verstört; als Albert sie anspricht, fängt sie an zu weinen. Sie gibt keine Antwort, als der Boss von ihr wissen will, was der Grund ihres Kummers ist.

Roscoe kommt eine halbe Stunde später mit den Pferden ins Lager geritten. Er sagt: »Ich habe die Pferde eingefangen. Sie sind nach dem großen Donnerschlag ausgebrochen. Ich habe Stunden gebraucht, ehe ich sie einholte.«

Der Boss blickt den jungen Burschen eine Weile finster an, mit mahlendem Unterkiefer. Der Alte will etwas sagen; aber er sagt es nicht; er wendet sich ab. Unmerklich fast fliegt einen Augenblick lang ein höhnisches Grinsen um Roscoes Mund. Er springt aus dem Sattel, löst seinem Pferd den Bauchgurt, greift sich eine Büchse Fleisch aus der Proviantkiste und tut, als hätte sich nichts ereignet, was einer Frage oder eines Zweifels wert wäre.

Der Zufall will es, daß Peter, als er aus dem Sattel gesprungen ist und seinem Rotschimmel das Leder abhebt, einen Blick auf Curio wirft. Und Peter erschrickt. Das häßliche Gesicht des Australnegers erscheint beinahe grau; seine Nüstern sind gebläht, und in seinen Augen glimmt Wut.

Um das Mädchen Rosa kümmert sich keiner. Bei so starkem Dauerregen gelingt es ihr ohnehin bestimmt nicht, ein Kochfeuer zu entzünden.

Zwanzigstes Kapitel

Die Herde hat den Ord überquert, kurz bevor sich der Behm-River von Osten her in ihn ergießt. Der Ord fließt hier meilenbreit dahin, sehr flach also, so daß kein Krokodil die Herde unter Wasser beunruhigen konnte. Ihn zu furten war gefahrlos und hielt weder Herde noch Ochsenwagen auf. Nun aber türmt sich vor den wandernden Rindern und Reitern das letzte Hindernis auf, die Kette der Carr-Boyd-Berge. Sind sie erst überwunden, so wird der große Treck in glatten, gleichmäßigen Tagesmärschen neben einer schon seit Jahren befahrenen Straße Wyndham und die Fleischfabrik erreichen.

Am Abend vor dem Tag, an dem die Herde ins Gebirge steigen soll, sitzt der Boss mit seinen Männern am langsam verglimmenden Lagerfeuer.

Roscoe sitzt mit im Kreise der Männer. Aber es spricht ihn niemand an. Er selbst richtet das Wort an keinen der anderen. Jeder weiß, daß Roscoe am Tage der Ankunft in Wyndham vom Alten einen Scheck bekommen wird. Jeder weiß auch, daß Roscoe in diesem Teil des australischen Nordwestens nie wieder eine Stellung findet. Wer wird einen Mann beschäftigen wollen, dem der alte Hildebrand ein schlechtes Zeugnis ausstellt?

Die Männer lassen sich durch Roscoes Anwesenheit nicht die gute Stimmung verderben. Sie haben auf diesem langen Treck schon so viel Fährnisse und Zwischenfälle überwunden, daß ihnen das Gebirge keine Angst mehr einjagt. Der Alte ist mit mancher Herde schon über die steinigen Kämme im Westen gezogen. Die Paßstraße wurde sogar vor einigen Jahren vom gröbsten Geröll befreit. Selbst an ihren gefährlichsten Stellen ist sie immer noch so breit, berichtet Albert, daß drei, vier Ochsen nebeneinander passieren können, ohne sich gegenseitig in den Abgrund zu drängen.

Auch der Wagen mit dem Auto im Schlepp wird nicht in den Bergen verlorengehen, wenn Curio, Leggy und Rosa sich einigermaßen geschickt anstellen, Und warum sollte ihnen das nicht gelingen? Die drei haben schon mehr als einmal bewiesen, daß sie auch bei unerwarteten Ereignissen nicht den Kopf verlieren.

Der Boss sagt überlegend:

»Es sollte eigentlich einer vorausreiten, um festzustellen, ob die Paßstraße frei ist. Denn wenn die Herde erst einmal in die Straße eingefädelt ist, kann sie nicht mehr nach den Seiten ausweichen oder umdrehen. An allzu vielen Stellen steigen die Felsenhänge steil zur Linken der Straße an und fallen beinahe senkrecht zur Rechten ab. Aber ich glaube, wir können es uns ersparen, einen Kundschafter vorauszuschicken. Wir bilden nicht mehr den ersten Treck, der in diesem Jahr die Berge überquert. Die Spuren zeigen, daß vor kaum vierzehn Tagen eine andere Herde nach Wyndham gezogen sein muß. Es wird Delaney gewesen sein. Er hat auf Bradshaws Station eingekauft.«

Die Männer hängen ihren Gedanken nach. Alle spüren den langen Treck in den Gliedern. Keiner von ihnen fühlt sich verlockt, heute abend noch auf Kundschaft auszureiten, sich auf der Viehstraße ins Gebirge hochzutasten, sich wieder einmal die ganze Nacht um die Ohren zu schlagen, noch vor Morgengrauen zum Lager zurückzukehren und dann auch noch den ganzen Tag danach ohne Pause im Sattel zu sitzen. Albert fragt:

»Wie sollen wir morgen früh reiten, Boss? Wer nimmt die Spitze?«

Der alte Hildebrand saugt an seiner Pfeife, bläst eine große Rauchwolke in die Abendluft und erwidert:

»Ich denke, Roscoe reitet voraus und führt die Herde an. Er ist im Bergland von Ashburton groß geworden und kennt sich in felsigen Gegenden aus. Wir anderen werden alle Hände voll zu tun haben, das Vieh in die Berge zu drängen und aufzupassen, daß die Rinder nicht seitwärts ausbrechen. Wenn erst die Kletterei beginnt, werden wir von rückwärts kräftig nachdrücken müssen, damit das Vieh sich nicht aufhält und wir noch vor morgen abend wieder in die Ebene hinabsteigen. Was dann an Hügeln zu überwinden ist, bevor wir die Telegrafenlinie von Halls Creek her erreichen, ist kaum noch der Rede wert.«

Damit ist die Frage entschieden.

Der nächste Morgen sieht die Herde und die Hirten schon früh wieder auf dem Marsch.

Roscoe reitet den Rindern weit voraus. Daß er sein Geschäft versteht, der Bursche, und eigentlich gut brauchbar ist, wäre er nicht so unberechenbar, wird an diesem Tage deutlich. Er weiß an unpassierbar erscheinenden Stellen stets einen erträglichen Umweg zu finden. Unablässig lockt er die Herde höher und höher hinter sich her ins Gebirge. Aber nicht alle Rinder folgen ihm willig. Einige Male machen sogar ein Dutzend Ochsen den Versuch, plötzlich umzukehren und mit erhobenen Schwänzen wieder in die Ebene zurückzubrausen, in die verlockend üppigen Grasfluren, die der Treck am frühen Morgen verlassen hat.

Die Reiter bauen dann sofort eine Front von knallenden Peitschen und bäumenden Pferden, vor denen die Ochsen sich fürchten. Der Boss hat richtig vermutet. Die Männer haben alle Hände voll zu tun, das Vieh in die Berge zu drängen. Auch Curio und Leggy haben sich beritten machen müssen. Sie brüllen und johlen und knallen hinter den Ochsen her wie die anderen alle.

Weit zurück folgt Rosa mit dem Ochsenwagen. Sie weiß die lange Treiberpeitsche nicht minder gut zu regieren wie der sehnige Curio. Die Zugochsen kennen diesen Weg über die Berge schon.

An diesem Tage erlaubt der Boss weder der Herde noch seinen Männern eine Mittagsrast. In der steinigen Felsenwildnis wächst ohnehin kein Futter. Je schneller der Hochpaß bezwungen wird, desto eher werden die Fluren am Denham-River die erschöpften Rinder und Reiter empfangen.

Gegen Mittag schiebt sich die Herde auf der Paßstraße aufwärts. In weiter Kurve nach links schwingt der grobe Weg an steiler Wand zum Sattel nach rechts hinüber, hinter dem, wie der Boss am Abend zuvor berichtet hat, der Abstieg beginnt, sanfter und leichter als der Anstieg.

Peter macht den Beschluß. Weit vor sich und über sich vermag er Roscoe zu erkennen, der wohl fünfzig Schritt vor den vordersten Ochsen herreitet.

Aber plötzlich scheint es hoch oben vorn einen Aufenthalt zu geben. Wenn ich ein Fernglas hätte, denkt Peter, könnte ich erkennen, was vor dem Bergsattel geschehen ist. Aber niemand besitzt ein Fernglas. Vor den Reitern stauen sich die Tiere. Peter trifft wieder auf den Alten. Der ist besorgt. Er sagt:

»Zum Teufel, irgend etwas hält vorn die Herde auf. Roscoe muß doch beinahe die Paßhöhe erreicht haben. Warum führt er die vordersten Tiere nicht weiter? Der Treck stockt ja.«

Wenige Minuten später beobachten die Männer mit entsetzten Augen, wie ein paar hundert Meter vor ihnen eins der Rinder über die Kante des Weges gedrängt wird, stolpert, sich überschlägt und in steilem Bogen in die Schlucht hinuntersegelt. Und gleich darauf folgt dem unglückseligen Tier ein zweites.

»Wir dürfen nicht mehr treiben«, schreit der Boß. »Vorn muß der Weg versperrt sein!«

Die Reiter zügeln ihre Pferde und wenden sich zurück, damit sich der Zug der Rinder auflockert. Der Boß schwingt sich aus dem Sattel. Peter folgt ihm, auch Paul und Curio. Die Männer klettern seitwärts auf den Hang hinauf, um über die Herde hinweg nach vorn blicken zu können.

Endlich erkennen sie, was an der Spitze der Herde geschehen ist: Einer der wenigen riesigen Bäume, die hier auf der Höhe noch zwischen den Felsen wachsen, ist vom Sturm gefällt und mit der gewaltigen Krone quer über den Weg gestürzt. Roscoe kann das Hindernis nicht umgehen. Aber wenn nicht alles täuscht – Pferd und Reiter sind zu weit entfernt, als daß genau zu unterscheiden wäre, was wirklich auf der Höhe passiert –, so hat Roscoe seinen Lasso um den Stamm geschlungen und treibt nun sein Pferd – mit dem anderen Ende des Strickes am Sattelknopf – den Weg zurück, den er kam, um den Baum über die Kante des Abgrundes zu rollen.

Der Boß begreift sofort:

»Allein bringt er es nicht fertig, den Stamm aus dem Weg zu räumen. Wenn Roscoe nicht aufpaßt, wird er mitsamt dem Pferd in die Tiefe gerissen. Es muß ihm einer beispringen!«

Wer soll dem verzweifelten Reiter da vorn Hilfe bringen? Nur ein Mensch, der kletten kann wie eine Katze oder eine Ziege, wird dazu imstande sein. Die Weißen trauen sich den Anstieg nicht zu in ihren schweren Stiefeln. Dieser Felsen und Platten wird man nur barfuß Herr. Billy ist zu alt und Leggy noch zu klein und schwach; also bleibt nur Curio übrig!

Curio macht sich schon bereit. Er knüpft mit fliegenden Händen seinen Lasso vom Sattelknopf, zieht die Stiefel aus, steckt das Messer in den Gürtel und ruft:

»Boß, ich klettern unter der Herde vorbei und dann steil aufwärts, wo Baum liegt.«

Der Schwarze schwingt sich über den Rand der Straße und

springt, ohne einmal fehlzutreten, von Fels zu Fels den steilen Hang entlang unterhalb der Herde vorwärts. Nicht immer springt er, gleitet auch auf allen vieren über die glatten Platten. Manchmal verschwindet seine Gestalt, wenn er sich, dicht ans Gestein gepreßt, über einen besonders tiefen Absturz hangelt. Aber immer wieder taucht der schlangengewandte Leib wieder auf.

Curio erreicht eine Stelle senkrecht unterhalb des Punktes, wo in der Höhe der Baum über den Weg ragt. Roscoe scheint noch nicht wahrgenommen zu haben, daß ihm Hilfe naht; von ihrem erhöhten Standort erkennen die Zurückgebliebenen, daß er immer noch vom Pferd aus sich mit dem Stamm abmüht. Tatsächlich hat er das Hindernis schon ein Stück fortgerollt. Roscoe zerrt und zieht mit seinem Pferd offenbar sehr geschickt an dem klobigen Hindernis. Die Krone des Baumes schwebt schon weit über dem Abgrund. Vielleicht kippt der Stamm bald von selbst hinunter. Der Boß knirscht zwischen den Zähnen hervor:

»Wenn er nur aufpaßt! Hoffentlich hält er sein Messer bereit; wenn der Baum abstürzt und er schneidet nicht im gleichen Augenblick den Lasso durch, reißt ihn das Gewicht des Stammes mit seinem Gaul in die Tiefe.«

Curio klettert steil hinauf. Die Männer, die ihn und den gefährdeten Roscoe aus der Ferne beobachten, zittern vor Furcht und Ungeduld. Wird Curio noch zur Zeit die Höhe gewinnen? Wird der Baum stürzen, bevor ihn Curio über die letzten Steine stemmen kann? Wird sich Roscoe im rechten Augenblick von dem Lasso abtrennen?

Endlich hat Curio den Pfad erklettert. Er richtet sich jenseits des Hindernisses auf, erreicht mit ein paar Sätzen den Pfad. Peter erkennt, wie der Schwarze mit den Armen fuchtelt und offenbar dem Reiter etwas zuruft. Roscoe hebt sich hoch im Sattel und schlägt anfeuernd seinem Pferd mit der flachen Hand auf die Kruppe. Zur gleichen Zeit stemmt Curio seine Schulter unter den Stamm.

Ein Schrei dringt verweht herüber. Der Stamm dreht sich noch einmal langsam um sich selbst, hängt für ein paar furchtbare Sekunden in der Schwebe, neigt sich dann mit dem Übergewicht langsam in die Tiefe.

Im gleichen Augenblick müßte Curio sein Messer gezückt und mit dem scharfen Stahl den Lasso aus rohem Rindsleder zerschnitten haben.

Was aber in Wirklichkeit geschah, ist später nie mehr begriffen worden. Die Männer, die am Schluß der Herde sich hoch auf die Felsen geschwungen haben, sehen plötzlich Roscoes Pferd nach vorn prellen, so jäh, daß der Reiter über den Hals des Tieres fliegt. Heftig scheint er aufzuprallen, will sich im Schwung aufraffen, stolpert und stürzt schon über den Abhang in die Tiefe; ihm nach sein Pferd! Eine Sekunde zuvor erst ist der mörderische Stamm mit wehender Blätterkrone in den Abgrund gefallen.

Die nicht mehr gehemmten Rinder stürmen vorwärts. Curio muß sich seitwärts in die Felsen retten, sonst würde er überrannt.

Schon wenige Minuten später können sich am Schluß der Herde die Reiter wieder in den Sattel schwingen, denn der Marsch über die Paßstraße fließt nun ungehindert weiter.

Die Männer spüren alle ein fürchterliches Zittern in der Brust. Der Boss befiehlt: »Zuerst müssen wir die Herde jenseits der Paßstraße abfangen. Dann erst können wir zurückreiten und nach Roscoe suchen. Er lebt ohnehin nicht mehr.«

So geschieht es.

Am Vormittag des nächsten Tages stehen die Männer in der Tiefe des Felsentales um ein flaches Grab. Sie haben eine Wolldecke über die zerschlagene Leiche gebreitet. Ihre Augen ertrugen den Anblick nicht, der sich ihnen bot, als sie Roscoe wiederfanden.

Der Boss betet ein Vaterunser. Er schließt:

»Möge Gott seiner Seele gnädig sein!«

Dann stülpen die Männer ihre Hüte wieder auf die Schädel und türmen einen Berg von groben Felsen hoch über der Leiche auf; Aasfresser und Geier sollen sich nicht an ihr vergehen. Am Kopf des Grabes rammt der Boss ein grobes Kreuz zwischen die Felsen. Eingebrannt steht darauf zu lesen:

Roscoe McPhail
geboren im Januar 1927
gestorben am 3. November 1947
Er stürzte ab, um die Herde zu retten
Er war ein guter Reiter.

Der Boss hat lange mit sich gekämpft, ob er Curio erlauben soll, an dem Begräbnis teilzunehmen. Der Alte hat am Abend zuvor die weißen Reiter ins Vertrauen gezogen. Albert hat gemeint: »Curio hat irgend etwas angestellt, Roscoes Pferd zu erschrecken und Pferd und Reiter in den Abgrund zu schleudern.«

Hildebrand hat den Kopf geschüttelt: »Es wird nie zu beweisen sein, Albert.«

Ja, so ist es. Aber wenn Peter den schwarzen Curio beobachtet, wie der Australier mit einem merkwürdigen Zug von Triumph um die Augen zu Rosa hinüberblickt, die seit dem Unfall mit Stummheit geschlagen scheint, dann schießt ihm immer wieder der Verdacht durchs Hirn: es war kein Unfall, der Roscoe ins Jenseits befördert hat. Curio hat sich gerächt. — —

Kein weiteres Mißgeschick stört die letzte Woche der großen Wanderung des Viehes.

Die ewig gleiche Arbeit schlägt die Reiter schnell wieder in ihren Bann.

Am sechsten Nachmittag nach dem Begräbnis des Kameraden wollen Paul und Peter plötzlich ihren Augen nicht trauen. Die Herde zieht durch ein schmales sandiges Tal zwischen hohen Wänden bergab. Das Tal biegt nach rechts und breitet sich mit einem Male unerwartet aus. Und da, eine kleine Stadt und in der Ferne Schornsteine, hohe Schornsteine in der Wildnis!

Die Fleischfabrik von Wyndham!

Eine Stunde später glitzert den Reitern unermeßlich das Meer entgegen, der Indische Ozean, der in der Bucht von Wyndham tief ins Festland hineinstößt.

Auf einer zerstampften Ebene vor den Mauern und Zäunen der großen Fleischfabrik gelangt die Herde zur Ruhe.

Der große Zug der Rinder hat sein Ziel erreicht.

Fünfter Teil

Einundzwanzigstes Kapitel

Die fünf Männer an der Bar des Northwestern-Hotels von Wyndham sind fest entschlossen, sich zu betrinken. Sie haben ihre Herde von feisten Rindern in die Koppeln der großen Fleischfabrik getrieben und sind der Sorge ledig. Mögen jetzt die Schlächter und Packer zusehen, was weiter mit dem Vieh zu geschehen hat. Der Boss hat den Scheck kassiert und seine Leute ausgezahlt. Paul und Peter sind jeder um 80 Pfund reicher. Das ist ein schöner Haufen Geld. Aber viel größer noch scheint ihnen der Reichtum an Erfahrungen, den sie gesammelt haben. Die beiden Freunde mögen noch kaum zurückdenken. Was hat sich in den vergangenen Monaten an wilden Dingen nicht alles ereignet! Und Hildebrand hat ihnen im Ernst gesagt:

»Wenn ihr wollt, Jungens, könnt ihr bei mir bleiben oder jederzeit wieder zu mir zurückkommen. Ich kann euch immer gebrauchen.«

An der langen Bar wiederholt es der Boss noch einmal. Der Alte ist schon recht vergnügt nach einem halben Dutzend Whiskys:

»Bleibt ihr also dabei, mit der ›Koolinda‹ nach Perth zu fahren? Was habt ihr davon? Verjuxt euer Geld! Bezahlt wenigstens die Rückreise im voraus. Hier in Wyndham bei der Fleischfabrik erfahrt ihr immer, wo der alte Hildebrand zu finden ist.«

Paul, der – ebenfalls überaus heiter – neben dem Meister an der Theke lehnt, faßt nach seiner Brusttasche. Ja, der Brief mit der Handschrift seiner Muter knistert noch darin. Er hat den Brief kurz zuvor in Empfang genommen und ihn nicht lesen wollen, während die anderen zuschauten. Es ist ein dicker Brief; er wird viel Aufregendes enthalten.

Aber so sehr ihn auch die Frage bewegt, was das Schreiben aus Perth ihm für Neuigkeiten bringt –, noch ist der Ritt mit den guten Kameraden nicht ganz beendet. Erst muß Abschied gefeiert werden, hier an dieser Bar, an der alle großen Rindertrecks nach Wyndham ihren feuchten Abschluß finden.

Peter, der auf der anderen Seite Pauls steht, fragt leise:

»Willst du den Brief nicht öffnen? Ich bin furchtbar gespannt darauf, was er enthält.«

Aber Paul klopft nochmals mit der Hand auf seine Brust und erwidert: »Nein, mein Junge, jetzt wollen wir uns erst einmal die Nase begießen. Morgen ist auch noch ein Tag. Dann kommt der Brief an die Reihe.«

Auch Billy lümmelt sich mit den anderen über die Bar. Eigentlich ist ihm das verboten, er ist ja Schwarzer. Aber selbst die Polizei von Wyndham wagt nicht, Billy von der Bar des Northwestern-Hotels zu vertreiben, solange Hildebrand für ihn einsteht. Es gehört zu den Regeln, die keiner bestreitet, daß Billy sich nach jedem Treck neben Hildebrand einmal betrinken darf. Und er betrinkt sich ungeheuerlich. Schon nach zwei Stunden vermag er nur noch zu lallen, und nach einer weiteren sackt er pötzlich in sich zusammen, als hätte ihn der Blitz gefällt. Seine weißen Kameraden nehmen es mit Gelächter wahr.

»Siehst du«, meint Albert Shorewood mit verwischter Stimme, »siehst du, Billy, schwarzer Heide, du verträgst den Whisky eben nicht. Du mußt Wasser trinken, wie das liebe Vieh. Das ist die Strafe. Tragt ihn raus und legt ihn in den Schatten. Das ist nämlich mein Freund Billy. Jawoll, mein Freund Billy!«

Und sie beteuern alle, daß Billy ihr Freund ist, während zwei kräftige schwarze Boys des Hotelwirts den Gefällten über den Hof schleppen, wo sie ihn sorgfältig in den Schatten des Daches betten. Die anderen vier, der Boss, Paul, Albert und Peter, wandern wie bei einem Leichenbegängnis hinterher und grölen:

»Den Billy hat's erschlagen, den schwarzen Heiden. Geschieht ihm recht, dem Schluckspecht. Wir andern saufen weiter!«

»Bis morgen früh!« schreit Peter.

»Jawoll, bis morgen früh!« erwidert Hildebrand und will sich totlachen. Er schlägt Peter so schwer auf die Schulter, daß der sich um sich selber dreht und zu Boden taumelt. Ganz dumm sitzt er eine Weile da und verfällt dann in ein gar nicht enden wollendes Gelächter; die anderen stimmen ein.

Als Paul und Peter nach den vielen durchzechten Stunden in die knarrenden Eisenbetten sinken – ach, Betten! endlich wieder Betten! –, sind sie längst zu keinem klaren Gedanken mehr fähig. Der Schlaf stürzt bleiern über sie her, als würde ein großer Kübel Sand über ihnen ausgeleert.

Um die Mittagsstunde des nächsten Tages versammeln sich die Männer im Speisesaal des Hotels. Sie grinsen sich mit verzerrten Gesichtern an. Peter denkt: Kinder, Kinder, was sehen wir alle grün aus! Paul sagt, was alle im Grunde ihres Herzens meinen:

»Schön war's doch!«

Dabei bleibt offen, ob Paul das Trinkgelage meint oder die vielen Wochen und Monate, in denen sie gemeinsam die große Herde durch die furchtbaren und zugleich so zaubervollen Einöden des Nordwestens trieben.

Peter berichtet, daß die »Koolinda« in drei Tagen von Port Darwin her erwartet wird. Er hat schon Schiffsplätze belegt. In zehn weiteren Tagen wird das Boot die beiden Freunde in Fremantle an Land setzen. Von dort trennt sie dann nur noch eine Omnibusfahrt von Perth.

Der Alte hat beschlossen, noch eine zweite Herde nach Wyndham zu treiben; ein kürzerer Treck diesmal und weniger schwierig; von Denison-Downs-Station her, wohl zweihundertfünfzig Meilen südlich Wyndham. Er will mit Albert, Billy und Curio schon am nächsten Tag abreiten. Für so kurze Trecks lohnt es sich nicht, den Ochsenwagen mitzuführen. Auch führt der Treck ja in seinem weitaus längsten Abschnitt an der einigermaßen befahrenen Strecke von Halls Creek nach Wyndham entlang. Rosa bleibt also in Wyndham und kümmert sich um das Gepäck und die Zugochsen. Sie wird ihren Curio heiraten; das gilt nun als beschlossene Sache.

Noch einmal versucht der Boss, Paul und Peter zu bewegen, sich ihm auch für den nächsten Treck anzuschließen. Aber die Freunde werden von der Ungeduld gedrängt, nach Süden zu reisen. So viel erwartet sie noch, was sie jetzt noch nicht durchschauen; erst müssen sie ihr persönliches Dasein in Ordnung bringen; dann erst wieder werden sie daran denken, ob es sich lohnt, in die Steppen des Nordens zurückzukehren.

Noch immer hat Paul den Brief seiner Mutter nicht geöffnet. Eine eigentümliche Scheu hält ihn zurück, sich mit dem Schreiben zu beschäftigen, solange ihm noch der Schädel so entsetzlich brummt wie an diesem Tag nach der Abschiedsfeier.

Die beiden Freunde verabschieden sich früh von den Kameraden des großen Trecks. Auch jetzt werden nicht viele Worte gemacht. Jeder weiß, was er vom anderen zu halten hat, und weiß, daß es viel ist, was er von ihm hält. Peter sagt:

»Vielleicht sehen wir uns wieder, Boss.«

»Right-o!« antwortet der Boss. »Mir soll's recht sein! Ich habe euch deutlich genug beteuert, daß ich jederzeit für euch zu sprechen bin.«

Sie drücken den Kameraden die Hand. Billy grinst breit und freundlich und läßt seine blendenden Zähne leuchten. Er sagt:

»Ich mir noch große Brummkopf, aber guten Treck wir alle zusammen. Viel Glück, Paul und Peter!«

Und als Albert den beiden die Hand drückt, meint er:

»Vergeßt Roscoe nicht! Er war ein guter Reiter.«

Ein guter Reiter gewesen zu sein, das ist das Beste, was man einem anderen in diesen Steppen nachsagen kann.

Als Paul und Peter am nächsten Morgen nach langem Schlaf spät erwachen, sind sie allein. Die Gefährten, mit denen sie Gefahren, Durst, Staub und Fliegen und Angst, Feuer und Hitze und Wasserfluten erduldet haben, sind schon früh am Morgen abgeritten. Noch liegen vor Paul und Peter zwei Tage des Wartens; dann wird die »Koolinda« an der wackligen Pier im Hafen festmachen, sie an Bord nehmen und nach Süden tragen.

Peter überläßt nach dem Frühstück Paul seinem dicken Brief – jetzt ist die Zeit gekommen, ihn zu öffnen – und schlendert noch einmal zu dem fliegendurchsummten Kontor der Schiffahrtsgesellschaft hinüber.

Ja, es ist alles in Ordnung, die Kabinen sind bestellt. Die »Koolinda« ist pünktlich von Pt. Darwin abgefahren und wird pünktlich eintreffen; auf See herrscht gutes Wetter.

Peter sieht sich halb gelangweilt in dem Kontor um, studiert dies und jenes und steht schließlich vor einer Tafel, auf der die Schiffe verzeichnet sind, die in den nächsten Wochen Wyndham anlaufen werden. Unter den vier, fünf Dampfern, die in den nächsten Wochen erwartet werden, fällt Peter ein Name besonders auf. In fünf Wochen, also um die Weihnachtszeit, wird ein Frachter namens »São Thomé« in Wyndham erwartet.

Peter starrt das mit Kreide auf die Tafel gesetzte Wort so lange an, daß der Mann hinter dem Schalter verwundert hinüberblickt. Peter überlegt: São Thomé? Wo habe ich den Namen schon gehört? Ich kenne ihn doch.

Und mit einem Male fällt ihm ein: damals, als der Dschunke, auf der er mit Paul aus Japan geflohen war, das Trinkwasser ausging, damals war es ein portugiesischer Dampfer namens »São Thomé«, der ihnen geholfen hat.

Während Peter langsam wieder dem Hotel zuschlendert, erinnert er sich des seltsamen Gesprächs mit dem Kapitän des portugiesischen Schiffes. Peter zergrübelt sich den Kopf, wie der Kapitän geheißen hat. Doch will ihm der Name nicht wieder einfallen.

Der Mann mit der schwarzen Melone auf dem runden Schädel – wie hatte er geheißen? fragt sich Peter. Ich könnte im Kontor nachfragen. Er wendet seine Schritte zurück.

Ja, die »São Thomé« wird kurz vor Weihnachten erwartet und soll vielleicht drei, vier Tage Konserven und Häute laden. Der Kapitän heißt Fernão Velleso.

»Das ist ein Tramp-Dampfer, nicht wahr?« fragt Peter.

»Gewiß«, antwortet der schwitzende Angestellte hinter dem breiten Schiebefenster. »Außer der ›Koolinda‹ läuft kein Liniendampfer Wyndham an. Alles andere sind Tramps, und meistens nicht die besten.«

Peter weiß, was er wissen wollte. Fernão Velleso; ja, so hieß der Kapitän der »São Thomé«.

Als Peter zu Paul ins Zimmer tritt, ruft er:

»Du, ich habe eine Neuigkeit, auf die du niemals kommst, wenn ich sie dir nicht verrate.«

Aber Paul zeigt sich nicht so gespannt auf Peters Nachrichten, wie Peter erwartet hat. Paul sitzt auf dem Rand des knarrenden Bettes und hält ein paar Blätter Papier in der Hand, die dicht beschrieben sind.

Paul blickt auf und sieht den Freund ohne ein Wort fragend an. Peter fährt fort:

»Entsinnst du dich der ›São Thomé‹, Paul, und ihres gutmütigen, verschmitzten Kapitäns Velleso? Die ›São Thomé‹ wird in vier, fünf Wochen hier vor Anker gehen.«

Paul erwidert nachdenklich:

»Natürlich entsinne ich mich der ›São Thomé‹ und Noburus und O-koës, die mit dem Schiff nach Vancouver fuhren.«

Paul schweigt eine Zeitlang und blickt zum Fenster hinaus. Dann fängt er von neuem an zu sprechen:

»Es scheint, als wollten sich vergangene Ereignisse hier ein Stelldichein geben. Weißt du, was meine Mutter mir geschickt hat? Die Übersetzung der stenografischen Notizen Bill Bakers, die du bei seiner Leiche damals an der Grenze der Tundra fandest.«

Peter weiß zunächst nichts weiter zu sagen als:

»Bill Bakers letzte Notizen –!«

Für ein paar Minuten hört man nur die Fliegen summen. Die Freunde schweigen. Peter räuspert sich schließlich und fragt:

»Willst du mir nicht berichten, was deine Mutter dir schreibt?«

Paul fährt aus seinen Gedanken auf und meint hastig:

»Um alles in der Welt, ich habe dir noch gar nicht den Brief gegeben, der dem Schreiben meiner Mutter beilag. Hier ist er!« Peter fühlte sich wie von einem elektrischen Schlag durchzuckt. Der Brief, den Paul ihm überreicht, trägt eine chinesische Marke und das Zeichen der Luftpost. Die Anschrift, an Pauls Eltern gerichtet, ist mit der Schreibmaschine geschrieben. Der Absender lautet: »Su Yü-loh, Canton.« Peter starrt auf den Umschlag nieder. Was er da in der Hand hält – es ist ein Brief seiner Frau! Jetzt kann er ihn nicht lesen, während der Freund zuschaut. Peter vergräbt den Brief in seine Rocktasche.

Paul berichtet:

»Meine Mutter schreibt mir, wir sollten nur unbesorgt mit der ›Koolinda‹ nach Perth reisen. Sie schreibt weiter, daß Hedda eingetroffen ist, schon vor drei Wochen. Meinem Vater geht es geschäftlich besser als noch vor einem halben Jahr. Die Eltern haben sich mit Hedda eine andere Wohnung, nein, ein kleines Häuschen gemietet, ziemlich weit vor der Stadt, zwischen Perth und Fremantle. Niemand kennt sie dort. Sie glauben, daß wir fürs erste unbesorgt bei ihnen unterschlüpfen sollten. Zwar werden sie uns vielleicht nicht vom Schiff abholen; aber es würde uns nicht schwerfallen, sie zu finden. Ein paar Tage wollen sie uns erst einmal heimlich und ungestört genießen. Dann muß man weitersehen.«

Paul stockt und fährt nach einigen Sekunden fort:

»Peter, die letzten Aufzeichnungen Bill Bakers haben mich erschüttert. Es wird dir genauso gehen wie mir. Und du willst natürlich auch deinen Brief aus China lesen. Hier sind die Seiten, auf denen meine Mutter niedergeschrieben hat, was sich nach den stenografischen Aufzeichnungen in Bill Bakers Paß entziffern ließ. Nimm die Seiten und geh auf dein Zimmer. Wir sehen uns zum Mittagessen wieder.«

Zweiundzwanzigstes Kapitel

Peter hat sich in seinem Zimmer auf das ächzende Bett geworfen und hält den Brief seiner Frau in der Hand. Er besinnt sich und schlitzt das dünne Papier langsam auf. Er liest:

»Canton, am 3. August 1947

Mein lieber Mann!

Ich sende diesen Brief auf gut Glück an Pauls Eltern nach Australien. Ich hoffe sehr, daß er Dich dort irgendwie findet. Mein Vater ist sehr gealtert, seit Du uns verlassen hast. Du hast uns beiden große Hoffnungen gemacht und sie schließlich doch nicht erfüllen können – ohne Deine Schuld, das ist gewiß. Aber Trauer und Sehnsucht sind deshalb nicht geringer. Ich weiß, lieber Peter, daß Du jeden Abend und sicherlich auch oft während des Tages an mich denkst. Ich weiß auch, Du weißt, daß ich unablässig mit den Gedanken bei Dir bin. Gewiß hast Du in den Zeitungen gelesen, daß China immer unruhiger wird. Mein Vater bemüht sich, seine Geschäfte im Innern des Landes aufzulösen oder auf andere zu übertragen. Er ist sehr müde geworden. Er sieht mich manchmal lange an, ohne mit mir zu sprechen. Ich ahne, daß er sich dann in seinem Innern fragt, ob es nicht besser gewesen wäre, mich mit Dir fortzuschicken. Denn wenn ich auch täglich um ihn bin, so ist er doch einsam. Ich bin nicht mehr wie früher allein seine Tochter; ich bin, obgleich Du Tausende von Meilen von mir entfernt bist, nach wie vor und ganz und gar Deine Frau. Ich bemühe mich, in den Geschäften meines Vaters heimisch zu werden. Ich verzweifle manchmal daran, dies je zustande zu bringen, denn ich begreife erst jetzt, wie außerordentlich weit verzweigt und verwickelt diese Geschäfte in dieser Zeit des Krieges und der ewigen Wirren geartet sind.

Deshalb rate ich meinem Vater auch immer wieder, so viel von seinem Vermögen zu Geld zu machen, wie es sich ohne allzu große Verluste verwirklichen läßt. Ich rate ihm weiter, sein Vermögen nach Manila oder nach Singapore zu übertragen. Aber er bleibt trotz all seiner modernen Geschäftsmethoden der alte Chinese, der als Haupt der Familie sich selbst für seine entferntesten Neffen und Vettern und Enkel verantwortlich fühlt. Doch kommt er wenigstens zu einem Teil meinen Wünschen und Vorschlägen nach, denn bei aller Sorge um die Familie schwebt ihm doch als größte vor, meine – und das heißt auch Deine – Zukunft zu sichern. Denn immer wieder prägt er mir ein: du darfst nicht traurig sein, mein Kind. Du bist verheiratet, und dein Mann wird wieder zu dir zurückkehren oder du wirst ihn in seiner Heimat früher oder später aufsuchen. Gräme Dich deswegen nicht, mein Kind! Ich bin alt, und jeder Mensch muß einmal sterben. Der Dienst vor den Altären unserer Vorfahren ist gesichert; mein Bruder hat Söhne und Enkel. Du aber darfst nie den Glauben aufgeben, meine Tochter Yü-loh, daß du früher oder später wieder mit deinem Gatten vereint sein wirst. Ich bin ein alter Mann und kenne die Menschen. Peter, dem du angetraut bist, ist aus gutem Holz geschnitzt. Er kann dich vielleicht für eine Weile verlassen, um seinen Sohnespflichten zu genügen, aber er wird immer der Bindung eingedenk bleiben, in die er sich begeben hat.

Und, lieber Peter, dies glaube ich, denn es ist wahr! Ja, es ist ganz wahr, was mein Vater mir sagt. Ach, wenn er doch nicht so gealtert wäre! Das Schicksal unseres Landes bedrückt ihn unbeschreiblich. Er leidet darunter, daß die wilden Männer aus dem Norden, die uns aus Ssetschwan vertrieben, sich mit Recht gegen die Nationalregierung auflehnen. Es quält ihn, der sein Leben lang kühne, aber nie unsaubere Geschäfte gemacht hat, daß die Korruption in der Regierung alles Gute aufgefressen hat, was vielleicht einmal geplant war. Es liegt ihm daran, sich wenigstens davon zu überzeugen, daß seine Beauftragten und Agenten in Ssetschwan und Yünnan mit sauberen Händen ihre Beziehungen zu unserem Hause liquidieren. Ich kenne diese Sorge, die ihm des Nachts den Schlaf raubt.

Deshalb, lieber Peter, habe ich ihm angeboten, noch einmal den Yangtse aufwärts bis nach Yünnan-fu zu reisen, damit er beruhigt die Konten in seinen Büchern abschließen kann.

Mein Vater hat sich schließlich überzeugen lassen, daß ich diese Reise unternehmen muß. Er darf bei den heutigen Verhältnissen eigentlich nur noch seinem eigenen Fleisch und Blut das Vertrauen schenken, ohne das ein so schwieriger Auftrag nicht ausgeführt werden kann. Mein Vater besteht darauf, daß ich fliege. Tatsächlich bildet der Luftverkehr die einzige sichere Verbindung mit dem Innern des Landes. Die Dampfer an der Küste werden überfallen, die Schiffe auf dem Yangtse beschossen. Die Bahnen sind ewig unterbrochen; zu Fuß, in der Riksha oder im Maultierkarren zu reisen verbietet sich wegen der Gefahren von vornherein. Gut, ich werde also fliegen. Ich glaube, in spätestens zwei Monaten wieder nach Canton zurückkehren zu können.

Weißt Du noch, Peter, wie wir von Yünnan-fu nach Sui-fu flogen und ich so böse auf Dich war, weil Du glaubtest, die chinesischen Piloten verspotten zu müssen? Ach, ich lächle, wenn ich daran denke. So warst Du! Und welche Mühe Du Dir gabst, mich wieder gnädig zu stimmen, als ich Dich zornig anfuhr. Und weißt Du noch, Peter, wie wir nach unserem Schiffbruch in den Stromschnellen des Yangtse das vergessene kleine Dorf in den Bergen fanden, wie dort der Bambus vor der Tür unserer Lehmhütte lispelte und wisperte? Wie freundlich der alter Bauer uns behandelte und wie schön es war, des Nachts durch die offene Tür den Sternenhimmel über den wilden Bergen zu betrachten? Weißt Du noch, Peter, wie unbeschreiblich wir lachen mußten, als wir des Nachts heimlich im Hause der Su in Tschungking den ganz großen Kotau probierten, den wir dann am nächsten Tag vor der gestrengen Lao-tai-tai auch praktizierten? Und wie damals der Mond die Schnitzmuster der Fensterrahmen gegen das Ölpapier abzeichnete? Weißt Du das alles noch, Peter?

Ich weiß es so genau, als wäre es erst gestern gewesen, nein, als wäre es heute geschehen, gerade heute erst, vor einer halben Stunde, vor fünf Minuten. So genau weiß ich's, Peter.

Habe ich mich nicht zu Dir gewagt, als Du in den Bergen von Laos als Legionär dienen mußtest? Habe ich Dich nicht, als Du zum Tode verurteilt warst, aus dem Gefängnis gerettet und Dich heimlich durch die Nächte und über die Ströme und Flüsse der tropischen Gebirge bis ins sichere Yünnan geleitet? Ja, mein lieber Mann, dies alles habe ich getan und würde es tausendfach wieder tun, wenn es sein müßte. Du wirst es nie vergessen und weißt es auch in diesem Augenblick, da ich dies niederschreibe.

So gehören wir zueinander. Und nichts kann uns trennen. Ich sehne den Tag herbei, der uns wieder vereinen wird. Mag er auch noch Jahre entfernt sein, Du wirst mich unverändert wiederfinden. Ich bin schön für Dich, jeden Tag, mein Mann, und Du bist jede Nacht in meinem Herzen und in meinem Blut, jede Nacht!

Und es macht mich stolz zu wissen, daß auch Du mich in Deinem Herzen trägst, wie ewig darin geborgen.

Ich werde Canton in wenigen Tagen verlassen. Ich schreibe Dir gleich, wenn ich wieder hier eingetroffen bin. Bis dahin bleibe ich, die ich war und immer sein werde,

Deine Frau, Deine Yü-loh«

Peter läßt das Blatt sinken: seine Yü-loh, die schöne Yü-loh!

Er rechnet nach: im August ist sie von Canton abgeflogen, im September muß sie wieder zurück sein, wenn sie nicht unterwegs aufgehalten worden ist. Der Luftpostbrief, den sie ihm dann sicherlich geschrieben hat –, müßte er nicht eigentlich auch schon über Pauls Eltern hier in Wyndham eingetroffen sein? Aber auf diese Frage gibt es keine Antwort. Die Laufzeit eines Briefes von Canton im unruhigen China nach Perth und von dort nach dem entlegenen Wyndham in Nordaustralien ist so ungewiß und so vielen Zufällen ausgesetzt, daß es wenig Zweck hat, die Tage nachzurechnen.

Peter liegt mit geschlossenen Augen auf seiner Bettstatt. Ein paar Fliegen sind trotz der Gazefenster ins Zimmer gedrungen und summen eintönig und ermüdend. Peter spürt nach diesem Brief, wie eine ungeheure Müdigkeit ihn rings umfängt. Zu viel – ach, es ist zu viel, was diese jahrelange Flucht ihn zu erleben zwang. Er trägt es fast nicht mehr. Er ist grenzenlos müde.

Seine Hand, die noch das letzte Blatt des Briefes hält, sinkt auf die Bettkante; das Papier gleitet lautlos zu Boden.

Auf der befleckten Decke des winzigen Tisches vor dem Fenster liegen die Seiten, die Bill Bakers letzte Aufzeichnungen enthalten. Peter hat sie vergessen. Yü-loh hat eben mit ihm gesprochen. Eines anderen Worte zu hören oder zu lesen, ist er in dieser verlassenen Stunde nicht mehr fähig.

Dreiundzwanzigstes Kapitel

Die »Koolinda« rauscht südwärts über eine einsame See, entlang einer der einsamsten Küsten der bewohnten Welt. An manchen Tagen breiten sich die Wasser still ins Weite wie ein Meer von Öl. Die Bugwellen des Dampfers ziehen hinter dem Schiff her ins Unendliche. Im Osten taucht manchmal die Küste auf, braune glühende Gebirge oder auch die flachen Striche niedriger Sand- und Dünenstrände.

Die Hitze ist groß. Die Sonne lodert. Kein Wind weht. Wenn nicht der Fahrtwind ein wenig Kühlung brächte – die lautlose Feuersbrunst der Tage über diesem einsamen Meer wäre nicht zu ertragen.

Paul und Peter wandern unter dem Sonnensegel auf und ab. Das Schiff rauscht über den Königssund nordwärts der hohen See zu. Bald wird es das Schwanenkap umrunden und südwestwärts Kurs auf Broome nehmen.

Peter hat dem Freund kein Wort von dem berichtet, was er in Yülohs Brief gelesen hat. Paul ist mit allen Gedanken bei seinem eigenen Geschick. Er denkt voraus an sein eigenes Mädchen, das ihm aus dem fernen Kanada nach Australien nachgefahren ist und dem er nun bald wieder begegnen wird.

In Gedanken baut er schon an seinem neuen Dasein, das sich ihm in Perth eröffnen wird. Paul ist nicht mehr auf der Flucht. Er ist schon so gut wie heimgekehrt. Was jetzt noch geschehen wird, stellt nur den letzten Abklang der Jahre des Krieges und der Jahre des Wanderns dar.

Ohne daß die beiden Freunde es wahrhaben wollen, entfernen sich ihre Schicksale schon jetzt voneinander. Zwar reisen sie noch auf dem gleichen Schiff über ein nie erlebtes, großes Meer; aber jeder von ihnen spinnt an dem eigenen Lebensfaden, an dem nur er allein zu spinnen vermag.

Sie haben beide die Aufzeichnungen Bill Bakers aus dem alaskischen Todestal gelesen, haben sie aber beide noch nicht voll zur Kenntnis genommen; zu sehr beschäftigen sich ihre Gedanken mit den Menschen, die ihnen näherstehen, als ihnen der verschollene Kamerad gestanden hat, der am Rande der Tundra umkam.

Aber schließlich klingt die Unrast ab, in die sich die Freunde seit Wyndham versetzt fühlten. Als das Schiff die Roebuck-Bay verlassen hat und auf die offene See hinausrauscht, um Port Hedland anzusteuern, findet die milde Nacht Paul und Peter auf dem Bootsdeck in ihren Liegestühlen. Peter holt aus seiner Brusttasche die Seiten hervor, auf welche Pauls Mutter die letzten Stenogramme Bakers übertragen hat. Peter sagt:

»Wir sind so mit uns beschäftigt, Paul, und denken so ausschließlich an die Zukunft, daß wir die Vergangenheit vergessen haben. Ich bin dafür, daß wir Bill Bakers Aufzeichnungen noch einmal gemeinsam studieren.«

Peter rückt sich einen Stuhl unter die Lampe, die über dem Eingang zur Kapitänskajüte brennt. Sie spendet Licht genug. Peter fährt fort:

»Ich werde eines Tages der Frau Hennie Baker schreiben müssen; vielleicht fällt dir noch etwas ein, was ich ihr schreiben kann. Leicht wird mir der Brief nicht werden.«

Auch Paul hat seinen Stuhl herangezogen; er erwidert:

»Lies' vor, Peter, was meine Mutter aufgeschrieben hat. Ich werde dich unterbrechen, wenn ich etwas zu sagen habe.«

Peter hebt die Seiten vor die Augen und beginnt:

»24. 1. 1946

George Chriswold ist vor zwei Stunden abmarschiert. Ich liege in der Einsamkeit des Schnees und kann mich nicht rühren. Ich bin einigermaßen warm. Ich stecke in einem doppelten Schlafsack. George hat mir das Wertvollste gegeben, was er hatte in dieser Welt der tiefen Kälte: seinen Schlafsack, damit ich in einer doppelten Hülle liegen kann. Jetzt ist er auf dem Marsch zu den Kameraden, und ich bin allein.

Ich halte das Gewehr im Arm, damit es warm bleibt. Ich kann es jeden Augenblick herausreißen und feuern. Aber wer soll mich hier überfallen? Ich bin furchtbar allein. Nur der Gedanke an die Hunde verläßt mich nicht, an Nigger und die anderen Bestien. Ich fürchte mich vor ihnen. Gebe Gott, daß sie mich nicht entdecken!

Wie gut, daß ich darauf kam, ein paar Aufzeichnungen zu machen – beinahe hätte ich eben geschrieben, zu hinterlassen. So weit ist es noch nicht. Noch lebe ich. Noch werde ich meine Frau unten in den Staaten wiedersehen und mit ihr ein neues Dasein beginnen. Noch lebe ich! Zwar steht mein Leben auf des Messers Schneide, aber ich weiß, daß die Kameraden, was nur immer in ihrer Macht steht, tun werden, mich zu retten, mich, der nicht Bill Baker, sondern Wilhelm Bäcker heißt. Wen geht das etwas an? In meinem Pass steht Bill Baker oder eigentlich William T. J. Baker aus Spokane, Washington, Sergeant der amerikanischen Luftwaffe, der am 30. März 1943 wegen Kampfunfähigkeit, vor dem Feinde erworben, in allen Ehren aus der amerikanischen Armee entlassen worden ist.

Ja, wie gut, daß ich darauf kam, mit dem kleinen Silberbleistift, den ich von Hennie habe, stenografisch Tagebuch in meinem Paß zu führen; der Paß hat ja noch viele leere Blätter, und ich kann mich in meiner Verlassenheit wenigstens mit diesen Seiten unterhalten.

Überlege ich es recht, so sind diese Tage eigentlich seit den im Lazarett 1943 die ersten Tage, an denen ich wirklich einmal Stunde für Stunde daliegen und über mich und meine Vergangenheit nachdenken darf.

Wenn ich die Kopfhaube über den Schlafsack klappe und gerade nur einen schmalen Luftschlitz lasse, der mir ein wenig Helligkeit spendet, so kann ich in meinem doppelten Futteral unbesorgt schreiben; die Hände werden mir nicht kalt dabei.

Dabei muß draußen in der knisternden Einsamkeit die Temperatur noch gesunken sein; es mag vierzig oder mehr Grad unter Null sein.

Die Kälte von unten her scheint nicht durch die beiden Schlafsäcke zu dringen, sonst hätte sie mich in den Stunden, seit George abmarschiert ist, schon erreicht. George hat ein so dichtes und dickes Lager aus Fichtenzweigen unter mich gebreitet, daß ich gegen den eisigen Schnee gut abgeschirmt bin. Aber ich muß mich doch so weit hinaufschieben, daß ich mich mit dem Rücken ein wenig gegen die Felsen lehnen kann. Aus dieser liegenden Stellung vermag ich die Umgebung nicht genügend weit zu beobachten. - - -

So, jetzt sitze ich mehr, als ich liege. Unter der Haube meines Schlafsackes überblicke ich das Ufer gut hundert Meter weit und die endlose Fläche des vereisten Flusses, der mich auf dem Gewissen hat, wenn ich hier umkommen sollte. Hoffentlich sieht sich George Chriswold vor, daß er nicht wie ich irgendwo ins Eis bricht. Zwar hat er mir geholfen, mir seinen Schlafsack geschenkt, mich eingepackt, nachdem er mich aus meinen vereisten Pelzhosen geschnitten hat, mir die Glieder warmgeklopft und warmgerieben, bis das Blut wieder in ihnen zu fließen begann; der gute George, der nie besondere Sympathie für mich empfunden hat, wie die anderen alle, und der sich doch im Augenblick der Gefahr als ein zuverlässiger und aufopfernder Kamerad erwies.

Das Loch da unten im Fluß, in das ich eingebrochen bin, ist längst wieder zugefroren. Wie ein Stern sehen die Risse aus, die sich von der Einbruchstelle ausbreiten, wie ein schöner, spielerischer Stern, der auf dem schwarzen Eis liegt. Aber es war kein schönes Spiel. Ohne George wäre ich jetzt schon tot und triebe unter dem Eis des Stromes erstarrt dahin. Wahrscheinlich würde mich niemand wiederfinden, und niemals würde Hennie erfahren, wo mein verwirrtes Dasein ein Ende fand.

Ich werde schlafen; ich werde versuchen, lange und tief zu schlafen, um Kraft zu sammeln. Denn wenn die Hunde, die entsetzlichen Bestien, nach mir suchen sollten, so werden sie mich nicht gleich heute schon, sondern erst morgen oder in ein paar Tagen finden. Deshalb muß ich jetzt Kräfte sammeln, um in den kommenden Nächten wach bleiben zu können.

Gute Nacht, Hennie! Ich schlafe in dem Gedanken an dich ein, wie immer, und die ganze Nacht wirst du im Traum bei mir sein. Gebe Gott, daß ich dich noch einmal wiedersehe! Gute Nacht, Hennie!«

Peter läßt das Blatt sinken. Er liegt lange, gedehnte Minuten still in seinem Liegestuhl, und auch Paul rührt sich nicht.

Paul meint schließlich leise:

»Eigentlich sollte man diese Zeilen gar nicht lesen, Peter. Sie sind zu intim, zu privat. Wenn sie überhaupt für die Augen eines anderen Menschen bestimmt gewesen sind, dann sicher nicht für die unseren.«

»Nein, höchstens für die seiner Frau Hennie. Hennie lebt also jetzt in Kapstadt. Ich werde ihr die Seiten schicken oder bringen müssen; um alles in der Welt, keine leichte Aufgabe!«

Peter hält inne und denkt mit geschlossenen Augen nach. Schließlich fährt er fort:

»Ich glaube, du hast unrecht, wenn du meinst, wir dürften diese Zeilen nicht lesen. Ich bin damals losgezogen, um Bill zu retten. Daß ich zu spät kam und nur noch seine zerrissenen Überreste fand – unsere Schuld war es gewiß nicht, sondern nur die Schuld der gnadenlosen Arktis.

Paul murrt nach einer Weile des Schweigens: »Weißt du, Peter, mir drängt sich ein Vergleich auf und läßt sich nicht abweisen:

Roscoe ist gefallen, genau wie damals Bill Baker fiel; ich kann mir nicht mehr vorstellen, daß Curio ihn mit Absicht über den Rand der Paßstraße geprellt hat. Männer im Kampf gegen die Wildnis bringen sich nicht um. Sie werden höchstens von der Wildnis umgebracht. Das ist immer ein ehrenvoller Tod.«

Peter erwidert zögernd:

»Es mag stimmen, was du sagst. Vielleicht stimmt es wirklich, vielleicht. Ich weiß es nicht. Ich lese weiter.«

Peter blättert einige Sekunden in den Seiten, die Pauls Mutter mit ihrer festen, runden Schrift beschrieben hat, findet dann den Anschluß und beginnt von neuem:

»25. I. 1946

Ich habe sehr tief geschlafen, beinahe vierzehn Stunden lang. Ich darf nicht vergessen, meine Uhr aufzuziehen.

Ein einziges Mal bin ich in der Nacht aufgewacht, als ich ein menschliches Rühren verspürte, ein allzumenschliches.

Es ist wärmer geworden. Der Himmel hat jetzt in den wenigen hellen Tagesstunden nicht mehr die gläsern blasse Bläue wie an den Tagen zuvor; er sieht milchig aus. Der Wind ist matter und wechselt häufig, als wüßte er nicht, woher er wehen soll. Ich fürchte, daß Schneesturm aufzieht.

Bei Schneesturm müßte auch George irgendwo liegenbleiben – und ohne Schlafsack im Schneesturm. Fürchterliche Vorstellung!

Es hat keinen Zweck, sich all die Möglichkeiten auszumalen, die in diesem grausamen Lande Wirklichkeit werden können. Wenn ich noch niemals lernte, was man offenbar lernen muß, damit man ein Mensch wird und im vollen Sinne des Wortes erwachsen – jetzt wird es mir mit Gewalt beigebracht: Geduld nämlich; und noch etwas anderes, was mit einem Wort bezeichnet wird, das mir selbst noch in meiner augenblicklichen Lage allzu feierlich klingt: Demut näm-lich. Ich bin so hilflos wie ein neugeborenes Kind. Ich liege auf meinen Fichtenzweigen, an den starrenden Felsen gelehnt, in meine Pelze verpackt: hilflos, ganz hilflos. Kaum bin ich fähig, für ein paar Dutzend Sekunden nur die Hülle zu verlassen, um meine Notdurft zu verrichten. Und wenn wirklich Schneesturm mich überfallen sollte, werde ich nicht einmal dazu imstande sein und darf mich dann erst recht in Geduld üben – wie ein neugeborenes Kind.

Wie wenig dies alles bedeutet!

Noch lebe ich. Und mitten in diesem Land des Eises und in diesen zwanzigstündigen Nächten des Schweigens brennt himmelhoch eine stille Flamme: die Sehnsucht nach meinem Weibe.

Auch dies Wort steht ungewöhnlich da und ein wenig allzu feierlich. Was haben wir in diesem zwanzigsten Jahrhundert nicht alle echten Worte abgenutzt und zu Taschengeld entwertet, mit dem zu klimpern sich jeder Rotzjunge für berechtigt hält!

Liebe, Demut, Geduld, Ehre, Würde, Heiligkeit – alles, alles abgenützt und verbraucht!

Ich habe doch jetzt vierzehn Stunden geschlafen. Ich bin hellwach und frisch. Mein Fuß schmerzt. Aber das bedeutet nicht viel. Mein Gewehr ist warm und schußbereit. Proviant habe ich noch für gut fünf oder sechs Tage. Es müßte mit dem Teufel zugehen, wenn ich mich nicht so lange der Kälte, der Hunde und welcher Gefahren sonst erwehren könnte, bis die Helfer kommen! Ich bin also wieder einmal soweit, liege da und warte auf anderer Leute Hilfe. Offenbar werde ich nie allein mit dem Dasein fertig. Da bin ich zwar aus Deutschland weggegangen und Amerikaner geworden, weil mir die Heimat zu eng geworden war. Aber ich konnte mich in Amerika nicht entschließen, sie wirklich zu vergessen, was vielleicht das beste Mittel gewesen wäre, mit ihr fertig zu werden. Im Gegenteil! Je länger ich aus Europa fort war, desto mehr erschien es mir wie ein verlorenes Paradies. Dabei ist es mir nicht wie so vielen anderen in

Amerika ergangen. Ich hatte einen Beruf, den man drüben gut gebrauchen konnte.

– Da habe ich eben tatsächlich ›drüben‹ geschrieben; ›drüben‹, als ob ich immer noch in Europa zu Hause wäre, wo man ›drüben‹ sagt, wenn man Amerika meint. Dabei bin ich längst Amerikaner, bin es gern geworden und sträubte mich nicht, Soldat zu werden, als Amerika in den Krieg eintrat. Aber die Entscheidungen, die ich getroffen hatte, sie hatten sich alle nur an der Fassade vollzogen. Im Hintergrund lief das alte Leben weiter und war weder mit gutem noch mit bösem Willen zu ändern.

Dies große Land Amerika ist gut zu mir gewesen. Die Menschen waren großzügig und freundlich und nahmen mich auf, ohne viel zu fragen oder ohne mich zu mißachten, weil ich ein Fremder war. Ich verdiente Geld reichlich und verhältnismäßig leicht. Zwar wurde härtere Arbeit verlangt, und im ganzen war die Arbeit unsicherer; aber was tat das schon! Die Unsicherheit und das schärfere Tempo wurden mehr als aufgewogen durch das Gefühl, daß sich überall reichere Möglichkeiten anboten als irgendwo im alten Lande.

Seit ich mit Hennie verheiratet war, schien die Welt vollkommen wieder ins Lot gelangt. Es ging auch alles ganz gut, bis der Krieg ausbrach.

Immerhin sah es so aus, als ob Deutschland sich aufgemacht hätte, die Welt zu unterjochen. Als Amerika in den Krieg eintrat, wurde ich also Soldat. Man stellte mich ein, ohne mich zu beargwöhnen. Vor ein paar Tagen erst habe ich George mancherlei erzählt, nur nicht die Wahrheit. Daraus ziehe ich den Schluß, daß ich längst noch nicht mit mir im reinen bin; denn warum belüge ich harmlose Kameraden? Ich könnte ihnen genausogut erzählen, was sich wirklich ereignet hat. Aber um alles in der Welt, ich mag nicht zugeben, daß ich noch vor wenigen Jahren Deutscher gewesen bin und keinen Augenblick daran dachte, mein Leben anders zu beschließen denn als Deutscher.

Ich weiß es noch, als wäre es gestern gewesen, wie lang die Nächte waren, in denen ich mich mit Hennie darüber unterhielt. Sie hat mir immer wieder gepredigt: du hast dich schon entschieden, Bill. Du kannst nicht zwischen den Nationen stehenbleiben.

Sie hatte vollkommen recht. Aber ich habe versagt. Das ist das ganze Geheimnis.

Und weil ich spürte, daß ich im Grunde versagte, deshalb meldete ich mich zu dem Sonderkommando in Afrika.

Wie mich da der deutsche Jäger angriff. Und ich erkannte einen Augenblick lang sein Gesicht, ein junges, hartes Gesicht. Eine Sekunde lang fuhr es mir durch den Sinn: Herr im Himmel, ein deutsches Gesicht! Und um den Bruchteil einer Sekunde schoß ich zu spät und kreiselte in die Tiefe. Und dann der Fallschirm! Und der Absturz hinter den deutschen Linien; und wie ich mich dann durchschlug und zu Tode erschöpft wieder bei den eigenen Leuten ankam, die ich doch im entscheidenden Augenblick verraten hatte; denn ich hatte gezögert, auf die Knöpfe zu drücken. Und dann der Nervenzusammenbruch danach und die lange Zeit im Sanatorium.

Sie schafften mich wieder nach den Staaten zurück. Aber selbst die klügsten Ärzte haben nicht herausbekommen, was eigentlich mit mir los war. Ich wußte, daß ich niemals fähig sein würde, auf Männer zu schießen, deren Sprache ich sprach, in deren Land ich geboren war, dem Land, nach dem ich – ja, zum Teufel, ich gestehe es endlich – ein ewiges Heimweh verspürte. Ich sah mich vor die Entscheidung gestellt, mich entweder von meinen Brüdern erschießen zu lassen oder auf sie zu schießen.

Dieser Entscheidung war ich nicht gewachsen. Ich flüchtete mich in den psychischen Kollaps, und die Nervenärzte dokterten an mir herum und wußten nicht, was sie mit mir anfangen sollten.

Einen Schritt weiter kam ich erst, als ich endlich Hennie gestehen durfte, was eigentlich sich ereignet hatte. Ich bat sie: Hennie, laß mich eine Zeitlang allein! Vielleicht nimmt der Krieg bald ein Ende, vielleicht löst sich dann alles von selbst. Ich werde mir irgendeine Aufgabe suchen, die der amerikanischen Sache dient, ohne daß ich auf Menschen aus der alten Heimat schießen muß. So kam ich also nach Alaska und baute an der Alaska-Straße. Es sieht fast so aus, als sollte ich nun hier den Tod auf dem Schlachtfelde sterben, obgleich der Krieg dem Namen nach vorbei ist und obgleich ich nicht mehr versucht habe, mit einem Gewehr auf Menschen zu zielen und abzudrücken.

Wenn der Bau dieser Straße beendet ist, wird auch die Zeit meiner Buße vorüber sein. Ich weiß, daß Hennie auf mich wartet. Vielleicht ist die überlange Trennung von meiner Frau die Sühne dafür, daß ich unser Land im entscheidenden Augenblick im Stich gelassen habe.

– – –

Die Niederschrift ist eine Beichte geworden. Wenn ich hier sterben sollte, werden diese Zeilen irgendwie Hennie erreichen. Sie wird mich schon verstehen. Sie wird auch erkennen, daß ich sie, den einzigen Menschen in dieser Welt, den ich mit der ganzen Kraft meines Herzens liebe, nie einen Augenblick lang verraten habe. Wenn sie das weiß, wird sie mir auch verzeihen, und ich werde ihr so im Gedächtnis bleiben, wie ich's gern bleiben möchte, als ein Versagender zwar, aber kein Unehrenhafter.

So, das habe ich nun aufgeschrieben für alle Fälle, und mir ist ein Stein von der Seele.

Es ist zu dunkel, um weiterzuschreiben. Der Himmel hat sich bezogen. Die unverwechselbaren Wölkchen treiben von Norden heran, die Windstille wird in einer Viertelstunde vergangen sein. Dann werden die Furien aus Norden losbrechen.

Solange der Schneesturm tobt, bin ich sicher. Das ist ein Trost, aber ein magerer; denn solange der Sturm heult, kann kein Flugzeug nach mir aufsteigen und kein Hundegespann losziehen, mich zu suchen.

Genug für heute, lebe wohl, Hennie! Gute Nacht, liebe Frau!«

Wieder läßt Peter das Blatt sinken. –

Die »Koolinda« zieht gleichmütig ihre Bahn über die unbewegte Indische See; im Osten irgendwo gleitet dunkel und unsichtbar der öde Strand der Eighty Mile Beach vorbei. Kein noch so blasses Licht verrät die Küste. Das Schiff könnte ebensogut durchs Nichts ziehen. Auf der tischflachen, öligen See spiegeln sich die Sterne still, ohne zu zittern.

Paul und Peter schweigen lange Zeit. Endlich meint Peter:

»Bekenntnisse –! Beichte –! Ich glaube, Paul, wenn man genau zusieht, hat jeder Mensch nach diesem Krieg etwas zu beichten. Der Unterschied ist nur, daß einige es zugeben und andere nicht. Die meisten Leute lassen die Vergangenheit einfach in sich hineinrutschen, wie man Abfall in ein Kehrichtfaß wirft, und sehen nicht mehr hin. Aber es bleibt doch da. Es tut sicher jedem von uns besser, wenn er das Vergangene gar nicht erst auf den Kehricht gelangen läßt, sondern auf vernünftigere Weise mit ihm fertig wird.«

Paul fragt dagegen; und es klingt fast schlaftrunken, ist es aber nicht; es ist nur über Gebühr nachdenklich:

»Womit haben wir denn fertig zu werden, Peter, wir beide?«

Peter sinnt lange und erwidert dann:

»Auf unserer weiten Flucht von Kentucky her haben wir vielerlei angebrochen, was wir nicht beendeten. Ich denke an Jessica, die Schwarze, die uns damals so verwegen in Lexington schützte und weiterhalf, und an ihre gute, dicke Mama. Die Beziehung zu den alten Sakuras haben wir auch nicht abgeschlossen. Ist O-koë heimgelangt? Was wurde aus Noburu? Werde ich den Faden Hennie Baker wieder anknüpfen können? Und Yü-loh? Ich habe es dir noch nicht erzählt, Paul; sie ist ins Innere Chinas geflogen, um auf einer großen Rundreise die Geschäfte ihres Vaters aufzulösen. Der alte Herr scheint nicht mehr an die Zukunft der Nationalregierung zu glauben. Er wird sich einen sicheren Rückzugshafen in Singapore oder Hongkong anlegen. Mit meinen Eltern bin ich zerfallen, das weißt du ja, und im Grunde genommen verstehe ich gar nicht, daß ich unabsichtlich immer wieder drüber nachdenke, wie ich von hier nach Afrika gelangen könnte. Der Mann in dem Schiffskontor in Wyndham meinte, die ›São Thomé‹ würde von Wyndham, wenn sie sich den Bauch voll Fleischkonserven geladen hat, nach Moçambique und von da weiter nach Kapstadt und Angola und schließlich nach Lissabon segeln. Aber nun bin ich auf dem Wege nach Süden. Ich hätte in Wyndham bleiben müssen, wenn ich sie benutzen wollte. Eigentlich haben wir immer noch keinen rechten Plan und kein Ziel. Das heißt, du kennst das deine; du willst zu deinen Eltern und zu deiner Braut. Aber ich? Wohin will eigentlich ich?«

Paul erwiderte ruhig:

»Ich kann dir ganz genau sagen, lieber Junge, wohin du im Grunde willst. Du willst zurück zu Yü-loh. Da gehörst du auch hin. Und dann gehört ihr beide zusammen nach Afrika zu deinen Eltern. Das mußt du auch zu erreichen suchen. Wenn ich du wäre, würde ich von Perth aus das nächste Schiff nach Kapstadt nehmen. Glaubst du denn nicht, daß du deinen Vater zu deiner Frau überzeugen könntest, wenn du ihm genau darstellst, was sie für dich getan hat und wer sie ist?«

Peter überlegt sich die Frage lange. Er räuspert sich und sagt:

»Ich müßte mich in meinem alten Herrn sehr täuschen, wenn er nicht schließlich doch mit saurer Miene ja zu meiner Wahl sagte. Er ist viel zu anständig, als daß er nicht, abgesehen von aller Liebe, die Verpflichtung anerkennt, die mich an Yü-loh bindet.«

Paul erwidert:

»Ich bin froh, daß du endlich zur Vernunft kommst. Natürlich, so ist es! So wird dein Vater reagieren, und deine Mutter wird nachhelfen, wenn du sie mir einigermaßen zutreffend geschildert hast.«

Peter meint leise:

»Sie hilft schon jetzt nach, darauf möchte ich wetten.«

Viele gedankenschwere Minuten fließen durch die stille, laue Nacht davon. Manchmal vernehmen die beiden Freunde, wie auf der Brücke über ihnen der wachhabende Offizier ein paar Worte mit dem Rudergänger wechselt, vernehmen auch dumpf die Schritte des Wachhabenden; er vertreibt sich die Zeit in der gefahrlosen Nacht, indem er die kurze Strecke zwischen dem Rudergänger und der Steuerbordseite der Brücke auf und ab schreitet.

Hoch im Himmel hängt das südliche Kreuz wie jede Nacht, doppelt strahlend neben dem seltsam schwarzen Fleck, der wie ein Loch im Weltall zwischen den Sternen gähnt. Peter sagt:

»Was Bill Baker auf diesen Blättern gebeichtet hat, sollte man seiner Frau Hennie eigentlich nur mit einem kurzen Brief übersenden. Man müßte es ihr von Angesicht zu Angesicht erklären. Wahrscheinlich kann all dies nur jemand verstehen, der selbst Soldat gewesen ist und der auf andere Menschen, die nicht schlechter und nicht besser sind als er selber, hat schießen müssen.«

Paul erwidert:

»Ich zweifle nicht, daß sich dir eine solche Gelegenheit irgendwann bieten wird. Warum solltest du schließlich nicht eines Tages in Kapstadt Hennie Baker gegenübersitzen, um ihr zu erklären, was ihr Mann in seinen letzten Stunden niedergeschrieben hat?«

Peter nimmt wieder das Wort:

»Ja, warum eigentlich nicht? Vielleicht ist es schon jetzt da oben in den südlichen Sternen geschrieben, daß ich dieser Hennie begegnen werde. Ich möchte wohl wissen, wie sie aussieht. Ob man an Gesichtern von Frauen ablesen kann, daß sie sehr geliebt worden sind oder sehr geliebt haben?«

»Vielleicht!« entgegnet Paul. »Aber lassen wir das jetzt. Lies weiter, was Bill Baker aufgeschrieben hat.«

Peter hebt wieder eine Seite der Niederschrift ans Licht und liest:

»28. 1. 1946

Die Hunde sind da!
Sie hocken weit draußen auf dem Eis und blicken zu mir herüber. Ich habe schon ein dutzendmal auf sie geschossen; jedesmal auf Nigger, diese schwarze Bestie. Aber ich habe auf so weite Entfer-

nung aus meiner unsicheren Sitzstellung nicht getroffen. Es sind ja mindestens fünfhundert Meter von hier bis zu den Hunden. Seit den Schüssen haben sich die Bestien noch weiter zurückgezogen.

Nur Nigger ist nicht gewichen. Er hockt regungslos auf dem Eis. Wenn ich auch seine Augen nicht erkennen kann, so weiß ich doch, daß er unverwandt zu mir herüberblickt.

Mein Fuß schmerzt entsetzlich. Er ist riesig aufgeschwollen. Sonderbar, daß ich das jetzt erst merke, seit der Schneesturm vergangen ist.

Ich habe Sorge, daß die Eiterung aufplatzt und sich in den Schlafsack ergießt. Scheußlich! Wenn nicht bald Hilfe kommt, bin ich verloren. Der Schmerz zieht sich schon bis über das Knie aufwärts. Ich vermute, daß Gefahr der Blutvergiftung besteht.

Wie dem auch sei, ich gebe nicht nach. Ich kämpfe um dies Dasein, das noch einmal Sinn bekommen wird. Ich will wieder zurück zu Hennie, meiner Frau, die ich liebe und die mir Schwester und Mutter und Geliebte in einem ist, am meisten in den letzten Jahren vielleicht Mutter, und auch in dieser Stunde Mutter. Doch wenn wir wieder beisammen sind, wird auch das andere wieder aufbrechen: Geliebte! Und Frau! Kinder vielleicht!

Lauter schöne Vielleichts. Da vor mir hockt Nigger auf dem Eis, hungrig. Seine wölfischen Instinkte sind entfesselt, seit er George in die Hand biß.

Ich bin sehr schwach.

Ich kann kaum noch den Stift halten. Die Schmerzen sind schon bis in die Weichen gedrungen und wühlen in mir.

Der schwarze Hund ist immer noch da. Er ist in der Nacht viel näher herangeschlichen. Ich habe noch zweimal auf ihn geschossen. Aber das unsichere Licht erlaubte kein festes Zielen.

Und jetzt bin ich zu schwach.

Ich bin aus der sitzenden Stellung in die liegende gerutscht und bringe es nicht mehr fertig, mich aufzurichten. Die Kälte hat mich gefunden, hat mich durch die dicken Hüllen erreicht. Ich friere. Aber vielleicht ist es gar nicht die Kälte von draußen; es ist die Kälte von drinnen. Es ist das vergiftete Blut. Mein Bein ist bis zum Oberschenkel vollkommen gefühllos; mit dem anderen Fuß kann ich fühlen, daß die Haut aufgeplatzt ist.

Es ist also zu Ende. Aber ich gebe nicht nach, bis zur letzten Kugel nicht. Und dann noch mit Händen und Zähnen!

Ich habe alle Qual schon hinter mir. Ich presse mein Gewehr an mich. Mit letzter Kraft: die schwarze Bestie oder ich!
Und aus dem Grabe rufe ich dir noch einmal zu, Geliebte: Ich liebe dich!
Leb wohl! In einer anderen, einer besseren Welt wieder!

Dein Mann Wilhelm Bäcker«

Peter hat die letzten Zeilen eigentümlich unsicher vorgelesen. Er braucht ein paar Minuten, bis er wieder Herr seiner Stimme geworden ist.

Vierundzwanzigstes Kapitel

Seit die »Koolinda« Onslow hinter sich ließ und das Nordwestkap umrundete, dann die Inselschwärme der Haifischbucht passierte und allmählich auf einen Kurs Südsüdost zu Süd wendete, ist es merklich kühler geworden. Das Meer verwandelt sich wieder in hohe See, vergessen ist die ölige Spiegelfläche, durch die das Schiff an der Nordwestküste furchte. Jetzt spritzt wieder Schaum über die Reling und fliegt wie helle Pfeile übers Vorschiff, klatscht wohl auch ans Glas des Promenadendecks. Die Luft schmeckt nicht mehr nach den Tropen; gemäßigtere Breiten kündigen sich an. Zum erstenmal nach langer Zeit fühlen sich Paul und Peter wieder geneigt, die Kleidung normaler Mitteleuropäer zu tragen. Ihr Gepäck ist mit dem Auto unversehrt an Bord gelangt. Das Auto steht auf der hinteren Ladeluke wohlverpackt in schwere Zeltbahnen, und die Freunde freuen sich jedesmal, wenn sie am Morgen den treuen Ford unverändert auf seinem Platz vorfinden. Die Schiffsreise von Wyndham nach Fremantle hat mit der Fracht für das Auto eine ansehnliche Zahl von Pfunden verschlungen. Aber noch sind die beiden nicht arm. Sie tragen noch den Gewinn aus ihren Buchverkäufen und den Lohn für ihre Arbeit als Stockmen in der Tasche. Die Schiffskarten haben ein Loch in ihr Vermögen gerissen, aber vorläufig dürfen Paul und Peter ohne allzu heftige Finanzsorgen in die Zukunft blicken.

Als das gute Schiff sich in Fremantle an die Pier legt, stehen Paul und Peter erwartungsvoll an der Reling des Hauptdecks und halten Ausschau. Aber Paul vermag kein bekanntes Gesicht unter den

Menschen zu entdecken, die auf dem Kai das Schiff erwarten. Enttäuschung und auch geheime Furcht will sich der Gemüter der beiden Freunde bemächtigen. Paul sagt:

»Meine Leute haben es nicht gewagt, mich abzuholen. Hoffentlich ist nichts schiefgegangen.«

Peter tröstet ihn und sich:

»Es ist mir lieber, deine Eltern und Hedda üben zuviel Vorsicht als zuwenig. Wer weiß, welche Stimmung in den großen Städten Australiens vorwaltet. Vielleicht lehnen die Leute hier immer noch scharf alles Deutsche ab und alle Deutschen. Wir wollen uns nicht unnötig beeilen, Paul. Wir erfahren alles noch früh genug. Glücklicherweise werden wir nicht mehr kontrolliert.«

Nein, eine Kontrolle der Pässe und Papiere findet nicht statt, denn die »Koolinda« hat australische Küstengewässer nicht verlassen, seit sie von Port Darwin und Wyndham auf die Reise nach Süden ging.

Paul und Peter verabschieden sich von den Bekannten, die sie an Bord gewonnen haben. Sie sind viel zu heftig damit beschäftigt gewesen, ihre kaum noch zu zähmende Ungeduld im Zaume zu halten, als daß sie großen Wert auf neue Bekanntschaften oder Freundschaften gelegt hätten. Die beiden haben mit gutem Recht von sich behauptet, daß sie als brave Stockmen des Nordens die übliche Sommerreise nach Süden angetreten hätten. Jedermann an Bord kannte den Namen Hildebrand. Der Name des großen Drovers empfahl, auch ohne daß er selbst zugegen zu sein brauchte, seine beiden ehemaligen Reiter aufs beste.

Peter fühlt sein Herz für Sekunden so von Furcht umklammert, daß er zittert. Ständig quält ihn der Gedanke: warum sind Pauls Eltern oder Hedda nicht am Schiff erschienen, um uns in Empfang zu nehmen? Paul empfindet uneingestanden ähnliche Angst.

Ohne daß sie sich darüber einigten, sorgen die Freunde höchst umständlich dafür, daß ihr Auto sicher an Land gehoben wird. Peter entdeckt auch gleich eine Garage und Reparaturwerkstatt unweit des Hafens, holt zwei Mechaniker herbei und läßt den Wagen fahrfertig machen.

Sie packen ihre Koffer und Taschen und Decken einigermaßen ordentlich auf den Hintersitz, Paul nimmt hinter dem Steuer Platz und läßt den Wagen auf die Straße hinausrollen, die von Fremantle nach Perth führt.

Wie hieß doch die Adresse, die Pauls Mutter angegeben hatte?

Paul kramt in seiner Rocktasche und holt den schon zerschlissenen Umschlag hervor, in dem so viel Schicksalträchtiges nach Wyndham berichtet worden war: dieses Kuvert hatte die Zeilen enthalten, die Pauls Mutter ihrem Sohn geschrieben, hatte die Übertragung des Stenogramms aus den eisigen Öden Alaskas und schließlich auch den Brief der Su Yü-loh an Peter beherbergt.

Paul reichte den Umschlag zu Peter hinüber:

»Wie heißt die Straße also?« fragt er.

Peter liest vor: »63 Nullarbor Plain Road, Perth West.«

Peter sagt:

»Nach der Adresse muß das Haus deiner Eltern Perth näher liegen als Fremantle. Wir können ja fragen.«

Sie fragen und finden das Ziel ohne allzu große Mühe: 63 Nullarbor Plain Road – ein kleines weißes Haus auf einem grünen Rasen, von alten Eukalypten hoch umweht. Ringsum unberührter Busch. Das nächste Anwesen liegt gut hundert Meter entfernt.

Ein wenig benutzter Fahrweg weist von der Straße zu dem Haus hinauf. Paul und Peter wenden ihr Auto in diesen Weg, der sie um das Haus herumführt. Vor der Hinterfront bringt Paul den Wagen zum Stehen. Beider Herz schlägt bis zum Halse.

Mit merkwürdig schweren Gliedern steigen Paul und Peter zögernd und ungewiß aus dem Wagen.

Die Hintertür des Hauses fliegt auf; heraus stürzt eine ältere Frau mit grauem Haar. Sie stößt nur einen einzigen Ruf aus:

»Paul!«

Mutter und Sohn liegen sich in den Armen.

Peter ist hinter dem Auto stehengeblieben. Er lächelt ein wenig verlegen. Paul ist also wieder zu Hause. Denn wer sollte diese ältere Frau anders sein als Pauls Mutter?

Auch ein Mann mit rotem gesundem Gesicht und weißem vollem Haar darüber stolpert ins Freie und ruft mit ein wenig erstickter Stimme:

»Nun gib ihn endlich für einen Augenblick frei, Mutter!«

Und die Mutter gibt ihn frei. Vater und Sohn reichen sich die Hände und umarmen sich wortlos.

Im Dunkel des Türrahmens lehnt eine schmale Gestalt. Peter erkennt Hedda Deerks sofort wieder: ihr stilles, schönes Gesicht.

Paul löst sich aus den Armen seines Vaters und blickt sich fragend um. Die Mutter lächelt unter Tränen und sagt:

»Ja, ja, sie ist auch da!« und ruft ins Haus hinein:

»Komm zum Vorschein, Hedda, Paul ist da!«

Die Liebenden schreiten scheu aufeinander zu. Sie reichen sich nur die Hände und lassen sie für einen Augenblick ineinander ruhen. Dann erst fällt es Pauls Vater ein zu fragen:

»Wo hast du deinen Freund Peter, mein Junge?«

Peter tritt hinter dem Auto hervor und präsentiert sich:

»Hier ist er, Peter Bolt.«

Die Mutter wendet sich ihm mit einem hellen Lächeln zu:

»Sie sind also Peter, Pauls Freund. Was bin ich glücklich, Kinder, daß ihr nun wirklich um die halbe Welt bei uns angekommen seid, dazu gesund und unversehrt!«

Einen Augenblick lang schießt es Peter durch den Kopf: gesund und unversehrt! Ja, äußerlich stimmt es, aber innerlich bringen wir ein halb Dutzend Narben, vielleicht sogar noch offene Wunden mit.

Laut sagt er: »Jawohl, gnädige Frau, ich habe die Ehre, Ihnen Ihren Paul unbeschädigt abzuliefern.«

Peter versteigt sich zu einer steifen Verbeugung. Sie lachen alle. Hedda sagt:

»Mich kennst du wohl nicht mehr, Peter? Dich allerdings erkennt man an deinem lockeren Mundwerk sofort wieder!«

»Und ob ich dich kenne, Hedda. Wir haben inzwischen einige hundertmal von dir gesprochen. Ich lege dir meinen Respekt zu Füßen, daß du tatsächlich, ohne zu zögern, Kanada mit Australien vertauscht hast.«

»Ich hatte es versprochen«, erwidert sie einfach.

»Kommt, Kinder, was stehen wir hier auf dem Hinterhof! Wir wollen ins Haus. Es ist alles für eure Ankunft vorbereitet.«

Aber Pauls Vater hebt die Hand:

»Zuerst müssen wir das Auto in den Schuppen fahren. Es ist besser, wenn es von der Straße her nicht gesehen werden kann.«

Den beiden Freunden schießt diese Bemerkung einen spitzen Pfeil ins Herz. Er bleibt an Widerhaken leicht zitternd darin hängen. Pauls Vater öffnet eine Garagentür. Das Auto rollt in den dämmerigen Raum. Die Türen schließen sich. Nun ist von der Straße her nichts Ungewöhnliches mehr zu entdecken.

Sie haben gegessen und getrunken und immer wieder das Essen und Trinken vergessen und sich plötzlich wie geistesabwesend eine Weile in die Augen gesehen: Mutter und Sohn, Vater und Sohn und der junge Mann und sein Mädchen.

Peter wird von dem Gefühl beherrscht, in diesem Kreise überflüssig zu sein. Paul ist nicht mehr der Paul, mit dem er hundert und eine Gefahr, viele harte Lager, Not um Leib und Leben und Freiheit und schließlich auch manche vergnügte oder übermütige Stunde geteilt hat. Paul ist nach Hause gekommen. Er ist jetzt Sohn seiner Eltern und Mann der Frau, die er bald heiraten wird. Und was ist Peter? Peter spürt es in diesen Sekunden mit schmerzlicher Klarheit, daß er noch längst nicht daheim ist, daß vor ihm noch eine weite Strecke Weges liegt, die er allein zurücklegen muß. Denn der Freund Paul ist schon in dieser Minute von ihm abgefallen; er wird nicht zu bewegen sein, den nach jahrelanger Flucht endlich erreichten heimatlichen Hafen wieder aufzugeben.

Peter fühlt sich für ein paar Augenblicke so sehr verlassen, daß er am liebsten aufstehen, das Auto in Gang bringen und weiterfahren möchte, nur fort aus diesem »trauten Familienkreis«, in den er nicht hineingehört, in dem er früher oder später nur stören wird.

Das Essen ist vorüber. Pauls Mutter und Hedda haben sich in die Küche verfügt, um das Geschirr abzuwaschen. Das Haus, das die alten Knapsacks gemietet haben, ist klein und alt. Sie haben es nur gefunden, weil es weit draußen vor den Toren der Stadt liegt und nichts von all den Bequemlichkeiten enthält, die in den behaglichen australischen Großstädten längst selbstverständlich geworden sind. Jeden Tag hat der alte Knapsack von seinem Haus aus über eine Stunde Anmarsch bis in sein Kontor in der Stadt. Trotzdem haben Pauls Eltern das Haus gern gemietet, liegt es doch abseits von der großen Verkehrsstraße, abseits auch von dichtbesiedelten Bezirken. Paul ist zwar wieder bei seinen Eltern. Ob er damit wirklich die Heimat gefunden hat, das steht noch aus. Die Freunde begreifen es, als sie nach dem Essen mit Pauls Vater in dem winzigen Wohnzimmer auf knarrenden alten Polsterstühlen sitzen und die Freunde den Alten vorsichtig befragen, mit welcher Situation sie eigentlich zu rechnen haben.

Pauls Vater berichtet:

»Wir hätten euch gern vom Schiff abgeholt. Wir hatten genau erfragt, wann es ankommt. Aber dann haben wir uns im letzten Augenblick entschlossen, euch lieber nicht zu erwarten. Die Zeitungen sind voll von einem Fall, der vor vier Tagen in Melbourne passiert ist und der nun landauf, landab besprochen wird, als wäre der Himmel eingestürzt. Jedermann ist hier zur Zeit mehr als mißtrauisch gegenüber Fremden. Wir wollten nichts riskieren.«

Paul fragt: »Was ist passiert?«

Pauls Vater fährt fort:

»Ja, eine wirklich unglaubwürdige Duplizität der Ereignisse! Die Melbourner Zeitung ›Argus‹ war die erste, die darüber berichtete. Von dort aus ist dann die Geschichte durch ganz Australien gegangen, und die Leute haben sich auf beinahe alberne Weise erregt. Man hat in Melbourne zwei junge Leute verhaftet, die aus einem deutschen Kriegsgefangenenlager in Nordafrika, ich glaube bei Kairo, geflüchtet sind und sich unter abenteuerlichen Umständen bis hierher nach Australien durchgeschlagen haben. Die beiden geschickten Burschen hatten sich als DPs aufgemacht und bekleideten in Melbourne längst gute Stellungen; der eine von ihnen ist sogar schon mit einem australischen Mädchen verlobt. Sie haben sich hier als Polen ausgegeben; kein Mensch hat sie beargwöhnt. Da passiert einem von ihnen etwas kindlich Dummes: der junge Mann, Hans Kosinski war sein Name, hatte aus irgendwelchen sentimentalen Gründen sein altes Soldbuch aus der deutschen Armee immer noch aufgehoben. An einem Sonntagnachmittag fährt er mit seinem Freund Georg Jedicke und dessen junger Braut ins Grüne und hat das Soldbuch bei sich. Er zieht seine Jacke aus, legt sie neben sich ins Gras und achtet nicht darauf, daß das abgegriffene Büchlein aus der Tasche rutscht und unter dem Baum liegenbleibt.

Dann will es der böse Zufall, daß das Dokument von einem jungen Australier gefunden wird, der als Soldat in Europa gekämpft hat und weiß, wie deutsche Soldbücher aussehen. Er nimmt das Papier mit und zeigt es am nächsten Morgen in dem Büro umher, in dem er angestellt ist. Und wieder will es ein zweiter Zufall, daß unter den Angestellten ein Mädchen das Gesicht des Soldaten im Soldbuch wiedererkennt, wohnt er ihr doch schräg an der gleichen Straße gegenüber. Eine Stunde später ist der falsche Australier verhaftet, und es dauert nicht lange, bis auch seinen Freund das gleiche Schicksal ereilt. Die junge Braut fällt aus allen Wolken. Sie hat nichts davon geahnt, daß ihr das furchtbare Schicksal beschieden ist, sich einem waschechten Deutschen anverlobt zu haben. Nun sitzen die beiden ehemaligen deutschen Flieger hinter Schloß und Riegel; landauf, landab wogt der Streit hin und her, was mit den beiden geschehen soll. Selbst im Parlament hat man sich mit dem Fall beschäftigt. Zuerst hieß es natürlich: Unerhört! Unerhört! Wie sind die Halunken ins Land gekommen? Wie schlecht die australischen Hafenbehörden arbeiten!

Ein paar Hysteriker haben sich sogar zu dem Schrei vereint: die Zukunft Australiens steht auf dem Spiel, wenn solche Abenteurer unkontrolliert in das Innere unseres Landes eindringen können.

Eine Weile stand es sehr schlecht um die beiden. Sie waren eigentlich schon so gut wie deportiert. Aber dann mischten sich allmählich vernünftigere Stimmen in den aufgeregten Chor. Besonders der Verband australischer Soldatenmütter hat für die beiden ein gutes Wort eingelegt. Die Vorsitzende des Verbandes hat vernünftigerweise vor der Öffentlichkeit erklärt: Wenn es zwei junge Burschen fertigbringen, um die halbe Erde unser Land zu gewinnen, wenn sie hier sauber und anständig durch ihrer Hände oder ihrer Köpfe Arbeit ihr Brot verdienen und sogar schon eine Familie gründen wollen, so haben sie wirklich bewiesen, daß sie nichts weiter darstellen wollen als gute Australier. Australien hat bisher mit deutschen Einwanderern keine schlechten Erfahrungen gemacht, durchaus nicht. Deshalb sollte man Gnade vor Recht ergehen lassen und den beiden jungen Leuten die Bürgerrechte verleihen.

Aber der Fall schwebt noch. Vorläufig stehen sämtliche australischen Einwanderungsgesetze der Lösung entgegen, die der Verband der Mütter vorschlägt. Ich vermute, daß sich die Paragraphen und die Bürokratie als stärker erweisen werden als der gesunde Menschenverstand, selbst hier in diesem Lande, wo er doch noch einigermaßen zur Regierung zugelassen ist. Die junge Australierin, die sich mit dem Deutschen verlobt hat, sitzt in Melbourne herum, weint sich die Augen aus und hat zu dem Schaden auch noch viel Spott.«

Paul und Peter sind sehr betroffen. Sie haben ihr Schicksal bisher als ein einmaliges angesehen; nun erfahren sie in der ersten Stunde unter dem elterlichen Dach, daß auch andere ihrer ehemaligen Kameraden, selbst solche, deren Eltern nicht in Übersee wohnen, sich auf die Wanderschaft begeben haben, um an irgendeiner fernen Küste ein neues Leben zu beginnen.

Pauls Vater hat recht: man muß vorsichtig sein. Aber der Alte tröstet sie gleich:

»Die wenigen Bekannten, die wir bisher gewonnen haben, besuchen uns hier, weit draußen vor der Stadt, kaum und sicherlich nicht, ohne sich vorher anzumelden. Ihr könnt also in aller Ruhe erst einmal genießen, daß ihr wieder zu Hause seid. Wir wollen abwarten, was aus dem Fall wird, der sich in Melbourne ereignet hat. Nach seinem Ergebnis können wir uns richten.«

Peter bläst eine große Rauchwolke aus. Sie zieht träge durchs Zimmer, dem offenen Fenster zu ins Freie. Er sagt:

»Sie sind angehender australischer Bürger, Herr Knapsack, und Pauls Braut ist Kanadierin. Paul darf natürlich nicht zugeben, daß er unter falschem Paß gereist ist. Er muß lediglich bekennen, daß er sich – meinethalben als blinder Passagier – zu seinen Eltern durchgeschlagen hat. Ich bin überzeugt, daß man ihm gestatten wird, im Lande zu bleiben und auf ehrliche Weise die australischen Bürgerpapiere zu erwerben. Aber für mich gilt das nicht. Ich gehöre hier nicht her. Ich habe nicht einmal die Absicht, hierzubleiben. Ich gefährde durch meine bloße Anwesenheit Ihre und Pauls Sicherheit. Man wird Ihnen vielleicht, wenn man mich entdeckt, den Vorwurf machen, Sie hätten entsprungene deutsche Kriegsgefangene widerrechtlich beherbergt oder wer weiß was für grausame Sachen sonst noch verübt. Ich kann mir bei Ihnen höchstens eine kurze Ruhepause gönnen; dann muß ich mich wieder auf Wanderschaft begeben.«

Die drei Männer schweigen nach diesen Worten, der alte und die beiden jungen, und weiter wölkt der blaue Rauch ihres Tabaks durch das Fenster über den grünen Rasen davon. Die Richtigkeit der Worte Peters liegt viel zu klar auf der Hand, als daß Paul und sein Vater auch nur versuchen könnten, ihm zu widersprechen.

Nach einer Weile des Schweigens will Paul wissen:

»Warum habt ihr mir nichts von Betty geschrieben? Wo ist Betty überhaupt?«

Über das Gesicht des alten Knapsack verbreitet sich ein Zug von Trauer und Mißmut. Er sagt:

»Wir haben mit deiner Schwester Betty, Paul, einige Enttäuschungen erlebt, mit denen wir immer noch nicht fertig geworden sind. Du weißt ja, Paul, daß Betty immer ein wenig leichtsinnig war. Ihr paßte das Leben nicht mehr, das sie mit Mutter in Bangkok führen mußte, als ich hier im Internierungslager saß und unser altes Geschäft in Bangkok langsam in die Brüche ging. Mutter hat sich damals sehr mühselig durchschlagen müssen, und Betty hat ihr nicht dabei geholfen. Sie warf sich lieber einem nach unseren Begriffen wenig erfreulichen Mann an den Hals, hat weder Mutter noch mich um Erlaubnis gefragt – das heißt, mich konnte sie gar nicht fragen; ich saß ja hinter Stacheldraht – und ist mit dem Mann auf und davon gegangen; irgendeinem Südamerikaner, von dem kein Mensch wußte, woher er kam und wohin er gehörte. Sie hat sich im Unfrieden von Mutter getrennt. Wir haben seither nichts mehr von ihr gehört. Das ist jetzt schon fast drei Jahre her; sie ist verschollen.«

Paul erwidert nichts weiter als:

»Ich habe Betty immer sehr gern gehabt.«

Der Vater antwortet mürrisch:

»Doch nicht nur du, dummer Junge, ich auch. Aber Mutter hat sie nicht halten können; und selbst wennn sie uns suchte, würde sie uns jetzt wohl kaum wiederfinden. Mutter kam vollkommen gebrochen hier bei mir an. Von dir wußten wir nichts, und Betty war fort. Du hättest sie nicht wiedererkannt, deine Mutter, Paul. Sie lebt erst wieder auf, seit Hedda bei uns im Hause ist. Es war ein guter Gedanke von dir, mein Junge, uns dein Mädchen zu schicken. So ist Mutter langsam wieder ans Leben gewöhnt worden und durfte sich von neuem all die Gedanken machen, die sich Mütter nun einmal machen wollen. Die beiden Frauen sind ein Herz und eine Seele. Ich glaube, ich kann dich zu deiner Wahl beglückwünschen.«

Wieder schweigen die drei Männer lange. Dann bringt Hedda den Kaffee. Sie trägt eine weiße Schürze vorgebunden, und ihr von der Arbeit in der Küche noch erhitztes Gesicht strahlt. Ein Glanz von Leben geht von ihr aus; wie von selbst wärmt Heiterkeit plötzlich die Herzen der drei Männer. Frau Knapsack trägt stolz einen großen Teller Kuchen ins Zimmer. Die Männer mögen griesgrämig der Vergangenheit oder den Unzulänglichkeiten ihrer Umstände nachkramen, die Frauen freuen sich der glücklicheren Gegenwart. Das Leben ist wieder in Ordnung, die Familie sitzt an diesem freien Sonnabendnachmittag daheim beisammen, trinkt guten Kaffee und ißt selbstgebackenen Kuchen. Die Lieben sind nicht mehr fern; sie sind alle um den gleichen Tisch versammelt; man kann miteinander sprechen, sich beraten, sich trösten – es wird schon mit der Zeit alles wieder in Ordnung kommen!

Als es dunkel geworden ist, machen Paul, Hedda und Peter einen kleinen Spaziergang den Fahrweg entlang. Hedda berichtet von ihrer kanadischen Heimat. In Vernon hat sich offenbar nicht viel verändert. Peter fragt nach dem alten Sakura. Er will vor allem wissen, ob O-koë und Noboru, von denen sie sich damals so Hals über Kopf mitten auf dem Chinesischen Meer verabschiedeten, ob diese beiden ältesten der Kinder Sakuras glücklich nach Hause gekommen sind. Hedda antwortet:

»Ja, O-koë ist daheim. Es geht ihr gut. Sie will bald heiraten. Wir sind ja zusammen in Vernon in die Schule gegangen. Ich mochte sie sehr gern. Aber ihr Bruder Noburu ist nur für einen Tag in Vernon gewesen. Er sollte sofort wegen Hoch- und Landesverrat verhaftet werden. Er hatte ja im Krieg auf japanischer Seite gefochten. Aber die Polizei hat ihn nicht gefaßt. Noburu war gleich wieder verschwunden. Der alte Wang hat genug zu tun gehabt, sich von dem Verdacht zu reinigen, daß er es gewesen wäre, der Noburu zur Flucht verholfen hätte. Man hat ihm nichts beweisen können. Die Polizei hat damals die Farm Sakuras umstellt, des Nachts, um den Landesverräter zu fangen; aber als dann die Bewaffneten in das Haus eindrangen, war der Vogel davongeflogen. Seither hat man nichts wieder von Noburu gehört.«

Hedda fährt leiser fort:

»Wir sind in eine verrückte Zeit hineingeboren. Es muß Zeiten gegeben haben, in denen es schöner zu leben war als heute.«

Paul nimmt den Faden auf und sagt:

»Wer nur irgendwo eine kleine Insel findet, der muß zufrieden sein. Ich will in den nächsten fünf Jahren nichts weiter als Ruhe haben und stillsitzen und mein Haus bauen.«

Peter denkt neidisch: Sie fragen nicht danach, daß ich noch immer auf der Flucht bin.

Fünfundzwanzigstes Kapitel

Paul und Peter lassen sich bei Tageslicht kaum auf der Straße sehen. Dicht vor der Hintertür beginnt ja schon der grüne, unberührte Busch; denn selbst neben den großen Städten Australiens blieb die Wildnis immer noch hier und da erhalten; es macht sich keiner die Mühe, ihr zu Leibe zu gehen.

Wie schnell das Nichtstun langweilig wird!

Gewiß, man kann jeden Abend zusammensitzen und von den vielen Abenteuern erzählen, die man erlebt oder richtiger erlitten hat. Paul und Peter zehren ungern von der Vergangenheit. Sie wollen die Gegenwart ins reine gebracht wissen.

Paul zittert vor Ungeduld wie ein Pferd am Start. Sein Mädchen wohnt mit ihm unter dem gleichen Dach. Er will arbeiten, will heiraten. Aber er darf nicht aufs Standesamt gehen; dort fragt man ihn gleich nach Woher und Wohin. Seinen kanadischen Papieren traut er nicht mehr. Er kann ja schließlich nicht seine Eltern verleugnen.

Die beiden Freunde schlafen in dem gleichen Mansardenzimmer; so viele Räume besitzt das Haus nicht, daß jedem der Gäste ein eigenes Zimmer gewährt werden könnte.

Nach einer Woche des Wartens, Überlegens und Zögerns drängen Entscheidungen an die Oberfläche des Geschehens. Paul fragt in der Nacht zum zweiten Montag, den er mit Peter in dem elterlichen Hause verlebt – das Licht ist schon gelöscht –:

»Merkst du nicht auch Peter, daß Hedda unter diesem Zustand zu leiden beginnt? Wir sind in dieser Woche nicht einen Schritt weitergekommen. Weißt du was, ich bin entschlossen, kurzen Prozeß zu machen. Ich fahre übermorgen nach Perth hinein und stelle mich der Einwanderungsbehörde. Der ungewisse Zustand ist nicht zu ertragen. Ich muß die Sache durchfechten.«

Peter schweigt eine Weile ins Dunkel und fragt dann leise:

»Willst du den Behörden auch von meiner Existenz berichten?«

Paul erwidert bestimmt – offenbar hat er darüber schon nachgedacht –:

»Nein! Ich halte es für besser, von dir keine Silbe zu erwähnen. Geht mit mir die Sache schief, dann kannst du dich immer noch aus dem Staube machen. Ich werde dir irgendwie eine Nachricht zukommen lassen, die dich warnt. Mein eigenes Schicksal macht mir nicht sehr viel Unruhe. Sicherlich wird man mich eine Weile festhalten, vielleicht sogar bestrafen. Ich habe es dir schon mehr als einmal gesagt: ich bin überzeugt, daß in diesem großzügigen, gastfreien Land schließlich auch für mich und meine Frau Platz sein wird.«

Paul, Hedda und Pauls Vater fahren am Dienstag früh gemeinsam in die Stadt. Paul hat sich schon im Schlafzimmer von Peter für alle Fälle verabschiedet. Er sagt zu dem Freunde:

»Peter, bevor wir zum Frühstück hinuntergehen – wenn sie mich in der Stadt gleich behalten und hinter schwedische Gardinen stecken sollten –, Peter, wir wollen uns hier noch einmal die Hand drücken.«

Paul streckt dem Freunde die Hand entgegen. Peter sagt:

»Die Fahrt war lang –!«

Paul erwidert: »Es ist manches schiefgegangen, Peter, aber es hat sich doch gelohnt. Oder etwa nicht?«

Peter darauf:

»Es hat sich gelohnt, Paul! Und jederzeit, jetzt oder morgen oder in zwanzig Jahren, kannst du wieder auf mich rechnen, sollten wir abermals irgendeinen Weg ins Ungewisse unter die Füße nehmen müssen.«

Die beiden drücken sich die Hände, der schlanke, schwarzhaarige, dunkelhäutige Peter mit den dichten, dunklen Brauen und den beinahe zierlichen Gliedmaßen und der breite, untersetzte, kräftige Paul mit der seltsamen weißen Strähne im Haar. Sie drücken sich die Hand kräftig, blicken sich in die Augen und wissen, was sie aneinander gehabt haben und für alle Zeiten haben werden.

Peter und Pauls Mutter stehen in der Tür, während die drei Menschen den Weg vom Haus bis zur Fahrstraße hinunterwandern. Paul dreht sich noch einmal um und winkt. Auch Hedda winkt. Der alte Mann dreht sich nicht um. Er geht geradeaus. Er hat die Zurückbleibenden schon vergessen. Sein Sinn ist nur noch auf das Ziel gerichtet, den Sohn aus verstecktem Dasein zu befreien und wieder zu einem anerkannten Bürger unter Bürgern zu machen, der sich überall sehen lassen und jedermann frei ins Gesicht blicken darf.

Die beiden Menschen, die im Hause zurückbleiben, Pauls Mutter und Peter, verbergen die Unruhe, die ihr Gemüt verstört, sorgfältig voreinander. Peter sagt:

»Ich werde noch einmal unser Auto überholen und putzen. Dann wird mir die Wartezeit nicht so lang.«

»Ja, kümmere dich nur um dein Auto!« erwidert Pauls Mutter und macht sich in der Küche zu schaffen.

Peter ist innerlich überzeugt davon, daß seine Tage unter diesem Dache gezählt sind. Er kontrolliert den Ford sorgfältig in allen wichtigen Teilen. Er füllt den Tank randvoll, stapelt außerdem fünf Kanister zu je fünf Gallonen in den Gepäckraum. Ohne daß die Mutter es merkt, packt er in seinem Zimmer seine Kleider ein. Die Papiere, die Hennie Baker gehören, steckt er sorgsam in einen besonderen Umschlag: die Übersetzung des Stenogramms, den amerikanischen Paß mit den vielen engbeschriebenen Seiten stenografischer Aufzeichnungen und schließlich den Liebesbrief, den der in Alaska verschollene Bill Baker auf der Brust getragen hat. Und Landkarten hat er sich inzwischen auch besorgt. Er ist in der Woche zuvor dreimal in Fremantle gewesen und hat sich vorsichtig erkundigt, ob sich ihm nicht eine Schiffsgelegenheit nach Afrika hinüber bietet. Aber der nächste Passagierdampfer, ein Brite, ist erst in drei Wochen fällig. Zwei Frachter gehen noch vor dem Passagierdampfer auf die lange Reise nach Kapstadt, wollen aber nichts von Passagieren wissen. Er müßte sich als Matrose anheuern lassen. Aber dazu hat er keine Lust. Keine Lust? Das ist nicht der richtige Ausdruck. Er hat vielmehr Angst! Seit er von dem Geschick der beiden Deutschen gehört hat, die immer noch in Melbourne hinter Gittern sitzen, bangt er seit langer Zeit zum erstenmal wieder um seine Freiheit. Während Peter sorgfältig seine zwei Anzüge zusammenfaltet und seine Hemden in den Koffer legt, denkt er: ich bin nicht ihr Sohn, und ich bin nicht ihr Verlobter; ich bin ein Fremder, der ihnen zufällig ins Haus geschneit kam, zu dem sie freundlich sind, weil er mit ihrem Sohn Paul viel erlebt hat. Ich gehöre nicht hierher.

Und ehe er dies noch zu Ende gedacht hat, ergreift ihn plötzlich eine ungeahnte Trauer. Er blickt starr zum Fenster hinaus über den grünen Rasen zu dem Hain von hohen Eukalypten, die ihr lockeres Blattgefieder im Winde wehen lassen, und sagt ein paar Sekunden später laut vor sich hin:

»Ich will weiter, ich habe keine Zeit mehr zu verlieren.«

Und er denkt an Yü-loh, seine Frau, denkt an seine eigenen Eltern, an die Heimat in Angola, an das Farmhaus unter den großen Tamarisken, umgeben von märchenhaft üppig blühenden Hibiskushecken – und vor der breiten Veranda, auf der er hundert- oder tausendmal mit den Eltern nach dem Abendbrot zusammengesessen hat, prangen die mächtigen Bougainvillea-Stauden in der kostbar großartigen Überfülle ihrer Blüten.

Furcht und Sehnsucht kreisen um den Mann, der aus dem Giebelfenster des Hauses in die Ferne starrt. Er ist im Aufbruch, und er braucht nicht zu überlegen, wohin der nächste Abschnitt seiner Flucht zielen wird – nach Wyndham!

Von Perth nach Wyndham über die Inlandroute, das sind ungefähr zweitausendeinhundertfünfzig Meilen; Peter hat es schon ausgerechnet. Er wird fahren, Tag und Nacht. Er wird zweihundertfünfzig oder dreihundert Meilen am Tag zurücklegen, koste es, was es wolle. Er hat gelernt, die Tücken der australischen Wildnis zu bestehen. Und der Ford ist zähe. Auf den kann er sich verlassen. Peter denkt: ich muß die »São Thomé« in Wyndham erreichen. Ich muß sie erreichen! Ich muß! Der Kapitän wird keine überflüssigen Fragen stellen, und es ist ein portugiesisches Schiff. Wenn ich seine Planken betrete, bin ich eigentlich schon auf heimatlichem Boden, bin schon so gut wie daheim bei den Eltern im portugiesischen Angola. Der Kapitän Velleso wird mich nicht verraten, wie er damals O-koë und Noburu sicherlich auch nicht verraten hat. Die »São Thomé« ist mir vom Himmel geschickt. Zweitausendeinhundertfünfzig Meilen, das kann ich, wenn ich nicht unterwegs zu Bruch gehe, in sieben bis zehn Tagen schaffen. Ich müßte gerade noch rechtzeitig für die »São Thomé« in Wyndham ankommen.

Und sollte sie schon abgefahren sein – in Wyndham brauche ich nichts zu fürchten. Dort kennt man mich als den Stockman Hildebrands. Wenn ich erst wieder mit Hildebrand und seinen Männern, mit Albert und Billy und Curio und Rosa durch die wilden Kimberleys ziehe und über die Nicholson Plains, dann wird keiner mehr Fragen an mich richten, die ich ungern beantworte.

Das öde Wyndham mit der staubigen Hauptstraße und den qualmenden Fleischwerken kommt ihm mit einem Male wie ein Paradies vor, aus dem er verstoßen worden ist. Diese Stadt Perth mit ihren wohlgekleideten Bürgern und Autobussen und reichen Schaufenstern und pompösen Hotels – sie ist ihm unheimlich. Die Wildnis war ihm freundlicher gesinnt. In den Ödnissen hat man ihn nur gefragt, ob er reiten kann, ob er Mut hat, ob er ein guter Kamerad ist und ob er den Befehlen des eisengrauen Hildebrand gehorcht. Dort hat man ihn nur danach beurteilt, was für ein Kerl er ist, nicht danach, was für Papiere er zufällig in der Tasche trug.

Eine Minute lang durchbrennt den sinnenden Mann in der Giebelstube ein solcher Haß gegen Papiere und Grenzen und Behörden und Polizei, daß ihm für viele Herzschläge lang der Atem stockt. Dann hebt sich ihm endlich wieder die Brust. Er besinnt sich, legt die Riemen um die Koffer und knurrt: »Ich bin bereit, schon in der nächsten Viertelstunde kann ich abfahren!«

Aber es wird Mittag, und es wird Nachmittag, ehe Pauls Mutter und Peter eine Antwort auf ihre Ungeduld und ihre qualvolle Unruhe erhalten.

Sie sehen sie beide zur gleichen Zeit von der Straße her hastig dem Hause zueilen: Hedda! Sie ist allein –!

Hedda vergißt zu grüßen, als sie ins Haus tritt. Sie hat noch nicht ihren Hut abgenommen, noch nicht ihre Tasche aus der Hand gelegt und berichtet schon:

»Paul ist gleich verhaftet worden, und dann haben sie Vater festgenommen und auch dabehalten. Von mir wollten sie nichts wissen. Sie sagten zu mir: ›Fahren Sie wieder nach Hause! Sie sind Kanadierin und können tun und lassen, was sie wollen!‹ Sie werfen Vater vor, daß er einen entsprungenen Kriegsgefangenen beherbergt hat. Und Paul wird als Kriegsgefangener festgehalten.«

Peter erwidert tonlos:

»Ich wußte, daß es so kommen würde. Ich fahre.«

Hedda wendet sich ihm verstört zu:

»Peter, du kannst uns jetzt nicht allein lassen! Wo willst du überhaupt hin?«

Peter gibt zur Antwort:

»Ich bin der letzte, der euch jetzt helfen könnte. Ich würde eure Schwierigkeiten nur vergrößern. Daß ihr Paul aufgenommen habt, wird man euch schließlich nicht übelnehmen. Er gehört ja in dies Haus. Aber mich, einen Fremden, durftet ihr natürlich nicht beherbergen. Wohin ich fahre, willst du wissen, Hedda? Nach Wyndham! Dort hat man uns nicht beargwöhnt. Natürlich dürft ihr nicht wissen, wohin ich gefahren bin. Aber man wird euch auch nicht fragen, denn Paul und sein Vater werden nichts von meinem Dasein verraten, und beobachtet hat mich niemand hier; also werdet auch ihr nach mir nicht gefragt werden. Ich fahre nach Wyndham zurück ohne Aufenthalt. Sollten inzwischen Briefe für mich eintreffen, so schickt sie mir mit Luftpost nach Wyndham nach. Ich möchte nicht fliegen. Ich will das Auto nehmen, und Paul wird nichts dagegen haben. Er ist ja schon zu Hause. Für mich bedeutet es ein Vermögen. Ich will nicht fliegen und wieder mit anderen Menschen zusammentreffen.«

Er wendet sich an Pauls Mutter:

»Packt mir eine Kiste voll Proviant! Ich will in einer halben Stunde auf dem Wege nach Norden sein.«

Pauls Mutter streicht sich das Haar aus der Stirn und sagt:

»Du hast recht, Peter. Du kannst uns nicht helfen, und wir können dir jetzt nicht helfen. Je schneller du uns verläßt, desto besser für dich und für uns.«

Sechsundzwanzigstes Kapitel

Peter fegt nach Norden und Nordosten, immer allein. Er sieht sich nicht um. Er nimmt niemand mit. Er schneidet die große Ausbuchtung des australischen Kontinents nach Westen zwischen Perth und Port Hedland ab. Er hat die Inlandroute über Mount Magnet, Meekatharra, Nullagine nach Mable Bar gewählt. Er atmet erst auf, als jenseits des De-Gray-River sich der Wagen durch schweren Dünensand kämpft und endlich, endlich abwärts der Küste aufs offene Meer zurollt.

Zum ersten Male erwacht Peter aus seiner Erstarrung. Das Meer, das Meer! Und er erinnert sich der Schulzeit und des griechischen Unterrichts und lächelt und ruft laut zum Fenster hinaus: Thalatta, Thalatta! Und er läßt den braven Ford, der nicht ein einziges Mal versagte, der sich in den Furten der Ströme nicht die Ölwanne voll Wasser schöpfte, auf den schweren Sandstrecken nicht ins Kochen geriet, obgleich er Meile für Meile im zweiten Gang bewältigen mußte, der auf den Salzbuschsteppen ganze Berge von Gras und Gestrüpp vor sich her schob, wenn es sein mußte – Peter läßt sein unüberwindliches Auto im feuchten Sand des Strandes bis ins Wasser rollen. Er steigt aus, holt tief Atem, saugt sich die Lunge voll von salziger Luft und freut sich, daß ihm der Schaum der langen Brecher in die Schuhe schlägt.

Eighty Mile Beach! Peter kann sich nicht mehr verfahren. Das Meer zur Linken, jagt er an der Küste entlang. Auf dem feuchten Sand fährt es sich gut. Und wenn die Küste unbegrünte Zungen ins Meer vorstreckt, so braucht er nur den Telegrafendrähten zu folgen, die schnurstracks von Port Hedland her über Lagrange nach Broome ziehen.

An der Roebuck-Bucht erreicht er wieder die Küste des Meeres. Er pfeift vor sich hin. Ich schaffe es! Ich schaffe es! Ich bin in sieben oder acht Tagen oder spätestens in neun in Wyndham. Die »São Thomé« entgeht mir nicht.

Er weiß genau, daß der letzte Abschnitt seiner Fahrt jetzt vor ihm liegt, aber auch der schwierigste. Gerade weil es der letzte Abschnitt ist, fährt Peter besonders vorsichtig. Er fürchtet, daß noch dicht vor dem Ziel ein Unglück geschehen könnte. Er riskiert nichts. Er hat auf der bisherigen Reise so riesige Tagesstrecken bewältigt, daß er sich jetzt ein wenig Zeit lassen kann. Vorsichtig steuert er den Wagen über die südlichen Hänge der Oscar-Berge; er überlegt sich sogar, ob er es nicht für diesen Tag an Fitzroy genug sein lassen soll. Aber jenseits des Flusses winkt schon von fern der Mt. Campbell und ein wenig weiter zur Linken die Kuppe der Hull-Gebirge.

Vorsichtig watet der Ford durch die flache Flut, gewinnt ohne Not das jenseitige Ufer und klettert ins Ebene hinauf. Der Weg ist steinig hier und tut den Autoreifen nicht gut. Peter fährt wie auf Eiern und hält viele Dutzend Male an, um Felsbrocken beiseite zu räumen, die ihm zu scharfkantig erscheinen, als daß er es wagen will, über sie hinwegzurollen. Als er schon nach Norden Ausschau hält, wo der Mt. Ball auftauchen muß, überfällt ihn die Nacht. Eine Stimme flüstert dem einsamen Fahrer zu: nichts riskieren, Peter! Du hast genug geschafft für diesen Tag! Laß es gut sein für heute!

Peter gehorcht. Er hält auf einem unbewachsenen Platz; denn wo Gras und Gestrüpp und Kräuter fehlen, ist man vor Schlangen sicherer. Peter ist zu müde an diesem Abend, um sich noch ein Kochfeuer anzuzünden. Er trinkt zwei Büchsen Sahne leer, verschlingt eine Dose Fleisch und eine kleine Dose Käse als Zukost und sucht sich einen Schlafplatz auf der flachen Erde.

Am Abend des Tages darauf erreicht Peter Halls Creek. Er weiß: von hier aus nur noch eine gute Tagesreise, und ich bin in Wyndham. Die Fahrt nach Halls Creek hat Nerven gekostet. Steinig war der Weg über die Hänge des Mueller- und des Lubbock-Gebirges; er hat es nur auf fünfzehn Meilen in der Stunde gebracht. Aber nun kann nicht mehr viel passieren; jetzt ist er schon so gut wie am Ziel. Peter rechnet nach; er rechnet noch einmal; ja, es muß wirklich stimmen: in fünf Tagen ist Heiligabend; Weihnachten ist nahe! Aber das können hier die heißesten Tage sein.

Von Halls Creek nach Wyndham, nach der Routenkarte zweihundertzweiundsiebzig und eine halbe Meile, und dann noch dreieinhalb Meilen weiter nach der Fleischfabrik von Wyndham! Und bei der Fleischfabrik legen die Überseedampfer an und laden sich die Decks voll Fleisch. Da wird, wenn nicht inzwischen der Teufel seine Hand im Spiel hatte, die »São Thomé« an der Pier liegen. Der Kapitän Velleso mit dem schwarzen steifen Hut wird Peter nicht ablehnen; nein, das wird er nicht tun!

Peter hat in Halls Creek zum letzten Male seinen Benzinvorrat ergänzt. Das Auto zieht munter und gut wie am ersten Tag der Reise. Von Halls Creek aus wendet sich der Autopfad nach Norden. Peter tastet sich von Meile zu Meile über die blauen Blätter seiner Routenkarte. Bei der zweihundertsechsundsechzigsten Meile erreicht er den Flughafen von Wyndham, bei der zweihundertzweiundsiebzigsten endlich die Stadt selbst mit dem Lager der Shell Company. Aber er blickt nicht mehr hin. Er ist am Ziel. Er braucht kein Benzin mehr. Er zögert nicht, er hält nicht an. Er läßt seinen Wagen über die staubige breite einzige Hauptstraße des Ortes rollen, gleitet zu den blankgetretenen Schlammbänken hinaus, auf denen die Herden warten, die in der Fleischfabrik verarbeitet werden sollen.

Zweihundertsechsundsiebzigste Meile: das Ziel! An der Pier liegen zwei Dampfer.

Peter bringt das Auto zum Stehen, steigt aus und schickt einen wilden Reiterschrei zum Himmel:

»Hea-ho-ho-he! Hea-ho-ho-he!«

Er kennt das Schiff, das am vorderen Ende der Pier liegt; es ist die »São Thomé«! Zehn Minuten später steigt er über eine schmale, wacklige Gangway an Bord und fragt nach dem Kapitän.

»Der Kapitän ist auf der Brücke«, antwortet ein schwarzäugiger, schmieriger Seemann. Peter springt die schmale Treppe hinauf.

Und das Herz geht ihm auf:

Vor ihm steht ein kleiner Mann in verbeultem, fleckigem Anzug, der statt eines Tropenhelmes unter der Tropensonne eine schwarze Melone trägt. Aus seinem olivgrünen Gesicht blicken listig und nur scheinbar verschlafen schwarze Korinthenaugen. Peter schreit:

»Captain Velleso! Um alles in der Welt, Captain Velleso! Wie geht's? Kennen Sie mich nicht wieder?«

Der Captain hebt mit der Rechten die Melone hoch und kratzt darunter seine Glatze. Er sieht Peter mit einem listigen Lächeln an, das langsam immer breiter wird, so daß es schließlich die schlechten Zähne im Munde enthüllt. Der Mann antwortet endlich auf portugiesisch:

»Sieh einer an, sieh einer an, was mir hier in Wyndham vom Himmel fällt! Der junge Mann von der China-See, an dessen Vater ich einen Brief geschrieben habe! Ja, herzlich willkommen, junger Freund! Kommen Sie, wir trinken ein Glas Portwein. Das kostet der ältesten Flasche den Hals.«

Peter möchte den kleinen, schmierigen Mann am liebsten umarmen, aber das nähme ihm der Kapitän vielleicht übel; denn er ist ein Portugiese und hält auf Würde und Abstand. So verbeugt sich Peter nur, ergreift die dargebotene Hand, drückt sie heftig und sagt:

»Wie ich mich freue, Kapitän! Das können Sie sich nicht vorstellen. Wann fahren Sie?«

»Ooooh«, macht Velleso gedehnt. »Wir lassen uns Zeit. Wir sind etwas früher hier angekommen, als wir dachten. Zuerst muß der Kasten vollgeladen werden. Es wird wohl noch drei Tage dauern, ehe wir wieder in See gehen.«

Peter, der die Hand des Mannes gar nicht loslassen möchte, fährt fort:

»Nehmen Sie mich mit, Kapitän! Ganz gleich wohin. Was ist ihr nächstes Ziel von hier aus?«

»Ooooh!« macht Velleso von neuem. »Ich weiß es noch nicht genau. Ich erwarte morgen oder übermorgen ein Telegramm der Reederei. Aber ich denke, daß wir von hier schnurstracks nach Moçambique hinübersegeln. Von diesem Fleisch ernähren sich die Städte an der südostafrikanischen Küste. Und dann werden wir wohl über die Westküste nach Lissabon gondeln, also via Kapstadt. Mein Kasten muß wirklich mal für ein paar Wochen ins Dock, sonst säuft er mir doch noch eines schönen Tages unter den Füßen weg.«

Wieder hebt er die Melone hoch und kratzt sich mit dem Nagel des kleinen Fingers auf der Glatze.

»Wunderbar!« sagte Peter. »Wunderbar, Captain Velleso! Sie müssen mich mitnehmen! Über den Preis werden wir uns einigen. Ich bin inzwischen ein ziemlich wohlhabender Mann geworden.«

»Das sieht man!« meint Velleso bedächtig. »Fuhren Sie nicht eben mit einem stolzen Auto vor?«

»In der Tat!« erwidert Peter. »Nobel geht die Welt zugrunde. Kann ich nicht gleich zu Ihnen aufs Schiff ziehen? Dann brauche ich nicht erst in der Stadt ein Hotelzimmer zu suchen.«

Aber Velleso rät ab:

»Hier kommen Sie um vor Fliegen. Und wenn erst geladen wird, können Sie vor lauter Höllenkrach von früh bis spät nicht schlafen. Bleiben Sie ruhig noch zwei Tage in der Stadt. Wir haben eine lange Reise vor uns und können uns noch genug erzählen.«

»Ich komme Sie jeden Abend besuchen, Captain«, sagt Peter.

Der kleine Mann lächelt, reicht ihm die Hand und erwidert:

»Immer willkommen, junger Freund! Immer willkommen!« und

entläßt ihn mit einer großartigen Handbewegung aus seiner Gegenwart.

Peter lenkt den Wagen wieder zur Stadt zurück. Auf der Hauptstraße hat er gleich zum zweiten Male Glück. Mit langen Schritten geht ein riesiger Mann quer über die Straße auf den Eingang des Hotels zu. Peter schreit, daß der Mann beinahe erschrickt:

»Hildebrand! Boss! Wollen Sie nicht mein Auto kaufen?«

Dem Boss fällt vor Staunen der Unterkiefer herab. Er tritt ans Fenster des Autos und sagt:

»Das geht doch mit dem Teufel zu! Das ist doch Peter!«

»Natürlich!« erwidert Peter vergnügt. »So ist es!«

Der alte Hildebrand fährt fort:

»Hast du mich gesucht, mein Junge? Wir haben gerade unsere Herde von Dennison-Downs-Station richtig bei den Fleischwerken abgeliefert. Es war der reine Spaziergang diesmal, ganz anders als auf unserem Treck. Fein, daß du wieder in Wyndham bist! Wenn du willst, kannst du gleich bei mir eintreten. Wir wollen in einer Woche etwa reiten.«

Peter erwidert: »Diesmal nicht, Boss! Ich fahre in drei Tagen mit der ›São Thomé‹, die im Hafen liegt, nach Afrika hinüber.«

Der Alte entgegnet:

»Diese Bengels von heute! Wenn sich das unsereins vor dreißig Jahren herausgenommen hätte – er wäre ins Irrenhaus gesperrt worden. Fahren einfach so mir nichts dir nichts von Australien nach Afrika, als wenn das gar nichts wäre! Und wir sind schon froh, wenn wir in den Carr Boyds nicht mehr als ein Dutzend Rinder verlieren! Aber was war das, was du vorhin gesagt hast, Peter? Du willst dein Auto verkaufen?«

»Klar, Boss!« gibt Peter zur Antwort. »Was soll ich jetzt noch damit anfangen?«

Der Boss erwidert:

»Das müssen wir gleich mal besprechen. Komm mit in die Bar! Da findest du auch Billy wieder – nein, der liegt schon wieder im Schatten auf dem Hof. Er kann ja nichts vertragen, der Gute. Aber Albert ist da. Wo hast du Paul gelassen?«

Sie stehen an der Bar und erzählen. Sie haben sich wiedergefunden; beinahe jeder des anderen verlorener Sohn. Das Auto ist vergessen. Jetzt muß erst einmal gefeiert werden, daß wieder fünfhundert Rinder in die Fleischfabrik getrieben sind und daß gute Kameraden in einer Reihe an jener historischen Bar stehen, die schon so viele ungeheure Besäufnisse erlebt hat wie keine andere Bar der Welt.

Das Auto ist verkauft. Der Boss will von jetzt ab auf all seinen Trecks den Wagen mitnehmen. Wenn unterwegs etwas passiert, läßt sich im Auto immer in wenigen Tagen Hilfe herbeiholen. So wird der gute Ford, an die Hinterkante des Ochsenwagens gefesselt, landauf und landab über die nordaustralische Steppe rollen und dafür sorgen, daß die Gefahren der großen Trecks die Reiter nicht mehr ängstigen wie einst.

Peter hat noch einmal seinen Rotschimmel und seine Rappstute begrüßt und sich wie ein Kind gefreut, daß ihn die Tiere sofort wiedererkennen.

Peter fühlt sich frei wie noch nie. Vor ihm liegt die hohe See und ein befreundetes Schiff mit einem guten Kapitän. Was kann ihm jetzt noch passieren!

Am Tag des Abschieds von Hildebrand und seinen Reitern branden die Wogen der Fröhlichkeit noch einmal gewaltig hoch an der Bar in dem kochendheißen Hotel zu Wyndham. Dann fährt Albert stolz seinen Freund Peter in dem Auto, das für gutes Geld seinen Besitzer gewechselt hat und nun dem alten Hildebrand gehört, zu den Fleischwerken hinüber.

Als Peter schon an Bord gestiegen ist, bringt der Schiffsagent die letzte Post an Bord, darunter auch ein Telegramm an Peter und einen Brief. Peter steckt beides zu sich in die Tasche. Er hat in einer freien Stunde der Abschiedstage in Wyndham an Hennie Baker geschrieben. Der Brief begibt sich mit demselben Flugzeug auf die Reise, das Peters Brief gebracht hat.

Die guten Männer stehen alle an der Pier: der alte Hildebrand, Albert mit den ein wenig krummen Reiterbeinen, Billy, hager, lang, fremd und unbeschreiblich gutmütig, und auch Curio und Rosa, die inzwischen ein Paar geworden sind, und der kleine, flachstirnige Leggy. Roscoe fehlt. Es fehlt auch Paul. Peter schreit von der Reling hinunter, während schon die Schrauben zu mahlen beginnen:

»Grüßt mir Roscoe, wenn ihr wieder über die Carr Boyds zieht!«

Der Boss ruft zurück:

»Und du sollst Paul grüßen. Schreibe ihm, daß er jederzeit zu mir kommen kann, wenn es ihm da unten in der lausigen Stadt nicht mehr gefällt.«

Dann wird der Streifen Wassers zwischen der »São Thomé« und der Pier immer breiter. Keiner versteht mehr, was die anderen herüberrufen. Die Männer auf der Pier schwenken die Hüte und Peter schwenkt den seinen.

Das Schiff wendet nach Nord und gleitet in die langgestreckte Bucht hinaus, die es von der offenen Timor-See trennt.

Peter verweilt noch lange auf dem Achterdeck und sieht die Schornsteine der Fleischwerke kleiner und kleiner werden und schließlich verschwinden. Dann versinken auch die roten Berge der Halbinsel, an die sich die Fabrik anlehnt.

Andere Berge drängen sich von Osten nach Westen heran; schmal ist die Passage. Die »São Thomé« gleitet unbekümmert durch die enge Straße. Erst ein paar Stunden später rauscht sie – die Nacht ist schon angebrochen – nun unter vollem Dampf in die offene See hinaus. Peter spürt, wie das Schiff sich zum ersten Male in die weitgeschwungene Dünung legt, die der Indische Ozean von Westen her voraussendet. Und Peter, ein Mensch unter dem Himmel voller Sterne – Peter ist glücklich!

Siebenundzwanzigstes Kapitel

Des Kapitäns Fernão Vellesos ursprüngliche Erwartung ist enttäuscht worden. Die Reederei hat ihn nicht von Port Wyndham unmittelbar an die afrikanische Küste hinüber beordert. Das Schiff hat in Port Wyndham nicht annähernd eine volle Ladung an Bord genommen und ist zunächst nach Colombo auf Ceylon befohlen und von dort nach Goa an der Westküste der indischen Halbinsel. Erst von Goa aus wird die »São Thomé« Kurs auf die afrikanische Küste nehmen, sicherlich nach der portugiesischen Kolonie Moçambique hinunter; es steht noch nicht fest, welche Häfen das Schiff anlaufen wird.

Wochen, vielleicht sogar Monate werden vergehen, ehe Peter die afrikanische Küste überhaupt zu Gesicht bekommt. Er hat nichts dagegen. Es ist ihm vielmehr recht, sehr recht!

Er reist auf dem kleinen portugiesischen Schiff als der einzige Passagier. Hier weiß man nichts von Deckspielen und Wetten und Rauchsalons und Schiffsbars. Hier geht das Leben seinen ruhigen Gang vom Morgen bis zum Abend. Hier und da sitzt einer der braunhäutigen Matrosen auf der Reling und klopft Farbe oder Rost von den eisernen Wänden; alle zwei Tage einmal werden die Decks gescheuert, an den Persenningen wird geflickt, und immer wird irgendwo irgend etwas frisch gestrichen.

Der Kapitän hat Peter keinen hohen Fahrpreis abverlangt. Er freut sich, daß er Gesellschaft bekommen hat, unerwartete Gesellschaft von Land, die viel zu erzählen weiß. Das Auto, das Peter in Wyndham günstig an den alten Hildebrand verkaufte, sollte mit seinem Erlös die Kosten der Überfahrt von Australien nach Afrika mehr als decken. Peter weiß noch nicht, wo er das Schiff verlassen wird; in Moçambique, in Kapstadt oder vielleicht auch erst in Angola selbst. Er weiß auch nicht, welche Häfen der Kapitän anlaufen wird.

Peter will allein sein, lange Zeit. Er muß mit sich selbst ins reine kommen. Er hat so viel an Vergangenheit und Gegenwart in sich zu verarbeiten, daß er die vielen einsamen Stunden gar nicht als leere Zeit verspürt, die er in seiner Kabine oder auch, mit nicht viel mehr als einer Badehose bekleidet, auf dem Vorschiff verbringt, wenn die Tropensonne es gestattet.

Peter ist sich auch klar darüber, daß er den niedrigen Fahrpreis, den Velleso ihm berechnet, ausgleichen muß, indem er nach dem Mittagessen und nach dem Abendessen sich mit dem Kapitän zu einer Partie Schach zusammensetzt. Das Spiel löst sich, wenn Peter verloren hat (er verliert immer), in lange Gespräche auf, die ohne Anfang eigentlich und auch ohne Ende die warmen, blitzenden Tropentage und die milderen, schimmernden Nächte durchrinnen.

Die beiden so verschiedenen Männer unterhalten sich – immer übrigens in des Kapitäns weiträumiger Kajüte mit alten Möbeln aus Palisanderholz und vielem blankgeputzten Messing und einem breiten Tisch mit grünem Wachstuch darüber, über dem verschattet eine keineswegs helle Lampe brennt – in dieser Kajüte also, die ein wenig nach Olivenöl und altem Tabakrauch und – nun eben nach altem Schiff riecht, unterhalten sich die beiden Männer in einem komischen Gemisch aus Englisch und Portugiesisch. Peter muß sich erst langsam wieder ans Portugiesische gewöhnen, das auf der väterlichen Farm in Angola sozusagen nur als Geschäfts- und Arbeitssprache benutzt wurde. Und Velleso wiederum kennt das Englische nur als seemännische Gebrauchssprache; alle schwierigeren Dinge drückt er lieber in seiner Muttersprache aus. Aber die beiden verstehen sich schon. Was jeder von ihnen in einer der beiden Sprachen nicht auszudrücken vermag, dafür bietet stets die andere das richtige Wort.

Eines Abends, als die großen Sundainseln schon an Steuerbord zurückgesunken sind und nur noch der Wintermonsun zuweilen einen Hauch vom Duft des üppig begrünten Tropenlandes über die See ins offene Fenster schickt, hat der Captain seinen Herrn Passagier gerade wieder im Schach besiegt.

Peter ist in ein schmähliches Matt getrieben worden und lehnt sich mit verdrossenem Gesicht in seinen großen Lehnstuhl zurück. Er sagt:

»Jeden Abend verliere ich, Captain Velleso. Sie könnten mich wenigstens aus Höflichkeit ein einziges Mal gewinnen lassen.«

»Das wird schon zur rechten Zeit geschehen, junger Freund. Augenblicklich scheint mir, schachmatt gesetzt zu werden, Ihrem inneren und äußeren Zustand mehr zu entsprechen, als wenn Sie mich besiegten.«

Peter gibt zu:

»Das stimmt, Capitano. Aber schließlich könnten Sie wieder einmal eine Partie mit Ihrem Ersten oder Zweiten Offizier spielen. Vielleicht sind die beiden bessere Spieler als ich.«

Der Kapitän erwidert:

»Meine Offiziere spielen längst nicht mehr mit mir. Und der Ingenieur versteht nichts von Schach. Mir ist auch lieber, daß er um so mehr von der betagten Maschine im Bauch meines Schiffes versteht: die will bei ihrem Alter höchst liebevoll behandelt werden.«

Der Alte stopft sich seine Pfeife und gießt sich und seinem Gast aus einer dickbauchigen Korbflasche einen beinahe schwarzen Wein ins Glas.

»Ich dachte, mein lieber junger Freund, daß ich Ihnen eine Woche Zeit geben würde, zu entdecken, wer sich unter meiner Mannschaft an Bord befindet. Aber Sie sind so mit sich beschäftigt, daß Sie bisher nichts entdeckt haben. Wenn ich Sie unter eine Glasglocke setzte, könnten Sie nicht abgeschlossener leben, als Sie es tun. Ist Ihnen nicht ein Mann aufgefallen unter meiner Mannschaft, ein Asiate mit schwarzem Bürstenhaar, ein untersetzter, stämmiger Bursche von großer Körperkraft?«

Peter weiß nicht, wo der Kapitän hinauswill. Die Mannschaft auf diesem portugiesischen Schiff ist aus so vielen Rassen des Ostens und des Westens gemischt, daß Peter sich keine Mühe gibt, die Männer auseinanderzuhalten. Da sind Leute aus China, Leute aus Goa und Filipinos und unter den Heizern drei Schwarze aus Angola und dann, ohne einen besonderen Rang einzunehmen, Männer aus Portugal in allen Schattierungen der Haut, von braungebrannt weißer Haut bis zu tiefem Gelb und zur Farbe reifer Oliven.

»Nein«, antwortet Peter also. »Mir ist niemand aufgefallen. Ich habe mir allerdings keine Mühe gegeben, mich mit den einzelnen Leuten der Mannschaft bekannt zu machen. Es geschieht auf die Dauer von selbst.«

Der Kapitän nimmt seine Pfeife aus dem Mund, betrachtet sie kritisch und sagt:

»Den Japaner Sakura Noburu, den Sie mir damals mitten auf der China-See so angelegentlich ans Herz legten, bin ich seitdem nicht mehr losgeworden. Er gehört immer noch zu meinen Leuten. Ich stellte ihn damals pro forma an. In Vancouver entsprang er mir programmgemäß, kehrte aber schon nach sechs Tagen, kurz bevor ich den Hafen verließ, völlig verstört wieder an Bord zurück und bat mich händeringend, ihn wirklich als Matrosen anzuheuern. Er wollte mir treu dienen, solange ich Wert darauf lege. Der Mann schien völlig verzweifelt. Er ist zu seinen Eltern, den Tomatenfarmern in Vernon, wirklich heimgekommen, aber irgendein Schwein hat ihn gleich verpfiffen; er sollte als Hochverräter verhaftet werden. Er wußte sich keinen anderen Rat, als sich wieder zu mir aufs Schiff zu flüchten.

Ich habe, ohne daß er es weiß, inzwischen mit seinen Eltern korrespondiert. Verwandte seines Vaters sind schon einige Jahre vor dem Krieg nach Brasilien ausgewandert und leben dort in einer der großen geschlossenen japanischen Siedlungen im Amazonasbecken. Wenn wir erst wieder nach Europa gelangt sind, werde ich Noburu empfehlen, nach Brasilien zu seinem Onkel zu gehen. Dann ist er wenigstens nicht mehr so allein wie jetzt; hier auf der ›São Thomé‹ kann er kaum sein Leben beschließen.«

Peter sitzt starr:

»Noburu geistert also als ein Ahasver des vergangenen Krieges über die Meere und findet keinen Hafen, der ihn heimatlich aufnimmt. Meinem Freunde Paul und mir ist es besser ergangen. Wir haben uns wenigstens ein gutes Stück der Welt angesehen und sind an Erfahrungen reicher geworden, wenn auch nicht gerade an Geld und Gut.«

»Oh!« dröhnt der Kapitän. »Immerhin! Die Schiffskarte ist bezahlt. Auf Kredit hätte ich sie Ihnen nicht gewährt, junger Freund. Das ist schon etwas. Noburu hat übrigens seine Heuer auch bei mir gespart. Wenn ich sie ihm in Lissabon auszahle, wird er die Überfahrt nach Brasilien zu seinen Verwandten mehr als verdient haben. Er hat Sie übrigens sofort erkannt, als Sie an Bord kamen, als wir noch in Wyndham an der Pier lagen. Er wird von sich aus nicht versuchen, sich Ihnen zu nähern. Aber ich glaube, Sie würden ihn glücklich machen, wenn Sie ihn bei seiner nächsten Freiwache zu sich in Ihre Kabine lüden und mit ihm ein Glas Wein tränken.«

»Das will ich tun«, erwidert Peter. »Ich habe ja eine Woche lang mit Hedda Deerks sprechen können, die erst vor wenigen Wochen aus Vernon abgereist ist. Sie hat mir viel von den Sakuras, von Noburus Eltern und Geschwistern, erzählt.«

Wie gewöhnlich verabschiedet er sich gegen Mitternacht sehr gemessen und mit stets wiederholtem höflichen Dank für Wein und Schachniederlage und Tabak, wandert noch für eine Viertelstunde auf dem Bootsdeck auf und ab, über dem die Sternbilder des Äquators kreisen, saugt den unbeschreiblich milden Wind, die leichte Luft tief in seine Lungen, läßt noch einmal den Blick über die nächtlich rauschende See gleiten, die in den Bugwellen grünlich-phosphorn schimmert, und zieht dann die Tür seiner Kabine hinter sich ins Schloß. Er ist allein –; aber noch viel zu wach, um sich schon schlafen zu legen.

Er zündet das Nachtlicht über seinem Lager an und zieht – zum wievielten Male? Er weiß es selbst nicht! – den Brief aus der Tasche, der ihm kurz vor der Abreise in Wyndham noch aufs Schiff gereicht wurde: einen Luftpostbrief aus Kanton; er ist ihm von Perth aus nachgeschickt worden. Er zieht das Briefblatt aus dem Umschlag und liest den Text, den er schon hundertmal gelesen hat:

»Kanton, am 1. Dezember 1947

Mein lieber Schwiegersohn,
mir fällt es unendlich schwer, Dir mitzuteilen, was ich Dir doch nicht länger verschweigen darf: meine ehrenwerte, kühne Tochter Yü-loh ist nicht mehr am Leben. Sie hatte Dir mitgeteilt, daß sie sich auf eine Rundreise durch das Innere Chinas begeben wollte, um eine Anzahl von Geschäften abzuschließen und aufzulösen, die ich nicht weiter betreiben wollte. Sie flog von hier zunächst nach Tschang-scha, von dort weiter nach Hankau. Sie hat meine Agenturen mit einer Geschicklichkeit liquidiert, die alles übertraf, was ich von ihr erwartet hatte. Von Hankau aus wollte sie nach Kaiföng fliegen. Auf diesem Flug über eine Gegend, die von Banditen seit jeher

bedrängt wird, ist ihre Maschine abgeschossen worden oder aus anderen Gründen abgestürzt. Es hat lange gedauert, bis ich überhaupt aus Kaiföng Nachricht erhielt, daß sie nicht eingetroffen war. Es bedurfte aller meiner Verbindungen und vieler Künste meiner Agenten, den Ort ausfindig zu machen, wo die Maschine zerschellt ist. Die Umstände, die zu dem Absturz des Flugzeugs führten, werden nie mit voller Klarheit festzustellen sein. Denn anscheinend sind alle Insassen einschließlich des Personals umgekommen. Das Flugzeug ist am Boden ausgebrannt. Daß Yü-loh tot ist, daran ist nicht der geringste Zweifel möglich. Ich habe mit diesem Brief lange gezögert, denn ich wollte erst volle Gewißheit haben, ob mein liebstes Kind, meine einzige Tochter, wirklich noch am Leben sein könnte oder nicht. Sie ist es nicht. Sie ist tot.«–– Peter läßt das Briefblatt zu Boden flattern.

Er liegt mit geschlossenen Augen auf seinem Bett. Ohne daß er es weiß, drängt sich aus dem Augenwinkel eine Träne hervor und rollt abwärts ins Kissen.

Er denkt: ich bin auf dem Wege nach Hause; mein Vater mag triumphieren; er ist die unerwünschte Schwiegertochter los.

Kann ich so nach Hause kommen? Wo soll ich sonst hin? Ich mag die Dinge wenden, wie ich will: meine Mutter darf ich nicht länger auf mich warten lassen. Ich weiß, wie sehr sie mich erwartet.

Schon hundertmal hat er all diese Zusammenhänge überlegt und ist nicht damit fertig geworden. Manchmal will er seinem eigenen Schmerz nicht glauben. Dann beherrscht ihn das qualvolle Gefühl, daß der Tod Yü-lohs ihn eigentlich befreit hat, befreit für die Rückkehr in die eigene Welt. Aber er gestattet sich diese Empfindung nicht. Er knirscht dann mit den Zähnen: nein, ich hätte es vollbracht! Ich hätte Yü-loh in meine Welt hinübergehoben. Warum wurde mir nicht Zeit dafür bewilligt? Ich hätte unseren Kindern eine Heimat geschaffen! Wie sehr wünschte sie sich Kinder, meine Yü-loh!

Peter hat sich seinem väterlichen Freund und Vertrauten, dem zynischen alten portugiesischen Kapitän, schon bald nach der Abfahrt erschlossen. Er konnte das bittere Geheimnis nicht in sich verbergen. Der Alte hat sich die nicht besonders sorgfältig rasierte Wange gerieben und gemeint:

»Wir wollen bloß nicht so tun, Senhor, als ob wir jetzt eine Kette von Trauertagen eröffnen müßten. Katastrophen lassen sich am ehesten überwinden, wenn man so tut, als hätte sich nicht das geringste verändert. Ein wenig spielt man dabei den berühmten Vogel Strauß. Aber es hat noch keinem genutzt, eine Trauer noch obendrein zu betrauern und sich ständig vor einer Gefahr zu fürchten. Die Zeit heilt die meisten Wunden. Sie sind noch jung, mein lieber junger Freund. Sie werden jeden Tag Ihre zwei Partien Schach mit mir spielen, und dann werden wir uns von Staats- und gelehrten Sachen unterhalten, als gäbe es keine Frau Yü-loh, die irgendwo zwischen Hankau und Kaiföng verschollen ist.«

Der kleine, runde Mann mit dem grüngelben Gesicht hat richtig prophezeit. Ehe noch vor dem Schiff die blauen Berge Ceylons aus der See aufschweben, ist Peter mit der Vorstellung, daß er Yü-loh nicht wiedersehen wird, schon ein wenig vertraut geworden. Ja, wenn er sie gerade erst gestern erlebt hätte, ihre Stimme gehört, in ihre schwarzen sprühenden Augen hätte blicken können, dann litte er wohl heftiger. Aber Yü-loh liegt schon seit vielen Monaten hinter ihm; er hat sich von ihr getrennt in dem Bewußtsein, sie für viele Jahre nicht wiederzusehen. Nun sind aus den vielen Jahren alle Jahre seines Lebens geworden.

Ein neuer Tag bricht an; der Wintermonsun bringt Frische aus dem Norden weit auf die hohe See hinaus.

In Colombo kann sich Peter kaum entschließen, an Land zu gehen. Er hat beinahe Furcht vor neuen Eindrücken oder Erlebnissen. Er wandert eine Meile unter den Palmen am Strande dahin, kehrt aber bald wieder um. Was gehen ihn diese braunen Menschen mit den sanften Tieraugen an? Sie halten ihn nur auf; und er wünscht sich nur das eine, daß das Schiff nicht allzu lange in Colombo liegenbleiben möge.

Sein Wunsch wird erfüllt. Peter blickt kaum zurück, als die Küste Ceylons hinter dem Schiff versinkt.

Am Tage darauf beginnen die Ketten der West-Ghats an Steuerbord vorbeizuwandern. Die indische Küste also! Peters Kabine liegt an der Steuerbordseite. Immer winkt ihm von fern das Land herüber, wenn er aus dem Fenster blickt. Fischerboote, mit spitzen Segeln. Delphine. Fliegende Fische. Peter nimmt es kaum wahr. Er hat das alles schon hundertfach erlebt. Zum ersten Male aber beginnt er, sich auf die Partie Schach zu konzentrieren; und zum ersten Male gelingt es ihm, wenigstens ein Unentschieden zu erzwingen. Der Kapitän Velleso sagt:

»Siehst du, mein Junge, allmählich spielst du besser Schach!«

Schon von Wyndham aus hat Peter einen Brief an Hennie Baker nach Kapstadt geschrieben, einen Brief, der ihm sehr schwer gefallen ist. Er muß der Frau, die er ja nur aus einem Brief und aus den Worten der stenografischen Notizen kennt, mit ein paar Worten wenigstens seine Anteilnahme ausdrücken. Eine so verspätete Anteilnahme einem unbekannten Menschen gegenüber glaubwürdig zu machen – Peter bezweifelt selbst, daß er einer so schwierigen Aufgabe gewachsen ist. Aber es hat ihn doch entlastet, daß er den Liebesbrief, den er durch so viele Fährnisse unversehrt getragen hat, endlich aus der Hand geben durfte. Der Inhalt der stenografischen Notizen mag traurig sein, wird aber der liebenden Frau ein Geschenk bedeuten, denn er wird ihr verraten, wie sehr sie geliebt wurde.

Tage-, ja wochenlang hat Peter dann Hennie Baker völlig aus dem Gedächtnis verloren. Der eigene Schmerz und die ersten mühsamen Versuche, das eigene Dasein wieder ins Gleichgewicht zu bringen, haben das fremde Schicksal in den Hintergrund treten lassen. Nun sind schon fast sechs Wochen vergangen, seit er die schmerzliche Nachricht erhielt; und in den vielen Freistunden, die ihm die Reise gewährt, denkt er nur voraus an die Welt und die Menschen, denen er entgegenfährt. Er ist viel zu jung, als daß ihn die Vergangenheit auf die Dauer mit Beschlag belegen könnte. Er fragt sich oft, wie er sich verhalten wird, wenn er der Frau des in Alaska gebliebenen Kameraden gegenübertreten soll. Aber er hat keine Vorstellung von dieser Frau. Er bemüht sich, doch stets gleiten seine Gedanken dann zu Yü-loh zurück, der allzu früh vollendeten. Ist sie tot? Er ist ja ihres Wesens noch so brennend inne! Er sieht sie vor sich, wie sie ihm am schönsten schien: während der stillen Tage und Nächte in dem namenlosen Bergdorf über den Schluchten des Yangtse.

An wen sonst sollte er denken? An Hedda, Pauls Braut, die jetzt wahrscheinlich schon Pauls Frau ist? Gewiß, zu diesen beiden wandern seine Gedanken gelegentlich über die Weiten des Indischen Ozeans nach Osten. Das Telegramm, das er in Wyndham kurz vor der Abfahrt noch empfangen hat, enthielt wenige, aber sehr inhaltsreiche Zeilen:

»paul und vater wieder frei stop einwanderungsantrag für paul gestattet stop unterstützung durch australische organisationen gesichert stop heiratserlaubnis soeben erlangt stop gib uns bald nachricht wie es dir geht stop wir sind sehr glücklich und grüßen dich

paul und hedda«

Australien hat also nicht getrogen. Die Gastfreundschaft, die die beiden Reisekameraden von der ersten Stunde an auf dem kargen Boden genossen haben, hat Stich gehalten. Peter denkt nicht oft an Paul und Hedda zurück. An glückliche Menschen braucht man nicht zu denken; sie sorgen für sich selbst.

Der Kapitän legt das Schachbrett beiseite und räumt die Figuren sorgsam in das hölzerne Kästchen zurück, in dem sie wohlgeordnet nebeneinander ruhen, solange ihr Herr und Meister sie nicht in die lautlosen Schlachten auf den schwarzen und weißen Feldern schickt. Der Kapitän sagt:

»Morgen nachmittag werden wir Sansibar erreichen, den ersten afrikanischen Hafen, den wir anlaufen. Sie werden die Insel schon von weitem riechen.«

»Riechen?« fragt Peter.

»Ja!« erwidert Velleso. »Von Sansibar stammen neun Zehntel aller Gewürznelken der Welt. Wenn man mit dem Schiff in die große Hafenbucht wendet und der Wind zum afrikanischen Festland hinüberweht, also von der Insel fort, dann trägt er ganze Schwaden des Duftes aufs Meer hinaus. In den Lagerhäusern am Hafen warten Hunderte oder Tausende von Tonnen Gewürznelken auf den Abtransport.«

Peter erwidert:

»Afrika wird mich also mit Gewürznelkenduft empfangen, Capitano. Kein schlechter Empfang! Europa, Asien, Afrika, Amerika, Australien! Jetzt also kommt der letzte Kontinent an die Reihe, derselbe, von dem ich vor – ja, wie lange ist es eigentlich her? – ja, vor zehn Jahren ausfuhr. Eine etwas gewaltsame Weltreise, die ich veranstaltet habe, oder vielmehr, die mit mir oder an mir veranstaltet worden ist. Aber immerhin, ich habe sie gemacht, und niemand kann sie mir wieder stehlen. Mit dem Duft von Gewürznelken empfangen zu werden, wirklich, ein angenehmer Empfang!«

Der Kapitän lächelt, ohne Peter anzublicken. Er fragt: »Nach afrikanischen Abenteuern steht Ihnen also nicht mehr der Sinn?«

Peter beteuert beinahe entsetzt:

»Alle guten Geister, nein! Ich will nichts weiter als heimkehren!«

»Also doch nach Hause? Vor vierzehn Tagen sagten Sie mir noch ein paar Worte über Ihren Herrn Vater, die gar nicht nett klangen.«

Peter blickt zum Fenster hinaus ins Dunkel, wo am Himmel wieder das südliche Kreuz hängt. Er erwidert:

»Was hat es schon für einen Zweck, Kapitän! Meine Mutter ist ohne meinen Vater nicht denkbar. Auf meine Mutter will ich nicht verzichten; also muß ich den alten Herrn mit in Kauf nehmen.«

Der Kapitän bricht in ein heiseres Gelächter aus:

»Er nimmt seinen Erzeuger in Kauf! Wer hätte so viel Gnade von dem Herrn Sohn erwartet! Aber immerhin, ein Anfang ist gemacht. Vielleicht wird der Herr Vater nach einem Fußfall und einigen neuen Testamentsklauseln schließlich wieder von dem Herrn Sohn anerkannt.«

Peter fühlt Erheiterung und Betretenheit zugleich, wie so oft, wenn ihn der Kapitän verspottet. Ein Zipfelchen hat sich gelüftet, und er erkennt, wie lächerlich auch er gelegentlich auf andere Leute wirken mag; er, der hochmögende Herr Peter, der immer noch nicht alt genug geworden ist, sich für unwichtig zu halten, hat er doch die ganze Erde umrundet; und das noch obendrein in wilden Zacken nordwärts und südwärts.

Capitāno Fernão Velleso ist im besten Zuge und schießt eine andere Frage auf Peter ab:

»Sie haben mir noch gar nicht erzählt, junger Freund, wie Sie mit Noburu auskommen.«

Diese Frage stürzt Peter erst recht in Verlegenheit. Denn er kommt mit dem Genossen seiner japanischen Gefahren überhaupt nicht aus, weder gut noch schlecht. Er findet keinen Zugang mehr zu diesem Menschen, der ihm schon damals finster und verschlossen und mürrisch vorkam und der es nun erst recht geworden ist; verdammt dazu, unter einer zusammengewürfelten Mannschaft auf einem kleinen portugiesischen Trampdampfer einen armen Matrosen zu spielen. Eines allerdings hat Peter erschüttert: die Gier, mit welcher der bärenstarke Bursche mit dem schwarzen Borstenhaar ihm die Worte vom Munde ablas, als Peter berichtete, was ihm Hedda von Vernon erzählt hatte. Aber auch der Bericht von der Heimat hat Noburu nicht gesprächig gemacht.

»Ich habe ihm alles erzählt, was mir selbst von seinen Verwandten berichtet wurde. Viel mehr weiß ich ihm nicht zu sagen. Außerdem habe ich den Eindruck, als meide er mich absichtlich.«

Der Kapitän meint:

»Dieser Eindruck ist bestimmt falsch. Aber Noburu glaubt, er dürfe sich als schmutziger Seemann dem geehrten Passagier, der jeden Tag zweimal die Ehre hat, eine Partie Schach an den Kapitän zu verlieren, nicht ohne weiteres nähern.«

Peter entschließt sich, die Wahrheit auszusprechen:

»Auf alle Fälle möchte ich mir fremder Menschen Geschick vom Leibe halten; ich will erst einmal nach Hause gelangen. Das übrige wird sich finden.«

»Gut, gut,« meint der Kapitän und stochert in seiner Pfeife, mit der er niemals ganz zufrieden ist, mag sie noch so vorzüglich brennen. »Gut, gut! Der Vorsatz ist nicht schlecht.«

Das Wasser in der großen, runden Hafenbucht von Sansibar schimmert grün wie Jade und ist durchsichtig wie Kristall. Von den hohen Lagerhäusern am Rande der Stadt ziehen in unsichtbaren Wolken die Düfte der Gewürznelken auf die See hinaus. Peter meint, Zaubervolleres nie erlebt zu haben. –

Die »São Thomé« stampft gemächlich weiter nach Süden. Die alte portugiesisch-afrikanische Stadt Moçambique, die der ganzen Kolonie den Namen gegeben hat, ist das nächste Ziel.

Als dort der Agent der »São Thomé« aus der puckernden Barkasse an Bord steigt, zaubert er für Peter eine Überraschung aus seiner Aktentasche, die sonst nichts weiter enthält als Schiffspapiere, Frachtscheine und Konnossemente: zwei Briefe nämlich, die Peter in Moçambique erwartet haben.

Peter zieht sich mit den Briefen in seine Kabine zurück und weiß nicht, welchen von beiden er als ersten lesen soll. Die Absender verraten ihm, daß der eine Brief von seinem Vater geschrieben ist, der andere aber von Hennie Baker. Den Brief der Hennie Baker öffnet er zuerst. Er liest:

»Sehr geehrter Herr Bolt,
ich erhielt mit der Luftpost Ihren Brief aus Wyndham. Ich danke Ihnen für alles, was er enthielt, für die letzten Notizen meines Mannes, für den Brief, den ich selbst als letzten an ihn geschrieben habe, und für Ihre eigenen Zeilen. Ihr Brief hat noch einmal die Vergangenheit weit vor mir aufgerissen. Es bleibt keine Bitterkeit zurück, nur Trauer darüber, daß Krieg und Politik ein Leben zerstört haben, dem eigentlich ein besserer und klarerer Weg vorbestimmt schien.

Ich will nicht lange Worte machen. Ich schlage Ihnen etwas anderes vor, da ich keine gute Briefschreiberin bin.

Ich habe mich bei den Agenturen nach den Häfen erkundigt, die Ihr Dampfer, die ›São Thomé‹, anlaufen wird, und auch nach den voraussichtlichen Ankunftszeiten. Ich habe in der zweiten Hälfte des Februar in Johannesburg zu tun. Von Johannesburg braucht man mit dem Expreß nur wenig mehr als eine Nacht, um nach Lourenço Marques zu gelangen. Ihr Schiff wird sicherlich in Inhambane Station machen, dem letzten Hafen vor Lourenço Marques. Schicken Sie mir von Inhambane aus ein Telegramm an meine Johannesburger Adresse, die Sie am Ende des Briefes finden, und teilen Sie mir mit, wann die ›São Thomé‹ Lourenço Marques anlaufen wird. Ich komme dann von Johannesburg nach Lourenço Marques hinüber; wir können die Zeit Ihres Aufenthaltes im Hafen benutzen, uns über meinen Mann auszusprechen. Nachdem ich nun die Niederschrift aus seinen letzten Tagen gelesen habe, möchte ich von Ihnen, der Sie mit ihm die letzten Wochen teilten, noch manche Einzelheit erfragen.

Und noch etwas ganz anderes will ich wissen: Wie kommt es, daß Sie mir von Wyndham aus in deutscher Sprache schrieben? Wie kommt es, daß Sie die deutschen Notizen lesen konnten und den deutschen Brief, den ich meinem Mann geschrieben habe? Sind Sie Deutscher? Aber das können Sie ja nicht sein, denn wie sollten Sie sonst als Deutscher auf fremden Schiffen durch die Welt reisen? Das ist den Deutschen immer noch so gut wie völlig verboten. All dies und manches andere möchte ich wissen. Schicken Sie mir also das erbetene Telegramm von Inhambane.

Ich habe einer Bemerkung Ihres Briefes entnommen, daß Sie Ihre Eltern in Angola von Ihrer bevorstehenden Ankunft nicht benachrichtigt haben. Ich habe mir daher erlaubt, Ihren Eltern eine kurze Mitteilung zu machen. Nachträglich fürchte ich allerdings, damit etwas getan zu haben, was Sie mir übelnehmen. Aber auch dies können wir in Lourenço Marques besprechen.

Mit besten Grüßen bin ich Ihre

Hennie Baker«

Peter denkt: ich wollte mich nicht mehr um anderer Leute Schicksal kümmern. Nun drängt es sich schon wieder heran. Ich wollte erst einmal nach Hause finden –.

Er schneidet den Brief seines Vaters auf.

»Lieber Peter,
wir erfahren auf Umwegen von Perth her und über Kapstadt, daß Du auf der Reise nach Afrika bist. Wir wissen nicht, ob Du allein

kommst oder zusammen mit Deiner Frau. Ich habe mit Mutter in endlosen Debatten immer wieder erörtert, ob es richtig war, daß ich Dir die Vorschriften machte, die ich Dir in meinem Brief nach Shanghai mitgeteilt habe. Du hast nicht geantwortet; wir ahnen nicht einmal, ob der Brief Dich überhaupt erreicht hat.

Wir sind glücklich, Peter, daß Du noch lebst! Ich möchte Dir gleich sagen: komme nach Hause, wie auch immer! Mit einer fremden Frau oder ohne eine Frau! Schließlich müssen wir in Dich als unseren ältesten Sohn das Vertrauen setzen, daß Du keinen Menschen gewählt haben wirst, den Du nicht vor mir und Deiner Mutter vertreten kannst.

Was Du uns aber damit antatest, daß Du uns – sicherlich aus Deinem mir ja wohlbekannten Trotz – auf meinen Brief nach Shanghai überhaupt keine Antwort gabst, das hast Du Dir wahrscheinlich in Deiner Verbitterung nicht klargemacht. Dafür werden Mutter und ich Dir noch kräftig die Ohren langziehen müssen – und wenn Du zehnmal erwachsen bist und hundertmal mit noch so viel Mut und List aus dem Gefangenenlager entwichen bist. Wir erwarten Dich also. Und gib endlich Nachricht, wo Du steckst!

Es grüßen Dich Deine Geschwister, Deine glückliche Mutter und Dein selbstverständlich pflichtgemäß erzürnter, aber auch nicht ganz unglücklicher

Vater«

Ja, natürlich, der kluge, ironische Kapitän Fernão Velesso hat ganz recht: das Leben ist längst noch nicht zu Ende. Gerade jetzt scheint es sich wieder zu einem neuen Anfang zu öffnen.

Aus Inhambane saust die erbetene Depesche nach Johannesburg. Peter ist nicht mehr dankbar für die langen, leeren Tage der Schiffsreise. Er hat sich wieder gefangen; mit Ungeduld erwartet er die Ankunft der »São Thomé« in Lourenço Marques.

Peter erblickt eine Frau in hellem Tropenkleid unten auf der Pier, als sich die »São Thomé« in Lourenço Marques an ihren Liegeplatz schiebt. Das muß Hennie Baker sein. Denn außer dem Agenten und ein paar Schauerleuten wartet niemand sonst auf den Dampfer. Peter blieb der einzige Passagier. Die Gangway kracht von der Hafenmauer her auf die Planken des Zwischendecks, wird festgezurrt. Die Hafenpolizei steigt an Bord, stempelt Peters immer noch gut kanadischen Paß – es kommt Peter gar nicht mehr zum Bewußtsein, daß er immer noch auf diesen Paß reist, den er dem Vater seiner

Yü-loh verdankt. Er schreitet über die schmale Holzbrücke an Land. Ohne sich zu besinnen, geht er auf die Frau zu. Er fragt:

»Mrs. Baker?«

»Ja, das bin ich. Und Sie sind Peter Bolt, nicht wahr?«

Peter nimmt sofort wahr, daß er sich geirrt hat: sie ist nicht dunkelblond; sie hat auch keine grauen Augen. Ihr Haar schimmert vielmehr dunkelbraun unter dem breitrandigen Filzhut hervor, der in diesen Breiten den Tropenhelm ersetzt; auch ihre Augen blicken ihn braun an oder beinahe schwarz. Aber zierlich ist sie gewiß. Darin hat er sich nicht geirrt. Das Paar wandert aus dem Hafen in die Stadt.

»Was machen wir?« fragt Peter. »Gibt es nicht irgendein Hotel, in dessen Vorhalle man Schatten findet und etwas Kaltes zu trinken? Auf See schien es mir beinahe kühl während der letzten Tage; hier an Land ist es viel heißer.«

Sie sagt:

»Gewiß! Wir können in mein Hotel gehen. Es gibt da eine große schattige Veranda über einem alten Garten. Dort sitzt man ungestört.«

Die beiden überraschen sich mehr als einmal dabei, daß sie sich mit einer eigentümlichen Neugier betrachten. Peter weiß so viel von dieser Frau, daß er sich eigentlich schämen müßte, es zu wissen. Und sie weiß, daß er so viel weiß. Also ergibt sich fast von selbst, daß sie das Mißverhältnis auszugleichen sucht und sich nach seinen Schicksalen erkundigt. Peter zögert keinen Augenblick, ihr die volle Wahrheit zu sagen. Sie ist überrascht, schaltet aber sofort ein:

»Ich glaube kaum, daß Sie sich in Südafrika noch zu fürchten brauchen. Hier hat man von jeher Sympathie für die Deutschen gehabt und hegt sie auch noch heute.«

Peter erwidert trocken:

»Ich reise auf einen kanadischen Paß.«

Sie sagt:

»Soll mir das imponieren? Soll ich das abenteuerlich finden? Ich muß Sie enttäuschen! Heute stellt beinahe jeder etwas anderes dar, als er ist, oder ist etwas anderes, als er darstellt. Ich würde Sie ohnehin nicht verraten.«

Peter blickt sein Gegenüber beinahe erstaunt an:

»Das habe ich nicht einen Augenblick lang vermutet.«

»Warum eigentlich nicht?« fragt sie. »Ich bin amerikanische Staatsbürgerin.«

Peter fällt zum ersten Male aus dem höflichen Gesprächston, in dem sich die Unterhaltung bisher vollzogen hat:

»Ach, Unsinn! Ich bin so froh, endlich wieder einmal deutsch reden zu können. Fast hatte ich es schon verlernt. Und Sie sprechen ebenso deutsch wie meine Eltern oder meine Geschwister.«

Sie lächelt: »Dabei wollen wir auch bleiben. Wir können uns ja ein wenig vorsehen, damit es nicht jeder hört.«

Sie sind schon beinahe im Komplott miteinander.

Wie schwer es ist, das Gespräch in die Tiefe sinken zu lassen! Die beiden Menschen kennen sich ja erst seit Viertelstunden; und es fällt ihnen nicht ganz leicht, das geheime Wissen um das Schicksal des anderen mit der Person in Beziehung zu bringen, die jeder von ihnen vor sich im Korbstuhl auf der Veranda des Hotels sitzen sieht – über dem alten Garten mit den großen Blütenbüschen und dem Geruch nach Zimt und Rosen und blühenden Orangen.

Und dann: Peter ist ein wenig verwirrt von dieser Frau. Sie blickt ihn unter dem großen Hut aus dunklen Augen an, sehr sicher, zurückhaltend; aber die Blicke verraten auch viele noch unausgesprochene Fragen.

Auf ihrem Gesicht steht zu lesen, daß sie ihr Schicksal gelebt hat. Das Gesicht ist jung und auch wieder alt; nein, denkt er gleich, alt wird es niemals sein; sie ist sicherlich ein, zwei Jahre jünger als ich. Das Gesicht ist nicht alt, es ist wissend; wissend, ja, das ist wohl der richtige Ausdruck, denkt Peter. Sie hat viel erlebt; vielleicht sogar – von innen her gesehen – mehr als ich!

Ohne daß er es eigentlich beabsichtigt hätte, überrascht er sich mit einem Male dabei, daß er ihr von Yü-loh erzählt und davon, daß seine Frau erst vor wenigen Monaten den Tod gefunden hat.

Als Peter geendet hat, schweigt die Frau mit ihm minutenlang. Dann flüstert sie:

»Ist Ihnen eigentlich bewußt, Herr Bolt, daß unsere Schicksale wie im Spiegelbild zueinander zu stehen scheinen?«

Peter weiß zunächst nicht, was er auf diese Frage antworten soll. Er versteht sie gar nicht. Wie im Spiegelbild? Was meint sie damit? Plötzlich erkennt er, was ihr vorschwebt: sie hat ihren Mann und er seine Frau irgendwo in der Ferne verloren und das unter Umständen, die für den Übriggebliebenen so gut wie unvorstellbar sind. Hennie Baker fährt fort:

»Mir ist die Gleichheit unserer Schicksale, nein, besser, ihre Spiegelbildlichkeit schon klargeworden, während Sie noch von Ihrer Yü-loh erzählten. Ich war von meinem Mann getrennt durch Gewaltsamkeiten einer verrückten Zeit, die um so unbezwinglicher waren, je weniger er oder auch ich sie zu verantworten hatten. Sie sind von der Seite Ihrer Frau fortgerissen worden, obgleich sowohl Ihre Frau wie Sie selbst das Beste gewollt haben und Sie beide entschlossen gewesen sind, sich wieder zu vereinen, genau wie wir. Niemand ist eigentlich verantwortlich zu machen. Das wahnsinnige zwanzigste Jahrhundert ist es, das meinen Mann und Ihre Frau getötet hat. Beide hat der Krieg auf dem Gewissen, der alte oder der neue, der noch nicht ausgebrochen ist; oder ist es der alte Krieg, der noch immer weiterschwelt? Nun sitzen wir uns gegenüber und denken: wir beide sind also übriggeblieben. Die anderen versanken in den Kielwassern des Krieges.«

Sie schweigt und blickt auf ihre Hände nieder. Peter erschrickt fast vor der sonderbaren Übereinstimmung, die sie ihm eröffnet. Wo will sie hinaus? Peter hebt nach einer Weile den Blick und sieht die Frau im Korbstuhl an seiner Seite an. Die Papageien in den Käfigen am Ende des großen Gartens schnattern in der Ferne. Unter dem Dach der Veranda summt ein großes Insekt auf und ab, immer auf und ab, als hinge es an einer Schnur von der Decke; abseits im Winkel des Speisesaales hört man die schwarzen Kellner gedämpft und unaufhörlich schwätzen.

Peter sieht sie an und erkennt das Gesicht der Frau zum ersten Male. Ja, natürlich! So muß sie aussehen: diese stolzen Bögen über den dunklen Augen; der geräumig geschnittene, kräftige Mund; diese Frau weiß, was sie will. Das dunkle Haar fällt in dichter Mähne in den Nacken, nicht allzu lang und sehr gebändigt.

Peter blickt sie an; langsam, wie nachdenklich hebt auch Hennie ihre Augen zu ihm empor. Zum ersten Male schlägt dieser Blick eine Brücke zwischen den beiden Menschen, eine Brücke, die ihre Wünsche noch zu beschreiten zögern, die sich aber doch schon anbietet.

Wieder ist sie es, die fortfährt zu sprechen:

»Ich kann mir jetzt vorstellen, wie schwierig es für Sie gewesen ist, meinen Brief an Bill und Bills Paß mit den vielen Seiten dichtgedrängter Aufzeichnungen über so lange Zeit und über so viele Länder und Meere hinweg aufzubewahren. Ihnen haben mein Brief und die stenografischen Notizen viel von meiner Vergangenheit enthüllt, aber Ihre Handlungsweise verriet auch mir wenigstens einen wichtigen Ausschnitt Ihres Charakters. Ich glaube nicht, daß ich mich getäuscht habe.«

Peter läßt seine Augen in den ihren ruhen und fragt:

»Wie erscheine ich Ihnen also?«

Sie hält seinem Blick ruhig stand; ein Lächeln verbreitet sich um ihren Mund und ihre schmale Nase; es ist kaum zu ahnen. Sie sagt:

»Sie wollen ein wenig zuviel von mir wissen. Ich möchte nichts bekennen, aber ich glaube nicht fehlzugehen, wenn ich vermute, daß sich Voreiligkeit und Beständigkeit in Ihnen mischen.«

Voreiligkeit und Beständigkeit – vielleicht hat sie sogar recht, denkt Peter. Langsam und in vielen Windungen rinnt das Gespräch fort. Die beiden merken nicht, wie sehr sie sich bemühen, sich dem anderen darzustellen. Peter erzählt von den Tagen in Alaska, und die Frau denkt: anders hätte Bill es mir auch nicht erzählt, wenn er zu mir zurückgekehrt wäre.

Am Tage darauf – die »São Thomé« liegt immer noch im Hafen, wird auch noch einen oder zwei Tage verweilen – sind Peter und Hennie an die Küste gefahren; an einen Ort, wo man, ohne die Haie oder tückische Strömung fürchten zu müssen, baden kann. Die beiden Menschen sind weit hinausgeschwommen und liegen wohlig müde in den spielenden Schatten alter Bäume, die über dem Strande ihre mächtigen Kronen im sanften Passat wiegen.

Der Mann und die Frau erwähnen die Vergangenheit mit keinem Wort. Es ist, als hätten sie sich am Tage zuvor alles gesagt, was zu sagen ist. Sie wollen mehr voneinander wissen; wollen wissen, was sie treiben.

Peter möchte gern erfahren, womit sich Hennie Baker in Afrika ihr Brot verdient. Vorsichtig klopft er auf den Busch; sie läßt ihn nicht allzu lange warten. Sie sagt:

»Aus meiner Adresse haben Sie ersehen, daß ich bei einem Manne namens Krug wohne. Krug ist mein Onkel von meiner Mutter Seite her. Er betreibt in Kapstadt ein weitverzweigtes Transportgeschäft und hat seit einiger Zeit etwas Neues in sein umfangreiches Programm aufgenommen, wofür ich mich besonders interessiere: Er organisiert für vermögende Leute große Rundfahrten durch ganz Südafrika bis hinauf in die Quellgebiete des Kongo und zum Nyassa-See. Ich bin, seit ich Amerika verließ, nie recht zur Ruhe gekommen; mein Onkel hat mich schon vor einiger Zeit zu einer Art Abteilungsleiterin für diese großen Gesellschaftsreisen, Safaris, wie er sie nennt, bestellt. Gerade jetzt bin ich mit der Vorbereitung einer großen Reise beschäftigt, die zwanzig oder fünfundzwanzig Autos, je nachdem, wie viele Passagiere sich melden, durch die westliche Kap-Provinz nach Norden führen soll, weiter über den Oranje der Länge nach durch Südwestafrika bis zu den großen Wildgebieten an der Etoscha-Pfanne und am Okawango. Von dort aus wollen wir – über Südost-Angola natürlich, denn anders ist kein Durchkommen – zu den Victoria-Fällen des Sambesi hinüberstoßen, weiter durch Rhodesien zum Nyassa-See und dann über die berühmten Ruinenfelder von Simbabwe zurück nach Süden. Die Fahrt ist auf gut sechs Wochen berechnet und wird nicht billig sein. Aber den Reisenden werden sich Teile Afrikas entschleiern, die von der Zivilisation noch kaum berührt sind.«

Peter erwidert halb im Scherz:

»Klingt phantastisch! Können Sie mich nicht mitnehmen?«

Sie antwortet ebenso scherzhaft:

»Ich kenne den Stand Ihrer Bankkonten nicht, lieber Herr Bolt. Aber da Sie auf dieser winzigen und wenig respektablen ›São Thomé‹ einherschaukeln, glaube ich vermuten zu dürfen, daß Ihr Vermögensstand nicht gerade millionärisch zu nennen ist. Wir reisen zwar nicht nur für Millionäre; aber immerhin, man muß schon einiges Geld in den Beutel tun, um sich eine so weite, schwierige und viele Vorbereitungen erfordernde Reise leisten zu können.«

Peter lacht:

»Allerdings, vom Millionär bin ich himmelweit entfernt. Aber darf ich mich Ihnen auf andere Weise empfehlen, Frau Abteilungsleiterin? Ich bin ein erfahrener Chauffeur. Ich habe Wildnisse auf eigene Faust durchquert und unter Gefahren, von denen sich Ihre wohlorganisierte Autotour wohl nichts träumen läßt. Ich bin in Alaska halb erfroren, in China halb ertrunken, in Australien halb vertrocknet und halb zertrampelt worden. Und trotzdem kreuze ich, wie Sie sehen, mit einiger Frische nun hier an der afrikanischen Küste auf. Ich bin gut zu gebrauchen, das kann ich Ihnen garantieren! Ich spreche Englisch und Deutsch und Portugiesisch sozusagen von Natur und radebreche Französisch und sogar Chinesisch, ob Sie's glauben oder nicht. Ich habe gelernt, Zelte aufzuschlagen und in kürzester Zeit wieder abzubrechen. Ich verstehe, Autos durch fließende Ströme zu steuern, und bin als Ehrenmitglied in die Brüderschaft der australischen Stockmen aufgenommen worden.

Man hat mir sogar angetragen, in die chinesische Armee einzutreten. Aber das habe ich höflichst abgelehnt. Sagen Sie selbst, verehrte gnädige Frau, ist ein solcher Mann wie ich nicht geradezu ein gefundenes Fressen für Ihre Luxus-Safari durch Südafrika?«

Sie lacht ihn strahlend an:

»Sie annoncieren sich nicht schlecht, mein Lieber. Sie treffen sogar beinahe ins Schwarze, denn an wirklich wildniserfahrenen Chauffeuren herrscht bei uns immer Mangel. Und warum sollte ein weitgereister Mann wie Sie nicht gut zu gebrauchen sein!«

Peter entgegnet nachdenklich:

»Schließlich habe ich die längste Zeit meiner Jugend auf der Farm in Angola verbracht. Ich weiß mit Schwarzen umzugehen. Afrika ist meine Heimat. Hören Sie zu, liebe Frau Baker: die Frage war von mir vorhin als Scherz gemeint. Aber sollten wir nicht wirklich einmal im Ernst darüber sprechen?«

Sie lächelt und sagt:

»Ich spreche längst im Ernst!

Und was wird aus dem Besuch bei Ihren Eltern?«

Ja, Peter ist schon wieder einen Sprung voraus. Er hat vergessen, daß man meistens Schritt vor Schritt setzen muß und nicht springen darf. Er erwidert:

»Wie ich meinen Vater kenne, würde er mir eher böse sein, wenn ich eine solche Chance verpaßte, als wenn ich auf der Stelle zugriffe und sie festhielte. Er wird verstehen, daß mir daran liegt, nach so langen Umwegen endlich Beruf und Erwerb zu finden.«

Als sie sich voneinander verabschieden, haben sie beide das Gefühl, als hätten sie einen geheimen Bund geschmiedet; und der Handschlag bekräftigt eine unmerklich schon geschlossene Kameradschaft.

Hennie Baker ist mit der Bahn von Lourenço Marques über Johannesburg nach Kapstadt zurückgereist. Peter hat seine Ungeduld zu bezähmen. Er vermag das viele Geld für die Eisenbahnfahrkarte nicht zu erschwingen. Er muß warten, bis ihn die gemächliche »São Thomé« an der Küste entlang mit acht Seemeilen Geschwindigkeit nach Kapstadt trägt.

In Durban findet Peter ein Telegramm vor. Es lautet:

»anstellung für safari perfekt stop meldet euch sofort nach ankunft kapstadt   hennie baker«

Als Peter mit dieser Depesche dem Kapitän Velleso unter die Augen tritt, kaut der rundliche Mann eine Weile mit den schlechten Zähnen an dem Stummel seiner Pfeife und knurrt:

»So, so! Sie sind also wieder unterwegs, mein lieber Peter. Schade! Ich hatte mir schon ausgerechnet, wie viele Schachpartien Sie zwischen Kapstadt und Lobito in Angola verlieren würden. Nun bin ich Sie eigentlich schon los. Nicht wahr, wir hatten eine schöne Reise miteinander?«

»Eine sehr schöne Reise, Capitāno! Ich bin Ihnen dankbar. Sie haben mir nicht nur manchen Schlich und Pfiff beim Schach beigebracht, sondern mir auch sonst einige Lichter angesteckt.«

»Ooooh, habe ich wirklich? Das muß ganz unabsichtlich geschehen sein! Aber wer nähme solche Komplimente nicht gern zur Kenntnis! Und obendrein, mein lieber, junger Freund: ich freue mich ein wenig. Darf ich doch oder etwa nicht?«

»Dürfen Sie natürlich, verehrter Capitāno! Wenn ich nicht meines Vaters Sohn wäre, Ihr Sohn würde ich ganz gern statt dessen sein, o gestrenger Herr Kapitän!«

»Schon wieder ein Kompliment, sogar ein nettes! Besten Dank! Schönsten Dank!«

»Nichts zu danken!« erwidert Peter.

Achtundzwanzigstes Kapitel

Achtzig weiße Menschen in der großen afrikanischen Wildnis zu verpflegen und zu behausen – oder zu bezelten – ist keine Kleinigkeit.

Peter fährt das Spitzenauto. Der Platz neben ihm gehört Hennie Baker, und auf dem Hintersitz residiert Jan Heemskerk, der Boss und Manager und Führer der großen Safari, die die Firma »Krug African Travels Ltd.« durch das östliche Kapland, Südwest-Afrika, Südost-Angola über die Victoria-Fälle zum Nyassa-See veranstaltet. Zwanzig Autos rollen durch die Wildnis, und jedes trägt drei Passagiere durch die Dornbuschsteppe zu Kameldorn- und Affenbrotbäumen.

Der alte Krug hat an Peter sofort Gefallen gefunden. Ohnehin ist geplant gewesen, daß Hennie Baker an dieser großen Reise teilnimmt, um sich ein Bild von den Qualitäten der Chauffeure zu machen und um vor allen Dingen am eigenen Leibe zu studieren, wie eine europäische Frau die Strapazen einer so großartigen, aber auch schwierigen Fahrt verträgt.

»Wenn ich so ausgedehnte Safaris auf die Reise schicke, dann darf ich nicht nur im Büro hocken, Onkel. Ich will diese große Fahrt zur Kalahari und zum Sambesi nicht missen. Du brauchst keine Sorge zu haben; ich stehe unter dem Schutz zweier so wildniserfahrener Männer, wie Heemskerk und Bolt es sind.«

Hennie ist also mit von der großen Partie. Zwei Lastwagen und ein Küchenwagen gehören zur Safari. Sie folgen gewöhnlich als erste dem Spitzenwagen, der, von Peter gesteuert, mit Hennie und Heemskerk zuweilen eine ganze Tagesreise vorausbraust, um gute und sichere Lagerplätze zu erkunden; um hier vielleicht die Besichtigung einer Karakulfarm vorzubereiten oder dort ein abendliches Fest bei einem der Stämme des Ambo-Landes mit einem geneigten Häuptling zu verabreden, damit die braven Leute und Weltreisenden aus Amerika, England, Brasilien und Kapstadt ihre Filmkameras abschnurren und ihre Farbfilme in den Kodaks verknipsen können.

Peter ist von der schnellen und schwierigen Fahrt wie berauscht.

Und immer sitzt Hennie neben ihm. Sie hat ihre fünf Sinne beisammen von früh bis spät, das muß ihr der Neid lassen. Peter hat längst Respekt vor ihr bekommen. Zwar folgt sie den wildniserfahrenen Weisungen des Buren Jan Heemskerk gehorsam, aber wie geschickt weiß sie abends im Lager die Spannungen auszugleichen, die sich hier und da zwischen Chauffeuren und Passagieren oder auch unter den Passagieren selbst entwickeln. Nicht immer gelingt es dem Koch, die in den Prospekten versprochenen vollkommenen Diners zu zaubern. Nicht immer sind die Zelte so komfortabel und die Nächte so warm, daß dieser oder jener der Reisegäste nicht enttäuscht wäre. Denn der Komfort selbst der bestorganisierten Safari bleibt ein relativer.

Peter hat mit all dem nichts zu tun. Er fährt voraus. Ist es Jan Heemskerk anvertraut, um die Sicherheit der Reisenden in der Wildnis besorgt zu sein, so muß Peter darauf achten, die Autos mit den kostbaren Gästen so zu lenken, daß sie ohne Fährnisse, ohne allzuviel Staub und ohne allzu ausgedehnte Aufenthalte ihr Tagesziel erreichen.

Peter sagt sich manchmal: wenn ich nicht vom ersten Morgengrauen am Steuer sitzen und manche Tagesreise zweimal machen müßte, hin und zurück nämlich, um die anderen Fahrer zu leiten, wenn schwieriges Gelände, weite Sandstrecken oder wasserführende Reviere zu überwinden sind; wenn ich nicht bis in den späten Abend voraussahnen, kontrollieren, begutachten müßte – wenn ich nicht die Nächte schliefe wie ein Stein, so müde bin ich manchmal – ja dann – den ganzen Tag über sitzt Hennie neben mir, ist immer hell und wach, vergißt nichts, achtet auf alles und hält sie alle am Bändel, diese Burschen, die Fahrer, den Koch und die beiden Taugenichtse von den Lastwagen, die Passagiere, selbst den großen Heemskerk und mich natürlich dazu.

Hennie Baker allerdings scheint nicht zu spüren, daß Peter manchmal unaufmerksam wird, selbst auf schwierigen Straßen, und seine Augen vom Wege abirren läßt und für ein paar Sekunden ihre festen schlanken Hände betrachtet, die sie neben ihm in ihrem Schoß hält, oder den Finger anstarrt, der ihm auf der Karte etwas zeigt, oder auch für eine Sekunde den Umriß ihres Profils in sich aufnimmt, wenn sie vielleicht ihren Kopf vorwärts neigt, um einen Schakal zu betrachten, der über die Straße schnürt, oder einen Schwarm Perlhühner mit den Augen zu verfolgen, der knatternd abstreicht.

Peter bewährt sich. Er ist vollkommen mit sich im Reinen. Er fühlt sich der Aufgabe, die ihm gestellt ist, ganz und gar gewachsen. Sie erfüllt ihn mit Freude. Dies ist sein Afrika! Wie von Süden her, aus der Namib an der Westküste der Kap-Provinz, das Land sich in mageres Grasland, in schütteren Busch, in die zaubervoll duftende Dornbuschsteppe verwandelte! Wie es nun, je weiter die Safari nach Norden vordringt, in immer üppigeren Savannen erblüht!

Die Safari legt in Tsumeb einen Rasttag ein. Von hier aus sollen die großen Wildgebiete um die Etoscha-Pfanne angesteuert und den Reisegästen als eines der großartigsten Erlebnisse der ganzen Fahrt dargeboten werden. Die weglosen Ödnisse um die Etoscha-Pfanne am äußersten Ostzipfel der Kalahari sind wirklich wildestes Afrika, unberührt vom Menschen und seiner Zivilisation, selbst unberührt von der schwarzen Welt. Nur die scheuen Buschmänner treiben in den durchwehten Steppen und überbuschten Verlassenheiten rings um die riesige Salzpfanne ihr leises Leben.

Während sich die Gäste von den Anstrengungen der bisherigen Fahrt in Tsumeb erholen, auf der Terrasse des Hotels einige Drinks genehmigen, sich die großen Kupferminen zeigen lassen, proben

Heemskerk und Hennie Baker, von Peter gesteuert, die Route um die große Pfanne aus, damit den Safari-Gästen ein glatt abrollendes Programm geboten werden kann. Vorsichtshalber befiehlt sich das Leitauto einen Lastwagen ins Kielwasser; das schwere Gefährt schaukelt ein paar hundert Meter hinter Peters Auto her; es mag als Bote nach Tsumeb dienen, wenn es nötig werden sollte.

Vor der Abreise aus Tsumeb umschnürt die Polizei die Gewehre mit viel roter Aktenschnur und versiegelt sie, damit Heemskerk und Peter nicht in Versuchung geraten, friedliche Elefanten oder ein paar ehrwürdige Plüschlöwen heimtückisch über den Haufen zu knallen.

An dem ersten eisigkalten Morgen des Jahres – denn der Südwinter bricht an – rollen die beiden Autos nach Westen in die Wildnis hinein.

Als Peter das Auto weiter in den Busch nach Westen steuert, ist Hennie sehr zufrieden. Sie besuchen unterwegs den »Löwen-Hartmann« auf seiner entlegenen Farm, der allerletzten vor dem Niemandsland vor der Etoscha. Hartmann wird den Reisegästen viel zu erzählen haben, was sie nirgendwo sonst zu hören bekommen. Peter muß vorsichtig fahren. Der Weg besteht nur noch aus blankem Gestein und mächtigen Felsbrocken. Dabei ist der Busch dicht ringsum. Die Autos können die Spur nicht verlassen.

Dann tauchen die hohen, weißen Burgmauern der ehemals deutschen Feste Namutoni zwischen den Baumkronen auf. Gleich entscheiden Hennie und Heemskerk: hier muß Mittag gegessen werden, hier an diesem romantischen Platz unter den mächtigen, weißgekalkten Mauern und Türmen, die die Schutztruppe einst in der Wildnis errichtet hat. Eine Tafel im Gemäuer erzählt von der Handvoll deutscher Reiter, die vor dem ersten Weltkrieg dieses große Fort gegen viele Hunderte von aufständischen Ovambos gehalten haben, bis es nach langer Belagerung von Tsumeb her entsetzt wurde. Damals brauchte man im Ochsenwagen oder zu Pferde ebenso viele Tage, um von Tsumeb aus Namutoni zu erreichen, wie Peter im unermüdlichen Auto Stunden gebraucht hat.

Unter den Verteidigern der Feste kämpfte auch ein Hartmann mit, derselbe, der sich jetzt als Löwen-Hartmann ebenso tapfer mit den Bestien herumschlägt wie damals mit den Ovambos.

Den Polizeiposten Namutoni verwaltete ein Sergeant, der Bur Pieter Kleinhans.

Kleinhans zeigt sich gleich sehr aufgeregt, als er hört, wie viele großmächtige Leute aus fernen Ländern bei ihm zu Gast sein werden. Hennie meint, daß man wahrscheinlich gute Nerven haben müsse, um hier draußen zu leben und zu wohnen. »Ja, so ist es«, bestätigt Kleinhans, dem die Fremden größeres Entsetzen einzujagen scheinen als eine Horde Löwen und Leoparden.

Die Sonne steigt schon aus der Mittagshöhe herab, als die beiden Autos Namutoni verlassen.

Hennie und Heemskerk sind begeistert von dem freundlich aufgeregten Kleinhans und beschließen, im sicheren Geviert der hohen Mauern Namutonis mit der Autokavalkade einen ganzen Tag zu verbringen. Die wildnislüsternen Großstädter werden auf ihre Kosten kommen.

»Sie können unbesorgt über die Pfanne fahren, immer am Nordrand entlang nach Ekuma. Das ist die sicherste und beste Straße. Der Pfannenboden ist längst fest, ganz und gar ausgetrocknet. Es besteht keine Gefahr mehr.«

Peter läßt den Wagen auf den weißen steinharten Salzgrund der Pfanne hinunterrollen.

Zwei große Lastwagen der katholischen Mission von der portugiesischen Grenze kommen den beiden Kundschafterautos der Safari entgegen, schon von weitem von mächtigen Salzwolken angekündigt. Selbstverständlich halten die Wagen an. In dieser Wildnis fragt jedermann nach dem Woher und Wohin des anderen und vor allem nach dem Weg. Die Missionsfahrer erzählen, daß weiter im Westen am Rande der Pfanne der Busch in Brand stehe. Es wäre gut, einen Umweg zu machen, wenn auch draußen vielleicht der Pfannenboden noch nicht ganz sicher sei. Aber wenn sich Peter und sein Lastwagen beeilten, hätte sich das Feuer vielleicht noch nicht bis an den Rand der Pfanne durchgefressen. Was die Motoren hergeben, weiter geht's, bis schwarze Rauchwolken die Buschfeuer ankündigen. Kein Zweifel, schon zwanzig Meter vom Rande der Pfanne entfernt wird der Salzboden morastig. Dort hat die Sonne die letzte Feuchtigkeit der vergangenen Regenzeit noch nicht auflecken können. Peter tritt auf den Gashebel und durchrast den Engpaß zwischen dem Feuer und dem Morast, was immer sein Wagen hergibt. Prasselnd und sprühend und knallend fressen sich die Flammen in das trockene, harzreiche Holz des Busches. Glühende Hitze schlägt in die Autofenster. Bäume lohen wie riesige Fackeln. Im trockenen Unterholz tanzen die Flammen mannshoch.

Funken stieben über den Wagen hin. Dann ist es vorbei, die Feuersbrunst versinkt im Hintergrund und ist bald vergessen.

Nicht ganz drei Stunden dauert die Fahrt von Namutoni bis zum Nordwestzipfel der Pfanne, nach Ekuma. Dort wird die »Straße« erreicht, die aus dem portugiesischen Angola und dem Ambo-Land nach Süden in die bewohnten Gebiete Südwestafrikas führt, die aber erst nach etwa zweihundert Kilometern in der Gegend von Outjo beginnen.

Das Autogleis des Pfades aus dem Ambo-Land nach Süden ist tief zerfahren.

Leere Steppe ringsum, mit hohem trockenem Gras bestanden, das sich nach wenigen Meilen unter dem Auto zu harten Klumpen zusammenballt. Ist der Auspuff undicht – und welcher Auspuff in Afrika mit seinen vielen steinigen Straßen ist es nicht? –, so fängt das spröde Gras leicht Feuer. Im letzten Jahr – so hat Kleinhans gewarnt – sind auf dieser Strecke ein halbes Dutzend Autos in Flammen aufgegangen; die trauernden Hinterbliebenen haben in der Öde tagelang gewartet, bis ein anderes Auto desselben Wegs gefahren kam. Peter zieht es vor, alle zehn Kilometer der Länge nach unters Auto zu kriechen, sich die Finger an dem glühendheißen Auspuffrohr zu verbrennen und den ebenso heißen Klumpen von sprödem Gras, das sich ringsum festgeballt hat, mühsam herauszuzupfen.

Viel Wild steht am Wege, und gleich in ganzen Herden: herrliche Oryx-Antilopen mit armlangem, spießartigen Gehörn – ein wehrhaftes Wild, das dem Jäger sehr gefährlich wird, wenn er's nicht auf den ersten Schuß fällt. Und wieder dunkelzottige Gnus in gewaltigen Scharen, Eland-Antilopen, Kuh-Antilopen und die zierlichen Springböcke, Zebras in prasselndem Galopp, daß der Staub in dichten Wolken gen Himmel stiebt; mit eingekniffenem Schwanz schnüren Schakale beiseite. Ganze Wolken von Pelikanen, schwarzen Störchen und Reihern und anderen Vögeln heben sich in dichten Schwärmen über den Wasserlöchern auf, wenn sie von den Autos aufgescheucht werden.

»Wahrscheinlich werden Sie Löwen zu Gesicht bekommen, wenn Sie in der Nähe der Wasserstelle mit dem einzigen Bäumchen in der baumlosen Steppe die Augen offenhalten!« hat Kleinhans ihnen erzählt.

An Staub hat kein Mangel geherrscht; die flüchtenden Wildherden wirbelten ihn immerwährend auf. Auch blies von der Pfanne her, die sich links vom Wege als ein weißes, versteinertes Meer zum

Horizonte dehnte, schräg der Wind herüber, mit den Salpetersalzen des Pfannenbodens geschwängert. Aber trotz des Staubes können die drei im Leitauto der Versuchung nicht widerstehen, bei der Wasserstelle mit dem Bäumchen anzuhalten, auf den Staub zu pfeifen und sich umzublicken. Wie bestellt hat sich keine hundert Schritt vom Wege eine Löwensippe, geführt von einem riesigen Mähnenlöwen, zur Nachmittagsruhe niedergelassen. Die Bestien nehmen von dem Auto überhaupt keine Notiz. Erstaunlich, daß sich auch die Scharen von Zebras und Straußen, die ringsum lagern und weiden und bracken, überhaupt nicht um die Löwen zu kümmern scheinen. Satte Löwen, denkt Peter, sollen völlig ungefährlich sein. Vielleicht wissen die Zebras, woran satte Löwen zu erkennen sind, und spazieren seelenruhig dem König der Tiere vor der Nase herum. Hennie lacht, als er diese Weisheit zum besten gibt.

Heemskerk rät zur Weiterfahrt. Aber Peter, der unverbesserliche Romantiker, will unbedingt noch einmal auf den Kamm der nächsten Düne hinauffahren, um von dort oben in einem letzten Rundblick Wasserstelle, Pfanne, Wild und Löwen zu genießen. Die beiden Wagen der Safari preschen auf den Kamm der Düne hinauf und sitzen dort prompt im herrlichsten Sande fest, die greulich brodelnden Motoren und die sandspeienden Hinterräder jagen alle Zebras und Gnus in schleunige Flucht; keineswegs aber die Löwen. Die fühlen sich in ihrer königlichen Ruhe offenbar gestört. Einer nach dem anderen erhebt sich aus dem Gras und zieht langsam näher. Etwa hundert Schritte abseits vom Auto lassen sie sich auf einer anderen Bodenwelle nieder: in einer Reihe wie die Plüschkatzen, wedeln mit den Schweifen und betrachten verdrießlich die fauchenden, Sand verspritzenden Ungeheuer. Die Anstrengungen Peters, Hennies, Heemkerks und Karls, die Autos Schritt für Schritt den sandigen Hang hinunter auf festeren Grund zu bugsieren, werden durch diese Zuschauer außerordentlich befeuert. Karl wischt sich den Schweiß von der Stirn und sagt zu Peter:

»Na, Peter, wie ist es mit den satten Löwen? Die sind doch völlig ungefährlich!«

Peter gibt zur Antwort:

»Ich bin ein kluger Mensch. Ich weiß es. Aber wissen es auch die Löwen?«

Die Frage braucht nicht entschieden zu werden. Denn ehe sich die Löwen besonnen haben, gewinnen die Autos bessere Straße und rollen auf und davon.

Eine halbe Stunde später erreichen die Wagen die Polizeistation an der Südwestecke der Etoscha-Pfanne: Okaukuejo. Hier residiert der Sergeant Nell. Gleich nach den ersten wenigen Sätzen, als er begriffen hat, was ihm das unergründliche Geschick in den nächsten Tagen an Reisenden auf seine einsame Station spülen wird, erwähnt er:

»Zehn Meilen südlich von hier, an einem großen Wasserloch, kommen gewöhnlich jeden Abend Elefanten zur Tränke.«

Hennie ist gerade im besten Zuge, besinnt sich nicht lange und erklärt:

»Das lassen wir uns nicht entgehen!«

Sie zögert einen Augenblick und entscheidet:

»Karl, Sie fahren am besten am Südrand der Pfanne nach Namutoni zurück, bleiben dort über Nacht, machen sich beim ersten Morgengrauen nach Tsumeb auf und führen die Safari – mit einem Aufenthalt bei Hartmann – nach Namutoni. Wir übernachten hier in Okaukuejo und stoßen morgen mittag in Namutoni wieder zur Safari.«

Heemskerk meint:

»Ich fahre lieber mit Karl nach Namutoni zurück. Unsere Leute werden vor lauter Vergnügen und Staunen den Kopf verlieren, wenn sie die riesigen Wildherden bei Namutoni zu Gesicht bekommen. Ich möchte unsere Reisekunden gerade hier nicht ohne Aufsicht lassen. Es darf kein Unglück passieren auf dieser ersten Safari.«

Hennie ist einverstanden.

Karl erkundigt sich bei dem Sergeanten:

»Habe ich am Südrand der Etoscha-Pfanne Gefahren zu erwarten, Sergeant?«

»Keine!« sagt Nell. »Ich brauchte vor zwei Tagen für die Fahrt von Namutoni bis hierher zu meiner Station nicht mehr als drei Stunden. Wenn Sie sich beeilen, können Sie noch vor der vollen Dunkelheit meinem Kollegen Kleinhans zum Abendessen ins Haus fallen.«

Karl lenkt sein Auto zur Pfanne hinüber. Peter läßt seinen Wagen auf der Straße nach Süden in den immer dichter zusammenrückenden Busch davonrollen.

Nach knapp zehn Meilen: die ersten wuchtigen Ballen Elefantenlosung auf dem Wege, die ersten breiten, flachgestampften Pfade im Dickicht! Peter sagt:

»Weiter dürfen wir nicht fahren. Es wird schon Abend. Bald werden die Tiere aus der Dickung treten. Wenn wir sie nicht vergrämen wollen, müssen wir zu Fuß weiterschleichen.«

Die Wasserstelle: ein großer Teich und ein paar Tümpel nebenbei, mitten in frischem Gras, umgeben von Wänden dichten Buschwerks.

Der Mann und die Frau lassen sich unter einer Schirmakazie nieder und verharren völlig still. Fast eine Stunde vergeht; die Sonne neigt sich schon zum Horizont. Fliegen und Mücken umsirren die Lauschenden in dichten Schwärmen. Peter verliert die Geduld und will an der Wasserstelle vorbei zum Wege und zum Auto zurückkehren.

Er ist kaum dreißig Schritt vorgedrungen, als er aus den Augenwinkeln eine Bewegung im hohen Busch jenseits der Wasserstelle wahrnimmt.

Sie kommen! Peter duckt sich. Eine riesige alte Elefanten-Kuh mit ungeheuren Flatterohren tritt aus dem Busch, erstarrt zu Stein, saugt durch hocherhobenen Rüssel die Luft ein – die Witterung der Menschen, die sich unter dem Winde niedergelassen haben, entgeht ihr –, schreitet langsam ins Freie und stapft zögernd zum Wasser. Eine weitere Kuh folgt; noch eine; dann jüngere Tiere; alle im Gänsemarsch.

Unendlich vorsichtig.

Kein Zweiglein knackt.

Die Lautlosigkeit, mit der sich die grauen Kolosse bewegen, steht in so sonderbarem Gegensatz zu ihren gewaltigen Leibern, daß es Peter den Atem verschlägt.

Peter will die Tiere aus noch größerer Nähe betrachten. Hennie hat sich zu ihm hinübergeschlichen. Die beiden eilen geduckt hinter Büschen zum Auto, setzen sich hinein und gleiten heimlich und lautlos durchs Dickicht bis auf zwanzig Schritt an die Elefanten heran.

Die Urwaldriesen ragen mächtig um die Tümpel und Moräste. Das letzte Licht der sinkenden Sonne strahlt sie rötlich an. Sie saugen sich die Rüssel voll Wasser und spritzen sich das klare Naß in die gewaltigen Schlünde. Die Kälber wälzen sich im Schlamm und toben umher wie Kinder im Bade. Manchmal mahnen die schweren Mütter ihre Sprößlinge mit klatschenden Rüsselschlägen zur Ordnung. Peter flüstert:

»Hennie, daß wir dies erleben!«

Sie flüstert zurück:

»Peter, wie wunderbar!«

Nach einer Weile murmelt Peter:

»Der Wind dreht. Sie werden uns jeden Augenblick wittern.«

Wenige Sekunden später mag wirklich ein Hauch der wechselnden Abendluft die Gase des Motors den riesigen Tieren zugetragen haben: die Leitkuh wirft sich plötzlich herum, stellt die mächtigen Ohren weit ab und schnüffelt mit erhobenem Rüssel.

Die beiden Menschen in dem unvollkommen hinter den Büschen versteckten Auto halten den Atem an.

Das große Tier beruhigt sich und senkt den Rüssel wieder zum Wasser hinab.

»Fahren wir!« flüstert Hennie. Peter hat schon in den ersten Gang geschaltet, kuppelt sachte ein und läßt den Wagen nordwärts davongleiten.

Müde vom langen heißen Tage und müde von den wilden Bildern, die ihre Augen aufgenommen haben, kehren Peter und Hennie nach Okaukuejo, der Polizeistation, zurück. Sie müssen ihre Namen ins Polizeiregister eintragen, wie es die Vorschrift in diesen entlegenen und kaum bereisten Gebieten erfordert; auch werden die versiegelten Gewehre kontrolliert. Nell zeigt sich liebenswürdig und erst recht seine Frau. Die beiden freuen sich, Gäste zu haben. Die Formalitäten sind schnell erledigt.

Wenig später wartet bereits das Abendessen; Peter spendet ein paar Flaschen Bier aus seiner Kiste mit dem Notproviant. Frau Nell hat ihre beiden Kinder schon zu Bett gebracht. Die vier Menschen sitzen um den Tisch mit der sausenden Karbidlampe, lehnen sich zurück und besprechen, was Nell den Reisegästen an Schönem und Aufregendem zeigen könnte.

Draußen vor den Fenstern lodern abseits die Lagerfeuer, um die sich die Stationsarbeiter, die reisenden Ovambos, die Helfer der Frachtfahrer gelagert haben.

Mitten in der schweigenden Wildnis unterhalten und vergnügen sich die Menschen prächtig, schaffen sich ihre kleine Insel von Gemeinsamkeit, über der sich der sternendurchglitzerte Nachthimmel aufwölbt. Der stumme, geheimnisvolle Busch weit umher atmet Düfte aus, da nun die Kühle der Nacht einfällt; die reglosen Dickichte mögen Ungeahntes verbergen.

Die Frau des Sergeanten fühlt sich nicht glücklich in Okaukuejo:
»Man kann die Kinder nur in den Mittagsstunden vor der Veranda spielen lassen. Zu jeder anderen Tageszeit haben sich die Löwen schon dicht am Haus umhergetrieben. Am Wasserloch (es liegt keine hundert Schritte vom Wohnhaus entfernt) machen sich die Bestien beinahe jeden Abend zu schaffen. Manchmal kann ich sie den ganzen Vormittag von der Hausveranda aus durch den Busch geistern sehen.«

»Dann dürfen wir wohl gar nicht im Freien schlafen?« meint Peter halb im Scherz.

Der Sergeant antwortet durchaus ernst:

»Nein, das lasse ich nicht zu. Sie müssen Ihre Schlafsäcke auf meiner Veranda ausbreiten. Die schließt sich unmittelbar ans Haus an, ist eingegittert und auch eingezäunt.«

Und dann erzählt er: Ein Löwe hätte ihm erst vor wenigen Tagen fünfzehn Schafe im Kral gerissen; vielleicht derselbe, der einen Neger umbrachte, der abseits im Busch hat übernachten wollen und die Löwen nicht ernstnahm. Der Farmer, der weiter im Süden als erster am Rande der bewohnten Gebiete siedelt, hat gleich dreiundzwanzig wertvolle Karakuls in einer Nacht verloren.

Nell kennt das Raubzeug und weiß, wie man mit ihm umgehen muß. Peter begreift, daß die voreiligen Ansichten von der Ungefährlichkeit der großen Katzen in freier Wildbahn nur so lange gelten, als man fern an sicheren grünen Tischen sitzt. In der ungebändigten Einöde sieht die Wahrheit anders aus.

Hennie will natürlich mehr wissen, als Nell erzählt hat. Sofort ist in ihr die Sorge aufgestanden, es könnte ihren Reisegästen in Okaukuejo etwas passieren. Die Männer und Frauen aus den großen Städten, die sich wohl behütet durch die Einöden schaukeln lassen, haben oft genug keine Vorstellung von den Fährnissen, über die sie von dem wildnisweisen Heemskerk, dem klugen Koch, der weit vorausschauenden, vorsichtigen Hennie und schließlich auch von Peter hinweggelistet werden. Nell erwidert:

»Wissen Sie, Mrs. Baker, ich habe gleich daran gedacht, als Sie mir von Ihren siebzig oder achtzig Safari-Gästen erzählten. Ich kann es eigentlich kaum verantworten, die Leute auch nur für eine Stunde im Busch ringsum ohne Aufsicht spazierengehen zu lassen.«

Nell ist ohnehin nicht damit einverstanden, daß die Regierung so viele Leute mit Erlaubnisscheinen heraufschickt, die nur einmal bis zur Pfanne fahren wollen, um sich die riesigen Wildherden anzusehen. Der große, breitschultrige Mann mit dem hageren Gesicht kaut eine Weile auf seiner Pfeife und sagt dann:

»Mrs. Baker, damit Sie's wissen; einer meiner Schwarzen ist schon seit drei Tagen dem Löwen auf der Spur, der mir fünfzehn meiner Karakulschafe gerissen hat. Es ist kein Löwe, es ist eine Löwin. Das Vieh hat die linke Vorderpranke zur Hälfte verloren; das beweisen die Spuren. Sie lahmt schwer. Die Bestie muß irgendwo anders in der Falle gesessen haben und hat sich die halbe Pranke in der Wut abgebissen oder abgerissen. Nun zieht sie räubernd, halb irre vor Schmerz und Hunger, zu den Wohnungen der Menschen, wo ihr Schafe, Ziegen und schließlich auch Menschen leichte Beute bieten. Wie kann ich eine Gewähr für die Sicherheit Ihrer Reisegäste übernehmen, solange dies unberechenbare Vieh mordend hier umherzieht?«

Peter und Hennie begreifen mit einem Schlag, warum Nell sie nicht im Freien schlafen lassen will und weshalb er auch den Schwarzen so grimmig eingeschärft hat, die Feuer über Nacht kräftig in Gang zu halten.

Hennie sitzt bedrückt da. Sie räuspert sich und sagt:

»Meine Gäste werden mir böse sein, wenn ich sie nicht rings um die Etoscha führe. Sie haben Wüsten gesehen und Steppen, Farmland und große, kostbare Schafherden. Aber jetzt steht ihnen der Sinn nach dem Wild und dem Raubzeug. Sie wollen später von afrikanischen Abenteuern erzählen können.«

Sie wendet sich Nell zu:

»Könnte man die gefährliche Löwin nicht vorher abschießen, Sergeant?«

Der Mann mit dem lederbraunen Gesicht schiebt die Pfeife aus einem Mundwinkel in den anderen und knurrt zwischen den Zähnen:

»Wenn das so einfach wäre, Mrs. Baker! Angeschossene Löwen oder solche, die irgendwo in der Falle gesessen haben – sich mit diesen Bestien einzulassen, geht gewöhnlich auf Leben und Tod. Meine Leute sind ohnehin hinter dem Vieh her. Auch muß ich fürchten, daß die Löwin mir noch einmal ein Dutzend Schafe im Kral zerreißt.«

Allmählich ist es spät geworden. Peter breitet seinen Schlafsack auf der Veranda aus und legt sich nieder. Der Sergeant und seine Frau müssen über den Ruhenden hinwegsteigen um in ihr Schlafzimmer zu gelangen. Es gibt noch ein wenig Gelächter und ein paar Scherze. Hennie hat im Kinderzimmer Unterkunft gefunden.

Aber schon nach einer Viertelstunde hört man nur noch ab und zu den Nachtwind leise in den Bäumen vorm Haus flüstern; sonst liegt alles totenstill.

Obgleich Peter ermüdet ist vom heißen, anstrengenden Tage, findet er nicht gleich in den Schlaf.

Er starrt mit weit offenen Augen zu den Sternen vor der Veranda empor. Er denkt: welch ein Frieden ringsumher, welch große Ruhe! Oder ist der Frieden nur in mir selbst, weil ich nicht mehr allein bin? Oder bin ich immer noch allein?

Er weiß es nicht ganz genau.

Er hört seinen Atem wehen, ganz gleichmäßig und ruhig. Minuten schweben auf lautlosen Schwingen vorüber; Ewigkeiten. Er haucht ins Dunkel:

»Gute Nacht!«

Und weiß nicht einmal, wem dieser Gruß gilt, ihm selbst, der verlorenen Geliebten oder wem sonst?

Fort rinnt der Sand aus der Uhr der Zeit. Das Schweigen der Wildnis nimmt Peter in seine weiten Arme; die Augen fallen ihm zu. – –

Peter erwacht mit einem Schlage. Er weiß nicht, was ihn geweckt hat; bestimmt nicht dies schüchterne Schnarchen aus dem Schlafzimmer des Sergeanten. Vielleicht hat ein Löwe irgendwo gebrüllt. Der Sergeant hat vorausgesagt, daß es geschehen würde. Aber Peter ist sich ganz klar darüber, daß niemand und nichts gebrüllt hat. Doch spürt er Unruhe. Er ist gespannt. Täuscht er sich? Nein, auf dem kiesigen Grund nähern sich rasche Schritte, und eine Faust schlägt ans Fenster des Schlafzimmers nebenan.

Die Stimme eines Eingeborenen schreit auf burisch:

»Baas, Baas, de Leuw is in de Kral!«

Ein paar hastige Gegenfragen des Polizisten, die Peter nicht versteht. Er hört seinen Gastgeber aus dem Bett springen; schon brennt die Lampe; Peter sitzt auch schon aufrecht da, streift den Schlafsack ab, schnürt die Stiefel zu, braucht nur noch den Gürtel festzuziehen. Und als die Tür auffliegt und der Sergeant mit dem Gewehr in der Hand herausstürzt, ist Peter schon bereit, bewaffnet allein mit seiner starken, helleuchtenden Stablampe, die er gerade zwei Tage zuvor mit neuen Batterien gefüllt hat. – Hennie tritt aus der Tür des Kinderzimmers.

»Was ist?« ruft sie schlaftrunken.

»Der Löwe ist im Kral!« gibt Peter hastig zur Antwort.

Hennie will ihn erschrocken zurückhalten:

»Peter, ohne Gewehr? Bist du verrückt?«

Er erwidert ungeduldig:

»Ich kann Nell nicht allein lassen!«

Und stürzt schon hinter dem Sergeanten her zur Garage, reißt die Plane vom Auto. Natürlich will der eiskalte Motor nicht sofort anspringen. Die Männer fluchen: »Er muß!« Endlich läuft die Maschine. Peter und der Sergeant im Auto rollen rückwärts aus dem Schuppen heraus, wenden und rasen zum Schafkral, der etwa dreihundert Meter entfernt liegt.

Um ein riesiges Flackerfeuer drängen sich verängstigt die Neger. Ein paar Mutige mit brennenden Holzscheiten in der Hand erwarten Peter und den Sergeanten:

Vom Todesgeblök der Schafe seien sie erwacht; im Sand stehen Spuren; sie zeigen, wo der Löwe zum Sprung über die Dornenhürde ansetzte; hinein wiese die Spur, aber hinaus sei ringsum nichts zu entdecken, nicht einmal eine Ahnung von einem Prankenabdruck. Der Löwe muß also noch unter den Schafen wüten.

Peter will nicht glauben, daß die Bestie den zweieinhalb Meter hohen, drei Meter breiten Wall von Dornen übersprungen hat, der diese Hürde für etwa siebzig Schafe einfaßt. Nein, das Raubtier hat die Dornenwand nicht übersprungen, sondern ist wie ein Torpedo mit ungeheurer Wucht quer hindurchgefegt: da, die Autoscheinwerfer leuchten gerade in die Röhre hinein, die sich die Bestie mit einem einzigen Satz ins Innere gebohrt hat.

Peter trägt jetzt zwei Stablampen in seinen Händen, seine eigene und die des Polizisten. Der Sergeant muß sein Gewehr zum Schuß bereithalten; er kann nicht gleichzeitig leuchten und schießen. Peter drängt sich dicht an seine Seite, um im entscheidenden Augenblick das Ziel anzuleuchten.

Was soll jetzt geschehen?

Jeden Augenblick erwarten die beiden Männer die Bestie; über oder durch die Dornen wird das verzweifelte Tier die Männer anfallen. Peter und der Sergeant suchen Schritt für Schritt den Umkreis des Dornenkrals ab, ob irgendwo eine Spur des Löwen zu entdecken ist, ob er heimlich aus dem Inneren der Hürde wieder entsprang. Nichts, gar nichts läßt sich finden. Nur jene Spur steht deutlich im Sand, die hineinführt. Keine führt heraus!

Peter und der um einen Kopf größere Mann mit dem Gewehr stehen vor dem zwei Meter hohen Tor aus Wellblech und sehen sich an. Es bleibt ihnen nichts anderes übrig: Sie müssen ins Innere des Krals vordringen, wenn ihnen die Bestie nicht entkommen soll. Sehr verlockend ist es nicht, sich in den engen Kral zu wagen, wo vielleicht die Schafe aufgeregt durcheinanderwirbeln. Ohnehin bleibt nicht viel Platz übrig. In der Hürde zwischen den zwei Mann hohen Dornenmauern bietet sich kaum Raum zum Ausweichen. Peter drängt das schwere Tor einen halben Schritt weit auf und leuchtet ins Innere. Er duckt sich. Über seinem Kopf schiebt sich die Büchse vor. Das grelle Licht der beiden Lampen faßt die dicht zusammengedrängte Herde. Wenige Meter von ihnen zur Rechten wälzen sich fünf große Muttertiere in ihrem Blut. Jedem von ihnen ist der Hals von unten her aufgerissen oder aufgebissen. Dort, in jener Hälfte des Krals, wo sich die Schafe angstvoll drängen, kann die Bestie nicht versteckt sein – nur hier auf dieser Seite, die leer die beiden Männer angähnt!

Peter leuchtet hinüber: nichts!

Inzwischen ist vor dem Kral der Frachtfahrer erschienen. Die Männer brüllen ihm die Frage hinüber, ob der Löwe hinausgesprungen und geflohen sei. Der Mann sucht mit zwei Schwarzen den Boden ab und ruft zurück:

»Nein, keine Spur zu finden!«

Der Sergeant bedeutet ihm, im Licht der Autoscheinwerfer Wache zu halten und sofort zu schießen, wenn der Löwe durch die Dornen bräche.

Der Sergeant wendet sich Peter zu:

»Ich muß die Bestie fassen. Ich muß in's Innere des Krals. Drinnen ist es stockdunkel. Ohne Licht kann ich nicht schießen.«

Peter, ohne zu überlegen:

»Natürlich nicht! Ich komme mit.«

Der Sergeant:

»Sie dürfen mich nicht im Stich lassen, dürfen nicht die Nerven verlieren. Sie müssen das Ziel anleuchten.«

»Gewiß!« erwidert Peter völlig ruhig. »Und Sie müssen schießen, Sergeant. Mit meinen zwei Lampen bringe ich das Vieh nicht um.«

»Stimmt!« sagt der Sergeant.

Die Männer schieben sich vorsichtig ins Innere des Krals, jede Sekunde gewärtig, von dem Löwen angefallen zu werden. Peter leuchtet jeden Winkel ab. Aber die Strahlen seiner Lampen entdekken nur Schafe, vor Angst starre Schafe, deren Augen rötlich im Laternenschein aufglimmen.

»Der Löwe muß im Dornwall stecken, oder er ist davongeflogen!« flucht der Sergeant.

Sorgfältig untersucht Peter Meter für Meter die wirre Dornenwand. Und nochmals. Endlose zehn Minuten vergehen. Es verrinnt eine Viertelstunde. Die Männer knurren: »Verhext!« Aber da liegen fünf gerissene Schafe und bluten leer. Irgendwo hält sich die Bestie versteckt.

Noch einmal unternimmt Peter die gefährliche Suche. Dicht neben ihm hält der Sergeant den Finger am Abzug seiner Büchse.

Eine halbe Stunde mag vergangen sein. Die Nerven der beiden Männer sind gespannt wie Geigensaiten.

In der entferntesten Ecke, fünfzehn Meter vom Tor entfernt: Spuren, unverkennbar Spuren von Pranken! Der Sergeant flüstert erregt:

»Sie sind nach außen gerichtet!«

Ja, die schweren Holzbohlen, die am unteren Rand die Dornenmauer begrenzen, scheinen auseinandergedrängt zu sein. Peter wendet die Lichtkegel hinauf und hinunter. Die Dornen sind zerwühlt. Doch zwischen den dichtgepreßten Zweigen und Ästen und wirren Schatten ist nichts zu erkennen. Peter läßt sich unmittelbar vor der Wand aufs Knie sinken; seine Scheinwerfer prellen ins Dornendickicht.

Er leuchtet hinauf und zur Seite.

Nichts!

Da, zwei Handbreit vor seiner Lampe, ruhen unter den Dornen zwei graubraune schwere Knüppel.

Äste?

Was ist es?

Peter stößt hervor:

»Da liegt der Löwe!«

»Unsinn!« knurrt der Sergeant. »Das ist nur Holz!«

»Nein, es sind die Hinterpranken! Die Bestie liegt flach unter den Dornen und kann nicht weiter oder wartet!«

»By God, it's the lion!« brüllt der Sergeant auf englisch, damit er draußen verstanden wird.

Soll er schießen? Im Gestrüpp sind nur die Hinterschenkel zu erkennen. Ein tödlicher Schuß ist nicht anzubringen.

Peter und der Sergeant haben sich mit der Gefahr schon so

633

abgefunden, daß sie, als müßte es so sein, einen knappen Schritt neben der Bestie beraten, wie sie am besten umzubringen ist. Peter stößt erregt hervor:

»Brennen Sie ihr von hinten eins auf, dann wird sie vorn oder hinten durchbrechen. Vorn fängt sie der Frachtfahrer ab. Bricht sie in den Kral zurück, so fasse ich sie im Strahlenkegel; dann schießen Sie sie hier über den Haufen.«

»Gut, ich schieße!« zischt der Sergeant. »Gleich nach dem Schuß zurückspringen und das Vieh anleuchten!«

»Los!« schreit Peter.

Die Männer schieben sich dicht an den Löwen heran. Der Sergeant jagt einen Schuß ins wirre Dickicht, dorthin, wo er den Rücken des Tieres vermutet, denn zu erkennen ist nichts. Ein rasendes Knurren antwortet. Die Pranken schlagen.

Der Löwe will drehen.

Die Männer springen drei Schritte zurück. Peter leuchtet die Stelle an, wo aus den Dornen das furchtbare Knurren dröhnt.

Dann faucht die große Katze.

Die starken Lampen haben das Tier verwirrt. Vielleicht halten die Dornen es fest. Nach einer Minute herrscht wieder Stille.

Nichts ist geschehen!

Der Löwe ist nicht mehr zu erkennen. Seine Pranken liegen nicht mehr flach auf der Erde.

Der Sergeant und Peter verbauen der Bestie den Rückweg mit starken Stämmen, die sie an anderer Stelle aus der Kraleinfriedung reißen.

Sie verlassen die Hürde.

Draußen steht der Frachtfahrer auf dem Sprunge. Nun wissen die Männer wenigstens, wo das Tier zu suchen ist. Auch verrät es sich von Zeit zu Zeit durch wildes Knurren. Aber immer noch verbirgt das undurchdringliche Dornengestrüpp den Löwen vollkommen. Der Sergeant entscheidet:

»Wir dürfen nicht nachgeben. Wir müssen die Äste auseinanderzerren, damit ich endlich weiß, wohin ich zu schießen habe.«

Peter leuchtet. Der Frachtfahrer zerrt die schweren Dornenäste auseinander. Der Sergeant beugt sich schußbereit vor. Peters Lampe faßt den Widerschein zweier grüner Augen dicht am Boden. Er schreit es dem Sergeanten zu. Der reißt das Gewehr an die Backe. Aber im gleichen Augenblick schnellt die Löwin, von der Dornenlast über sich so gut wie befreit, in einem rasenden Satz hoch, wird in der Luft von der Kugel gefaßt, aber noch trifft ein furchtbarer Prankenhieb Peters rechte Schulter. Die Stablampen fliegen in weitem Bogen fort.

Peter wirbelt zweimal um sich selbst und schlägt rücklings schwer zu Boden; sein Kopf trifft in dumpfem Aufprall eine Klippe.

Nacht um ihn her.

Neunundzwanzigstes Kapitel

Mühsam, wie knarrend schleicht als erster Gedanke durchs Hirn des Bewußtlosen: wie dröhnt mein Schädel!

Der Verletzte liegt flach auf dem Rücken.

In seiner rechten Schulter sticht gleichmäßig der Schmerz. Wo bin ich? denkt Peter, ohne sich zu rühren.

Er spürt die weichen Härchen einer Decke, die ihm bis unters Kinn gezogen ist.

Er versucht, die Finger seiner linken Hand zu regen, die neben seinem Leibe liegt – wirklich: ein Leinentuch unter seiner Hand. Ich liege in einem Bett, dämmert es in seinem Hirn.

Unbeschreiblich mühselig, als wären sie aus Blei, hebt er die Augenlider und schließt sie gleich wieder: Ich ruhe in einem Krankenzimmer, in einem weißgetünchtem Zimmer.

Er spürt: Ich bin nicht allein. Eine leise Stimme fragt:

»Peter, hörst du mich?«

Herr Gott im Himmel, diese Stimme –?

Es ist die Stimme einer Frau.

Peter müht sich noch einmal, die Augen zu öffnen. Es will ihm nicht gelingen. Er vernimmt eine zweite Stimme, sehr leise:

»Vier Tage liegt er schon bewußtlos, seit wir ihn hierher nach Outjo ins Krankenhaus schafften. Wie gut, daß Sie gekommen sind! Ich glaube, er kommt wieder zu sich. Er wird nicht sterben, der Arzt hat es gesagt. Er wird gesund werden.« Peter versteht jede Silbe.

Er müht sich, wie er sich noch nie in seinem Leben gemüht hat. Er rafft allen Willen zusammen in seinem zerschlagenen Hirn, in seinem matten Herzen. Und dann gelingt es ihm wirklich; er öffnet die schmerzenden Augen, läßt sie zur Seite gleiten und erkennt die beiden Menschen, die neben seinem Bett sitzen:

Seine Mutter!

Man hat sie aus Angola herbeigerufen.

Und auf der anderen Seite sitzt an meinem Bett – ja, sie ist es! Sie blieb da! Sie hat mich ins Krankenhaus gebracht – Hennie!

Die beiden Frauen, die alte und die junge, die diesen Menschen lieben, den der Löwe schlug – sie nehmen mit zitterndem Herzen wahr, wie sich, einem Hauche gleich, die Ahnung eines glücklichen Lächelns über dem fahlen Antlitz verbreitet.

Peters Kopf vermag sich in den Bandagen nicht zu rühren. Aber sein Kopf liegt lockerer jetzt. Er ist nicht mehr bewußtlos. Der Schlaf der Genesung senkt sich zum ersten Male seit dem Angriff des Raubtiers auf sein schmerzendes Hirn. Bevor er aber der Tiefe des Schlafes zusinkt, schwebt ihm federleicht durch den Sinn: Mutter!

Und er ist glücklich. Er ist endlich zu Hause.

Schlußbemerkung

Es wird darauf hingewiesen, daß alle Namen, Orts- und Zeitangaben sowie alle verwandtschaftlichen Beziehungen so vertauscht und willkürlich verändert sind, daß die Wirklichkeit hinter diesem Bericht nicht erkannt werden kann.

Der Verfasser

A. E. Johann

A.E. Johann wurde am 3. September 1901 in Bromberg in der Provinz Posen als Sohn eines preußischen Beamten geboren. Nach dem Besuch des Realgymnasiums studierte er als Werkstudent in Berlin Theologie, Soziologie und Geographie. Darauf absolvierte er eine Banklehre und wurde Buch- und Wirtschaftsprüfer.

Seine Sehnsucht, die weite Welt kennenzulernen, ließ ihn jedoch nicht lange seßhaft bleiben: Ganz plötzlich gab er seinen Beruf auf und wanderte als landwirtschaftlicher Arbeiter nach Kanada aus. Erste Reiseberichte erschienen in der berühmten »Vossischen Zeitung«. Das Reisen, zuerst nur Hobby, füllte ihn schließlich, als Zeitungen und Verlage immer neue Reiseberichte von ihm forderten, ganz aus. Aus dem Hobby wurde ein leidenschaftlich geliebter »Beruf«. Ausgedehnte Reisen führten Johann nach Sibirien, Japan, China, Indonesien, USA, Mexiko. Die Erfahrungen seiner Reisen fanden ihren Niederschlag in zahlreichen Reiseberichten und Romanen. Es folgten weitere Reisen nach Neufundland, Alaska, Hawaii, den Philippinen, Java und Australien, das Johann mehrfach durchwanderte. 1938/39 führte ihn eine ausgedehnte Fahrt durch ganz Afrika, quer durch das Innere des Kontinents. Nach dem zweiten Weltkrieg unternahm Johann weitere ausgedehnte Reisen, unter anderem nach Irland, Afrika und Südostasien. 1959/60 war der unermüdliche Wanderer auf einer großen, fast anderthalb Jahre dauernden Weltreise, die ihn durch alle Kontinente und in über 50 Ländern führte. Er interviewte viele der damals auf der Welt maßgeblichen Politiker. Große Tageszeitungen brachten Reportagen von dieser Reise. Die Ergebnisse dieser Bestandsaufnahme sind in dem Buch »Wohin die Erde rollt« niedergelegt.

Zu seinen Nachkriegswerken, die dem Leser abenteuerliches, farbiges und doch mit kritischen Augen gesehenes Bild der Welt vermitteln, gehören: »Ferne Ufer«, »Sohn der Sterne und Ströme«, »Irland, Heimat der Regenbogen«, »Afrika gestern und heute«, »Große Weltreise mit A.E. Johann«. »Wohin die Erde rollt«, »à la Indonesia«, »Wo ich die Erde am schönsten fand«, »Gewinn und Verlust« sowie die drei hier zu einem Band vereinigten Romane »Schneesturm« – »Weiße Sonne« – »Steppenwind«; weiter die zur Hälfte autobiographische Roman-Trilogie »Im Strom – Das Ahornblatt – Aus dem Dornbusch«, dann die große Darstellung der Frühgeschichte Kanadas in drei Bänden: »Ans dunkle Ufer – Wälder jenseits der Wälder – Hinter den Bergen das Meer«. Von den jüngsten Veröffentlichungen Johanns seien genannt: »Südwest, ein afrikanischer Traum« – »Hinter amerikanischen Gardinen« und »Die Wildnis aber schweigt.«

Vielleicht gibt es kein schöneres Kompliment für A.E. Johann, diesen »ewigen Wanderer zwischen den Kontinenten«, als das Urteil jener großen Zeitung, die schrieb: »... ein Gentleman, für den die Welt das schönste Spielzeug ist!« – und eine ewige Verlockung.